성경으로 보는

사 회 복 지

성경으로 보는 사회복지

초 판_ 2021년 12월 7일

지은이_ 박순오
발행인_ 이강준
펴낸곳_ 도서출판 조명문화사
서울특별시 중구 장충단로4길 24-6
전화 02-498-3017 팩스 02-498-3018
홈페이지 http://www.cmpress.co.kr
출판등록_ 1989년 7월 13일 제2-846호

ISBN_ 978-89-7257-517-7 93330
정가_ 33,000원

성경으로 보는
사 회 복 지

박 순 오
나눔과기쁨 아카데미 원장, Ph.D

도서출판 조명문화사

머 리 말

필자는 개혁주의 신학과 신앙을 추구하는 교단의 목사로서, 신구약 성경은 하나님의 영감으로 기록된 말씀으로 믿으며, 우리 삶의 전 영역에 교훈과 지혜를 주는 책으로 받아들인다. 성경의 율법과 이스라엘 역사에 관한 기록에는 당시의 사회복지에 대한 하나님의 상세한 의도가 풍성하게 계시되어 있다.

사회복지(社會福祉, Social Welfare)란 국민의 복지를 위한 일에 기본적인 것으로 인정된 사회적 욕구를 충족시키기 위해, 그리고 사회질서의 회복을 위해 제반급여를 확보하거나 강화시키는 법률, 프로그램, 급여 및 서비스체계를 말한다.

역사적으로 볼 때 사회복지의 개념이 출현하게 된 근저에는 성경의 가치관과 윤리관이 있음을 부인할 수 없다. 따라서 일반사회복지에 대하여 연구할 때 성경에 기초한 기독교사회복지와 비교하며 연구하는 것이 사회복지 이해의 지평을 넓히는 데 도움이 된다. 이 책의 제목을 "성경으로 보는 사회복지"라고 한 것도 이러한 이유 때문이다.

그런데 사회복지와 관련한 한국교회의 대응과 연구는 대개 세 가지 형태로 나타나고 있다. 첫째는 교회와 사회를 이분화하는 태도를 가지고 교회는 복음전파에만 전념해야 한다는 것으로, 사회복지의 문제를 사회구조적인 문제가 아닌 개인의 문제로 보는 것이다. 둘째는 교회 성장을 위한 수단이자 일종의 프로그램으로 사회복지개념을 수용하는 것이다. 그리고 셋째는 복지문제를 교회의 본질과 관련해 이해하는 것이다.

본서는 하나님의 최대계명인 '하나님 사랑과 이웃사랑'을 실생활에 구현하는 중요한 실천영역인 사회복지실천을 교회의 본질과 관련하여 이해하려고 노력한 책이다. 그동안 필자의 개인 블로그를 통하여 〈성경으로 보는 사회복지〉라는 제목으로 매주 2, 3회씩 연재해 온 글들을 모아 한 권의 책으로 발간하게 된 것에 대해 하나님께 감사를 드린다. 적지 않은 분량의 글을 쓰면서 지치지 않도록 필자의 마음에 의욕을 북돋아 준 것은 한국교회와 목회자, 교회 리더들에 대한 다음과 같은 사명감이었다고 생각된다.

첫째, 교회의 사회복지가 신학적으로 정립되어야 한다. 교회에서 행해지고 있는 사회복지 프로그램을 선교의 방편으로 여겨 행하는 경우가 많으며 선교 성과가 보이지 않으면 언제든지 중단함으로써 지역에 좋지 않은 영향을 미치고 있다. 또한, 교회는 사회복지활동을 사명이 아닌 선택으로 생각함으로써 소홀히 여기는 경향이 있다. 이에 교회의 사회복지에 대한 신학적 정립이 필요하다.

둘째, 목회자로 하여금 교회의 사회복지에 대한 교육이나 연수를 받을 수 있는 제도가 마련되어야 한다. 목회자 중 사회복지와 관련하여 교육이나 연수의 경험이 있는 경우가 많지 않고, 일반적으로 역사가 오래된 교회나 나이가 많은 목회자들은 교회의 사회복지에 관심이 많지 않다. 이에 사회복지에 대한 신학적 정립과 아울러 목회자의 재교육으로 목회자가 사회복지를 접할 수 있는 제도가 마련되어야 한다.

셋째, 교회는 지역사회의 여러 기관과 협력하여 지역의 사회복지활동의 주된 역할을 감당하도록 교회 건물의 개방과 함께 행정적, 재정적, 인력적 지원체제가 이루어져야 한다. 교회는 하나님께서 지역사회에 하나님의 형상이 모인 공동체로 지역사회의 여러 기관의 중심체가 되어 지역사회의 사람들을 주님의 이름으로 섬길 수 있도록 행정적 기구가 마련되어야 하며, 그리고 훈련된 교인들의 인력을 통하여 지역사회의 복지센터로서 자리매김할 수 있도록 해야 한다.

넷째, 지역사회 안에서 개 교회별로 사회복지 활동이나 프로그램을 산발적으로 또한, 경쟁적으로 행하기보다 지역사회 내에서 교회의 사회복지협의회를 구성하여 지역과 개교회의 형편에 맞게 사회복지사업을 할 수 있도록 조절하며 협력할 필요성이 있다.

본서의 각 장은 필자가 지난 몇 달 동안 사회복지의 여러 작은 주제들에 관해 관계문헌을 참고하여 성경의 눈으로 재해석하고 이를 SNS를 통해 일반에 공개해 왔던 56개의 글을 6개의 큰 주제별로 모은 것이다. 따라서 사회복지의 각 테마를 공평하게 다루거나 사회복지의 전 영역을 빠짐없이 포함한다고 할 수는 없을 것이다. 하지만 본서는 일반사회복지의 각 주제에 대해 성경적인 관점으로 해석하려 한 점은 기독교사회복지 연구의 독창적인 방법론이 되리라고 자부한다.

제1장 "일반사회복지와 기독교사회복지"에서는 일반사회복지와 기독교사회복지를 비교 검토하며 그동안 기독교사회복지의 관점만으로는 알기 어려웠던 사회복지의 영역에 대해 알아본다.

제2장 "성경의 기독교복지사상"에서는 구약과 신약에 나타난 복지 사상을 알아보고 디아코니아의 역사적 진행 과정과 국가의 복지제공 역할에 대한 성경의 가르침을 살펴본다.

제3장 "사회복지실천과 실천기술"에서는 사회복지의 중심인 사회복지실천에 대한 내용과 사회복지실천모델, 그리고 집단사회복지실천에 대해 살펴본다.

제4장 "사회복지정책과 사회복지행정"에서는 사회복지정책의 유형들을 중심으로 사회보험, 공공부조, 사회서비스 등의 개념을 정립하고 복지국가로 향하는 사회복지정책에 대해 살펴본다.

제5장 "개별 사회서비스"에서는 아동복지, 청년복지, 노인복지, 장애인복지, 다문화복지 등 개별 사회서비스의 여러 영역을 찾아보고, 가족치료의 여러 방법에 대해 살펴본다.

제6장 "사회복지 주제별 연구"에서는 관계형성의 원칙, 기본소득 논쟁, 번아웃의 4단계 등 앞에서 언급되지 않은 사회복지의 여러 주제를 살펴본다.

본서의 발간이 하나님 나라의 사역에 앞장서고 있는 사회복지 실천가들과 목회자들, 그리고 일반사회복지 관계자들에게 성경의 눈으로 보는 사회복지에 대해 이해를 넓혀나가는 계기가 되기를 바란다.

특히 소외된 이웃을 섬기는 목회자들의 단체인 나눔과기쁨의 6천여 명의 회원들에게 본서가 사회복지실천 현장의 좋은 지침서가 되기를 희망한다. 필자는 나눔과기쁨의 상임대표, 이사장을 거쳐 현재는 명예이사장으로, 그리고 나눔과기쁨 아카데미 원장으로 섬기고 있다. 본서는 나눔과기쁨 아카데미에서 실시하는 심포지엄과 세미나, 그리고 각종 훈련에서도 효과적인 안내서가 될 것으로 기대한다.

필자의 다소 거친 원고의 편집과 교정, 출판을 맡아 멋진 책으로 태어나도록 수고하신 조명문화사의 이은경 팀장님께 감사를 드리며, 도표와 그림들을 통하여 독자들로 하여금 다소 어렵고 딱딱한 내용들을 이해하기 쉽도록 도와주신 박민수 교수님께 감사를 드린다.

지난 44년 동안 필자의 곁에서 끝없는 사랑과 헌신으로 삶을 나누며 목회와 사역의 고비고비마다 두 손을 맞잡고 함께 기도해 준 사랑하는 아내 손정민에게 새삼 고마운 마음을 전한다.

Soli Deo Gloria! 오직 하나님께 영광을 돌린다.

제 1 장 일반사회복지와 기독교사회복지

제 2 장 성경의 기독교복지사상

제 3 장 사회복지실천과 실천기술

제 4 장 사회복지정책과 사회복지행정

제 5 장 개별 사회서비스

제 1 장

일반사회복지와 기독교사회복지

Ⅰ. 사회복지란 무엇인가?
Ⅱ. 기독교사회복지란 무엇인가?
Ⅲ. 기독교사회복지는 일반사회복지와 어떻게 다른가?
Ⅳ. 사회복지실천은 어떻게 발달되어 왔는가?
Ⅴ. 사회복지 이론의 전체 개요
Ⅵ. 법률로 뒷받침되는 사회복지의 원리

Ⅰ. 사회복지란 무엇인가?

- 사회복지의 개념, 구성요소, 가치와 윤리 -

역사적으로 볼 때 사회복지(social welfare)의 개념이 출현된 근저에는 성경의 가치관과 윤리관이 있음을 부인할 수 없다. 따라서 사회복지에 대하여 연구할 때 성경에 기초한 기독교사회복지와 비교하며 연구하는 것이 사회복지 이해의 지평을 넓히는 데 도움이 된다. 이 책의 제목을 "성경으로 보는 사회복지"라고 한 것도 이러한 이유 때문이다.

그동안 사회복지는 다른 학문과 마찬가지로 엄격한 과학에 편입되고자 하였으나 지속적인 지식의 위기를 겪어왔다. 일찍이 사회복지직의 출발 시점부터 사회복지의 전문성이 도마에 올랐고, 그 근거로 사회복지의 비과학적이며 비학문적인 지식체계에 대한 지적이 계속되었다. 이후 사회복지학자들은 전문직 형성의 중요한 요인으로 복지 대상, 수행하는 과업, 이를 가능하게 해 주는 사회복지의 목적과 방법 등을 지적해 왔다.

그러나 아직도 사회복지의 실천과 지식에 관한 논의는 가라앉지 않고 있으며, 특히 사회복지 실천과 지식의 관계에 관심이 고조되고 있다. 여기서는 사회복지의 개념과 사회복지의 주요 기능, 구성요소, 그리고 사회복지의 가치와 윤리 등을 총론적으로 살펴보려 한다.

1. 사회복지의 개념

1.1. 사회복지(social welfare)란?

1) 사회복지의 정의

Social Welfare의 'Welfare'라는 말은 'fare'(지내다, 살아가다)와 'well'(만족스러운, 적절한)이 합쳐진 말로서, 만족스럽게 지내는 상태, 또는 사전적 의미로 '건강하고 행복하며 안락한 상태'를 뜻한다. 그러므로 사회복지란 개인의 사회적 욕구를 사회(또는 국가)가 최종적인 책임을 지고 이를 충족시키고자 하는 제도·정책 및 실제를 의미하는 말이다.

사회복지는, 다르게 표현하면, 국민의 복지를 위해 기본적인 것으로 인정된 사회적 욕구를 충족시키기 위해, 그리고 사회질서의 회복을 위해 제반급여를 확보하거나 강화시키는 법률, 프로그램, 급여 및 서비스체계를 말한다.

사회복지의 개념은 시대와 나라에 따라 다르게 사용되고 있으며, 정치적·문화적 배경에 따라 사회서비스(social services), 사회복지(social welfare), 사회사업(social work) 등 여러 용어로 사용되고 있기에 사회복지를 정의하고 이해하는 것은 쉽지 않다. 사회복지의 협의의 개념(미시적 관점)과 광의의 개념(거시적 관점)에 대한 것은 다음 절(2. 사회복지제도의 분류)에서 기능에 따른 사회복지제도 구분을 참조한다.

2) 사회복지 개념은 어떻게 출현 되었을까?

이것은 인류에게 보편적인 문제에 대한 인식으로부터 시작된다. 인류의 역사는 문제의 위협으로부터 생존을 보존하기 위한 투쟁의 역사이다. 사회문제는 전체 인류의 역사를 통해 항상 존재해 왔다.

인류는 19세기 전까지는 전통적인 사회제도에 의해 상부상조 수준으로 해결하려 했다. 산업화 이후 인구의 이동과 기술의 변화로 인해 새로운 사회문제가 쏟아져 나오게 되었고, 이 문제들을 해결하기 위해 보다 공식적인 사회복지제도의 필요성이 대두되었다.

사회복지의 개념은 계속 변화되어 왔는데, 보완적인 것에서 제도적인 것으로, 자선적인 것에서 시민권적으로, 특수한 서비스 활동에서 보편적 서비스 활동으로, 최저기준 달성에서 최적기준의 달성 쪽으로, 개인적 개혁에서 사회적 개혁으로, 자발적인 것에서 공적인 것으로, 그리고 빈민구제 위주에서 복지사회 건설의 방향으로 변화되고 있다.

3) 사회복지 개념의 속성

① 인간이 만들어 낸 사회제도의 하나로서, 다른 사회제도와 구별될 수 있는 특유의 사회적 기능을 갖는다.

② 특수대상층의 복지뿐만 아니라 사회 전체 성원의 안녕을 추구한다.

③ 사회성원의 안녕은 그들의 사회적 욕구를 충족시킴으로써 증진된다.

④ 인간생활을 향상시키려는 제반시책과 노력을 포함한다.

⑤ 사회질서를 유지하고 사회 안정을 도모하는 수단이 된다.

1.2. 사회복지의 주요 기능

모든 사회가 공통으로 수행해야 하는 주요 기능은 곧 사회복지의 주요 기능이라 할 수 있다.

〈사회복지의 주요 기능〉

생산·분배·소비의 기능	사회화의 기능	사회통제의 기능	사회통합의 기능	상부상조의 기능

1) 생산·분배·소비의 기능(경제제도)

재화와 서비스를 생산하고 분배하고 소비하는 과정과 관련된 기능을 말한다. 가족, 이웃 등 지역공동체가 수행하는 전통사회와 달리 지식정보화시대, 세계화 시대의 현대사회는 국내외 기업들, 정부를 위시한 각종 전문기관, 종교단체, 교육기관 등에 의해 이 기능이 수행된다.

2) 사회화의 기능

사회화(socialization)란 사회가 향유하고 있는 일반적 지식, 사회적 가치, 행동양태를 그 사회구성원들에게 전달하는 과정을 의미한다. 사회화의 가장 일차적인 제도는 가족제도이며, 부모→ 학교→ 종교기관→ 직장으로 전달된다.

3) 사회통제의 기능(정치제도)

사회통제(social control)란 사회의 규범에 순응하게 하는 것이고, 사회규범이란 구성원들이 지켜야 할 법이나 규칙 등을 가리킨다. 강제력이 없다면 사회해체(social disorganization) 현상이 발생하기 쉽다. 사회통제를 수행하는 일차적인 기관은 정부이고, 가정, 학교, 종교기관과 사회기관들은 부분적으로 이를 수행한다.

4) 사회통합의 기능

사회통합(social integration)이란 사회체계를 구성하는 사회단위 조직 간의 관계와 관련된 기능을 말한다. 사회통합에 필요한 사회적 가치와 규범을 만들어내는 사회조직은 가정, 학교, 사회단체 등이다. 오늘날 정치적, 사회적, 경제적으로 급격한 변화를 경험하고 있는 상황에서 사회통합의 기능이 강조되는 경향이 있다.

5) 상부상조의 기능

상부상조란 이상의 주요 사회제도에 의해서도 욕구를 충족할 수 없는 경우에 필요한 사회적 기능으로서, 전통사회나 후진사회에서는 일차적 집단에 의해 기능이 수행되었으나, 산업사회 이후에는 정부나 민간 사회복지단체, 종교단체, 경제단체, 자조집단 등이 주로 수행한다.

1.3. 사회복지의 출발 동기

사회복지가 출발한 가장 보편적이고 기본적인 동기들에 대해 알아야 하고, 그 특징을 아는 것이 사회복지 이해에 도움이 된다. 사회복지는 어떤 동기에서 출발하는가?

1) 측은지심

측은지심의 장점으로는 순수성과 자발성 등을 말할 수 있으나, 이것은 주는 자의 일방적 행동에 가까운 것으로 효과성 면에서 떨어지고, 우월감과 수치심을 유발하게 될 우려가 있다.

2) 상부상조

가장 오래된 보편적 동기 중 하나로서 주는 자와 받는 자가 쌍방향의 원조행위를 하는 형태인데, 현대사회의 개인주의적 문화적 추세는 상호부조의 약화 가능성을 보이고 있다. 사회복지제도는 상호부조의 원리에 근거하고 있고, 국가 복지로부터 복지 주체의 다양화를 강조하는 추세로 볼 때 가족 등의 비공식적 상호부조의 회복 가능성을 본다.

3) 종교적 의무

일반 종교의 교리는 어려운 사람들에 대한 사회적 책임(자선, 인도주의, 이타주의)을 강조하는데, 종교적 동기에 비롯된 자선은 받는 사람보다는 주는 사람의 행동과 태도에 비중을 둔다. 한국은 다종교사회로서, 종교의 의무가 강조될 경우 종교 간의 교리의 차이점으로 인한 가치관의 혼돈이 우려된다.

4) 정치적 배려

국가가 정치적 이유로 사회복지제도를 발전시키는 목적으로는 ① 정치적 권력을 획득하거나 유지하기 위해, ② 사회불안을 회피하기 위해, ③ 정치적 부산물 등을 들 수 있다. 정치적 배려에 의한 사회복지의 동기에는 표면적 목적과 이면적 목적 사이의 간극이 상대적으로 크다.

5) 경제적 이득

경제적 이유를 우선적으로 고려하여 사회복지제도를 시행하게 되면 사회복지제도에 미치는 효과가 긍정적일 수도 있고(문제 해결 비용의 효율성 제고) 부정적일 수도 있다(인간의 도덕적 해이 조장, 이타적 자선사업과 이기적 기업 활동의 상생의 어려움).

6) 이데올로기 명분

Ideology는 개인, 집단 및 문화의 특성을 규정짓는 사고방식이나 사고 내용을 말한다. 사회복지가 중시하는 대표적 가치는 자유, 평등, 박애이다. 자유를 강조하면 이타주의, 평등을 강조하면 평등주의, 그리고 인간의 존엄성과 박애를 강조하면 인도주의가 된다.

1.4. 사회복지의 유사개념

1) 사회사업(social work)

인간관계에 대한 과학적 지식과 기술을 활용하여 개인·집단·지역사회로 하여금 사회적 혹은 개인적 만족과 자립성을 갖도록 돕는 전문적 서비스를 말한다. 그러므로 앞에서 언급한 사회복지의 정의에 비추어보면 사회복지는 전문 소셜워크보다 넓은 의미를 가진다.

2) 사회보장(social security)

개인 및 가족이 질병, 실업, 사망, 노령, 사고 등의 이유로 경제적 또는 사회적 위기에 빠지는 경우 국가가 취하는 보호조치를 말한다. 사회보장이란 용어는 1935년 미국의 '사회보장법'에 연유하며, 1942년 영국 베버리지 보고서가 공표된 이후 널리 사용되었다. 사회보장의 종류에는 사회보험, 공공부조, 사회복지서비스 등이 있다.

3) 사회적 서비스(social services)

영국에서 많이 사용되는 용어이다. 사회적 서비스는 사회부조, 사회보험, 아동복지, 교정, 공중보건, 교육, 오락, 노동보호, 주택제공 등을 포함하는 매우 광범위한 개념이다. 사회적 서비스는 인적자원의 보존, 보호개선을 직접적인 목적으로 하는 조직화된 활동이다.

4) 사회복지서비스(social welfare services)

이 말은 사회복지 사업이라는 용어와 함께 우리나라와 일본에서 사용하는 용어이다. 이것은 사회복지라는 제도적 틀 안에서 제공되는 개별 사회서비스이다. 우리나라 사회복지사업법 제2조에서 사회복지사업이라 함은 "다음 각 목의 법률에 의한 보호, 선도, 또는 복지에 관한 사업과 사회복지 상담, 부랑인 및 노숙인 보호, 직업보도, 무료숙박, 지역사회복지, 의료복지, 재가복지, 사회복지관 운영, 정신질환자 및 한센병력자 사회 복귀에 관한 사업 등 각종 복지사업과 이와 관련된 자원봉사활동 및 복지시설의 운영 또는 지원을 목적으로 하는 사업"을 말한다.

5) 사회안전망(social safety-net)

모든 국민을 실업, 빈곤, 재해, 노령, 질병 등의 사회적 위험으로부터 보호하기 위한 제도적 장치를 말한다. 1997년 IMF 외환파동 이후 국가적 관심을 끌게 된 개념이다. 공공 사회안전망과 이것의 부족한 부분을 보완하기 위해 민간 사회안전망(사회복지단체, 시민단체, 종교단체, 직능단체 등)이 연계되어 사회안전망을 전개하게 된다.

2. 사회복지제도의 분류

사회복지 개념을 정의할 때나 사회복지제도를 분류할 때 가장 많이 활용되는 견해는 윌렌스키와 르보(Willensky & Lebeaux)의 개념으로서 크게 잔여적 복지와 제도적 복지로 나뉜다.

2.1. 기능에 따른 사회복지제도 구분

1) 잔여적 복지(미시적 개념)

협의적 개념으로서, 가족이나 시장경제가 제 기능을 원활히 수행치 못할 경우에 파생되는 문제를 보완하고 해소하기 위한 제도이다. 잔여적 복지의 속성은 일시적, 임시적, 보충적이다. 특징으로는 간섭받지 않을 자유, 개인주의, 시장경제 등을 들 수 있고, 빈곤의 책임이 개인에게 있음을 주장하며, 국가의 책임을 최소화하는 선별주의, 그리고 낙인문제가 발생할 수 있다는 등의 특징을 가진다.

예) 구빈법에 근거한 공적 구빈제도와 민간에서 실시된 자선사업(종교적 동기), 박애사업(인도적 동기), 공공부조, 의료보호.

2) 제도적 복지(거시적 개념)

광의적 개념으로서, 가족과 시장경제의 과도 혹은 부족분을 보충하여 사회유지를 위한 필수적 기능을 수행하는 제도이다. 사회복지의 혜택을 받는 것은 정상적인 것으로서, 자선이나 시혜가 수반하는 낙인이나 수치, 응급처치적인 요소를 수반하지 않는다. 특징으로는 빈곤에 대한 사회적 책임을 강하게 인식한다는 점, 국가의 책임을 증대시키는 보편주의, 그리고 예방과 재활이 제도화된다는 점 등을 들 수 있다.

예) 사회보험제도: 연금제도, 고용보험, 산업재해보험, 건강보험.

2.2. 예외주의와 보편주의

1) **예외주의**: 사회문제의 예외적, 개별적 발생 가능성을 강조한다.

2) **보편주의**: 사회 구조적 결함으로 인하여 광범위하게 발생한다.

2.3. 사회복지 대상에 따른 분류

1) **잔여적 혹은 예외주의**: 특수집단이나 계층(예, 빈민, 노인, 장애인, 소년소녀가장)

2) **제도적 혹은 보편주의**: 국민 전 계층

3. 사회복지의 구성요소

〈사회복지의 구성요소〉

사회복지의 구성요소에는 인간이 가진 욕구, 자원(또는 서비스), 그리고 전달체계가 있다. 이것들 하나하나는 사회복지의 다양한 체계와 어떻게 연결되는지 차후 보다 자세히 들여다볼 필요가 있다. 여기서는 개론적으로 살펴본다.

3.1. 욕구

인간이 가진 욕구에 대한 대표적인 이론은 욕구의 강도와 중요성에 따라 5단계로 분류한 매슬로우의 욕구단계이론이다. 욕구는 크게 나누면 기본욕구와 사회적 욕구로 구분한다.

① 기본욕구는 모든 인간에게 공통적인 욕구로서 인간성의 유지에 필수적이며 해결을 목적으로 하는 사회적 서비스의 양과 질에서 일정한 수준이 정해지는 욕구인데, 이 기본욕구는 사회복지서비스가 해결하려는 일차적 대상이다.

② 사회적 욕구는 발생한 욕구불만을 해결하는 데 개인차원에서 여의치 못하면 집단적 원조체계를 가동하게 되는데, 이 과정에서 사회복지가 등장하게 되고, 사회적 욕구는 사회복지서비스에 의해 해결될 수 있다. 현대사회의 구조적 특성으로 인해 일어나는 대량실업, 직업병, 환경오염, 교통사고, 이혼증가, 성인병, 노인빈곤 등과 같이 산업화 이전에는 볼 수 없었던 것들은 인간성 상실이라는 중대한 위기에 처해 있는 사람들을 겨냥하기 때문에 이것들의 해결에 이윤추구가 끼어들면 안 된다.

3.2. 자원

사회복지대상자의 사회적 욕구를 충족시키거나 그들이 당면한 문제를 해결해주기 위한 수단을 가리키는 말인데, 사회복지학에서는 '서비스'라고 한다.

서비스를 구분하는 방법으로는 ① 유형자원과 무형자원, 인적자원과 물적 자원, ② 정부(공공) 자원과 민간 자원, ③ 자원 제공자의 제공 동기를 기준하여 수급자의 권리에 대한 의무수행과 제공자 측의 선의 표시 등으로 나눈다.

사회복지에서 정부와 민간 부문의 역할은 ① 대상자를 찾고, ② 그들에게 필요한 서비스를 제공하며, ③ 서비스가 제대로 전달되는가를 확인하는 활동을 하는 것이다.

3.3. 전달체계

사회복지서비스의 전달체계는 사회복지의 기관, 시설, 단체, 중앙과 지방의 공·사 조직으로 구성된다. 모든 공·사 기관들은 정부의 정책 혹은 민간기관의 방침에 따라서 클라이언트에게 어떤 성질의 서비스를 제공하느냐를 결정한다. 서비스 효과를 극대화하려면 서비스 전달체계가 제대로 작동해야 한다.

사회복지서비스 전달체계를 구축하는 데 있어 행정구조적 측면에서 고려해야 할 기본 원칙에는 ① 기능분담의 체계성 원칙(systematic functions ditribution), ② 전문성에 따른 업무분담의 원칙(job ditribution), ③ 책임성(accountability), ④ 접근 용이성의 원칙(accessibility), ⑤ 통합조절의 원칙(coordination), ⑥ 공동체 참여의 원칙(community participation), ⑦ 조사 및 연구의 원칙 등이 있다.

서비스제공자의 측면에서 볼 때 하부 전달체계에서 지켜야 할 원칙에는 ① 평등성의 원칙(equality), ② 재활 및 자활(self-support) 목표, ③ 적절성의 원칙(appropriateness), ④ 포괄성(comprehensiveness), ⑤ 지속성의 원칙(continuity) 등이 있다.

4. 사회복지의 가치와 윤리

가치란 믿음과 같은 것으로서, 좋고 바람직한 것에 대한 지침이다. 가치는 개인의 행동과 태도에 결정적인 영향을 미치는 믿음이나 신념이다. 사회복지에서 가장 기본적인 가치는 인간에 대한 확고한 신념이며 신뢰이다.

4.1. 사회복지의 가치와 윤리의 비교

1) 가치 1: 올바른 것, 선한 것에 관한 원칙이나 선택적 결정을 위한 지침
   윤리 1: 이러한 가치를 기반으로 하여 사람들이 현실 생활에서 실행하게 되는 행동상의 규율
2) 가치 2: 보편적이고 관념적인 체계
   윤리 2: 가치와 일치된 행위로 이끄는 행동상의 규칙들
3) 가치 3: 무엇이 좋고 바람직한가에 관심을 두는 것

윤리 3: 무엇이 옳고 정확한 것인가에 대한 구체적 행동지침을 다루는 것

4.2. 사회복지의 가치의 역할

① 사회복지가 그 사회에서 담당해야 할 근본적인 임무와 목표를 제시한다.

② 사회복지사나 사회복지기관이 사회복지실천 활동 속에서 구체적으로 어떠한 종류와 성격의 사회적 관계들을 형성해 나가야 할지를 제시하여 준다.

③ 사회복지사가 실천과정에서 선택할 수 있는 다양한 실천 대안들 가운데 무엇이 가장 바람직한 개입방법인지를 선택하는 데 직접적인 영향을 미친다.

④ 사회복지사가 지향하는 가치는 그들이 실천과정에서 직면하는 다양한 윤리적 교착상태와 갈등을 분석하고 해결하는 데 있어 가장 중요한 이론적 자원이 된다.

4.3. 윤리적 딜레마와 윤리적 결정

윤리적 딜레마(ethical dilemmas)는 주요가치에 기반을 두고 있는 전문직의 실천과정 중 의무와 임무들이 상충하는 상황에서 발생하는 것을 말한다. 로웬버그와 돌고프의 윤리적 원칙 스크리닝에서는 원칙 1이 원칙 2에 우선한다.

① 생명보호의 원칙: 사람들은 기본적 욕구(특히 생명의 보호)를 충족시키며 살 권리가 있다.

② 평등과 불평등의 원칙: 사람들은 공정하고 평등한 치료를 받을 권리가 있다.

③ 자율성과 자유의 원칙: 사람들은 자유로운 선택과 자유를 가질 권리가 있다.

④ 최소 손실의 원칙: 사람들은 피해를 최소한도로 겪거나 혹은 겪지 않을 권리가 있다.

⑤ 삶의 질의 원칙: 사람들은 훌륭한 삶의 질을 추구할 권리가 있다.

⑥ 사생활 보호와 비밀보장의 원칙: 사람들은 사생활과 비밀을 보장받을 권리가 있다.

⑦ 진실성과 정보개방의 원칙: 사람들은 진실 및 가능한 정보 전부를 이해할 권리가 있다.

- 나가며 -

이 장에서 우리는 사회복지의 개념과 복지의 구성요소들을 개략적으로 살펴보았다. 특히 사회복지의 가치와 윤리는 제2장의 "구약과 신약에 나타난 사회복지사상"의 내용과 비교해 볼 때 일반사회복지의 본질적인 것이 성경에서 나왔다는 것은 부인할 수 없다.

그러므로 일반사회복지에 대한 깊고 넓은 지식을 원하는 학도들은 누구나 기독교사회복지에 대해 관심을 가지고 성경의 복지사상과 교회사에 나타난 사회복지의 발전과정을 함께 연구하는 것이 필요하다. 다음 글에서는 기독교사회복지의 개념에 대해 개괄적으로 살펴보려 한다.

Ⅱ. 기독교사회복지란 무엇인가?

사회복지와 관련한 한국교회의 대응과 연구는 대개 세 가지 형태로 나타나고 있다. 첫째는 교회와 사회를 이분화하는 태도를 가지고 교회는 복음전파에만 전념해야 한다는 것으로, 사회복지의 문제를 사회구조적인 문제가 아닌 개인의 문제로 보는 것이다. 둘째는 교회 성장을 위한 수단이자 일종의 프로그램으로 사회복지개념을 수용하는 것이고, 셋째는 복지문제를 교회의 본질과 관련해 이해하는 것이다

여기서는 제1장(사회복지란 무엇인가)에 이어 기독교사회복지의 의미와 목적, 기독교사회복지가 가지는 원칙과 가치, 그리고 기독교사회복지의 한계 등을 살펴본다.

1. 기독교사회복지의 의미

기독교사회복지란 기독교인이나 교회, 기독교 단체들이 지역사회에서 이웃사랑을 실천하기 위하여 자선적, 교육적 또는 다른 가치 있는 활동들을 위해 자신의 시간이나 재능을 자발적으로 제공하는 기독교적 실천 활동이나 정책을 말한다. 그러므로 기독교사회복지란 기독교의 근본정신인 이웃사랑에 대한 실천 활동이라고 이해할 수 있다.

이것의 신학적 기초는 하나님의 그의 백성들을 향한 사랑의 표현 가운데서 찾아볼 수 있다. 하나님이 보여주신 사랑의 극치는 인간을 사랑하사 독생자 예수 그리스도를 인간의 모습으로 보내심과 인간을 위해 죽게 하심이며, 예수 그리스도의 말씀과 행동으로 더욱 구체적으로 보여주셨다. 이렇게 보면 기독교사회복지와 일반사회복지는 그 내용에 있어 많은 차이점이 있다.

사회복지가 사회의 사업(social work)이라고 한다면, 기독교 사회복지는 하나님의 사업(God's Work), 하늘의 사업(Heaven's Work), 거룩한 사업(Holy Work)이고, 동시에 기독교 사회복지는 인간을 영생으로 인도하고 하나님의 형상을 회복하려는 일련의 구원사업(Salvation Work)이다. 또한, 사회사업이 베푸는 사랑을 통해 이루어진다면 하나님의 사업은 나눔의 사랑, 섬김의 사랑으로 이루어지는 것이다.

그러므로 기독교사회복지란 기독교의 근본정신인 이웃사랑과 복지와 헌신을 통해서 세상 가운데 열악한 처지에서 살아가는 사람들의 물질적, 신체적 정신적 고통을 양적 질적으로 완화시키고 생활상의 곤란을 개선시켜줌으로써 그들의 삶의 질을 향상시키고 성경적 정의를 실천하며 상실된 하나님의 형상을 회복시키려는 기독교인들의 제도적이고 체계적인 노력이자 가치체계라고 할 수 있다.

2. 기독교사회복지의 목적

포괄적인 관점에서 볼 때 기독교 사회복지는 하나님의 뜻을 이루는 데 궁극적인 목적이 있다. 창조주이시며 섭리의 주이신 하나님은 모든 피조물이 하나님의 창조 목적에 합당하게 살아가기를 원하신다. 기독교 사회복지는 경제적인 여유가 있는 사람들이 가난한 사람들과 물질을 나누고, 정치적인 힘을 행사할 수 있는 사람들이 그렇지 못한 사람들을 위해 정의를 행하며, 건강한 사람들이 심신장애를 가진 사람들의 손과 발이 되어 줌으로써 인간을 구원하시고 돌보시는 하나님의 섭리의 역사에 동참하는 것이다.

종합해 보면 기독교 사회복지와 일반사회복지는 서비스의 내용과 그것의 수혜자는 물론 이러한 서비스의 일차적인 목표에 대해서도 서로 비슷한 견해를 가지고 있음을 알 수 있다. 그러나 각자가 추구하는 궁극적인 목적에서는 분명한 차이를 보인다. 즉 기독교사회복지가 결핍된 인간을 돕거나 사회제도의 개선을 통해서 피조세계를 섭리하시는 하나님의 뜻을 성취하는 것을 복지의 목적으로 한다면, 일반사회복지는 인간의 결핍을 보상하는 것 자체에 목적을 둔다. 그러므로 일반사회복지가 보상과 정의의 차원에서 하는 일을, 기독교 사회복지는 하나님의 섭리에 순종하는 질서로 이해하며, 일반사회복지가 목적으로 하는 것을 기독교 사회복지는 하나님의 영광의 차원에서 해석한다.

3. 기독교사회복지의 원칙과 가치

기독교사회복지의 동기는 아가페 사랑이다. 기독교의 다양한 사회복지와 섬김은 예수님 자신의 말씀과 행위에 기초한다. 인간을 창조하신 하나님은 곤경에 처한 사람들을 불쌍히 여기시며 그들에게 긍휼을 베푸시는 분이다. 나아가서 그는 인간이 당하는 모든 불행의 원인까지도 직접 담당하고자 인간의 세계로 내려오셔서 죄와 악을 대적하여 이기신 분이다. 예수님은 이러한 생애와 사역을 통해서 고통받는 인간들 가운데서 하나님의 나라를 확장하려고 하셨다.

따라서 예수 그리스도를 통해서 나타난 '사랑'에서 시작되는 기독교사회복지, 곧 '디아코니아(Diakonia)'는 인본주의적인 동기에서 출발하는 박애정신이나 자선활동과는 구분된다. 모든 사람은 하나님의 형상대로 창조되었기에 그의 사랑 받기에 합당한 존재이다. 그런 의미에서 또한, 인간은 서로 사랑하며 살아야 하되, 특히 사랑이 요구되는 자들을 돌아보아 비인간적인 상태에서 벗어나게 하는 것이다.

사회복지에서 가치의 개념은 매우 중요하다. 사회복지의 실천은 가치를 기반으로 동기화되거나 기능화된다. Friedlander는 사회복지의 기본적인 가치관을 다음과 같이 제안하였는데, 이는 기독교 사회복지 원칙으로 수용되고 있다.

첫째, 개인존중의 원리로, 모든 사람은 인간으로서의 가치, 품위 존엄을 가진다.

둘째, 자발성 존중의 원리로서, 개인이 무엇을 요구하며 그것을 어떻게 충족할 것인가를 자기 스스로 결정할 권리를 가진다(자기 결정의 원리).

셋째, 기회균등의 원리로, 모든 인간에게 균등한 기회를 제공한다(각 사람의 능력에 따라 제한될 수 있다).

넷째, 사회연대의 원리가 있으며, 이는 자기 자신, 가족 및 사회에 대해 책임을 가지는 것을 의미한다(상호부조의 원리).

〈기독교사회복지의 원칙〉

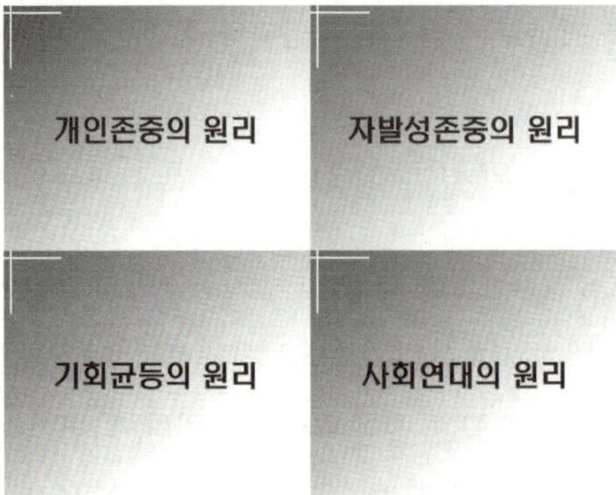

이러한 원리 이외에 한국적인 상황에서 계승하고 기대해야 할 사회복지의 가치들로서 인간존중의 사상, 상부상조의 공동체 의식, 자유와 평등사상, 복지국가주의, 국가적 효율성 등을 들 수 있다. 따라서 개개인이 상부상조하여 건강한 공동체를 세우고 나아가서 그러한 사회와 국가를 건설하기 위해 노력해야 한다는 것이 기독교 사회복지 원칙이다.

4. 기독교사회복지 관련 개념들

기독교사회복지와 관련된 개념들을 정립하려면 우선 기독교와 교회라는 범주로 나누고 사회복지, 사회봉사, 사회선교, 사회목회 등의 범주를 배합할 필요가 있다.

4.1. 기독교사회복지 관련 개념들

1) 기독교 사회복지(Christian Social Welfare)

기독교적 이념을 통하여 사회적 책임하에 사회문제에 대한 해결이 이루어져 국민의 행복을 보장하는 것이다.

2) 기독교 사회사업(Christian Social Work)

기독교인이 기독교적 신념과 가치관을 가지고 기독교 이념을 구현하기 위하여 실천하는 사회사업으로 교회사회사업보다 폭넓은 개념이다.

3) 교회 사회봉사(Christian Social Service)

교회의 교인들이 자신들의 종교적 신념과 신앙체계를 행동적으로 표현하기 위해 교회라는 기관을 중심으로 사회(지역사회)를 대상으로 하는 구제(relief), 개발(development), 옹호(advocacy) 등의 봉사를 의미한다.

4) 기독교 사회목회(Christian Social Ministry)

교회의 목회자들이 교인뿐만 아니라 지역사회를 목회의 대상으로 삼아서 행하는 사회봉사를 말한다.

5) 사회선교(Social Mission)

교회의 사회봉사를 선교적 차원에서 이해하려는 개념이다. 교회의 선교적 기능에서 전도는 복음의 선포이고 봉사는 선포된 복음의 사회적 실천으로 이해되고 있다.

사회복지가 제도적 측면을 강조하는 광의의 개념이고 사회사업은 실천기술을 강조하는 협의의 개념임을 감안할 때, 교회 사회복지나 기독교 사회사업은 어울리지 않는 용어로 보인다. 선교나 목회라는 용어는 이미 기독교적 의미를 포함하고 있기 때문에 여기에 기독교나 교회의 용어를 붙여서 쓰는 것도 정확한 용어가 아니다.

이렇게 본다면 기독교 사회복지와 교회 사회사업, 기독교 사회봉사, 교회 사회봉사라는 용어들이 적합할 것이다. 하지만 봉사라는 용어가 너무 추상적이고 광범위한데다가 봉사의 주체와 방법이 전문적이지 않음을 고려한다면 기독교 사회복지와 교회 사회사업이 대표적 용어가 될 것이다. 실제로 두 용어가 같은 듯 다르게 학계와 실천현장에서 혼용되어 사용되고 있다.

5. 기독교사회복지의 관심분야

5.1. 기독교사회복지에 대한 이론 정립

그동안 기독교 사회복지 관련 학자들의 연구들이 주로 성경에 입각한 기독교복지실천의 당위성 연구라든지 기독교계의 사회복지 실태조사, 교회에서 실시하는 사회복지의 유형과 사회복지적 이해, 그리고 분야와 대상에 따른 연구나 실천방법에 대한 것들이 대부분이었다. 따라서 현재에 와서는 많은 다양한 논의가 개진되고 있음에도 기독교 사회복지학에 대한 준거틀의 정립과 기독교 사회복지학의 이론을 세우는 기초연구는 계속 요청되고 있다.

5.2. 인간과 인간의 고난

기독교 사회복지학은 기본적으로 인간의 결핍과 고난에 주목하되 전인적 인간이해의 관점에서 원인을 살피고, 기독교적 관점에서 해결점을 찾는다. 전인적 인간이해를 갖는다는 것은 인간이 육적 존재일 뿐 아니라 영적 존재라는 인식에서 비롯된다. 여기에 인간은 사회적 존재로서 어떤 형태의 고난에 처하든 그것이 삶의 전반에 영향을 미친다. 따라서 인간 이해에 관한 전인적, 기독교적 관점은 기독교사회복지에 있어 꼭 필요한 준거틀이다.

5.3. 사회구조와 환경

기독교 사회복지는 어려움 가운데 있는 성도 개개인을 찾아가 돌보는 개별적인 방법으로 수행할 수도 있지만, 비인간적인 사회구조와 환경 등 보다 큰 문제에 대해서도 관심을 가져야 한다. 이 경우 교회의 사회적 책임은 사회봉사(social service)와 사회행동(social action)으로 나눠진다. 일반적으로 사회봉사가 사회현상의 결과를 다룬다면 사회행동은 그 원인을 다룬다.

그러나 사회봉사와 사회행동을 엄격히 구분하는 것은 무리이기도 하다. 왜냐하면, 철저한 사회봉사는 필연적으로 정치적 의미를 갖게 되고, 성실한 사회행동은 이타주의적 헌신을 기본으로 하기 때문이다. 그럼에도 불구하고 보편적으로 사회봉사는 기독교적 의무로 받아들여지고 있으나 사회행동에 대해서는 민감한 이론이 제기되어 왔다.

구제와 육체적 봉사는 권장해야 하겠지만 인간을 비인간화시키는 사회구조와 환경을 변화시키는 활동은 어디까지 가능한가 하는 문제이다. 비인간화의 원인을 제거하거나 변화를 시도하려면 교회 안팎에 긴장을 조성하고 마찰을 일으킬 수 있기 때문이다. 그럼에도 불구하고 사회의 구조적인 문제와 생활환경 개선에의 관심은 이미 오래전부터 기독교 사회복지가 활발하게 이루어진 나라들에서처럼 우리나라에서도 더욱 요청될 것이다.

6. 기독교사회복지의 한계

6.1. 사회복지의 한계와 기독교사회복지의 개입

앞선 논의를 통해 우리는 원래 사회복지는 하나님의 의도를 이 땅에 분명하게 구현하기 위해 예수 그리스도의 인격과 사역에 기초하여 시작된 학문이라고 말할 수 있다. 그럼에도 불구하고 초기에는 복지제공의 주된 주체로 역할을 수행하던 교회나 기독교사회복지가 외부의 다원화된 변화와 내부적인 문제로 그 정체성을 상실하고, 이후 사회복지 제공의 주체를 국가에 내어주고 보조역할을 하는 소극적 주체가 되었음은 주지하는 바이다.

그러나 1960년대 이후 세계교회협의회와 세계복음전도대회를 중심으로 한 진보와 보수 양 진영의 계속되는 교회의 사회책임 강조에 이어 20세기 종반부에 들어서면서 드디어 우리나라에서도 기독교사회복지가 집중된 학문적, 교회적 관심을 받게 되었다. 그 결과로 나타난 첫 번째 현상은 사회복지의 한계를 지적하고 기독교사회복지 개입의 필요성을 강조한 것이다.

예컨대 사회복지가 인간의 존엄성과 자기 결정권, 균등한 기회, 사회적 책임을 강조하지만, 그것만으로는 인간의 문제를 포괄적으로 다룰 수 없다는 것이다. 보다 심각한 논의는 사회복지 종사자가 철저한 희생과 사랑에 기초하지 않고 인본주의적이며 기술중심의 사역을 실천한 데서 오는 사명감의 결여나 중도 포기 그리고 사회복지를 생계의 수단으로 인식하는 것 등에 있다. 그렇다면 한국교회의 기독교사회복지 수행에는 아무런 문제가 없는가?

6.2. 기독교 사회복지와 한국교회의 문제

일반적으로 한국교회는 사회문화와 관련해서는 보수적인 입장, 즉 가난의 문제를 포함한 여러 사회적 이슈를 사회구조적인 문제로 보기보다는 개인적인 문제로 간주해 교회의 사회복지에 대한 인식과 참여는 소극적인 경향을 보여 왔다. 최근 들어 많은 교회가 다양한 사회문화적 이슈와 복지문제에 관심을 가지고 있지만 그렇다 하더라도 실제 어디서부터 무엇을 해야 할지 몰라 제대로 참여하지 못하고 있다.

사회문제가 복잡해지고 사람들의 욕구가 다양해짐에 따라 중앙집권적인 가톨릭교회와 달리 개교회 중심의 개신교회는 사회복지사업에 체계적이고 효과적으로 개입할 수 있는 제도적이고 조직적인 시스템이 부족하다고 지적되고 있다. 개신교회가 선(先)성장, 후(後) 봉사의 입장에서 개교회의 성장에 더 많은 관심을 기울인 데 그 원인이 있다는 것은 옳은 진단이다.

교회가 사회적 책임에 관한 관심을 분명히 하여 사회참여를 시도하는 데에는 제도적인 문제만 아니라 이념적으로도 어려움이 있다. 일반적으로 개인관계의 기초는 사랑이지만 복잡한 조직으로 구성되어 있는 사회에서 조직관계의 기반은 정의라고 할 수 있다. 기독교사회복지는 작고 친밀하며 비공식적인 집단에는 잘 적용되지만, 크고 복잡하고 공식적인 조직체에는 잘 적용되지 못하는 속성이 있다. 그래서 교회는 사랑이나 자기실현 등 개인의 복지문제에는 민감하게 반응하지만, 사회적 조건을 변화시켜 전 피조물의 평화를 이룩하고자 하는 데에는 그다지 노력을 기울이지 않는다. 그러므로 실제로 아주 진보적인 교회를 제외하고는 지역교회가 직접 사회참여의 주체로 나서기는 쉽지 않다.

최근 교인들의 수평 이동이 잦아지면서 그 원인을 찾는 한 연구를 보면 수평이동교인의 교회선택 요인 중 가장 높은 비율은 '담임목회자의 설교'(31.6%)였고, '교회의 사회참여 및 봉사' 항목은 1.4%에 불과하였다. 이것은 두 가지를 시사한다.

첫째, 교회가 사회복지를 교회의 본질로서가 아니라 성장의 수단으로 활용하는 것은 바람직하지 않을 뿐 아니라 효과도 적다. 둘째, 교회의 사회복지 노력은 목회자의 설교를 비롯한 전통 직무와 연계하여 통전적으로 추구하지 않으면 실효를 거두기 힘들다. 담임목회자나 예배사역자의 기독교 사회복지에 대한 관심유무와 관심수준의 차이는 그것들이 자연스레 그들의 설교와 예배에 배어 나올 수 있다는 점에서 유의미한 관계를 갖는다고 봐야 할 것이다.

기독교 사회복지 이론의 정립이 늦어진 이유 중의 하나로 슐라이엘마허가 실천신학의 연구영역에서 전통직무를 기독교 사회복지를 뺀 예배, 설교, 교육, 목회로만 한정지은 것을 들 수 있다. 그것은 전통 직무의 각 구성요소, 특히 말씀의 선포(케리그마), 교제(코이노니아), 봉사(디아코니아)가 모두 교회의 사명과 본질을 드러내는 요소임에도 교회의 사명은 오직 말씀선포를 통해 복음을 전파하는 것이고, 사회의 제 문제는 교회의 본질과는 구별된 것이라는 대다수 보수적인 한국교회의 인식과 무관하지 않다. 기독교 사회복지가 케리그마와 마찬가지로 엄연한 교회의 본질이자 사명이라는 논의가 많았던 것은 그런 이유에서다.

하지만 그동안 분리되었던 양자를 연계하여 통전적으로 이해하며 서로 어떻게 상호작용을 하고 무슨 상승작용이 있을지에 대한 관심은 많지 않았다. 그러므로 한국교회의 제도, 이념, 직무구조 등에서 나타난 기독교 사회복지의 한계를 극복하기 위한 전통적 직무와 기독교 사회복지와의 연계를 제안한다.

- 나가며 -

앞에서 우리는 기독교사회복지의 이모저모를 찾아보며, 일반사회복지와의 관계를 함께 생각해 보았다. 기독교사회복지의 최전선에서 영적 싸움을 싸우고 있는 목회자와 지역교회 성도들의 노력이 절실히 필요하다. 이를 위해 김재수(2008)의 몇 가지 제언을 여기에 소개한다.

첫째, 교회의 사회복지가 신학적으로 정립되어야 한다. 교회에서 행해지고 있는 사회복지 프로그램이 선교의 방편으로 여겨 행하는 경우가 많으며 선교성과가 보이지 않으면 언제든지 중단함으로써 지역에 좋지 않은 영향을 미치고 있다. 또한, 교회는 사회복지활동을 선택으로 생각함으로써 소홀히 여기는 경향이 있다. 이에 교회의 사회복지에 대한 신학적 정립이 필요하다. 이제는 전통적 선교의 개념과 사회선교의 개념이 통합되는 통전적 선교를 지향하고 있으며 사회복지와 복지선교 그리고 교회사회봉사가 통전적으로 이루어져야 할 필요성이 있기에 이에 대한 신학적 정립이 이루어져야 한다.

둘째, 목회자로 하여금 교회의 사회복지에 대한 교육이나 연수를 받을 수 있는 제도가 마련되어야 한다. 이에 사회복지에 대한 신학적 정립과 아울러 목회자의 재교육으로 목회자가 사회복지를 접할 수 있는 제도가 마련되어야 한다.

셋째, 교회는 지역사회의 여러 기관과 협력하여 지역의 사회복지활동의 주된 역할을 감당하도록 교회 건물의 개방과 함께 행정적, 재정적, 인력적 지원체제가 이루어져야 한다.

넷째, 지역사회 안에서 개 교회별로 사회복지 활동이나 프로그램을 산발적으로 또한, 경쟁적으로 행하기보다 지역사회 내에서 교회의 사회복지협의회를 구성하여 지역과 개교회의 형편에 맞게 사회복지사업을 할 수 있도록 조절하며 협력할 필요성이 있다.

Ⅲ. 기독교사회복지는 일반사회복지와 어떻게 다른가?

기독교사회복지(Christian Social Welfare)는 기독교인이나 기독교 기관이 기독교적 신념을 가지고 수행하는 사회복지활동을 뜻한다. 기독교사회복지는 "기독교적 세계관과 정신을 가진 사람 또는 기관이 기독교의 다양한 생명자원을 동원하여 취약계층을 돕고 사회문제를 해결하며 인간의 삶의 질을 향상시키기 위해 실천하는 일체의 활동"(유장춘, 2002: 90), "기독교인들이 성경적 원리와 정신에 따라 인간의 삶이 평안하고 만족스럽게 영위되도록 도모하는 모든 노력"(이재서, 2013: 20), "창조-타락-구속이라는 관점에서 하나님의 형상을 회복하고 하나님의 나라를 확장하기 위한 체계적인 노력" 등으로 정의된다(박창우, 2014: 646).

이러한 정의에서 공통적으로 강조되는 것은 기독교사회복지가 기독교적 관점, 즉 '기독교 세계관(Christian Worldview)'에 근거하여 수행되는 복지활동이라는 점이다. 세계관이란 "한 사람이 사물들에 대해 갖고 있는 기본적 신념들의 포괄적인 틀"을 의미한다. 기독교 세계관의 핵심은 유일신이신 하나님의 창조, 인간의 범죄로 인한 타락, 예수 그리스도의 십자가 구속(救贖)이며, 이는 세상을 바라보는 "성경의 삼중 렌즈"라고 할 수 있다.

그런데 우리나라는 사회복지기관 중 기독교 기관이 차지하는 비중이 높고, 사회복지사 중에도 기독교인이 많은데(약 60%), 이들 대부분이 기독교 정신에 바탕을 두고 일한다고 말하지만, 기독교사회복지실천의 실제 모습은 일반사회복지실천과 크게 다르지 않은 것이 현실이다. 소명의식을 가진 일부 사회복지사들이 개인적 차원에서 기독교사회복지를 실천하고자 나름의 노력을 하고 있지만, 사회복지학의 과학성 및 객관성 확보라는 전제하에 대다수 기독교사회복지현장의 모습은 일반 사회복지현장과 별 다른 차이가 없고, 교회복지사역도 일반 사회복지실천에 기도나 찬양 등 종교적 형식을 일부 첨가하는 수준에 그치는 경우가 많다.

그렇다면 기독교사회복지와 일반사회복지는 어떻게 다른가, 그리고 어떻게 달라야 하는가? 기독교사회복지와 일반사회복지가 모든 면에서 완전히 다른 것은 아니다. 오늘날의 사회복지는 역사적으로 보면 기독교와 교회에 그 뿌리를 둔 것으로 기독교사회복지와 일반사회복지는 몇 가지 공통점을 가진다. 이 둘은 사회적 약자를 보호하고, 사회정의 실현을 위해 힘쓰며, 인간의 삶의 질 향상을 위해 노력한다는 점에서 동일하다. 사회복지서비스가 필요한 모든 국민을 대상으로 한다는 점에서도 차이가 없다. 기독교사회복지실천에서 인접 학문의 지식과 기술을 기독교 세계관으로 조망하여 활용할 수 있으므로 실천방법에서도 공통되는 부분이 있다(양혜원, 2007: 160-161).

그러나 기독교사회복지와 일반사회복지는 여러 측면에서 분명한 차이점이 있다. 먼저, 기독교사회복지의 사상적 근거가 예수 그리스도의 인격과 사역의 정신에 기초하는 것인데 비해, 일반사회복지는 보편적 인간애와 자유·평등 정신에 근거한다(양혜원, 2007: 161). 일반사회복지는 이념적 토대에 이웃사랑의 신학적 근거들이 결여되어 있는 것이다(김동춘, 2003: 306).

기독교사회복지와 일반사회복지는 인간관에도 큰 차이가 있다. 기독교에서 인간은 하나님의 형상을 따라 창조된 존엄한 존재이지만 동시에 죄로 인하여 타락한 존재이며, 자율적 존재이지만 하나님 앞에서 책임을 져야 하는 이중적 존재이기도 하다(양혜원, 2016: 171). 그러나 일반사회복지는 인본주의에 근거하여 인간을 근본적으로 긍정적이고 합리적인 존재이며, 전적인 자율성과 무한한 성장가능성을 가진 존재로 간주한다(양혜원, 2007: 161; 2016: 172).

궁극적 목적에 있어서 기독교사회복지는 인간을 하나님의 형상으로 회복시키고 우리 사회에 하나님의 나라가 확장될 수 있도록 하는 것이 그 목적인 데 비해, 일반사회복지는 인간다운 삶에 대한 보장과 인간의 행복 추구 자체를 목적으로 한다(김한옥, 2004: 37). 목적의 차이는 결국 실천현장에서 의사결정의 차이를 도출한다.

기독교사회복지와 일반사회복지는 이론과 실천방법에 차이가 있다. 기독교사회복지에서도 일반 사회복지나 인접 학문의 이론이나 실천방법을 활용할 수 있지만, 이를 반드시 기독교적 관점에서 비판적으로 고찰하여 활용 여부를 결정하고 재해석해서 적용해야 한다(양혜원, 2007: 163).

또한, 기독교사회복지에서는 기도, 찬양, 예배 등 기독교적 형식을 활용할 수 있다. 그러나 이러한 종교적 형식이 기독교사회복지실천에 반드시 포함되어야 하는 것은 아니고, 관련된 상황과 여건을 고려해서 적용해야 한다. 민간영역에서 당사자가 자발적으로 동의한다면 활용할 수 있지만, 공공영역에서 당사자의 자발성이 담보되지 않는다면 적절하지 않기 때문이다(박창우, 2013: 686-687).

기독교사회복지는 일반사회복지와 달리 교회 또는 기독교인의 재정적 지원으로 수행되는 것이 바람직하다. 사회복지의 목적, 방법, 대상, 내용의 결정에서 재원의 출처가 가지는 영향력이 크기 때문에 기독교 가치에 부합되는 사회복지실천을 위해서는 교회나 기독교인이 지원하는 재정을 사용하는 것이 합당한 것이다. 그러나 교회나 기독교인의 후원만으로 기독교사회복지를 실천하기에는 현실적 어려움이 있고, 기독교사회복지는 결국 모든 인간의 안녕과 복지를 위한 것이기 때문에 국가, 기업, 비영리민간단체 등 외부기관으로부터 재정적 지원을 받을 수도 있다.

위에 언급한 둘 사이의 공통점과 차이점을 도표로 보면 다음과 같다.

〈기독교사회복지와 일반사회복지의 공통점과 차이점〉

<table>
<tr><th colspan="2"></th><th>일반사회복지</th><th>기독교사회복지</th></tr>
<tr><td colspan="2">공통점</td><td colspan="2">① 사회적 약자 보호
② 사회정의 실현을 위해 노력
③ 인간의 삶의 질 향상을 위해 노력
④ 사회복지서비스를 필요로 하는 모든 국민이 대상</td></tr>
<tr><td rowspan="4">차이점</td><td>사상적 근거</td><td>- 보편적 인간애
- 자유·평등 정신에 근거</td><td>- 예수 그리스도의 인격과 사역의 정신에 기초</td></tr>
<tr><td>인간관</td><td>- 인본주의에 근거
- 근본적으로 긍정적 합리적 존재
- 전적 자율성
- 무한한 성장 가능성</td><td>- 하나님의 형상으로 창조된 존엄한 존재
- 죄로 인해 타락
- 자율적 존재이나 하나님 앞에서 책임져야 하는 존재</td></tr>
<tr><td>궁극적 목적</td><td>- 인간다운 삶에 대한 보장과 인간의 행복 추구</td><td>- 하나님 형상 회복
- 이땅에 하나님 나라 확장</td></tr>
<tr><td>실천방법</td><td>- 사회복지 전체 이론과 인접학문 활용.</td><td>- 인접학문 활용할 수 있으나 기독교적 관점으로 비판적으로 재해석, 적용함
- 기도, 찬양, 예배 등 활용</td></tr>
</table>

Ⅳ. 사회복지실천은 어떻게 발달되어 왔는가?

사회복지실천은 '사회복지'에 '실천'이 더해진 단어로서, 사회복지의 넓은 영역 중 실천적인 활동을 가리키는 말이다. 흔히 사회복지학을 분류할 때 사회복지조사론, 사회복지실천론, 사회복지실천기술론, 지역사회복지론, 사회복지정책론, 사회복지행정론, 사회복지법제론 등으로 세분하는 것을 보면, 사회복지학에서 실천론이 차지하는 비중을 알 수 있다.

사회복지실천을 어떻게 정의(定義, definition)하는가? 학자마다 시대마다 조금씩 다르지만, "사회복지실천은 개인, 집단, 지역사회를 대상으로 이들의 문제와 욕구를 스스로 해결하도록 도와주어 사회적 기능을 향상시키고, 나아가서는 이들의 삶의 질을 높이는 데 목적을 둔 종합적이고 전문적인 활동"으로 정의할 수 있다.

사회복지실천은 어떻게 발달되어 왔는가? 역사적으로 사회문제의 해결을 위해서 혹은 복음의 사명을 감당하기 위해서, 교회와 기독교인은 중요한 역할을 수행해 왔다. 더 나아가 서구사회의 사회복지 발전사를 뒤돌아볼 때 기독교는 수많은 전문적 사회복지 제도와 프로그램을 발전시켜왔다.

신약교회의 조직적인 사회구제 활동은 일찍이 1세기 초대교회에서 사도들이 일곱 집사를 임명하고 복음전도와 구제사업을 조직적으로 수행하면서 비롯되었다. 집사의 영어 deacon은 사회봉사를 뜻하는 diakonia에서 유래한 것이다. 집사는 일차적으로 봉사하는 직분이었다. 이후 A.D. 313년 기독교를 국교로 선언한 콘스탄티누스 황제는 모든 자선활동은 공적이든 사적이든 교회를 통해 이루어지도록 명령했다.

중세에 이르러 국가를 초월하는 권위를 지녔던 가톨릭교회는 오늘날 사회복지 시설의 기원이라고 할 수 있는 중세 수도원을 통해 자선을 베풀고 병자를 비롯한 사회적 약자들을 수용하고 보호했다. 중세 기독교인에게 있어서 자선은 종교적 의무이며 구제를 위한 헌금은 죄를 용서받고 구원을 확인하는 길로 여겨졌다. 자선행위는 칭송의 대상이었다. 중세시기 사회복지에 대한 국가의 역할은 현대와는 달리 보조적인 것이었으며 1차적 역할은 교회가 수행하는 것으로 여겨졌다.

자선을 통한 선행으로 구원에 이를 수 있다고 주장한 중세 가톨릭의 위선에 저항하여 1517년 종교개혁이 일어났다. Martin Luther를 비롯한 종교개혁자들은 구원은 오직 믿음에 의해서만 가능하고 선행은 하나님의 사랑에 대한 자발적인 표현에서 나온 행위라고 주장하면서, 교회는 영적인 분야를 관장하고 사회문제는 국가의 책임이므로 빈민에 대한 구제도 국가가 1차적 책임을 진다고 하였다.

하지만 교회와 기독교인의 사회봉사에 대한 John Calvin과 John Wesley의 견해는 Martin Luther와는 달랐다. 장로교적 전통의 초석을 마련한 칼빈은 빈민구제가 기독교인의 사도적 의무(apostolic obligation)로서 전도사업의 한 부분이라고 주장했으며, 웨슬리는 교회와 기독교인은 빈민구제활동을 넘어서 적극적인 자활사업까지 전개해야 한다고 주장했다. 이처럼 기독교인의 사회봉사활동이 잔여적 자선 관념에서 박애의 관념으로 확대되었다.

이후 사회복지실천이 제도적으로 자리 잡게 된 것은 상당한 역사적 굴곡을 통해서이다. 처음 민간차원에서 시작된 자선활동이 보다 체계적이고 과학적인 방식으로 사회문제를 해결하기 위해 노력하는 과정에서 탄생했다. 그 시작을 영국의 자선조직협회에서 찾기 때문에 사회복지실천의 태동은 자선조직협회에서 출발한다.

산업혁명이 일어난 영국은 급격한 도시화, 산업화로 인해 다양한 문제가 발생했고, 이를 해결하기 위해 1800년대에 많은 자선단체가 생겨났는데 대부분 기독교 단체였다(1861년, 640개 자선단체). 말하자면 처음부터 기독교사회복지의 이념과 정신으로 사회복지실천이 시작된 것이다. 이들의 자선활동을 과학적 합리적으로 제공하기 위해 『자선조직협회』를 만들어(1869년, 런던), 자선단체 간 협력을 도모하며 빈민을 적절히 조사하여 그들의 생활조건을 개선하게 했다.

자선조직협회의 빈곤관은 개인주의적 빈곤관으로서, 빈곤의 원인을 나태하고 게으르다는 개인의 성격적 결함에서 찾았다. 동 협회는 '구제받을만한 자격이 있는 빈민'과 '구제받을만한 자격이 없는 빈민'을 구분하여 전자에게만 원조를 제공했고, 구제를 받고 있는 자의 생활은 구제를 받지 않고 일하는 최하층 독립노동자의 생활 수준보다 낮아야 한다는 '열등처우의 원칙'을 적용했다.

그런데 자선조직협회의 비효율적인 운영 및 한계는 빈곤한 사람과 함께 거주하면서 빈곤 문제를 해결해야 한다는 움직임이 생겨나면서 『인보관운동』(Settlement House Movement)이 탄생하는 배경이 되었다(1886년, 런던의 토인비 홀). 인보관운동의 활동가들은 빈곤의 원인을 산업화의 결과로 보았다. 그들은 빈곤의 원인을 사회구조적 요인, 환경적 요인에서 찾았다. 이 운동은 집단 사회복지실천, 지역사회 조직, 빈민의 역량강화에 큰 영향을 미쳤다. 자선조직협회나 인보관 운동의 활동가들은 대부분 성직자, 성직자 가족, 그리고 기독교인들이 기독교정신으로 전개한 대표적인 사회복지 활동이다. 이러한 운동들은 사회복지에 있어서 실천적 이론, 사회조사, 교육, 지역사회 복지 등 전문 사회복지 분야의 효시가 되었다.

20세기 들어와 사회복지의 전문성 논쟁이 시작되고 그 결과로 사회복지실천의 전문직화 움직임이 거세졌다. 사회복지실천이 봉사라는 활동에서 전문직으로 성장하게 되는 중요한 계기는 교육 및 훈련제도의 채택과 보수(報酬)체계의 정립이다. 보수체계가 세워지면서 유급사회복지사가 등장하게 되었고, 전문직 협회가 설립되었으며, 사회복지실천의 기초 이론이 구축되었다. 메리 리치몬드의 『사회진단』(1917년)은 사회복지실천에 관한 이론과 방법을 최초로 체계화한 책으로서 사회복지실천과정을 단계별로 제시했다.

W.W.I(1918) 이후 W.W.II(1945) 직후까지 사회복지실천 분야에서는 3대 방법론의 분화(개별사회복지실천, 집단사회복지실천, 지역사회조직)와 더불어 진단주의 대 기능주의 학파의 갈등이 일어났다. 진단주의학파는 프로이트의 정신분석이론을 도입하여 클라이언트의 생활력에 대한 탐구를 기초로 한 진단과 정신분석 치료를 시도했고, 이를 비판한 기능주의학파는 클라이언트의 내부에 힘이 있음을 강조하며, 클라이언트가 자신이 원하는 서비스를 제공하는 기관을 자유롭게 방문하여 문제를 해결토록 원조하는 것을 사회복지실천이라고 정의하고, 사회복지 서비스를 제공하는 기관의 기능을 강조했다.

이후 60년대에 이르러 사회복지실천의 통합적 방법론이 등장했다. 이는 사회복지사가 개인, 집단, 지역사회에서 제기되는 사회문제에 활용할 수 있는 공통된 하나의 원리나 개념을 제공하고자 하는 방법의 통합화이다. 핀커스와 미나한의 4체계 모델, 콤튼과 갤러웨이의 5체계 모델(1999) 등이 해당된다.

계속하여 사회복지실천론에 새로운 관점, 이론, 모델이 발전되었고 다양화되고 있다. 일반체계이론, 생태체계관점에 입각한 새로운 접근, 그리고 클라이언트의 관점에 관심을 두고 병리(病理)보다는 개인의 강점(强點)에 초점을 맞추어 과제중심모델, 강점관점, 역량강화이론 등이 제시되고 있다.

이상에서 서구 사회복지실천의 역사를 5단계로 간략히 살펴보았다: ① 사회복지실천의 태동기 → ② 사회복지실천의 전문직화 → ③ 사회복지실천 3대 방법론 분화 및 확립기 → ④ 사회복지실천의 통합화 → ⑤ 새로운 관점, 이론, 모델의 발전 및 다양화.

처음 그리스도인들이 주류를 이루는 민간차원의 자선조직으로 시작된 복지운동은 기독교의 정신으로 무장된 단체와 개인들 중심으로 이루어져 왔지만 이후 국가와 지방정부, 그리고 공공정책기관들이 개입하면서 오늘의 일반사회복지실천이 대세를 이루게 되었다. 앞의 글("기독교사회복지는 일반사회복지와 어떻게 다른가")에서 둘 사이의 공통점과 차이점을 살펴본 바와 같이, 우리 그리스도인들은 사회복지실천을 구체적으로 가르치고 있는 성경의 교훈을 따라 성경의 눈으로 사회복지실천의 이슈들을 재해석하여 하나님 나라의 확장을 위해 힘써야 할 것이다.

이를 위해 [나눔과기쁨 아카데미]에서는 일반사회복지의 제반 정책과 실천 활동을 기독교 세계관으로 재해석하여 우리 사회를 하나님이 통치하는 행복한 공동체로 만들어가기 위해 노력하며, "성경의 눈으로 보는 사회복지"의 다양한 주제들에 관한 연구활동과 공론화(公論化)에 주력하고 있다. 특히 [나눔과기쁨 아카데미]는 기독교의 사회적 책임과 실천을 중시하여, (사)나눔과기쁨 회원들을 뒷받침하며, 기독교 단체 및 지도자들과 적극 연대한다.

V. 사회복지 이론의 전체 개요

사회복지(社會福祉, social welfare)를 한마디로 말한다면, "국민의 생활 안정 및 교육·직업·의료 등의 보장을 포함하는 복지를 추구하기 위한 사회적 노력, 즉 넓은 의미의 사회적 방책의 총칭"이라 할 수 있다.

두산백과의 정의를 따르면, 사회복지는 사회보장제도 등의 근저(根底)에 공통적으로 작용하는 정책목표로서, 또는 이들 정책이나 제도가 실현하려고 지향하는 목적의 개념으로서 파악하는 경우도 있으나, 보통은 제도적 개념으로 사용한다.

좁은 뜻의 사회복지는 아동·노인·장애인에 대하여 금전 급부 이외의 이른바 서비스 급부의 방법으로 행하여지는 여러 활동의 총체를 의미한다. 또 여기에 공적 부조(公的扶助: 생활곤궁자에 대하여 국가 또는 지방자치제가 자력 조사를 매개로 행하는 경제적 부조)를 덧붙인 사회복지사업과 동의어(同義語)로 쓰는 경우가 있다.

넓은 뜻의 사회복지는 사회사업 이외에 사회정책·사회보장·주택보장·공중위생·비행문제대책 등을 포함하는데, 영국과 미국의 사회복지는 넓은 뜻으로 쓰이는 경우가 많다.

한국에서는 이 말을 아동복지법(1981), 생활보호법(1982), 사회복지사업법(1992), 사회보장기본법(1995) 등에서 구체적으로 사용하고 있다. 현행 헌법은 제10조에서 "모든 국민은 인간으로서의 존엄과 가치를 가지며 행복을 추구할 권리가 있다."라고 행복추구권을 규정하였다. 또 제34조에서 "모든 국민은 인간다운 생활을 할 권리를 가진다. 국가는 사회보장·사회복지의 증진에 노력할 의무를 진다…."고 규정하여 사회복지국가의 실현을 위한 국가의 의무를 선언하고 있다.

여기서는 사회복지사업법 제11조에 의거 보건복지부에서 시행하는 사회복지사 국가

시험의 과목과 그 내용을 개괄함으로써 사회복지 이론의 전체적인 개요를 살펴보려 한다.

1. 사회복지사 국가시험 과목을 통한 사회복지 이론 개관

사회복지이론 개관

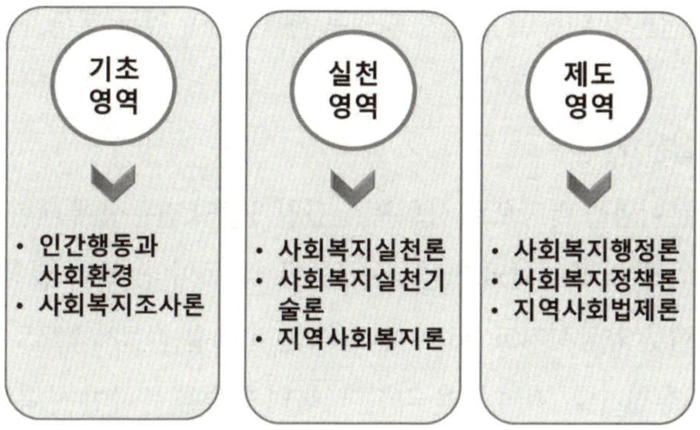

1.1. 사회복지기초 영역

1) 인간행동과 사회환경

인간행동에 대한 사회복지학에서 활용할 수 있는 인간에 관한 지식을 습득할 수 있게 하는 교과목으로서 심리학, 인간발달학, 사회학을 기본으로 하고 있다.

2) 사회복지조사론

사회복지의 실천과 연구에 소용되는 과학적 방법을 다룬다. 과학적 방법은 논리와 경험을 근간으로 해서 현상을 이해하고, 이를 바탕으로 실천에 필요한 지식도 생성해 낸다. 조사론은 사회복지에서 과학적 방법 및 과학적 지식의 필요성에 대해 이해하고, 과학적 방법인 조사연구의 설계, 측정, 샘플링, 자료수집 및 처리의 일련의 과정을 익힘으로써 사회복지실천현장에서의 의문을 해결하고 사회복지대상자들의 요구를 확인하고 대안을 찾는 데 기여한다.

1.2. 사회복지실천 영역

1) 사회복지실천론

사회복지사가 전문성을 키우기 위한 기본전제로서 알아야 하는 기초지식과 자세, 사회복지실천의 과정에 대해 공부하는 과목이다. 특히 1997년 사회복지사업법의 개정으로 사회복지사의 자격요건이 강화되면서 사회복지사가 되기 위한 필수과목으로 선정되었다. 실천론의 내용이 토대가 되었을 때 더 깊이 있는 전문가가 될 수 있다.

2) 사회복지실천기술론

사회복지 기본이념을 바탕으로 사회복지 실천기술의 전문성에 대한 이해를 돕고 전문적인 사회사업 실천의 분야와 기법을 습득하는 과목이다. 특히 실천현장에 직접 개입하여 실무능력을 향상시키고 클라이언트의 문제 해결에 실제적으로 활용할 수 있도록 사례연구 및 실천기술, 기법 등을 익힌다. 특히 학습을 통하여 사회복지서비스 분야에 대한 부분을 더 쉽게 이해하도록 돕는다.

3) 지역사회복지론

지역사회복지는 가족 및 지역공동체가 지니고 있던 복지의 기능이 약화되고 복지욕구의 경제적인 측면에서 비경제적인 측면으로의 전환, 재가복지서비스 등장과 지역사회의 중요성 인식에 의해 발생하게 되었다. 지역사회와 지역사회복지의 개념과 특성, 지역사회복지실천의 모형 이해 및 과정과 추진체계 등을 탐구하고 실제 사회복지현장에 적용한다.

1.3. 사회복지정책과 제도 영역

1) 사회복지정책론

사회복지정책의 정의, 급여, 전달체계, 재원 등 전반에 대해 이해하고, 정책론의 각종 이론을 공부하며, 사회복지정책을 실천하는 각국의 사례를 살펴보고, 사회복지전문가로서의 자질을 함양시키는 데 도움을 준다.

2) 사회복지행정론

사회복지행정이란 사회복지기관의 행정으로서, 정책을 서비스로 전환하는 과정 또는 목표를 설정하고 달성해 나가는 과정이다. 여기서 말하는 정책이란 사회복지기관의 정책을 말한다. 본 과목은 사회복지행정의 역사, 이론, 조직, 의사결정 등을 다루고, 특히 인사관리, 재무관리, 정보관리, 프로그램 개발과 평가 등을 배운다.

3) 사회복지법제론

법이란 지켜야 하는 것이고, 따라서 사회복지에서 기준역할을 하는 것은 사회복지법이다. 본 과목은 사회복지법의 개념, 필요성, 발달사, 사회복지법인, 사회복지법상의 권리 및 사회복지수급권의 보호, 제한, 소멸 등에 대해 배우며, 각론에 들어가서 사회보장기본법, 국민연금법, 국민기초생활보장법, 사회복지서비스법, 노인복지법, 장애인복지법 등 각종 사회복지 관계법을 살펴본다.

2. 사회복지사 국가시험 영역별 주제 및 내용

아래에 열거된 8개 시험영역별 주제는 사회복지사 국가시험의 전체 내용이다. 이들 주제와 각 주제에 따른 sub-title들을 통해 사회복지의 여러 요소와 이들 간의 관계를 살펴보며 사회복지 이론을 개괄적으로 정리해 볼 수 있다.

2.1. 인간행동과 사회환경(인행사) 영역에 나타난 사회복지

1) 인간발달

인간발달의 특징과 유용성(인간발달의 전개 및 특징, 분화와 통합의 과정, 유전, 점성원리, 결정적 시기, 발달·성장·성숙·학습의 차이, 사회복지실천에의 기여).

2) 정신역동이론(1) 프로이드의 정신분석이론

① 프로이드의 정신분석이론(의식·전의식·무의식, 원초아·자아·초자아, 심리성적 발달단계, 사회복지실천에 미친 영향), ② 자아의 방어기제(특징: '불안', 유형: 억압·

합리화·지성화·전치·대리형성·격리·반동형성·취소·투사·투입·내면화·부정·고착·퇴행·승화·보상·동일시·전환·신체화·상징화·전이·해리).

3) 정신역동이론(2) 에릭슨, 융, 아들러 이론

① 에릭슨의 심리사회이론(자아발달, 점성원칙, 심리사회적 발달단계), ② 융의 분석심리이론(프로이드와의 차이점, 집단무의식, 개성화와 자기실현, 페르소나와 그림자, 아니마와 아니무스, 콤플렉스, 리비도, 융이 제시한 성격발달), ③ 아들러의 개인심리이론(프로이드 이론과의 비교, 열등감·보상, 사회적 관심, 생활양식, 창조적 자기, 사회복지실천과의 관련성).

4) 행동주의이론

① 행동주의이론과 파블로프의 고전적 조건화(고전적 조건화의 사례, 소거와 자발적 회복), ② 스키너의 조작적 조건화(반응행동과 조작행동, 조건화의 원리; 강화·처벌·소거, 일반화와 변별, 강화계획, 행동수정). ③ 반두라의 대리적 조건화(스키너와의 차이, 주요개념: 관찰학습·자기강화·자기효능감·자기규제).

5) 인지발달이론

① 피아제의 인지발달이론(기본 가정, 주요개념: 스키마·동화와 조절·조직화·평형, 인지발달단계: 감각운동기/전조작기/구체적조작기/형식적조작기, 피아제의 도덕성 발달이론), ② 콜버그의 도덕성 발달이론(도덕성 발달단계: 전인습적 도덕성 수준/인습적 도덕성 수준/후인습적 도덕성 수준).

6) 인본주의이론

① 매슬로우의 욕구위계이론(매슬로우의 인간관, 욕구의 다섯 단계: 생리적 욕구/안전의 욕구/애정과 소속의 욕구/자존감의 욕구/자기실현의 욕구, 자기실현자의 특징, ② 로저스의 현상학이론(특징, 인간관, 주요개념: 통합된 유기체/유기체적 평가과정/현상학적 장/자기/자기실현 경향/자기와 경험의 불일치/가치의 조건/완전하게 기능

하는 사람/무조건적 긍정적 관심/클라이언트 중심의 비지시적 치료).

7) 생태체계관점과 사회체계

① 생태체계관점과 생태학이론(체계이론과 사회체계관점, 주요개념: 경계/개방체계와 폐쇄체계/위계질서/홀론/수직적·수평적 상호작용/엔트로피·역엔트로피·시너지/균형·향상성/다중·동등 종결성/호혜성/투입·전환·산출·환류·분화/공유영역과 의사소통, 생태체계관점과 사회복지실천의 연관성, 생태학적 환경의 체계: 미시체계/중간체계/외부체계/거시체계/시간체계), ② 인간행동에 영향을 미치는 주요 사회체계(가족체계, 집단: 과업집단/치료집단/자조집단, 조직의 개념과 특성, 지역사회의 특성과 기능: 문화, 다문화).

8) 태내기와 영아기

① 태내기(발달단계, 발달장애: 다운증후군/터너증후군/클라인펠터증후군/혈우병 페닐케톤요증/타이삭스병/적혈구성 빈혈), ② 영아기(감각발달, 인지발달, 심리사회적 발달: 애착관계의 형성).

9) 유아기와 아동기

① 유아기(발달이론에서 말하는 유아기, 발달특징: 신체발달/인지발달/사회정서 발달/언어발달/도덕성발달), ② 아동기(7~12세, 발달이론에서 말하는 아동기, 아동기의 발달특징: 신체발달/인지발달/언어발달/사회성 발달/정서발달).

10) 청소년기와 아동기

① 청소년기(13~18/19/24세, 발달특징, 청소년 대상의 사회복지실천), ② 청년기(성인초기, 20~35세, 발달특징, 청년기발달과업: 레빈슨/에릭슨/하비거스트/굴드).

11) 중년기와 노년기

① 중년기(40~64세, 중년기특징: 빈둥지증후군/샌드위치세대/역할전도, 융의 중

년기, 중년기발달과업: 에릭슨/레빈슨), ② 노년기(발달특징: 신체·인지·성격변화·사회적발달·성공적노화·죽음수용, 노년기발달과업: 에릭슨/하비거스트, 노년기 사회복지실천).

2.2. 사회복지조사론(조사론) 영역에 나타난 사회복지

1) 과학적 방법

① 과학적 방법(과학적 방법의 특징, 사회과학이론의 특징, 과학적 추론 방법: 연역적방법과 귀납적방법), ② 과학철학과 사회과학 패러다임(과학철학: 논리실증주의/포퍼의 반증주의/쿤의 과학혁명론, 사회과학 패러다임: 실증주의/후기실증주의/해석주의, 포스트모더니즘), ③ 사회복지실천과 사회조사의 윤리(사회조사의 윤리: 자발적 참여/익명성보장과 비밀보장).

2) 조사의 유형, 절차, 분석단위

① 조사의 유형(목적에 따른 분류: 탐색적 조사/기술적 조사/설명적 조사, 시간적 차원에 따른 분류: 횡단조사/종단조사-패널조사·동년배집단조사·경향분석), ② 사회조사의 절차와 분석단위(절차: 문제설정·가설설정·조사설계·자료수집·자료분석해석·조사보고서작성, 분석단위의 유형: 개인·집단·사회적 가공물, 분석단위와 관련된 오류: 생태학적 오류·개인주의적 오류·환원주의적 오류).

3) 조사문제와 가설

① 조사문제와 조사가설(가설서술방법, 영가설과 대립가설, 가설검증과정에서의 오류), ② 변수와 조작화(변수의 속성, 종류: 독립변수와 종속변수/매개변수/허위관계와 외생변수/억제변수/조절변수/왜곡변수/통제변수, 개념화와 조작화).

4) 조사설계

① 조사설계와 인과관계(인과관계 성립요건: 공변성/시간적 우선성/통제성), ② 내적 타당도와 외적 타당도(내적타당도 저해요인: 외부사건/성숙효과/검사효과/검사와

개입 간 상호작용 효과/도구효과/통계적 회귀/피험자 상실/치료의 확산 및 모방/인과적 시간과 순서의 모호함/편향된 선별/선택과의 상호작용).

5) 조사설계의 유형

① 실험설계(실험의 기본구조: 무작위 할당/독립변수의 조작/외생변수의 통제/종속변수의 비교), ② 조사설계의 유형(순수실험 설계: 통제집단 사전사후검사 설계/통제집단 사후검사 설계/솔로몬 4집단 설계/요인설계/플라시보 통제집단설계, 유사실험설계, 원시실험조사설계, 비실험설계).

6) 단일사례설계

① 단일사례설계의 특징과 유형(특징: 사례가 하나!/개입전후 종속변수 변화를 '반복관찰'/도식화/조사와 실천의 통합, 단일사례설계의 유형: AB설계/ABA설계/ABAB설계/BAB설계/다중요소 설계/다중기초선 설계, 개입효과의 평가).

7) 표집

① 표집 용어의 이해(모집단/표본/표집, 전수조사와 표본조사, 통계치와 모수, 대표성과 표집오차, 관찰단위/표집단위/분석단위, 표집오차와 비표집오차), ② 모수 추정의 원리(표본평균들의 표집분포, 정규분포, 신뢰수준과 신뢰구간, 표준오차, 표본크기), ③ 표집방법(확률표집방법, 비확률표집방법).

8) 측정과 척도

① 측정과 척도(변수별 측정수준; 명목변수·서열변수·등간변수·비율변수, 척도: 총화평정척도/리커트척도/거트만척도/보가더스의 사회적거리척도/의미분화척도/서스톤척도/소시오메트리, ② 측정의 신뢰도와 타당도(측정오류, 측정의 신뢰도와 타당도).

9) 자료수집방법

① 서베이조사(우편설문조사, 면접조사, 전화조사, 인터넷조사), ② 관찰(관찰의 장

단점, 종류, 관찰의 신뢰도와 타당도), ③ 2차 자료분석과 내용분석(2차 자료분석의 장단점, 내용분석의 장단점과 절차).

10) 욕구조사와 평가조사

① 욕구조사(브래드쇼우의 욕구 유형, 필요성과 내용, 욕구조사방법: 지역사회 공개토론회/주요 정보 제공자 조사/서비스 제공자 서베이/서베이조사/델파이방법/초점집단 조사/명목집단 기법/2차 자료분석/지역사회 내 서비스자원 목록 조사), ② 평가조사.

11) 질적조사

① 질적조사의 특징(질적조사와 양적조사의 비교, 양적조사와 질적조사를 통합한 혼합연구 방법, 질적조사에서의 표집, 질적조사의 엄격성을 높이기 위한 전략), ② 질적조사 방법(근거이론의 특징·코딩·표집, 현상학적 조사).

2.3. 사회복지실천론(실천론) 영역에 나타난 사회복지

1) 사회복지실천에 대한 이해

① 사회복지실천의 목적과 기능, ② 사회복지실천에 영향을 미친 이념과 철학(인도주의와 박애사상, 사회진화론, 민주주의, 개인주의, 다원주의), ③ 사회복지실천의 분류와 사회복지실천의 속성(미시수준·중범위수준·거시수준의 사회복지실천, 개입방식에 따른 분류, 과학적 속성과 예술적 속성, 사회복지의 전문성).

2) 사회복지실천의 가치와 윤리

① 사회복지실천의 가치(가치의 개념·특성·핵심가치, Levy의 사회복지 전문직의 가치, 가치와 윤리의 관계, 사회복지실천과 인권), ② 사회복지실천 현장의 윤리적 갈등(윤리적 갈등이 생기는 상황 5가지, 윤리적 쟁점과 조정), ③ 윤리강령(윤리기준의 분류).

3) 사회복지실천의 역사적 발달과정

① 서구 사회복지실천의 역사(자선조직협회, 인보관운동, 사회복지실천의 전문직화

/3대방법론분화 및 확립기/통합적 방법론, ② 우리나라 사회복지실천의 역사(외원단체협의회 1952년, 의료법개정 1973, 태화여자관 1921, 한국사회복지사업법 1970, 정신보건법 1996, 사회복지사업법개정 2018).

4) 사회복지실천 현장에 대한 이해

① 사회복지실천 현장(1차 현장과 2차 현장 구분, 분야별 사회복지실천 현장: 아동 및 청소년분야/가정 및 지역사회/의료 및 정신보건/노인/사회복지행정/장애인), ② 사회복지사의 역할(역할분류: 조력자/중개자/옹호자/교육자/중재자/훈련가/협상가/조정자/집단 촉진자/조직 내 촉진자).

5) 통합적 접근

① 통합적 접근의 개요(특징 11가지, 등장배경), ② 통합적 접근의 관점 및 이론(환경 속의 인간 관점, PIE 분류체계, 생태체계관점을 기본으로, 일반체계이론, 강점관점, 역량강화모델, ③ 통합적 접근의 실천 모델(4체계모델, 6체계모델).

6) 사회복지실천의 전문적 관계

① 전문적 관계요소: 헌신과 의무/권위와 권한/타인에 대한 관심/진실성과 일치성, 전문적 관계 특성, 사회복지사의 자기인식, 사회복지사의 자기노출, ② 관계형성의 7대 원칙: 개별화/의도적인 감정표현/통제된 정서적 관여/수용/비심판적 태도/클라이언트의 자기결정/비밀보장.

7) 면접

① 면접의 개요(면접의 유형·특성·구조적조건), ② 면접기술(경청하기/질문하기/관찰하기/명료화/직면하기/해석하기, 기타면접기술).

8) 사회복지실천 과정 1 (접수 및 자료수집, 사정)

① 접수단계의 사회복지사의 과제: 문제확인/의뢰여부 결정/라포형성/양가감정 수

용과 저항감 해소/동기화, 자료수집과 내용), ② 사정(사정의 특성, 자료수집과 사정의 차이, 사정도구: 사회적 관계망 격자/생활력도표/생활주기표/가계도/생태도/가족조각, 집단사정도구: 소시오그램).

9) 사회복지실천 과정 2 (계획, 개입, 종결 및 평가)

① 계획수립단계: 표적문제 선정하기/개입목표 설정하기/계약하기), ② 개입(직접개입과 간접개입, 개인체계의 직접개입 기법: 의사소통중심기법/행동중심기법/관계변화기법, 간접개입의 구체적 기법), ③ 종결 및 평가(종결단계의 사회복지사의 과제, 종결 유형, 평가의 유형: 과정평가 대 결과평가, 총괄평가와 형성평가).

10) 사례관리

① 사례관리의 개념과 특징(사례관리 등장에 영향을 미친 요인, 사례관리의 특징), ② 사례관리의 과정 및 사례관리자의 역할(사례관리의 과정: 사정-계획-개입-점검-평가, 사례관리자의 역할=사회복지사의 역할).

2.4. 사회복지실천기술론(기술론) 영역에 나타난 사회복지

1) 사회복지사의 전문성

① 사회복지실천의 전문적 기반과 사회복지사의 역할(사회복지실천의 과학적 기반과 예술적 기반, 실천기술의 특징, 사회복지사의 역할: 조력자/중개자/옹호자/교사/중재자/훈련가/협상가/조정자/집단촉진자).

2) 정신역동모델

① 정신역동모델의 개요(정신역동모델의 기본가정: 정신결정론/무의식가정/성적충동 및 공격적 충동 중시/어린 시절의 경험 중시, 정신의 수준, 성격의 구조), ② 정신역동모델의 개입(개입기술: 꿈의 분석/자유연상/전이의 해석과 활용/직면/훈습/해석).

3) 심리사회모델

① 심리사회모델의 개요(자선조직협회와 우애방문원의 활동에서 시작, 이론적 기반: 정신분석이론/대상관계이론/자아심리이론/체계이론/역할이론), ② 심리사회모델의 개입(간접기법과 직접기법, 직접기법의 6가지: 지지하기/지시하기/탐색-묘사-환기/인간-환경에 관한 고찰/유형-역동성 고찰).

4) 인지행동모델

① 인지행동모델의 개요(인지행동모델의 등장배경: 기존이론의 한계 발생, 이론적 배경: 행동주의이론/인지이론), ② 인지행동모델의 개입(개입 3단계: 초기-개입-종결단계, 개입단계의 3대 전략: 인지적전략/행동적전략/정서적전략, 엘리스의 합리정서행동치료: ABCDE, ③ Aron Beck의 인지치료, 인지재구조화).

5) 과제중심모델

① 과제중심모델의 개요(단기개입모델, 클라이언트의 자기결정권 강조), 과제중심모델의 개입(개입단계별 수행내용: 시작하기-면접/1단계-문제규명단계/2단계-계약단계/3단계-실행단계/4단계-종결단계).

6) 위기개입모델과 역량강화모델

① 위기개입모델(위기의 유형, 골란의 위기발달단계, 위기개입 8원칙, 골란의 위기개입모델), ② 역량강화모델(강점관점과 역량강화모델의 관계, 역량강화모델의 개입과정: 대화단계-발견단계-발전단계).

7) 가족 대상 사회복지실천

① 가족에 대한 이해(가족개념의 변화, 현대가족의 특징, 가족생활주기, 체계로서의 가족), ② 가족 사정(가족구성원 간의 경계 3가지, 가족 사정의 방법: 가계도/생태도/가족 조각/생활력도표/생활주기표/사회적 관계망표), ③ 가족대상 실천기법(구조적 가족치료-미누친-경계만들기, 경험적 가족치료-사티어-자아존중감, 보웬 가족치료-

자아분화, 전략적 가족치료-치료적 이중구속, 해결중심 단기치료-알지 못함의 자세, 이야기 치료).

8) 집단 사회복지실천

① 집단사회복지실천에 대한 이해(구성요소, 이론적 모델: 사회적 목표모델/상호작용모델/치료모델, 집단의 유형: 치료집단과 과업집단), ② 집단의 역동성과 치료적 효과(집단의 역동성에 영향을 미치는 요인 7가지, 집단의 치료적 요인), ③ 집단 발달 단계별 사회복지실천(준비단계-초기단계-사정단계-중간단계-종결단계).

9) 사회복지실천 기록

① 사회복지실천 기록에 대한 이해(기록의 목적과 용도, 좋은 기록의 특징), ② 사회복지실천 기록 유형(과정기록/요약기록/문제중심기록), 문장의 종류).

10) 사회복지실천 평가

① 사회복지실천 평가에 대한 이해(평가의 목적과 기능, 과정평가와 결과평가, 총괄평가와 형성평가), ② 사회복지실천 평가 기법(단일사례설계 조사과정: 표적행동 선정-기초선 관찰-개입단계 관찰-적합한 설계유형 선택, 다양한 유형: AB설계/ABA설계/ABAB설계/BAB설계/다중기초선설계/다중요소설계, 단일사례설계의 결과 분석).

2.5. 지역사회복지론(지사복) 영역에 나타난 사회복지

1) 지역사회의 개념과 기능

① 커뮤니티의 개념과 유형(파크와 버제스: 모든 사회가 지역사회는 아님, 매키버: 지역을 공동생활권으로 하여 공동체 의식 강조, 로스: 지리적 지역사회와 기능적 지역

사회로 구분, 워렌: 지역사회를 사회적인 단위와 체계의 연합으로 간주, 힐러리: 지역사회 3요소, 퇴니스: 지역사회는 공동사회에서 이익사회로), ② 지역사회의 기능(길버트와 스펙트가 제시한 기능, 워렌의 지역사회 기능).

2) 지역사회복지와 지역사회복지실천

① 지역사회복지의 개념(지역사회복지의 개념적 속성, 지역사회복지 관련 개념: 지역사회복지실천/지역사회조직/지역사회 만들기/지역사회보호/시설보호/시설의 사회화/재가보호/지역사회개발), ② 지역사회복지실천(가치: 다양성 및 문화적 이해/자기결정/임파워먼트/비판의식의 개발/상호학습/사회정의와 균등한 자원배분, 특성: 예방성/통합성/포괄성/연대성/지역성, 원칙: 비에스텍의 관계형성 7대원칙, 지역사회복지실천의 핵심 원칙 5가지).

3) 지역사회복지의 역사

① 자선조직협회와 인보관운동(자선조직협회: 사회진화론/적자생존논리/개인적속성/사회상류층/가정방문/사회복지사의 모태, 인보관: 자유주의·급진주의/환경적요소/대학생·성직자/빈민과 거주/교육/아동노동 반대), ② 외국의 지역사회복지 역사(영국, 미국, 일본), ③ 한국의 지역사회복지 역사(형성기, 정착기, 발전기, 2,000년 이후 역사 핵심정리: 국민기초생활보장제도-2000년/사회복지사업법개정·사회복지사 1급국가시험 시행-2003년/노인장기요양보험제도-2008년/사회보장정보원-2015/장애등급제폐지 및 사회서비스원설립-2019).

4) 지역사회복지의 이론

① 기능주의이론과 갈등주의이론(기능주의이론: 지역사회의 균형·안정·조화·적응 강조, 갈등주의이론: 갈등 긴장 강조/사회행동모델에 유용/지역사회 변화 설명), ② 사회체계이론과 생태이론, ③ 자원동원이론과 교환이론, 하드캐슬의 권력균형전략, ④ 기타 이론(엘리트이론/다원주의이론/사회구성론/권력의존이론/사회자본이론/아른스테인의 주민참여 8단계).

5) 지역사회복지 실천모델

① 지역사회복지 실천모델의 목표(추진회의 원칙, 로스만·던햄의 실천모델), ② 학자별 지역사회복지 실천모델(로스만 모델의 통합적 적용, 테일러와 로버츠의 실천모델, 웨일과 갬블의 실천모델, 포플의 모형), ③ 사회행동의 전략과 전술(사회행동의 전략, 사회행동의 전술: 정치적 압력/법적 행동/사회적 대결/협상, 프루이트의 협상기술).

6) 지역사회복지실천

① 지역사회복지 실천과정: 문제의 발견과 분석-지역사회 사정-실천계획 수립 및 자원동원-실천-평가, 욕구사정방법: 공식 비공식적 인터뷰/민속학적 방법/지역사회 포럼 및 공청회/주요 정보제공자 조사/초점집단 기법/명목집단 기법/델파이 기법/서베이/사회지표 분석).

7) 지역사회복지실천가의 역할과 기술

① 실천가의 역할(안내자/조력자/전문가/사회치료자, 사회계획모델에서의 실천가의 역할: 계획가/전문가/분석가/행정가, 사회행동모델에서의 역할: 조력자/중개자/옹호자/행동가), ② 지역사회복지 실천기술(옹호의 유형: 자기옹호/개인옹호/집단옹호/지역사회옹호/정책적 옹호/체제변환적 옹호, 연계기술, 조직화기술, 자원개발 및 동원기술, 임파워먼트 기술).

8) 지방분권화와 지역사회복지

① 지방분권화의 영향(긍정적·부정적 영향), ② 지역사회보장계획(추진과정, 특성, 계획수립, 포함되어야 할 내용), ③ 사회복지협의회와 지역사회보장협의체(사회복지협의회: 국가/시·도/시·군·구 단위, 지역사회보장협의체 구성·운영).

9) 지역사회복지 추진체계

① 사회복지관(운영원칙, 3대 기능: 사례관리 기능/서비스 제공 기능/지역조직화 기능), ② 사회복지공동모금회(1997년 사회복지공동모금회법 제정, 아너소사이어티,

모금회의 특성, 모금방법·유형), ③ 자원봉사센터(자원봉사활동기본법, 비영리민간단체지원법, 지방자치단체의 조례), ④ 지역자활센터(자활사업 참여대상, 자활 vs. 재활, 자활사업 프로그램, 자활사업 지원체계), ⑤ 사회적 경제(주요 주체별 근거법령: 사회적기업육성법/협동조합기본법/행정안전부 지침/국민기초생활보장법).

2.6. 사회복지정책론(정책론) 영역에 나타난 사회복지

1) 사회복지정책의 개념과 특징

① 국가별 사회복지정책 개념과 기능, ② 사회복지정책의 가치(평등, 자유, 효율성, 적절성, 사회정의), ③ 복지제공에서 국가의 역할(시장실패, 정부실패, 복지혼합), ④ 사회복지정책의 영역과 유형(정책분야, 사회보험, 공공부조, 사회수당, 사회서비스).

2) 사회복지정책의 역사

① 영국 구빈법의 흐름, ② 영국 복지국가의 형성(대전환의 시기, 베버리지보고서, 신자유주의 대두, 제3의 길), ③ 독일 사회보험의 도입과 미국의 대공황, ④ 한국사회복지의 변화.

3) 복지국가와 사회복지정책

① 복지국가의 역사적 전개, ② 복지국가 유형화(티트머스의 3분 모형, 에스핑-앤더슨의 복지국가 모형), ③ 사회복지 사상과 복지국가(조지와 윌딩의 이데올로기 모형), ④ 정책발달 이론과 복지국가(사회양심론, 산업화론, 시민권론, 음모이론, 사회민주주의 이론, 이익집단 이론).

4) 사회복지정책의 형성과정

① 정책기획(공익에 대한 이해), ② 정책형성 과정(과정의 순서), ③ 정책결정 모형(합리모형, 만족모형, 점증모형, 혼합모형, 최적모형, 쓰레기통모형), ④ 정책집행과 정책평가.

5) 사회복지정책의 분석틀

① 정책의 분석틀(3P: process, product, performance), ② 할당체계(보편주의와 선별주의, 할당의 원칙), ③ 급여체계(현금, 현물, 바우처), ④ 재정체계(공공부문재원, 민간부문재원, 소득재분배관점), ⑤ 전달체계.

6) 노후소득보장과 연금

① 공적연금의 이해, ② 국민연금의 개요(가입대상, 재정 운영, 연금급여의 특징), ③ 국민연금의 급여(노령연금, 장애연금, 급여액산정방법), ④ 기초연금(기초연금액, A값)

7) 의료보장과 국민건강보험

① 의료보장의 필요성과 유형(제도의 발전, 유형), ② 국민건강보험의 역사와 내용(급여의 종류, 의료서비스 가격 지불: 수가제), ③ 노인장기요양보험과 의료급여제도.

8) 산재보험과 고용보험

① 산업재해보상제도와 산재보험(산재보험의 급여), ② 실업보상제도와 고용보험(실업보상제도의 유형, 고용보험의 사업).

9) 빈곤과 공공부조제도

① 빈곤과 불평등의 측정(절대적·상대적 빈곤, 빈곤의 측정, 소득불평등의 측정), ② 공공부조와 국민기초생활보장 제도(기본원리, 맞춤형급여체계, 수급자선정기준, 급여의 7종류), ③ 다양한 저소득층 지원사업(긴급복지지원제도, 자산형성지원제도, 사회적 경제: 사회적기업·협동조합·마을기업, 국민취업지원제도).

2.7. 사회복지행정론(행정론) 영역에 나타난 사회복지

1) 사회복지행정의 개념과 특성

① 사회복지행정의 개념과 필요성(협의·광의의 사회복지행정), ② 사회복지행정의 가치(효과성·효율성·공평성·접근성, 보편주의와 선별주의, 행정의 과정).

2) 사회복지행정의 역사

① 미국 사회복지행정의 역사, ② 한국 사회복지행정의 역사.

3) 사회복지서비스 전달체계

① 전달체계 구축의 8대 원칙(전문성·통합성·포괄성·적절성·연속성·평등성·책임성·접근성의 원칙), ② 전달체계 개선전략(전달체계통합, 크리밍현상, 인테이크의 단일화, 트래킹).

4) 사회복지행정 조직이론

① 폐쇄체계이론(인간관계이론, 과학적 관리론), ② 개방체계이론(체계이론, 정치경제이론, 제도이론, 조직군 생태학 이론), ③ 현대 조직이론(총체적 품질관리이론, 전략적 관리이론, 학습조직이론).

5) 사회복지 조직의 구조

① 사회복지 조직의 구성 원리와 구조(공식조직·비공식조직, 집권화·분권화·공식화 조직), ② 사회복지 조직의 유형과 조직구조의 설계(조직의 유형: 행렬조직, 조직구조의 설계, 조직의 부문화).

6) 사회복지 조직의 기획과 의사결정

① 기획의 필요성, 유형 및 기법(기획의 과정: 목표설정-자원 고려-대안모색-결과예측-계획 결정-구체적 프로그램 수립, 개방성 유지), ② 의사결정의 모형과 기법(모형: 점증모형/혼합모형/최적모형/쓰레기통모형, 의사결정기법: 델파이기법/명목집단법/브레인스토밍).

7) 리더십이론과 조직문화

① 리더십이론(리더십이론의 유형: 특성이론/행동이론/상황이론-허쉬와 블랜차드의 상황적 리더십이론, 사회복지조직의 리더십), ② 조직문화(기능, 형성·유지·변화,

조직성과).

8) 사회복지 조직의 인적자원 관리

① 인적자원관리(개념, 목적, 과정-직무기술서와 직무명세서, 직원능력개발, 슈퍼비전), ② 동기부여와 소진관리(매슬로우의 욕구이론, 소진의 단계).

9) 재정관리와 정보관리

① 예산의 수집과 관리(재정유형: 바우처/민간재정, 예산모형), ② 예산집행과 회계감사(예산통제의 9원칙, 회계감사), ③ 정보관리체계(필요성, 기대효과, 사회보장정보시스템, 사회보장정보시스템).

10) 사회복지 프로그램 개발과 평가

① 사회복지 프로그램 개발(욕구사정-브래드쇼의 욕구유형, 목적과 목표설정), ② 사회복지 프로그램 평가(평가유형, 평가기준, 평가의 모델).

11) 사회복지 조직의 환경관리

① 사회복지 조직의 마케팅(사회복지서비스 마케팅, 마케팅 믹스와 마케팅의 과정, 마케팅 시장 세분화, 마케팅의 기법), ② 사회복지 조직의 성과관리(조직의 책임성, 시설평가의 원칙, 성과관리의 과정), ③ 사회복지 조직의 환경관리(일반환경과 과업환경, 변화에 대한 저항, 환경관리 전략).

2.8. 사회복지법제론(법제론) 영역에 나타난 사회복지

1) 사회복지법의 기본 이론

① 사회복지법의 개념과 법원(사회복지법의 개념, 성문법으로서의 법원-자치법규), ② 헌법과 사회복지의 권리(사회권적 기본권, 헌법 제34조, 사회보장수급권·사회복지수급권), ③ 권리구제와 권익보호(권리구제를 위한 절차, 청문).

2) 사회복지법의 역사

① 사회법의 등장과 시민법의 수정(시민법과 사회법의 비교), ② 서구 사회복지법의 역사(영국구빈법: 엘리자베스 구빈법-정주법-길버트법-스핀힘랜드법), ③ 한국 사회복지법의 역사.

3) 국제법과 사회복지

① 국제협약(사회보장에 관한 다양한 국제 조약 및 선언, UN의 사회복지 관련 조약, 아동·장애인의 권리에 관한 선언과 국제협약, ILO의 국제사회복지조약), ② 사회보장협정.

4) 사회복지의 기본법률

① 사회보장기본법, ② 사회복지사업법(법인의 설립·운영, 사회복지시설의 설치·운영, 사회복지사, 법정단체), ③ 사회보장급여법.

5) 공공부조법

① 국민기초생활보장법(기본 4대 급여: 생계급여·의료급여·주거급여·교육급여, 최저보장수준과 최저생계비, 수급자와 부양의무자의 권리와 의무), ② 의료급여법·긴급복지지원법, ③ 기초연금법·장애인연금법, ④ 구직자취업촉진 및 생활안정지원에 관한 법률.

6) 사회보험법

① 국민연금법(기본요소: 주요용어들/가입대상과 가입기간, 국민연금의 급여, 국민연금 운영체계), ② 국민건강보험법(건강보험의 기본요소들, 건강보험의 급여, 건강보험 운영체계: 국민건강보험공단/건강보험심사평가원/국민건강보험법의 요양기관), ③ 노인장기요양보험법(보험료부과, 노인장기요양급여, 노인장기요양보험 운영체계), ④ 산업재해보상보험법(산재보험의 기본요소, 산재보험의 급여, 산재보험 운영체계, 고용보험법(고용보험의 급여, 고용보험기금).

7) 사회복지 분야와 사회서비스법

① 아동 관련 사회복지법(아동복지법, 영유아보육법, 입양특례법, 청소년복지지원법), ② 노인 관련 사회복지법(노인복지법, 기초연금법), ③ 장애인 관련 사회복지법(장애인복지법, 장애인연금법, 장애인 활동지원에 관한 법률 등), ④ 여성·가족 관련 사회복지법(한부모가족지원법, 다문화가족지원법, 피해자보호법령), ⑤ 그 밖의 사회복지법(정신건강복지법, 사회복지공동모금회법, 자원봉사활동 기본법).

Ⅵ. 법률로 뒷받침되는 사회복지의 원리

역사적으로 사회복지(social welfare)는 자본주의의 도래 그리고 이로 인한 사회의 변화 과정에서 발생한 문제를 해결하기 위해서 등장했다. 예를 들어 18세기 영국에서 시작된 1, 2차 산업혁명은 유럽으로 확산되었고, 산업혁명으로 야기된 빈곤, 질병, 실업, 산재 등이 큰 사회적 문제로 부각됨에 따라 이를 해결하기 위한 초기 자선적 노력과 지식인층 주도의 사회비판의식 성장, 그리고 노동자 계급이 새로운 정치세력으로 성장하면서 국가적 대응이 요구되었다. 이들을 위한 사회보험제도가 1880년대 독일에서부터 추진되었다. 사회복지법제화는 사회복지제도의 태동과 함께 자리를 잡게 되었다.

이후 3차 산업혁명은 탈산업화, 정보 통신 등 산업의 구조를 변화시키면서 사회복지제도에 다시 한번 획을 긋게 하였다. 고령화·저출산, 인터넷 중독, 돌봄 문제 등 신사회적 문제를 야기시키면서 기존의 공공부조나 사회보험에 초점이 맞추어졌던 사회복지 제도가 사회서비스로 이동하고 복지 시스템도 전산화가 요구되면서 관련 법들도 제정되거나 개정되기 시작하였다. 이는 산업의 변화에 따라 사회복지 패러다임도 변하고 있다는 것을 그간 역사적 추이를 통해 볼 수 있다.

일반적으로 사회복지법제는 사회보장, 사회보험, 공공부조 및 사회복지서비스 분야 법과 기타 관련법으로 구분되어 있는데, 사회보장기본법을 필두로 30여 개의 법률이 각각 규율대상과 내용이 달라 매우 복잡한 체계를 지니고 있다. 사회복지는 생존권, 복지권, 시민권 등과 같이 권리성에 입각한 국가의 책임이고 사회적 약자를 보호하고 사회질서를 개선시키기 위한 사회법적 성격이 강하다는 측면에서 민사나 형사법과는 구별된다.

대한민국 정부 수립 이후 국내법은 짧은 기간 동안 상당한 정도로 연구되고 발전되었지만, 사회복지법은 아직까지 정책이나 실천중심의 연구에 치중되면서 사회복지의 근간이 되는 법제에 대해서는 소홀히 여기고 있는 것 같다. 그러나 사회의 불확실성 증가, 국민의 욕구 증대, 사회환경의 급속한 증가는 다양한 사회복지법제 제정의 필요성을 보이고 있다. 이처럼 그 자체만으로도 복잡다양성을 보이고 있는데 이미 시작된 4차 산업혁명이 진행될수록 그 정도가 더욱 심해질 전망이다.

앞 절에서 우리는 사회복지의 제반 영역을 개괄적으로 살펴보았다. 사회복지제도가 실제로 국민에게 실현되기 위해 국가는 입법기관을 통해 법률로 제정하여 시행하고 있다. 여기서는 법률로 뒷받침되는 사회복지의 원리를 좀 더 쉽게 이해하기 위해 사회복지법의 개념, 사회복지의 법률적 권리, 국민의 권리구제와 권익보호에 대해 살펴보기로 한다.

1. 사회복지법(Social Welfare Law)의 개념

'법'이란 국가에 의해서 승인되고 그 실현이 강제되는 정치적으로 조직된 국가사회의 규범이다. 따라서 사회복지법의 개념은 국가 실정법인 헌법, 민법, 형법, 민사소송법, 형사소송법과 같이 형식적 의미의 사회복지법과 실질적 의미의 사회복지법으로 나누어 정의할 수 있다.

형식적 의미의 사회복지법이란 '사회복지법'이라는 이름이 붙어 있는 성문법률인 사회복지법전을 말한다. 일본은 '복지8법'이라는 통일된 사회복지법전을 가지고 있는 것에 비하여 우리나라는 형식적 의미의 사회복지법은 존재하지 않고, 사회보장기본법·국민연금법·국민건강보험법·사회복지사업법·노인복지법·장애인복지법 등 수많은 단행법으로 되어 있다. 우리나라 사회복지법의 경우는 넓은 의미의 사회복지개념, 즉 모든 국민의 생존권을 확보하고 그 생활을 보장하기 위한 사회보장을 실현하는 것을 내용으로 하고 있다. 사회복지법의 법적 성격을 아래와 같이 몇 가지로 요약할 수 있다.

1) 사회복지법은 사회복지에 관한 법이다.

사회복지법은 사회복지의 조직과 작용 및 권리구제에 관한 법으로서, 삶의 질을 향상시켜 인간다운 생활을 보장하려는 생존권적(복지권적) 기본권의 실현을 목표로 한다.

2) 사회복지법은 국가법체계에서 사회법에 속한다.

사회법은 사법의 원칙적 존재와 그 고유의 영역을 인정하면서 경제적 약자를 보호하기 위하여 그에 공법적 통제를 가하여 인간의 실질적 평등(복지)을 실현하고자 하는 법이다. 여기에는 노동법, 경제법, 넓은 의미의 사회법이 있다. 여기서 사회적 약자에는 도움이 필요한 모든 국민도 포함된다. 우리나라는 모든 국민은 평생 동안 도움과 지원이 필요한 존재로 보고 있다.

3) 사회복지법은 사회복지에 관한 국내법이다.

이상의 사회복지법의 관련 법규의 존립 근거는 상위법인 헌법에서 찾을 수 있다. 우리나라 헌법의 제10조의 행복추구권 규정과 제31조에서 제36조의 사회권 관련 규정은 사회복지에 있어서 중요한 의미를 갖는다. 특히 제34조의 '인간답게 살 권리' 또는 '생존권' 규정이 사회복지법의 기본 방향이자 기본 근거이다.

2. 사회복지의 법률적 권리

권리란 일정한 이익을 누리게 하기 위하여 법이 인정하는 법률상의 힘을 말한다. 사회복지법에서 권리라 함은 법의 적용을 받는 대상자들을 권리의 주체로 인정하고 사회복지 급여 및 서비스에 대한 이익을 추구할 수 있는 힘을 법이 부여해준 것이다. 이러한 법적 권리가 부여되지 않는다면 사회복지는 통치자에 따라 유동적일 수밖에 없고, 국민은 안정적으로 사회복지를 누릴 수 없다. 따라서 복지국가로 발전할수록 사회복지는 시혜적(施惠的)인 것이 아니라 법적 권리로서 인정되어 왔으며 법적 토대도 마련되어 온 것이다.

2.1. 인권과 시민권

사회복지의 학문적, 실천적 출발점에서 인권을 이해하는 것은 중요하다. 인권은 특정한 국가나 사회를 상정하지 않고 모든 인간에게 주어진 것으로 인정되는 자연권적 권리이다. 반면에 시민권은 근대사회가 형성되면서 인정된 구체적 권리들의 집합이다.

1) 인권(Human Rights)

말 그대로 인간의 권리로서, 사람으로서 사람답게 살기 위해 요구되는 권리이다. 자연권(natural right), 천부인권(天賦人權)과 동일한 권리이다. 따라서 인종, 국적, 장애, 연령, 성별, 직업을 떠나 인간이면 누구에게나 항구적으로 인정되는 보편적인 권리이다.

사회복지의 이론과 실천은 인간의 욕구를 기초로 하고 이를 충족시키려는 것이다. 따라서 사회복지는 인권을 실현하는 전문적 실천이며, 사회복지법은 인권법의 의미를 갖는다. 다만 인권은 추상적이며 자연권적이기 때문에 인권은 법의 근거가 되어 법으로 구체화되어야 하며, 법 또한 인권을 반영하는 것이어야 한다.

2) 시민권(Civil Rights)

근대국가의 형성과 함께 인권은 시민사회 공동체 구성원으로서 공유해야 할 권리로 인식되었으며, 이렇게 해서 시민권의 개념이 등장하였다. 마샬(T.H.Marshall)에 따르면 시민권은 공민권, 정치권, 사회권의 순서로 발전했으며, 오늘날 현대국가에서는 이들의 통합된 형태로 인정되고 있다.

공민권(civil right)은 신체의 자유, 언론 및 사상의 자유, 신앙의 자유, 사유재산 보장, 법 앞에서의 만인평등과 같은 자유권을 의미하며, 이는 시민에게 소극적인 자유(freedom from)를 보장해주었다. 정치권(political right)은 참정권이라고도 하는데, 1인1표제에 따라 투표로 민주주의를 실현할 수 있게 됨으로써 정치적인 의미에서의 평등권이 보장되었다. 사회권(social right)은 적정 수준의 경제적 복지 및 보장과 사회적 유산의 공유, 보편적인 기준에 따라 문명화된 삶을 영위할 수 있는 권리와 같은 전범위의 권리를 의미한다.

공민권의 자유권적인 한계를 넘어 참정권을 매개로 국가가 적극적으로 노동계층, 나아가 전 국민의 생존권을 보장해줄 것에 대한 합의가 사회권을 구성하게 되었다. 이로써 복지국가는 적극적 개입에 대한 권리와 의무를 동시에 갖게 되었다.

2.2. 헌법상의 기본권

인권과 시민권 등의 개념이 헌법적으로 표현된 것이 기본권이다. 실정법인 헌법은 구체적 규범으로서 훨씬 강력한 효력을 가지고 있다. 헌법이 인정하는 인간의 기본적 권리인 기본권은 보편적으로 인정되며, 불가침의 성격을 갖는다. 우리나라 헌법은 제10조의 포괄적 기본권으로부터 평등권, 자유권적 기본권, 경제적 기본권, 정치적 기본권, 청구권적 기본권 등과 함께 사회권적 기본권을 인정하고 있다.

1) 우리나라 헌법의 주요 기본권

① 포괄적 기본권(제10조): "모든 국민은 인간으로서의 존엄과 가치를 가지며, 행복을 추구할 권리를 가진다. 국가는 개인이 가지는 불가침의 기본적 인권을 확인하고 이를 보장할 의무를 진다."

② 평등권(제11조): "모든 국민은 법 앞에 평등하다. 누구든지 성별, 종교 또는 사회적 신분에 의하여 정치적·경제적·사회적·문화적 생활의 모든 영역에 있어서 차별을 받지 아니한다."

③ 자유권적 기본권(제12조~제22조 중 일부): 신체의 자유, 사생활의 자유, 정신적 자유 등.

④ 경제적 기본권(제15조, 제23조): 재산권, 직업선택의 자유 등.

⑤ 정치적 기본권(제24조): 참정권, 정치적 자유권.

⑥ 청구권적 기본권(제26조~제29조): 청원권, 재판청구권, 국가배상청구권, 국가보상청구권 등.

⑦ 사회적 기본권(제31조~제35조): 인간다운 생활을 할 권리, 근로권, 근로3권, 교육권, 환경권, 건강권 등.

2) 사회적 기본권

앞에서 언급한 기본권 중에서 사회복지법상 규범적으로 가장 중심이 되는 권리는 인간다운 생활을 할 권리이다(헌법 제34조). 이 권리는 보다 넓은 범주인 사회적 기본권에 포함된다. 사회적 기본권은 단체주의적 사회정의 실현을 국가적 목적으로 하는 복지국가에서 국민이 인간다운 생활을 할 수 있도록 국가에 대해서 일정한 급여나 서비스를 요구할 수 있는 헌법상의 권리를 말한다. 헌법 제34조의 내용은 다음과 같다.

① 제1항(국민의 권리): 모든 국민은 인간다운 생활을 할 권리를 가진다.
② 제2항(국가의 의무): 국가는 사회보장, 사회복지의 증진에 노력할 의무를 진다.
③ 제3항~제4항(여자, 노인과 청소년에 대한 별도 규정): 국가는 여자의 복지와 권익의 향상을 위하여 노력하여야 한다. / 국가는 노인과 청소년의 복지향상을 위한 정책을 실시할 의무를 진다.
④ 제5항(국가 보호의 대상): 신체장애자 및 질병·노령, 기타의 사유로 생활 능력이 없는 국민은 법률이 정하는 바에 의하여 국가의 보호를 받는다.
⑤ 제6항(재해 예방과 보호): 국가는 재해를 예방하고 그 위험으로부터 국민을 보호하기 위하여 노력해야 한다.

이처럼 우리나라 헌법에는 인간다운 생활을 할 권리를 정점으로 사회보장에 대한 권리, 환경권, 건강권 등 여러 가지 권리가 사회적 기본권으로 규정되고 있다. 그러나 사회적 기본권이 진정한 권리로서 이를 재판규범으로 사용할 수 있는가에 대하여 프로그램 규정설과 법적 권리설로 입장이 갈리기도 한다.

프로그램 규정설은 사회적 기본권을 권리로서 인정하지 않고, 이것이 입법에 의해 구체화될 때만 비로소 효력을 갖게 된다고 본다. 이 입장에 따르면 헌법의 규정조차 입법의 방향을 제시한다는 점에서 '입법방침설'이라고도 불린다.

법적 권리설에 따르면 사회적 기본권은 법적 권리로 인정되며 국가는 이에 대한 의무를 져야 한다. 이 경우에도 개인이 국가를 상대로 직접 사법적인 청구를 할 수 있는가의 여부에 따라 추상적 권리설, 구체적 권리설, 불완전 구체적 권리설로 구분된다.

이처럼 사회적 기본권의 구체적 권리성이 확실히 인정되지 않는 이유는 경제적 종속성과 구체적 권리 실현에 필요한 법률의 결여 때문이다. 자본주의 사회에서 권리나 제도 모두 경제 변수에 종속되어 있다. 또 사회적 기본권을 실현하는 적극적 입법을 하지 않았을 때 권리는 명목상의 권리에 그칠 수밖에 없다.

3. 국민의 권리구제와 권익보호

3.1. 국민의 권리구제

사회복지에 대한 급여 권리를 규정하고 있는 헌법이나 법률을 '실체법'이라 하고, 권리가 실현되지 않을 때 이를 실현하기 위한 절차를 규정한 법을 '절차법'이라고 한다. 사회복지법에서는 소송절차만을 다루는 특별소송법은 없기 때문에 행정소송의 절차를 따르고 있다.

권리구제는 행정기관을 통해 진행하는 행정심판과 법원을 통해 판단을 받는 행정소송으로 나눈다. 현재 사회복지법의 권리구제는 상황에 따라 행정소송을 직접 제기하거나 행정심판 절차를 선택할 수 있다. 그 밖에 헌법상의 기본권이 침해되었다고 판단할 경우 헌법재판소에 헌법소원을 제기할 수도 있다.

사회복지법들을 보면 개별 법률별로 광의의 행정심판에 준하는 이의 신청, 심사청구, 심판청구 등의 절차를 규정하고 있다.

1) 공공부조법에서의 권리구제 절차

공공부조제도의 시행은 '중앙정부 - 시·도 - 시·군·구'의 전달체계를 사용하고 있어 공공부조법들은 1차적인 이의 신청을 일반 행정 전달체계에 하도록 하고 있다. (국민기초생활보장법, 긴급복지지원법, 의료급여법, 기초연금법, 장애인연금법, 구직자취업촉진법).

2) 사회보험법에서의 권리구제 절차

사회보험제도는 중앙부처 산하에 각 공단을 설치하여 시행된다. 따라서 권리구제 절차 역시 1차적으로는 각 공단 또는 공단에 설치된 권리구제를 위한 위원회를 활용하도록 하고 있다(국민연금법, 국민건강보험법, 노인장기요양보험법).

3) 사회서비스법 등에서의 권리구제 절차

사회서비스의 경우 서비스의 종류와 내용이 다양하기 때문에 권리구제 절차를 구체적으로 명시한 법률이 적으며, 몇 개의 법률에서 다소 형식적으로 언급하고 있다. (노인복지법, 장애인복지법, 한부모가족지원법, 정신건강복지법, 아동수당법, 장애아동복지지원법, 장애인활동법, 사회서비스이용권법).

3.2. 국민의 권익보호를 위한 청문

청문(聽聞)은 행정기관이 규칙을 개정하거나 쟁송을 해결할 때 이해관계인이나 제3자로부터 의견을 듣는 것을 말한다. 사회복지와 관련해서는 행정기관이 이해관계인들로부터 의견을 듣는 행정청문(行政聽聞)의 경우가 많다. 사회복지 관련 법률들에서 청문을 명시한 경우는 대부분 법이 정한 자격이나 설치·지정된 기관을 취소하는 경우들, 또는 사업폐지, 시설 폐쇄에 해당하는 경우들이다.

- 나가며 -

사회복지는 자본주의 태동과 함께 발생하였고, 산업의 특성에 따라 사회문제의 양태도 달라지면서 여기에 대응하는 사회복지의 모습도 달라져 왔다. 이런 측면에서 산업혁명을 독립변수로 사회복지제도를 종속변수로 볼 수 있다.

복지제도를 구축하는데 첫 번째 시도는 법제화이다. 사회복지법은 사회적 산물로 그 사회의 시대와 상황을 반영하고 있다. 새로이 시작되고 있는 거대한 물결인 4차 산업혁명은 향후 새로운 사회문제를 발생시키고 사회복지 패러다임을 변화시킬 것이다.

현재 우리나라 사회복지법제는 5대 사회보험제도, 국민기초생활보장제도 등 양적인 측면에서 부족함이 없는 성과를 거두고 있다. 그러나 사회복지법제의 질적 수준 제고 측면에서는 노력이 미약하였던 것이 사실이다. 현재 사회서비스 법제가 별도로 없는 상황에서 서비스의 품질 기준과 원칙이 모호한 상태이며, 개별법들도 변화하는 환경에 대처하는데 신속한 대처 방안이 되지 못하는 한계를 가지고 있다.

현행 사회복지법제는 사회보장, 사회보험, 공공부조, 사회복지서비스 분야의 법과 기타관련분야의 법으로 나누어져 있는데 구체적으로 사회보장기본법을 선두로 30여 개 이상의 단행법이 그 연구대상이 되는 간단하지 않은 법체계다. 각각의 규율대상과 내용이 달라 그 자체의 통일적인 입법과 해석이 어렵고 이미 형성되어 있는 것도 기존의 법학적인 개념과 엄밀하게는 일치하지 않는 모습을 보이고 있다. 사회복지법제의 범주가 매우 방대하여 다양한 종류의 사건이 발생하여 왔고, 앞으로도 확대될 것이다.

한 가지 감사한 것은 우리나라 헌법은 사회복지에 대해 매우 수준 높게 규정되어 있고, 여타 선진국에 비해 모자람이 없을 정도이다. 다만 헌법의 하위법률에서 보다 체계적인 통합이 이루어져야 한다고 생각한다. 우리나라의 복지국가 역사가 길지 않고 시민의식이 무르익지 아니한 데도 그 원인이 있겠지만, 지금이라도 헌법이 보장하는 사회복지의 제반 영역에 실제적인 복지실천이 보다 구체적으로 실현 가능해지도록 사회복지 관련 법률의 재정비와 추가적인 입법 활동 등이 요청된다 하겠다.

제 2 장

성경의 기독교복지사상

Ⅰ. 구약성경에 나타난 복지사상

Ⅱ. 신약성경에 나타난 복지사상

Ⅲ. 디아코니아의 목회신학적 이해

Ⅳ. 성경의 사회복지제도에 대한 이해

Ⅴ. 국가의 복지제공 역할에 대한 성경적 이해

Ⅰ. 구약성경에 나타난 복지사상

구약성경은 크게 율법서(모세오경)와 선지서(오늘의 역사서, 대선지서, 소선지서), 그리고 시가서(욥기, 시편, 잠언, 전도서, 아가)로 구분된다.

구약성경의 사회복지 정신은 그 기초가 모세의 율법에 있다. 모세 율법의 가장 중심적인 강조는 위로는 하나님을 경외하고 아래로는 이웃을 사랑하라는 것으로 요약된다. 모세 율법은 이웃사랑의 대상, 즉 복지의 대상을 고아, 과부, 나그네로 정하여 국가적인 차원에서 보호하도록 하였다.

〈구약성경의 구성〉

구약에 나타난 사회복지의 근본정신은 인간의 존엄성을 바탕으로 하고 있는데, 율법서와 선지서와 시가서에 나타난 구체적인 복지사상을 살펴보자.

1. 율법서의 복지사상

1.1. 출애굽을 통한 백성과의 언약

구약성경의 두 번째 책인 출애굽기(Exodus)는 억압받는 하나님의 백성을 구원하기 위한 역동적인 사건들로 이루어져 있다. 출애굽 사건은 여호와 하나님의 강권적인 역사로 애굽(이집트)에서 400년간 종살이하던 이스라엘 백성을 탈출시켜 약속의 땅 가나안으로 향하는 과정의 연속이다. 애굽의 압제 밑에 있던 이스라엘 백성은 혹독한 노역에 시달렸으며, 유아 학살 정책으로 생존의 위기와 공포의 통곡이 극에 달해 하나님께 부르짖었고, 하나님은 출애굽 사건을 통하여 이스라엘에 구원을 베푸셨다.

여호와 하나님은 이스라엘 백성이 고난 당하는 것을 "내가 애굽에 있는 내 백성의 고통을 정녕히 보고"(출 3:7)라고 말씀하시는데, 이것은 하나님이 당신의 백성의 울부짖는 고통을 외면하지 않으시고 그들의 삶의 현장에서 불꽃 같은 눈으로 목도하시고 고난의 땅 애굽에서 구출하여 젖과 꿀이 흐르는 약속의 땅으로 인도하시는 분임을 보여준다. 하나님이 베푸시는 구원사역은 단순히 질곡의 현장에서 그 대상을 구출해내시는 것뿐만 아니라 구출한 백성을 복된 곳으로 인도하시는 은혜의 사역이다.

1.2. 율법을 통한 종의 자유

인간의 인권과 존엄성은 인간이 하나님의 형상대로 지음 받았다(창 1:28)는 사실에 있다. 하나님은 인간의 존엄성을 보전시키기 위하여 인권적 차원에서 율법을 제정하셨고, 하나님의 백성은 마땅히 이를 지켜 행하라고 말씀하신다. 노예제도에 대한 율법의 가르침을 보자.

당시 고대 근동에서 노예제도는 널리 통용되는 일반적인 풍습이었다. 경제적 문제로 노예가 되거나 훔친 물건을 배상할 능력이 없을 경우에 노예로 전락되었다. 대부분의 노예에게는 소유권도 없고 심지어 생명권도 보장되지 않았다. 그러나 하나님은 율법을 통하여 노예제도의 비인간성으로부터 그들을 보호하기 위하여 법을 규정하셨다.

"네가 백성 앞에 세울 법규는 이러하니라 네가 히브리 종을 사면 그는 여섯 해 동안 섬길 것이요 일곱째 해에는 몸값을 물지 않고 나가 자유인이 될 것이며 만일 그가 단신으로 왔으면 단신으로 나갈 것이요 장가들었으면 그의 아내도 그와 함께 나가려니와"(출 21:1-3).

동족에 대한 노예해방과 그들의 인권을 보호하기 위하여 제 7년에는 값없이 자유하게 할 것을 규정하고 있다. 오히려 나갈 때 종에게는 공수(空手)로 보내는 것이 아니라 양과 곡식과 포도주를 넉넉히 부어 보내야 한다(신 15:12-14). 이것은 자유를 얻은 종이 새로운 삶을 시작할 수 있도록 배려하시는 하나님의 큰 은혜를 보여준다.

1.3. 손해배상을 통한 보호

십계명 제8계명에 기초한 세부 규정들은 출애굽기 21:1-15에 언급되어 있는데, 주로 대인관계에서 발생할 수 있는 생명 및 재산권 침해에 있어서 어떻게 배상할 것인지에 대하여 제시하고 있다. 즉 이웃의 재물을 도적질한 경우(1-4절), 맡겨놓은 물건에 피해를 준 경우(7-13절), 빌려온 물건에 피해를 준 경우(14-15절) 등에 관한 내용이다.

전체적인 의미는 가해자가 단순한 물질적 손해배상뿐 아니라 피해를 당한 이웃에게 사죄와 사랑이 담긴 손해배상을 하도록 명하신 것이다. 하나님이 이처럼 다양하고 구체적인 법 조항을 마련해 주신 것은 공의의 법에 입각한 사회질서 유지와 상호 신뢰 및 공동체의 안정을 이루게 하시려는 의도였다.

1.4. 가난한 자들의 생존권 보장

사회적 약자를 보호하기 위한 규례는 출애굽기 22장 21절 이하에서 발견된다.

"너는 이방 나그네를 압제하지 말며 그들을 학대하지 말라 너희도 애굽 땅에서 나그네였음이라 너는 과부나 고아를 해롭게 하지 말라 네가 만일 그들을 해롭게 하므로 그들이 내게 부르짖으면 내가 반드시 그 부르짖음을 들으리라 나의 노가 맹렬하므로 내가 칼로 너희를 죽이리니 너희의 아내는 과부가 되고 너희 자녀는 고아가 되리라"(출 22:21-24).

여기 '나그네'란 외국인으로서 히브리 사회에 체류하게 된 자를 가리킨다. 혈연이나 지연도 없고 법적인 신분보장도 불확실한 사람들이다. 당시의 시대적 상황에 비춰볼 때 이런 이방인 보호 규정은 어느 나라에서도 찾아보기 힘든 규정이다. 이러한 규정은 모든 인간은 하나님 앞에서 평등하다는 만민평등사상과 인간의 존엄성을 강조하는 것인데, 출애굽기 22장 21절이 그 배경이 된다.

신명기 15:7-11에서는 가난한 자에 대한 이웃사랑과 구제를 계속할 것을 언급하고 있는데, 안식년이 가까이 왔다고 하여 꾸어주는 일에 인색하지 말고 구제하는 일에 힘쓰도록 권면하고 있다.

> "땅에는 언제든지 가난한 자가 그치지 아니하겠으므로 내가 네게 명령하여 이르노니 너는 반드시 네 땅 안에 네 형제 중 곤란한 자와 궁핍한 자에게 네 손을 펼지니라"(신 15:11).

여기서 땅에는 언제든지 가난한 자가 그치지 아니하겠다는 의미는 면제년의 규례가 잘 지켜진다면 더 이상 가난으로 인한 어려움은 없겠지만, 그럼에도 이웃을 형제처럼 바라보며 도와야 할 사회적 약자가 어디든 있다는 뜻이다.

> "너희가 너희의 땅에서 곡식을 거둘 때에 너는 밭 모퉁이까지 다 거두지 말고 네 떨어진 이삭도 줍지 말며 네 포도원의 열매를 다 따지 말며 네 포도원에 떨어진 열매도 줍지 말고 가난한 사람과 거류민을 위하여 버려두라 나는 너희의 하나님 여호와이니라"(레 19:9-10).

1.5. 안식년 규례를 통한 약자 보호

모세 율법에는 이스라엘이 가나안 땅에 정착하여 농경 위주의 생활을 할 때 적용되는 각종 절기에 대한 규정들이 제시되어 있다. 출애굽기에 나오는 안식년의 규례는 이러하다.

"너는 여섯 해 동안은 너의 땅에 파종하여 그 소산을 거두고 일곱째 해에는 갈지 말고 묵혀두어서 네 백성의 가난한 자들이 먹게 하라 그 남은 것은 들짐승이 먹으리라 네 포도원과 감람원도 그리할지니라"(출 23:11)

이는 땅의 안식을 통해 토지의 원소유주인 하나님께 감사하며, 일 년간의 휴경(休耕)을 통하여 땅의 생산력을 높이고, 가난한 자들과 들짐승의 먹이를 위한 조치이다. 이것들은 이미 십계명 제4계명에서 함축되어 있다.

"엿새 동안은 힘써 네 모든 일을 행할 것이나 일곱째 날은 네 하나님 여호와의 안식일인즉 너나 네 아들이나 네 딸이나 네 남종이나 네 여종이나 네 가축이나 네 문안에 머무는 객이라도 아무 일도 하지 말라"(출 20:9-10).

'안식년을 지키라'는 명령은 자유인이든 종이든 모든 이스라엘 사람과 외국인과 객, 모든 가축에까지 적용되고 있다. 이러한 법의 제정은 땅의 주인은 하나님이시라는 점을 확증하는 것이며, 안식년의 소출은 개인의 재산이라기보다는 가난한 자들과 짐승의 소유물이라는 개념을 가지고 있다.

1.6. 과부, 고아, 약자를 위한 보호

성경에 나타난 '약자보호법'은 사회적, 경제적, 육체적으로 나약하고 소외된 계층에 대한 하나님의 지극한 관심을 확증하는 법이다. 소극적으로는 그들에 대한 착취를 금하고, 적극적으로는 그들의 필요를 채우는 것이다(출 22:22-27).

성경에 등장하는 '과부와 고아 그리고 가난한 자'는 사회적 약자로서 언제나 억압받고 소외당하는 계층이다. 율법의 규례는 개인적 차원에서 이들을 해롭게 하지 말아야 함을 거듭 강조한다(신 24:17; 사 1:17; 약 1:27). 이러한 소외계층의 보호 규정은 오늘날 기독교사회복지활동의 귀중한 배경과 동기를 주고 있다.

가난으로 인하여 이웃으로부터 돈을 빌렸을 때 채권자는 채무자에게 '채주(債主)같이 하지 말라'라고 했다. 유대 사회에서 실제 채주는 합법의 탈을 쓰고 계획적으로 고리대금업을 함으로 가난한 자들을 더욱 가난하게 하여 당시 비난의 대상이 되었던 것이다.

가난한 자들은 추운 밤을 보내기 위해 겉옷이 필요하였는데, 그러므로 저당 잡힌 외투는 어둡기 전에 주인에게 돌려주어야 하는 것이 하나님의 뜻이다. 하나님의 자비하심은 율법 전체에 확연히 드러나 있다.

구약성경에 나타난 사회 보호 대상자들을 정리하면 다음과 같다: ① 이방 나그네, 객(출 22:21), ② 과부, 고아(출 22:22-23), ③ 가난한 자(출 22:25-27), ④ 이웃(레 19:13, 16), ⑤ 귀먹은 자(레 19:14), ⑥ 소경(레 19:14), ⑦ 가난한 품군(신 24:14-15).

1.7. 희년의 선포

> "너는 일곱 안식년을 계수할지니 이는 칠 년이 일곱 번인즉 안식년 일곱 번 동안 곧 사십구 년이라 일곱째 달 열흘날은 속죄일이니 너는 뿔나팔 소리를 내되 전국에서 뿔나팔을 크게 불지며 너희는 오십 년째 해를 거룩하게 하여 그 땅에 있는 모든 주민을 위하여 자유를 공포하라 이 해는 너희에게 희년이니 너희는 각각 자기의 소유지로 돌아가며 각각 자기의 가족에게로 돌아갈지며 그 오십 년째 해는 너희의 희년이니 너희는 파종하지 말며 스스로 난 것을 거두지 말며 가꾸지 아니한 포도를 거두지 말라 이는 희년이니 너희에게 거룩함이니라 너희는 밭의 소출을 먹으리라 이 희년에는 너희가 각기 자기의 소유지로 돌아갈지라"(레 25:8-13).

희년은 7번의 안식년 바로 다음 해, 즉 50년째 맞이하는 '해방의 해'이다. 일곱 번째 안식년에 땅은 휴경해야 하는데, 희년에 연거푸 안식하게 되는 셈이다. 이는 희년이 차지하는 비중이 그만큼 크다는 것을 입증하는 것이기도 하다.

희년의 최대 의미는 '자유와 기쁨'을 선포하는 것이다. 그러므로 사회적 노예의 신분에서 해방되고, 땅은 원소유주에게로 복귀되고, 모든 빚의 채권자로부터 해방되는 것을 의미하는 것이다. 그런즉 눌린 자들에게 자유는 희년제도의 가장 큰 가치이다. 땅은 여호와께로 왔기 때문에 남에게 넘어간 땅은 원래의 주인에게로 다시 반환되어야 하며, 종들도 다시 자유를 되찾을 수 있다. 이와 같이 희년은 경제적인 불평등을 해소하는 것과 비인간화된 주종관계를 회복시키는 측면에서 가장 이상적인 사회복지적 의미가 담겨 있다.

1.8. 도피성에 관한 규범

도피성은 우발적으로나 실수로 살인한 자가 보호받을 수 있는 성읍이다. 하나님은 레위인들이 가나안 땅에서 받은 48개 성읍 중 6개 성읍을 떼어내어 과실로 타인을 살해한 자들이 일정기간 도피해서 살 수 있는 도피성으로 지정할 것을 명령하고 있다(민 35:11-15). 이 제도는 고대 근동의 각 동족 사이에서 대부분 시행되었지만, 이스라엘의 독특한 점은 신분의 고하에 관계없이 과실치사법에 한정하고 있다는 점이다(레 24:17).

도피성이 지정되어 있다고 해서 고의로 살인한 자까지 보호받는 것은 아니다. 고살자(故殺者)에 대해서는 사형 이외의 다른 형벌은 없다. 피는 생명을 의미하기 때문에 피를 흘리는 것은 살인을 뜻하는 것으로 이것은 인간을 향한 범죄일 뿐만 아니라 더 본질적으로는 하나님께 대한 도전이다.

하나님이 거하시는 땅을 백성이 더럽혀서는 안 되는 이유는 이곳이 하나님이 계시는 곳이기 때문이다. 이처럼 도피성의 규례가 보여주는 것은 하나님이 인간 행위의 모든 것을 주관하시되 인간의 생명을 사랑하고 보호하신다는 사실이다.

2. 선지서의 복지사상

2.1. 아모스 선지자의 메시지

B.C. 8세기 아모스 시대에 이스라엘은 물질적으로 풍요를 누렸지만, 그에 비례해 사회적 부조리 역시 만연해 있었다. 기득권층의 부정부패와 양극화 현상으로 물질적인 혜택은 특권을 가진 부유한 계층에만 있었으며 가난한 자들은 여전히 종의 신분으로 매매의 대상이 되었다. 사회적 약자인 농민들은 가난으로 인해 비참한 삶을 살고 있었고 이들을 더욱 힘들게 한 것은 고리대금업자들이었다.

이스라엘의 하나님은 선지자들을 세워 백성들의 무지를 일깨웠고, 선지자들은 사회적 약자의 편에 서서 "오직 공법(公法)을 물같이, 정의를 하수같이 흘릴지로다"(암 5:24)라고 선포하였다. 하나님은 율법과 규례를 통하여 가난한 자에게 공평할 것과 뇌물을 받지 말 것을 명령하고 있지만(출 23:6-8), 가진 자들은 규례를 무시하고 탐욕에 눈이 어두워 가난한 자를 철저히 착취하였다. 부정직한 관행들이 도처에서 일어나고 있었지만, 재판하는 자들은 뇌물에 눈이 멀어 가난한 자들의 억울함을 외면하였으며, 토지를 빼앗기고 재산을 강탈당하는 사람들의 수는 나날이 늘어갔다(암 2:6-8).

이스라엘의 정의와 공의는 땅에 떨어졌으며, 그들은 불의와 짝하고 가난한 자들의 질고를 외면하였다. 이로 인하여 아모스 선지자는 백성의 불의를 맹렬히 비판하였고, 이스라엘 백성이 하나님 앞에서 바르게 행할 것을 선포하였다. 아모스는 하나님을 향한 소명의식과 열정을 가지고 당시 북이스라엘의 신앙적, 도덕적, 정신적으로 부패한 민중들을 향하여 하나님 앞으로 돌아올 것을 촉구하였던 것이다.

2.2. 선지자 예레미야의 고발

제사장의 신분으로 태어나 선지자가 된 예레미야는 정치적, 도덕적, 영적 암흑기에 오랫동안 타락한 상태에 있는 백성을 회복시키기 위하여 끝없는 메시지를 전하였다. 50년간 선지자로 소명 받아 백성에게 경고와 권면을 계속하였지만, 오히려 그는 매국노라는 오해를 받았고, 자신이 전한 메시지는 아무런 열매를 맺지 못하였다.

유다 백성은 하나님의 언약의 말씀을 무시하고 보호 대상인 가난한 자와 약한 자를 오히려 착취했고, 계속된 경고의 말씀에도 불구하고 부자들은 사회적 약자를 사각지대로 몰아넣었다(렘 5:26-31). 또한, 그들은 자기 이익을 위해 고아의 송사까지도 공정히 하지 않았다. 여호와는 예레미야 선지자를 통해 다음과 같이 선포하신다.

> “너희가 만일 길과 행위를 참으로 바르게 하여 이웃들 사이에 정의를 행하며 이방인과 고아와 과부를 압제하지 아니하며 무죄한 자의 피를 이곳에서 흘리지 아니하며 다른 신들 뒤를 따라 화를 자초하지 아니하면 내가 너희를 이곳에 살게 하리니 곧 너희 조상에게 영원무궁토록 준 땅에니라”(렘 7:5-7)

여호와께서 원하시는 것은 공의를 행하는 것이다. 당시 공의를 잃어버린 재판을 다시 회복하여 그동안 불의한 재판으로 인하여 고통당하는 이방인과 고아와 과부들의 권익을 되찾아주어야 한다는 것이다. ‘이방인과 고아와 과부’에 대한 보호는 언약 규정 조항의 일부였다. 따라서 이들에 대한 사회적 대우는 곧 공의와 정의의 시행 여부를 가늠해주는 척도가 되는 것이다.

2.3. 선지자 이사야의 외침

웃시야 왕이 죽던 해에 선지자로 부름받은 이사야는 여호와의 거룩하심과 민족의 죄의 깊이를 통감하고, 아모스의 전통을 이어받아 격렬한 분노로써 당시의 부패하고 타락한 지배층을 향해 하나님의 메시지를 쏟아냈다.

> "너희는 스스로 씻으며 스스로 깨끗하게 하여 내 목전에서 너희 악한 행실을 버리며 행악을 그치고 선행을 배우며 정의를 구하며 학대받는 자를 도와주며 고아를 위하여 신원하며 과부를 위하여 변호하라 하셨느니라"(사 1:16-17).

유다의 도덕적 타락이 얼마나 심각한 상태에 이르고 있는지 다음과 같이 보여주고 있다: "네 고관들은 패역하여 도둑과 짝하며 다 뇌물을 사랑하며 예물을 구하며 고아를 위하여 신원하지 아니하며 과부의 송사를 수리하지 아니하는도다"(사 1:23). 고관들이 도둑과 짝하게 된 것은 뇌물 때문이었다.

한편 여호와께서 각별히 고아와 과부를 돌볼 것을 명하고 있다. 왜냐하면, 그들은 사회적 약자로서 사람들에게 보호받는 혜택을 누리지 못하기 때문이다. 당시 과부의 송사는 변호되는 일이 거의 없었다. 그것은 그들에게서 아무런 대가를 기대하지 못하기 때문이다. 부요하고 윤택한 사람들이 자기를 도울 친구를 가지는 것은 이상한 일이 아니다. 그러나 주께서는 고아와 과부를 돌보시며 그들이 어떤 화를 당하든지 보수하겠다고 선언하신다.

3. 시가서의 복지사상

시가서는 성문서라고도 하는데, 욥기, 시편 잠언, 전도서, 아가로 구성된다. 여기서는 시편과 잠언을 중심으로 당시 기독교사회복지의 사상을 살펴보기로 한다.

3.1. 시편의 복지사상

의인은 고난을 당하는데 악인은 수단과 방법을 가지지 않고 악행을 행하며 득세하는 모순된 상황 속에서, 시편 기자는 하나님의 권세와 공의로움을 믿으며 악인이 더 이상 악행하지 못하고 이 땅에 하나님의 공의가 실현되기를 호소하고 있다.

> "여호와여 일어나옵소서 하나님이여 손을 드옵소서 가난한 자들을 잊지 마옵소서 어찌하여 악인이 하나님을 멸시하여 그의 마음에 이르기를 주는 감찰하지 아니하리라 하나이까 주께서는 보셨나이다 주는 재앙과 원한을 감찰하시고 주의 손으로 갚으려 하시오니 외로운 자가 주를 의지하나이다 주는 벌써부터 고아를 도우시는 이시니이다 악인의 팔을 꺾으소서 악한 자의 악을 더 이상 찾아낼 수 없을 때까지 찾으소서 여호와께서는 영원무궁하도록 왕이시니 이방 나라들이 주의 땅에서 멸망하였나이다 여호와여 주는 겸손한 자의 소원을 들으셨사오니 그들의 마음을 준비하시며 귀를 기울여 들으시고 고아와 압제당하는 자를 위하여 심판하사 세상에 속한 자가 다시는 위협하지 못하게 하시리이다"(시 10:12-18).

여호와 하나님은 고아와 압제당하는 자를 위하여 악인들을 심판하사 주를 의지하는 자들을 위협하지 못하게 하신다.

> "너희가 불공평한 판단을 하며 악인의 낯 보기를 언제까지 하려느냐(셀라) 가난한 자와 고아를 위하여 판단하며 곤란한 자와 빈궁한 자에게 공의를 베풀지며 가난한 자와 궁핍한 자를 구원하여 악인들의 손에서 건질지니라 하시는도다"(시 82:2-4).

위에서 언급한 것처럼 여호와 하나님은 가난과 멸시 천대를 받은 자들을 위하여 보살피며 보호하실 것을 말씀하고 계신다.

3.2. 잠언의 복지사상

잠언은 솔로몬의 잠언에 훗날 다른 부분을 덧붙여 히스기야의 신하들에 의해 편집된 것으로 보아 기록연대를 B.C 950~700년경으로 잡을 수 있다. 잠언의 사상을 윤리적, 종교적 그리고 철학적 관점에서 논할 수 있는데, 여기에서는 사회복지사상과 관련된 윤리적 관점을 살펴보기로 한다.

> "약한 자를 그가 약하다고 탈취하지 말며 곤고한 자를 성문에서 압제하지 말라" (잠 22:22).

'약한 자'란 사회적 약자를 의미하는 것으로, 강한 자는 약한 자의 소유물을 빼앗고자 하는 유혹을 받게 마련이다. 또한, '성문'은 성읍의 통치자들이 재판을 집행하는 장소인데, 재판에서 마땅히 약한 자를 보호하여야 함에도 불구하고 사회적 권력이 없다고 약한 자에게 불리한 재판을 하는 것은 공의(公儀)를 무시하는 행위이다. 하나님은 약자와 곤고한 자를 억압하며 노략하는 자는 용서하지 않으신다고 말씀하신다.

> "가난한 자를 학대하는 가난한 자는 곡식을 남기지 아니하는 폭우 같으니라" (잠 28:3)

가난한 사람을 학대하는 자는 창조주 하나님을 멸시하는 것이요 가난한 자를 조롱하는 자는 모든 우주 만물을 지으신 여호와를 멸시하는 자이다. 모든 인간은 하나님의 형상을 따라 지어진 인격적인 피조물로서, 하나님 앞에서는 한 사람 한 사람이 모두 천하보다 귀한 존재라는 사상을 반영하고 있다. 곧 가난하다고 해서 그를 비난하고 학대하는 것은 그 사람 역시 하나님의 형상을 멸시하는 것이 된다.

- 나가며 -

지금까지 구약성경 율법서, 선지서, 시사서에 나타난 성경적 사회복지를 살펴보았다. 성경 역사에 하나님의 강권적인 간섭과 섭리가 선명하게 나타나 있다. 하나님은 사회적 약자들, 곧 가난한 자와 학대받고 고난당하는 자에게 각별한 배려를 보여주셨고, 이스라엘 공동체에서 구체적인 하나님의 정의가 실현되기 위하여 규례를 정하여 계시하셨다.

즉 고아와 과부 등 가난하고 연약한 자들은 이스라엘 공동체 내에서 소외당하기 쉬운 대상이므로 사랑으로써 구제를 행하라고 요구하고 있다. 그들 역시 하나님의 선택된 언약 백성임을 인정하고 동등하게 대우해야 한다는 것이다. 하나님이 제정하신 규례는 그들의 삶의 현장에서 꼭 필요한 내용들로 구성되어 있는데, 이는 선민으로서 마땅히 가져야 할 신앙인의 자세이기 때문이다.

Ⅱ. 신약성경에 나타난 복지사상

하나님은 구약의 율법서와 선지서의 가르침을 통하여 가난한 자와 고아와 과부들에 대하여 큰 관심을 보이셨는데, 신약의 예수 그리스도께서도 시종일관 사회적 약자와 함께 하심을 볼 수 있다. 그리스도인의 자세는 예수께서 보여주신 모범을 따라 나가는 것이다.

> "그는 근본 하나님의 본체시나 하나님과 동등됨을 취할 것으로 여기지 아니하시고 오히려 자기를 비워 종의 형체를 가지사 사람들과 같이 되셨고"(빌 2:6-7)

예수 그리스도는 하늘의 모든 영광을 버리고 이 땅에 오셔서 하나님의 뜻을 온전히 실천함으로써 진정한 섬김의 도(道)를 보여주셨다. 이를 통해 세상 나라의 속성과 하나님 나라의 속성의 분명한 차이를 보여주는데, 세상은 스스로 높고자 하는 자들이 모든 불의와 권모술수를 통하여 크고자 하지만, 하나님의 나라는 철저한 자기 낮아짐에 있다.

> "너희 중에는 그렇지 않아야 하나니 너희 중에 누구든지 크고자 하는 자는 너희를 섬기는 자가 되고 너희 중에 누구든지 으뜸이 되고자 하는 자는 너희의 종이 되어야 하리라"(마 20:26-27)

세상의 집권자들은 사람들을 임의로 주관하고 명령하는 반면, 하나님의 나라는 '섬김'으로 실현된다고 하신 것이다. 하나님의 나라는 그리스도를 본받아 이웃을 섬기는 봉사와 섬김의 모습이 삶 가운데 나타나야 한다. 여기서는 신약성경의 공관복음서와 사도행전, 그리고 서신서에 나타난 기독교복지사상에 대하여 살펴보려 한다.

1. 공관복음서에 나타난 복지사상

예수님이 선포하신 하나님 나라의 특징 중 하나는 모든 사람을 평등 앞에 세우는 것이다. 예수님은 하나님 나라의 왕적 통치 앞에 어떤 특권 의식이나 엘리트 의식도 인정하지 않으신다. 예수님이 가르치신 것은 모든 인간은 하나님 앞에 예외 없이 죄인이며, 모든 인간은 하나님의 구원 의지 아래 평등하고, 하나님 나라의 복음은 모든 사람에게 전파된다는 진리이다.

예수님의 복음선포는 당시의 사회적 정의와 복지의 혜택을 받지 못하는 계층들을 향한 돌봄의 메시지였다. 예수님의 도전은 사회적 구조의 혁명을 요구하는 듯 거친 비판으로도 들려졌지만, 실제로 질서의 회복과 모든 피조물의 해방을 요구하는 복음의 실현이라는 점에 중심이 있다.

S.W. Baron의 『이스라엘의 역사』에는 1세기 갈릴리의 한 농부가 빚으로 인해 몰락해가는 과정을 묘사하는데, 농부의 땅이 담보로 잡히고 곧 고리대금업자의 손에 떨어지고 농부는 소작인이 된다. 빚은 계속 늘어가고, 농부의 몸은 물론 그의 아내와 자녀와 그가 가진 모든 것을 팔아서 빚을 갚아야 했다. 예수님은 마태복음에서 '무자비한 종의 비유'를 통하여 가난한 백성의 삶이 얼마나 힘겨웠는지를 잘 반영하고 있다.

산상보훈에 나타난 예수님의 정신은 원수와 죄인까지도 포함한 우주적인 사랑, 즉 무제한적이고 무차별적인 인간 사랑의 정신이다.

예수님은 그리스도인들의 이웃과 세상에 대한 삶의 원리가 '소금과 빛'이라 명하신다. 이 말씀은 오늘의 그리스도인들이 삶의 현장에서 그리스도의 정신을 가지고 자기비움과 자기희생으로 타인을 향한 봉사의 삶을 살아야 함을 의미한다. 그리스도인의 심령 속에 타인을 긍휼히 여기는 마음이 무엇보다 중요한데, 예수님은 이러한 일에 본을 보이셨다.

마태복음 20장 30절 이하에서 십자가를 목전에 두신 예수님은 두 명의 소경을 민망히 여기셨고, 앞으로 도래할 하나님 나라는 세상에서 버림받은 사람들, 즉 소경과 같은 병자와 세리와 창기들의 차지가 될 것을 말씀하셨다. 이와 같은 비유 속에서 이 땅의 병들고 소외당하는 자들에 대한 관심과 배려를 조금도 늦추지 않으시는 예수님의 참된 사랑과 섬김의 모습을 보여주고 있다.

마태복음 25장에서 예수님은 양과 염소의 비유를 통해 최후의 심판 때에 의인과 악인을 구별하신다고 말씀하신다. 비유를 통하여 구원받은 그리스도인들에게 사회적 약자의 돌아봄이 얼마나 크고 귀중한 것인지 깨우쳐 주고 있다.

> "모든 민족을 그 앞에 모으고 각각 구분하기를 목자가 양과 염소를 구분하는 것같이 하여 양은 그 오른편에 염소는 왼편에 두리라 그 때에 임금이 그 오른편에 있는 자들에게 이르시되 내 아버지께 복 받을 자들이여 나아와 창세로부터 너희를 위하여 예비된 나라를 상속받으라 내가 주릴 때에 너희가 먹을 것을 주었고 목마를 때에 마시게 하였고 나그네 되었을 때에 영접하였고 헐벗었을 때에 옷을 입혔고 병들었을 때에 돌보았고 옥에 갇혔을 때에 와서 보았느니라 이에 의인들이 대답하여 이르되 주여 우리가 어느 때에 주께서 주리신 것을 보고 음식을 대접하였으며 목마르신 것을 보고 마시게 하였나이까 어느 때에 나그네 되신 것을 보고 영접하였으며 헐벗으신 것을 보고 옷 입혔나이까 어느 때에 병드신 것이나 옥에 갇히신 것을 보고 가서 뵈었나이까 하리니 임금이 대답하여 이르시되 내가 진실로 너희에게 이르노니 너희가 여기 내 형제 중에 지극히 작은 자 하나에게 한 것이 곧 내게 한 것이니라 하시고 또 왼편에 있는 자들에게 이르시되 저주를 받은 자들아 나를 떠나 마귀와 그 사자들을 위하여 예비된 영원한 불에 들어가라"(마 25:32-41).

여기서 '복 받을 자들'은 하나님이 창세 전에 이미 선택하셔서 예비된 하나님의 나라를 상속케 하신 것을 의미하는 것으로, 그들의 행위가 의롭고 선하기 때문에 구원받은 것은 아니다. 하나님의 나라를 상속받은 자들은 사회적 약자, 즉 소외된 자들을 돌아볼 책임이 있으며, 믿음을 소유한 자는 선한 행실이 뒤따라야 함을 가르치고 계신다. 사회로부터 소외당한 민중의 소리에 귀 기울여 구체적이고 실질적인 도움의 손을 펼쳐야 하는 것이다.

성경의 가장 중요한 가르침 중 하나는 마가복음 12장에 나오는 최대계명(the Greatest Commandment)에 관한 말씀이다. 유대 전승에 따르면 율법 가운데는 365조의 금지조항과 248개의 부칙이 있는데 당시 서기관들은 어느 것이 더 중요하고 덜 중요한지를 끝없이 따졌다고 한다. 이것에 대해 예수님은 명쾌한 가르침을 주고 계신다.

> "서기관 중 한 사람이 그들이 변론하는 것을 듣고 예수께서 잘 대답하신 줄을 알고 나아와 묻되 모든 계명 중에 첫째가 무엇이니이까 예수께서 대답하시되 첫째는 이

> 것이니 이스라엘아 들으라 주 곧 우리 하나님은 유일한 주시라 네 마음을 다하고 목숨을 다하고 뜻을 다하고 힘을 다하여 주 너의 하나님을 사랑하라 하신 것이요 둘째는 이것이니 네 이웃을 네 자신과 같이 사랑하라 하신 것이라 이보다 더 큰 계명이 없느니라"(막 12:28-31).

본문의 핵심은 위로는 하나님을 사랑하고 아래로는 인간을 사랑하라는 말씀이다. 즉 하나님의 형상대로 지음 받은 인간으로서 온 마음과 힘을 다해 하나님을 섬길 것과 이웃 사람들에 대한 온전한 사랑을 명하시고 있다. 이 두 계명이 온 율법과 선지자의 강령이며, 이는 곧 모든 성경 교훈의 핵심인 것이다.

그렇다면 "네 이웃을 네 자신과 같이 사랑하라"고 하신 말씀에 진정한 나의 이웃은 누구인가에 대해 예수님은 비유로 말씀하신다.

> "예수께서 대답하여 이르시되 어떤 사람이 예루살렘에서 여리고로 내려가다가 강도를 만나매 강도들이 그 옷을 벗기고 때려 거의 죽은 것을 버리고 갔더라 마침 한 제사장이 그 길로 내려가다가 그를 보고 피하여 지나가고 또 이와 같이 한 레위인도 그곳에 이르러 그를 보고 피하여 지나가되 어떤 사마리아 사람은 여행하는 중 거기 이르러 그를 보고 불쌍히 여겨 가까이 가서 기름과 포도주를 그 상처에 붓고 싸매고 자기 짐승에 태워 주막으로 데리고 가서 돌보아 주니라 그 이튿날 그가 주막 주인에게 데나리온 둘을 내어주며 이르되 이 사람을 돌보아 주라 비용이 더 들면 내가 돌아올 때에 갚으리라 하였으니 네 생각에는 이 세 사람 중에 누가 강도 만난 자의 이웃이 되겠느냐 이르되 자비를 베푼 자니이다 예수께서 이르시되 가서 너도 이와 같이 하라 하시니라"(눅 10:30-37).

여기서 강도 만나 죽어가는 사람을 외면한 제사장과 레위인, 그리고 강도 만난 자를 힘껏 도운 사마리아 사람이 선명하게 비교되고 있다. 예수님은 처음 예수님을 시험코자 한 율법사의 질문을 받고 오히려 본인 스스로가 질문에 답하도록 이끌어 내시고 있다.

예수님은 사랑을 받을 대상인 강도 만난 사람이나 제사장, 또는 레위인에게 초점을 맞추어 질문하지 아니하시고 선한 이웃이라는 것을 보여준 사마리아인에게 초점을 맞추어 질문하셨다. 율법사의 질문(29절)에 대한 바로 이 반문이 비유의 핵심적인 의미이며 비유를 통하여 진정한 이웃사랑이 무엇인가에 대한 교훈을 전하고자 함에 있는 것이다.

2. 사도행전에 나타난 복지사상

사도행전은 초대교회의 성립과 발전에 관한 매우 귀중한 역사 기록으로서 누가복음의 저자인 누가에 의해 기록되었다. 사도행전은 예수님의 승천 이후부터 바울이 로마에 죄수로 호송될 때까지, 제자들이 땅끝까지 이방인에게 복음을 전파하는 것을 기술하고 있다. 본 절에서는 사도행전에 나타난 기독교사회복지사상이 어떻게 흐르고 있는지와 주님 안에서 하나 된 믿음의 형제들의 삶의 자세를 살펴보기로 한다.

2.1. 초대 예루살렘교회의 특징

사도행전 초두에 기록된 원형교회에서의 공동생활은 오늘 우리의 상황에서는 참으로 놀라운 모범이 아닐 수 없다. 오순절 성령강림 사건 이후 빠른 속도로 수천 명의 교인으로 성장된 예루살렘교회에 관한 사도행전 2장 후반부의 기록은 오늘의 교회가 어떠해야 함을 보여준다.

> "그들이 사도의 가르침을 받아 서로 교제하고 떡을 떼며 오로지 기도하기를 힘쓰니라 사람마다 두려워하는데 사도들로 말미암아 기사와 표적이 많이 나타나니 믿는 사람이 다 함께 있어 모든 물건을 서로 통용하고 또 재산과 소유를 팔아 각 사람의 필요를 따라 나눠 주며 날마다 마음을 같이하여 성전에 모이기를 힘쓰고 집에서 떡을 떼며 기쁨과 순전한 마음으로 음식을 먹고 하나님을 찬미하며 또 온 백성에게 칭송을 받으니 주께서 구원받는 사람을 날마다 더하게 하시니라"(행 2:42-47).

예루살렘교회는 초대 기독교 공동체의 이상적인 하나의 교회로서 성도 간에 소유를 공동으로 사용하는 이른바 '거룩한 사도적 공동체'를 형성하였고, 다음과 같은 특징을 보여주고 있다.

첫째, 예루살렘교회는 거룩한 가르침을 받는 데 힘쓴 교회였다. 사도들의 가르침에 오로지 힘쓰는 성도들의 모습이 사도행전의 특징적인 모습으로 묘사되고 있다.

둘째, 서로 교제하는 교회였다. 성도들은 사도들의 가르침을 받아 서로 지속적인 교제에 힘쓰고, 떡을 떼며 기도하기를 힘쓰는 교회였다. 그들은 비록 얼굴이 다르고 살아온 삶의 방식이 다르지만, 그리스도 안에서 한 형제같이 친밀한 연대감을 가지고 서로 사귐을 나누었고, 정해진 시간에 합심하여 기도하는 모습을 보여주고 있다.

셋째, 예루살렘교회는 성령으로 역사하는 교회였다. 성령충만한 그들에게는 두려움이 사라졌고, 기사와 표적이 많이 나타나 주위의 사람들에게 성도들이 증거하는 말씀에 따라 하나님과 성도들을 경외하는 분위기가 조성되었다. 특히 사도들을 통한 하나님의 강한 역사가 나타나 복음의 사역이 "사마리아와 땅끝까지 내 증인이 되리라"고 하신 주님의 말씀이 이루어지는 계기가 마련되었다.

넷째, 초대교회는 놀랍게도 유무상통하는 교회였다. 이것은 예루살렘교회가 정한 내규 지침이 아니라 성령의 역사로 말미암아 스스로 이루어진 것이며, 성령 충만의 결과이다. 초대교회 대부분의 성도는 넉넉한 사람들이 아니었는데, 분배 과정에서 최대의 수혜자는 가난한 자들이었을 것이다.

다섯째, 예루살렘교회는 주위로부터 칭송받는 교회였다. "온 백성에게 칭송을 받으니"라고 언급한 것처럼 이방인들 가운데서까지도 인정될 만큼 믿음의 열매를 맺게 된 것이었다. 예루살렘 성도들의 삶은 온 백성에게 흠모의 대상이 되었고, "주께서 구원받은 사람을 날마다 더하게" 하셨다.

2.2. 초대교회의 공동생활

초대교회 성도들은 성령 충만하여 예배와 말씀교육, 기도에 헌신하였다. 사도행전 4장에는 성령 충만한 삶을 사는 성도들의 신앙 자세를 잘 보여주고 있다.

> "믿는 무리가 한마음과 한뜻이 되어 모든 물건을 서로 통용하고 자기 재물을 조금이라도 자기 것이라 하는 이가 하나도 없더라 사도들이 큰 권능으로 주 예수의 부활을 증언하니 무리가 큰 은혜를 받아 그중에 가난한 사람이 없으니 이는 밭과 집 있는 자는 팔아 그 판 것의 값을 가져다가 사도들의 발 앞에 두매 그들이 각 사람의 필요를 따라 나누어 줌이라 구브로에서 난 레위족 사람이 있으니 이름은 요셉이라 사도들이 일컬어 바나바라(번역하면 위로의 아들이라) 하니 그가 밭이 있으매 팔아 그 값을 가지고 사도들의 발 앞에 두니라"(행 4:32-37).

본문은 초대교회 성도들이 서로의 물건을 통용하고 나누는 생활을 통해 그리스도 안에서 한 형제로서의 삶을 나타내고 있다. 이러한 유무상통의 모습은 이미 사도행전 2:42-47에서도 나타났었는데, 이는 장차 완성될 하나님 나라의 모형이다.

성도들의 수준 높은 공동체 삶으로 "그중에 가난한 사람이 없으니"라고 표현될 정도로 경제적 평등이 현실로 나타나게 되었다. 그들은 서로가 소유물을 통용하였고 밭과 집을 팔아 사도들에게 가져왔고, 이것을 각 사람의 필요에 따라 나누어 준 것이다.

이처럼 성령 충만한 성도들로 이루어진 초대교회 안에서도 아나니아와 삽비라 부부 같은 양심불량자가 있었고, 이들 부부의 급사 사건은 오늘의 교회에 성결의 중요성을 강하게 보여주고 있다.

> "아나니아라 하는 사람이 그의 아내 삽비라와 더불어 소유를 팔아 그 값에서 얼마를 감추매 그 아내도 알더라 얼마만 가져다가 사도들의 발 앞에 두니 베드로가 이르되 아나니아야 어찌하여 사탄이 네 마음에 가득하여 네가 성령을 속이고 땅 값 얼마를 감추었느냐 땅이 그대로 있을 때에는 네 땅이 아니며 판 후에도 네 마음대로 할 수가 없더냐 어찌하여 이 일을 네 마음에 두었느냐 사람에게 거짓말한 것이 아니요 하나님께로다 아나니아가 이 말을 듣고 엎드러져 혼이 떠나니 이 일을 듣는 사람이 다 크게 두려워하더라"(행 5:1-5).

아나니아와 삽비라 부부는 가난한 형제들을 순수한 마음으로 도우려는 의도가 아니라 자신을 타인에게 나타내고자 하는 공명심으로 행한 것이므로 믿음의 행위가 아니며 결국 성령을 속인 것이다. 심중에 두 마음을 품은 것은 거짓과 위선이며, 이런 일들은 오늘 교회에서도 얼마든지 일어날 수 있는 일이므로 경계와 주의가 필요하다.

2.3. 초대교회의 일곱 집사와 섬김의 사람들

사도행전 6장에 기록된 구제 문제로 인한 교회 내의 분쟁문제와 이를 해결하는 방책으로서의 일곱 집사 선출의 기록은 현대교회의 목회에 많은 시사점을 줄 뿐 아니라 교회사회복지의 중요성을 보여주는 중요한 자료이기도 하다.

사도들은 교회 내의 가난한 자들을 돌보기 위해 일곱을 택하게 되는데, 집사의 조건은 성령과 지혜가 충만하며 칭찬 듣는 사람이어야 했다. 집사들은 성령의 열매가 나타나고 있는 사람들이고 여러 사람에 의하여 공적으로 인정받은 사람이었다. 그들은 지혜를 가지고 어려운 사람들을 섬기는 사람들이었다.

섬기는 사람으로 베드로를 빼놓을 수 없다. 그는 순회복음전도 사역 중에 중풍병자 애니아를 고쳤고, 욥바의 다비다를 살리기도 했다. 사도행전 10장의 이방인 고넬료는 "경건하여 온 집으로 더불어 하나님을 경외하며 백성을 많이 구제하고 하나님께 항상 기도"하는 로마의 백부장이었다. 또한, 사도행전 11장의 안디옥교회는 유대에 크게 흉년이 들었을 때 모교회인 예루살렘교회의 소식을 듣고 구제헌금을 모금하여 보내었다. 이와 같이 사도행전은 복음이 왕성하게 일어난 것뿐 아니라 사랑의 봉사가 넘치는 승리의 소식으로 가득 차 있다.

3. 서신서에 나타난 복지사상

3.1. 코이노니아 공동체

코이노니아란 말은 사도 바울이 복음사역을 위해 사용했던 당시의 그리스 토착 용어이다. 신학적 의미로는 바울이 고린도 교회의 정체성과 결속을 다짐하고 신앙의 원리를 교훈하는 과정에서 코이노니아적 용어를 사용하는 데서 비롯되었다고 본다.

교제(交際)는 같이 사귀는 관계로서 그리스도인들은 아버지와 아들과 성령과 교제를 가지고 있다(요일 1:3). 그리고 그리스도 안에서 한 형제된 우리는 서로 교제를 한다. 특히 연약한 자를 돕고 일반 대중을 교화하는 데에 그리스도인들이 모여서 교제하는 목적이 있다(롬 15:1).

고린도교회에 보낸 편지에서 바울은 유대의 가난한 성도들을 위해 헌금하도록 명하면서 참된 코이노니아의 정신을 가르치고 있다.

> "성도를 위하는 연보에 관하여는 내가 갈라디아 교회들에게 명한 것 같이 너희도 그렇게 하라. 매주 첫날에 너희 각 사람이 수입에 따라 모아 두어서 내가 갈 때에 연보를 하지 않게 하라. 내가 이를 때에 너희가 인정한 사람에게 편지를 주어 너희의 은혜를 예루살렘으로 가지고 가게 하리니 만일 나도 가는 것이 합당하면 그들

이 나와 함께 가리라"(고전 16:1-4).

바울에게 있어 예루살렘의 가난한 성도들을 위한 헌금은 꼭 필요한 것이며 이것은 교회의 일치를 보여주는 한 방법이었다. 코이노니아는 교제를 의미하며 교제의 본질은 때에 따라 나누어 가지는 데 의의가 있다. 참교회는 코이노니아 공동체이다.

3.2. 섬김과 구제

로마서 12, 13장에 보면, 하나님의 전적인 은혜로 구원받은 성도들은 삶의 자리에서 말씀에 근거하여 하나님(12:1-2절), 교회(3-8절), 사회(9-21절)와 세상 권세(13:1-7) 그리고 이웃(13:8-14)에 대한 의무를 가지며, 이 의무의 올바른 실현을 위하여 그리스도인의 자유의 올바른 사용, 곧 자기희생, 봉사, 사랑, 덕을 세움 등의 실천적인 윤리들이 요청되고 있다.

구원받은 성도들에게 요청되는 섬김의 도(道)는 무엇인가? '섬기는 일'에 해당하는 헬라어 '디아코니아'는 본래 타인에 대한 봉사(service)로 행해지는 개인적인 사역을 가리켰는데, 성경에는 다양한 의미의 용례들이 나타난다. 디아코니아에 대하여는 다음의 글(디아코니아의 신학적 이해)에서 자세히 다루기로 한다.

초대교회부터 교회는 환난을 당하며 곤고한 자리에 있는 자를 직접 찾아가 돕는 것을 미덕으로 생각했다.

"성도들의 쓸 것을 공급하며 손 대접하기를 힘쓰라. 너희를 박해하는 자를 축복하라 축복하고 저주하지 말라. 즐거워하는 자들과 함께 즐거워하고 우는 자들과 함께 울라"(롬 12:13-15).

여기에서 바울은 '성도들의 쓸 것을 공급하는' 것, 곧 '구제'는 성도로서 마땅히 해야 할 것임을 분명히 하고 있다. "너희를 박해하는 자를 축복하라"는 교훈은 구약에서 가해 당한 만큼의 복수를 허용하고 공식적인 처벌을 통해서 사회정의를 구현하려고 했던 동해보복법(同害報復法)의 정신을 주님께서 재해석하시고 새로운 계시의 빛 안에서 신약의 성도들에게 제시하신 교훈이다.

구제하는 것은 잃어버리는 것이 아니라 씨를 뿌리는 이치와 같다. “이것이 곧 적게 심는 자는 적게 거두고 많이 심는 자는 많이 거둔다 하는 말이로다. 각각 그 마음에 정한 대로 할 것이요 인색함으로나 억지로 하지 말지니 하나님은 즐겨 내는 자를 사랑하시느니라”(고후 9:6-7). 구제하는 데 있어서 중요한 것은 어떤 마음에서 하느냐이다. 신앙에는 행함이 있어야 하고 행함의 구체적인 내용은 주께서 사랑의 본을 보여주신 것을 본받아 우리도 그대로 실천하는 것이다.

Ⅲ. 디아코니아의 목회신학적 이해

기독교 130여 년의 역사를 지닌 한국교회는 세계사에 유례가 거의 없을 정도의 엄청난 영적부흥을 경험했지만, 동시에 영적 타락과 영적 쇠퇴가 급속도로 진행되고 있는 가운데 있다. 지금은 교회에 대한 냉랭한 반응들을 다시 일으켜 세우기 위해서 무엇보다 먼저 교회 사역의 디아코니아의 부분을 다시 점검해야 할 때이다. 선교사들의 복음으로 시작된 한국교회는 처음엔 핍박과 순교로 말미암은 억압 속에 있었지만, 문호가 개방되면서부터 본격적인 복음활동과 사회봉사활동들이 일어나면서 영적 부흥을 맞이하게 되었다. 19세기 후반의 선교 초기에 이 땅에 들어온 선교사들의 활동은 디아코니아를 중심으로 한 사역이었다.

초기 한국교회는 학교사업을 통한 교육사업을 만들었고, 의료를 중심으로 하는 병원을 세우면서 환자 치료를 통한 디아코니아 실천을 감당하였다. 특별히 선교사 알렌과 스크랜튼 박사, 애비슨 박사를 통해 제중원과 세브란스 병원과 여성병원들이 세워졌다. 언더우드 선교사를 통해서는 기독교 학교를 세워 가르치기 시작하였다. 사회복지 분야로도 선교사가 세운 교회를 중심으로 무료 봉사활동과 고아원의 설립을 통해 사회복지를 한국교회 초기부터 시작하였다. 이렇게 한국교회는 처음부터 복음과 함께 사랑을 전하면서 사회 전반에 걸쳐 디아코니아를 실천하였다. 그러면서 사회적으로나 일반인들에게 많은 관심과 사랑을 받는 동시에 한국교회가 부흥을 이뤄오게 되었다.

그러나 오늘의 한국교회는 사회로부터 외면과 냉대를 받고 있는 실정이다. 여기에는 여러 가지 이유가 있을 수 있으나, 가장 큰 이유로는 디아코니아의 상실을 들 수 있을 것이다. 그러기에 21세기 한국교회, 특히 장로교회에 필요한 것은 칼빈의 디아코니아를 다시 배우면서 우리 사회에 교회가 할 수 있고 해야 하는 디아코니아를 실천하는 것이다. 디아코니아는 사도행전에서 말하고 있듯이 초대교회부터 시작되었고, 많은 개혁자가 실천했던 내용이다.

여기서는 디아코니아의 개념과 성경적 근거를 찾아보고, 종교개혁자들의 디아코니아 사역과 한국장로교의 집사 제도에 나타난 디아코니아 사역을 살펴보기로 한다.

1. 디아코니아 신학 배경

전통적으로 기독교회는 기독교인의 사명을 교회 내적 사역과 사회를 향한 외적 사역으로 구분하여 왔다. 기독교인의 내적 사역으로는 예배공동체로서의 레이투르기아(leitourgia), 말씀공동체로서의 케리그마(kerygma)와 교육공동체로서의 디다케(didache), 친교공동체로서의 코이노니아(koinonia)를 포함하고 있으며, 외적 사역으로는 섬김과 복지 공동체로서의 디아코니아(diakonia)를 들 수 있다. 이러한 용어들은 교회의 본질들을 따로따로 제한시키는 것이 아니라 예배와 말씀을 통해 영적 생명의 구원과 친교, 봉사를 통한 육체적 생명의 구원을 기독교인의 본질적 사명으로 통합적으로 이해되어야 한다.

1.1. 디아코니아(diakonia)의 개념

디아코니아를 우리말로 번역하면 '섬김'이나 '봉사'라는 말로 바꿀 수 있다. 섬김은 '섬기다'에서 명사로 쓰인 말이다. 헬라어 명사 διακονια(디아코니아, 섬김, 일)는 신약성경에서 34회 사용되었고, 동사인 διακονειν(디아코네인, 섬기다)은 37회 사용되었다. 사람을 가리키는 διακονος(디아코노스, 일꾼, 종, 섬기는 자)는 신약성경에서 100회 정도 사용되었다. 동사인 διακονειν의 기본적인 뜻은 일반적인 의미에서 '식탁에서 시중들다'는 의미로 사용되었고 의미를 넓혀서 '공급하다, 보살피다'의 의미로도 사용되었다.

디아코니아는 오랜 역사를 지니고 있다. 학자들은 그 기원을 고대 이집트인들로부터 찾고 있다. 앞장에서 살펴본 대로 구약성경과 신약성경에 나타나 있는 디아코니아는 한마디로 '이 땅의 사회적 약자를 향한 교회공동체의 봉사'를 의미하는 것이다.

헬라어 디아코니아 즉 '교회의 사회 섬김과 사회봉사'는 교회와 신학의 드러나는 삶으로서의 경건과 절제(독일어로 Froemmigkeit-Enthaltsamkeit)의 역사적 실재들을 하나님의 은총과 사랑 안에서 충만하게 인식하는 것이다. 이것은 다시 말하면 인간사회 안으로 들어오셔서 실재하시면서 성육신적 역사로 하나님의 창조 구원의 역사를 직접적으로 행하신 예수님의 사랑의 행위 실천에 대한 인식에서 교회의 사회 섬김과 봉사가 출발되어야만 한다는 당위성을 갖는다는 것이다.

예수님도 말씀하시기를 "너희 중에 누구든지 크고자 하는 자는 너희를 섬기는 자가 되고 너희 중에 누구든지 으뜸이 되고자 하는 자는 너희의 종이 되어야 하리라"(마 20:26-27)고 하셨다. 예수님은 자신이 육신을 입고 이 땅에 오신 목적을 이렇게 말씀하신다. "인자가 온 것은 섬김을 받으려 함이 아니라 도리어 섬기려 하고 자기 목숨을 많은 사람의 대속물로 주려함이니라"(마 20:28). 그러기에 섬김이 얼마나 중요한가를 다시 생각하지 않을 수 없다. 역사적으로 보면 교회의 섬김 사역은 16세기에 급격하게 발전하게 되는 디아코니아의 영역에서 펼쳐지게 되었다.

1.2. 디아코니아의 역사적 신학적 배경

구약성경에서는 디아코니아의 개념이 통일되게 사용되고 있는 것은 아니다. 하지만 디아코니아의 개념과 유사한 아바드(섬기다)와 이의 명사형인 에베드(섬기는 자) 그리고 샤라트 등의 개념은 구약에서의 봉사와 섬김을 이해하는 데 도움을 준다. 구약성경에 나타나는 디아코니아 정신은 "이웃사랑하기를 네 몸과 같이 하라 나는 여호와니라"(레 19:18)는 말씀에 기초하고 있다. 이런 정신을 가지고 이웃을 섬기고 사랑하는 행위는 모두 디아코니아에 속한다고 볼 수 있다.

아바드의 명사형인 '에베드' 즉, '섬기는 자 혹은 종'의 단어가 주로 하나님을 섬기는 자, 혹은 하나님의 종으로 소개되고 있다는 점을 감안하면 섬김의 의미는 하나님과 밀접히 관련이 있는 것으로 보인다. 그러나 섬김의 대상이 하나님께만 국한되는 것은 아니며 하나님께서 창조한 인간과 자연까지를 포함한다.

구약성경에 섬김과 봉사를 의미하는 개념이 아바드 외에 샤라트란 단어가 있는데, 이 샤라트는 하나님을 섬기는 것을 제외하고는 주로 아래 사람이 윗사람을 섬기는 것을 뜻하는 것으로 나타난다.

구약성경에 나타나는 하나님은 가난한 자들의 편에 서서 이들이 억울한 일을 당하지 않도록 법으로 규정하고 있다. 더 나아가 이들이 처한 상황 속에 직접 참여하셔서 그들을 돌보시고 보호하시는 분으로 나타나고 있다. 구약성경에서의 이러한 섬김과 봉사의 정신의 흐름은 이스라엘 백성들에게만 국한된 것이 아니라 이방인에 대한 이스라엘 백성의 관심으로 표현되기도 했다. 오늘날 교회가 같은 정신을 가지고 이웃을 섬기고 사랑하는 것도 모두 디아코니아에 속한다고 볼 수 있겠다.

신약성경에서 헬라어 디아코니아는 '식탁에서 시중들기'라는 의미인데, 주로 사랑과 봉사를 나타내는 용어로 사용되었다. 예수님은 봉사의 의미를 가난한 자를 도와주고 병든 자와 감옥에 있는 사람들을 돌보는 것에서 비롯해 이웃을 위한 사랑의 활동 등으로 사용하셨다. 이것에 더하여 사도 바울은 말씀을 전하는 것도 봉사의 활동으로 보았다. 여기에서부터 교회가 형태를 갖추고 조직이 형성되어 가는 과정 속에서 디아코니아의 직무가 출발한 것이고, 그 결과 교회의 직제로서 집사라는 직분이 생겨난 것이다.

이웃을 향한 사랑과 섬김의 실천은 이미 우리가 주님으로부터 받은 큰 은혜와 사랑에 대한 우리의 응답이자 감사의 고백이다. 하지만 동시에 종말론적 심판의 기준이기도 하다는 것에 이의를 제기할 수는 없다. 마태복음 25장 40절에 "내가 진실로 너희에게 이르노니 너희가 여기 내 형제 중에 지극히 작은 자 하나에게 한 것이 곧 내게 한 것이니라"고 한 말씀은 오늘을 살고 있는 주님의 모든 제자에게 사랑과 섬김의 자리로 초대하는 말씀이다. 이처럼 디아코니아의 실천은 하나님 말씀을 통하여 하나님의 사랑이 세상 속으로 흘러가게 하여 하나님의 나라를 이루어 가는 여정이라 볼 수 있다.

초대교회 성도들의 아름다움은 그 신앙의 통전성에 있다고 볼 수 있다. 사도행전 2장 38-41절을 보면 오순절에 모인 사람들은 회개하고 예수를 믿고 죄 사함의 은혜를 입고 성령을 받았다. 이들은 사도들의 가르침을 잘 배우고 기도에 힘쓰고 모이기에 힘썼다. 이들은 백성들에게 칭송을 받았는데, 이는 그들의 삶이 순전한 마음으로 음식을 나누고 가난한 이들을 끌어안고 삶을 함께 나누었기 때문이다. 나눔(diakonia)과 교제(koinonia)는 초대교회 성도들의 삶의 윤리였다.

초대교회는 사역자들이 말씀을 가르치고 봉사하는 것을 매우 중요시 여겼다. 이에 따라서 그 사역자들을 돕고 공경하는 것 또한, 복음전파의 사명을 감당하는 것이라고 생각하였다. 자료에 의하면 251년경 재정이 넉넉했던 로마교회는 1,500명 이상의 가난한 자들과 과부들, 그리고 수백 명의 사역자의 생활비를 지원하기도 하였다. 뿐만 아니라 마태복음 25장에서 말하는 교훈대로 옥에 갇힌 자들을 방문하는 것을 예수님을 만나는 것과 동일시하였기 때문에 수감자를 방문하여 위로하고 그들의 가족들을 돌보는 일을 하였다. 또한, 죽은 자를 장사하고 가난한 자들에게는 묘지를 제공하는 등 다양한 디아코니아 활동을 하였다.

중세교회시대에는 잦은 전쟁과 사회적 환경의 변화들로 인해서 교회의 자선사업에도 많은 영향을 주었다. 특히 주목할 만한 것은 이 시기의 수도원들은 디아코니아의 책임의식을 가지고 그에 대한 규정들을 만들게 되었다. 이에 따라서 평신도 복지가 매우 활발하게 전개되었고, 개인적 복지행위는 집단적 복지행위들로 전환되었으며, 빈자구호의 한 방법으로 교육이 실시되는 새로운 패러다임의 전환이 이루어졌다. 제한적인 디아코니아가 행해졌음에도 불구하고 복음전파의 사명을 명분으로 하여 대부분의 교회가 디아코니아 활동을 열심히 실천함으로써 통전적 선교를 했던 것으로 평가되는 시기였다.

디아코니아에 대한 신학적 논의는 대체로 기독론 중심이었고, 거기에서 이어지는 교회론으로 볼 수 있다. 여기에서 기독론은 그리스도의 구속과 화해로 이어지며, 또한 이것은 사회와 공동체에서 디아코니아 활동의 매우 중요한 신학적 동기가 된다는 것을 알 수 있다. 그러나 분명한 것은 기독교의 디아코니아 활동은 그 선포 되어진 말씀을 통해서 교회와 그리스도인이 사랑의 행위로 증언하는 교회의 본질로서 나타나는 실천적 행위라는 것이다. 교회의 본질로서의 디아코니아는 교회에서 말씀선포와 함께 동등하게 중요한 것이다. 따라서 신앙인과 교회공동체가 수행하는 사회봉사나 그 실천활동들은 디아코니아에 근거한다고 생각한다면 기독교 사회복지와 일반 사회복지는 분명히 운영 목적의 차이를 가지고 출발한다고 볼 수 있다.

문제는 동기의 순수성이다. 섬김의 동기가 불분명하고 교회를 선전하기 위한 광고성 사회봉사는 자기 비움(케노시아스)의 자세가 아니다. 예수님은 “사람에게 보이려고 그들 앞에서 너희 의를 행치 않도록 주의하라. 사람에게 영광을 얻으려고 나팔 불지 말

라. 오른손이 하는 것을 왼손이 모르게 하라"(마 6:2-4)고 하셨다. 교회공동체가 실천하는 디아코니아는 주님의 말씀에 나타난 정신에 따라 실천에 옮겨야 한다.

2. 개혁자들의 디아코니아 사역

2.1. 종교개혁과 디아코니아 목회

종교개혁자들은 중세교회와는 다른 관점에서 사회복지 활동을 발전시켰다. 루터의 종교개혁 이전의 중세교회는 자선(charity, 선행)과 공로(merits)로 구원받는다는 '선행의인화' 사상이 지배하고 있었는데, 여기에 반기를 들고 시작된 종교개혁운동은 이신칭의(Justification by Faith)의 기치를 내걸고 하나님의 칭의 된 자녀들이 그리스도의 사랑의 계명으로 세상의 창조물을 갱신시키는 봉사에로 나아가도록 교회를 가르쳤다.

루터는 디아코니아를 3중적인 것으로 보았다. 첫째는 기본적인 디아코니아로서 기초적인 삶의 영역과 가정과 직장의 환경에서 실행하는 것, 둘째는 공동체에 관계된 디아코니아로서 믿음과 배움의 훈련에서 형제적인 일치뿐만 아니라 그들의 인간적인 의미에 맞는 세상의 갱신 차원에서, 그리고 셋째는 지방자치적, 정치적 디아코니아로서 재난, 기아, 질병의 원인에 투입하고 도시의 시민들을 위하고 그것을 넘어서 다양한 지방공동체들의 공존을 위한 출동 준비, 안전, 생명의 역동적인 발전에서의 그들의 긍정적인 과제들로 보았다. 루터의 노력에 의해 입법화된 '비텐베르크 공동함 법령'과 빈자를 위한 세금 제도 등의 복지국가 이념은 이후 북유럽국가로 흘러 들어가 오늘과 같은 사회복지국가를 형성하게 되었다.

제네바의 칼빈 또한 봉사의 직책에 대해 특별한 관심을 보였다. 칼빈은 교회 안에 네 가지 직책(목사, 교사, 장로, 집사)을 제정하고, 집사들은 구제물자를 가난한 자들에게 나누어주고 병자들을 돌보도록 하였다. 그는 집사들의 도움으로 구빈원을 중심으로 하는 제네바시의 결핍자들을 돌보는 사회복지 사업을 전개할 수 있었다. 당시의 구빈원은 병자를 돌보고 가난한 자, 고아, 노인들을 거두고 돕는 사회복지 기관이었다.

이와 같이 종교개혁시대의 디아코니아는 신학적인 기초를 세우며 칭의론의 원리 아래 구원받은 성도들의 봉사와 섬김을 당연한 사명으로 이해하고 실천하기 위해 힘썼던 것으로 특징 지워진다. 루터의 구상 하에 설치된 라이스니히 금고규정과 칼빈의 영향 아래 제정된 제네바 교회규정들에서 우리가 확인할 수 있는 것은 종교개혁에 의해 생겨난 개신교 교회의 신학과 신앙 안에는 디아코니아 목회적 관점들이 그대로 녹아들어가 있다는 사실이다.

2.2. 경건주의에 나타난 디아코니아 목회

종교개혁 이후 가톨릭의 공격에 대해 개신교는 자신들의 개혁이 정당했음을 변증하는 정통주의의 시대를 거치게 되었다. 유럽의 30년간의 종교전쟁(1618~1648)이 엄청난 파괴를 남겨놓고 끝나자 이에 그동안 침체되었던 선교를 새롭게 각성시키며 신앙의 부흥을 외치고 도전한 운동이 바로 슈페너(Spener, 1635-1707)에 의해 제창된 경건주의(Pietism)이다.

슈페너는 1675년 '경건한 소망(Piadesideria)'이란 그의 글에서 모든 그리스도인이 사제의 직분(Priestertum)을 가졌기 때문에 그리스도인 모두가 그리스도의 삶을 사는 일에 참여해야 함을 주장하였다. 종교개혁자들을 이어 만인사제직을 주장한 슈페너는 평신도의 활동을 강화해야 한다고 강조하며 그리스도인들 가운데서 뜨거운 사랑(형제사랑)과 총체적인 사랑은 상호 보완되어야 함을 일깨워주고, 평신도들이 그러한 사랑을 실천해야 한다고 강조하였다.

슈페너에게서 영향을 받은 사람들 중 프랑케(A.H. Franke, 1663~1727)는 고아원과 기숙학교 형태의 빈자학교운동을 시작함으로 사회봉사에서 새로운 시대를 열게 되었다. 이것은 오늘날 개신교에서 '시설 중심의 디아코니아'라고 부른 것의 시작점이 되었다. 그는 1천 명이 넘는 아동과 청소년들에게 독립해서 살아가는 데 필요한 정신교육과 직업교육을 동시에 실시했다. 프랑케 사역의 특징은 더 이상 모금을 통해 실시하는 구제가 아니라 경영을 통해서 자체적으로 재정조달을 하게 하는 길을 열었다는 점에 있다.

프랑케와는 달리 진젠도르프(N.L. Zinzendorf, 1700~1760)는 봉사사업을 기관중심으로 조직하지 않고 루터의 생각대로 '봉사적으로 행동하는 교회'를 통해 교회별로 여러 가지 국내, 국외 선교사업들을 활발하게 추진하였다. 진젠도르프는 신앙인의 사랑의 활동 근거를 성육신의 이해에 두고, 약하고 가난한 모든 환경과 종족의 형제자매들을 위해 투쟁해야 한다고 생각했다. 그에게 있어 선교는 바로 세상에 대한 디아코니아 사역이었다.

웨슬리(J. Wesley)는 루터의 자선사상과 경건주의자들의 영향을 받으며 하나님 사랑과 이웃사랑의 두 방향의 구원관을 바탕으로 사회개혁을 동반하는 부흥운동을 일으켰다. 그 영향으로 19세기 영국사회에서는 노예매매가 금지되었고 감옥의 규칙들이 개선되었으며, 노동조합이 결성되는 등 급격한 사회변혁을 이끄는 동력이 되었다.

웨슬리의 부흥운동은 미국의 대각성운동(the Great Awakening)으로 이어졌고, 노예제도의 폐지와 여권신장에 큰 획을 긋게 되었다. 웨슬리를 따르던 초기 감리교회가 수많은 제약에도 불구하고 놀라운 사회적 업적을 쌓았던 것은 웨슬리의 사회적 불의에 대한 냉철한 연구와 인간을 향한 하나님의 사랑에 대한 과감한 선포에 힘입은 바 크다. 웨슬리는 일생 동안 개인의 영혼을 구원하는 복음전도운동, 사회의 생활방식과 도덕을 개혁하는 성결운동, 그리고 가난한 사람들을 돕는 박애운동에 전념했다. 그의 생애가 디아코니아였고, 그를 따르는 회심자들의 삶이 디아코니아였다.

이와 같이 종교개혁시대 이후 근대교회에서 나타나는 디아코니아는 경건주의의 강력한 충동이 없이는 일어날 수 없는 것이었다. 경건주의 운동은 우리에게 봉사의 능력이란 외면적인 개혁을 통해서가 아니라 신앙의 근거에 대한 내면적 반성에서 자란다는 사실을 알려준다.

3. 디아코니아 신학의 현주소

디아코니아 신학이 지닌 강점은 역사적 교회사와 사회복지 역사 속에서 신학과 사회복지 사이의 중요한 연결점을 찾을 수 있다는 것이다. 김동춘(2003)은 디아코니아의 교회성과 사회성의 측면을 강조하며 교회의 이웃사랑의 사회적 실천인 디아코니아는 언제나 교회와 사회라는 두 영역에서 이루어진다고 역설한다. 하지만 그동안 복음주의 전통의 교회에서는 디아코니아를 사회적 관련성이 없는 교회내적 행위의 개념으로 여겨 교회의 울타리를 넘어서 세상과 이웃을 향한 '사회봉사'가 아닌 '교회봉사'로 이해했다. 이러한 개념을 '디아코니아의 사회성 없는 교회중심의 변형'이라고 본다.

한편으로는, 이러한 상황에서 우리나라 경제성장과 함께 부흥한 한국교회의 사회적 봉사에 대한 역할을 요구받은 복음주의 교회들이 전통적인 디아코니아 사역에 대한 연구를 게을리한 채 교회의 사회봉사 영역을 세속적(국가적) 사회복지의 개념으로 대체하여 '디아코니아의 교회성 없는 사회복지중심'의 사회봉사로 변형시켜왔다고 본다.

디아코니아 개념은 앞 절에서 살펴본 대로 오랜 기간 교회사적 과정과 함께 변화되어 왔다. 교회의 봉사개념은 안타깝게도 오늘날 자유주의 신학을 따르는 교회의 사회복음(Social Gospel) 운동이나 종교사회주의 운동, 해방신학이나 정치 신학적 경험들을 통해 봉사의 의미를 보다 사회구조적인 차원으로 확장하게 되었다. 이 시점에서 우리는 개혁주의자들의 신학과 신앙을 따라 성경이 말하는 본래의 디아코니아로 돌아가 성경적 사회복지, 기독교사회복지의 정체성을 회복해야 할 것이다.

이러한 개혁주의 '디아코니아' 개념은 '일반 사회복지' 개념과 구분되는데, 사회복지의 근본이념이 인본적, 사회학적 개념이라면, 디아코니아의 근본 개념은 이웃 섬김을 강조한 예수 그리스도를 뒤따르는 제자로서의 삶의 모델이고 하나님 나라의 현실을 지향하는 교회의 본질이다. 이는 교회의 사회봉사가 단지 사회복지의 주체 혹은 수단이라는 개념에 머물지 말아야 할 것을 의미한다. 따라서 사회복지의 목적이 인간의 존엄과 행복을 실현하기 위한 것이라면 디아코니아 신학은 이와 더불어 영적인 구원을 포함하는 전인적이고 총체적인 의미를 포함한다.

- 나가며 -

한국교회에 디아코니아가 알려진 역사는 매우 짧다. 물론 한국에 기독교가 전해지던 초기에는 의료와 교육사업 등을 통해 디아코니아적 형태의 선교가 주축을 이루었지만, 현대적 의미의 디아코니아가 체계화된 학문과 함께 전해진 것은 1990년대부터였다. 아직 역사가 일천하기 때문에 디아코니아가 학문적 성과나 실천의 현장에서 괄목할만한 성과를 이루지는 못했다. 하지만 짧은 역사에도 불구하고 디아코니아는 학문과 실천의 영역에서 빠르게 그 지평을 넓혀가고 있다.

여기서는 디아코니아의 성경적 근거와 개혁자들이 제시한 디아코니아의 의미와 실천을 살펴보았다. 한국 장로교의 토대와 기준이 되는 헌법에서 칼빈의 정신과 제도를 제대로 제시한다면 지금보다 한국 장로교가 대사회적인 부분을 감당하기에 좋은 방향으로 갈 수 있을 것이다. 지금 현재 우리가 제도적으로 가고 있는 부분을 다시 성경의 기준과 칼빈의 제시를 돌아보면서 큰 그림에서 한국교회를 볼 수 있기를 기대한다.

헌법 하나로 모든 것이 바뀌는 것은 아니지만, 가장 기초와 기준이 되는 부분부터 다시 새롭게 수정하며 시작한다면 그 부분이 파장이 되어 한국교회가 더 역동적으로 사명을 감당할 수 있을 것이다. 현재 한국교회 안에 집사직은 누구나 받는 직분이고, 교인으로 정착시키고자 만든 제도 같은 병폐를 안고 있다. 이것은 진실되고 성실한 디아코니아를 실천하게 하는데 오히려 장애가 되는 것이다. 디아코니아가 하나님의 사랑과 자비를 보여주는 통로라면, 디아콘인 집사직을 통해 다시 이웃을 향해 새롭게 섬김의 자리로 나아감으로 한국교회를 다시 세워갈 수 있을 것이다.

교회사회봉사란 집사뿐 아니라 전 교인들이 교회라는 기관을 중심으로 사회를 대상으로 하는 구제(relief), 개발(development), 옹호(advocacy) 등의 봉사를 의미한다. 교인들의 사회봉사는 전도, 자선, 선행 등의 동기가 강하게 나타나며, 사회사업의 가치나 목적과는 상이성이 많은 것이 당연하다. 교회공동체는 세상을 위한 공동체가 될 때 비로소 교회의 존재 의미가 있음을 알고, 순수한 사랑의 동기로 봉사를 실천하는 교회를 만들어가야 할 것이다.

Ⅳ. 성경의 사회복지제도에 대한 이해

하나님은 인간의 생명을 보호하고 풍성하게 하기 위하여 국가사회의 여러 가지 제도나 기관을 사용하신다. 그러므로 복지정책적 수립은 정치적으로 매우 중요한 사안이다. 인간의 행복을 추구하는 복지의 책임을 국가가 주로 책임지는 것을 '제도적 복지모델'(institutional model)이라 하고, 복지의 책임을 개인이 지고 개인이나 가정이 해결할 수 없는 부분의 복지문제를 국가가 책임지는 복지형태를 '잔여적 복지모델(residual model)'이라고 한다. 지금 우리의 정치권은 잔여적 복지모델에서 제도적 복지모델로 복지정책을 급격하게 전환시키려는 것으로 보인다.

성경은 네 가지 복지방법을 보여주고 있다. ① 복지의 기초집단은 가족언약이고, ② 복지의 일차집단은 신앙공동체의 코이노니아이며, ③ 복지의 이차집단은 이웃관계의 사랑이고, ④ 나아가 복지의 삼차집단은 국가사회의 샬롬이다. 하나님은 사회복지 수행을 위하여 세속제도까지도 "그 나라와 그의 의"를 위하여 활용하고 계신다는 것이 우리의 믿음이다.

가장 이상적인 사회복지제도는 어떤 것인가? 수천 년 전에 기록된 성경에 기초한 '성경의 사회복지제도'는 오늘 우리에게 어느 정도 가치가 있는 것일까? 현대의 사회복지정책을 평가하고 개혁하기 위한 기준으로 고대의 성경 자료들을 사용하는 것이 정당화될 수 있는가?

분명한 것은 "모든 성경은 하나님의 감동으로 된 것으로 교훈과 책망과 바르게 함과 의로 교육하기에 유익하니 이는 하나님의 사람으로 온전하게 하며 모든 선한 일을 행할 능력을 갖추게 하려 함이라"(딤후 3:16-17)는 말씀이 불변의 진리라는 사실이다. 예를 들어 모세율법은 하나님께서 고대 이스라엘을 가르치기 위해 주신 법적 규정들인데, 이 규범적인 기초가 성경의 나머지 부분에서 발전되어 왔다. 오랜 세월 성경 전체와 유대공동체들, 그리고 기독교 공동체들에서 나온 주석들을 통해 제공된 보다 완전하게 이해되고 세련된 지침서들은 모든 민족에게 무엇이 공정하고 의로운 복지제도인지를 식별하는 잣대와 모델로 제시될 수 있다. 크리스토퍼 라이트(Christopher Wright)는 이 입장을 다음과 같이 진술한다.

> "하나님이 이스라엘 땅에서 하신 일은 우리의 모범 또는 전형 역할을 한다. 즉, 세속 사회에서 우리는 하나님이 이스라엘의 땅에서 그들에게 하신 일로부터 우리의 사회 윤리적 노력을 위한 원리들과 목표들을 얻는 것이다."

하나님과 이웃에 대한 사랑은 인간생활을 위한 하나님의 최고 계명이다. 그러나 사랑은 추상적이거나 형식적인 것이 아니다. 사랑은 율법과 선지자의 완성이다(막 12:28-31). 이러한 성경의 메시지는 하나님의 백성에게만 말하는 것이 아니다. 동일한 원리들이 모든 민족과 국가에게 지침을 준다. 하나님은 모든 민족의 창조주이시며 통치자이시다. 그러므로 이스라엘에게 허락하신 성경의 복지제도는 오늘날의 모든 나라의 복지모델로 적용되어야 한다. 여기서는 성경의 복지제도 방법과 목적, 그리고 성경적 가족복지의 회복에 대하여 살펴보려 한다.

1. 성경의 복지제도 방법

성경에는 빈곤에 대한 조직적인 대응을 명령하고 있는 구절이 많다. 그런데 그 규범적인 대응이 복지제도, 즉 국가 조정의 수입 재분배가 함축된 제도적 복지모델이었는지, 또는 국가가 개입하지 않는 민간복지 차원의 사적인 자선 활동이었는지 살펴볼 필요가 있다. 모세율법에 명령된 복지제도는 분명히 국가 조정의 수입 재분배를 포함한 공공복지였을 것이다. 모세율법은 미시적인 개인이나 가족의 범위를 넘어 거시적인 사회적 국가적으로 대응하는 조직적인 공공복지제도를 권장한다.

모세오경에는 고대 헬라적 의미로나 현대적 의미의 국가에 대한 개념은 없다. 또한,

시민적 영역과 종교적 영역이 명확히 구별되어 있지도 않다. 이스라엘이라는 말은 언약백성을 가리켰고, 족장 야곱의 가족으로부터 유래되었다.

1.1. 족장제도를 통한 복지

족장(patriarch)은 가장일 뿐만 아니라 가족의 영적 책임자였다. 가족에 대한 생사여탈권까지 결정하는 절대적인 권리를 가졌다. 이 사상은 모세 율법에 반영되고 있다(출 20:12, 출 21:15, 출 21:17). 몇 세기를 지나오는 동안 족장 가족은 친족으로 발전되었고, 친족들이 모여 지파를 형성하였다. 살인에 대한 규정은 족장사회의 가장 기본적인 법이었다. 살해된 사람이 속한 지파는 살인자나 그가 속한 지파에게 복수해야 할 의무를 갖고 있었다.

국가 주도로 볼 수 있는 공공복지제도는 마을 확대가족의 장로들로 구성되었다. 그들은 모세 율법을 해석하고 시행했다. 장로들은 전형적으로 마을 어귀에 모여 공동체에 대해 정치적인 감독을 시행했고 마을 간의 분쟁을 조정했다.

사무엘 선지자 이후 이스라엘의 왕들은 주위의 민족들과 달리 하나님의 율법에 의해 많은 부분에서 견제를 받았다. 왕들은 마을의 장로들과 같이 모세율법의 언약사항들의 청지기가 되어(신 17:14 이하), 사회의 보다 연약한 구성원들에게 관심을 가지고(시 72:1-4, 12-14) 공의와 의를 확립해야 했다(왕상 10:9). 그리하여 각 가족이 자기 포도나무 아래와 자기 무화과나무 아래 앉을 수 있게 소유권을 보호해야 했다(미 4:4).

1.2. 희년제도를 통한 복지

모세의 율법을 받은 국가는 처음에 이스라엘 마을들의 네트워크 조직이었다. 하나님은 가난한 사람들을 돌보는 법에 대한 일련의 광대한 교훈들을 이 마을들에게 주셨다. 곤궁에 빠진 가난한 형제들은 무이자 대부를 허용받았고 6년 지난 채무 잔액은 무효화되었다(출 22:25, 신 15:1 이하). 빚을 갚기 위해 종이 된 이스라엘 백성은 6년이 지나면 빚을 다 갚지 못해도 해방되어야 했다(출 21:2 이하). 빚을 갚기 위해 어쩔 수 없이 자신의 땅을 판 이스라엘은 희년에 되돌려 받았다(레 25:8 이하).

이 규정들은 공동체의 동정 또는 자선사업을 보다 더 강하게 당연한 일로 여기도록 한다. 본래 이 규정들은 약한 가정들이나 개인들을 위한 의도를 가졌던 것으로 보인다. 가난한 사람들을 구제하는 목적은 각 가족 단위가 경제적으로 존립하고 공헌하는 공동체의 구성원으로 보존되는 것이다.

1.3. 구제제도를 통한 복지

국가 주도의 특별한 구제제도의 규정들 외에도 사회의 부유한 구성원들은 가난한 사람들과 궁핍한 사람들을 돌보라는 구제 권고를 받았다. 예를 들어 과부들과 고아들과 타국인들과 명절을 함께 나누라는 권고이다(신 16:11-14). 이 구제 권고는 구약성경 전체에서 '가난한 자와 궁핍한 자'를 언급하는 구절들에서 확인된다.

이 권고는 하나님께서 이스라엘을 다루시는 모든 일에 함축되어 있다. 하나님은 이스라엘을 애굽의 종살이에서 구출하셨고, 그들이 파지 않은 우물들과 그들이 심지 않은 포도원을 그들에게 주셨는데, 심지어 그들이 순종하지 않을 때에도 그렇게 하셨다(신 6:10 이하). 이 권고가 신약성경 전체에 되풀이되는 것은 놀라운 일이 아니다(눅 19:19 이하, 갈 6:10, 요일 3:17).

이 복지제도는 국가 중재의 수입 재분배를 포함하는 복지제도인가, 아니면 사적으로 결집된 자발적인 규정의 민간제도인가? 이 규정들이 생활로 실천되는 방법을 재구성해보면 장로들의 개입이 있었던 것 같다. 그리고 만일 그렇다면 이스라엘의 복지제도 체계가 국가 조정의 '제도적 복지모델'이라고 생각해야 할 것이다. 마을 장로들에게 지방 분권화된 정부의 중요한 역할 중 하나는 가난한 사람들이 적절한 도움을 받을 수 있음을 보장하는 것이었다.

만일 모든 민족이 모세율법에 제시된 지침에 따라 행해야 한다는 사실을 인정한다면 우리는 공적 권력에 의한 공공복지와 사적인 민간복지의 책임을 비슷한 방법으로 결합시키는 복지제도를 실현하기 위해 노력해야 할 것이다.

2. 성경의 복지제도 목적

모세오경의 복지제도의 기본적인 목적들을 이해하는 데 유익한 입문서로 크리스토퍼 라이트의 『God's People in God's Land』를 들 수 있다. 라이트는 이 책에서 재산의 규범적인 역할을 식별하기 위한 질문으로 시작하여 가족의 사회경제적 복지를 위한 성경의 보다 근본적인 관심으로 나아간다. 토지와 재산의 신학적 평가는 여호와와의 독특한 언약관계에 대한 이스라엘의 자각과 분리할 수 없으며 이 자각은 결국 가족에서 이루어진다.

그러므로 근본적인 가족 단위는 '확대가족' 즉 '식솔(household)'이다. 가정이 수직적으로는 몇 세대와 수평적으로는 몇몇 핵가족들, 그리고 종들과 동거 일꾼들이 포함된 대가족을 이루었다. 친족의 유대는 매우 강하였고, 가족의 땅은 신성하게 여겨졌으며 조상의 유업을 보존하는 이유 때문에 매우 중요했다. 성경의 복지제도 규범은 가족언약, 코이노니아, 이웃 관계, 국가 사회복지와 같은 규범들로 되어 있다.

2.1. 복지제도의 기초집단: 가족언약

성경의 복지제도의 기초집단은 가족언약이다. 가족의 사회적 경제적 복지가 재산과 토지에 대한 전반적인 성경 교훈들의 목적이었다. 이 목적은 이스라엘의 복지제도의 목적이었고, 따라서 이 목적은 모든 국가와 민족의 복지제도의 기초가 되어야 한다.

가족이 근본적으로 중요한 이유는 무엇인가? 인간은 헌신, 은혜, 능력 부여, 친밀성을 가정에서 배운다. 하나님의 주된 관심은 인간이 하나님을 인정하고 하나님을 예배하고 하나님에게 순종하는 생활을 하는 것인데, 이 모든 것은 가족에게서 배울 수 있다. 성경은 이 목적에 맞추어진 사회적 장치를 가족에게서 찾는다.

성경적 윤곽들에 기초한다면, 오늘날 우리나라의 사회복지에서 특히 빈곤문제들에 대한 바람직한 해결책은 국가의 복지정책과 교회의 사회봉사 및 복지선교 조직 간의 상호작용을 결합하는 것이라고 할 수 있다. 중요한 점은 정부구조와 계획과는 관계없이 가족의 사회적·경제적 건강과 안정을 성경이 명백하게 지지한다는 것이다. 성경은 대가족이 규범적이고 기본적인 사회제도라고 분명하게 가정한다. 그리고 이스라엘의 구제제도의 최우선적인 목적은 경제적으로 안정된 가족 중심이었다.

2.2. 복지제도의 일차집단: 코이노니아

코이노니아는 공통적인 정체성과 목적을 같이하는 사람들로 통합된 집단 관계를 말한다. 이 말은 친족에 기초한 가족언약보다는 크지만 국가보다는 작은 수준의 사회조직을 지칭한다. 이러한 조직에는 공통의 생활방식을 가지는 교회 회중, 노동조합, 직업단체, 동호회, 학생 동아리 등이 있다. 이러한 차원에서 가장 밀접하게 구성된 집단이 일차집단이다.

코이노니아는 보다 규모가 큰 예루살렘 교회에도 있었다. 예루살렘 교회에는 디아스포라 유대인들, 갈릴리 출신의 제자들, 개종자들이 있었다. 이들 가운데 재정위기를 겪는 교인들을 위해 재산을 가진 자들이 재산을 팔아 돕기 시작했다. 이것은 성경에 나타난 복지제도의 이상을 실현한 것이다.

그리스도인들은 일차집단에 속해 있는 가난한 사람들을 보살펴야 하는 의무를 가지고 있다. "기회 있는 대로 모든 이에게 착한 일을 하되 더욱 믿음의 가정들에게 할지니라"(갈 6:10). 그리스도인들은 자신들과 깊은 관계를 맺고 있는 일차집단의 사람들을 돌보아야 하는 의무가 있다.

2.3. 복지제도의 이차집단: 이웃사랑의 관계

성경의 복지제도의 이차집단은 이웃사랑의 관계이다. 이차집단의 구성원들은 일차집단에 비해 공통의 목적, 정체감이나 감정적 유대 면에서 떨어지는 대면적 관계인 시민공동체이다. 그럼에도 성경은 이웃이 위기를 맞을 때나 특별한 어려움에 있을 때 도움을 베풀어줌으로써 공통된 인간성을 인식하도록 한다.

이웃 개인에 대한 사랑은 모든 사람을 위한 보다 나은 법과 제도 개선을 위한 그리스도인의 집단 행위로 이어진다. 예수님의 명령은 개인에 초점이 맞추어져 있지만, 그 명령은 개인주의적인 것이 아니다. 예수님의 이웃사랑에 대한 명령은 전 세계의 공익을 추구하며 모든 이웃 사람을 특별한 사람으로 대하기를 요구한다. 예수님의 이웃사랑에 대한 명령은 인간 역사에서 가장 강력한 사회복지제도이다.

2.4. 복지제도의 삼차집단: 국가사회

성경의 복지제도의 삼차집단은 국가사회이다. 이스라엘의 '가나안 복지'는 젖과 꿀이 흐르는 샬롬의 동산이다. 국가는 백성을 위해 정의와 평화를 가져오는 존재이다.

샬롬이라는 말은 인간이 하나님으로부터 권능을 받고 자연환경은 윤택해지는 상황 가운데 하나님을 주님으로 받아들여 감사하며 살아가는 전일적 삶을 뜻한다. 샬롬 개념은 사회관계와 구조에 대한 여타의 모든 규범을 포괄하고 있는데 거기에는 가족언약, 친교, 이웃 관계와 같은 규범들도 들어 있다.

성경은 이 샬롬이 최후의 새예루살렘에서 존재함을 묘사하고 있다. 새예루살렘은 하나님이 그 중심에 임재하신 곳이며 하나님의 뜻에 따라 운영되는 완전한 사회이다. 모든 그리스도인은 여호와 샬롬을 이루어 가는 복지국가를 이루기 위해 최선을 다해야 한다.

〈사회구조의 차원과 성경적 이상〉

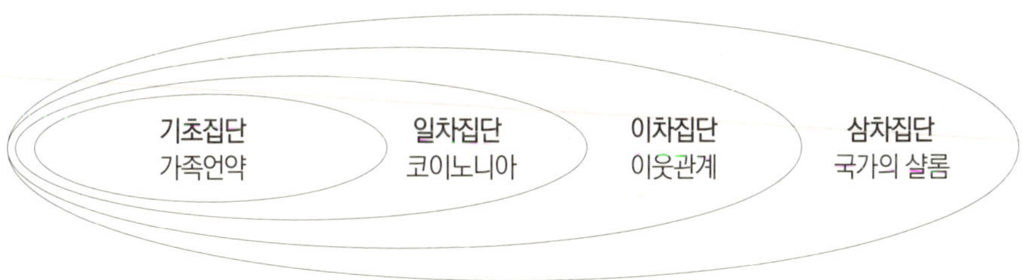

3. 성경적 가족복지의 회복

성경적 복지제도에서는 전통적 가족복지를 강화하고 중요시하고 있다. 전통적 가족제도란 말은 사회적, 경제적으로 협력적인 대가족 안에 위치하는 핵가족을 나타낸다. 현대 복지제도에서도 이 전통적인 가족복지는 실제로 매우 중요하다.

사도 바울은 에베소서 5장에서 아내와 남편의 관계에 대해 교회와 예수 그리스도의 관계에 비유하고 있다. 바울의 핵심주제는 복종이며 호혜성(reciprocity)이다. 예수님은 교회를 위해 인간의 이해를 넘는 희생을 하셨다(사 52:13-53:12). 예수님은 그리스도인들이 서로를 대하는 희생의 봉사 방법의 모범으로 제자들의 발을 씻기셨다.

현대사회가 이스라엘과 같은 구속받은 언약의 나라는 아니지만, 그것을 보다 광범위한 인간사회에 패러다임적으로 적용할 때 구약의 이상을 반영하는 사회 속의 가정 유형을 지향할 수 있다. 현대사회에서의 이혼, 별거, 계약결혼 등은 가족 상호 간의 소외와 환멸, 자책과 죄책감의 뼈아픈 고통을 가져다준다. 그리고 다양한 사회복지 서비스들은 가족들을 보강하기보다는 서서히 이완 손상시키는 경향이 있음을 부정하기 어렵다.

앞에서 우리는 성경의 복지제도 규범에서 미시적으로 가족언약을 고찰해왔고 거시적 수준으로 코이노니아, 이웃관계와 국가의 샬롬을 살펴보았다. 빈곤을 처리하기 위해 성경이 추천하는 복지제도를 보면 강한 가족들의 사회적, 경제적 중요성과 '사회복지' 수단으로 가족들을 이용하고 강화할 필요성을 명백하게 나타내고 있다. 성경의 모델은 가정의 단결을 경제적으로 가능케 하고 사회적으로 가치가 있게 하며 영적으로 풍요롭게 만드는 데 있다.

- 나가며 -

오늘날 우리나라의 복지제도를 볼 때, 원조를 받는 사람 중 건강한 심신을 가진 실업자들의 의존성과 무노동을 우려하지 않을 수 없다. 성경이 가르치는 윤리적 취지에 비추어 볼 때 이러한 우려는 정당하다. 우리의 복지제도나 정책이 개혁의 노력이 강한 가족들을 확립하고 유지를 하는 데에 도움이 되는지, 또는 반대로 가족의 구성과 안정을 약화시키는 동기들을 포함하고 있는지 항상 평가해 보아야 한다. 성경은 가족복지의 회복을 보여주고 있다.

V. 국가의 복지제공 역할에 대한 성경적 이해

사회복지는 인간의 개별적인 욕구가 사회문제화 되면서 이러한 문제를 국가나 사회가 책임지고 해결해야 한다는 인식에서 출발한다. 이전에는 구빈적(救貧的) 혹은 사후적인 것이었는데, 이제는 사회복지 개념이 사전 예방적인 개념으로 바뀌고 있고, 당연한 권리로서의 복지 기본권으로 변해가고 있다. 예전에는 사회복지가 최저의 기초생활보장을 해 주는 개념이었는데, 지금은 최적의 적정한 생활수준을 보장해주어야 한다는 개념으로 바뀌어가고 있다.

우리 사회가 안고 있는 심각한 과제 중 하나는 빈부갈등을 치유하는 것이다. 그러므로 국가의 내실 있는 기초생활보장제도의 확립과 일자리 창출 등 근본적인 빈곤탈출 정책의 실천이 필요하다. 빈곤의 대물림과 고착화 현상이 일어나지 않도록 양육비를 제공하고 교육의 기회를 확대하며, 건강을 유지하도록 사회안전망을 구축해 자립능력을 고취해 주어야 한다.

여기서는 국가의 복지제공 역할에 대한 성경적 근거를 여러 각도에서 살펴보고, 현대사회의 국가복지에 대하여 성경의 눈으로 고찰해본다.

1. 국가의 복지제공 역할에 대한 성경적 근거

일반사회복지에서 국가의 복지제공 역할에 대해 이론을 전개할 때는 일반적으로 시장의 불완전성과 소득분배의 불공평 등으로 인한 시장의 실패와 정부의 비효율적인 정책 상황을 거론한다. 그리하여 티트머스(R.C. Titmuss, 1907~1973, 런던 정경대) 같은 학자는 사회복지정책을 공공부문이 주도하며 정부지출에 의해 이루어진다는 관점에서 벗어나 세 가지 상호보완적인 체계(사회복지, 직업복지, 재정복지)로 구분하여 파악한다.

여기서는 성경이 말하는 사회복지실천의 더 깊은 면을 살펴본다. 국가는 국민의 시민권을 보호하기 위해 하나님이 세우신 신적 기관이다(롬 13:1-7). 국가는 공동체의 목적을 수행하기 위해 정부를 갖추고 공동의 선(bonum commune)을 추구하고 공공복리를 달성하며, 정의를 수행(administration of justice)해야 한다. 국가복지에 대한 성경적 근거를 여러 관점에서 찾아보자.

1.1. 인간의 사회성

사회복지제도의 신학적 근거에는 인간의 본질, 죄성, 능력, 정부의 목적, 그리고 정의에 대한 성경적 개념들이 포함된다. 공공정책의 기초에는 인간성에 대한 올바른 이해가 필수적이다. 성경은 인간의 사회성을 강조한다. 인간은 살기만 하는 것이 아니라 의와 성결 가운데, 그리고 그 결과로 진정한 행복 가운데 안락하게 사는 것이 인간의 공익(公益)이다.

사회적 존재로서 인간은 육체적, 감정적, 이성적으로 상호의존하며 서로에게 보호와 책임의 의무를 갖고 있다. 인간의 권위, 공동 책임, 공동 결정은 모든 형태의 인간생활에 필수적이다. 정부는 사회가 상호보호의 책임을 수행할 때 전체로서 계획적으로 행동할 수 있기 위해 존재한다.

국가는 여러 가지 방법으로 사회적 단결에 기여한다. 모든 서비스를 직접 행하는 대신 국가는 사회의 다른 단체들을 격려하여 경제적으로 의존하는 사람들의 보호를 포함하는 책임들을 수행하게 된다. 이 단체들에는 가정과 교회, NGO들, 조합들, 협회들이 포함된다.

인간은 상호의존하는 존재로서 사회에서 서로에게 책임을 갖고 있다. 사회가 복잡해지고 다양해짐으로 인해 책임들을 충분히 수행하지 못할 때 정부의 활동이 더 필요해진다. 이 우선권 중 하나가 가난한 사람들과 사회적 약자들을 보호하는 것이다.

1.2. 국가의 권력

국가가 우리 삶의 여러 영역에서 간섭하는 권력을 갖게 되는 근원은 인간성의 사회적 국면에서 오는 것을 앞에서 살펴보았다. 국가의 권력은 창조주이시며 통치자이신 하나님의 선물이다. 국가의 권력은 인간 타락의 결과로부터 온 것이라기보다 인간생활에 있어 필수적인 것이다.

성경이 과부와 고아, 가난한 사람들, 그리고 거주하는 외국인들의 곤궁에 쏟는 특별한 관심은 이들에게 쉽게 행해질 수 있는 불공평에 대해 하나님의 공의의 기준이 어떠한지를 잘 보여준다. "그들이 침상에서 죄를 꾀하며 악을 꾸미고 날이 밝으면 그 손에 힘이 있으므로 그것을 행하는 자는 화 있을진저! 밭들을 탐하여 빼앗고 집들을 탐하여 차지하니 그들이 남자와 그의 집과 사람과 그의 산업을 강탈하도다"(미 2:1-2).

그러므로 사회의 착취하는 권력을 제한하기 위해 국가의 간섭하는 권력이 필요하다. 간섭하는 국가 권력은 개인 또는 집안의 방어적 권력의 불충분한 부분을 보완하며, 빈민에 대한 정치적, 경제적 구제를 실시하고, 착취하는 권력을 저지하고 존재의 능력을 회복시키기 때문에 창조적이며 방어적 권력을 회복시킨다.

국가의 권력은 하나님으로부터 받아 사용하는 책임이다. 정복해야 할 땅은 현재 타락한 세상이다. 세상의 정부와 인간 제도들은 하나님의 간섭하시는 신실한 경로가 되어 하나님의 공의와 정의를 실천해야 한다. 만일 인간의 정의가 실패하고 '아무도 간섭할 사람이 없을' 때 하나님께서는 직접 비상한 방법으로 행동하신다(사 59:15-18).

1.3. 국가의 정의(正義, justice)

국가의 역할을 보다 완전하게 이해하기 위해 성경적 정의의 본질을 살펴볼 필요가 있다. 왜냐하면 정의의 본질이 정부의 직무를 근본적으로 규정하기 때문이고, 따라서 정부의 목적에 대한 설명은 이 이해에 의존해야 한다. 정의는 정부의 존재 이유이고 시민사회의 존재 이유이다.

성경은 정의의 구조인 인권의 근거를 하나님의 인간 창조(창 9:6)와 그리스도의 대속(롬 5:6-10)에서 입증된 하나님의 보편적 사랑에 의해 모든 사람에게 부여된 존엄성

(dignity)에 둔다. 권리로서의 인권은 모든 사람이 마땅히 받아야 하는 존경을 반영한다. 이 존경은 하나님의 사랑에 상응하는 보편적 사랑의 명령에 절대 필요하다(요일 3:16, 4:10-11).

평등의 관점에서 보면, 정의는 사람들이 사회의 기본적 행복에 있어서 평등할 수 있는 기회, 또는 사회에 참여하는 구성원이 될 수 있는 기회를 방해하는 장벽들을 주목한다. 정의가 유의하는 장애들은 개인의 신체적 장애와 인격적 곤경만이 아니다. 빈곤이나 편견에서도 중대한 장애들이 발견될 수 있다. 공정한 사회를 이루는 데 필수적인 분배의 정의(distributive justice)를 이해함에 있어 성경이 말하는 정의의 관점이 도움이 된다.

기본적인 경제적 욕구들이 공급되는 곳에서 전체 사회는 시장(市場)이 실패하고 있는 영역의 시장 과정을 수정하거나 보완할 책임을 갖고 있다. 정부는 부족한 상태로 방치될 수밖에 없는 사람들의 이익과 권리를 위한 궁극적인 책임을 갖고 있다. 라인홀드 니버는 사회적 부정이 권력을 갖고 있는 사람들의 이기주의에 의해 지지를 받기 때문에 이성에 호소하는 것으로는 극복될 수 없다고 주장한다. 정의는 합리적으로 적법해야 할 뿐만 아니라 정치적으로 권력을 갖고 있어야 한다. 가난한 사람들을 위한 공정한 분배를 보장하기 위해서는 정부의 지원이 필요하다.

구약 이스라엘은 사회적, 경제적 불의에 대해 엄중히 책망을 받았다. 특히 빈민들이 착취를 당할 때 이스라엘은 하나님의 혹독한 심판을 받았다. 하나님은 아모스 선지자의 입을 빌어 "공법을 인진으로 변하며 정의를 땅에 던지는 자들아"(암 5:7) 라고 하셨고, 이어서 그들이 어떤 삶을 살고 있는가에 대하여 "가난한 자를 밟고," "의인을 학대하며 뇌물을 받고 성문에서 궁핍한 자를 억울하게 하는 자"라고 하셨다.

신약성경은 복음전도를 위하여 정의의 실천 의무에 대하여 강조한다. 여기서 정의는 왕적 의(義), 즉 억압과 추방에서 구원하시는 하나님의 약속이다. 이것은 메시아를 보내시기로 약속하신 왕적 의이다. 그리스도인은 사회정의를 구현하여 하나님의 통치를 바로 세워야 한다. 세상의 모든 권세가 그리스도의 것이므로 세상에서 그리스도의 왕권이 세워져야 한다. 그리스도의 왕권은 그리스도인의 활동으로 확립되고 확대되며, 그리스도께서 재림하셔서 이 땅에 완전한 나라를 이루실 것이다.

1.4. 국가의 목적

국가의 존재 목적은 가난하고 소외된 사람들에 대한 국가의 복지책임들과 어떤 관계를 가지고 있는가? 국가의 목적은 단순히 사회 권력의 평형을 유지하는 것이거나 단순히 사회의 다른 집단들이 그들의 직무를 수행할 수 있도록 하는 것만이 아니다. 국가의 적극적인 취지는 정의의 수행에 있다. 국가의 본질은 정의를 세우고 실시하는 것이다. "여호와께서 … 당신을 세워 왕을 삼아 공과 의를 행하게 하셨도다"(왕상 10:9).

하나님은 국가의 통치자를 세워 하나님의 대행자가 되어 악한 세상이 약육강식에 의해 무정부 상태에 빠지지 않도록 공평하게 다스리도록 하고(롬 13:1-7), 백성을 돌보는 책무를 게을리할 때는 폐하기도 하신다(단 5:18-21). 불평등한 분배가 형식화되고 제도화된 곳에서 정부의 첫 번째 의무는 그 불평등을 바로잡는 것이다. 따라서 정부의 사회복지 임무는 사회 내의 압박을 받는 집단들의 권익에 특별히 전념하는 정황에서 시작된다.

정부의 적극적인 목적은 이상적인 왕을 제시하는 성경의 내용에서 볼 수 있다. 이 내용들의 배후에는 정부의 바른 활동을 위한 원칙이 존재한다. 성경에 나오는 의로운 왕, 이상적인 왕의 두 가지 맥락의 자료는 우리에게 중요한 기준을 제시한다.

1) 의로운 왕

시편 72편은 왕에게 정의를 선물로 주셔서 그의 통치에 하나님의 통치가 반영될 수 있도록 해 달라는 내용이며, 통치자의 목적을 반영한다. "그가 가난한 백성의 억울함을 풀어 주며 궁핍한 자의 자손을 구원하며 압박하는 자를 꺾으리로다"(시 72:4). 시편 72편에는 가난한 사람들을 압박하는 사람들이 나오는데, 국가의 권력은 이와 같이 착취하는 집단들의 해악 때문에 사회를 위해 필요하다. 의로운 왕은 가난한 자를 배려하고, 생계를 책임져야 하고, 그들의 일상이 유지되도록 안전과 보호도 책임져야 한다. 의로운 왕이 다스릴 때에는 어느 누구도 가난한 자라고 해서 함부로 협박하거나 생명을 위협하지 못할 것이다.

2) 이상적인 왕

이상적인 왕의 통치를 제시하는 맥락은 장차 임하실 메시아의 예언들에서 발견된다. 선지자 이사야는 "공의로 가난한 자를 심판하며 정직으로 세상의 겸손한 자를 판단할 것이며 그의 입의 막대기로 세상을 치며 그의 입술의 기운으로 악인을 죽일 것이며 공의로 그의 허리띠를 삼으며 성실로 그의 몸의 띠를 삼으리라"(사 11:4-5)고 말한다.

이상적인 통치자는 백성들의 욕구를 충족시키기 위해 목자의 책임을 질 것이다. "내가 친히 내 양의 목자가 되어 그것들을 누워 있게 할지라 주 여호와의 말씀이니라 그 잃어버린 자를 내가 찾으며 쫓기는 자를 내가 돌아오게 하며 상한 자를 내가 싸매 주며 병든 자를 내가 강하게 하려니와 살진 자와 강한 자는 내가 없애고 정의대로 그것들을 먹이리라"(겔 34:15-16).

이 내용들은 구속사에서 독특한 역할을 하는 이스라엘의 범위를 넘어 모든 나라에 적용될 수 있고, 또 적용되어야 한다. 이스라엘의 왕은 하나님의 공의를 전달하는 경로였다(시 72:1). 하나님의 공의는 이제 온 세상으로 확대된다(시 9:7-9).

2. 국가복지에 대한 역사적 고찰

성경의 국가복지제도의 책임에 대한 해석은 교회의 오랜 전통에 의해 확인된다. 또한, 이러한 해석은 빈곤한 사람들에게 정부가 재정적 원조를 베풀어 온 긴 역사에 의해서도 확인된다.

2.1. 고대와 중세 시대의 국가복지

고대의 국가복지는 교회 공동체의 도움과 봉사에서 찾을 수 있다. 고대교회의 행위와 교훈이 이를 증거한다. 초기 3세기 동안 그리스도인들은 쓰레기더미로 내버려진 시체들을 매장하고, 버려진 아이들을 구해내어 양육하였다. 카르타고에서 유행병이 계속 나돌았을 때 이교도들은 공포에 떨며 도망했지만 그리스도인들은 환자들을 치료해

주고 봉사를 아끼지 않았다.

4세기~11세기에 걸쳐 최고의 권위를 갖고 있던 로마의 감독들과 로마 황제들에게는 자신의 백성들을 부양할 책임이 주어졌다. 하지만 중세기 동안에 사회봉사의 책임을 담당하는 주요기관은 교회였다. 당시 교회의 법은 국가적인 특징을 갖고 있었고 교회 예산을 위한 십일조는 법적으로 의무적인 세금이었다. 이것은 교회의 책임이 정부의 책임과 분리되지 않았음을 의미한다.

중세기에는 교회가 가난한 사람들의 재정적 구제를 위한 기본적인 단체였던 반면에 그 책임은 상당히 국가적인 특성을 갖고 있었다. 가난한 사람들을 위한 특정 형태의 도움들은 강제적이었고 법정에 의해 지원을 받았다. 교회의 과제는 차츰 중앙과 지역, 그리고 특히 지방자치제의 세속권력과 보다 밀접하게 연결되었다.

2.2. 종교개혁 시대의 국가복지

종교개혁자들은 세속 군주들의 양심을 깨우치고 자극시키기 위해 많은 노력을 기울였다. 이들은 국가의 행동반경이 사회생활, 국가의 질서, 구제와 교육에 힘쓰도록 했고, 가난한 사람들을 위한 복지와 구제에 있어 증대되는 세속적 관계로의 변천을 강력하게 촉진시켰다.

마르틴 루터는 이신칭의(justification by faith)의 관점으로부터 이 주제에 접근했다. 그는 공로에 의해 구원을 얻으려는 잘못된 신앙관을 바로잡기 위하여 복지사역을 세속정부로 이전하여 교회를 정화하고자 했다. 루터는 스콜라신학의 초월성과는 달리 성속(聖俗) 양 영역에 직접 관여하시는 하나님의 모습을 강조했다. 그는 가난한 사람에게 베푸는 것은 그리스도인이 되는 근거가 아니라 그리스도인으로서의 필수적인 삶의 자세임을 강조했다.

쯔윙글리에게 있어 복음을 위한 결단은 또한, 공익을 위한 결단이었다. 쯔윙글리는 종국적 권위는 그리스도인 공동체요 그 권위의 행사는 정당하게 조직된 정부를 통한다고 했다. 개신교의 도시들에서 사회복지가 전체 사회의 공공 의무가 되는 데 이 시각이 큰 역할을 하였다.

존 칼빈은 그의 선배 신학자들보다 더 행동적이며 기능적인 국가관을 갖고 있었다.

칼빈은 가난한 사람들과 과부들을 구조함으로 정의를 시행하는 통치자들에 대한 성경의 구절들을 인용하며, 통치자들은 "압박받는 사람들을 돕고 보호하는" 의무를 지닌다고 했다. 그에게 있어 정부의 존재 목적은 하나님을 향한 예배뿐만 아니라 평화와 복지의 촉진이었다. 칼빈은 모든 것에 실용주의적이었고, 그가 추구한 것은 세상의 일을 사랑으로 다스리는 것이었다. 칼빈은 모든 기독교 국가가 정의와 경건의 의무를 행한다면 세상의 개선이 이루어질 것이라 믿었다.

이렇게 루터와 칼빈 같은 종교개혁자들은 그들을 따르는 근세의 여러 개혁자(슈페너, 프랑케 등)와 함께 가난하고 소외된 사람들에게 물질적 지원을 제공하는 국가의 책임에 대해 신학적으로 긍정적인 근거를 강력히 부여했고, 개신교 도시들에서 실제적인 경영 방법들을 제시했던 것이다.

3. 현대사회의 복지실천에서 국가의 역할

가난하고 소외된 백성들의 복지를 위한 국가의 책임은 성경적 근거의 구조에 확고하게 자리 잡고 있다. 성경이 강조하는 국가의 본질은 권력이 아니라 정의와 평화이다. 국가의 봉사는 정의와 평화와 자유가 실현될 수 있는 사회질서를 확립하는 것이다. 현대사회의 국가복지는 새로운 발명품이 아니라 성경과 교회의 오랜 역사를 가진 본질에 속한다.

인간이 인간다운 생활의 보장을 받기 위한 기본적인 조건은 의식주와 그 밖의 생활필수품의 조달과 확보이다. 이것을 국가의 책임으로 보장하는 것을 생존권이라 하는데, 생존권은 사회적인 약자에 대한 국가의 은혜가 아니라 사회에서 생을 향유하는 자의 당연한 권리이다. 그리고 생존권은 단지 인간이 살아간다는 정도가 아니라 문화적인 인간에 상응하는 정도의 것이어야 한다.

국가는 정의 수행, 사회적 우선권에 있어 새로운 질서의 확립, 새로운 생활과 문화모델의 장려와 같은 중대한 변화들을 추구해야 한다. 동시에 현대국가의 복지제도는 여전히 계속 필요하며, 인간사회의 영원한 책임이다. 정부는 우편, 철도, 전기, 자연자원의 개발 등 개인들이나 사기업들이 감당하기에 규모가 크거나 비영리적인 활동을 담당해야 한다. 또한, 중요한 시기에 각종 기업체, 과학 분야의 연구, 교육기관들에 자금

지원을 해야 하고, 자연재해를 입은 국민에게 구호를 해야 한다.

하지만 정부가 실행하는 복지사업에는 한계가 있기 때문에 정부의 손이 미치지 못하는 복지부문에 민간과 교회가 참여해야 한다. 앞으로의 사회복지 방향은 지금까지의 빈곤, 건강, 주거 등의 영역에서 더 나아가 소위 가족해체, 청소년 비행, 노인문제 등의 정서적인 욕구를 해결하는 정신적 문제로 더욱 확대될 것이다.

이것들은 주로 정신을 치료하는 것이기 때문에 영적 영역을 치료하는 교회가 앞장서서 담당해야 한다. 앞으로는 아동학대, 노인 학대, 매 맞는 여성, 정신질환, 치매 노인 등과 같은 문제를 해결하기 위해 필요한 비물질적 사회복지가 지금보다 훨씬 더 강조될 것이고, 기독교회는 이러한 분야에 대한 역량강화에 더욱 힘써야 할 것이다.

제 3 장

사회복지실천과 실천기술

Ⅰ. 사회복지실천론과 사회복지실천기술론
Ⅱ. 사회복지실천 현장에 대한 이해
Ⅲ. 사회복지실천 현장에서의 사회복지사
Ⅳ. 사회복지실천의 통합적 접근①
Ⅴ. 사회복지실천의 통합적 접근②
Ⅵ. 사회복지실천 과정
Ⅶ. 사회복지실천모델①
Ⅷ. 사회복지실천모델②
Ⅸ. 사회복지실천모델③
Ⅹ. 사회복지실천모델④
ⅩⅠ. 사회복지실천모델⑤
ⅩⅡ. 사회복지실천모델⑥
ⅩⅢ. 집단 사회복지실천에 대한 이해
ⅩⅣ. 집단의 역동성과 치료적 효과

Ⅰ. 사회복지실천론과 사회복지실천기술론

사회복지라는 단어가 대중들에게 언급되어지고 관심도가 증대된 것은 1990년대 들어서면서부터이다. 다양한 사회문제가 언론 등을 통해 대두되고 사람들의 삶의 질에 대한 관심이 커지면서 사회복지는 이제 많은 사람에게 친숙한 단어가 되고 있다. 요즈음 정치인들이 내세우는 다양한 공약 가운데 가장 중요한 부분을 차지하는 것이 사회복지 분야이다.

사회복지는 그 나라의 역사 및 문화, 이념, 정치 등 다양한 내외적 요인들이 가미되어 그 나라만의 복지 스타일이 만들어지고 있다. 우리나라 역시 예외는 아니어서 여러 요소와 영향을 주고받는 가운데 복지의 틀이 만들어져 가고 있으며, 이 과정에서 중요한 역할을 하는 이들이 바로 사회복지사이다.

사회복지사는 사회복지실천과 뗄 수 없는 관계이다. 사회복지실천에 대하여는, 1970년대 이전에는 주로 개별사회사업의 개념으로 사용되다가 그 이후 '사회복지실천'이라는 용어가 사용되었다. 이는 그 당시 미국에서 사회사업에 대한 정체성을 확립하기 위한 발전의 변화 가운데 통합론이 대두되면서 그 영향으로 인한 것이다. 즉 개별사회사업, 집단사회사업, 지역사회조직사업이라는 전통적인 방법론들이 하나로 통합되면서 등장하게 된 것이다. 우리나라에서는 1990년대에 이르러 이러한 통합의 변화를 인정해 사회복지협의회에서 사회복지실천방법과 관련된 교과목을 사회복지실천론과 사회복지실천기술론으로 통합 구분하게 되었다.

사회복지실천론은 사회복지사가 전문성을 키우기 위한 기본전제로 알아야 하는 기초지식과 자세, 사회복지실천의 과정에 대해 이론적으로 정립한 학문이다. 또한, 사회복지실천기술론은 사회복지기본이념을 바탕으로 사회복지실천기술의 전문성에 대한 이해를 돕고 전문적인 사회사업 실천의 분야와 기법을 습득케 하는 학문이다. 사회복지실천의 지식과 기술은 기독교사회복지의 영역에서도 많은 부분이 적용될 수 있고, 따라서 교회의 목회자나 지도자들, 기독교 사회복지단체의 리더십에서도 유효한 도구가 될 수 있다.

여기서는 사회복지실천의 다양한 정의와 기능, 사회복지실천에 영향을 미친 이념과 철학, 그리고 사회복지실천의 전문성 등에 대하여 살펴본다.

1. 사회복지실천이란 무엇인가?

1.1. 사회복지실천의 정의

사회복지실천이 무엇인지 한마디로 정의하기 어렵다. 왜냐하면, 시대와 상황에 따라 조금씩 다르게 정의해 왔기 때문이다. 그 다양한 정의는 다음과 같다.

① 개인, 집단, 가족, 그리고 지역사회를 대상으로 이들의 문제와 욕구를 스스로 해결하도록 도와주어 사회적 기능을 향상시키고 나아가서는 이들의 삶의 질을 높이는 데 목적을 둔 종합적이고 전문적인 활동이다.

② 사회복지사가 클라이언트의 욕구와 문제 해결을 돕기 위해 일정한 개입목표를 설정하고, 일련의 과정을 통해 활동하는 것이다.

③ 정부의 제도 안에서 개인, 집단, 지역사회를 대상으로 이들의 욕구와 문제를 해결해주기 위해 펼치는 전문적인 사회복지 활동이다.

④ 개인, 집단, 지역사회로 하여금 그들 각자의 사회적 기능을 증진·복구시키며, 그러한 목적에 합당한 사회적 조건들을 스스로 만들어 갈 수 있도록 돕는 전문적인 활동이다.

1.2. 사회복지실천의 목적

사회복지실천의 정의가 시대에 따라 달라졌듯이 실천의 목적 또한, 조금씩 달라져 왔다. 하지만 궁극적 목적인 '인간의 삶의 질 향상'은 시대나 사회가 변해도 달라지지 않는다.

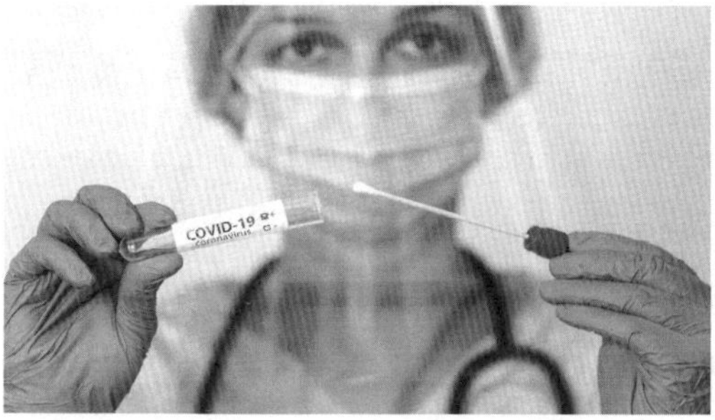

핀커스와 미나한이 제시한 사회복지실천의 네 가지 목적(Pincus & Minahan, 1973)은,

① 개인, 집단, 가족의 문제를 돕고 대처능력을 향상시키는 것이다
② 인간이 필요로 하는 사회자원, 서비스, 기회 등의 환경체계가 원활하게 상호작용하도록 돕는 것이다.
③ 자원과 서비스를 제공하는 다양한 사회복지 기관이나 조직이 클라이언트에게 보다 나은 서비스를 제공할 수 있도록 효과적이고 효율적인 운영을 추구하는 것이다.
④ 새로운 사회정책의 개발과 향상에 기여하는 것이다.

이 목적들은 사회복지실천을 개인과 생활 과정의 수행, 개인과 환경과의 상호작용, 자원체계 상호작용에 초점을 두고 더 나아가 사회정책의 변화에 목적이 있음을 명시하고 있다.

1.3. 사회복지실천의 기능

1) 클라이언트의 사회적 기능 증진 기능

사회적 기능이란 인간의 기본욕구를 충족하는 데 필요한 과업과 활동을 완수하고 지역사회에서 요구하는 주요 사회적 역할을 수행하는 개인의 능력을 의미한다. 따라서 사회복지실천이 클라이언트의 사회적 기능을 증진시킨다는 것은 예방, 재활, 치료 활동을 통해 욕구가 있는 개인들의 사회 기능을 높여준다는 것을 의미한다.

예) 자아존중감 향상을 위한 집단상담, 가족 기능회복을 위한 가족치료, 가출청소년 거리 상담 등.

2) 사회정의 향상 기능

'정의'란 인간의 사회적 관계에서 실현되어야 할 궁극적 가치를 말한다. 사회정의는 사회제도가 모든 사람의 기본적인 인권을 인정하고 지원하는 공정성과 도덕성을 발휘하는 것을 말한다.

사회복지사는 클라이언트가 권리를 찾도록 도와주는 활동, 즉 옹호활동을 하며, 공정하고 정의롭게 모든 사람의 권리가 인정되도록 사람들을 촉구하고, 권리가 박탈당하거나 무시당하는 사람들을 위해 대변자 역할을 한다.

따라서 사회복지실천이 사회정의를 향상시키는 기능을 갖는다는 것은 사회복지사가 옹호활동을 하면서 사회정의를 향상시킨다는 의미이다.

예) 임금체불 노동자를 위한 옹호활동, 다문화가족에 대한 인식개선 활동 등.

2. 사회복지실천에 영향을 미친 이념과 철학

사회복지실천은 한편으로는 사회를 통제하는 성격을 띠기도 하고 다른 한편으로는 사회를 변화시키는 성격을 띠기도 하므로 이념과 철학이 상충되기도 한다. 사회복지실천에 영향을 미친 이념과 철학에는 인도주의, 사회진화론, 민주주의, 개인주의, 그리고 다원주의 등을 들 수 있다.

2.1. 인도주의와 박애사상

인도주의(humanitarianism)는 모든 인간은 인간이라는 점에서 동등한 자격을 갖추고 있다는 생각을 바탕으로 인류의 공존을 꾀하고 복지를 실현시키려는 이념이다. 박애사상(philanthropy)은 모든 사람을 차별 없이 두루 사랑해야 한다는 사상으로 인간의 인격과 인간성을 존중하고, 평등사상에 입각하여 인종, 종교, 관습, 국적 등을 초월하여 인간애를 발휘하는 것을 말한다.

인도주의와 박애사상은 기독교 사상을 실천하려는 중산층이 조직한 자선조직협회(COS)에서 실시한 우애방문원 활동의 기본 철학이 되었는데, 우애방문원은 인도주의와 박애사상의 영향을 받아 빈민 등 취약계층에게 인도주의적 서비스를 제공했다. 자선조직협회는 현대적 사회서비스 기관의 효시가 되었다. 인도주의와 박애사상은 '타인을 위하여 봉사하는 정신'으로 실천되었고, 이후 사회복지실천의 기본철학이 되었다.

2.2. 사회진화론

사회진화론은 19세기에 나타난 사회발전 및 사회변동을 설명하는 이론 가운데 하나로서, 영국의 철학자 스펜서(Hebert Spencer)가 다윈의 자연도태와 적자생존을 골자로 하는 생물학적 진화론을 사회에 적용하여 사회발전을 설명한 이론이다. 사회진화론에 의하면 사회적합계층은 살아남고 사회부적합계층은 자연 소멸된다. 빈부격차의 심화는 사회 진화 과정에서 불가피하며, 부자는 우월해서 부유층으로 살아남고 빈민은 열등해서 가난하게 살 수밖에 없다는 것이다.

사회진화론의 영향으로 자선조직협회가 사회통제적 성격의 활동을 하게 된 것으로 보인다. 빈민을 방문하여 중산층의 기독교적 도덕을 강요하여 그에 따르도록 했다. 즉 빈민이 사회적합계층에게 위협적이거나 방해가 되지 않는 존재로만 남아있도록 한 것이다. 자선조직협회의 우애방문원 활동은 인도주의와 박애사상의 영향을 받아 인도주의적 서비스를 제공한 측면도 있지만, 한편으로 사회진화론의 영향을 받아 빈민이 사회 주류 계층에 방해가 되지 않는 상태로 남아있게 했다는 비판을 받는다.

2.3. 민주주의

사회진화론과는 반대로 민주주의는 모든 인간은 평등하고 주인이 된다고 주장하는 이념이다. 민주주의의 영향으로 클라이언트에 대한 서비스를 결정하는 데 클라이언트가 적극 참여해야 된다는 사회적 움직임이 나타났고, 이는 클라이언트의 자기결정권에 영향을 미쳤다.

민주주의는 빈곤층의 가치를 인정한 "인보관운동"에서 받아들여져 사회개혁으로 이어졌다. 시민의식의 확산으로 사회복지실천 이념이 '주는 자' 중심에서 '받는 자' 중심의 서비스로 전환되었다.

민주주의의 등장으로 클라이언트에 대한 '선택적 봉사' 철학이 강화되었다. 즉, 모든 클라이언트에 대해 주는 사람의 입장에서 무조건적으로 서비스를 제공하는 것이 아니라 클라이언트에게 서비스 수혜 여부를 결정할 수 있도록 한 것이다(=대상자의 서비스 선택권 강조).

또한, 민주주의의 영향으로 클라이언트가 겪는 어려움은 개인의 결함이나 책임만이 아니라 사회의 책임도 있다는 것을 인정하게 되었다(=빈곤에 대한 사회적 책임 중시).

2.4. 개인주의

개인주의는 개인의 존엄, 가치, 권리 등을 중요시하는 사상으로 국가나 사회보다 개인을 중요시한다. 따라서 개인의 자유와 권리를 중요시하고 개인을 기초로 하여 모든 것을 규정한다. 개인주의는 사회복지를 자유 시장에 맡기는 자유방임주의로 나타나 사회복지실천에 '개인권리 존중'과 '수혜자격 축소' 부분에 영향을 미쳤다.

개인주의는 개인의 자유와 권리를 중요시하므로 클라이언트의 개인적 특성을 존중하여 클라이언트에 대한 '개별화'를 중요시하게 되었다. 동시에 의무와 책임도 중요시하는 개인주의의 영향으로 빈곤의 원인에는 개인의 책임도 있다는 점을 고려하여 '최소한 수혜자격 원칙'을 낳았다. 즉 엄격한 자격요건 하에서 최소한의 서비스만 제공한다는 흐름에 영향을 주었다.

2.5. 다원주의(다양화)

다원주의란 유일한 절대적인 관점이나 가치관에 따라 어떤 일을 주장하는 것이 아니라, 여러 가지 관점과 가치관의 병립과 공존을 인정하고 각각의 관점과 가치관에 따른 다양한 주장을 용인한다는 입장을 말한다. 현대 민주주의의 중요한 원칙 중 하나는 종교, 문화, 윤리, 관심, 신념 등의 다양성을 존중하는 것이다.

사회복지실천에서도 다원주의의 영향으로 다양한 계층에 대한 수용, 다양한 문제 및 접근방법에 대해 개방적인 입장을 보이는 등 새로운 경향이 지속적으로 일어나고 있다. 예를 들어 우리나라 사회가 다문화사회로 변화하면서 사회복지실천이 문화적 다양성에 따른 실천으로 확대되고 있는 것을 들 수 있다.

결혼이주여성, 외국인노동자, 북한이탈주민(새터민)에 대한 실천이 이루어지고 있으며, 성적 소수자에 대해서도 사회복지 분야가 관심을 갖고 개입하고 있다. 이러한 여러 측면에서 다양한 계층과 다양한 문제를 인정하는 계기가 되었으며 역량강화 논의를 활발하게 하는 데 영향을 미쳤다.

3. 사회복지실천의 분류

3.1. 사회복지실천 수준에 따른 분류

1) 미시 수준의 사회복지실천

미시(micro) 수준의 사회복지실천이란 개인이 가장 친밀한 사람과 상호작용하는 과정에 개입하는 실천활동 혹은 개인과 가족이 직면한 문제를 해결하도록 돕는 활동을 말한다. 이때 개인의 심리적·사회적 상태, 부모 및 자녀 관계나 부부관계 등에 개입하게 되므로 일반적으로 실천 대상은 개인이나 가족이다.

미시 수준은 클라이언트를 직접 만나서 이루어지는 직접 실천이 많기 때문에 사회복지사의 실천활동도 직접 서비스 제공이나 중개자 역할이 많다.

예) 가족치료 실시, 위탁가정 아동방문, 정신장애인 재활상담, 퇴원한 정신장애인을 대상으로 사회기술훈련 제공.

2) 중범위 수준의 사회복지실천

중범위(mezzo, 중시적) 수준은 미시 수준과 거시 수준의 중간수준이다. 기관이나 조직 내부, 기관이나 조직 간 상호작용 등에 개입하므로 집단, 조직, 기관 등이 클라이언트가 된다. 일반적으로 체계 간 의사소통 촉진, 중재, 협상을 이끌고 교육시키며 사람들을 참여하게 한다. 사회복지사는 치료집단을 조직하고 운영하는 등의 활동을 하게 된다.

예) 지지집단 운영, 지역사회보장협의체에서 기관 실무자 네트워크 회의소집.

3) 거시 수준의 사회복지실천

거시(macro) 수준은 지역사회나 전체 사회, 혹은 국가의 복지체계 같은 수준을 말한다. 따라서 이것은 지역사회나 국가 수준에서 활동하는 것이며, 전체 사회의 향상과 변화를 목적으로 한다. 사회복지사는 주로 국가나 사회의 정책 개발, 정책 대안을 발굴하고 제시하는 활동, 취약한 계층을 옹호하는 등의 활동을 수행하는 간접적 실천이다.

예) 사회복지 정책분석 및 평가, 모금 활동, 정책 대안의 발굴, 제안된 법안에 대한 분석, 지역사회자원 개발, 취약계층 옹호, 후원자 개발 및 관리, 직업재활 대상자를 위한 자원개발 등.

〈미시적 사회복지실천과 거시적 사회복지실천의 비교〉

구분	미시적 차원의 사정 요소	거시적 차원의 사정 요소
원인과 사회적 요인	인접환경(social milieu) 강조	사회경제적 구조 강조
사정	문제는 직접적 환경에 대처하는 개인의 무능력에 기인한다.	개인의 문제는 사회경제적 구조에서 발생하는 '부적합성'으로 인해 야기된다.
목표	개인이 직접적 환경에 적응하고 대처하도록 돕는 것	사회경제적 구조의 영향에 대항하는 통제력을 증진시켜 사회적 상황을 변화시키는 것
방법	사회 환경에 대처하도록 돕는 전략의 사용	사회적 상황과 구조를 변화시키고 통제하도록 돕는 전략

3.2. 개입 방식에 따른 사회복지실천 분류

클라이언트를 직접적으로 변화시킴으로써 문제 해결을 도와주는지, 클라이언트의 환경을 변화시킴으로써 간접적으로 클라이언트의 문제 해결을 도와주는지, 즉 개입 방식에 따라 사회복지실천을 직접 실천과 간접 실천으로 나눈다.

1) 직접 실천(direct practice)

직접 개입이라고도 하는데, 클라이언트를 변화시킴으로써 클라이언트의 문제를 해결하는 실천 방식이고, 개인, 집단, 가족을 직접 대면하여 변화를 일으키는 것이다. 일반적으로 클라이언트의 사회적 기능이나 대처능력을 향상시키기 위해 개인, 가족, 소집단체계에 직접적으로 개입한다.

예) 장애인 취업상담, 장애아동 양육을 위한 부모 상담, 클라이언트가 필요로 하는 정보 제공, 기술교육 제공, 독거어르신 재가방문, 치매어르신 주간보호 제공, 정신장애인 사회기술훈련.

2) 간접 실천(indirect practice)

간접 개입이라고도 하는데, 지역사회에서 클라이언트를 둘러싼 환경체계에 개입하여 사회적 지지체계나 자원을 활용하는 실천 방식이다. 클라이언트를 둘러싼 환경에 변화를 일으켜 클라이언트의 문제 해결을 돕는다. 클라이언트를 둘러싼 환경에 문제가 있거나 두 체계 간 상호작용에 문제가 생겨 발생하는 경우도 있는데, 이런 경우 클라이언트의 변화만으로는 문제가 해결되지 않기 때문에 환경이나 두 체계 간 상호작용의 변화를 도모한다.

예) 희귀질환 아동을 위한 모금활동, 아동학대 예방을 위한 홍보활동, 학교폭력 예방활동을 위한 자원봉사자 모집, 공청회 개최, 프로그램 개발, 예산확보운동, 자원봉사자 확보, 클라이언트 옹호, ADHD아동 지원정책 개발.

4. 사회복지실천의 속성과 사회복지의 전문성

사회복지실천은 과학적 지식에 바탕을 두고 개인·가족·집단·조직·지역사회의 기능 향상을 돕는 활동이며, 사회복지사는 과학적 지식과 사회복지 관련 전문지식을 사회복지사 개인의 성품이나 가치관, 다른 사람에 대한 감정 등과 통합시키면서 전문적인 활동을 수행하는 사람이다. 이런 측면에서 사회복지실천을 과학(science)과 예술(art)의 조화라고 한다.

4.1. 사회복지실천의 과학적 속성

과학적 속성은 과학적 기반, 과학성이라고도 하는데, 이것은 효과적인 개입을 위해서 사회현상, 사회적 조건과 문제, 사회정책과 프로그램, 사회복지 전문지, 다양한 실천 이론과 관련된 지식에 바탕을 두고 이를 적용·활용하는 것을 의미한다. 사회복지가 전문영역으로 기능하고 사회복지사가 효과적으로 개입하기 위해서는 체계적인 이론과 과학적인 근거가 뒷받침되어야 한다.

과학적 속성이 반영된 예로서는 결식아동 지원 프로그램 과정 평가, 경험적 사실의 수집, 실험적 조사, 이론적 설명, 객관적 관찰, 기술훈련, 단일사례설계를 이용한 클라이언트 효과성 평가 등이 있다.

4.2. 사회복지실천의 예술적 속성

예술적 속성은 예술적 기반, 예술성이라고도 하는데, 이것은 클라이언트의 정서적 측면에 개입하는 사회복지사의 심리적 특성이나 능력을 적절히 활용하는 것을 말한다.

예술적 속성이 반영된 예로서는 타인의 고통을 진심으로 이해하고 공감하는 능력, 클라이언트와 의미 있고 효과적인 관계를 맺을 수 있는 능력, 클라이언트의 특수한 상황에 맞게 유연하게 판단하고 적용할 수 있는 능력, 클라이언트와의 전문적 관계를 형성하는 능력, 클라이언트에 대해 감정이 이입된 의사소통능력, 창의적 사고, 적합한 가치, 직관적 능력, 건전한 판단력, 개인적 경험, 진실성, 사회적 관심 등이 있다.

4.3. 사회복지의 전문성

그린우드(Greenwood)는 『전문직의 속성(Attributes of a Profession)』(1957)이라는 책에서 전문직의 속성을 5가지로 제시했다. 사회복지직은 이미 전문직이고, 계속 전문직화를 추구해 나가는 과정에 있다고 평가된다. 그린우드가 제시한 전문직이 갖추어야 할 속성은 다음과 같다.

1) 체계적 이론(체계화된 지식기반과 기술)

기술 자체보다는 기술의 근원이 되는 체계적이고 과학적인 이론의 존재 여부가 전문직으로 인정받기 위한 중요한 요소가 된다.

2) 전문적 권위

권위란 클라이언트에게 전문적인 영향을 미치는 힘이다. 전문가는 사회복지직에 부여된 전문적 권위와 신뢰가 있어야 한다.

3) 사회적 인가(=재가)

사회적 인가라는 말은 '어떤 사항에 대해 사회가 그것을 인정하여 허락하다'라는 뜻이 된다. 사회는 특정 지식과 기술 등을 갖춘 집단에게 전문직이라는 권한을 부여함으로써 사회적으로 승인하게 되는데, 일반적으로 자격시험 관장 같은 독점적 권한을 부여한다.

4) 전문직 문화(=공유된 전문직 가치와 규범)

전문직은 전문직 자체의 고유한 가치나 규범, 상징을 세워서 공유하고 이를 보존한다. 전문직은 다른 목적을 위한 수단이 되어서는 안 되며 사회복지사는 사명감과 직업의식을 가지고 전문직을 수행해야 한다.

5) 윤리강령

전문직은 사회로부터 승인을 받고 전문직으로서 권한과 권위를 가지게 되는데, 바람직한 전문직 수행을 위해서 체계화된 윤리강령이 있어야 한다. 윤리강령을 통하여 전문직 수행에 대한 옳고 그름을 판단하여 올바른 실천을 이끌어 내고 전문가와 클라이언트를 보호한다.

그린우드의 전문직의 5가지 속성은 사회복지사에게 필요한 중요한 특성이면서, 동시에 교회의 목회자에게 꼭 필요한 속성이기도 하다. 목회자는 체계적인 성경 지식과 신학이론으로 무장하여야 하고, 목사직에 부여된 전문적 권위와 신뢰를 얻어야 하며, 정상적인 신학수업 과정을 거쳐 안수받은 자로서 목회직에 관련된 문화를 체득하고, 사회의 일반 윤리기준보다 훨씬 더 높은 수준의 성경적 윤리강령을 가진 교단에 속한 자여야 한다.

5. 사회복지실천 기술의 개념, 특징, 종류

기술(skill)의 사전적 의미는 '솜씨나 지식, 재능, 성격 또는 자원을 능숙하게 활용하는 것' 또는 특정 시간에 특정 목적을 위해 특정 방식으로 사용하는 일련의 행동 혹은 과업이다.

5.1. 사회복지실천 기술의 개념

① 사회복지실천 기술은 사회복지사가 실천활동을 수행함에 있어 지식을 효과적으로 이용하고 적용할 수 있게 해 주는 능력이나 방법을 말한다.
② 이 기술은 사회복지실천의 가치와 지식에 기초하여 클라이언트와 관련된 특별한 상황의 변화를 위해 사용하는 방법, 혹은 사회복지사의 능력을 의미한다.
③ 사회복지실천 기술은 클라이언트의 문제, 욕구, 능력이 무엇인지 사정하며 자원을 개발하거나 사회의 구조를 변화시키는 데 있어서 숙련성을 의미한다.
④ 또한, 실천기술은 사회복지의 가치와 지식을 조화시켜 행동으로 옮기는 실천요소로서 이는 클라이언트의 욕구에 반응하여 클라이언트의 사회적인 기능을 향상시키려는 목적을 가진다.
⑤ 예) 대인관계 기술, 면접기술, 집단지도 기술, 의사소통 기술, 사정기술, 평가기술 등.

5.2. 사회복지실천 기술의 특징

① 사회복지의 지식과 가치를 조화시켜 행동으로 옮기는 실천요소로서, 클라이언트의 욕구에 반응하여 클라이언트의 사회적 기능을 향상시키려는 목적을 가진다.
② 사회복지실천의 가치와 지식에 근거를 두어야 하며, 클라이언트와 관련된 특별한 상황의 변화를 위해 사용한다.
③ 지식을 기반으로 하므로 개발 및 학습이 가능하다.
④ 상황에 따라 다른 기술을 적용하기 때문에 사회복지사는 특정 상황에 적절한 실천기술을 선택하고 활용하는 능력을 필요로 한다.

⑤ 사회복지실천 기술은 특정 이론에만 국한되어서는 안 되며 다양한 이론이나 방법적 요소들을 특정 상황이나 문제에 맞게 적절하게 선택해서 사용할 수 있어야 한다.

5.3. 사회복지실천 기술의 종류

① 이해와 목적을 가지고 다른 사람의 말을 경청하는 기술
② 클라이언트의 사정을 위해 관련 정보를 이끌어 내고 관련 사실을 수집하는 기술
③ 전문적 원조관계를 형성하고 유지하는 기술
④ 언어적, 비언어적 행동을 관찰하고 해석하는 기술
⑤ 클라이언트가 스스로 자신의 문제를 해결하고 신뢰할 수 있도록 관여시키는 기술
⑥ 민감한 정서적 문제들을 위협적이지 않은 지지적 방식으로 토론하는 기술
⑦ 조사를 수행하거나 기존 연구결과나 전문적 문헌을 해석하는 기술
⑧ 조직 간 연계 서비스를 제공하는 기술 등.

- 나가며 -

'사회복지실천'과 '사회복지실천기술'이란 용어는 비교적 최근에 정립된 개념이면서, 사회복지의 전체 영역에서 매우 중요한 부분이다. 사회복지실천에 관한 추가 연구 주제에는 사회복지실천 현장, 통합적 접근, 사회복지실천 과정 등이 있고, 사회복지실천기술에 관한 추가 연구 주제에는 사회복지사의 전문성, 사회복지실천 모델, 가족치료 등이 있다.

여기에서 다룬 소주제들은 사회복지 전체를 이해하는 데 중요한 기초를 제공하는 내용이므로 우리의 주의를 요한다. 사회복지실천을 주도하는 사회복지사의 전문성에 대한 것은 다음 글에서 살펴보기로 한다. 기독교사회복지의 실천 현장을 주도하는 목회자의 경우 종교적 신학적 면에서 전문성을 띠고 있지만 사회복지 영역에서도 전문성을 쌓아가는 것이 필요하다고 사료된다.

Ⅱ. 사회복지실천 현장에 대한 이해

사회복지실천 현장은 사회복지서비스를 직접적으로 또는 간접적으로 제공하는 장(場)이다. 사회복지실천 현장은 단지 '장소'만을 뜻하는 것이 아니라 사회복지실천이 행해지는 '장(setting)', '문제(problem)', '대상집단(client)'을 모두 포괄하는 개념이다.

1. 사회복지실천 현장의 개념

사회복지실천 현장(field of practice)은 '사회복지실천이 이루어지는 곳' 또는 '클라이언트의 문제 해결을 위해 사회복지사가 활동하는 장소'를 가리킨다. 법적용어로는 '사회복지사업법에 의거하여 사회복지서비스를 제공하는 기관 및 시설'을 의미한다.

특정 대상이나 사회문제에 초점을 두고 서비스를 제공하는 사회복지기관이 증가함에 따라 사회복지실천 현장은 점차 세분화되고 있다.

1.1. 협의의 사회복지실천 현장

좁은 의미의 사회복지실천 현장은 직접적으로 또는 간접적으로 사회복지 서비스를 제공하는 장소를 가리킨다. 따라서 사회복지실천이 이루어지는 '구체적인 장소' 혹은 사회복지 서비스를 직접 또는 간접적으로 클라이언트를 제공하는 사회복지 기관이 해당된다.

예) 종합사회복지관, 청소년쉼터, 장애인복지관 등.

1.2. 광의의 사회복지실천 현장

넓은 의미의 사회복지실천 현장은 사회복지실천이 이루어지는 분야, 서비스의 초점이 되는 '문제', '대상집단(client)' 등을 모두 포괄하는 개념이다. 따라서 넓은 의미의 사회복지실천 현장이란 단순히 사회복지 서비스를 제공하는 물리적 공간이나 장소를 넘어 사회복지실천이 이루어지고 있는 실천분야, 개입의 대상이 되고 있는 문제, 클라이언트 등이 포함된다.

예) 아동·노인·청소년·여성·장애인 등(대상별 분류), 약물남용·정신건강·의료·보건 등(문제영역별 분류), 병원·학교·교도소 등(장소별 분류).

2. 사회복지실천 현장의 분류

1차 현장과 2차 현장의 구분, 생활시설과 이용시설의 구분 등은 실천가로서 필수적으로 알아야 할 내용이다.

2.1. 기관 운영의 목적에 의한 분류

1) 1차 현장

사회복지 서비스를 제공하는 것이 기관의 주 기능이며, 일반적으로 사회복지사가 중심이 되어 활동하는 실천 현장이다.

예) 지역사회의 종합사회복지관, 노인복지관, 장애인복지관, 자활지원센터, 지역아동센터 등.

2) 2차 현장

사회복지 전문기관은 아니지만 필요에 의해 사회복지사가 부분적으로 개입하는 실천현장이다. 즉, 기관의 일차적인 기능은 따로 있으며, 필요에 의해 사회복지 서비스를 부분적으로 제공하는 기관이다.

예) 병원, 학교, 정신건강복지센터, 보육시설, 보호관찰소, 교정시설 등.

* 최근 사회복지에 대한 인식 증가와 필요성이 증가하여 다양한 영역에서 복지서비스가 결

합되고 있다. 따라서 전통적인 방식으로 1차와 2차를 구분하기 어렵고 모호해지고 있다. 일반적으로 사회복지실천은 좁게 정의해서 현장을 나누기 때문에 보건이나 의료의 성격이 강한 것은 2차 현장이 된다(정신건강복지센터, 노인전문병원 등).

2.2. 기관 설립주체 및 자금조달 방식에 의한 분류

1) 공공기관

정부의 지원에 의해 운영되고, 사회복지사의 업무는 정부 규정이나 지침에 의해 지도 감독을 받는 곳이다. 서비스를 계획하고 관리, 지원하는 행정체계와 아동보호, 소득보장 등과 관련된 프로그램을 직접 제공하는 집행체계로 나뉜다.

예) 보건복지부, 시도 사회복지과, 읍면동 복지담당, 행정복지센터 등.

2) 민간기관

사회복지 관련 사업을 하는 기관으로서 재단법인, 사단법인, 종교단체 등이 운영하는 비영리기관을 가리킨다. 주로 이사회에서 운영을 책임진다. 주된 자금은 기부금이나 후원금, 재단전입금, 기타 서비스 이용료 등이다. 민간기관은 서비스를 직접 제공하는 사회서비스 기관과 간접서비스나 행정지원을 위해 조직된 협의체로 나뉜다.

예) 사회복지법인이나 재단, 사단법인, 종교단체, 시민사회단체, 사회복지공동모금회, 한국사회복지사협회, 성폭력상담소, 지역아동센터, 아동보호전문기관 등.

2.3. 서비스 제공 방식에 의한 분류

1) 행정기관(=간접서비스 기관)

사회복지 서비스가 클라이언트에게 효과적으로 전달되도록 사회복지 기관 및 단체, 인력들을 지원해주는 것을 목적으로 하는 기관이다. 필요한 행정업무를 수행하고 기관 간 연계 및 협의 업무를 담당한다.

① 공공행정기관의 주체는 국가와 지방자치단체이다. 예) 중앙정부의 사회복지 행정 기관: 보건복지부, 고용노동부, 교육부, 문화체육관광부 등.

② 민간 행정조직은 특정 사회문제와 특정 대상층의 욕구를 기반으로 이를 법과 정책에 반영하고 해결방안을 모색하는 기능을 수행한다. 예) 한국사회복지협의회, 한국사회복지사협회, 사회복지기관협의회, 노인복지시설협회, 장애인복지시설협회, 지역복지협의회, 사회복지공동모금회, 사회복지협의회 등.

2) 직접서비스 기관

클라이언트에게 서비스를 직접 제공하는 것을 목적으로 하는 기관이다. 주요 서비스대상이나 문제영역에 따라서 서비스 기관을 분류한다.

예) 아동상담소, 지역사회복지관, 보육시설 등.

* 주민센터: 사회복지전담공무원이 배치되어 행정업무와 사회복지서비스를 동시에 담당하므로 간접서비스기관(=행정기관)과 직접서비스기관의 성격을 둘 다 가지고 있다.

2.4. 주거 서비스 제공 여부에 의한 분류

1) 생활시설

주거 서비스를 포함한 사회복지 서비스를 제공하는 시설을 말한다. 예) 아동양육시설, 청소년쉼터, 장애인생활시설, 공동생활가정, 노인요양시설, 아동보호치료시설, 노인의료복지시설 등.

2) 이용시설

주거 서비스를 제공하지 않는 시설이다. 클라이언트는 자신의 집에 거주하면서 사회복지 서비스를 제공하는 기관을 방문하여 필요한 사회복지 서비스를 제공받는다.

예) 지역아동센터, 지역사회종합복지관, 재가복지센터, 정신건강복지센터, 장애인복지관, 청소년상담센터, 치매노인 주간보호센터, 쪽방상담소, 아동보호전문기관, 영유아보육시설, 가정위탁지원센터, 장애인 직업 재활 시설 등.

3. 분야별 사회복지실천 현장

사회복지실천의 현장은 분야별로 매우 다양하다. 현장의 이름에 좀 더 익숙하게 접근하면서 사회복지실천 현장을 이해하는 것이 필요하다.

3.1. 아동 및 청소년 분야

1) 지역아동센터

지역사회 아동의 보호, 교육, 건전한 놀이와 오락 제공, 보호자의 지역사회의 연계 등 아동의 건전 육성을 위하여 종합적인 아동복지 서비스를 제공하는 시설(이용시설).

2) 아동양육시설

보호를 필요로 하는 아동을 입소시켜 보호, 양육하는 시설(생활시설).

3) 아동보호전문기관

아동학대 예방 사업과 더불어 신체적·정신적·성적으로 학대받거나 방임된 아동의 보호, 치료에 대한 신속한 처리 및 사례관리 등을 하는 기관(이용시설).

4) 공동생활가정

보호를 필요로 하는 아동에게 가정과 같은 주거 여건과 보호를 제공하는 것을 목적으로 하는 시설(생활시설).

5) 가정위탁지원센터

가정위탁제도와 관련한 정책수립 및 교육, 가정 위탁 인식 증진을 위한 홍보사업을 전개하는 시설(이용시설).

6) 자립지원시설

아동복지시설에서 퇴소한 자에게 취업준비기간 또는 취업 후 일정 기간 보호함으로써 자립을 지원하는 것을 목적으로 하는 시설(생활시설).

7) 아동보호치료시설

아동복지법에 의거하여 아동에게 보호 및 치료서비스를 제공하는 시설(생활시설).

3.2. 가정 및 지역사회 분야

1) 모자가족복지시설

모자가족에게 편의를 제공하는 시설. ① 기본생활지원(주거와 생계 지원), ② 공동생활지원(일정기간 자립준비를 위해 주거 등을 지원), ③ 자립생활지원(자립욕구가 강한 모자가족에게 일정기간 주거를 지원).

2) 건강가정지원센터

건강가정기본법(2005년 시행)에 따라 가족정책의 전달체계로서 정부의 가족정책 추진방향에 부응하여 건강가정사업을 실시하도록 설립된 기관. 소관부처는 여성가족부.

3) 지역사회보장협의체

사회보장급여법에 기반을 두고, 지역복지를 강화하기 위한 방안으로써 지역 단위의 종합적 사회보장, 지역 간 사회보장의 균형발전을 위한 지원체제로 정부와 민간, 그리고 민간과 민간 간의 공동협력을 위한 심의의결 기구.

3.3. 의료 및 정신보건 분야

1) 정신건강복지센터

정신질환자의 발견·상담·진료·사회복귀훈련 및 이에 관한 사례관리 등을 실시하는 시설(이용시설).

3.4. 노인 분야

1) 노인보호전문기관

노인학대 관련 업무를 수행하기 위해 지방자치단체가 설치한 시설(이용시설).

2) 노인의료복지시설

노인요양시설과 노인요양공동생활가정(생활시설).

3) 재가노인복지시설

① 방문요양서비스, ② 주·야간보호서비스, ③ 단기보호서비스, ④ 방문목욕서비스, 그리고 그 밖의 서비스 등이 있다.

3.5. 사회복지 행정 분야

1) 한국사회복지협의회

대표적인 민간기관으로서, 민간 사회복지증진을 위한 단체 간 협의·조정, 사회복지에 관련한 조사연구 및 정책 건의, 사회복지 기관 종사자의 교육·훈련, 자원봉사활동의 진흥, 정보화 사업 시행(민간기관, 간접서비스 기관).

2) 사회복지공동모금회

사회복지사업 및 기타 사회복지 활동을 지원하기 위하여 국민의 자발적인 성금으로 모금된 재원을 효율적으로 관리 및 운영함으로써 사회복지를 증진하는 데 이바지하기 위하여 설립된 기관(민간기관, 간접서비스 기관).

3.6. 장애인 분야

1) 장애인 거주시설

일반가정에서 거주하기 어려운 장애인에게 거주·요양·지원 등의 서비스를 제공하는 동시에 지역사회생활을 지원하는 시설(생활시설).

2) 장애인지역사회재활시설

장애인을 전문적으로 상담치료훈련하거나 장애인의 일상생활, 여가활동 및 사회참여활동 등을 지원하는 시설(이용시설).

3) 장애인직업재활시설

일반 작업환경에서는 일하기 어려운 장애인이 특별히 준비된 작업환경에서 직업훈련을 받거나 직업생활을 할 수 있도록 하는 시설(이용시설). 예) 장애인보호작업장.

4) 장애인 의료재활시설

장애인을 입원 또는 통원하게 하여 상담, 진단, 판정, 치료 등 의료재활서비스를 제공하는 시설.

- 나가며 -

사회복지실천 현장은 사회복지의 모든 것이 이루어지는 장소이고 피드백(환류)을 통하여 사회복지의 개선과 발전이 이루어지는 중요한 요소이다. 사회복지의 관심이 증대되고 국가적 차원의 지원이 선진국 수준으로 증진되고 있는 만큼, 보다 논리적이고 체계적인 현장의 설계와 조정이 필요하다.

Ⅲ. 사회복지실천 현장에서의 사회복지사

우리나라의 사회복지사 제도는 40여 년에 이르렀고, 지금쯤이면 사회복지사의 위치는 전문가로서 인정받는 위치에 있어야 함에도 불구하고 현행 사회복지사 제도는 최하위로 전락하고 있다는 자조 섞인 목소리가 들려온다. 사회복지사업법에 의거 현 국민기초생활보장법으로 시작하여 25개의 법률이 제정되어 졌으며. 이 법의 실행을 위해서는 전문지식과 기술을 가진 사회복지사를 통하여 국가와 지방자치제에서의 사회복지를 증진할 책임이 있다 말할 수 있다.

사회복지사업법은 처음 1970년 1월 1일 법률 제2191호로 제정, 사회복지사를 '사회복지종사자'라 하여 보건사회복지사는 대통령이 정하는 자격자에게 자격증을 교부하므로 사회복지사가 시작되었다. 이후 2011년 3월 법률 제10511호, 사회복지사 등의 처우 및 지위향상을 위한 법률이 제정되어 2012년 1월 1일 시행되어지므로 외면적으로 위상이 정립되었으나 사회복지사의 실제적인 위상은 그다지 변화되지 않고 있다는 중론이다.

여기서는 사회복지실천 현장에서의 사회복지전문직의 가치, 사회복지사의 다양한 역할, 사회복지사의 주요 업무, 그리고 기독교사회복지사 제도의 필요성에 대하여 살펴본다.

1. 사회복지실천 현장의 사회복지사의 가치

사회복지실천의 본질적 3대 요소는 사회복지 전문직의 가치, 전문적 활동에 필요한 지식, 그리고 가치와 지식을 현장에 옮기는 과정에서 필요한 기술 또는 기법이다. 가치란 어떤 사회현상이나 사물이 어떠해야 한다는 생각을 말한다. 사회복지사는 자신의 가치와 다양한 클라이언트의 가치에 대한 확인이 가능할 때 비로소 자신과 클라이언트의 가치가 어떻게 충돌하며 또 어떻게 조화를 이룰 수 있는지를 확인할 수 있을 것이다.

자신이 갖고 있는 가치를 확인하기 위해서는 먼저 자신이 갖고 있는 가치관에 대해 당당해질 필요가 있다. 사회복지사는 자기 자신의 개인적 가치와는 구분되는 전문직으로서의 가치를 갖게 된다.

1.1. 사회복지 전문직의 가치

사회복지사는 전문성이 있는 전문직이다. 앞에서 그린우드의 전문직의 속성 5가지를 생각했는데, 모두 사회복지사에게 적용될 수 있는 속성이다. 사회복지사의 위상은 먼저 사회복지사가 전문직의 가치를 확신하는 것으로부터 출발한다.

1) 개인의 존엄성과 독특성에 대한 존중

인간은 어떤 조건과 위치에서 태어났는지 상관없이 인간 그 자체로서 존엄한 존재이다. 사회복지사는 개인과 개인이 처한 환경의 폭넓은 다양성을 인정하면서, 인간적이고 개인적이며 개성적인 클라이언트의 삶의 방식을 수용·격리·고무해야 할 의무를 진다.

2) 자기결정의 원리

한국사회복지협회의 '사회복지윤리강령' 제2장 제1절 3항에, "사회복지사는 클라이언트가 자기결정권을 최대한 행사할 수 있도록 도와야 한다."라고 규정한다.

3) 사회적 형평성의 원리

사회복지사는 개인의 잠재력을 최대한 실현하기 위해 필요한 자원과 기회에 동등한 접근을 보장해야 한다. 사회복지 윤리강령 제1장 제1절 2항에 "사회복지사는 클라이언트의 종교, 인종, 성, 연령, 국적, 결혼상태, 성 취향, 경제적 지위, 정치적 신념, 정신·신체적 장애, 기타 개인적 선호, 특징, 조건, 지위를 이유로 차별 대우를 하지 않는다"라고 규정한다.

4) 개인의 복지에 대한 사회와 개인 공동의 책임

이것은 전체 사회에 대한 책임을 전제로 하는 것이다. 스스로 판단하고 행동하기가 불가능한 사회적 약자 계층에 대한 복지는 사회가 책임져야 하는 사항이다.

1.2. 사회복지사의 자기결정

사회복지사들은 자신과 다른 가치체계를 갖고 있는 동료 사회복지사들에게도 사회복지사가 클라이언트에게 하는 것과 동등한 존경, 존엄, 자기결정의 원리 등을 적용해야 할 것이다. 사회복지 윤리강령 제3장 제1절 1항은 "사회복지사는 존중과 신뢰로써 동료를 대하며, 전문가로서의 지위와 인격을 훼손하는 언행을 하지 않는다"고 명시하고 있다.

사회복지실천 활동에서 가장 중요한 것은 클라이언트는 물론 동료들을 접촉할 때 유연하고 개방적이며 비심판적 태도를 항상 견지하는 것이다.

2. 사회복지사의 다양한 역할

사회복지사는 개인, 가족, 집단, 지역사회의 문제가 해결되도록 돕는 과정에서 다양한 역할을 수행한다. 하나의 문제를 해결하기 위해 한 가지 역할만 수행하는 것이 아니라 다양한 역할을 동시에 수행하기도 한다.

1) 조력자/조성자(enabler)

클라이언트가 자기 스스로 문제를 해결할 수 있는 능력을 기르고 필요한 자원을 찾아낼 수 있도록 돕는 역할이다. 주로 개인, 집단, 가족을 상담할 때의 사회복지사의 역할이다. 조력자로서 필요한 기술은 희망을 전하고 저항이나 양가감정을 줄여주며, 감정을 인식하고 관리하며, 개인의 강점이나 사회적 자원을 발굴하고 지지해주는 것, 전문적 관계 형성에 필요한 능력 등이다.

예) 자아존중감이 낮은 청소년과 상담을 한다. 부부갈등을 겪는 부부를 위해 부부간 의사소통 패턴을 분석하여 관계를 개선할 수 있도록 통찰력을 길러주는 상담을 한다.

알코올 중독자가 자신의 문제를 깨닫고 금주 방법을 찾도록 도와준다.

2) 중개자(broker)

도움이 필요한 개인이나 집단을 지역사회 서비스와 연결해주는 역할이다. 중개자는 자원을 파악하고 서비스가 적절하게 제공되는가를 점검해야 하므로 자원에 대한 정보를 알고 자원과 클라이언트를 연결하는 데 필요한 지식과 구체적인 기술들을 갖추어야 한다. 중개자는 사례관리의 핵심적 기능을 수행한다.

예) 가족이 없는 중증장애인에게 주거시설을 소개해준다. 가정폭력 피해자와 그 가족구성원에게 쉼터를 연결해준다. 독거어르신에게 말벗이 되어 줄 자원봉사자를 연결해준다. 학교폭력 가해학생에게 분노조절 프로그램을 소개해준다.

3) 옹호자(advocate)

클라이언트를 대신하여 클라이언트의 이익을 대변해주는 역할이다. 클라이언트의 욕구에 서비스 기관이 반응하지 않거나 서비스 제공을 거절하는 경우, 클라이언트가 서비스를 받고 권리를 획득할 수 있도록 기관 내 프로그램이나 정책을 변화시키기 위해 활동하는 것이다.

예) 장애 학생의 교육권 확보를 위해 학교 당국에 편의시설을 요구한다. 미등록 이주노동자의 자녀가 교육받을 수 있도록 관계법 개정을 제안한다. 신도시 건설에 따라 철거를 당하게 된 세입자들의 권리확보를 위해 활동한다.

4) 교사/교육자(teacher)

클라이언트의 사회적 기능이나 문제 해결능력이 향상될 수 있도록 교육적인 프로그램이나 정보를 제공하고, 적응 기술을 익히도록 클라이언트를 가르치는 역할이다. 이 역할을 위해 사회복지사는 전문지식과 정보를 알고 있어야 하며 그것들을 명확히 전달하고 이해시키기 위한 능력과 기술이 있어야 한다.

예) 청소년기 자녀를 둔 부모를 대상으로 의사소통 기술을 가르쳐준다. 탈북자를 위해 지역사회복지관에서 생활적응훈련 프로그램을 실시한다.

5) 중재자(mediator)

갈등을 겪고 있는 당사자들에게 개입하여 타협하고 화해점을 찾도록 도와 상호 만족스러운 합의에 도달할 수 있도록 돕는 역할이다. 이때 중재자는 어느 한쪽을 지지하지 않고 중립을 유지하는 것이 중요하다.

예) 갈등으로 이혼 위기에 처한 부부관계에 개입하여 상호 만족스러운 합의점을 도출한다. 돌봄서비스를 받고 있는 노인과 직원 간 갈등을 해결하기 위해서 중립자 입장에서 조정한다.

6) 훈련가(trainer)

관이나 조직의 차원에서 직원들의 전문가적인 능력을 계발시키기 위해서 직원 세미나 혹은 워크숍, 슈퍼비전 등에 참여하여 직원교육이나 훈련을 실시하는 것이다.

예) 자원봉사자의 역량강화를 위해 세미나를 실시한다.

7) 협상가(negotiator)

다툼이 있거나 갈등 관계에 놓인 사람들이 상호 화해하고 합의하고 타협할 수 있도록 협상을 돕는 역할이다. 중립적인 입장을 취하는 중재자와 달리 협상가는 어느 한쪽의 입장에 서서 개입한다.

예) 돌봄서비스를 받고 있는 노인과 직원 간 갈등을 해결하기 위해서 노인의 입장에서 해결하려고 한다.

8) 조정자(coordinator)

다양한 기관에서 산발적으로 주어지는 서비스를 조직적인 형태로 정리하는 역할이다. 주로 사례관리자의 역할로, 이를 통해 서비스의 중복과 상충되는 정보 제공을 막을 수 있다.

9) 집단 촉진자(group facilitator)

집단활동에서 지도자 역할을 수행하는 것이다. 사회복지사는 다양한 치료집단, 교육집단 등을 운영하게 되는데 집단활동이 원활하게 이루어질 수 있도록 촉진하는 역할을 한다.

10) 조직 내 촉진자

기관이나 조직의 차원에서 조직의 기능이나 상호작용, 직원 간의 협조나 지시, 정보교환을 촉진시키며, 조직 간의 연결망을 강화시키는 역할을 한다.

3. 기능에 따른 사회복지사의 역할 분류

사회복지사가 담당하는 기능에 따라서 사회복지사의 역할을 다음과 같이 분류한다.

1) 직접 서비스 제공 기능

클라이언트에게 직접 서비스를 제공하는 역할. 예) 상담가, 가족치료사, 집단 사회복지지도자, 정보제공자 및 교육자.

2) 체계 연결 기능

클라이언트를 다른 체계와 연결하는 역할. 예) 중개자, 사례관리자, 옹호자, 중재자, 조정자.

3) 체계 유지 기능

기관 및 공공기관에서 팀의 일원으로 기능하는 역할. 예) 팀 성원.

4) 체계 강화 기능

서비스 전달 시 효율성을 떨어뜨리는 기관의 구조·정책·기능적 관계를 평가하는 역할. 예) 조직분석가, 조직 내 촉진자, 자문가/자문대상자, 슈퍼바이저.

5) 체계 개발 기능

기관의 서비스를 확대·개선하기 위해 체계개발에 관련된 역할 수행. 예) 프로그램 개발자, 기획가, 정책 및 절차 개발 참여자.

6) 연구자/연구활용자 기능

연구를 직접 수행하는 역할과 연구된 내용을 학습하고 연구의 결과를 반영하는 연구소비자 역할. 예) 개입 평가자, 프로그램 평가자.

4. 사회복지사의 주요업무

우리나라 헌법 제31조 제1항에 보면, "모든 국민은 인간다운 생활을 갖는다"라고 규정하고 있다. 그래서 사회보험(국민연금, 건강보험, 고용보험, 산재보험)과 공공부조라는 국민기초 생활보장제도 하에 사회적 서비스를 제공하고 있다.

하지만 헌법에 명시되어진 대로 사회복지서비스가 모든 국민에게 평등하게 이루어져야 함에도 불구하고 지금까지의 복지는 선별적 복지체제(서비스대상이 생활보호대상자 중심으로 이루어진 서비스)였다. 그러나 다행스럽게도 2008년 7월부터 노인성 질환을 가진 자들을 중심으로 한 노인 장기요양 보험제도가 실시되면서 보편적이고 맞춤형 서비스 체제로 일부 변경이 되어 서비스를 제공하고 있지만 보편적이며 맞춤형복지에 대한 이해부족으로 전 국민을 위한 서비스라 보기에는 아직 부족하다 할 수 있다.

앞에서 언급한 대로 사회복지사는 현대사회에서 발생하고 있는 아동, 청소년, 노인, 여성, 가족, 장애인 등 다양한 사회적, 개인적 문제를 겪는 사람들에게 사회복지학 및 사회과학의 전문지식을 이용하여 문제를 진단, 평가함으로써 문제 해결을 돕고 지원하는 업무를 담당하는 자를 말한다. 사회복지사의 주요 업무는 다음과 같이 요약할 수 있다.

① 개인적, 사회적문제로 어려움에 처한 의뢰인을 만나 그들이 처한 상황과 문제를 파악하고 그들이 필요로 하는 서비스의 유형을 판단한다.
② 문제를 처리 해결하는 데 필요한 방안을 찾기 위해 관련 자료를 수집하고 분석하여 대안을 제시한다.

③ 재정적 보조, 법률적 조언 등 의뢰인이 필요로 하는 각종 사회복지 프로그램을 기획, 시행, 평가한다.

④ 공공복지 서비스의 전달을 위한 대상자선정, 작업, 복지조치, 급여, 생활지도, 등을 한다.

⑤ 사회복지 자원봉사자를 모집하여 교육시키고 배치 및 지도 감독을 한다.

⑥ 사회복지정책 형성과정에 참여하여 정책분석과 평가를 하며 정책 대안을 제시한다.

⑦ 정신 보건사회복지사는 정신질환자에 대한 개인력 조사 및 사회조사 작업을 진행하며 정신질환자의 사회복귀 촉진을 위한 생활훈련 및 작업훈련, 그 가족에 대한 교육, 지도 및 상담 업무를 수행한다.

여기서 사회복지사는 사회복지사업법 제11조에 의하여 '사회복지에 관한 소정의 전문지식과 기술을 가진 자'라고 말하며, 이들에게 사회복지사 자격을 부여하고 이들에게 복지업무를 담당토록 함으로써 아동, 청소년, 노인, 장애인 등 보호가 필요한 사람들에게 전문적이고 체계적인 복지서비스를 제공한다고 한다.

즉 사회복지사는 특정인에게만 서비스를 제공하는 자가 아니라 전 국민을 대상으로 서비스를 제공하는 자로서 각 서비스에 맞는 전공분야가 선택되어져야 할 것이며, 이에 발맞추어 전문가의 교육과 분야별 전문성에 맞는 실습을 통한 새로운 사회복지사의 장(場)을 열어야 한다.

5. 종교(기독교)적 사회복지사 제도의 필요성

사회복지사는 클라이언트를 상대함에 있어서 일반적 사회복지는 기쁨과 행복, 나아가 쾌락을 줄 수 있도록 도움을 주면 되겠지만 성경적인 사회복지 즉 기독교사회복지는 '생명존중'이 반드시 포함되어야 하기에 종교(목회)지도자 및 사회복지사로서 사회복지를 정의할 때에는 신중하게 정의를 하여야 한다. 아래 글은 곽동훈(2013)의 박사논문 "사회복지사 면허제도 도입의 필요성에 관한 연구"에서 인용한 것인데, 기독교사회복지사 제도의 필요성을 설득력 있게 제안하고 있다.

우리나라에서의 사회복지는 지금까지 사회복지를 '사회주의적 사회복지'로 생각하는 사회복지사들이 많다 보니 공공부조에 있어 더 많은 것을 가진 부유층의 세금을 더 받아 소외되고 어려운 차상위계층의 사람들에게 베풀고 나누어주며 대상자들은 배만 부르면 된다는 식의 개념에 빠져 소외계층의 사람들은 사회와 국민과 더불어 서로 협력하여 아름다운 사회를 이루기보다는 무조건 받으면 된다는 식이다. 이에 사회복지를 제대로 이해하지 못하는 몇몇 사람들에 의하여 무상급식, 무상교육 등을 시행하므로 사회복지의 불균형을 이루고 있음에도 마치 사회복지를 바로 실행하는 것으로 알고 있는 실정이다.

그러나 민주적인 사회복지인 '성경적 복지'는 불균형을 이루는 복지가 아니라 전통적이고 합리적인 복지로서 부유층으로부터 누구의 강요나 정책에 의해서가 아니라 본인 스스로가 자원하여 나누고 베풀어야 한다는 성경적 사상으로 돌아가 실행하여야 한다. 모든 사람(전문적 사회복지사 포함)은 종교적(기독교)사회복지에서의 사회복지에 대한 바른 개념을 통하여 생명존중이 이루어져야 하며, 생명존중을 통한 '영과 육'의 진정한 '구원의 사역'을 이루어야 한다.

지금까지 일반적인 사회복지의 사상은 클라이언트들의 욕구에 의해 육의 행복만을 추구하였다고 한다면 이는 사회주의적이며 반신불수의 사회복지였다고 평가할 수 있다. 하지만 종교적(성경적=기독교적) 사회복지를 말하는 사회복지사라면 모든 국민을 대상으로 하는 전문가임을 스스로 깊이 인식하여야 한다. 단순히 클라이언트들의 육신의 욕구충족만이 아니라 영육이 건강하도록 하여야 하며, 영과 육의 행복을 추구하는 데 최선을 다하여야 할 것이다.

그럼에도 불구하고 지금까지 종교(기독교)는 클라이언트의 욕구에 있어 사회적인 부분은 배제되고 영적인 부분만 강조하다 보니 진정 사회복지의 창시자이신 하나님께서 요구하시는 '육의 행복과 영의 구원'의 복합적인 것을 등한시하였다. 여기서 종교적(기독교) 사회복지를 한마디로 정의한다면 기독교(성경)의 정신, 즉 하나님을 사랑하고, 이웃을 사랑하라는 하나님의 사상을 갖고 실천하는 모든 사회봉사를 말한다.

기독교 사회복지란 하나님을 믿는 신자들이 하나님의 말씀에 순종하여 하나님의 사랑을 전파하고, 세상 가운데서 인류의 복리증진을 실천해 나가는 그리스도인의 무거운 책임과 의무의 체계적 노력이다.

지금의 모든 사회복지가 하나님께로부터 시작이 되어왔음에도 불구하고 교회 안에서조차 기독교 사회복지에 대하여 지금까지 정리되지 못한 것은 한국교회와 한국 신학교육의 부재요 방관이라 볼 수 있다.

그러나 이제부터라도 기독교적 사회복지의 연구를 통하여 기독교사회복지는 '하나님의 영광(고 10:31)'과 '하나님의 나라 확장(창 1:26, 행 1:8)'을 위하여 행하는 하나님의 구원사업(Salvation Work), 즉 '하나님 형상 회복'을 위하여 이루는 행위임을 새롭게 발견하여야 할 것이다.

지금까지 기독교사회복지를 실천하는 사회복지사들은 사회사업에 있어 구제, 고아원 운영, 구제물품 전달 등이 사회복지의 전부라고 생각하였기에 국가에서 시행하는 사회복지사 자격에 대하여는 외면하였다. 기독교사회복지가 민간복지에 치중하게 되다 보니 일반적인 사회복지의 중요성을 발견하지 못하고 외골수적인 복지에 머물게 되었다. 역사적으로 기독교사회복지야말로 복지의 선두주자로서 중요한 위치에 서야 함에도 불구하고 지금까지도 이해타산적이고 일방적인 주장을 고수하고 있다는 비판을 면키 어렵다. 그로 인해 구원사역과 사회복지의 분야에서 존경의 대상으로 사회를 변화시키는 역량을 보여주지 못하고 오히려 사회로부터 외면받고 있을 뿐 아니라 기독교사회복지사라는 명칭조차 사용하지 못하는 실정이다.

물론 사회복지사 배출에 있어 기독교 산하 대학에서는 기독교사회복지학과 또는 선교복지전공을 통하여 사회복지사 자격증을 주고 있다고는 하나 이 또한 너무나도 미비하고 부족하다.

여기서 진정한 성경적(기독교) 사회복지사는 이제라도 기독교사회복지사이시며 모범이 되신 예수를 본받아 종교적(성경적=기독교) 사회복지사 제도의 개념을 제시하여야 할 것이며, 종교적(기독교) 사회복지의 근본 목적과 사회복지사의 행위인 인간의 최종 행복추구와 더불어 하나님의 영광과 하나님의 나라 확장에 힘을 다하여야 할 것이다.

Ⅳ. 사회복지실천의 통합적 접근①

사회사업의 통합적 방법이란 모든 사회복지사가 개인, 집단, 지역사회에 제기되는 사회문제에 대처해 나가고자 할 때 활용할 수 있는 공통된 하나의 원리나 개념을 제공할 수 있는 방법의 통합화를 말한다. 이러한 통합적 방법은 사회복지실천기법을 한 가지만 사용하여 접근하기에는 너무 많은 문제 상황이 각 체계 속에 연결되어 있는 문제들, 예를 들면 빈곤해체가정의 아동, 청소년이 처한 문제 해결을 위해 유용하다고 할 수 있다.

통합적 접근방법은 생태체계적 관점을 취하는데, 생태체계적 관점에서는 인간을 신체적·심리적·경제적·교육적·정신적·사회적인 다양한 부분들로 이루어진 하나의 체계로 보고, 환경은 가족·친구·지역사회와 같이 보호하고 발달시키는 부분과 제도·조직·프로그램과 같이 지속하고 유지시키는 부분의 두 가지로 구성된 하나의 체계라고 한다. 이러한 인간과 환경은 별개의 분리된 것이 아닌, 서로 지속적으로 상호교류하면서 존재한다고 본다.

사회복지실천의 통합적 접근에 대하여 2회에 걸쳐 살펴보려 한다. 여기서는 통합적 접근의 등장 배경과 통합적 접근의 개요, 그리고 통합적 접근의 관점 등에 관하여 알아본다.

1. 사회복지실천의 대상별 접근에서 통합적 접근으로

1.1. 대상별 접근에 대한 이해

사회복지실천의 전통적 접근방법인 대상별 접근은 개인대상, 가족대상, 집단대상으로 나뉜다.

1) 개인대상 사회복지실천: 개별사회사업(social casework)

개별사회사업이란 개인을 대상으로 클라이언트의 사회적 적응과 인격의 성장 발달을 돕기 위해 개별적으로 이루어지는 의식적이며 지속적인 노력을 가리킨다. 개인대상 사회복지실천의 특징으로는 개인을 대상으로 하는 실천기술이 사용되며, 1인 클라이언트 체계를 중심으로 이루어지고, 클라이언트와 사회복지사와의 전문적 관계가 강조되며, 개인의 문제 해결을 위한 다양한 개입모델을 활용한다.

2) 가족대상 사회복지실천

개인치료와 가족치료는 고통받고 있는 개인을 돕는다는 치료목표에서는 공통적이다. 그러나 어떻게 도울 것인가에 대하여는 많은 차이를 보인다. 가족치료는 개인의 심리적 문제보다는 그 사람의 환경이나 생태학적 체계처럼 개인을 둘러싸고 있는 관계 속에서 일어나는 문제에 더 많은 관심을 가지고 있다. 개인보다는 가족이라는 한 집단을 치료의 단위로 취급하게 된다.

클라이언트의 문제 해결을 돕는 데 있어 개인과 그를 둘러싼 일차적 환경으로서 가족에 대한 개입은 매우 필수적이며 중요한 개입방법으로 인식되고 있다. 여기에 체계이론과 가족체계에 대한 연구가 진행되어 왔다.

가족치료 접근의 대표적 방법으로는 미누친의 구조적 가족치료, 보웬의 다세대 가족치료, 사티어의 경험적 가족치료 등이 있다.

3) 집단대상 사회복지실천

집단개입은 “소집단을 활용하여 집단구성원의 자신에 대한 태도, 대인관계, 환경에 대한 효과적 대처능력을 지지하고 수정하는 실천방법”이라고 정의할 수 있다. 이것은 의도적 집단경험을 통해 개인의 사회적 기능과 문제에 대한 대처능력을 향상시키는 사회복지실천의 목적을 달성할 수 있도록 원조하는 것이다.

집단사회복지실천의 주요모델로는 사회목표모델, 치료모델, 상호작용모델, 자조집단 등이 있다. 집단실천에서 사회복지사는 집단이 집단목표 성취를 향하여 움직이도록 영향을 주거나 지도한다. 집단실천을 하는 사회복지사에게 요구되는 전문기술로는 집단과정촉진기술, 자료수집 및 평가기술, 행동기술이 있다.

1.2. 통합적 접근의 등장 배경

1) 전통적 방법론의 한계 발생

1920년대~1960년대 전문가들은 인간의 행동을 평가하고 변화시키기 위해 의학적 접근방법을 사용하였는데, Freud의 정신분석이론의 절대적 영향 아래 있었다. 1960년대 이후 클라이언트의 문제 원인을 규명하는 데 환경적 요인도 중요시하기 시작했고, 사회체계 이론의 출현으로 미시적 실천과 거시적 실천을 포괄하는 통합적 모델을 위한 준거 틀을 갖게 되었다.

사회복지실천론은 미국을 중심으로 발전하였는데, 내용 면에서는 통일된 체계로 발전되지 못하고 개별사회사업, 집단사회사업, 지역사회조직사업, 사회복지행정, 사회복지조사 등 각기 독자적인 이론적 배경과 이에 따른 기틀을 발전시켜왔다.

그런데 전통적 방법론(개별 사회복지실천, 집단 사회복지실천, 지역사회 조직을 사회복지실천의 3대 방법론이라 함)은 클라이언트를 개인, 집단, 지역사회로 나누어 각 클라이언트의 특성에 따라 각기 다른 방법으로 클라이언트의 문제를 해결하려고 하는 것이다. 하지만 특정 문제나 대상을 중심으로 개입하는 전통적 방법으로는 문제가 복합적으로 중첩되어 있는 상황을 해결하기 어려운 한계가 발생했다.

전통적 사회복지실천 방법은 사회복지 서비스의 분화와 파편화를 초래했다. 지나치게 세분화된 서비스의 분화와 파편화 때문에 다양한 문제와 욕구를 가지고 있는 클라이언트가 그 문제와 욕구를 해결하기 위해 여러 기관을 찾아다녀야 하는 부담이 발생되었다. 또한, 공통 기반이 없는 전문화는 사회복지 전문직의 공통된 정체성 및 일체감을 형성하는 데 방해가 되었다. 마치 별개의 전문직처럼 존재함으로써 사회복지의 전문적 정체성을 확립하는 데 장애요인이 되었다.

2) 3대 방법론 간 공통기반에 대한 인식 확산

사회복지실천의 본질적인 개념, 기술, 과업 및 활동에 공통된 요인이 있다는 인식이 확산되면서 사회복지실천의 공통기반을 찾으려는 움직임이 활발해졌다. 이에 따라 특정한 문제가 아닌 사회의 변화에 따라 발생하는 복합적인 문제에 적용할 수 있는 새로운 방법론의 필요성이 대두되었고, 통합적 접근 혹은 통합적 방법론이 등장하게 되었다.

2. 통합적 접근의 개요

2.1. 통합적 접근(integrated approach)의 정의

사회복지실천의 통합적 접근이란 전통적 사회복지의 3대 방법론에서 벗어나 개인과 집단, 지역사회를 구분하지 않고 이들 방법을 총괄하여 개입하는 사회복지실천 방법이다. 이는 사회복지실천의 대상이 개인이든 집단이든 지역사회든 관계없이 사회복지실천 과정에서 도출되는 공통적인 원리와 개념에 근거하여 클라이언트를 돕는 방법이다.

2.2. 통합적 접근의 특징과 사회복지사 역할

1) 공통된 기반 강조

통합적 접근은 개인, 집단, 지역사회를 대상으로 사회복지실천을 할 때 공통적으로 적용할 수 있는 원리나 개념 등이 있다고 전제한다.

2) 인간과 환경 두 체계 간의 공유영역에 개입한다

통합적 방법론은 인간 중심의 접근과 환경 중심의 접근으로 나누어 인간이나 환경에만 개입하는 것이 아니라 인간과 환경의 상호작용에 초점을 두기 때문에 두 체계 간의 공유영역에 개입한다.

3) 이론과 개입을 개방적으로 선택한다

통합적 접근은 특정 이론에 국한하지 않고 전통적 접근에서 활용되었던 이론부터 환경과 체계를 강조하는 이론 등 다양한 이론과 개념을 사용하여 문제에 따라 다른 접근을 한다.

4) 클라이언트에 대해 강점관점, 미래지향적 관점을 취한다

클라이언트에게는 잠재성이 있고 이러한 잠재성은 계발될 수 있다는 강점관점을 취하며, 클라이언트의 성장과 잠재성에 대해 미래지향적인 관점을 갖는다.

5) 클라이언트의 존엄성을 인정한다

클라이언트의 존엄성을 인정한다는 것은 클라이언트의 참여와 자기 결정, 개별화를 강조한다는 것이다.

6) 생태체계관점을 취한다

생태체계관점은 어떤 유기체와 그를 둘러싼 환경요소들이 서로 영향을 주고 받으며 성장하는 과정을 설명하는 개념적 틀이다. 이 관점에서는 개인의 대처능력을 강화시키고 개인에게 영향을 주는 환경을 강조한다. 통합적 접근은 생태체계관점을 취하기 때문에 인간과 환경이라는 각각의 체계뿐만 아니라 이들의 상호작용에 관심을 둔다.

7) 광범위하고 포괄적으로 문제를 규정한다

개인의 초점인 '문제'를 광범위하고 포괄적으로 규정한다. 문제란 병리적이거나 부정적인 상황이 아니라, 전체 문제 해결 과정 중 일차적인 초점을 의미하며 쟁점, 욕구, 현안, 어려움 등에 해당하는 광범위하고 포괄적인 개념이다.

8) 문제 해결 과정

사회복지실천 과정을 점진적으로 문제를 해결하는 과정, 즉 문제 해결 과정으로 본다. 사회복지실천 과정은 문제 해결을 위한 목표달성을 향해 나아가는 점진적 과정이다.

9) 다양한 수준, 다중체계에 개입한다

통합적 접근은 다양한 체계에 개입한다. 즉, 개인, 가족, 집단, 지역사회 등 규모가 다른 체계에 접근한다. 사회복지사는 생태체계관점을 취하여 미시, 중범위, 거시 수준 등 다양한 수준에 개입한다.

10) 순환적 인과성

순환적 인과성(=순환적 사고)은 A와 B 사이에 시간을 두고 지속되는 순환적 교환에 관심을 두는 사고이다. 순환적 인과성의 반대는 직선적(=단선적) 인과성인데, 하나의 반응을 일으키는 데는 하나의 자극이 있다고 보는 관점이다.

11) 일반주의 실천과 전문가주의 실천

일반주의 실천(generalist practice)은 다양성과 관련된 지식기반과 함께 광범위한 기술을 숙달하고 이러한 기술을 자유자재로 사용하는 실천이다. 전문가주의 실천(specialist practice)은 클라이언트의 유형, 개입의 수준, 사회복지사의 주요 역할 등을 특정하여 이루어지는 실천이다. 통합적 접근은 개인, 집단, 지역사회를 대상으로 하는 특정 기술이나 아동복지, 노인복지 등 특정 실천 분야를 제한하지 않는 광범위한 영역에서 활동하므로 일반주의 실천이라고 할 수 있다.

우리나라의 경우 일반주의 사회복지실천이 선호되는 실천 현장은 지역사회복지관이며, 전문가주의 사회복지실천이 선호되는 대표적 현장은 학교사회복지현장, 의료사회복지현장 등이다.

3. 통합적 접근의 관점 및 이론

3.1. '환경 속의 인간'과 '환경 속의 인간 관점'

인간은 다양한 환경체계들과 교류하고 상호 영향을 주고받으며 균형, 안정, 항상성을 유지한다. 인간을 '환경 속의 인간'으로 이해한다는 것은 인간을 '환경과 상호작용하여 서로 영향을 주고받는 존재'로 이해하는 것이다.

환경 속의 인간 관점이란 무엇인가? 인간을 이해하기 위해서는 인간의 심리 내적인 특성은 물론이고 환경 혹은 상황까지도 모두 고려하는 관점이다. 인간과 환경을 분리된 것이 아니라 하나의 통합된 총체로 이해하는 것이다. '환경 속의 인간'이 제시하는 개념적 틀을 실천적 의미로 구체화한 것이 생태체계관점이다.

환경 속의 인간 관점을 반영한 사회복지실천에 대해 알아보자. '환경 속의 인간'에서는 개인이 경험하는 문제의 일차적 책임이 개인과 환경 공동에 있다고 본다. 환경 속의 인간 관점을 사회복지실천에 적용하면 사회적 맥락을 고려하여 문제를 사정하고, 개인·환경 간 상호작용 증진을 위해 환경변화를 시도하거나 개인의 역량을 강화한다.

'환경 속의 인간' 관점을 적용하는 사회복지실천 시, 사회복지사는 문제의 원인을 조사하고 문제 해결을 시도할 때 문제 해결방안을 개인의 변화에서만 찾으려고 하지 말고 그 개인의 문제 또는 역기능에 영향을 미치는 주변 사회환경의 변화 또는 개선에서도 찾아야 한다.

3.2. PIE(파이) 분류체계

PIE(person in environment) 분류체계는 '환경 속의 인간' 관점에 기초를 두고 클라이언트의 문제를 분류하는 체계이다. 사회복지분야에서는 개인과 환경체계 양자에 초점을 두고 사회복지실천의 특성에 맞도록 네 가지 요소로 문제 분류체계를 고안한 것이다. 이는 클라이언트의 사회적 기능수행 정도를 사정하는 기준으로 사용될 수 있다.

- 요소 1. 사회적 기능수행상의 문제: 사회복지사는 클라이언트의 사회적 역할 문제를 확인하고 묘사한다.
- 요소 2. 환경상의 문제: 사회복지사는 요소 1(클라이언트의 사회적 기능)에 영향을 주고 있는 환경상의 문제를 묘사한다.
- 요소 3. 정신건강상의 문제: 사회복지사는 클라이언트에 대한 이해와 개입과 관계가 있는 현재의 정신적·성격적 장애나 상태, 발달상의 장애나 상태를 표시한다.
- 요소 4. 신체건강상의 문제: 클라이언트의 사회적 역할 수행과 환경문제에 대한 이해 및 유지에 관련 가능성이 있는 현재의 신체장애나 상태를 표시한다.

3.3. 통합적 접근의 기본 관점: 생태체계관점

생태체계관점은 통합적 접근의 기본 관점으로서 생태학과 일반체계이론이 결합된 관점이다. 또한, '환경 속의 인간'이 제시하는 개념적 틀을 실천적 의미로 구체화한 것이 생태체계관점이기도 하다. 따라서 생태체계관점을 이해하기 위해서는 생태학과 일반체계이론에 대한 이해가 선행되어야 한다.

생태학(ecology)은 생물학의 한 분야로서, 생물과 환경 사이의 상호작용을 연구하는 학문이다. 자연과 생물이 서로 어떠한 영향을 주고받으며 살아가는지에 대한 연구는 인간과 환경 간의 관계를 이해하는 데 중요한 의미가 있다. 생물학의 한 분야로 인식되어 온 생태학은 최근 환경에 대한 관심이 고조되면서 모든 학문분야에 적용되어 총체적 접근을 시도하기 위해 도입되고 있으며, 학문의 분야에 따라 새로운 개념으로 정의되어 있다.

사회과학자들은 생물학에서의 정의와 달리 인간 생태학 또는 사회 생태학이라는 용어로 사용하고 있다. 인간생태학 이론은 유기체인 인간과 환경, 그리고 이 양자 간의 상호작용을 중심개념으로 하며 보다 통합적이고 포괄적인 관점을 제공하며 나아가 유기체와 환경의 특성을 모두 고려한 총체적 시각의 이론이라고 특징지을 수 있다. 따라서 인간 생태학 이론은 사람들이 왜, 그리고 무엇을 위해 살고 있느냐보다는 어떤 상황 조건에서 그런 행동이 일어나고 있는지에 더욱 관심을 가진다.

Bronfenbrenner(1979)는 인간발달 연구에 있어서 성장하는 유기체와 그 유기체가 실제 거주하며, 성장 변화하는 환경 간의 일생 동안 일어나는 조절과정에 초점을 맞추는 광범위한 접근법인 인간발달의 생태학 이론(The Ecology of Human Development)을 제안하였다. 그는 인간발달 생태학이란 "능동적으로 성장하는 인간과 그 인간이 몸담고 있는 변화하는 속성을 지닌 인접 환경들 간에 평생에 걸친 점진적인 상호조절 과정에 관한 과학적인 연구"라고 정의했다. 이 이론은 인간을 독립적인 유기체로 인식하기보다는 주변 환경과의 상호작용을 통해 변화하는 결과물로 본다. 즉, 인간은 환경과 상호작용을 통해 발달한다. 인간발달생태학 이론은 성장하는 유기체와 항상 변화하는 사회 물리적 환경의 상호관련성에 초점을 맞추는 접근으로, 이 이론에서는 특히 인간과 환경 간의 상호작용을 연구하는 데 있어서 탈맥락적(development-out-of-context)이 아니라 맥락내(development-in-context)의 인간발달에 초점을 맞추어야 한다고 주장한다.

Bronfenbrenner의 인간발달 생태학에서 생태학적 환경이란 미시체계, 중간체계, 외체계, 거시체계를 지칭하는 것으로서 네 가지 환경체계는 겹겹이 포개어진 구조

(Nested-system model)로 이루어져 있다.

미시체계(microsystem)는 생태학적 환경의 가장 안쪽에 위치하는 체계이며, 성장하는 개체와 그 개체를 포괄하고 있는 인접 환경이 맺고 있는 복합적인 관계로 예를 들면, 가정, 학교, 직장 등이 있다. 이 체계는 발달하는 청소년이 독특한 물리적, 물질적 특성을 갖는 환경 내에서 경험하는 역할 및 대인관계를 의미하며, 청소년에게 직접적인 영향을 미치는 환경이다.

중간체계(mesosystem)는 미시체계들로 이루어진 체계로서 특정한 시점에서 성장하는 개체를 포함하는 주요 환경들 간의 상호연관성이다.

외체계는 중간체계가 확장된 것으로서 청소년이 직접 개입하지 않는 장면(부모의 직장 등)이나 청소년의 접촉이 제한된 영역(부모의 친구, 친척 등)을 말하는 것으로 성장하는 개체를 포함하지는 않으나 개체가 포함되어 있는 인접환경을 둘러싸고 있기 때문에 그 안에서 일어나는 일에 영향을 줄 수밖에 없는 환경이다. 외체계의 예는 지역사회 수준에서 기능하고 있는 사회의 주요기관 즉, 직업세계, 이웃, 대중매체, 정부기관, 물품과 용역의 분배 체계, 교통·통신시설, 비형식적인 사회적 관계망 등을 포괄한다.

거시체계(macrosystem)는 성장하는 개체에 영향을 미치는 특정 환경을 지칭하지 않는다는 점에서 상기한 하위구조들과는 근본적으로 다르다. 거시체계는 동일 문화권 내에 일반적으로 존재하는 정형적 환경으로 환경의 구조나 활동의 패턴을 구체적인 수준에서 설정하는 기능이 있다. 거시체계의 예로는 사회와 문화, 이념, 가치, 법률, 규칙, 법칙 등과 같이 명백한 형태를 가진 것도 있으나 대부분의 거시체계는 비형식적이고 묵시적인 것으로 사회구성원들의 정신세계 속에 내재되어 관습과 일상생활 습관으로 표현되는 이데올로기이다.

개인과 그 주변 환경 간의 상호작용에 나타나는 문제는 공동체적인 것이므로 개인에 대한 복지정책을 생태학적 접근으로 분석하여 그 원인을 파악해야 한다.

이상으로 생태체계관점을 이끌어낸 생태학에 대해 개략적으로 살펴보았다. 다음 글에서 생태체계관점에 영향을 미친 이론인 일반체계이론과 생태체계관점, 그리고 통합적 접근의 실천 모델에 관하여 살펴보기로 한다.

V. 사회복지실천의 통합적 접근②

앞의 글에서 우리는 통합적 접근의 등장 배경과 통합적 접근의 개요, 그리고 통합적 접근의 관점 등에 관하여 알아보았다. 여기서는 계속하여 생태체계관점에 영향을 미친 일반체계이론과 생태체계관점, 그리고 통합적 접근의 실천 모델에 대하여 살펴본다.

1. 생태체계관점에 영향을 미친 이론: 일반체계이론

일반체계이론은 유기체와 환경 간의 상호작용, 상호관련성을 전체성, 상호성, 개방성의 개념으로 설명하는 생물학자 버틀란피(Bertlanffy)의 이론이다. 이 이론은 생물이나 무생물, 개인, 집단, 가족 등을 체계로 보고 이들 체계의 속성과 체계 내부에서 이루어지는 상호작용의 특성을 파악하기 위해 개발되었다.

일반체계이론을 포함해서 체계이론에서는 개인과 환경을 원인과 결과라는 인과적 관점에서 이해하지 않고 상호보완적인 관계에 있는 전체로 파악한다. 이렇게 인간과 환경을 상호보완적이고 순환적인 관계로 보기 때문에 인간과 환경 간의 상호작용, 개인과 체계가 효율적으로 기능할 수 있게 하는 데 관심을 둔다.

1.1. 일반체계이론의 주요개념

1) 체계(system)

체계는 '상호 의존적이고 상호작용하는 부분으로 구성된 전체'이다. 사회복지실천에 관여되는 모든 실체는 일반적으로 모두 체계라고 볼 수 있다. 생물과 무생물, 개인,

가족, 집단, 사회조직, 지역사회와 같은 복잡한 인간조직도 모두 체계에 해당된다. 클라이언트와 체계의 상호작용을 향상시키는 것이 사회복지실천의 목표이다.

2) 경계

체계 내부와 외부를 구분하거나 한 체계를 다른 체계와 구분하는 테두리를 경계라 한다. 즉 경계는 선정된 변수들을 둘러싼 폐쇄된 둘레로서 에너지와 정보를 전달한다. 경계에는 경계의 명료성과 투과성을 기준으로 경직된 경계, 혼돈된 경계, 명확한 경계가 있다. 건전한 체계는 반투과성 경계를 유지한다.

3) 개방체계

개방체계는 투과성이 높은 경계를 갖고 있는 체계로서, 에너지와 정보를 체계 외부에서 자유롭게 받아들이고 내부의 정보나 에너지를 체계 외부로 보내기도 한다. 인간체계가 성장하고 발전하는 것은 개방성 때문이다.

4) 폐쇄체계

폐쇄체계는 다른 체계와 상호작용하지 않는 체계로서 불투과성의 경계를 갖는다. 다른 체계와 서로 에너지나 정보를 주고받는 일이 없다. 시간이 지나감에 따라 에너지의 유입이 없어지면서 체계들의 분화가 적어지고 조직과 기능이 상실되거나 해체되는 경향인 엔트로피가 아주 높다.

5) 홀론(holon)

어떤 체계가 그 체계를 구성하는 작은 체계보다는 상위체계이고 그 세계를 둘러싼 큰 체계보다는 하위체계가 되는 현상을 말한다. 홀론은 작은 체계들 속에서 그들을 둘러싼 큰 체계의 특성이 발견되기도 하고 작은 체계들이 큰 체계에 동화되기도 하는 현상을 의미하기도 한다.

6) 항상성

체계가 안정된 상태로 되돌아가려고 하는 경향을 의미한다. 체계가 비교적 안정된 구조를 유지하려는 속성이라고도 한다. 체계가 생존을 위해 환경과 성공적으로 타협하는 능력이다. 항상성 상태에서는 구조가 크게 달라지지 않는다. 항상성은 개방체계의 속성이다.

7) 안정상태

쇠퇴해서 붕괴하지 않도록 지속적으로 에너지를 사용하는 상태이다. 안정상태는 환경과의 교류뿐 아니라 변화하는 여건에 적응하기 위해 구조를 변경시킬 수 있는 개방체계에 존재한다.

8) 균형

외부 환경의 에너지를 새로 가져오는 일 없이 현상을 유지하려는 속성이다. 폐쇄체계에 존재한다.

9) 동귀결성

동등종결 혹은 동일결과성이라고 한다. 이는 출발 조건이 다르고 방법이 다르더라도 동일한 목표를 달성할 수 있음을 의미한다. 다양한 방법으로 사회복지실천의 목표를 달성하는 것도 동귀결성으로 볼 수 있다. 또한, 사회복지실천에서는 비슷한 문제를 가지고 있으면 다양한 원인으로 인해 비슷한 결과가 나타날 수 있다고 보는 것이다.

10) 다중귀결성

다중종결. '출발은 똑같지만 결과는 다양하다' 혹은 '처음의 조건과 수단이 비슷해도 다른 결과가 나타난다'는 것을 의미한다.

11) 투입(input) → 전환(through-put) → 산출(output)

투입은 체계가 환경으로부터 에너지, 사물, 정보 등을 받아들이는 방법, 전환은 투입된 에너지를 변형시키는 재조직화 과정이고, 산출은 체계 내에서 변형된 에너지를 환경 밖으로 방출하는 과정이다.

12) 환류(feedback)

새로운 정보에 자신의 행동 결과를 포함시켜 그것에 의하여 다음의 행동을 수정하는 의사소통의 조직망을 의미한다. 체계의 변화 방향을 설정하고 조정하는 핵심과정이다. 체계가 새로운 행위를 받아들여 변화를 수용하게 하는 것은 정적 환류, 변화를 받아들이지 않고 원래 상태로 돌아가게 하는 환류는 부적 환류이다. 사회복지실천에서 실습생에게 슈퍼비전을 제공하거나 클라이언트로부터 서비스 만족도 평가를 받는 것은 모두 환류에 해당된다.

1.2. 일반체계이론이 사회복지실천에 미친 영향

① 직선적 원인론에 입각한 의료적 모델에서 벗어나 여러 가지 원인에 의해 행동이 일어난다고 보는 순환적 원인론으로 전환하였다.
② 일반체계이론의 영향으로 사회복지실천의 사정과 개입의 영향이 확대되었다.
③ 총체성을 강조하는 체계적 사고를 강조함으로써 사고의 틀을 개인 중심에서 전체 체계로 확대하도록 유도하였다.
④ 경계, 환류, 엔트로피 등 기능적인 체계를 설명하는 개념을 제시하였다.
⑤ 개인의 부적응적 행동은 한 개인에게 원인이 있는 것이 아니고 개인을 둘러싼 환경과의 상호작용에 있다고 보게 한다.
⑥ 개인, 집단, 지역사회에 대해 통합적이고 총체적인 접근을 하게하며, 어떤 하나의 특정한 개입방법만을 강조하지 않는다.

2. 생태체계관점

생태체계관점은 통합적 접근의 기본 관점으로 생태학과 일반체계이론이 결합된 관점이다. 유기체들이 어떻게 적응하는 상태를 이루고 또 어떻게 서로 적응해 가는가에 초점을 두면서, 인간과 주변 환경 간의 상호작용, 상호의존성, 적응을 설명한다.

2.1. 생태체계관점의 기본 가정

- 환경과 상호작용하고 다른 사람과 관계를 맺는 인간의 능력은 타고난 것이다.
- 개인과 환경은 서로 영향을 주고받는 단일한 체계, 즉 호혜적 관계를 형성한다.
- 사람은 목적 지향적이며 유능해지려고 노력한다.
- 성격은 개인과 환경 간에 오랜 기간 상호작용한 산물이다.
- 생활상의 문제는 전체적인 생활공간 내에서 이해해야 한다.
- 클라이언트를 돕기 위해 사회복지사는 클라이언트의 생활공간 어디에든 개입할 준비가 되어 있어야 한다.
- 문제를 병리적 상태가 반영된 것으로 보지 않고 주위 사람, 사물, 조직 등을 포함하는 체계 간 여러 요인의 상호작용에 의해 발생하는 것으로 본다.

* 생태체계관점으로 '환경 속의 인간'을 설명할 때 개인·환경 간의 적합성, 개인과 환경 간의 상호 교류, 적응을 지지하거나 방해하는 요소 등을 중요하게 여긴다. 따라서 이 관점은 인간과 환경적 힘 사이의 상호작용에 초점을 두고 중요한 이론적 준거틀로 사용하기 때문에 사회복지실천에서 매우 중요한 관점이라고 할 수 있다.

2.2. 생태체계관점을 이해하는 주요 개념

1) 적응

유기체와 환경의 욕구를 지원하는 유기체와 환경 간의 관계를 의미한다. 적응에는 환경을 변화시키기 위한 노력, 개인 자신을 변화시키기 위한 노력, 환경과 개인 모두를 변화시키기 위한 노력이라는 개념이 들어 있다.

2) 적응 적합성(goodness of fit)

개인의 적응적 욕구와 환경의 속성 간 조화를 이루는 정도를 의미하는 것인데, 개인 또는 집단의 욕구나 능력 등이 그가 처한 문화적·역사적 맥락 속에 존재하는 물리적·사회적 상황과 조화와 균형을 이루는 정도를 말한다. 적합성은 높을 수도 있고 낮을 수도 있다. 개인과 환경 간 적합성이 좋으면 적응이 잘 된 상태이다.

3) 스트레스

개인과 환경 간 상호교류에서 나타나는 불균형에 의해 야기된 생리·심리·사회적 현상이다. 사회적·발달적 변화, 충격적 사건, 다양한 생활문제에서 발생하는 욕구가 자신이 활용할 수 있는 인적자원 혹은 환경 자원을 초과하는 상황에서 야기되는 것이다.

4) 대처

생활 스트레스 때문에 발생하는 욕구를 해결해 나가기 위해 고안된 새롭고 특별한 행동이다. 대처는 환경과 호혜적 관계에 있는 인성변수에 의해 매개된다.

5) 생활영역(=사회적 적소, niche)

생활영역은 지역사회 성원들이 차지하고 있는 직접적 환경이나 지위들을 말한다. 브론펜브레너는 생태학적 생활영역을 특별한 개인적 특성을 지닌 개인의 발달을 촉진 또는 방해하는 환경 내의 영역이라고 하였다.

6) 거주환경

유기체가 사는 물리적·지리적 주변 환경을 말하는데, 사회복지실천에서는 문화적 맥락 속에 있는 물리적·사회적 환경을 말한다.

3. 통합적 접근의 실천 모델

1950년대부터 1970년대 사이에 사회복지실천의 통합적 모델이 많이 개발되었다. 대표적으로 4체계 모델, 5체계 모델/6체계 모델, 문제 해결모델, 생활모델, 단일화 모델이 통합적 방법론 또는 통합적 접근모델에 해당된다.

3.1. 핀커스와 미나한의 4체계 모델

핀커스와 미나한(Pincus & Minahan, 1973)은 사회복지실천과 관련된 체계들을 체계이론에 근거해 네 가지로 분류하였다. 4체계 모델은 사회복지실천에 있는 개념, 기술, 과업의 공통된 핵심 요인을 서로 연결시켜 사회복지실천 전문직의 정체성에 기초를 제공하였다.

1) 변화매개체계

변화매개인이란 계획적 변화를 목적으로 특수하게 고용되어 '돕는 사람', 즉 사회복지사이다. 변화매개체계는 사회복지사와 사회복지사를 고용하고 있는 기관 및 조직이다.

2) 클라이언트 체계

서비스를 받기로 동의하는 사람들 혹은 도움을 요청하여 변화매개인인 사회복지사의 서비스를 제공받는 개인, 가족, 집단, 기관이나 지역사회이다. 사회복지사와 계약이 이루어졌을 때 클라이언트가 된다.

3) 표적체계

목표로 정해진 것을 성취하기 위해 영향을 주거나 변화시킬 필요가 있다고 느끼는 사람들이다. 사회복지사의 중요한 진단 과업은 클라이언트 체계와 협조하여 변화와 목표를 설정하고 목표를 달성하기 위한 특수한 사람들, 즉 표적체계를 결정한다.

4) 행동체계

변화매개인이 변화노력을 달성하기 위해 상호작용하는 사람들 혹은 변화매개인이 문제 해결 노력에 참여시키는 사람들로 이웃, 가족, 전문가가 해당된다. 변화매개인은 변화노력 과정에서 단계에 따라 다른 유형의 행동체계와 작업하기도 한다.

3.2. 5체계 모델/6체계 모델

콤튼과 갤러웨이(1979)는 핀커스와 미나한이 제시한 네 가지 체계에 전문가 체계와 의뢰-응답 체계를 추가하여 6체계 모델을 제시하였고, 후일 의뢰-응답체계를 제외하여 5체계 모델로 수정하였다.

전문가 체계란 전문가를 육성하는 교육체계, 전문가 단체, 전문적 실천의 가치, 사회복지사 윤리강령, 사회사복지사협회나 시설협회 등으로 구성된 체계이다.

3.3. 펄만의 문제 해결모델

시카고대학 교수 펄만(Perlman, 1957)이 개발한 모델로, 진단주의와 기능주의를 절충하여 만든 모델이다. 인간의 삶 자체가 지속적인 문제 해결의 과정이라고 전제하여 사회복지실천의 변화 표적을 '문제'로 제시하였다. 즉 클라이언트의 어려움은 문제에 있는 것이 아니라 문제를 해결하는 태도에 있다고 본 것이다. 따라서 문제 해결모델의 개입목표는 클라이언트의 문제 해결능력을 회복하는 것이다.

문제 해결모델에 영향을 미친 이론으로는 자아심리학, 듀이의 실용주의 철학, 역할이론 혹은 사회심리학, 문화인류학 등이 있다.

문제 해결모델에서 클라이언트는 자신 스스로가 문제 해결자이다. 이때 클라이언트의 자아가 중요한 역할을 한다. 사회복지사는 변화를 위해 클라이언트의 동기를 개발시키고 활력을 주며, 방향성을 제시하는 역할을 한다. 또한, 문제를 경감시키고 문제해결에 필요한 자원을 클라이언트가 이용할 수 있도록 원조한다.

펄만은 문제 해결모델을 사용하면서 다루어야 하는 내용을 사람(person), 문제(problem), 장소(place), 과정(process)으로 정리하는데 이를 4P 이론이라고 한다. 펄만은 이후에 전문가(professional person)와 사회적 지지나 재화, 관계 등을 제공하는 자원(provision)이라는 개념을 추가하여 6P로 확대했다.

* 펄만의 4P 이론: 사회복지실천의 네 가지 구성요소와 내용

① 사람(Person): 장애아동 양육을 위한 부모 상담, 클라이언트가 필요로 하는 정보제공, 가족치료, 기술교육 제공, 상담.

② 문제(Problem): 클라이언트와 사회환경 사이에 조정이 필요한 부적응 상태를 말한다. 클라이언트의 문제.

③ 장소(Place): 사회복지 서비스가 제공되는 물리적 공간이다. 사회복지기관.

④ 과정(Process): 문제 해결에 도움을 주는 과정이다. 사회복지실천 과정.

3.4. 생활모델(life model)

생활모델은 개인, 가족, 집단, 지역사회에서 인간과 환경의 조화를 증대하는 것 등에 역점을 두는 실천 모델이다. 저메인과 기터만(Germain &Gitterman, 1980)이 생태체계관점을 사회복지실천 분야에 도입하여 생활모델을 개발하였다.

명칭은 생활모델로 불리지만 기술적 의미에서의 모델을 의미하지는 않고 오히려 생활 모델화된 실천이라고 보는 것이 바람직하다. 생활모델은 개인과 집단이 모두 강점이 있음을 강조한다. 생활에서 발생하는 스트레스 같은 고통스러운 문제들은 인간-환경 사이의 적응적 교류의 균형이 깨어지면서 발생하는 것이기 때문에 이 접근방법은 개인과 집단이 잠재능력을 발휘하도록 하고 환경의 긴장 요인을 줄여 성장-촉진의 교류를 회복하고자 한다. 클라이언트의 문제를 개인의 장애로만 파악하지 않고 생활환경 내에서도 파악하며, 개인이 환경과 교류하는 데 있어 균형이 깨지면 스트레스가 발생한다고 본다.

생활모델에서는 생활 속에서 생기는 여러 가지 문제는 생태체계 요소 간 상호작용의 결과이다. 개인의 문제는 성격적 결함이나 병리라기보다는 스트레스를 만들어내고 인간을 약화시키는 생활의 문제이다. 생활모델에서는 외부 세계를 통제할 수 있는 인지능력을 강조하며, 사회복지실천의 목적을 환경과 개인의 상호교류가 적응적으로 되기 위해 개인의 적응능력을 강화하고 환경에 영향을 주는 것에 둔다.

- 나가며 -

사회복지실천의 통합적 접근은 방법론 간 공통된 기반을 강조하여 인간과 환경 두 체계의 공유영역에 개입하고, 이론과 개입에 개방적이며, 강점관점과 미래지향관점을 취하고, 클라이언트의 존엄성을 인정하며, 다중체계에 개입한다.

통합적 접근의 과정으로는 초기접촉단계, 사정계획단계, 개입행동단계, 그리고 종결평가단계로 이어진다. 종결평가단계에서 사회복지사는 클라이언트와의 관계를 종결하는데, 가능한 다른 원조 자원을 얻을 수 있도록 의뢰하거나 이전한다. 평가는 종결단계뿐만 아니라 모든 단계에서 이루어지는 지속적 과정이다. 평가과정을 통해 투입(input)을 위한 환류(feedback)가 일어나므로 지속적 과정으로서의 평가가 중요하다.

Ⅵ. 사회복지실천 과정

사회복지를 실천하는 과정은 '도움이 필요한 개인, 가족, 집단에 대해 전문적 지식과 기술을 갖춘 사회복지사가 계획된 원조를 단계적으로 제공하여 문제 해결을 돕는 과정'이다. 사회복지실천 과정은 사회복지실천론에서 가장 중요하고 핵심적인 부분이다. 사회복지실천 과정에 대해 학자마다 다양한 견해가 있다.

셰퍼 등은 원조과정을 접수와 관계형성, 자료수집과 사정, 계획과 계약, 개입과 모니터링, 그리고 평가와 종결로 구분한다. 헵워스와 라센은 원조과정을 탐색·사정·계획, 변화와 목표달성, 종결과 평가의 3단계로 구분한다. 노턴은 사정, 계획, 초기단계, 핵심단계(문제 해결단계), 정결, 평가의 6단계로 구분한다. 이처럼 사회복지실천 과정은 학자에 따라 크게는 3단계, 5단계 혹은 6, 7단계로 세분화하기도 하는데 각 과정은 서로 겹치거나 순환되기도 한다.

여기서는 일반적으로 많이 사용하는 5단계를 중심으로 ① 접수 및 자료수집 → ② 사정 → ③ 계획 → ④ 개입 → ⑤ 종결 및 평가의 순서로 살펴본다.

1. 접수 및 자료수집

1.1. 접수의 개념

접수란 문제를 가진 사람이 사회복지기관을 찾아왔을 때 사회복지사가 문제와 욕구를 확인하여 그것이 기관의 정책과 서비스에 부합되는지의 여부를 판단하는 과정이다. 기관에서 서비스를 제공할 수 있다고 판단하면 기관을 찾아온 사람은 비로소 '클라이언트'가 되며 적합한 서비스를 받게 된다. 접수를 인테이크(intake)라고도 한다.

1.2. 접수 단계의 사회복지사의 과제

접수 시 사회복지사는 짧은 시간에 클라이언트와 긍정적 관계를 맺음으로써 앞으로 전개될 변화과정에 있어 클라이언트의 변화동기를 높이고 적극적·협조적 자세를 결정짓게 되기 때문에 사회복지사의 접수과정에서의 역할이 매우 중요하다.

1) 클라이언트의 문제 확인

잠재적 클라이언트의 문제와 욕구, 기관에 기대하는 바가 무엇인지 확인하는 것이다. 문제에 대한 심층적 분석이라기보다 현재 드러난 문제와 욕구 파악에 초점을 둔다.

2) 의뢰(referral) 여부 결정

의뢰는 신청자가 원하는 서비스를 해당 기관에서 제공할 수 없을 때 다른 기관을 소개하고 연결해주는 일이다. 서비스 수혜 여부의 결정과 같은 의미이다.

3) 클라이언트와의 관계형성(=라포형성)

사회복지사와 클라이언트 간에 긍정적인 친화관계를 형성하게 될 때 클라이언트는 자신의 문제를 솔직하게 표현하고 개입과정에 적극적으로 참여하게 된다. 관계형성을 위해 사회복지사의 경청, 감정이입, 침묵의 허용, 공감, 저항 다루기 등의 기법이 필요하다. 관계형성은 개입과정 초기에 집중적으로 이루어지기는 하지만 개입기간 내내 진행되는 지속적 과정이다.

4) 양가감정(ambivalence) 수용과 저항감 해소

양가감정이란 '변화를 원하는 마음과 변화를 원하지 않는 마음이 동시에 공존하는 마음의 상태'를 의미한다. 그리고 '변화에 대한 저항감(resistance to change)'은 '변화를 하지 않으려는 마음' 혹은 '도움을 수용하기 꺼리는 마음'을 의미한다. 사회복지사가 클라이언트의 양가감정을 수용해주면 클라이언트의 저항감이 해소될 수 있다.

5) 동기화

클라이언트가 스스로 변화할 수 있다는 믿음과 용기를 가질 수 있도록 사회복지사는 적극적으로 동기를 부여해야 한다. 비자발적인 클라이언트의 경우, 동기화를 위해서는 클라이언트가 가진 부정적 감정을 표현하도록 도우며 공감하고 수용한다는 표현을 해주고, 클라이언트가 기관에 참여해야 하는 이유에 대해 사실적 정보를 제공하며 그가 자발성을 보일 때까지 인내심을 가지고 기다린다.

6) 관련서식 작성

서비스에 관련된 일정한 서식을 미리 작성한다. 클라이언트의 기본 정보, 주요 문제, 기관에 오게 된 경로, 의뢰된 이유, 사회복지 서비스 혹은 유사한 서비스를 받은 경험 등을 기록한다.

1.3. 접수 시 유의사항

① 잠재적 클라이언트에게 기관의 목적과 사회복지사의 역할, 기관에서 제공 가능한 서비스의 종류와 내용에 대해 정확하게 설명한다.
② 클라이언트를 개별화한다. 클라이언트를 특정 문제를 가진 사람으로 유형화해서는 안 된다.

1.4. 자료수집의 내용

① 클라이언트의 문제와 욕구 등에 관한 정보
② 최근까지의 상황
③ 클라이언트의 개인력: 발달주기에 따른 인간관계, 생활사건 등
④ 클라이언트의 가족력: 가족상황, 가족관계, 현재의 가족구성 등
⑤ 클라이언트의 기능 수준: 지적·정서적·행동적·신체적 기능 및 대인관계능력, 업무능력, 문제 해결능력 정도 등 클라이언트의 전반적인 기능 수준
⑥ 클라이언트의 강점과 한계

⑦ 클라이언트의 환경: 친밀한 관계 및 이웃과 지역사회에 대한 정보, 사회적 관계망, 주요사회제도 및 서비스 프로그램에 대한 수혜 경험, 클라이언트가 현재 이용하고 있는 서비스, 활용 가능한 자원 등

2. 사정(査定, assessment)

사회복지실천의 전문화 과정 초기에는 '사정'이라는 용어 대신에 '진단'이나 '심리사회적 진단'이라는 용어를 사용하였는데, 지금은 사정으로 통일하여 사용한다. 의료모델에서 사용하는 '진단'은 개인이나 가족, 집단에게 역기능적인 문제가 있는 것으로 보고 문제에 초점을 두는 것인 데 비하여, 사회복지실천 분야의 용어인 '사정'은 문제뿐만 아니라 클라이언트의 강점과 자원도 파악한다는 점에서 진단과 차이가 있다.

2.1. 사정의 개념

사정(査定)은 수집된 정보에 근거하여 클라이언트의 문제 및 욕구의 성격과 원인을 규명하고 클라이언트의 문제에 대해 전문적인 평가를 내리는 실천 활동이다.

2.2. 사정의 특성

1) 지속성

사회복지실천 초기 단계에서 사정이 집중적으로 행해지지만, 사정은 개입과정 내내 계속되는 지속적인 과정이다.

2) 이중 초점

사정은 인간과 환경에 대한 이중 초점을 가진다. '환경 속의 인간(person in environment)' 관점을 반영하면서 클라이언트를 비롯한 인간에 대한 정보, 클라이언트를 둘러싼 환경에 대한 정보, 양자 간 관계에 대한 정보를 지속적으로 수집한다.

3) 상호성

사정은 사회복지사가 단독이 아니라 클라이언트와 사회복지사가 함께 참여하여 이루어지는 것이다. 클라이언트는 자신의 능력을 최대한 발휘하여 사정의 모든 면에 참여한다.

4) 사고(思考)의 전개 과정

사정 과정은 수집된 정보를 바탕으로 전체적인 상황을 이해하는 사고의 전개 과정이다. 정보를 수집하고 그 정보의 의미에 대한 설명이 이어진다. 또한, 전체 상황을 이해하기 위해 사실과 여러 요소의 의미를 종합한다.

5) 수평적 탐색과 수직적 탐색

수평적 탐색은 현재의 관계, 기능 등을 중심으로 상황을 폭넓게 검토하는 것이다. 수직적 탐색은 상황이나 욕구충족에 가장 중요하다고 확인된 부분을 시간의 흐름에 따라 종적으로 파악하여 과거력, 문제의 역사 등에 대한 정보를 수집하는 것이다.

6) 지식기반

사정은 이론적 근거나 실증적 근거에 기초를 두고 사정해야 한다. 인간행동 및 발달에 관한 지식, 가족구조와 가족기능에 관한 지식, 집단 및 지역사회에 대한 지식, 조직에 대한 지식, 체계에 대한 이론 등 다양하다.

7) 욕구발견과 문제정의

사정을 통해 클라이언트가 생활하는 환경에서 클라이언트의 욕구가 무엇인지, 욕구충족을 방해하는 장애물은 무엇인지 밝혀내고, 클라이언트의 문제가 무엇인지 규명한다.

8) 강점 발견

사정 단계는 클라이언트의 강점과 클라이언트를 둘러싼 환경의 강점을 찾아내는 것이 중요하다.

9) 개별화

클라이언트의 문제와 욕구에 따라 개별화된다. 모든 사정은 클라이언트의 독특한 상황과 관련되어 이루어지므로 개별화된다고 할 수 있다.

10) 판단

사정 단계에서는 판단이 요구된다. 사정에서는 무엇을 고려하고, 어떤 지식을 적용할 것인지, 클라이언트를 어떻게 참여시킬지, 관심사나 욕구를 어떻게 정의할지 등 많은 판단을 해야 한다.

11) 한계

클라이언트와 그의 환경을 완벽하게 이해하는 데는 한계가 있으므로 완벽한 사정은 없다. 따라서 사회복지사는 한계를 인정하고 그에 따른 사정의 불확실성을 받아들여야 한다.

2.3. 사정 단계에서 사회복지사의 과제

1) 문제발견

클라이언트가 제시한 문제에 초점을 두고 시작하여 제반 문제에 대해 탐색한다.

2) 정보/자료수집

자료수집과 사정은 동시적이며 순환과정이다. 따라서 문제를 심층적으로 이해하기 위해 계속 자료를 수집한다. 보편적인 자료의 출처로는 클라이언트가 작성한 서식, 클라이언트의 구두 보고, 비언어적 행동의 직접적 관찰, 상호작용의 직접관찰, 클라이언트의 자기점검, 부수적 출처로부터의 정보, 심리검사와 사정도구들, 클라이언트와의 직접적 상호작용을 통하여 얻은 사회복지사의 개인적 경험 등이 있다.

3) 문제형성(=문제규정, 문제정의)

수집한 정보를 분석하여 사회복지사가 전문적인 시각에서 문제를 판단하는 과정이다. 문제를 규정할 때 '충족되지 못한 욕구가 무엇인가?' 라고 질문하는 것이 중요하다. 클라이언트가 제시한 문제를 '충족되지 못한 욕구' 로 바꾸어 재진술한다.

2.4. 사정도구

사정도구를 사용하면 이미 수집된 자료를 쉽게 분석 및 이해할 수 있고, 또 다른 자료를 수집하는 것도 가능하다. 개인 또는 가족체계에 대한 사정, 사회적 환경체계에 대한 사정, 그리고 클라이언트의 강점에 대한 사정 등을 도와주는 사정도구에는 다음과 같은 것들이 있다.

1) 사회적 관계망 표(=사회적 관계망 격자)

① 사회적 관계망 표의 개념: 클라이언트에게 영향을 미치는 중요한 사람이나 체계를 의미한다. 클라이언트의 사회적 관계망에 있는 체계로부터 받는 지지의 종류와 정도, 원조의 방향, 접촉 빈도 등을 평가하는 사정 도구이다.

② 유용성: 클라이언트에게 사회적 지지를 줄 수 있는 사회적 관계망을 파악할 수 있다.

2) 생활력도표

① 개념: 클라이언트의 생애 동안 발생한 사건이나 문제가 발전해가는 과정을 사정하는 도구이다. 생활력도표는 가계도나 생태도처럼 상징을 사용하지 않고 표로 나타낸다는 점에서 차이가 있다.

② 생활력도표를 통해 알 수 있는 내용: 문제의 발생 시점, 사건 간 양상이나 관계, 클라이언트의 현재 기능수행에 영향을 미치는 발달 단계상 특정 시기의 생활경험을 이해할 수 있다.

3) 가계도

① 개념과 유용성: 2~3세대 이상 걸친 가족관계를 선이나 도형 등으로 제시하여 복잡한 가족 패턴을 한눈에 볼 수 있도록 한 가족 사정도구이다. 가계도는 원칙적으로는 사회복지사가 가족과 함께 그린다.

② 가계도를 통해 알 수 있는 내용: 인구사회학적 특징, 가족구조, 동거가족 현황, 가족 및 가족원의 관계, 특히 세대 간 반복되는 정서적·행동적 유형(알코올중독, 장애, 질병 등), 결혼관계, 가족의 문제와 가족 문제의 주요요인 및 가족 패턴 등.

4) 생태도

① 개념: 앤 하트만(Ann Hartman)이 '환경 속의 인간' 관점을 도입하여 개인과 가족의 자원, 가족과 외부 환경 간의 상호작용을 묘사한 가족 사정도구이다.

② 생태도를 통해 알 수 있는 내용: 클라이언트를 둘러싼 환경에 있는 주요 자원이나 환경 및 그들 간의 관계, 클라이언트에게 유용한 자원이나 환경, 클라이언트에게 스트레스가 되는 체계, 클라이언트와 환경체계 간 자원 교환의 정도와 에너지 흐름의 방향과 활성화되어야 할 자원 등.

5) 가족조각

① 개념: 경험적 가족치료에서 사용된 기법으로서, 가족구성원으로 하여금 자신의 가족을 물리적 공간에 배치하게 하여 가족의 상호작용 양상을 나타냄으로써 가족에 대한 이해를 돕는 기법이다. 가족조각은 역기능적 가족연합을 보여주고 관계를 재조정해야 함을 인식시켜 준다.

② 방법: 가족조각이 끝나면 각자 조각과정에서 느낀 바를 이야기해 본다. 이때 정서적이고 감성적인 느낌이 더 중요하다. 이 과정이 끝나면 앞에서 인식한 문제적 가족관계를 어떻게 변화시킬지 그 목표를 설정하게 한다.

3. 계획

접수와 자료수집, 그리고 사정이 끝나면 계획수립 단계가 시작된다. 이 단계는 클라이언트의 문제를 어떻게 해결할 것인지에 대한 계획을 수립하는 과정인데, 클라이언트의 변화에 초점을 두고 사정과 개입을 연계하는 교량 역할을 하는 과정으로서, 크게는 목표 설정하기와 계약하기라는 두 가지 활동으로 구성된다.

목표를 설정하려면 먼저 표적 문제를 선정해야 하고 그다음에 개입목표를 설정해야 한다. 따라서 계획수립 단계에서는 ① 표적 문제 선정하기, ② 개입목표 설정하기, ③ 계약하기라는 세 가지 활동이 순차적으로 이루어진다.

3.1. 계획수립단계의 첫 번째 활동: 표적문제 선정하기

표적문제란 클라이언트의 여러 가지 문제 중에서 가장 중요하고 시급히 해결해야 할 문제이다. 표적문제를 선정하는 것은 개입목표를 설정하기 전에 수행하는 작업이다. 표적문제는 클라이언트가 이해하기 쉬운 용어로 기술되는 것이 바람직하다.

사회복지사는 자신의 지식과 기술을 고려하여 클라이언트의 문제 중 해결 가능성이 비교적 뚜렷한 문제 2~3가지를 클라이언트와의 협의 하에 시급히 해결해야 할 순으로 우선순위를 정하여 선정한다. 우선순위를 정할 때 고려 사항으로는 쉽게 해결할 수 있는 정도, 복합적인 문제 중 가장 핵심적인 문제, 시간과 금전 및 에너지 측면을 고려한다.

3.2. 계획수립단계의 두 번째 활동: 개입목표 설정하기

개입목표란 '문제가 해결된 상태' 또는 개입을 통해 일어나기를 바라는 '변화'를 말한다. 클라이언트가 사회복지사와 함께 개입목표를 설정하면 변화에 대한 의지가 강해지며, 원조 과정에 적극적으로 참여하게 된다. 변화가 필요한 부분과 변화의 방향을 명확히 제시하면 개입 단계 동안 방황이나 혼란 없이 진행할 수 있고, 개입이 끝난 후 개입의 효과성을 평가할 수 있는 기준이 된다.

개입목표를 설정할 때 유의해야 할 점은 클라이언트가 원하는 결과와 관련이 있어야 하고, 목표는 현실적으로 달성 가능한 수준으로 설정해야 하며, 성장지향적이면서 긍정적인 표현으로 기술해야 한다. 이때 사회복지사는 자신의 가치나 권리에 맞지 않는 것은 동의하지 않는다.

SMART 형식에 따라 개입목표를 설정한다. 구체적(Specific)으로 작성하고, 측정가능한(Measurable) 형태로 작성하며, 실현가능한(Achievable) 표현으로 작성하고, 현실적(Realistic)이어야 하고 과정보다는 결과 지향적(Result-oriented)으로 기술해야 하며, 시기에 적절(Timely)해야 하고 목표달성을 위한 기간이 명시되어야 한다(시간 구조화,

Time frame).

3.3. 계획수립단계의 세 번째 활동: 계약하기

계약(contract)은 문제의 정의, 목표, 클라이언트와 사회복지사의 역할, 시간, 장소, 비용, 개입기법, 평가방법 등 개입계획에 대해 사회복지사와 클라이언트가 합의하는 것이다. 클라이언트는 자기결정권과 참여의 권리가 보장됨으로써 개입과정에 적극적이고 능동적으로 참여하게 된다.

계약의 유형에는 사회복지사와 클라이언트가 문서로 작성하는 서면계약, 구두로 계약을 맺는 구두계약, 서면이나 구두로 합의하지 않았지만, 암묵적으로 개입 전반에 대한 내용을 사회복지사와 클라이언트가 합의한 것으로 보는 암묵적 계약(implicit contract) 등이 있다. 서면계약은 많은 장점을 갖고 있지만 시간이 많이 걸리고 법적 문제가 야기될 수 있다는 점 때문에 헵워스와 라센은 법적 구속요건을 가지는 것은 아님을 서면계약에 직접 기술하도록 권고한다.

계약에는 ① 목적, ② 참여자의 역할, ③ 개입방법, ④ 시간적 조건과 회기의 빈도 및 길이, ⑤ 모니터링 방법, ⑥ 계약의 재협상 조건, ⑦ 시작 날짜, 세션의 변경 및 취소방법, 비용 등이 포함된다.

4. 개입

개입 단계는 사회복지사와 클라이언트가 합의한 문제(표적문제)를 해결하기 위한 계획(목표와 계약)을 실천하는 단계이다. 구체적인 행동을 통해 의도적인 변화가 일어날 수 있도록 지원하는 단계로 사회복지실천 과정에서 가장 핵심적인 부분이다.

4.1. 개입 단계의 사회복지사 과제

① 다양한 변화전략을 수립한다.

② 개입방법을 적용하여 변화를 만들어낸다. 상담, 교육, 동기 유발, 자원연결, 행동수정 등을 통해 클라이언트의 변화를 창출한다.

③ 클라이언트의 변화 정도를 모니터한다. 이 과정에서 목표를 수정하거나 개입방법을 바꿀 수 있다.

4.2. 개입 유형의 구분: 직접개입과 간접개입

직접 개입은 클라이언트를 변화시켜서 클라이언트의 문제를 해결하는 개입 유형이다. 클라이언트의 인지나 정서, 행동변화를 유도하여 클라이언트의 사회적 기능이나 문제 해결능력, 대처능력을 향상시킨다. 개인, 가족, 소집단 체계에 직접적으로 개입한다. 예) 상담, 가족치료, 정보제공하기, 교육하기 등.

* 여기서 '문제 해결능력 및 대처능력의 향상'이란 개인의 사고와 정서, 행동을 기능적으로 변화시키는 것을 말한다. 클라이언트가 어려운 일이나 곤란에 직면했을 때 긍정적이고 효과적으로 대처할 수 있도록 클라이언트의 감정과 주관적 인식, 행동의 반응 방식에 초점을 두고 문제가 되는 태도나 행동, 인간관계 방식을 수정하는 것 등이다.
* 문제 해결기술은 클라이언트가 자신의 문제 해결을 위해 체계적으로 접근하는 방법을 배우는 과정인데, 클라이언트의 자신감과 자기효능감, 그리고 자존감을 향상시키게 된다. 문제 해결기술의 과정은 6단계로 나뉜다: ① 문제 규명하기, ② 문제를 분석하고 참여자의 욕구 확인하기, ③ 가능한 해결책을 위한 브레인스토밍, ④ 참여자의 욕구에 대한 대안평가, ⑤ 선택된 대안의 실행, ⑥ 문제 해결노력에 대한 결과평가.

간접개입은 클라이언트를 둘러싼 환경을 변화시켜 클라이언트의 문제를 해결하는 개입 유형이다. 클라이언트가 관계하고 있는 환경, 즉 사회적 연계, 소집단, 조직 또는 지역사회의 변화를 도모한다. 예) 사회적 지지체계나 자원을 발굴하거나 연계하기, 서비스 조정, 새로운 프로그램 개발 등.

4.3. 개인 체계의 직접 개입기법

1) 개인의 정서와 인지를 변화시키는 의사소통중심기법

개인의 정서와 인지를 변화시키고자 할 때 사용하는 방식으로, 의사소통기법에는 격려, 재보증, 일반화, 환기법(ventillation), 초점화, 직면, 재명명, 정보제공, 조언, 인지재구조화, 재구성 등이 있다.

2) 개인의 행동을 변화시키는 행동중심기법

클라이언트의 문제 행동을 수정하거나 새로운 행동을 학습시킬 때 사용하는 기법이다. 대부분 행동수정이론에 기초하고 있는데, 아동의 문제 행동에 대한 개입에 매우 효과적인 행동중심기법에는 모델링, 타임아웃, 체계적 둔감법, 용암법, 역할연습, 행동연쇄(chainig), 강화, 소거와 처벌 등이 있다.

3) 개인 간 관계를 변화시키는 관계 변화기법

관계를 변화시킨다는 것은 배우자, 가족구성원, 친구, 동료처럼 중요한 관계에서의 변화를 의미한다. 여기에는 나-전달법, 가족조각, 가족그림, 빈 의자기법, 역할전환 등이 있다.

4.4. 간접 개입의 구체적 기법

1) 환경조정(environmental manipulation)

클라이언트의 사회적 기능을 향상시키기 위해 클라이언트의 환경에 변화를 일으키는 기법이다. 환경에 변화를 주기 전에 환경을 바꾸는 것이 적절한지 신중하게 사정해야 한다. 예) 아동 또는 청소년이 신체적으로 학대받고 방임될 때, 아동이 성학대를 받을 때, 여성이 신체적으로 학대를 받을 때, 사고나 자연재해로 집을 잃었을 때 등.

2) 서비스 조정(service coordination)

클라이언트에게 복합적인 서비스를 제공할 때 둘 또는 그 이상의 서비스 제공자가 공동의 목적을 이루기 위하여 서비스 간 중복이나 누락 없이 적절한 서비스가 제공되도록 조율하고 협력하는 활동이다.

3) 프로그램 계획과 개발

클라이언트의 욕구충족과 문제 해결에 필요한 자원이 없거나 비용이 부족할 때 사회복지사는 다른 종류의 자원을 활성화할 수 있는 프로그램을 계획하거나 개발한다.

4) 공식적 지지체계의 활용

클라이언트의 욕구에 환경이 반응할 수 있도록 기존의 다양한 공식적 기관 및 프로그램을 활용하는 것이다. 예) YWCA 같은 조직의 사회적 교류 및 기술·취미 교육을 위한 기회제공, 홍수 피해자에게 적십자가 음식과 의료서비스를 제공하는 것.

5) 자연적 지지체계의 활성화

친구, 가족, 확대가족, 동료, 도움이 필요할 때 찾아갈 수 있는 이웃 등은 자연적 지지체계이다. 클라이언트 주변에서 자연적 지지체계를 찾아내고 이를 활성화하는 것은 매우 중요하다. 친척, 이웃, 친구 등을 원조체계로 활용하는 것은 유대관계를 바탕으로 클라이언트에게 실제적인 영향력을 줄 수 있고 클라이언트를 가까운 곳에서 지속적으로 모니터링 함으로써 클라이언트가 위기상황에 처할 때 즉각 신속하게 도울 수 있다는 장점이 있다.

6) 옹호

클라이언트에게 제공되지 않는 자원과 서비스를 얻을 수 있도록 하고 클라이언트에게 필요한 서비스나 자원을 제공받을 수 있는 정책이나 절차를 만들어주는 것이다. 예) 장애인 이동권 보장을 위한 캠페인, 자신의 권리를 주장할 수 없는 영유아를 대변, 이주 노동자에게 최저 임금을 받을 권리 교육, 철거민들의 자체 회의를 위해 종합사회복지관의 공간 제공.

7) 의뢰

의뢰는 클라이언트가 적절한 서비스를 받을 수 있도록 다른 전문가 혹은 다른 기관과 연결해주는 것이다. 의뢰도 간접 개입에 속한다.

5. 종결 및 평가

종결은 사회복지사의 개입 활동을 계획에 따라 마무리하는 것으로 사회복지사와 클라이언트 간 관계를 공식적으로 끝내는 것이다. 종결단계의 목표는 개입을 통한 클라이언트의 변화를 확인하고 원조과정에서 성취한 것을 유지할 수 있도록 준비시키는 것이다.

5.1. 종결 단계의 사회복지사의 과제

1) 종결 시기 결정하기

종결 시기를 결정할 때 고려할 사항으로는 개입 목표의 달성 정도, 클라이언트의 문제 상황의 해결 정도, 이득체감에 대한 합의, 클라이언트에 대한 새로운 서비스의 적합성 여부 등이 있다.

2) 정서적 반응 다루기

클라이언트는 종결에 대한 기쁨도 있지만, 사회복지사와 헤어지게 되는 서운함과 두려움 같은 복합적 감정을 느끼게 된다. 종결 후에도 클라이언트에게 새로운 문제가 발생하거나 도움이 필요할 때 전문적인 원조관계로 다시 도움을 줄 수 있음을 알려주면 이별에 따른 불안감이나 상실감은 줄어든다.

3) 개입을 통해 획득한 효과의 유지와 강화하기

종결 후에 문제가 다시 발생했을 때의 대처방법과 문제 해결방법에 대해 기본 원칙을 파악하도록 원조한다.

4) 필요한 경우 클라이언트를 다른 기관이나 전문가에게 의뢰한다.

5.2. 종결의 유형

1) 계획된 종결

서비스 제공이 완료되었거나 시간 제한으로 인해 종결되는 경우가 있고, 목표 달성으로 인해 종결되는 경우가 있다.

2) 계획되지 않은 종결

클라이언트에 의해 일방적으로 종결되거나 사회복지사에 의해 종결되는 경우가 있다.

5.3. 사회복지실천 평가의 개념과 목적

사회복지실천 평가는 사회복지실천 활동이 효과적이었는지 그리고 효율적이었는지를 판단하고, 사회복지실천 과정에서 어떠한 일들이 발생했으며 그러한 일들이 결과에 어떠한 영향을 미쳤는지 조사하는 활동이다. 효과성은 프로그램의 목표가 실제로 달성된 정도를 의미하고, 효율성은 최소의 자원 투입으로 최대의 산출을 냈는가에 초점을 두며, 투입(비용)/산출(노력)의 비율로 표현된다.

사회복지실천 평가의 목적은 사회복지사와 사회복지 기관의 책무성(accountability)을 수행하는 것이다. 사회복지의 책무성이란 사회복지사가 클라이언트에게 계약 내용대로 서비스를 제공할 책임, 사회복지 전문직의 윤리와 가치를 서비스 전달과정에서 잘 지켜낼 책임, 기관의 프로그램과 정책 및 지침에 맞는 서비스를 제공할 책임, 다수 대중에게 자원이 제대로 사용되고 있는지 입증할 책임을 갖는 것이다.

5.4. 평가의 유형

평가의 유형을 구분하는 기준은 '무엇을 평가하는가'에 따라 과정평가와 결과평가로 나누고, '평가의 목적이 무엇인가'에 따라 총괄평가와 형성평가로 나눈다.

1) 평가 대상에 따른 분류

① 과정평가(process evaluation): 사회복지실천의 과정을 평가하는 것이다. 과정평가의 초점은 개입의 성공 여부에 대한 판단이 아니라 개입 과정에서 무엇이, 왜 일어났는지에 있다. 사회복지사와 클라이언트가 개입 중간 중간에 주기적으로 평가한다.

② 결과평가(outcome evaluation): 사회복지실천이 종결되었을 때 개입이 목표로 한 바를 얼마나 잘 성취했는지, 즉 사회복지실천의 결과를 평가하는 것이다. 사회복

지실천의 효과성과 효율성을 평가하는 것으로 평가 결과에 근거해 프로그램의 재시작 혹은 폐지 등을 결정하게 된다.

2) 평가 목적에 따른 분류

① 총괄평가(summative evaluation): 특정한 목표와 목적이 충족되었는지를 결론짓기 위해 총괄적인 판단을 하는 것이다. 일반적으로 개입의 효과성과 효율성을 평가하므로 총괄평가는 결과평가와 같은 의미로 사용된다. 총괄평가는 “개입의 결과 목표를 달성했는가?”, “변화는 개입으로 인해 발생한 것인가?” 등이 관심사이므로 총괄평가를 위해서는 결과평가가 이루어져야 한다.

② 형성평가(formative evaluation): 프로그램 개발 중 혹은 실행초기 단계에서 프로그램을 개선하고 조정하기 위한 방안을 모색하려는 목적으로 이루어지는 평가이다. 형성평가를 위해서 과정평가가 흔히 활용된다. 그러나 과정평가 외에 욕구사정도 참고할 수 있으므로 형성평가와 과정평가가 완전히 동일한 것은 아니다. 즉 과정평가는 형성평가를 위한 하나의 방법이다. 일반적으로 총괄평가는 양적 연구방법을 사용하고 형성평가는 양적 연구방법과 질적 연구방법을 모두 사용한다.

- 나가며 -

여기서는 일반적으로 많이 사용하는 5단계를 중심으로 ① 접수 및 자료수집 → ② 사정 → ③ 계획 → ④ 개입 → ⑤ 종결 및 평가의 순서로 사회복지실천의 전과정을 살펴보았다. 각 단계에서 사회복지사의 전문적 활동이 요구되는 점들은 비단 사회복지실천기관의 문제일 뿐 아니라 기독교사회복지실천이 중심적으로 행해지고 있는 기독교사회복지기관이나 지역교회 목회사역에서도 참고할 점이 많은 것이 사실이다. 목회자나 교회 리더 또는 기독교복지기관 운영자들은 일반사회복지실천의 영역에서 전문적으로 연구되어 실행되고 있는 사회복지실천의 제반 기술들을 익혀 적절히 활용하는 지혜가 있어야 한다.

Ⅶ. 사회복지실천모델①

정신역동모델(Psychodyamic Model)

임상사회사업 또는 사회복지 직접실천의 필요조건은 클라이언트의 다양한 인생 경험과 문제행동의 상호관계를 이해하는 능력이다. 이 능력이 있어야 개입목표를 세울 수 있는 틀을 설정할 수 있다. 즉, 클라이언트의 문제를 이론적 틀 안에 놓을 수 있는 능력이 있어야 문제 해결을 위한 적절한 개입전략을 세울 수 있다.

대부분의 사회복지실천가는 다양한 모델들을 채택하여 절충적인 접근을 시도한다. 즉, 실천을 위한 이론적 틀을 만들기 위해 여러 이론을 통합한다. 사회복지실천가들은 어떤 문제 유형에는 어떤 특별한 모델이 적합하다고 고집하기도 한다.

예를 들면, 어떤 워커(worker)는 어린이들에게는 행동치료를 사용하고 어른들에게는 자아심리학을 사용한다. 인간행동에 대한 새로운 지식과 이해가 출현함에 따라 워커들은 항상 새로운 이론적 관점을 실천양식에 적용시켜 나가도록 노력해야 한다.

정신역동모델은 프로이트와 그의 동료들의 과업에 기반을 두고 있다. 이 이론은 행동이 인간 마음속의 움직임과 상호작용으로부터 나온다는 점을 강조하며, 또한, 정신이 행동을 자극하는 방식과 정신과 행동이 인간의 사회환경에 영향을 주고받는 방식을 강조하고 있기 때문에 '정신역동적'이라고 불린다. 임상사회사업의 실천 분야에서 정신역동이론을 이해하는 것이 선행되어야 할 만큼 정신역동이론이 사회사업이론에 미친 영향은 상당하다고 할 수 있다.

1. 정신역동모델(Psychodyamic Model)의 개요

1.1. 정신분석이론과 정신역동모델의 관계

정신분석이론은 프로이트(1856~1939)에 의해 창시된 것으로서, 자유연상과 꿈의 해석 등을 통해 무의식 세계를 연구하는 성격이론이다. 이 이론은 인간의 마음속 깊은 곳에서 일어나는 서로 상이한 힘들 사이의 역동적인 상호작용을 강조한다.

반면 정신역동모델은 프로이트의 정신분석이론을 비롯하여 정신분석이론의 영향을 받아 탄생한 이론을 모두 포함하는 용어이다. 여기에는 아들러의 개인심리이론, 융의 분석심리이론 등이 포함된다. 정신역동모델의 구체적 내용은 조금씩 다르지만 정신결정론과 무의식을 기초로 인간의 심리현상과 행동을 설명한다는 공통점이 있다. 즉, 정신역동모델에서는 사람의 생각과 행동이 과거의 경험과 무의식적인 동기에서 영향을 받는다는 것을 중심으로 사람의 성격을 설명한다.

1.2. 프로이트의 정신분석이론이 사회복지실천에 미친 영향

1920년대를 전후하여 사회복지실천은 전문성 확립과 과학적 토대를 마련하기 위해 정신분석이론에 관심을 갖기 시작했으며, 의료모델에 입각하여 직선적 원인론(linear casuality)을 채택함으로써 과학적 기반을 형성했다. 정신분석이론의 주요 개념들이 인간행동과 인간발달을 이해하는 데 도움을 주는데, 한 사람이 과거 아동기 시절에 경험했던 정신적 외상을 밝혀내는 과정은 클라이언트의 문제 사정 시 중요한 측면이 되었다.

프로이트의 정신분석이론은 사회복지실천의 진단주의 학파에 영향을 주었다. 하지만 정신분석이론은 인간의 정신 내적 현상을 지나치게 강조하고 기계론적이고 결정론적인 인간관에 따라 문제를 해결하려는 경향이 많다는 비판을 받기도 하였다.

현대의 정신역동심리치료(Psychodynamic Psychotherapy)는 프로이트와 고전적 정신분석학의 영향을 받았으면서도 정통적인 분석적 사고를 넘어서서 실제적으로 발전되어온 사상학파를 지칭한다. 프로이트로 시작되어 그의 이론의 수많은 응용적 변화이론들이 오늘날에 이르면서 역동심리치료는 '인간의 심리적 증상을 현실적으로 다루는 분야로서, 모든 다른 심리치료의 근본이 되는 심리치료기법'으로서 인정받고 있다.

2. 정신역동모델의 주요 개념

프로이트의 이론은 무의식과 결정론으로 집약되는데, 그의 정신분석적 체제는 이후 신(新)정신분석학파에 의해 결정론적인 인간관에 반기를 들며 인간행동에 사회적, 문화적, 대인관계적 요인이 포함되어 있음을 강조하게 되었다.

정신역동적 심리치료 이론에서는 성격의 핵심이 출생에서 6세 사이에 대개 형성된다고 한다. 이때 중요한 영향을 미치는 것은 중요한 인물(Key figure)들과의 정서적 상호관계이다. 이 정서적 상호작용을 프로이트는 정신역동이라는 용어로 표현했다. 정신역동에서는 무의식을 발견하는 데 역점을 두는데, 이때 치료자와 환자의 관계(특히 전이관계)를 도구로 사용한다.

역동심리치료는 클라이언트 문제의 근본적인 심리역동을 이해하고 문제가 되는 심리기능의 근본적인 부분을 변형시켜 가는 치료기법이므로 치료자의 훈련이나 심리치료 과정 모두 많은 시간과 노력을 필요로 한다. 여기서 클라이언트 문제의 근본적인 역동을 이해한다는 것은 그의 현재 드러난 문제를 통해서 그 문제를 야기시킨 클라이언트 심층심리에 핵심적으로 자리 잡은 역동, 즉 클라이언트의 반복적인 정서와 행동 혹은 대인관계 방식을 읽어내는 것이다.

이러한 클라이언트의 핵심적인 역동을 알기 위해 치료자는 무의식과 정신결정론이라는 정신분석 이론의 가설에 근거하여 클라이언트의 내면에 지배적으로 흐르는 정서들을 파악하고, 그로 인해 지나온 삶에서 반복되었던 중요한 타인(significant other)들과의 관계 안에 있던 문제의 양식(pattern)들을 찾아내게 되는 것이다. 심리 역동을 이용하여 신경증적 증상들의 원인을 파악하는 상담이론은 전술하였듯이 프로이트의 정신분석치료에 기초한다.

2.1. 정신역동모델의 기본 가정

① 인간의 동기 중 생물학적 욕구가 일차적으로 중요하다.

② 인간의 행동은 무의식적 동기에 의해 크게 좌우된다.

③ 인간의 마음 혹은 정신은 다양한 힘들이 상호작용하는 에너지 체계이다.

④ 이 에너지 체계(마음, 정신)는 에너지를 방출시키고 긴장을 감소시키려는 작용을 한다.
⑤ 긴장의 감소로써 즐거움을 느끼게 한다.
⑥ 사회는 개인이 에너지를 방출시키는 방법을 모두 허용하는 것이 아니고 일정 정도 통제와 제약을 가한다.
⑦ 에너지를 방출하고 긴장을 감소하려는 개인과 통제를 가하는 사회는 갈등을 겪는다.
⑧ 인간 내부에는 삶의 본능과 죽음의 본능이 있으며 인간 내부에도 내적 갈등이 생긴다.
⑨ 정신결정론(심리결정론)에 근거한다. 이것은 인간의 모든 생각, 정서, 행동에는 원인이 있으며, 마음속에 있는 모든 것은 임의적으로 결정되지 않는다고 주장하는 가정이다. 정신결정론에 의하면 인간이 하는 행동이나 말은 인간의 정신이 영향을 미쳐 나타난 결과물이다.
⑩ 개인의 현재 행동을 이해하려면 이미 형성된 무의식적 동기를 이해해야 하며, 무의식적 동기를 구성하는 과거의 미충족욕구나 정신적 외상, 생물학적 욕구의 중요성을 알아야 한다. 무의식적 동기 중 성적 욕구나 공격적 충동이 인간행동을 결정하는 강력한 요인이다.
⑪ 어린 시절의 경험이 이후 발달에 영향을 크게 미치기 때문에 클라이언트가 겪은 어린 시절에 대한 경험을 이해해야 인간의 행동을 이해할 수 있다고 하였다.

2.2. 정신의 수준: 의식, 전의식, 무의식

프로이트는 눈에 보이지 않는 인간의 정신을 일종의 지도로 제시했는데, 이 모형에서는 의식, 전의식, 무의식의 세 가지로 구분한다.

1) 의식

의식은 보고, 듣고, 만지고, 냄새 맡고, 맛보는 것과 같은 여러 가지 감각을 인식하고, 슬픔과 고통 같은 것을 쉽게 알아차릴 수 있는 정신의 내용 혹은 상태를 말한다.

2) 전의식

의식과 무의식의 중간지점에 있으면서 이 두 가지의 교량역할을 한다. 현재는 의식하지 못하지만 조금만 노력하여 회상하려고 마음을 집중하면 전의식에 저장된 기억이나 지각, 생각 등을 의식으로 가져올 수 있다.

3) 무의식

무의식은 본능, 억압된 관념이나 감정 등이 잠재되어 있는 곳이다. 정신의 가장 깊은 곳에 위치해 있으며, 우리가 자각하지 못하는 경험과 기억으로 구성된다. 정신분석에서 초점이 되는 부분이기도 하다. 무의식은 인간행동을 결정하는 주된 원인인데 인식하거나 직접 확인할 수 없다.

2.3. 성격(personality)의 구조: 원초아, 자아, 초자아

마음에 대한 프로이트 개념의 두 번째 영역은 원초아, 자아, 초자아의 영역이다. 서로 관련되어 상호 영향을 미친다.

1) 원초아(id)

태어날 때부터 존재하는 성격의 최초 세계로서 무의식 안에 감추어져 있는 1차적인 정신의 힘이다. 원초아는 본능적 욕구를 관장하는 곳으로 대부분 인식되지 않으며 무의식적이다. 원초아는 비논리적이고 도덕관념이 없으며, 본능적 욕구 만족을 추구하는 쾌락원리(고통을 피하고 긴장을 방출하려는 타고난 경향)의 지배를 받는다.

2) 자아(ego)

성격을 지배하고 통제하고 조절하는 실행자다. 원초아에 비해 조직적이고 구체적인 정신구조이며 현실원칙(현실에 적응하기 위하여 욕구충족을 지연하거나 단념하는 자아의 작동원칙)에 따라 사회적으로 수용될 수 있는 방법을 발견할 때까지 쾌락의 획득을 유보한다. 이성적인 차원에서 행동의 결과를 평가하고 자신의 행동 과정을 결정한다. 자아는 내부세계와 외부세계의 기능이 잘 집행되도록 중재하는 역할을 한다.

3) 초자아(superego)

정신구조의 최고단계로서 흔히 양심이라고 말한다. 초자아는 3~5세 사이에 발달하며 부모가 아이에게 전달하는 사회의 가치와 관습을 말한다. 초자아는 자아로부터 발달하는데 주요 기능은 옳고 그른 것을 결정하는 일이다. 쾌락보다 안정을 추구하고 현실적인 것보다 이상적인 것을 추구한다. 초자아는 성격의 도덕적인 부분이며 심판자로서 자아와 함께 작용하여 개인이 스스로 자신의 행동을 조절할 수 있게 해준다.

〈인간의 성격구조〉

구조	의식성	내용과 기능
원초아 Id	무의식적	기본적인 충동(성과 공격), 결과와 관계없이 즉각적인 만족 추구, 이성과 논리는 통하지 않음. 즉각적·비합리적·충동적
자아 Ego	현저하게 의식적	원초아의 충동과 초자아의 억제 사이를 중재하는 집행부, 현실을 검증, 공간과 시간을 합리적이고 논리적으로 고려함.
초자아 Superego	의식적 및 무의식적	이상과 도덕, 완전 추구, 부모로부터 내면화됨. 관찰한다·지시한다·비평한다·금한다. 만족에 대한 한계를 지움. 개인의 양심이 됨.

출처: 표갑수 외(2016: 172)

2.4. 방어기제(defense mechanism)의 개념

주로 사회적, 도덕적으로 용납되지 못하는 성적 충동, 공격적 욕구, 미움, 원한 등은 어떤 위험으로 간주되어 갈등이나 불안을 느끼게 하는데, 이러한 갈등이나 불안을 처리하려는 자아의 의식적인 노력을 방어기제(防禦機制)라 한다.

방어기제는 자아의 무의식 영역에서 일어나는 심리기제이다. 이것은 인간이 고통스러운 상황에 적응하려는 무의식적 노력인데, 주로 갈등이나 불안, 좌절, 죄책감 등으로 인한 심리적 불균형이 초래될 때 심리 내부의 평형상태를 유지하기 위해 일어난다.

방어기제의 유형으로는 성숙한 방어기제로 이타주의(altruism), 금욕주의(asceticism), 유머(humor), 승화(sublimation), 억제(suppression) 등이 있고, 미성숙한 방어기제로 부정(denial), 투사(projection), 행동화(acting out), 건강염려증(hypochondriasis), 퇴행(regression), 수동 공격적 행동(passive-aggressive behavior), 신체화(somatization) 등이

있다. 방어기제 각각에 대해서는 『인간행동과 사회환경』을 다룰 때 살펴볼 기회가 있을 것이다.

3. 정신역동모델의 개입

3.1. 정신역동모델 개입의 목표와 대상

정신역동모델에 기초한 사회복지실천에서 치료자는 클라이언트의 무의식적 동기와 신념에 의한 내적 사고와 갈등을 클라이언트가 더 잘 이해할 수 있도록 도움으로써 클라이언트의 자아개념과 사회적 기능을 향상시키려고 한다는 점이 특징이다. 이를 위해 치료자는 클라이언트가 자신의 생각과 느낌을 탐색하고 표현하는 데 안정감과 안전감을 느낄 수 있도록 신뢰를 바탕으로 한 치료적 관계를 형성해야 한다.

정신역동모델의 개입목표는 클라이언트가 과거의 경험에서 갖게 된 불안이나 무의식적 갈등을 의식화하여 이것들이 어떻게 현재 자신에게 영향을 미치는지를 통찰하도록 돕는 것이다. 통찰(insight)이란 이전에는 이해하지 못했던 무의식적 갈등의 요소를 깨닫게 되는 것을 말한다. 클라이언트의 통찰력 획득을 원조하기 위하여 꿈의 분석, 자유연상, 전이의 분석 등을 활용한다.

이러한 개입목표를 이루기 위하여 클라이언트는 자신의 무의식적 동기와 신념에 의한 내적 사고와 갈등을 탐색하고 이해할 수 있어야 한다. 따라서 정신역동모델은 자기분석이 가능한 클라이언트에게 적합하다. 일반적으로 참여동기가 약하거나 지적 능력이 저하되어 있거나 약물 의존적인 클라이언트에게는 정신역동모델 적용이 적절하지 않다고 알려져 있다.

3.2. 정신역동모델 개입 과정

1) 클라이언트와 치료자 간 관계형성 단계

이 단계는 본격적인 치료가 시작되기 전에 치료자와 클라이언트 간 신뢰형성에 초점을 둔다. 치료자는 클라이언트가 가진 불안과 방어적 태도가 완화되도록 클라이언트를 수용한다.

2) 동일시를 통한 자아구축 단계

클라이언트는 자신을 치료자와 동일시하면서 치료자의 생각과 태도의 일부를 받아들인다. 치료자는 클라이언트가 현실적으로 세상을 바라볼 수 있도록 원조한다.

3) 클라이언트의 독립된 정체감 형성 원조 단계

클라이언트가 독립된 정체감을 갖는 과정에서 퇴행을 보이거나 저항을 나타낼 수 있는데 치료자는 클라이언트를 이해해주면서 일관된 태도를 유지해야 한다.

4) 자기이해 원조 단계

치료자는 클라이언트가 자신이 왜 그런 행동을 했는지에 대해 과거와 연결하여 이해할 수 있도록 돕는다. 또한, 자신의 방어기제에 대해 의식하며 자기 이해 과정에서 좌절과 실패에 대처하는 방법을 생각할 수 있도록 원조한다.

3.3. 정신역동모델의 개입 기술

1) 꿈의 분석

꿈을 통하여 클라이언트의 무의식적 욕구를 찾아내고 클라이언트의 해결되지 않은 문제에 대한 통찰을 얻을 수 있도록 원조하는 기법. 프로이트는 꿈을 무의식에 이르는 왕도라 했다. 따라서 클라이언트의 꿈 내용을 분석해보면 클라이언트의 무의식적 소망과 욕구를 알아낼 수 있고 클라이언트는 자신에 대한 통찰력을 갖게 된다.

2) 자유연상

클라이언트의 마음속에 떠오르는 것을 자유롭게 이야기해 보게 함으로써 클라이언트의 무의식을 탐구하는 기법. 마음속에 떠오르는 주제나 내용에 대해서 비판과 중지를 하지 말고 그 어떤 것에 대해서 무엇이든지 말하도록 하는 것이 중요하다. 자유연상 후에 치료자는 클라이언트가 말한 내용을 해석해주어 고통에 대해 통찰할 수 있도록 돕는다.

3) 전이의 해석과 활용

전이(transference)란 클라이언트가 치료자를 자신의 과거 속 중요한 인물로 느껴 투사를 보이는 현상이다. 클라이언트의 전이는 치료자에게 클라이언트가 치료 상황 밖의 세상에서 어떠한 방식으로 대인관계를 맺고 유지하는지를 파악하게 하는 중요한 정보를 제공하며, 클라이언트는 전이의 해석을 통해 과거 자신의 미해결 문제가 현재 자신에게 어떻게 영향을 미치는지를 통찰할 수 있는 기회가 된다. 치료자는 클라이언트가 전이한 사람에 대한 무의식적 사고나 감정을 인식할 수 있도록 돕고, 현재 겪는 어려움이나 갈등의 기원에 대해 해석해줌으로써 전이를 치료적으로 활용할 수 있다.

4)직면

치료자가 클라이언트의 이야기와 행동, 혹은 이야기와 이야기 사이에서 모순점이나 불일치한 점을 발견하면 그에게 말해주어 자기모순을 직시할 수 있도록 원조하는 기법이다. 직면기법은 클라이언트에게 강력한 영향을 줄 수 있다. 따라서 클라이언트와 치료자 간 충분한 신뢰관계가 형성되어 있어야 한다.

5) 훈습

훈습(working through)은 클라이언트가 저항이나 전이에 대해 이해한 것을 반복하고 심화, 확장함으로써 통합적으로 이해할 수 있도록 원조하는 기법이다. 치료자는 클라이언트가 자신의 내면적 문제나 갈등의 원인에 대해 통찰하여 클라이언트가 현실 상황에서 그와 유사한 문제를 겪게 될 때 이를 스스로 해결해갈 수 있도록 하기 위해 일정한 상황을 반복 경험함으로써 이해와 수용의 과정을 거칠 수 있게 하는데 이러한 과정을 훈습이라고 한다.

6) 해석

치료적 관계에서 나타나는 클라이언트의 행동의 의미를 설명하고 풀어서 이야기해주는 기법. 이는 행동에 대한 단순한 설명이 아니라 자아가 더 깊은 무의식의 자료를 탐색할 수 있도록 원조하는 기능을 한다.

4. 정신역동이론과 성경과의 관계

신학과 심리학의 통합에 관한 주제는 다양한 형태로 연구되어왔다. 특히 종교에 관심을 가진 심리학자들은 종교적 현상과 경험에 대해 종교 심리학이라는 이름으로 심리학과 신학 또는 신앙 사이의 관계를 탐구하려고 했으며 양자의 통합을 모색하려고 했다.

게리 콜린스는 신학과 심리학의 관계를 다룬 시도들을 각 용어의 첫 자를 따서 INDEX라고 불렀는데, 이것은 (1) 통합적(integration) 자세, (2) 무효화(nullification) 자세, (3) 대화적(dialogical) 자세, (4) 논쟁적(eristical) 자세, (5) 혐오적(xenophobic) 자세의 다섯 가지 유형을 말한다.

이외에도 여러 유형의 분류가 있지만, 그 내용에 있어서 대동소이한 측면이 있다. 그 중에서도 (1) 대립적 유형 (2) 병행적 유형 (3) 종속적 유형 (4) 통합적 유형의 네 가지 유형으로 나눈 존 카터(John Carter)와 브루스 내러모어(Bruce Narramore)의 분류가 비교적 합리적이며 개념이 명확할 뿐 아니라 여러 학자에 의해 인용되는 모델이다.

위의 네 가지 유형 중 '통합적 유형'은 주로 신학자들이나 기독교 심리학자들이 취하는 입장이다. 세속 심리학의 입장에 서 있는 심리학자들은 다양한 종교현상을 연구의 주제로 삼기는 하지만, 성경이나 하나님의 존재를 믿지 않기 때문에 자신들의 연구 성과와 성경적 진리를 통합하려고 하지 않는다. 오히려 신학적 입장에 서 있는 학자들이 하나님께서 모든 진리의 근원이시고 우주의 창조주이시므로 모든 학문은 하나님의 설명으로 모아질 수 있다는 점에서 통합적 시각을 추구한다.

그러나 성경계시와 자연계시가 동일한 타당성을 갖는다고 생각해서는 안 된다. 당연히 성경계시가 더 높은 우선권을 가진다. 성경계시는 궁극적인 의미를 다루고 있으며, 하나님의 본질과 사역을 알게 해주고 초자연적인 세력들을 묘사해주며, 인간의 존엄성과 우주 질서에 대해 믿을 수 있는 근거를 제시해주고, 인간의 운명과 하나님의 구원 계획에 대해 가르쳐 주며, 역사에 대한 하나님의 관점을 제시해준다. 이 모든 것은 과학의 영역을 초월하는 것이지만, 과학적 사실과 방법에 적절한 구조를 제시해준다.

카터와 내러모어는 모든 진리는 하나님께서 주신 것이므로 심리학에서 발견된 진리도 역시 성경에 계시된 진리와 상충되지 않는다면 하나님께서 깨닫게 해 주신 학문의 결과라고 하였다. 그들은 인간은 하나님의 형상을 따라 지어졌고, 하나님께서는 성경이라는 특별계시와 창조세계를 통한 일반계시를 통해 당신을 드러내시므로 성경과 심리학적 발견 사이에 일치점이 있을 수 있다고 보았다.

대화와 공동체의 맥락에서 신학과 심리학을 통합함에 있어서 우리가 견지해야 할 입장은 심리학의 제이론들이 안고 있는 오류와 약점들에 대하여 깊이 있게 파악하고 비평하는 동시에 그러한 결점들에도 불구하고 그것들이 우리들의 목회와 사역 현장에서 고통을 당하고 있는 사람들을 보다 잘 이해하는 데 어떠한 도움을 줄 수 있을지에 대하여 관심을 가지는 것이다. 이러한 작업은 진리에 관하여 최고의 권위를 가진 성경 말씀에 기초하여 신학적으로 통합해가는 과정을 포함한다. 이 글에서 다루는 정신역동심리치료의 이론도 마찬가지이다.

성경적인 입장에서 볼 때 정신역동이론이 인간 문제의 궁극적인 해결책을 제시해주는 것은 아니다. 그럼에도 불구하고 신학과의 통합, 혹은 학제 간 접근이라는 차원에서 역동심리치료를 고려한다면 중요한 통찰들을 얻을 수 있다.

하지만 여기에는 반드시 한계들이 따른다. 첫째, 심리학 이론인 역동심리치료이론을 목회상담이나 심리치료에 그대로 다 수용할 수는 없다. 정신역동이론은 일반은총적 차원에서 이해할 때 그 유용성이 많이 있지만, 이것은 성경계시의 조명 아래 활용되어야 한다. 성경과 심리학은 대립되는 것이 아니다. 성경의 원리 아래 조명되고 여과된 심리학을 기독교 상담 치료에 활용하여야 한다. 우리는 성경이 모든 학문의 근본적 원리를 제공한다는 사실을 수용해야 한다.

둘째, 정신역동이론을 다룸에 있어서의 한계이다. 역동심리치료이론에 포함될 수 있는 이론가들이 많이 있고 그 이론적 스펙트럼도 다양하다. 역동심리치료의 이론에서 중요한 위치를 차지하고 있는 학자들의 이론을 중심으로, 그 이론들이 가지고 있는 인간 이해의 독특하고 깊이 있는 측면들이 가지는 장점을 정보적 차원에서 목회상담 치료에 활용할 수 있다.

셋째, 정신역동이론 자체가 가지는 한계이다. 역동심리치료에 근거한 목회상담 치료가 모든 문제에 대한 해결책이 되는 것은 아니다. 목회상담의 입장에서 볼 때 문제의 해결이나 인간의 변화는 클라이언트의 특성과 상황에 따라 다양하게 이뤄질 수 있다. 또한, 목회상담에서는 인간의 이론을 초월하는 성령의 역사를 인정하고 기대하기 때문에 때로는 전혀 예상하지 못한 방식으로 변화의 양상이 나타날 수 있다.

이러한 한계들을 전제로 하면서 심리학과 신학적 배경 위에 세워지는 정신역동심리치료는 현대 교회 성도들의 문제를 보다 효과적으로 해결할 수 있을 것이다.

Ⅷ. 사회복지실천모델②

인지행동모델(Cognitive Behavioral Model)

인지(認知, cognition)는 지식을 획득하고 이를 조직 및 사용하는 전반적인 과정을 의미하며, 원인과 결과 사이의 연결을 통해 자신과 환경을 이해하는 것이다. 인지행동 이론은 행동주의 이론과 인지이론을 통합하여 적용하는 기법으로, 이러한 인간의 사고 또는 인지가 인간의 정서와 행동을 좌우한다는 전제에서 인지나 인지과정을 변화시키기 위해 인지적 기법과 행동적 기법을 통합하여 사용하는 것이다.

인지관련 학문 중 하나인 인지심리학에서의 정보처리이론은 정보의 지각, 저장, 인출, 활용 등의 과정들을 세부화하여 설명한다. 이러한 정보처리적 관점에서 보면 대상에 관계된 다양한 요소 중에서 일부 정보를 조합한 형태로 대상을 인식하고 재해석한다. 이렇게 재해석된 정보를 표상(representation)이라고 하며 인지과정에서는 표상화된 정보를 저장, 변환, 인출, 활용하는 일련의 과정들이 체계적으로 진행된다.

1. 인지행동모델(Cognitive Behavioral Model)의 개요

인지관련 이론과 행동관련 이론을 통합하여 적용하는 접근들을 인지행동이론이라고도 한다(류장학, 2006). 인지과정은 행동과정과 많은 영향을 주고받으며 상호 조합되고 통합되는 직접적인 순환관계에 있으므로 인지심리학은 행동심리학과 연계되며 또한, 인지과학이라는 큰 영역에 포함된다.

1.1. 인지행동모델의 개념

인지행동모델은 인지이론(인간이 생각하고 정보를 처리하는 과정에 관한 이론)과 행동주의 이론(행동을 유발하는 원인이 인간 내부에 있는 것이 아니라 외부 환경에 있다고 보는 이론)에서 나온 개념들을 통합 적용한 절충적 접근 모델이다. 인지행동모델은 하나의 실천 모델만을 지칭하는 것이 아니라 합리정서행동치료(REBT), 문제 해결모델, 스트레스관리모델 등 여러 모델들을 포함하는 개념이다.

인지행동 이론가들은 의식적 사고가 인간의 정서적 행동과 도구적 행동을 일으키는 데 중요한 역할을 한다고 보는데, 이들은 인지과정과 정서 및 행동에 대한 관점에서 몇 가지 공통점을 가지고 있다. 첫째, 어떤 상황이나 대상에 대해서 저절로 떠오르는 자동적 사고가 개인의 정서와 행동을 발생시키므로 비실제적이고 역기능적인 자동적 사고를 잘 관찰하여 교정해야 한다고 한다.

두 번째는 개인의 신념체계 또는 사고방식에 의해 사건이 인식되고 해석된다고 주장하면서, 이러한 오랜 삶을 통해 생성된 사고방식은 자동적 사고를 통해서 나타나므로 자동적 사고의 파악을 통해서 접근이 가능하다고 한다. 세 번째는 장애가 있는 대상자는 비합리적 신념과 같은 인지왜곡을 일반적으로 가지고 있으므로 사고방식에 존재하는 논리적 오류가 무엇인지 관찰해야 한다고 한다. 네 번째는 정서 또한, 인지과정에 영향을 줄 수 있으며, 행동 또한, 상황 자체를 변화시키거나 타인의 반응을 야기시킴으로써 스스로 상황을 평가하는 데 영향을 줄 수 있다고 한다.

인지행동 이론에 대해서 가장 대표적인 이론가인 Ellis는 인간의 신념이나 생각 중 인지적인 면들이 정서와 행동에 크게 영향을 미친다고 주장하면서 REBT(Rational-Emotive Behavior Therapy)를 발표하였다. 이 이론에 의하면 인간이 겪는 대부분의 정서적 문제는 비합리적 신념에서 비롯되며, 대상자의 정서적 혼란과 관계되는 비합리적 사고를 논박하여 합리적 사고로 바꿈으로써 더욱 현실적이고 효율적이며 융통성 있는 인생관을 가질 수 있다고 하였다.

1.2. 인지행동모델의 이론적 배경

1920년대에 시작된 정신분석이론은 인간의 심리와 행동을 지나치게 심리내적요인으로 설명하고 있고, 1950년대의 행동주의이론(행동을 유발하는 원인이 외부 환경에 있고, 대부분의 인간 행동은 학습되고 학습을 통해서 수정될 수 있다고 보는 이론)은 인간을 기계적 존재로 간주하는 한계를 보였다.

이에 따라 1960년대에 인지이론이 등장했는데, 이것은 정보처리과정에 주목하는 이론으로서, 인간의 경험과 사회적 상호작용의 결과로 인지능력이 발달한다고 본다. 하지만 인지이론에 근거한 개입만으로는 인간의 문제를 해결하는 데 한계가 있어 행동주의적 요소를 결합시켜 '인지행동모델'이 탄생하게 되었다. 1960년대부터 1980년대 사이에 다양한 모델이 만들어졌고, 지금까지 지속적으로 발전해 오고 있다.

인지행동모델에서는 인간의 행동이 개인과 환경 간 상호작용의 결과라고 본다. 이는 환경적 조건은 인간의 행동을 만들고, 인간의 조건은 다시 환경을 결정한다는 상호결정론적 입장이다.

1.3. 인지행동모델의 특징

① 클라이언트의 주관적 경험과 인식을 중요시한다. 따라서 치료자는 클라이언트의 경험, 해석, 의미 등을 치료자 혹은 제3자의 관점이 아니라 클라이언트의 관점에서 이해하고 존중하고 수용한다.

② 클라이언트의 능동적 참여를 강조한다. 클라이언트는 치료자에 의해 치유되는 수동적 존재가 아니라 스스로 문제를 찾아내고 수정하며, 문제가 재발했을 때 스스로 치료 혹은 교정할 수 있어야 한다.

③ 클라이언트와 치료자의 협조적인 노력을 강조한다. 치료자는 클라이언트의 왜곡되고 역기능적인 신념을 찾아내어 이러한 사고체계의 타당성과 유익성을 검증한 후 인지적 재구조화를 실시한다.

④ 비합리적인 신념체계의 변화를 강조한다. 인지행동모델의 가정 중 하나는 인지변화를 통해 행동변화가 가능하다는 것이다. 따라서 클라이언트의 문제를 해결

하기 위해서는 비합리적인 신념체계 같은 인지를 변화시켜야 한다.

⑤ 대체 사고와 행동을 학습하는 교육적 접근을 강조한다. 클라이언트가 자신의 문제에 대해 이해하고 인지행동모델 개입의 원리를 이해하여 참여하는 것은 개입의 성공에 매우 중요하다.

⑥ 인지체계 변화를 위한 구조화된 접근을 강조한다. 인지행동모델은 기본적으로 단기 개입 모델이다. 단기 개입 모델의 개입은 구조화된 절차를 강조한다. 여기서 '구조화된'은 사전에 구성된 내용과 양식(프로그램, 진행과정 등)이 있다는 뜻이다.

⑦ 문제 중심적 개입, 현재 중심적 개입이 이루어진다. 문제의 원인을 탐색하기 위해 유아기나 오래된 과거, 무의식 등을 탐색하거나 강조하지 않으며, 현재를 중심으로 사정하고 문제를 파악하여 개입한다.

⑧ 지적 능력이 낮은 클라이언트, 새로운 시도에 대한 의지가 약한 클라이언트, 그리고 즉각적인 위기개입을 해야 하는 클라이언트에게는 적용하기 어렵거나 효과성이 낮다.

2. 인지행동모델의 개입

2.1. 엘리스의 합리정서행동치료

합리정서행동치료를 고안한 심리학자 알버트 엘리스(Albert Ellis, 1913-2007)는 인지행동주의 접근의 선구자이다. 그는 합리정서치료(1968)에 행동주의적 요소를 더하여 '합리정서행동치료(REBT: Rational Emotive Behavior Therapy)'로 명명하였다. 엘리스는 정신분석적 접근(자유연상이나 꿈의 분석 등)에 회의를 가지고, 클라이언트가 현재 겪고 있는 생활상의 어려움을 해결할 수 있는 접근법인 합리정서치료를 고안하였다.

1) REBT의 기본 가정

분노와 수치심 같은 부정적 감정과 우울이나 불안 같은 심리적 증상들은 비합리적 신념에서 비롯되므로 비합리적 신념을 합리적 신념으로 대체하면 정서장애가 개선될 수 있다.

2) 11가지 비합리적 신념

① 인정의 욕구 ② 과도한 자기 기대감 ③ 비난 성향 ④ 좌절적인 반응 ⑤ 정서적 무책임 ⑥ 문제회피 ⑦ 의존성 ⑧ 무력감 ⑨ 과도한 불안 ⑩ 지나치게 다른 사람을 염려하기 ⑪ 완벽주의

3) REBT의 개입과정: ABCDE모델

인간은 사건 그 자체가 아니라 사건에 대한 생각이나 해석에 의해 정서적 장애나 행동적 장애를 겪을 수 있다고 본다.

① A(Accident, 사건): 예를 들면 시험에 떨어진 사건, 이성 친구와 이별한 사건 등.

② B(Belief, 신념): 어떤 사실에 대해 클라이언트가 부여하는 의미, 혹은 그 사건에 대해 가지는 생각 등.

③ C(Consequence, 결과): 신념에 따른 결과로서, 행동적 결과나 정서적 결과가 있다. 모임을 피하는 행동, 불안이나 죄의식 등의 정서적 반응 등.

④ D(Dispute, 논박): 클라이언트가 가진 비합리적 신념을 찾아내어 도전하고 그것이 합리적인지, 근거가 있는지 검토하는 과정. 비합리적 신념을 고수했을 때 얻을 수 있는 이익과 손해를 서로 비교해보게 한다.

⑤ E(Effect, 효과): 클라이언트가 논박을 통해 스스로 비합리적 신념을 합리적 신념으로 대치하여 얻게 되는 효과로서 자기 수용적 태도와 긍정적 감정을 얻는 것이다.

〈엘리스(Albert Ellis)의 합리적·정서적 조직표〉

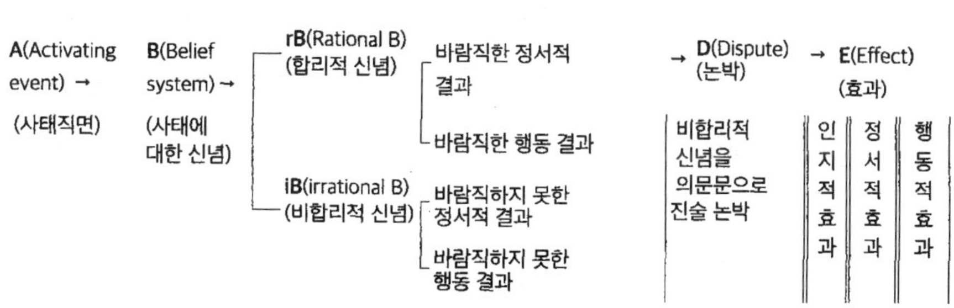

4) REBT에 대한 성경적 평가

① Ellis가 강조하는 자기중심성과 자기지시성은 예수 그리스도의 십자가의 죽음을 근본으로 하는 기독교의 자기희생적 교리에 반한다고 할 수 있다. 인간의 진정한 변화는 자기중심적, 지시적 사고방식으로 자신의 유익을 추구하는 것이 아니다. 성경에서 강조하는 것은 자기중심과 자기희생은 반드시 조화를 이루어야 하며 궁극적으로는 인간들을 위해 모든 것을 내어주신 예수 그리스도의 사랑을 닮아가야 한다는 점이다. 연약한 인간들의 주인 되신 예수 그리스도의 자기희생적 사랑을 닮아가는 변화가 진정한 치료의 목표라 할 수 있다.

② 인간의 특성 중 하나인 의존성에 대해 REBT는 비합리적이라고 선언하지만, 성경적 관점에서 볼 때 살아계신 하나님에 대한 의존성도 기독교 신앙의 시작이며, 본질 중 하나이다. REBT의 의존성에 대한 개념은 성경적인 관점에서 많은 무리가 있다.

③ 합리적인 사고는 긍정적이기는 하지만 절대적이지는 않다. Ellis가 강조하는 합리적인 사고의 기준으로 비기독교적 실용적 표준만을 가지고 있는 치료자에게 성경의 권위, 그리스도의 탄생, 재림 등의 교리는 단순히 경직된 비현실적이고 비논리적인 사고의 일부일 수 있다. 자신의 죄성을 애통해하며 회개의 과정 중에 있는 클라이언트의 문제는 단순히 조정과 조절의 대상일 수 있다. 많은 기독교 신앙의 핵심교리들과 회개와 용서를 통한 구세주 하나님의 사랑은 무시되고 존중받지 못할 가능성이 있다.

④ 인간이 누리는 삶의 다양한 영역에 대한 관심과 존중은 치료자로서 당연히 갖추어야 할 덕목이고 요구조건이지만 클라이언트의 삶과 가치기준, 합리적인 신념체계에 대한 이해와 평가의 틀은 개인이 만들어내는 것이 아니라 하나님으로부터 오는 말씀의 지혜와 복음의 능력을 바탕으로 해야 한다. 인지행동치료는 인간중심의 자아상을 기초로 하여 세상 속에서 외적인 성공과 성취를 바탕으로 자신감과 회복에 대한 확신을 제공하고 하나님과 예수님을 알지 못하는 사람들이 그들 나름대로의 사고방식과 행동양식을 통해 만들어낸 것이다. 그러나 하나님의 방식으로 이루어지지 않는 인간이해는 정확하다고 할 수 없으며, 십자가의 은혜가 배제된 치료는 진정한 영혼의 소생을 위한 변화로 볼 수 없다.

2.2. 벡의 인지치료

아론 벡(Aron Beck, 1921~)은 인지치료의 대표적 학자로서, 1960년대 초에 우울증 척도를 개발하였고, 인지치료를 고안하였다.

1) 인지치료의 특징

클라이언트의 역기능적이고 자동적인 사고, 역기능적인 도식과 신념, 이것이 일상 생활이나 대인관계에 미치는 영향력을 중요시한다. 치료자는 클라이언트의 역기능적 순환을 발견하고 이러한 왜곡된 사고가 현실 생활에 미치는 영향 및 결과를 인식하게 만들어 새로운 도식을 형성하게 함으로써 문제의 악순환이 반복되지 않도록 한다.

2) 인지치료의 주요개념

① 도식(schema, 스키마): 정보를 받아들이고 조직화하는 인지구조. 도식은 유지된 기간과 믿음 수준에 따라 핵심믿음과 중간믿음으로 구분한다.

② 자동적 사고: 어떤 상황을 접했을 때 자동적으로 떠오르는 생각. 자동적 사고의 내용이 역기능적이거나 부정적인 경우 심리적 문제가 발생할 수 있다.

③ 핵심믿음: 인지구조의 기초로서, 개인의 인지적 왜곡이나 편견을 형성하는 믿음이다. 이러한 믿음을 유지한 기간이 길고 그 내용이 절대적으로 옳다고 믿기 때문에, 부정적 혹은 역기능적 핵심믿음을 교정하기 위해서는 그 믿음에 반대되는 경험과 그 경험의 의미를 적절하게 해석할 수 있는 사고 과정이 필요하다. 자동적 사고에 영향을 미치는 것이 핵심믿음이며, 이 핵심믿음에 대한 논리적 근거를 찾는 것이 '논박하기'이다.

④ 중간믿음: 핵심믿음이 영향을 주는 믿음 체계로서, 가정, 태도, 규칙으로 구성된다. '가정'은 핵심믿음의 존재를 기본적인 전제로 삼는 것이다. '태도'는 핵심믿음이 자기에게 어떤 결과를 초래할지에 대한 믿음이다. '규칙'은 핵심믿음이 현실화되는 것을 막기 위한 것이다.

3) 인지적 오류(=인지 왜곡)

인지적 오류의 개념은 치료자가 클라이언트에게 상담과 평가과정을 통해 왜곡된 사고를 밝혀내는 것을 돕고, 이러한 왜곡된 사고가 감정, 행동에 부정적 영향을 미치는 것을 인식하게 하고, 개입을 통해 부정적 사고를 교정하는 것이다.

① 임의적 추론(=자의적 추론): 근거가 없는 성급한 추론.
② 선택적 요약(=선택적 추론): 사건의 일부 사항만을 선택해서 결론 내리고, 전체 맥락 중 중요한 부분은 고려하지 않는다.
③ 과잉 일반화: 한두 번의 사건으로 일반적인 결론을 내리고, 그것과는 관련 없는 상황에 적용하는 것.
④ 극대화와 극소화: 어떤 상황을 실제보다 더 확대하거나 축소하는 것.
⑤ 이분법적 사고(=흑백논리): 어떤 사물이나 현상을 단순히 둘로 나누어 해석하려는 사고.
⑥ 개인화: 관련 없는 외적 상황까지 스스로와 관련짓는 것.
⑦ 재앙화(=파국화): 항상 최악을 생각하고 그것이 언제든지 자신에게 일어날 수 있다고 생각하는 것. 최악의 상황만을 떠올리며 미리 걱정하는 것.

4) Beck의 치료법에 대한 평가

① Beck의 인지치료법은 내용과 이론이 상당히 체계적이다. 또한, 치료법의 구조와 효과에 대한 지속적인 실험과 연구 덕분에 다양한 결과물이 축적되어 있어서 다른 이론들에 비해 좀 더 포괄적이고 객관적인 이론체계를 가지고 있다.
② 이론자체의 틀이 삶의 체계적인 영역에서의 변화를 목표로 하고 있고, 각각의 상황에 대한 실제적인 해결방안을 구체적으로 제시해 주기 때문에, 인지행동치료를 처음 접하게 되는 치료자들도 쉽게 사용과 접근이 가능하고, 정리된 연구결과를 바탕으로 새로운 상황과 결과에 대한 예측과 가정이 가능하다.
③ Beck의 인지행동 치료는 상담자에게 있어서 좀 더 적극적이고 지시적인 치료법으로서 클라이언트의 변화를 빠른 시간 안에 확인할 수 있다.

④ 인지행동치료법이 단기간에 내담자의 변화를 이끌어 내는 것에 중점을 두고는 있지만, 단순히 현재의 문제증상들만으로 치료하기 위해 고안된 것은 아니다. 반복적으로 사고활동의 중요성을 강조하고 긍정적인 방향으로의 변화를 촉구함으로써 적극적이고 협조적인 방법으로 내담자의 참여를 이끌어 낼 수 있고, 사고의 변화를 행동의 변화로 연결시킴으로써 당면한 주 호소 증상들의 해결과 함께 문제가 해결된 이후의 삶을 어떻게 성공적으로 유지하고, 발전시킬 수 있는지에 대한 고찰도 제공한다.

⑤ 하지만 인지행동치료에서 기대하는 일정 수준 이상의 지적수준을 가진 내담자에게만 사용할 수 있으므로, 포괄적이고 객관적인 이론체계에 비해 사용할 수 있는 대상이 제한된다고 할 수 있다.

⑥ 낯선 환경과 치료현장에 적극적으로 참여하는 것이 두려운 내향적 성향의 클라이언트들에겐 인지행동치료의 구성이 부담스럽고 불편하게 느껴질 수 있다. 또한, 상처받기 쉬운 예민한 상태의 클라이언트들에게 지시적으로 접근하는 것은 방어기제를 활성화시켜 자칫 치료의 현장이 거부와 회피의 현장이 될 가능성이 있다.

5) Beck의 치료법에 대한 성경적 평가

① 하나님의 형상으로 창조된 인간은 상담의 현장에 하나님을 배제하고서는 본질적인 치료효과를 기대할 수 없다. Beck의 인지행동치료에서는 인간의 사고 영역에 대한 강조와 신념체계에 대한 강조만 있을 뿐, 그 사고능력과 신념체계를 만드시고 허락하셨으며 운영체계의 주인이신 하나님에 대한 주도권 인정과 관심이 빠져있다.

② 인지행동치료를 통해서 사고와 행동의 변화를 기대하고 확인할 수는 있지만, 그 과정은 하나님과의 생동감 있는 인격적 교류를 통하여 일어나는 영적 성숙과는 근본적으로 다른 것이다. 영적 성숙의 시작은 하나님과의 친밀한 관계 맺기로부터 시작되고, 하나님의 능동적인 개입은 무엇보다 중요하다.

③ 모든 사랑의 주체이시며 근본이 되시는 하나님의 형상으로 지음받은 인간은 단지 죄성에 가득 차 타락하여 자기애만 추구하는 이기적인 존재는 아니다. 인간은 끊임없이 자기를 극복하고 자기희생적인 삶을 살고자 애쓰고 수고하는 존재들이

고, 그 과정 중에 드러나는 하나님의 은혜는 사람들을 변화시키는 특별한 능력이다. 이것은 인간이 자기의 유익만을 추구하는 존재라는 인지행동치료의 기본전제와는 많이 다르다.

④ 자기 효능감을 지나치게 강조하는 인지행동치료는 전적으로 하나님 의존적 존재인 인간을 교만으로 이끌 가능성이 있으며, 예수 그리스도의 장성한 분량에 이르는 진정한 인간의 변화보다 세상의 기준에 의거한 인간상을 이상향으로 제시할 수 있다. 본질적으로 죄인인 인간은 십자가의 은혜로서만 구원받고 사랑받을 수 있다. 인간존재의 가치는 오직 예수님의 복음의 능력으로서만 변화되고 새로워질 수 있는 것이다. 하나님 없는 인간의 자율은 방향이 잘못된 것이며, 치료의 현장에서 마음속의 죄성과 마주하는 직면을 통해서만 인간은 예수 그리스도 앞에 겸손한 모습으로 나아갈 수 있고, 그로 인해 본질적인 회복을 기대할 수 있다.

- 나가며 -

목회자 또는 기독교 상담사는 인지행동치료를 적용할 때에 비판적인 수용이 필요하다. 인지행동치료는 합리주의의 이론에 근거하므로 무비판적인 적용은 기독교적 관점에서 용납이 쉽지 않다. 인지행동치료가 주장하는 것보다 많은 영역이 인간에게 존재한다.

대부분의 일반상담이 기독교 관점에서 보면 문제점을 드러내듯이 인지행동상담 역시 마찬가지이다. 그럼에도 불구하고 많은 장점을 지니므로 기독교적 상담사들 사이에 비판적인 수용으로 적용 실시하고 있다. 인지행동치료가 성경적 관점에서 볼 때 받아들이기 어려운 문제점과 한계성을 드러냈지만 다음과 같은 장점도 지닌다.

인간의 제한된 자유를 전제하는 것, 인간 실존의 인간적인 요소에 대해 존중, 행동의 기초를 이루어 성격의 변수를 발생시키는 인지를 잘 설명하고 있는 것, 개인의 특성에 따라 독특성을 인정하는 것, 인간의 동기화에 대해 복잡한 것을 솔직히 인정하는 것, 삶에서 변화를 시도하려면 생각과 습관을 집중적으로 다루어야 한다는 견해와 같은 내용들이다. 이런 인지행동상담이 지닌 장점의 견해들을 기독교적 적용으로 전환하여 활용할 수 있다는 점에서는 효과성과 효율성 면에서 매우 유익하다고 할 수 있다. 인지행동상담에서의 인지삼제(자신, 세계, 미래) 해석을 성경적 관점으로 전환해보자.

1) 성경적 관점으로 보는 자신(인간)의 존재

하나님은 인간을 창조하셨다. "우리의 형상을 따라 우리의 모양대로 우리가 사람을 만들고…" 창세기 2장 7절에서는 인간의 몸의 기원과 영혼의 기원이 명백히 구분되어 말씀하신다. "여호와께서 생기를 그 코에 불어넣으시니 사람이 생령이 된지라."의 말씀에서 보는 바와 같이 하나님께서 영을 직접 불어넣어 주셨다. 인간은 하나님으로부터 창조되었고, 하나님 안에서만 존재의 가치가 있다.

2) 성경적 관점으로 보는 세상(현실)에 대한 이해

하나님은 우리 주위에, 우리 안에, 우리와 함께 계신다. 전지전능하신 하나님은 인간의 환경이 되신다. 그러므로 인간은 하나님을 피할 수가 없다. 하나님과 화목하지 못한 죄인들은 환경과 화목하지도 일치하지도 않은 상태이다. 하나님을 피해갈 수는 없기 때문에 모든 죄인은 환경 속에서 불편함을 느낄 수밖에 없다. 믿음이 없는 사람은 자신과 세상에 문제가 있다고 생각한다. 그러나 문제가 발생하는 것은 바로 하나님과의 분리에서 오는 것이다. 하나님께서는 인간을 창조하셨고, 온 천지만물도 창조하셨으며, 따라서 창조한 인간과 천지 만물을 모두 주관하신다.

3) 성경적 관점으로 보는 미래 전망

예수는 부활의 '첫 열매'요, 죽은 자들 중의 '먼저 나신 자'이다. 이 말은 그리스도인의 부활도 예수님의 것과 같을 것이라는 의미이기도 하다. 성경은 사후에 모든 인간에게 심판이 있다고 선언한다. 심판은 사물을 공의롭게 선별하기 위함인 것이다. 다양한 상급과 처벌은 각자에게 할당되어진다. 심판 때에는 곡식과 가라지가 분리되어지는 추수의 날이요, 외식하는 자들이 신실한 성도들에게서 분리되어지며, 선한 일들과 악한 일들이 분리되어지는 때를 말한다. 인간에게 현세의 삶은 중요한 사항이지만 그것 못지않게 인간의 종말 역시 매우 중요한 사안이다. 인간은 죽음을 통해 종말을 맞이하게 되지만 그것은 마지막이 아니라 심판을 통해 각자의 길이 구분되어진다. 우리 모두는 성경말씀에 따라 처벌과 보상을 하시는 하나님을 기억하면서 미래를 바라보아야 할 것이다.

Ⅸ. 사회복지실천모델③

위기개입모델(Crisis Intervention Model)

사람은 여러 성장단계를 거치며 인생이라는 긴 과정을 살아나가는 동안 크고 작은 여러 위기에 마주치게 된다. 더구나 현대의 물질 사회에서는 기술문명의 발달로 도시화, 산업화가 급속히 진행됨에 따라 핵가족이 보편화되면서 과거와 같이 혈연을 중심으로 한 가족 간의 유대는 점차 희석되고, 결과적으로 주변에서 받을 수 있는 정서적 지지(emotional support)가 적어짐에 따라 각 개인은 더욱 고립되고 인간관계 역시 피상적으로 흐르는 경향을 보이게 되었다. 이러한 조건들은 위기유발을 더욱 촉진하게 된다.

우리나라에서 위기개입에 대한 논의가 본격적으로 시작된 것은 1990년대 초반 외상후스트레스장애(Post-Traumatic Stress Disorder: 이하 PTSD)에 대한 사회적 관심이 고조된 이후부터이다. 삼풍백화점 붕괴사고와 대구지하철 참사, 태풍 등 각종 재난 상황에 관심을 두고, PTSD 발병과 불면증, 우울, 식욕감퇴, 분노, 감정조절 어려움 등 정신건강 피해에 대해 논의가 진행되었다. 그러나 PTSD에 대한 연구 증가와 달리 외상적 반응에 대처하기 위한 위기개입에 대한 연구는 여전히 대상자가 제한적이거나 단편적이어서 연구결과 활용에 한계가 있는 실정이다.

1. 위기(Crisis)에 대한 이해

1.1. 위기의 정의

위기(危機)는 개인의 현재 자원과 대처기제로는 감당하기 어려운 사건이나 상황을 지각하거나 경험하는 것이다. 위기란 위협적 혹은 외상적 위험사건을 경험함으로써 지금까지의 대처전략으로는 대처할 수 없는 불균형의 상태가 되는 것이다. 달리 말하면 위기는 사람들이 기존의 선택과 행동으로는 극복할 수 없다고 믿는 삶에 방해되는 것에서 시작하여, 이러한 상황에서의 대처가 미숙하거나 무지하기에 위기라고 표현되는 것이다.

이러한 위기는 사람을 무력화시키고 사람이 자신의 삶을 의식적으로 통제하는 것을 어렵게 하는 개인적인 어려움이나 상황을 가리킨다. 위기에 처하게 되면 혼란스럽게 되고 이전에 스트레스에 대처하던 방식에서 심각한 붕괴를 경험하게 되며 좌절을 경험하기도 하는데, 위기는 바로 이런 붕괴나 좌절에 대한 공포, 충격, 고통의 감정을 말한다.

1.2. 위기의 유형

1) 발달적 위기

인간이 성장하고 발달하는 과정에서 발생하는 사건이나 발달단계마다 요구되는 발달과업에 의해 새로운 대처자원이 필요할 때 발생하는 위기를 말한다. 각 개인마다 겪는 발달적 위기는 독특한 것이므로 개별적인 방법으로 이해되고 다루어져야 한다. (발달적 위기의 예: 아이의 출생, 청소년의 정체성 위기, 자녀의 출산, 중년의 직업 변화, 은퇴 등)

2) 상황적 위기

예견하거나 통제할 수 없는 드물고도 극히 이례적인 사건이 발생할 때 나타나는 위기를 가리킨다. (상황적 위기의 예: 성폭력, 자동차 사고, 갑작스런 질병, 죽음 등)

3) 실존적 위기

책임감, 독립성, 책임 이행과 같은 중요한 인간적 이슈에 동반되는 갈등과 불안을 포함하는 위기를 말한다. (실존적 위기의 예: 중년의 남자가 삶에 의미가 없다고 느끼는 공허감 같은 것)

4) 환경적 위기

개인이나 집단에 자연이나 인간이 일으킨 재해가 갑자기 덮쳤을 때 발생하는 위기를 말한다. (환경적 위기의 예: 지진, 홍수, 태풍, 눈보라, 전염병, 기름유출 등으로 파생된 위기 등)

2. 위기개입(Crisis Intervention)

위기개입이란 위기에 처한 사람이 예상치 않았던 외상 사건으로 발생한 정서적, 행동적, 인지적 위기상태를 인식하게 하고 위기 이전의 기능 수준으로 회복할 수 있도록 단기간 원조하는 접근방식이다. 다르게 표현하면, 위기개입은 위기로 인한 불균형 상태를 회복하기 위하여 일정한 원조수단을 개인과 가족 및 집단 그리고 지역사회 등에 적용하는 과정이라고 할 수 있다.

외상적 사건 후 생존자(클라이언트)들은 그들이 안전하다는 사실을 확인받을 필요가 있다. 또한, 급성 불안을 극복하여야 하며 자신의 이야기를 타인과 나눌 기회가 적어도 1~2회 정도 주어져야 한다. 이와 더불어 외상적 사건에 대한 필요한 정보를 획득하고 현실감각을 유지하면서도 적절한 조율이 필요하다.

치료자는 클라이언트에게 외상적 사건에 대한 각종 반응에 관해 일관된 의미를 전달해야 한다. 클라이언트들에게 증상(症狀)이 외상적 스트레스에 대해 정상적으로 반응하는 것임을 말해줄 필요가 있다. 왜냐하면, 뭔가 자신이 잘못되어 그러한 증상들을 겪는 것은 아닐까 하고 오해할 경우 후유증이 더 심각할 수 있기 때문이다. 또한, 증상이 생기기 전에 미리 증상에 대한 교육을 받는 것 역시 차후의 불안을 방지하는 데 도움이 된다. 개입의 중요한 요소로 스스로 자신을 돌보도록 유도하는 것이 포함된다.

2.1. 위기개입의 8가지 개입원칙

1) 신속한 개입

외상적 사건에 처한 피해 당사자는 고통과 외상적 사건이 실제적인 위험 요소로서 외상적 사건을 잘 해결하면 좋은 기회가 되고, 잘못 처리하면 위험적인 요소를 갖는다.

외상적 사건은 기회와 위험이라는 두 가지 측면을 내포하고 있으며, 시간 제한적인 본질을 갖고 있어 즉각적인 개입이 필요하다. 일반적으로 위기상태에 들어가면 6주 이내에 해결을 보아야 한다.

2) 제한된 목표

목표는 평형상태를 회복하는 데 초점을 둔다. 과거와 동일하거나 더 나은 기능수준을 최소한의 목표로 두고 파멸을 예방하는 데 있다. 자살, 타살, 만성 정신병 혹은 가족해체의 예방을 목표로 하며, 성격의 변화에는 목표를 두지 않는다. 최소한의 목표는 균형상태 회복, 위기 이전 상태로 돌아가게 하는 것이다.

3) 초점적 문제 해결

문제 해결이 위기개입접근법의 중심이라고 할 수 있다. 가능하면 신속하게 위기상황을 유발시킨 문제파악과 해결에 초점을 두면서 클라이언트가 다룰 수 있을 만큼 현실을 직면하도록 돕는다.

4) 희망과 기대

위기에 처한 절망감을 가진 피해 당사자에게 지나친 희망은 피해야 하지만 최소한의 희망을 갖게 하는 것은 중요하다. 절망하는 클라이언트에게 문제 해결 및 기능회복에 대한 희망을 고취해야 한다.

5) 행동지향성

위기에 처한 사람은 행동력이 저하되어 있어서 아무것도 못 할 때가 있다. 치료자의 역할은 행동기술에 초점을 두어 클라이언트를 적극적으로 돕고 격려하며 면접을 이끌어가야 한다.

6) 지지

위기를 해결하는 데 도움이 되는 자원을 제공하고, 위기의 가능성을 줄이는 데 주력하며 지지하는 주요원리는 필요한 만큼 지지를 제공하는 것이다. 사회복지기관 등 지역사회 내 여러 자원에 대한 정보를 제공하고 지지한다.

7) 자아상

위기에 처한 사람은 자기가 아는 지식과 생각을 가지고 노력하며 마지막으로 도움을 청한다. 따라서 피해 당사자인 클라이언트는 자신을 최고의 피해자로 보고 있다. 치료자는 클라이언트와 신뢰관계를 수립하여 클라이언트가 긍정적이고 건강한 자아상을 가질 수 있도록 원조한다.

8) 자립

클라이언트가 문제 해결능력을 가질 수 있도록 클라이언트의 생각을 적극적으로 반영하며, 클라이언트가 자신감을 회복하여 자립할 수 있도록 원조한다.

이상의 원칙들을 종합해 볼 때, 위기개입(crisis intervention)은 최소한도의 개입을 통하여 장차 일어날지도 모를 PTSD 등의 심리적, 신체적 장애를 예방하고 생존자인 클라이언트가 정서적 안정을 되찾고 원래 기능 수준으로 빨리 되돌아가게 하며, 개인적·사회적·환경적 자원을 활용하도록 돕기 위한 것이다.

따라서 1대 1개입의 경우이건 집단을 대상으로 한 개입이건 PTSD 증상을 가질 수 있는 대상으로 하는 대부분의 개입은 6회기 이하의 단기개입이 주를 이루며, 이는 위기개입의 특성이다. 불필요한 장기개입은 클라이언트의 독립심과 자기통제감을 저해할 수 있기 때문이다. 따라서 치료자는 문제의 주인의식을 클라이언트로부터 박탈하지 않으면서도 적극적·능동적이고 직접적인 역할을 채택해야 한다.

2.2. 위기개입 목표

① 위기로 인해 발생한 증상을 제거 혹은 완화한다.

② 위기 이전의 기능 수준을 회복한다.

③ 클라이언트를 불균형 상태로 만든 촉발사건을 어느 정도 이해한다.

④ 클라이언트나 가족이 사용하거나 지역사회 자원에서 이용할 수 있는 치료방법을

확인한다.

⑤ 현재의 스트레스를 과거의 생애경험이나 갈등과 연결하여 이해한다.

⑥ 클라이언트가 새로운 인식, 사고, 정서 양식을 가질 수 있도록 원조하고 위기상황 이후에도 사용할 수 있는 새로운 형태의 적응적 대처방식을 개발한다.

2.3. 위기개입모델(Crisis Intervention Model)

1) 초기 단계

클라이언트와의 관계를 형성하고, 위기상황에 초점을 맞춰 현재의 위기에 대해 평가한다. 클라이언트와 구체적 목표 및 과제에 대한 동의안을 만들고 각자가 해야 할 과업 계획을 만든다.

2) 중간 개입단계

현재 상황에서 구체적인 문제 해결을 위해 계획된 과업을 확인하고 실행한다. 자아존중감에 대한 상실 등 클라이언트의 주요 주제에 대해 탐색하고, 필요한 경우 과거에 대해서도 탐색한다. 이 단계에서 클라이언트의 자율성이 증가하면 치료자는 점차 소극적 역할로 전환한다.

3) 종결 단계

이전의 기능적 수준으로 회복이 되는 경우도 있고 불균형상태가 계속 지속되는 경우도 있으며, 지속이 되면서 균형 상태로 자리를 잡을 수도 있다. 종결을 결정하고, 그동안 성취한 과제들에 대해 점검한다. 그리고 앞으로의 활동을 계획한다.

3. 성경의 눈으로 보는 위기개입모델

조한나(2015)는 그의 석사논문 "미혼임부와 양육미혼모의 위기개입과 PTSD반응의 관계연구: 한국교회의 선교상담 및 지원방안을 중심으로"에서 미혼모의 PTSD반응을 연구하면서, PTSD반응과 한국교회의 개입에 대한 상관관계를 조사하였다. 그는 교회가 말씀으로 위로할 때 미치는 영향, 교회가 말씀으로 힘 있게 다가올 때 미치는 영향, 교회가 전도로 편안하게 접근할 때 미치는 영향, 그리고 미혼모에게 정죄, 판단을 할 때 미치는 영향 등을 연구 분석하였다.

교회의 개입과 PTSD반응의 상관은 매우 높은 유의미한 통계치를 보여준다. 일반외상과 정신외상에 관련하여서 교회의 지원이 미혼임부와 양육미혼모로 하여금 많은 문제를 회복하게 해 준다. 전체적으로 매우 유의미한 양의 상관관계가 나왔다. 특별히 복음의 말씀으로 강력하게 다가올 때 일반적인 반응, 정신적인 반응이 완화되는 매우 높은 양의 상관관계가 나타났다. 하나님이 주신 성경말씀으로 미혼모에게 필요한 위로의 말씀을 전해 줄 때는 미혼모의 외상 후 스트레스 장애인 일반반응, 정신반응, 신체반응이 모두 완화되는 매우 유의미한 양의 상관관계가 나왔다. 살아있는 생명의 말씀이 상처받고 고통받는 이들에게 어떠한 영향을 주는지가 상세히 나타났다.

그런데 교회 권속들이 미혼임부와 미혼모를 죄지은 여자라고 판단하거나 스스로가 죄책감 및 수치심을 느낄 때, 외상 후 스트레스 장애가 더욱 악화되는 것으로 나타났다. 정죄나 판단으로 사람에게 수치심과 죄책감을 심어주어 분노, 좌절, 수치심, 충동장애, 신체떨림, 부음, 심장압박(화병), 신체적인 기능저하, 몸에 염증을 일으키고 원래 신체적으로 약했던 곳에 기능저하가 오게 만든다. 교회의 권속들이 자신을 정죄, 판단한다고 느껴지면 느껴질수록 미혼모는 교회로부터 멀어지며, 극심한 심리적인 외상을 받게 된다. 즉, 정죄, 판단이 사람의 몸과 마음에 해(害)를 끼친다는 것이다.

어디 미혼모의 경우뿐이겠는가? 우리 삶의 위기는 어디에서도 닥쳐올 수 있고, 위기 개입에 있어 성경적 가치를 가지고 용서와 사랑의 마음으로 접근하는 개입의 손길보다 더 좋고 효과적인 것은 없다. 가정폭력 피해자들, 성범죄 피해자들, 자살충동경험자들 등 우리의 손길을 필요로 하는 클라이언트들은 도처에 널려 있다.

(사)나눔과기쁨의 6천 명이 넘는 회원 목회자들은 예수 그리스도의 마음으로 더욱 무장하여 위기를 만난 오늘의 "여리고 길 강도 만난 자들"에게 주님이 원하시는 '이웃'이 되기 위해 분투하고 있다.

X. 사회복지실천모델④

역량강화모델(Empowerment Model)

임파워먼트(역량강화)는 사회복지실천(social work)에서 주로 쓰이는 개념이다. 그러나 임파워먼트에 내재된 '권력(power)의 재분배'라는 가치에 착목해보면 임파워먼트 개념이 평등하고 주체적이고 민주적인 자원의 분배와 그 실현과정을 포괄하며, 이는 거시적 차원에서 사회복지와 맥을 같이 하는 것이다. 임파워먼트의 다차원성은 많은 연구자에 의해 역설되어 왔고, 개인적 차원, 관계적 차원, 사회정치적 차원에서 각각 진행된 임파워먼트 연구들도 적지 않다. 그러나 상당수의 연구가 개인적, 심리적인 차원의 미시적 연구에 집중되었고, 몇몇 거시적 차원의 연구도 임파워먼트에 대한 급진주의적 실천을 강조하는 경향을 크게 벗어나지 못하였다.

임파워먼트 사회복지실천의 목적은 모든 사회구성원이 사회에 참여할 권리, 법에 의해 동등하게 보호받을 권리, 발전을 위한 기회, 사회적 혜택을 받을 권리를 누리게 하고 사회의 자원형성에 기여하는 공정한 사회를 조성하는 것이다. 따라서 임파워먼트를 개인의 '역량강화'로만 논의할 것이 아니라, 사회적 환경을 구성하는 법 제도들이 사회구성원에게 미치는 영향과 함께 토론할 필요가 있다.

1. 역량강화(임파워먼트)의 개념

역량강화는 영어로 empowerment인데 이를 '권한부여'라고도 한다. 역량강화란 개인이 삶의 지위를 향상시키기 위하여 개인적, 대인관계적 혹은 정치적으로 힘을 키우는 과정을 말한다. 임파워먼트는 다양한 수준과 차원에서 쓰이는 개념이다. 그만큼 통일적인 개념정의에 어려움이 따른다. 사회복지영역에서는 사회복지실천모델의 하나로 이해되기도 하지만, 포괄적인 관점이나 접근방식, 또는 패러다임으로 개념화되기도 한다.

사전적 의미로 임파워먼트는 첫째로 어떤 것을 할 수 있는 권한(authority)이나 권력(power)을 갖게 되는 것을 의미하거나, 둘째로 어떤 것을 성취할 수 있는 수단, 능력을 갖게 되는 것을 의미한다. 구체적으로 사회사업사전을 살펴보면 임파워먼트는 '지역사회조직(community organizations)과 사회행동, 사회복지실천에서 한 집단 및 지역사회로 하여금 정치적 영향력 또는 적법한 법적 권위를 달성하도록 도와주는 과정'이라고 설명되어 있다. 역량강화에 대한 정의는 다음과 같이 다양하다.

1.1. 역량강화의 다양한 정의

- 역량강화는 개인, 조직, 지역사회가 자신들의 생활을 조정하고 지배권을 갖는 것이며, 그들의 환경에 영향을 미치기 위하여 활발히 참여하는 것이다.
- 역량강화는 클라이언트가 자기 삶에 대한 결정과 행위에 있어 힘을 가질 수 있도록 원조하는 것인데, 힘을 갖는다는 것은 자신이 필요한 자원을 환경에서 얻을 수 있다는 것을 의미한다. 또한, 자신의 삶의 주인이 되어 스스로 삶을 통제할 수 있도록 힘을 갖는 것이다.
- 역량강화는 개인적 차원, 대인관계적 차원, 정치적 혹은 사회구조적 차원에서 일어날 수 있다.

1.2. 역량강화모델(Empowerment Model)의 차원별 내용

역량강화모델은 억압받고 무기력한 상황에 놓여 있는 클라이언트가 자신이 처한 상황을 스스로 개선하기 위한 행동을 취할 수 있도록 개인적, 대인관계적, 정치적으로 힘을 키우는 과정인 역량강화를 이루어낼 수 있도록 전문적으로 원조하는 모델이다. 역량강화모델의 세 차원의 내용은 다음과 같다.

1) 개인적 차원

자신의 문제와 이를 해결하는 능력과 관련된 감정 및 생각을 다룸. 자신이 원하는 것이 무엇인지 표현할 수 있도록 격려하고 자신의 상황을 설명할 수 있게 되는 것.

2) 대인관계적 차원

문제 해결을 촉진하는 다른 사람들과의 경험을 다룸. 다른 사람에게 영향력을 미칠 수 있도록 하는 것으로서, 일방적으로 주거나 받는 것이 아니라 서로 교환하는 관계를 형성하는 것.

3) 사회구조적 차원(정치적, 환경적)

자조노력을 촉진하거나 방해하는 사회제도를 다룸. 정치적 혹은 사회적 상황과 같은 사회구조를 변화시키는 것으로서, 사회구조의 변화를 통해 새로운 기회를 얻고 힘을 얻는 것. 정치적 혹은 사회적 수준에서 자원이 창출됨으로써 다수의 개인이 힘을 얻을 수 있다.

또한, 임파워먼트는 사회, 정치학 부분에서는 1980년대 중반부터 미국 기업 내 무력감(powerlessness)을 해소하고 일에 몰입하며 변화와 성과를 추구하게 하여 기업의 혁신과 도약을 도모하는 수단으로 등장하였고, 그 이후 경영학 등 다양한 분야에서 발전되었다. 정치분야에서는 국민의 정치적인 힘, 환경 분야에서는 자연에서 살아온 사람들에게 그 땅과 자원 통제력(사용권)을 되돌려 주는 것(예: 미국의 인디언), 사회분야에서는 사회구성원의 힘을 키워 양극화 현상해소, 교육분야에서는 자율적으로 학교를 운영해 학생들의 학습의욕을 키우는 것 등의 의미를 가진다.

심리, 조직차원에서는 Bandura(1977)가 자신감(self-efficacy)을 개념화하면서 타인의 파워를 증진시키는 방법을 제시하였다. 임파워먼트의 개념은 복잡하고 다차원적인 과정적 개념으로 학자들마다 이와 같이 다양한 견해를 보이고 있다. 공통점은 과정적 개념이며, 내면의 힘 증진을 위한 것이고, 점점 클라이언트가 스스로 문제를 해결 할 수 있도록 역량을 강화해 내부의 힘을 찾는 데 있다. 즉, 임파워먼트(empowerment)는 수동적인 것이 아닌 스스로 할 수 있는 능력을 말하는 등 자생능력 육성의 의미가 있고, 무기력한 상태에서 힘을 가진 상태로 나아가는 것을 이야기한다.

2. 역량강화모델의 개념

역량강화모델은 1970년대 생태체계관점과 강점관점의 중요성이 대두되면서 형성된 임상사회사업이론이다. 이 모델은 새롭게 등장한 모델이라기보다는 사회복지실천의 전통에 내재되어 있던 강점 중심의 개입이 재조명되고 이를 통해 구체적인 모델로 태어났다.

2.1. 강점 관점

강점(strength)은 '남보다 우세하거나 더 뛰어난 점'이다. 사회복지분야에서 강점이란 '개인, 집단, 지역사회가 잠재적으로 가지고 있는 총체적인 힘'으로 정의된다. 강점은 어려움에 직면했을 때 자신, 타인, 세상에 관해 배운 것을 가지고 외상, 혼란, 억압 등과 투쟁하며 대처해 나가게 한다.

1) 강점 관점의 의미

관점(perspective, 시각)은 개념적 준거틀로서 관심영역과 가치, 대상들을 규정하는 사고체계이다. 강점과 관점을 결합해서 강점 관점을 정의해보면

① 강점 관점은 모든 인간은 자신의 삶의 질을 향상시키는 데 필요한 강점을 이미 소유하고 있고, 문제나 어려움에 직면했을 때 문제를 해결할 수 있는 능력과 힘을 갖고 있다고 보는 관점이다.

② 강점 관점이란 클라이언트의 결점보다는 강점에 초점을 두어 가능한 모든 자원을 활용하여 역량을 실현해 나가도록 돕고자 하는 관점이다.

2) 강점 관점의 특징

클라이언트가 가진 잠재력과 강점을 믿고 발견하고 활용함으로 치료자와 같은 전문가를 중심으로 개입하는 것이 아니라 클라이언트의 견해와 입장을 더 중요시하고 반영한다.

의료모델은 클라이언트에 대해 병리적이고 역기능적인 사람으로 보아 전문가가 개입해야 할 대상으로 보는 데 반하여, 강점 관점은 클라이언트를 자신의 문제를 해결할 능력이 있는 대상으로 본다. 따라서 강점 관점 실천가는 클라이언트가 원하는 해결책을 달성하기 위해 활용 가능한 개인적인 자원과 강점을 공동으로 발견하고 확대시키는 역할을 한다.

〈강점관점 실천과정〉

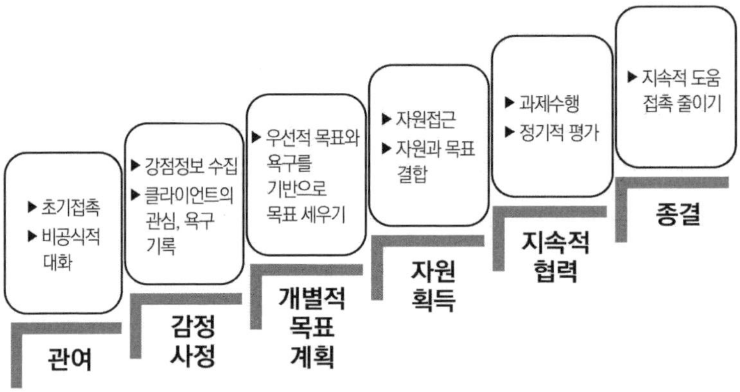

출처: Fast & Chapin(2000); 박노숙(2008)

2.2. 강점 관점과 역량강화모델의 관계

역량강화모델은 강점 관점에 바탕을 둔 실천 모델이라고 할 수 있다. 역량강화모델은 강점 관점에 기반해 형성되었지만, 강점 관점은 동시에 역량강화를 중요시하고 이를 활용한다.

임파워먼트는 '강점관점'의 중요한 개념의 하나인 실천개념으로 개인 내면에 존재하는 힘을 찾아 자신의 삶에 대한 통제권 등 내부의 힘을 가지는 과정을 통해 개인 내적, 대인관계적, 더 나아가 지역사회를 변화시킬 수 있는 힘을 갖게 되는 것을 이야기한다. 임파워먼트의 강점 관점은 긍정심리의 부분으로서 '인간은 본래부터 타고난 강점을 갖고 있으며 배우고, 성장하고, 변화할 수 있는 능력을 지니고 있음'을 전제로 한다.

문제보다는 강점에 집중하며 능력을 발견하고 새로운 관점에서 바라보도록 하기 위한 것이다. 결점에 대한 진단보다는 강점을 강조하며, 취약성을 파악하기보다 임파워먼트를 기반으로 탄력성(resilience)을 높이며, 문제를 제거하려 하기보다는 해결책을 찾아내는 데 역점을 둔다.

긍정심리학(Positive Psychology)은 인간의 긍정적인 측면에 관심을 갖고 인간의 강점과 잠재되어 있는 긍정적인 속성의 존재유무와 개인의 정신적 건강과 안녕을 평가하며 발전되어 왔다. 부정적 문제를 해결하고자 하는 노력을 부정하지 않으나, 긍정적인 측면과 강점, 행복을 추구하는 욕구가 더 중요하다고 하여 질병모델에 의한 예방을 넘어 우리 안에 있는 최선의 가능성을 이끌어 내어 행복을 증진시키기 위한 행복과 강점에 대한 관심과 발전, 연구를 증대하였다.

2.3. 역량강화모델의 특징

1) 클라이언트가 가진 문제점보다는 클라이언트의 강점과 잠재적인 역량을 강조한다.

클라이언트의 강점과 환경적 자원에 초점을 두고 클라이언트의 역량을 향상시키기 위한 해결중심의 접근을 한다.

2) 치료자의 전문성보다는 클라이언트와 치료자의 협력적인 파트너십을 강조한다.

치료자는 클라이언트에 대해 '소비자 시각'을 갖는다. 클라이언트를 기존의 수혜자, 환자, 도움받는 사람으로 보지 않고, 적극적 능동적으로 서비스를 선택하고 서비스에 대한 권리를 인정하는 소비자로 본다. 클라이언트를 소비자로 봄으로써 클라이언트의 자기결정권이 적극적으로 보호되고 반영될 수 있다.

3) 클라이언트가 겪는 어려움을 클라이언트 체계의 결함으로 보지 않고 개인적 역량과 환경적 요구 사이의 불일치에서 발생한다고 본다.

클라이언트가 활용할 수 있는 자원을 파악하고 활용하는 것이 중요하다. 역량강화 모델은 개인의 심리에 대한 접근보다는 환경에 대한 접근 요소가 강하다.

4) 역량강화는 클라이언트에 대한 동기부여가 강점에 대한 강조에서 나타나는 것으로 본다.

클라이언트와 치료자 간 협력적 관계를 발전시키며, 클라이언트와 클라이언트 주변 환경에 있는 강점을 파악하는 데 초점을 둠으로써 클라이언트에 대한 비난을 피한다.

5) 클라이언트를 자신 문제의 전문가로 인정한다.

3. 역량강화모델의 개입과정

역량강화모델의 개입과정은 대화 단계, 발견 단계, 발달 단계의 3단계로 이루어지는데, 각 단계마다 치료자(또는 사회복지사)가 수행해야 하는 주요 과업이 있다.

3.1. 대화(dialogue) 단계

1) 내용

치료자가 클라이언트의 현재 상황, 주요 욕구, 강점을 대화를 통해 이해하고 알아가는 단계이다. 수용과 존중을 통해 라포를 형성하는 단계이기도 하다.

2) 치료자의 과제

① 클라이언트와 협력적인 파트너십을 형성한다. ② 클라이언트의 현재 상황을 확인하고 관계의 목적을 명확히 한다. ③ 초기 방향 및 목표를 설정한다.

3.2. 발견(discovery) 단계

1) 내용

클라이언트의 강점과 자원을 사정하여 클라이언트와 주변에 대해 발견하고 계획을 작성하는 단계이다.

2) 치료자의 과제

① 클라이언트의 강점을 탐색한다. ② 자원에 대한 정확한 사정을 수행한다. ③ 해결 방안을 수립한다. ④ 변화를 위한 계약을 맺는다.

3.3. 발달(development) 단계

1) 내용

발견 단계에서 수립한 계획을 행동으로 실천하는 단계이다.

2) 치료자의 과제

① 활용 가능한 자원을 활용할 방안을 모색한다. ② 새로운 기회와 자원을 개발한다. ③ 목적달성을 측정하고 성공을 확인한다. ④ 성과를 집대성한다.

4. 역량강화모델의 적용 사례

4.1. 첫째 사례: 결혼이민여성의 부모역량강화에 관한 실행연구

김보영(2011)의 박사논문인 본 연구는 통합연구방법론을 적용한 실행연구로, 결혼이민여성의 부모역량강화 프로그램을 개발 및 적용한 후 프로그램의 효과를 양적, 질적으로 분석하였다. 본 연구의 기간은 2010년 6월 9일부터 2010년 12월 7일까지이었고, 연구 참여자는 G광역시 B다문화가족지원센터에서 편의표집 하였다. 1차 실행 참여자는 14명이었고, 2차 실행은 1차 실행 참여자 6명을 포함한 총 11명이었다.

본 연구는 1차 실행은 문제파악, 계획, 실행관찰·평가 및 반성의 단계로, 2차 실행은 문제파악·재계획, 실행관찰·평가 및 반성단계에 따라 결혼이민여성의 부모역량강화 프로그램을 개발하고 그 효과 및 참여자 역량강화 경험을 탐색하였다. 수집된 자료 중 양적 자료는 Willcoxn signed rank test 분석하였고, 질적 자료는 내용분석하였다.

본 연구결과, 부모역량강화 프로그램이 결혼이민여성의 부모양육 효능감, 부모양육 태도 점수를 증가시키는 데 효과가 있었다. 참여자 역량강화 경험은 개인차원은 "긍정의 눈으로 자녀를 바라보게 됨", "자녀를 위해 거듭나려고 노력함", "분노의 소용돌이에서 벗어나게 됨", "응어리에서 벗어나 '나'의 정체감을 찾게 됨", "자녀양육 정보를 알게 됨", "자신의 목소리를 내며 당당하게 살아가게 됨", "돌봄에 대한 자신감이 생김", "모국과 한국 문화를 함께 수용하게 됨", "가족 관계가 개선됨"이었고, 대인차원은 "정보지지"와 "정서적 지지"로 나타났다.

이러한 결과를 통합정리하면, 본 프로그램은 긍정적으로 나를 이끌어 부모 자신을 바르게 인식하게 하고 부모역할 수행에 있어 자신의 역량을 충분히 발휘할 수 있도록 하는 데 효과가 있었다고 판단된다.

이상의 결과는 부모기에 접어든 결혼이민여성을 대상으로 자녀양육과 관련된 문제와 갈등을 해결하고 부모로서의 역량강화를 목표로 하는 간호중재의 기초자료로 활용될 수 있을 것으로 사료된다.

4.2. 둘째 사례: 임파워먼트 영향 요인 분석 - 노인복지시설 사회복지사 대상의 경험적 연구

이지복(2019)은 그의 박사논문에서 노인복지시설의 사회복지사 임파워먼트를 분석하였다. 사회복지사의 임파워먼트 수준을 측정하고, 임파워먼트에 영향을 미치는 요인으로 설정한 지각된 개인 특성, 업무특성, 조직특성 등을 분석하였고, 노인복지시설 중 재가시설과 입소시설을 분석하여 사회복지사의 임파워먼트 수준을 측정했다.

이지복(2019)의 연구결과에 대한 논의에서, 인구사회학적 특성에 따른 임파워먼트 영향 분석, 개인심리적 특성이 임파워먼트에 미치는 영향 분석, 업무특성이 임파워먼트에 미치는 영향 분석, 조직 특성 요인이 임파워먼트에 미치는 영향 분석, 그리고 직무관련 특성과 임파워먼트에 따른 영향 분석 등을 서술하고, 후속연구 제언에서 임파워먼트영향 요인 분석의 지역 확대와 대상 확대를 추천하고 있다.

4.3. 셋째 사례: 자활근로여성을 위한 역량강화 집단프로그램의 효과성

최용호(2005)는 그의 사회복지학 박사논문에서 우리 실정에 부합하는 선진여성복지 정책을 위한 이론적 자료를 제시하고 자활근로여성을 위한 역량강화 프로그램의 모델 개발에 필요한 기초자료를 제공하고 있다. 연구결과의 요약은 다음과 같다.

연구는 자활근로여성을 대상으로 역량강화 집단프로그램을 개발하여 실시하고 효과성을 양적·질적 사례 분석적 방법으로 살펴보았다. 집단 성원들의 역량강화를 위하여 집단 상호작용과 응집성에 초점을 두었다. 전체 8회기의 역량강화 집단프로그램과정을 통하여 개인적인 욕구문제의 탐색된 욕구와 문제에 기초한 개인적인 목표의 설정 목표, 관련된 선택 대안의 모색, 관련된 자원의 탐색, 자원의 평가를 계속적으로 격려하고 지원하였다.

대상 집단은 대인관계 영역에서 문제 해결능력, 성생활의 이해, 자기주장, 훈련 대처기제의 기술, 분노 조절의 방법을 습득하도록 원조되었다. 그리고 환경과의 상호작용 영역에서 자원에의 접근활동을 통하여 무력감을 극복하고 능력을 고취하도록 지지되었다. 역량강화 집단프로그램의 효과성은 집단발달단계 초기에서부터 나타났고, 전체 8회기의 집단과정을 통하여 지속적으로 탐색되고 지지되었다.

그리고 프로그램의 효과성 분석을 하기 위해서 종속변수의 요소들을 자기효능감, 자아정체감, 대처기제능력, 사회적 문제 해결능력으로 구분하고, 본 연구에서 준비한 집단프로그램을 실시한 후 실험집단과 통제집단 간의 차이가 통계적으로 유의미한 결과를 보이는지를 분석해보았다.

이를 위하여 4가지 가설에 대한 검증에서는 t-검증과 맨-휘트니 검증방법을 사용하여 분석하였다. 그리고 이와 같은 양적 분석과 함께 집단과정에서 능력고취가 이루어지는 과정을 양적·질적 사례 분석방법을 병행하였다. 이외에 회기 평가를 회기평가지의 세 가지 질문항목 - 유의성, 자신에 대한 평가, 만족도 - 에 기초하여 분석하였다. 본 연구를 통하여 발견하게 된 연구결과에 기초하여 다음과 같은 결론을 내릴 수 있었다. 먼저 가설의 검증결과를 보면 연구에서 설정된 가설이 모두 지지되었다.

첫째, "역량강화 집단프로그램을 실시한 집단은 집단개입을 실시하지 않은 집단보다 자기효능감에서 보다 나은 향상을 보일 것이다"에 대한 가설검증에서 실험집단은 전 검사에 비하여 후 검사에서 평균점수가 10.86이 향상하여 7.13의 향상을 보인 통제집단에 비해 자기효능 척도 점수에서 유의미한 차이를 보였다(점수가 높을수록 자기효능의 수준이 높음을 의미한다).

둘째, "역량강화 집단프로그램을 실시한 집단은 집단개입을 실시하지 않은 집단보다 자아정체감에서 의미 있는 향상을 보일 것이다"에 대한 가설검증에서 실험집단은 전 검사에 비하여 후 검사에서 평균점수가 10.14가 향상하여 4.25의 향상을 보인 통제집단에 비해 자아정체감 효능척도 점수에 유의미한 차이를 보였다(점수가 높을수록 자아정체감의 수준이 높음을 의미한다).

셋째 "역량강화 집단프로그램을 실시한 집단은 집단개입을 실시하지 않은 집단보다 대처기제능력에서 의미 있는 향상을 보일 것이다"에 대한 가설검증에서 실험집단은 전 검사에 비하여 후 검사에서 평균이 12.29가 향상하여 2.25의 향상을 보인 통제집단에 비해 대처기제 효능척도에서 유의미한 차이를 보였다(점수가 높을수록 대처기제능력이 강함을 의미한다).

넷째 "역량강화 집단프로그램을 실시한 집단은 집단개입을 실시하지 않은 집단보다 사회적 문제 해결능력의 의미 있는 향상을 보일 것이다"에 대한 가설검증에서 실험집단은 전 검사에 비하여 후 검사에서 평균이 9.14가 향상하여 3.88의 향상을 보인 통제 집단에 비해 사회적 문제 해결 효능척도에서 유의미한 차이를 보였다(점수가 높을수록 사회적 문제 해결 수준이 높음을 의미한다).

이상의 가설 검증결과가 제시하듯이 능력고취지향 사회사업실천의 산물로 설정된 네 가지 종속변수에서 실험집단은 유의미한 향상을 보였다. 그리고 본 연구에서는 집단과정에 대한 내용분석에 기초하여 역량강화의 구체적 경향을 분석하였다. 자기효능감과 자아정체감, 대처기제능력, 사회적문제 해결의 네 범주에 해당하는 문장을 긍정적 표현(+) 부정적 표현(-)으로 부호화해서 분석한 결과 집단형성관계 후반부터 긍정적인 흐름을 형성하는 것으로 나타났다.

자기효능감은 3회기에 매우 높게 나타났고, 3회기부터 긍정적인 경향성을 나타내었다. 자아정체감은 2회기까지는 부정적인 표현이 우세하였고 3회기부터 긍정적인 경향을 나타내었다. 대처기제능력은 2회기부터 긍정적인 표현이 많았다. 사회적 문제 해결능력은 공통 경험의 공유, 그리고 집단에서 함께 감정을 해소하고 지지하는 경험, 집단 밖에서 쉽게 다루지 못한 소재를 집단에서 함께 나누면서 발전하였다.

자기효능감과 자아정체감은 3회기가 분기점이 되었는데, 이 회기에서는 자신이 실패하였거나 가장 어려웠던 경험의 시기를 함께 회상하였다. 이러한 경험을 실패한 인생이나 가치 없는 것으로 무효화하지 않고 오히려 잘 견디어낸 시간, 자기들이 승리한 시간으로 유효화시키는 프로그램을 하였는데, 이러한 프로그램 내용이 자기효능감과 자아존중감의 향상에 기여한 것으로 추론된다. 사례분석에서도 4가지 측정 변수가 양·질적인 분석과 마찬가지로 효과성이 있는 것으로 나타났다.

결론적으로 자활근로여성의 역량강화를 위한 양·질적 및 사례분석적인 연구방법을 통해 실시한 본 프로그램은 집단성원의 자기효능감, 자아정체감, 대처기제능력, 사회적 문제 해결능력의 증진 및 집단의식의 향상에 효과적인 개입이라고 할 수 있다. 즉, 본 연구에서 개발하여 실시한 역량강화 집단프로그램의 효과성 검증의 실험결과, 양·질적 및 사례분석적으로 효과가 있는 것으로 나타났다.

- 나가며 -

위에서 우리는 임파워먼트의 다양한 정의와 특징, 적용사례를 살펴보았다. 여기서 임파워먼트의 이론과 방법을 예수 그리스도의 대위임명령과 연계할 수 있음을 직감한다.

임파워먼트는 조직 내에서 무력감을 야기시키는 심리적인 변수들을 제거하고 무력감에 빠진 구성원들에게 업무 수행에 대한 자신감을 심어줌으로써 조직 내에 퍼져 있는 무력감을 해소시키는 과정으로 이해하였다. 즉, 임파워먼트를 권한 위임을 통한 힘의 부여라고 정의하면서 이것을 통해 구성원이 무엇을 할 수 있는 능력을 증가시키는 것이라고 하였다. 종합했을 때, 임파워먼트는 개인 내부에서 자생되는 것이 아닌 다른 사람과의 상호관계가 전제될 때만 가능하므로 상호지지적인 관계를 통해서만 가능함을 의미한다.

백만숙(2010)은 전도 임파워먼트를 '권력이나 권한을 부여하는 것'으로 이해했고, 경영학에서 사용하는 인간의 능력을 동력화하여 능동성을 추구한다는 이론과 비슷하다는 것을 고찰하였다. 그러므로 이것을 실천신학적인 의미로 정리하면 '전도라는 대헌장을 제자들이 수행함에 있어 인간의 힘이 아닌 절대적인 존재인 하나님으로부터 능력을 위임받아 일을 수행함에 있어 소기의 목적을 이루도록 어떤 큰 성과를 얻게 하는 것'으로 이해한다. 임파워먼트를 전도와 연결시켜 좀더 고찰해보자.

하나님나라 확장은 창세기 1장에서 인간 창조시 하나님이 "생육하고 번성하여 땅에 충만하라"(창 1:28)는 명령에 따라 재생산(reproduction)과 번식(multiplication)을 통해서 이루어진다. 예수 그리스도는 이 사명을 완수하기 위해 하늘 영광을 포기하고 인간의 몸으로 세상에 오셨고, 철저히 인간의 삶을 사셨다. 그리고 자신이 제정한 율법을 지키면서 십자가의 죽음으로 희생의 삶을 사셨다.

예수께서 승천하시면서 제자들에게 "너희는 위로부터 능력을 입히울 때까지 예루살렘을 떠나지 말고 아버지의 약속하신 성령을 기다리라" 하신 것도 제자들로 하여금 능력으로 하나님 나라 확장 사역을 하도록 하게 하기 위함이었다. 사도행전의 기록은 성령의 능력을 힘입은 제자들의 행전이다.

이와 같이 전도를 할 때 성령의 능력을 부여받는 것을 '전도동력(Evangelism Dynamic Power)'이라 하는데, 백만숙(2010)은 전도동력을 '전도역량강화(Mission Empowerment)'로 정의한다. 그리고 전도역량강화를 위한 성령의 역할에 대하여 ① 전도자에게 택정받았다는 확신을 주며, ② 복음전도의 길을 인도하시며, ③ 말씀을 전할 때 능력으로 함께 하시고, ④ 교회를 이루어 하나님 나라를 확장시키신다고 하였다.

XI. 사회복지실천모델⑤

심리사회모델(Psychosocial Model)

심리사회모델(Psychosocial Model)은 정신요법이나 카운슬링의 심리적 관점과는 달리 심리사회적 관점을 갖는다는 특징이 있다. 인간을 생리적, 심리적으로뿐 아니라 인간을 둘러싼 사회경제적인 상황을 포함한 포괄적, 전체적 시각을 심리사회적으로 표현하고 있는 것이다.

1. 심리사회모델의 개요

1.1. 심리사회모델의 형성과 발전

심리사회모델은 인간 문제를 심리적, 정서직, 사회적 문제로 이해하면서 '상황 속의 인간(person-in-situation)'을 강조하는 관점으로서, 그 기원을 19세기 초 Mary Richmond에서 찾는다. 1917년 Mary Richmond가 출판한 '사회진단'이라는 저서와 1922년 'What is social case worker'라는 저서를 통해 'case work'의 개념화를 시도하는 정의를 제시함으로써, 개별사회사업(case work)의 개념을 이론적으로 체계화하였다. 이러한 개념은 클라이언트를 수용하고 개별화하며 '클라이언트가 있는 곳에서 출발'하는 등의 실천원칙을 강조하였다.

심리사회모델은 1930년대 후반 Gordon Hamilton에 의해서 심리사회적 이론으로 처음 불리기 시작했고, 그 후 1960년대에 Florence Hollis에 의해 사회복지의 실천이론과 접근 방법으로 구체화 되었다. 전통적으로 사회복지실천의 내용은 개인의 내적 요소와 사회적 요소를 모두 중시하는 심리사회적인 것이었으며, 이 전통을 계승하고 집약한 것이 심리사회모델인 것이다.

심리사회모델은 19세기 후반 이래 활동을 계속해 온 우애 방문단 및 자선조직협회의 활동 내용, 그리고 그러한 활동을 요약 체계화한 Richmond의 실천모델을 전승하고, 그 이후 사회복지실천의 고유한 이론으로 발전하게 되었다. 또한, 클라이언트를 수용하고 개별화하며 '클라이언트가 있는 곳에서 출발(start where the client is)'하는 등의 실천원칙을 강조한다.

심리사회모델은 사회복지실천이 전문화되는 과정에서 다양한 인물과 활동의 영향을 받아 만들어진 모델이다. 이 모델은 형성 과정에서 정신분석이론, 대상관계이론, 자아심리이론, 체계이론 등 다양한 사회과학 이론을 수용하면서 발전해 왔다. 이후 1964년 Florence Hollis가 집필한 책 『개별사회복지실천: 심리사회적 치료』(Casework: A Psychosocial Therapy)를 통해 완성되었다.

1.2. 심리사회모델의 이론적 기반

1) 정신분석이론

프로이트의 정신분석이론은 자유연상과 꿈의 해석 등을 통해 무의식 세계를 연구하는 이론이다. 정신분석이론은 정신결정론과 무의식을 기초로 인간의 심리 현상과 행동을 설명한다. 정신분석이론의 영향을 받은 심리사회모델은 클라이언트와 클라이언트의 문제를 이해할 때 인간의 심리 내적 요인에 관심을 두었으며, 클라이언트의 과거가 현재에 미치는 영향을 중요시하였다. 한편 정신분석이론의 영향으로 인간의 심리 내적인 측면을 강조함으로써 사회적, 경제적 배경을 소홀히 하게 되는 한계도 발생했다.

2) 대상관계이론

대상관계이론은 프로이트의 정신분석이론을 현대 정신분석학자들이 확장한 이론 가운데 하나이다. 인간은 양육자(주로 어머니)와의 관계에서 경험했던 이미지나 기대에 따라 현재의 대인관계를 형성하며, 특히 생애 초기에 경험한 애착 대상과의 관계는 이후의 대인관계 유형을 결정한다는 점을 중시한다. 일차적인 양육자와 성공적인 대상관계를 발달시킨 사람은 정서적으로 안정된 반면, 그렇지 못한 경우에는 부적응적인 행동이 나타날 가능성이 높다. 심리사회모델은 인간이 맺는 대인관계는 개인이 속해 있는 환경과의 경험에서 발전한다는 대상관계이론의 영향을 받아서 클라이언트가 형성하는 대인관계 및 대인관계에 영향을 미치는 환경을 중요시한다.

3) 자아심리이론

1950년대에 소개된 에릭슨의 자아심리이론은 고전적인 정신분석이론과 다소 차이가 있다. 자아심리이론에서는 자아가 원초아의 에너지에 좌우되는 존재가 아니고 독립성과 자율성을 가진 존재로 보며, 자아의 기능을 강조한다. 자아심리이론에서 개입의 대상은 무의식이 아니라 자아이다. 이러한 측면에 영향을 받아 심리사회모델에서는 자아의 수행능력, 자아방어기제, 자아의 현실 판단 능력 등을 향상시킴으로써 클라이언트의 문제 해결능력을 향상시키려고 한다.

4) 체계이론

체계이론에서는 인간과 환경은 서로 영향을 주고받는 개방체계로서, 인간은 인간을 둘러싸고 있는 환경과 상호작용한다고 한다. 따라서 인간을 이해하기 위해서는 인간과 환경, 그리고 둘 사이의 상호작용을 이해해야 한다. 체계이론이 인간과 환경 간 상호작용을 중요시하는 점은 심리사회모델의 '인간-상황에 대한 고찰' 기법에 영향을 주었다. 또한, 한 부분의 변화는 다른 부분의 변화를 초래한다는 체계이론의 영향을 받아, 심리사회모델은 개인이나 환경의 변화를 통해 다른 부분의 변화를 유도하려고 한다.

5) 역할이론

역할이론은 인간의 행동을 소질, 재능, 욕망 등을 통해 설명하지 않고 집단 속에서 차지하는 역할을 통해서 설명한다. 예를 들어, 부모가 자식을 사랑하는 것은 부모의 본능이라기보다 부모로서 해야 할 일이라고 사회에서 기대하는 역할을 수행한다는 것이다. 인간의 행동을 사회구조와 연결시켜 설명하는 역할이론은 심리사회모델에서 인간을 이해하기 위해서는 그를 둘러싼 환경이 어떠하며, 그 환경과 인간이 어떻게 상호작용하는지 이해해야 함을 강조하는 데 영향을 주었다.

1.3. 심리사회모델의 특징

'환경 속의 인간(PIE: person-in-environment)'이라는 관점에서 '지금-여기(here and now)'에 초점을 두는 심리사회모델이 전제하는 가치는, 첫째로 클라이언트를 존중하고 수용하며, 둘째로 클라이언트의 욕구에 우선순위를 두며, 셋째로 클라이언트를 평가할 때 개인적 선입관을 배제하고 개별화해야 진정한 이해가 가능하며, 넷째로 클라이언트의 자기 결정 권리와 자기 지향성을 인정한다는 데 있다. 심리사회모델의 특징은 다음의 네 가지로 요약할 수 있다.

1) 개인과 환경 모두를 강조한다.

심리사회모델의 개입의 초점은 개인과 환경, 개인과 환경 간 상호작용이라고 할 수 있다.

2) 실천의 초점을 '환경속의 인간(PIE)'에 둔다.

이러한 관점에 근거하여 이루어지는 사회복지실천은 사회복지실천 현장에서 만나는 각종 문제를 개인의 내적 문제, 사회환경적 문제, 개인과 사회와의 상호작용상의 문제로 보고, 이들 문제의 해결을 위해 개인에 대한 개입, 환경에 대한 개입, 개인과 사회환경과의 상호작용의 문제에 대한 개입을 각각 혹은 동시에 수행한다.

3) 치료자(또는 사회복지사)와 클라이언트 간의 관계를 중요시한다.

클라이언트에게서 일어나는 변화는 두 사람 간에 형성된 치료적 관계에서 비롯되기 때문이다.

4) 클라이언트의 수용과 자기결정권, 개별화 등의 실천원칙을 강조한다.

또한, 클라이언트를 개별화하며, '클라이언트의 현재 상황에서 출발하기' 같은 실천원칙을 강조한다.

2. 심리사회모델의 개입

심리사회모델의 궁극적인 개입목표는 클라이언트의 어려움을 경감시키는 것과 동시에 사람-상황(person-situation)체계에서 역기능을 감소시키는 것이라고 할 수 있다. 구체적으로 설명하면 클라이언트가 경험한 과거의 사건이나 혹은 현재의 경험과 관련된 심리 내적 갈등과 어려움을 클라이언트가 스스로 이해하고 통찰할 수 있도록 원조하는 것이다. 또한, 치료자(또는 사회복지사)가 클라이언트의 변화를 직접 이끌어가는 것이 아니라 클라이언트 스스로가 자신과 환경을 변화시키는 노력을 하는 과정에 최대한 도움을 제공하고, 현실적 자원을 제공하는 것을 목표로 한다.

심리사회모델에서는 개입기법을 일곱 가지로 유형화하고 있다. 이 가운데 여섯 가지는 클라이언트의 심리 내적 변화를 추구하는 직접적 개입기법이고 나머지 한 가지는 클라이언트의 환경에 관련된 대인관계에 개입하거나 클라이언트와 사회환경의 변화를 추구하는 간접적 개입기법이다.

2.1. 심리사회모델의 개입 1: 직접기법

1) 지지하기(sustainment)

'지지하기'의 궁극적 목표는 클라이언트의 불안을 감소시키고 동기화를 촉진시켜 원조관계를 수립하는 것이다. 지지과정은 심리사회모델에 따른 치료자의 활동 가운데 가장 기본적이고 핵심적이다. 지지과정이란 치료자가 클라이언트를 수용하고 클라이언트를 원조하려는 의사와 클라이언트의 문제 해결 능력에 대한 확신감을 표현함으로써 클라이언트의 불안을 줄이고 자아존중감을 증진하기 위한 과정이다.

특히 클라이언트가 죄책감과 수치감을 느끼거나 두려워하거나 분노를 느끼는 경우에 치료자는 지지기법을 적극 사용함으로써 클라이언트를 이해하고 있음을 보여야 한다. 지지 과정은 언어적 의사소통뿐만 아니라 따뜻한 표정, 어깨를 두드리는 등의 비언어적 방법도 포함한다. 또한, 클라이언트가 당면한 문제에 대해 실질적 도움을 제공함으로써 치료자가 클라이언트를 수용하고 지지함을 나타낼 수 있다. 지지하기의 개입기법은 크게 재보증, 격려, 선물주기, 경청 등이 있다.

첫째, '재보증(reassurance)'은 클라이언트가 가진 죄의식, 불안, 분노의 감정에 대해 이해를 표현하여 클라이언트를 안심시키는 것이다. 그러나 근거 없는 확신을 주어 클라이언트를 너무 안심시키면 문제의 본질을 탐색할 기회를 상실할 수 있다. 예를 들면, 자녀에게 심하게 화를 내는 것에 대해 죄책감에 시달리는 어머니에게 분노와 화나는 감정을 이해한다는 표현을 함으로써 어머니를 안심시키는 것이다.

둘째, '격려'는 클라이언트의 능력에 대해 신뢰를 표현하고 성과를 인정하고 성공에 대한 기쁨을 표현하는 것이다.

셋째, '선물주기'는 치료자가 클라이언트를 도와주려는 관심을 명백히 전달하는 지지의 한 형태로서 물질적인 지지라기보다는 마음의 선물이라고 할 수 있다. 예를 들면, 클라이언트가 아동인 경우 아동의 머리를 쓰다듬어주거나 성인 클라이언트의 경우 클라이언트의 가정을 방문하는 것을 들 수 있다.

이외에도 지지하기에는 경청, 따뜻한 표정, 가볍게 어깨를 두드리는 비언어적 표현 방법 등이 있다.

2) 직접적 영향주기(direct influence)

'직접적 영향주기'의 궁극적 목표는 클라이언트의 사회생활기능에 있어 장애가 되는 요인을 제거하는 것이다. 직접적 영향이란 클라이언트의 행동을 향상하기 위한 조언이나 제안 등을 통해 치료자의 의사를 관철하기 위한 과정이다. 클라이언트가 스스로 자신의 문제를 해결하는 결정을 하는 것이지만 치료자가 그 결정에 직접적으로 영향을 미칠 수 있다. 치료자의 영향은 다양한 방법으로 이루어지는데 의견 제시에서 클라이언트가 이미 내린 결정에 대한 지지, 강력한 주장, 직접적 개입 등의 방법을 포함한다.

직접적 영향이 효과적이기 위해서는 지지 과정을 통해 신뢰관계를 형성하는 것이 무엇보다 중요하다. 치료자가 조언하고 싶은 욕구를 강요하는 것이 아니라 클라이언트가 가진 욕구를 명료화하여 조언해야 한다. 그러므로 조언하기 위해서는 충분히 경청하고 클라이언트가 서 있는 곳에서 출발해야 한다. 부모의 안내나 위기개입은 때로 치료자가 강한 의견을 표현하거나 클라이언트가 특정한 행동과정을 따르도록 촉구하기도 할 정도로 직접적 영향을 준다. 물론, 클라이언트가 자신의 생각대로 결정에 이르기는 하지만 어느 정도 방향은 분명하게 제시하기도 한다.

직접적 영향주기의 개입기법은 클라이언트 자신의 제안을 격려하고 강화하거나 장려하기, 현실적인 제안을 설정하기, 직접적인 조언하기, 대변적인 행동하기 등이 있다.

3) 탐색, 기술, 환기

탐색(exploration), 기술(description), 환기(ventilation)의 궁극적인 목표는 클라이언트에게 사실 및 사실과 관련된 감정을 표출하게 하여 긴장을 완화시키는 것이다. 탐색과 기술은 클라이언트의 문제와 관련하여 클라이언트, 클라이언트의 환경 혹은 클라이언트와 환경과의 상호작용에 관한 사실을 진술하고 설명하도록 원조하는 것이며, 환기는 사실과 관련된 감정을 끄집어냄으로써 카타르시스를 경험하도록 원조하는 것이다. 탐색-기술-환기는 밀접하게 연관되어 있는데, 사실을 진술하거나 설명하는 과정에서 자연히 감정이 표현되기 때문이다.

심리사회모델에서는 특히 분노와 상실에 대한 애도 반응, 죄책감, 불안 등의 감정에 주의를 기울인다. 이런 감정들은 표현할 수 있는 준비가 되었을 때 말로 표현되어야만 클라이언트가 환기를 경험할 수 있다. 때로는 환기를 경험하는 것 자체로 문제가 해결되는 경우가 종종 있다. 그러나 클라이언트가 개방할 준비가 되지 않았을 때에는 더욱 방어적 태도를 취하거나 표면적으로만 그 사실을 다루게 되어 실제로 느끼는 그 감정은 그대로 남아있는 경우도 생긴다. 클라이언트가 자신의 상황과 감정을 치료자와 의사소통할 때 탐색, 기술, 환기를 통해 설명한다. 감정을 환기하면 클라이언트는 즉각적으로 감정적인 편안함을 느낀다.

탐색, 기술, 환기의 개입기법은 초점 잡아주기, 부분화하기, 화제 전환하기 등이 있다.

4) 개인-환경에 관한 고찰

'개인-환경에 관한 고찰(person-situation reflection)'의 궁극적인 목표는 문제를 보다 더 잘 이해하기 위해 또는 행동에 변화를 초래하기 위해 클라이언트가 잘못 이해하고 있는 내용들을 현실적으로 파악하는 것이다. 이 기법은 클라이언트를 둘러싼 현재 혹은 최근 사건에 대해 6가지 하위 영역에 대해 고찰하는 것으로 심리사회모델의 핵심기법이다.

이 기법은 클라이언트와 그를 둘러싸고 있는 환경 및 주변 인물들과의 상호작용에 초점을 두고 있으며, 치료자가 클라이언트에게 자신과 환경의 상호작용과 관련된 인식, 사고와 감정들을 잘 알 수 있도록 돕는 것을 의미한다. 인간-환경 간의 관계에는 다른 사람에 대한 생각, 자기 건강에 대한 생각, 일반적 상황에 대한 생각 등과 관련한 질문을 통해 클라이언트의 인지 및 지식상태를 알아보는 외부성찰(extra reflection)과 클라이언트 자신의 행위·생각·감정 등의 세밀한 속성 혹은 숨겨진 감정과 반응을 지각할 수 있도록 하는 내부성찰(intra reflection), 자신의 행동이 자신 또는 타인에게 어떤 영향을 주는가를 생각해보게 하는 외부와 내부의 중간 정도에 해당하는 성찰이 있다.

'개인-환경에 관한 고찰'의 개입기법은 논리적 토의 및 추론, 설명, 일반화, 변화, 역할극, 강화, 명확화 교육 등이 있다.

5) 유형-역동에 관한 고찰

'유형-역동에 관한 고찰(pattern-dynamic reflection)'의 궁극적인 목표는 변화의 동기를 촉진시키면서 클라이언트 자신의 성격 유형, 특징, 행동 유형, 방어기제, 자아 기능수행 정도 등 심리 내적 역동에 대해 이해하도록 원조하는 것이다.

인간은 정신 내면의 힘들에 의해 영향을 받기 때문에 인간과 환경에 대한 고찰만으로는 클라이언트 문제를 적절히 처리하기가 불충분하다. 따라서 이러한 정신 내면의 힘들이 어떻게 작용하는가 하는 역동성과 발달에 대해 고찰해 볼 수 있도록 원조한다. 클라이언트의 행동 경향, 클라이언트가 어떤 특정 행위에 이르게끔 하는 생각이나 감정의 패턴, 또는 사건에 대한 생각들을 스스로 찾아낼 수 있도록 도와준다.

'유형-역동에 관한 고찰'의 개입기법은 명확화, 해석, 통찰의 개발 등이 있다.

6) 발달적 고찰

'발달적 고찰(development reflection)'의 궁극적 목표는 변화를 위해 유년기의 문제와 현재 행동의 인과관계를 클라이언트가 자각하게 하는 것이다. 클라이언트의 현재의 성격이나 기능에 영향을 미친다고 생각되는 원가족의 경험 또는 유아기 때의 경험에 대해 생각해 볼 수 있도록 원조하는 기법이다. 이 기법은 현재의 인격과 기능에 영향을 주는 원가족이나 초기 생활의 경험을 클라이언트가 고려해보도록 하고, 과거의 상황과 개인의 감정이 연결되도록 돕는다. 때로는 특정한 초기 경험과 현재 행동이나 태도 간에 관계를 인식할 수 있도록 촉진시키는 질문을 던진다.

발달적 고찰의 개입기법에는 명확화, 해석, 통찰, 논리적 토의 및 추론, 설명, 일반화, 변호, 역할극, 강화, 교육 등이 있다.

2.2. 심리사회모델의 개입 2: 간접기법

간접적 개입기법의 궁극적인 목표는 클라이언트를 둘러싼 인적·물적 환경에 관계된 문제를 해결하는 것이다. 이것은 클라이언트의 대인관계에 개입하거나 사회환경적 변화를 추구하는 활동이다. 클라이언트에게 필요한 자원을 발굴, 제공하여 클라이언트에 대한 옹호 및 중재활동을 한다. 또한, 클라이언트 스스로가 주변을 변화시킬 수 있도록 원조한다.

클라이언트의 문제 해결 과정에서 주변 사회환경 자원을 최대한 활용하기 위해서 치료자는 기관의 정책, 기관이 갖고 있는 자원, 기관의 권력구조, 타 전문직의 문화 또는 분위기 등을 이해하고 있어야 한다. 또한, 기관의 직원과도 지속적 협력관계를 유지해야 한다. 간접적 개입에 있어 치료자의 역할과 관련하여 강조해야 할 두 가지 중요한 사항으로서 클라이언트의 신상에 대한 비밀보장과 클라이언트의 자기결정과 그에 따른 클라이언트의 책임성을 들 수 있다.

간접적 개입기법은 클라이언트에게 필요한 자원을 발굴하고 제공하며, 클라이언트와 다른 체계 사이를 중재하기도 하며, 클라이언트를 옹호한다. 때로는 직접적 개입 기법들도 활용된다.

3. 심리사회모델의 사회복지실천에서의 활용

3.1. 사정과 진단의 필요성 및 중요성을 부각시킨다.

① 실무에 있어 개인의 심리적·정서적·사회적인 문제를 이해하고 이를 심리사회적인 모델의 본질적인 요소로 인식한다.

② 클라이언트의 평가와 진단에 있어 신중하게 하는데 기여하였다.

③ 진단은 언제든지 할 수 있고, 이를 수정하는데도 유연하다. 또한, 진단의 과정은 지속되어야만 한다.

3.2. 변화를 위한 개입수준을 결정한다.

① 변화를 위한 구체적인 개입을 어느 정도까지, 어떻게 할 것인지를 결정한다.

② 목표는 클라이언트 스스로 이해하며 바라고 있는 것과 치료자가 그것이 원조 가능한 것이라고 판단되면 성립된다.

3.3. 상황속의 인간을 강조한다.

① 진단을 통해 이해되는 요인과 치료에 의해 변화되는 요소로서의 개인과 상황의 쌍방을 강조한다.

② 개인과 환경의 상호작용에 의해서 환경의 변화가 개인의 기능에 영향을 미치며, 개인의 변화가 환경의 여러 가지 기능에 영향을 미친다. 따라서 개인과 환경은 상호보완적이다.

3.4. 클라이언트 지지를 통해 전문적인 개입을 실행한다.

① 클라이언트를 정서적으로 지지함으로써 클라이언트가 자신의 억압된 생각과 감정, 특히 부모에 대한 억압된 부정적 반응을 인식하고 적절히 표출하도록 도우며, 더 나아가 클라이언트의 자신감과 자존감을 향상시킴으로써 자신이 원하는 삶을 선택할 수 있도록 이끌 수 있다.

4. 심리사회모델이 사회복지실천의 발전에 미친 영향

① 심리사회모델은 인간의 성격이나 문제는 생활의 다양한 요인 때문에 형성된다고 본다.

② 인간은 똑같은 상황을 경험하더라도 각기 서로 다른 반응을 보이는 개별적인 존재이다.

③ 클라이언트의 생활사에 대해 다각적으로 사정하는 것을 중요하게 여긴다.

④ 클라이언트의 개별성을 이해하기 위해 '지금-여기'라는 관점에서 문제를 인지하고 클라이언트의 행동을 파악한다.

⑤ '상황 속의 인간'을 중요하게 여기기 때문에 사회복지실천을 할 때에도 클라이언트와 사회적 환경 간의 상호작용에 초점을 둔다.

⑥ 이러한 이중적인 개입은 다른 전문직과 사회복지전문직을 구분 짓는 중요한 요인으로 작용한다.

⑦ 심리사회모델은 자원을 창조하고 발견하고 제공하는 역할을 하거나 클라이언트와 다른 사람들 사이에서 중재자로서 역할을 한다. 그러나 기관이나 지역사회 또는 정치적 수준 같은 환경적인 작업에 대해서는 강조점이 덜 주어지고 있다는 비판이 있다.

⑧ 또한, 심리사회모델은 너무 좁게 정신분석적이고, 억압받는 인구와 다른 다양한 목표 집단 욕구와 강점에 불충분하게 반응한다는 비판을 받고 있다.

- 나가며 -

심리사회모델은 인간 문제를 심리적, 정서적, 사회적 문제로 이해하면서 '상황 속의 인간'을 강조하는 면에서 진일보한 모델로 평가받는다. 그러나 심리사회모델의 이론적 기반이 되는 정신분석이론, 대상관계이론, 자아심리이론은 성경적 인간과는 매우 다른 인간관 세계관에서 출발한 것이므로 구체적인 적용에 있어서는 성경적 인간관에 배치되지 않는 적용이 필요하다.

XII. 사회복지실천모델⑥

과제중심모델(Task-Centered Model)

앞에서 언급한 사회복지실천모델(정신역동모델, 인지행동모델, 위기개입모델, 심리사회모델 등)은 심리학 등에서 영향을 받아 만들어진 모델이지만, 과제중심모델은 사회복지분야에서 만들어진 모델이다. 따라서 이 모델이 어떠한 배경 속에서 만들어졌으며 다른 모델에 비교해서 이 모델이 갖는 특징이 무엇인지 아는 것이 중요하다.

과제중심모델은 1970년 초에 미국에서 개발된 사회복지 실천모델로서, 제한된 표적문제에 초점을 두는 계획된 단기치료이기 때문에 사회복지실천의 효율적인 실천방법으로 인식되어 왔으며, 치료의 효과성을 검증하는 객관적인 실천방법으로 자주 활용되기도 한다. 과제중심모델은 클라이언트의 문제를 정의하는 데서부터 과제수행까지 클라이언트의 참여를 적극 유도함으로써 클라이언트의 자존감을 높이는 것뿐만 아니라 문제 해결 기술과 능력을 강화시키는 목적을 갖고 있다.

특히 특정한 이론적 배경보다는 실천경험과 행동적 과제를 강조하기 때문에 재발의 위험이 높은 문제행동 청소년 등과 같은 경우 단시간의 시간과 비용의 한계를 가지고 접근하는 유용한 개입방법이 될 수 있다. 예를 들면, 이미 습관화된 문제행동을 보이는 청소년은 과제중심모델의 구조화된 접근을 통하여 자신의 행동을 수정할 수 있도록 지도받게 되고, 긍정적 행동을 하도록 사회적 강화를 받게 되며, 실제로 그가 속한 사회에 나가서 배운 기술을 사용함으로써 자기통제력과 자기효능감을 향상시킬 수 있다

여기서는 과제중심모델의 등장배경, 특징, 개입, 주요 개념, 개입 과정, 그리고 과제중심모델과 관계되는 사례 등을 살펴본다.

1. 과제중심모델(Task-Centered Model)의 등장배경

1970년대 미국에서는 사회복지 분야뿐 아니라 심리학 분야에서도 시간 제한적인 단기개입에 대한 관심이 높아지고 있었다. 이것은 정신분석치료 등 전통적인 개입양식이 장기개입으로 이루어지고 있지만 치료효과 및 개입의 효과성이 그다지 좋지 못하거나 비용이 많이 든다는 비판, 그리고 비슷한 문제에 대해 단기간 개입을 해도 개입의 효과는 비슷하거나 더 좋을 수 있기 때문에 단기개입이 더 효율적이라는 의견이 제시되었기 때문이다.

단기개입이 이루어지기 위해서는 각 회기에서 사회복지사가 수행해야 할 일들이 분명히 정해져야 하고, 개입단계의 절차 등도 구조화되어야 한다. 과제중심모델은 집중적이고 구조화된 개입형태를 선호하는 분위기 속에서 등장하게 되었다. 이론보다는 실제 현장에서 다양한 방식으로 개입을 시도해 본 후 가장 효과적이라고 경험적으로 입증된 요소들을 모아 개입을 한다면 좀 더 효과적인 개입이 이루어질 수 있다고 보았다. 과제중심모델은 이러한 움직임의 영향을 받아 개발되었다.

2. 과제중심모델의 특징

1) 시간 제한적인 단기개입

과제중심모델은 보통 2~3개월 동안 8회~12회로 구성되며 4개월 이내에 종결되는 단기개입 모델이다.

2) 클라이언트가 인식한 문제와 클라이언트의 욕구 중심

개입은 클라이언트가 '문제'라고 인식한 문제를 중심으로 하며, 클라이언트의 욕구를 최대한 반영한다.

3) 과제 중심의 개입

과제중심모델에서 변화는 기본적으로 클라이언트가 사회복지사와 만나는 면접 내부와 외부에서 행한 문제 해결활동을 통해 이루어진다.

4) 경험적 자료에 근거한 모델

근거가 확실하지 않은 상태에서 모델의 요소를 만들지 않고 실증적 연구 및 조사에 의해 검증되고 지지되는 방법을 선호한다.

5) 사회복지사와 클라이언트 간 협조적 관계

사회복지사는 클라이언트가 제한된 기간 내에 문제를 해결할 수 있도록 원조하며 클라이언트의 적극적인 참여와 동기를 중시한다.

6) 클라이언트의 자기결정권 강조

클라이언트의 자기결정권을 구체적 방법으로 실천에 반영하는데, 클라이언트가 '문제'라고 인정한 문제에 한하여 개입하며, 클라이언트가 동의한 개입방법을 사용한다.

7) 특정 이론에 근거하지 않고 다양한 이론을 절충적으로 사용

클라이언트의 문제 특징에 따라 인지적 접근, 행동적 접근 등 다양한 접근을 사용한다.

8) 구조화 수준이 높은 개입

과제중심모델은 개입의 각 단계마다 특정한 과제수행을 요구하는 구조화된 전략을 취한다. 개입순서는 시작하기 → 표적문제의 규명 → 계약하기 → 실행 → 종결이다.

9) 클라이언트의 환경에 대한 개입 강조

개입은 클라이언트의 문제와 관련된 자원에 대해 탐색하고 이를 활용할 수 있도록 활성화하는 방안을 개입의 모든 과정에서 강조한다. 따라서 과제중심모델은 클라이언트의 환경에 개입하는 것을 강조한다.

10) 심리적 문제 및 환경적 문제에 대한 개입에 효과적

과제중심모델은 사회복지실천에서 전통적으로 중요시해 온 클라이언트의 대인관계 문제, 개인 내적 문제, 현대사회의 다양한 위기상황 등 개인과 환경 간의 상호작용에 관련된 문제에 폭넓게 적용 가능한 모델로 평가받고 있다.

3. 과제중심모델의 주요 개념

1) 표적문제

클라이언트가 해결하기를 원하는 문제로서 개입의 초점이 되는 문제이다. 클라이언트가 가진 많은 문제 중에서 클라이언트가 변화를 원하고 사회복지사의 전문적 판단에 의해 문제라고 인정이 되며, 개입의 초점으로 서로 동의한 문제이다. 사회복지사와 클라이언트의 의견이 다를 경우에는 클라이언트를 우선적으로 고려하면서 사회복지사의 판단이 반영되도록 한다.

2) 과제

개입의 목표를 달성하기 위해서 클라이언트와 사회복지사가 면접 내부와 외부에서 행하는 문제 해결 활동으로서 클라이언트와 사회복지사가 함께 계획하고 동의한 후 수행한다. 클라이언트의 과제는 목표를 달성하기 위해 클라이언트가 수행하는 문제 해결활동이고, 사회복지사의 과제는 클라이언트가 문제 해결활동, 즉 과제수행을 원활히 할 수 있도록 지지하고 원조하는 활동이다.

3) 과제 형성시 고려할 사항

① 클라이언트의 동기화 수준을 고려하여 과제를 정해야 한다, ② 과제는 실행가능성이 있어야 한다, ③ 과제 내용은 바람직한 것이어야 한다, 그리고 ④ 변화에 융통적인 과제여야 한다. 즉 클라이언트의 수행 정도 및 변화하는 상황을 고려하여 과제를 바꾸기도 한다.

4. 과제중심모델의 개입 과정

과제중심모델에서는 클라이언트가 활용할 자원이 부족하거나 기술이 없기 때문에 문제가 발생한다고 가정한다. 따라서 개입의 목표는 클라이언트가 문제 해결에 필요한 기술이나 자원을 얻을 수 있도록 원조하는 것이다. 과제중심모델의 개입과정은 아래와 같다.

4.1. 시작하기: 면접

자발적 클라이언트의 경우, 즉 클라이언트가 스스로 사회복지기관을 찾아온 경우에는 다음 단계인 문제규명단계로 넘어간다.

다른 기관으로부터 의뢰된 비자발적 클라이언트인 경우에는 클라이언트와 의뢰기관이 제시하는 내용이 일치하지 않는다면(탐색하기), 사회복지사가 서로의 의견을 조정하거나 협상한다(조정 또는 협상하기). 목표 달성을 위해 의뢰기관이 제공할 수 있는 자원을 확인한다.

4.2. 1단계: 문제규명단계

과제중심모델에서는 개입의 초점이 되는 문제를 구체적으로 설정한다. 표적문제를 설정할 때 구체적으로 2~3개 우선순위를 고려하여 정하되, 클라이언트의 견해를 최대한 반영하여 설정한다. 문제규명 단계에서 사회복지사는 초기에 신속한 사정(예비사정)을 수행하고, 의뢰기관에서 위임한 문제의 우선순위를 파악하며, 클라이언트가 규정한 문제 중에서 개입의 초점이 되는 표적문제의 우선순위를 고려하여 3개까지 정한다.

* 예비사정은 문제규명 단계에서, 본격적 사정은 실행단계에서 진행한다.

4.3. 2단계: 계약 단계

계약에 포함될 요소로는 클라이언트의 구체적 목표와 표적문제, 클라이언트의 일반적 과제와 사회복지사의 일반적 과제, 개입기간, 지속시간 및 면접 일정, 클라이언트와 사회복지사 외의 참여자 등이다.

4.4. 3단계: 실행 단계

표적문제에 대해 집중적으로 사정한다(예, 학교, 직장, 재정상태, 사회경제적 지위, 또래집단 등). 문제 해결을 위한 대안을 모색하고, 과제를 개발하고 수행하며, 과제수행정도를 점검한다. 과제수행의 장애요인을 예상해 보고 이를 제거한다(장애요인의 예; 클라이언트의 기술부족, 타인과의 협력과 지지부족, 자원부족 등).

4.5. 4단계: 종결 단계

개입과정을 통해 성취한 것에 대해 점검하고 필요시 개입을 연장하거나 사후 지도한다. 사회복지사는 자신의 개입활동에 대해 평가한다. 이때 기술평가 척도가 유용하다. 기술평가 척도는 사회복지사가 개입의 초기부터 종결까지 적용하거나 적용해야 할 기술에 대해 평가함으로써 이후 개입에서 보완해야 할 기술을 알려준다.

5. 과제중심모델과 관계되는 사례들

사례 1: 철수는 무단결석과 친구를 괴롭히는 문제로 담임선생님에 의해 학교사회복지사에게 의뢰되었다. 철수와의 상담을 과제중심모델로 진행할 때 그 개입방법은?

답: 과제중심모델에서는 클라이언트와 사회복지사가 계약한 문제를 해결하는 것에 초점을 둔다. 따라서 무단결석과 친구를 괴롭히는 문제를 중심으로 개입하게 된다. ① 담임선생님이 제시한 문제를 확인한다. ② 제시된 문제가 철수의 욕구와 일치하지 않는 경우 조정한다. ③ 철수의 노력으로 해결 가능한 문제를 선정한다. ④ 지역사회에서 지원할 수 있는 방법을 확인한다.

사례 2: 진희는 학교 친구들에게 폭력적인 행동을 하고 학교생활에 적응하는 데 어려움을 겪고 있다. 진희 담임선생님은 학교사회복지사에게 진희와의 상담을 의뢰하였다. 사회복지사가 진희와의 상담에서 과제중심모델을 진행할 때 바람직한 행동은?

답: ① 담임선생님이 제시한 문제와 진희가 제시하는 문제가 일치하지 않는 경우 협상하고 조정해야 한다. ② 목표달성을 위해 학교가 지원해 줄 수 있는 자원을 알아본다. ③ 계약체결 과정에서 비현실적인 계약에 별 생각 없이 동의할 수 있으므로 유의한다.

XIII. 집단 사회복지실천에 대한 이해

우리나라에서 집단(集團, group)에 대해 가장 보편적으로 이해하며 집단 활동에 구성원 대부분이 직접 참여하는 곳은 개신교회일 것이다. 한국교회의 '구역'은 소그룹의 전통적인 형태이고, 지금도 셀그룹, 다락방, 목장 등 여러 가지 이름으로 불리며 교회의 기초 조직으로 구성되어 있다.

우리 사회에서 흔히 접하는 집단으로는 금연 집단, 청소년 성교육 집단, 입양준비 부부 집단, 암환자 가족 집단, 약물중독자 회복 집단, 정신병동 환자 자치 집단, 클럽활동 집단, 사회행동 집단, 위원회, 퇴직 준비 집단, 거기에 노사모, 박사모 등 정치성향집단들이 있다. 이들 집단과 사회복지실천을 연계하여 '집단 사회복지실천'이 이루어진다.

집단실천은 사회복지실천현장의 제한된 인력과 재정상태 내에서 클라이언트에게 서비스를 제공하는 데 있어 시간과 비용을 절약할 수 있으며, 이와 더불어 집단과정을 통한 개인의 변화, 즉 집단과정에 있어 다른 사람들과의 교정적 체험을 통한 대인관계 학습과 감정의 표현과 해소의 카타르시스 등의 치료적 효과를 제공하는 것으로 인해 점차 확대되고 있다.

여기서는 집단 사회복지실천의 개념, 이론적 모델, 집단의 유형, 집단 지도 기술 등에 대해 살펴보기로 한다.

1. 집단 사회복지실천의 개념과 구성요소

1.1. 집단 사회복지실천의 개념

집단 사회복지실천은 집단에 속한 개인이 프로그램 활동을 통해 상호작용을 지도하는 전문가의 도움을 받아 목표지향적 활동을 함으로써 그들의 욕구와 능력에 따라 타인과의 관계나 성장의 기회를 경험하며, 나아가 개인, 집단, 사회의 발전을 도모하고자 하는 것이다.

집단 사회복지실천은 의도적인 집단경험을 통하여 개인의 욕구를 충족시키고 심리사회적 기능을 향상하도록 하며, 개인이나 집단의 당면문제를 해결할 수 있도록 하는 사회복지실천 방법 중 하나이다.

1.2. 구성요소

집단 사회복지실천의 구성요소에는 집단, 집단 성원, 집단 지도자, 프로그램 활용이 있다.

1) 집단

집단은 공통의 관심사를 지닌 사람들이 공동의 목표를 달성하기 위해 지속적으로 상호작용하는 2인 혹은 3인 이상의 집합을 말한다. 집단역동은 집단이 가진 특성을 통해 일어나는 집단성원 간의 상호작용 혹은 집단과정에서 만들어진 힘으로서, 개별 성원뿐만 아니라 전체로서의 집단에 영향을 미친다.

2) 집단 성원

집단 성원은 성장하고 학습하고 치료되기를 원하는 개인으로서, 다양한 목적을 가지고 집단에 참여하게 된다. 집단 성원은 대부분 자발적으로 집단에 참여하지만, 의뢰나 강요에 의해 비자발적으로 참가하는 경우도 있다.

3) 집단 지도자

집단에 속한 개별 성원과 집단 전체의 목적을 달성하기 위해서는 집단지도자의 전문적인 지도가 필요하다. 집단 내부에서 사회복지사는 집단 전체의 역동성에 영향을 주기 위해 개입하고, 집단 성원이 긍정적 변화를 이루어낼 수 있도록 원조한다.

4) 프로그램 활동

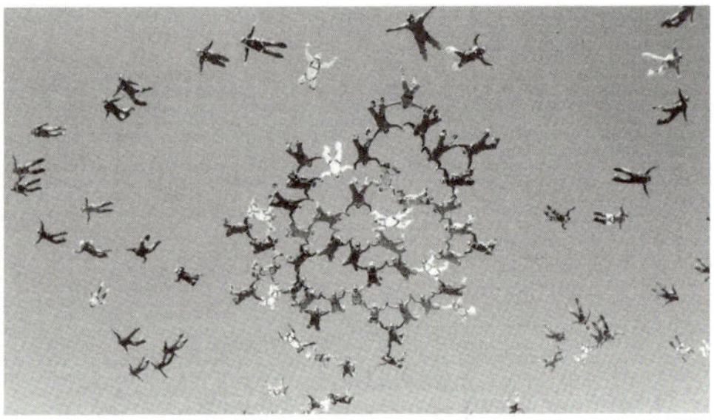

집단 사회복지실천은 의도적인 집단 경험을 통해 개별 성원과 전체 집단의 목적을 달성하는 것이다. 따라서 의도적인 집단 활동인 프로그램 활동이 필요하다. 하지만 사회복지사는 프로그램 자체에 대한 지나친 강조로 집단 성원에게 스트레스를 주지 않도록 유의해야 하며, 프로그램 활용의 시기적절성, 프로그램의 적합성, 집단 성원의 참여 동의, 프로그램의 안전성 등을 고려하여 프로그램을 선택하고 운영한다.

2. 집단 사회복지실천의 이론적 모델

집단 사회복지실천의 세 가지 모델이 파펠(Catherine Papell)과 로스만(Beulah Rothman)에 의해 개발되었다. 이 중 사회적 목표모델과 상호작용모델은 인보관운동으로부터 성장했다. 최근에는 세 가지 모델을 통합하여 활용하는 시도가 늘고 있다.

2.1. 사회적 목표모델(Social Goals Model)

사회적 목표모델은 '집단 활동을 통해 더욱 광대한 지식 기반을 창출할 수 있고, 능력 있는 시민을 배양할 수 있다'는 개념에서 출발하였다. 이 모델은 민주적 집단과정을 중요시하며 집단사회사업 실천가들은 소집단 내에서 민주적 절차를 개발하고 유지하는 데 힘을 모으게 된다.

1) 특징

집단의 초점은 개인의 성숙과 민주시민의 역량 개발에 있다. 집단 성원의 과업은 사회적 의식과 사회적 책임을 발달시키는 것이다. 초기에는 집단 지도자에 의해 집단목표가 결정되지만 점차 집단에게 이양된다. 집단의 장기적 목적은 더 나은 민주사회 건설이다.

2) 사회복지사의 역할

집단 성원의 사회의식을 개발하기 위해 영향력 있는 사람으로서 역할을 하고, 바람직한 역할모델을 제시하는 역할을 한다.

3) 모델의 활용

지역사회 내의 범죄와 빈곤을 다루기 위해 지역사회복지관이나 시민단체 등에서 활용된다. 보이스카우트 및 걸스카우트, 지역사회 환경지킴이 집단, YMCA, YWCA 등이 이 모델에 속한다.

2.2. 상호작용모델(Reciprocal Model)

상호작용모델은 개별 성원과 집단 간의 상호관계 또는 공생적 관계에 초점을 두는 모델로서, 상호적인 관계를 통해 집단 성원의 욕구와 문제 해결에 초점을 둔다.

1) 특징

주요 초점은 집단 성원 간 상호원조체계 구축에 있다. 사회복지사와 집단 성원 간의 협력을 통해 집단 목표를 설정한다. 집단의 장기적 목적은 개인과 사회의 조화이다.

2) 사회복지사의 역할

개인과 집단이 상호원조체계가 되도록 중재하는 역할을 한다. 조력자요 중재자로서, 사회복지사는 구성원과 권력을 공유하고 집단에 대한 통제권을 공유한다.

3) 대표적 집단

지지집단이 있다.

2.3. 치료모델(Remedial Model)

치료모델은 임상적인 교정모델로서 사회적 기능 수행에 문제가 있거나 문제가 발생할 확률이 높은 개인에게 원조하는 것을 강조하는 모델이다.

1) 특징

집단은 개인의 목적을 달성하기 위한 수단으로 간주되며, 집단의 초점은 집단의 경험을 통해 개인을 치료하는 데 있다. 집단의 목표는 전문가가 사전에 결정하며, 전문가는 성원의 행동변화에 초점을 두고 구조화된 개입을 한다. 집단의 장기적 목적은 개개인의 사회적응력 향상이다.

2) 사회복지사의 역할

치료모델에서 사회복지사의 역할은 지시적이고 계획적이며 목표지향적이다. 사회복지사는 집단 형성과 운영에 막대한 힘과 영향력을 행사하며, 전문적인 변화 매개인의 역할을 한다.

3) 대표적 집단

알코올 중독자 회복집단, 우울증 인지행동치료집단, 공황장애 치료를 위한 집단 등.

3. 집단의 유형

집단의 유형은 다양하다. 집단 유형에는 치료, 상담, 감수성 훈련(encounter and sesitivity), 자조 그리고 지지집단이 포함된다. 사회복지실천 영역에서는 주로 토스랜드(Ronald Toseland)와 리바스(Robert Rivas)의 분류 기준을 적용하는데, 집단이 형성된 목적에 따라 크게 치료집단(treatment group)과 과업집단(task group)으로 나누었다.

치료집단의 일반적인 목적은 집단 성원의 사회정서적 욕구를 충족시켜 주는 것이다. 치료집단은 일반적으로 자기개방 수준이 높은데, 치료집단의 성공 여부는 성원들의 목표가 성공적으로 충족되었는가에 따라 달라진다.

과업집단은 특정 과업을 성취하는 것을 주목적으로 구성된 집단이다. 일반적으로 사회계획이나 서비스의 조정, 정책 수립, 집단 문제 해결, 사회 행동, 조직이나 기관의 문제에 대한 해결책 모색, 새로운 아이디어 개발, 효과적인 원조전략 수립 등을 집단의 목적으로 한다. 과업집단의 예로 이사회, 위원회, 대의원 회의, 사회행동 집단 등을 들 수 있다.

토스랜드와 리바스가 제시한 치료집단의 하위 유형에는 자조집단, 지지집단, 교육집단, 성장집단, 치유집단, 사회화집단 등이 있다.

3.1. 자조집단(self-help group)

① 자조집단은 공통의 문제나 관심사를 가진 사람들 또는 그 문제를 해결하고자 하거나 이해하고자 하는 사람들로 구성된다.

② 자조집단에서는 집단의 일반 구성원인 비전문가가 리더로 활동하게 된다.

③ 자조집단은 소규모로 구성되어 상호지지를 제공하는 유형(예, 편부모모임)이 있고, 외부활동이나 정치적 활동을 주로 하는 전국적 기구(예, 한국치매가족협회)로 구성되기도 한다.

3.2. 지지집단(support group)

① 지지집단은 일종의 자조집단으로 고려될 수도 있지만 자조집단에 비해 보통 사회복지사나 전문가가 이끌게 된다.

② 지지집단의 목적은 성원들이 생활사건에 대처하고 이후에 효과적으로 대응할 수 있는 능력을 향상시키는 것이다.

③ 성원들은 자기비난을 해서는 안 되며, 사회복지사는 성원들이 자신의 경험을 표출하도록 도와 다른 성원들과의 관계 속에서 자신의 경험을 보게 함으로써 그 경험을 객관화할 수 있도록 돕는다.

④ 따라서 성폭행 희생자나 알코올중독 부모모임 등은 자신들의 경험을 공유하고 공통된 반응을 논의하고 반영하면서 큰 도움을 받는다.

3.3. 교육집단(educational group)

① 교육집단의 목적은 집단 성원들이 자기 자신과 자신이 속한 사회를 잘 이해할 수 있도록 교육을 통해 원조하는 것이다.

② 교육집단은 전문적 기술이나 지식을 가르치는 집단으로, 병원, 학교, 교정기관 등에서 많이 활용된다.

③ 청소년 성교육 집단, 부모역할 훈련 집단, 위탁부모 집단, 입양을 준비하는 부부 집단 등이 그 예이다.

3.4. 성장집단(growth group)

① 성장집단은 질병의 치료보다는 집단 성원의 사회정서적 건강 증진에 관심을 둔다.

② 성장집단의 목적은 성원들의 자기인식 증진과 사고를 변화시키는 것이다.

③ 집단은 성원들이 자신의 능력을 최대한 발휘하기 위한 도구의 역할을 하며, 성원 간 자기노출의 정도는 높다.

④ 성장집단에는 퇴직을 준비하는 집단, 참만남 집단(의견과 감정을 서로 나누어 가짐으로써 자신의 내적 성장을 이루기 위한 집단), 잠재력 개발 집단, 애니어그램을 통한 자기인식향상 집단 등이 있다.

3.5. 치유집단(therapy group)

① '치료집단'으로 번역되기도 하는데, 일반적으로 다소 심한 심리적 혹은 정서적 문제를 가진 개인들로 구성된다. 집단 사회복지실천에 있어 그 중요성이 강조된다.

② 치유집단의 목적은 집단 성원의 행동변화와 개인적인 문제의 완화 및 치료이다. 집단 성원의 자기노출 수준이 높다.

③ 치유집단에서 사회복지사는 권위적 인물 또는 대리인으로서 역할을 수행한다.

④ 치유집단에는 외래환자를 대상으로 하는 정신치료 집단, 공황장애 치료를 받는 외래환자 집단, 약물중독자 회복 집단, 초범자로 보호관찰 처분을 받은 청소년 집단 등이 있다.

3.6. 사회화 집단(socialization group)

① 사회화 집단은 집단 성원들이 사회화 기술을 습득하고 사회적으로 수용되는 행동 유형을 배움으로써 사회에서 효과적으로 생활할 수 있도록 원조한다.
② 사회화 집단의 목적은 사회적 관계에서 어려움을 겪는 경우 사회적 기술을 습득하고 사회생활에 효과적으로 기능할 수 있도록 원조하는 것이다.
③ 사회화 집단은 다음과 같이 여러 하위 유형으로 나뉜다: 사회기술훈련 집단(ADHD 대상으로 하는 활동집단, 퇴원한 정신장애인을 위한 사교집단 등), 자치집단(치료적 공동체의 원리를 이용하여 구성되는 집단. 예로서 정신병동의 환자 자치집단), 여가집단(여가활동에 초점을 두는 집단. 예로서 클럽활동이나 스카우트 활동 등).

4. 집단 지도력(Group Leadership)

집단 지도력이란 집단 활동에 참여하는 모든 성원이 가능한 한 최대한의 만족감을 가지고 효과적으로 목표 달성을 할 수 있도록 집단과정 및 집단 성원에 영향을 주는 제반 힘과 과정을 가리키는 말이다. 여기서 집단과정은 집단 성원과 집단 지도자 사이에서 발생하는 역동적인 상호작용이라면, 집단 지도력은 집단과정 및 집단 성원에 영향을 주는 제반 힘과 과정이라 할 수 있다.

집단 사회복지실천에서 공식적으로 집단을 이끌도록 지도자로 위임된 사람인 사회복지사가 집단 지도력을 행사하지만, 집단의 발달이 계속되면서 집단 성원 사이에서 비공식적으로 집단 지도력이 발생하기도 한다.

4.1. 집단 지도자(Group Leader)의 역할

집단 지도자는 사회복지사이거나 집단 치료자, 또는 교회 차원에서는 목회자나 구역장, 셀그룹 리더 등이 될 수 있다. 집단 사회복지실천에서 집단 사회복지사의 역할은 ① 조력자(enabler), ② 중개자(broker, 지역사회 자원 연결), ③ 중재자(mediator, 성원 간의 갈등 해결), ④ 옹호자(advocate, 새로운 자원이나 서비스 개발 원조), ⑤ 교육자(educator, 교사 역할) 등이 있다.

4.2. 집단 지도 기술

토스랜드와 리바스는 집단 지도에서 사회복지사가 활용할 수 있는 기술을 크게 집단과정 촉진 기술, 자료수집 및 사정 기술, 행동 기술로 구분하였다.

1) 집단과정 촉진 기술

집단 성원 간 이해를 증진시키고, 개방적 의사소통을 촉진하며, 신뢰감 형성에 도움을 주기 위해 사회복지사가 사용하는 개입기술이며, ① 집단 성원 참여촉진 기술(소외되거나 침묵하는 성원을 참여시킴), ② 주의집중 기술(집단 지도자가 성원의 말이나 행동을 이해하고 있다는 것을 나타냄), ③ 표현 기술(지도자의 자기개방), ④ 반응 기술(특정한 집단과정에 선별적으로 반응), ⑤ 집단 성원의 의사소통 초점유지 기술(주제와 관련된 내용 심층 탐색), ⑥ 집단과정의 명료화 기술, ⑦ 내용의 명료화 기술, ⑧ 집단 상호작용의 지도 기술(집단 지도자가 집단의 상호작용을 특정한 방향으로 이끄는 기술) 등이 있다.

2) 자료수집 및 사정 기술

집단 성원 간 이루어지는 의사소통 유형에 어떤 영향을 미칠 것인가를 계획하고 집단 목적의 성취를 위해 어떤 기술을 사용할 것인지를 결정하는 데 유용한 기술이다. 여기에는 ① 확인 및 묘사 기술(성원들이 특정 상황을 파악하고 묘사할 수 있도록 원조하는 기술), ② 정보 요청, 질문 및 탐색 기술, ③ 정보의 요약과 세분화 기술, ④ 사고, 감정, 행동의 통합 기술(언어적, 비언어적 의사소통 통합 기술), ⑤ 정보 분석 기술(자료의 유형 파악, 자료 간의 차이 발견, 평가에 필요한 자료 획득 방법) 등이 있다.

3) 행동 기술

집단의 목적과 과업을 성취하도록 원조할 때 사회복지사가 사용하는 기술이다. 여기에는 ① 지지하기, ② 재구조화 혹은 재정의(집단이 직면한 이슈를 다양한 각도에서 바라봄), ③ 집단 성원 간 의사소통 연계 기술, ④ 지시(특정 행동을 하도록 지시하는 기술), ⑤ 조언, 제안, 교육, ⑥ 모델링, 역할연습, ⑦ 직면(성원들의 행동과 사고의 불일치 극복), ⑧ 자원제공 기술, ⑨ 갈등 해결 기술(조정, 협상, 중재 기술) 등이 있다.

- 나가며 -

본장에서 우리는 집단 사회복지실천의 개념, 이론적 모델, 집단의 유형, 집단 지도 기술 등에 관해 살펴보았다. 다음 편에서는 집단의 역동성, 집단의 발달 단계별 사회복지실천 적용 등에 대해 알아본다.

집단(group)의 개념과 활용은 구약성경과 신약성경에도 자세히 언급되고 있다. 이집트를 탈출한 이스라엘 백성은 모세의 장인 이드로의 제안에 따라 십부장, 오십부장, 백부장, 천부장 등의 집단을 활용하여 오합지졸에서 강력한 체제를 갖춘 민족으로 성장했고, 개인의 욕구와 필요를 채움받을 수 있었다.

신약시대 초대 예루살렘교회는 사도들의 리더십 하에서 짧은 시간에 수천 명의 대형 교회로 성장하면서 교인들이 4~15명씩의 소그룹으로 조직되어 교인의 성장과 성숙을 도모할 수 있었다. 1세기에서 4세기 초에 이르는 혹심한 박해의 시기에 '집에서 집으로(house to house)' 움직이며 모이기를 힘써온 가정교회는 집단의 역동과 효능을 입증하는 좋은 예가 될 것이다. 지난 1980년대부터 미국에서 시작되어 전 세계로 확장된 셀그룹 운동은 성경이 보여주는 '이드로의 원리', 즉 집단의 특성을 활용한 목회방법으로, 지금까지 그 효용성이 입증되고 있다.

그러므로 사회복지실천에서 강조하는 집단 사회복지실천의 이론과 연구내용은 현대교회의 목회자들과 지도자들에게 교회의 효과적인 운영을 위한 훌륭한 자원이 될 것이다.

XIV. 집단의 역동성과 치료적 효과

집단(소그룹)은 단순히 적은 숫자의 동질성을 가진 사람들의 모임으로 끝나지 않는다. 소그룹 안에는 개인의 능력을 산술적으로 더한 총량보다 더 큰 힘이 존재한다. 집단 사회복지실천에서 말하는 집단의 역동성은 교회의 구역(소그룹, 셀그룹, 목장)에도 그대로 적용될 수 있다. 성도들의 모임인 소그룹은 집단의 역동성보다 더 큰 비밀(예수 그리스도의 임재와 능력)을 가지고 있다. 여기서는 집단의 역동성과 집단의 이점(장점)에 대해 살펴본다.

1. 집단 역동성(Group Dynamics)

집단 역동성은 집단과정에서 만들어지는 힘이다. 집단과정(group process)은 집단 성원과 집단 지도자 사이에서 발생하는 역동적인 상호작용을 가리킨다. 이러한 집단과정은 개별 성원뿐만 아니라 전체로서의 집단에 영향을 미치는 독특한 힘을 만들어내는데, 집단과정에서 만들어진 힘을 집단 역학 또는 집단 역동성이라고 한다.

집단 사회복지실천은 집단을 활용하지만, 주로 집단의 역동성을 활용한다. 집단을 지도하는 사회복지사는 집단이 발달함에 따라 변화하는 집단 역동성을 잘 이해하고 활용하여 집단에 긍정적인 영향을 미칠 수 있는 집단 역동성이 만들어질 수 있도록 해야 한다. 집단 역동성에 영향을 미치는 요인, 즉 집단 역동성의 구성요소들이 무엇인지 파악하고 그러한 요인에 변화를 주면 기능적인 집단 역동성이 만들어질 수 있다.

이것은 교회를 구성하는 집단인 구역이나 셀그룹의 경우에서도 동일하다. 목회자는 셀그룹의 리더들이 셀그룹의 역동성을 잘 이해하고 활용할 수 있도록 훈련할 필요가 있다. 성령이 역사하는 셀그룹은 다른 셀에게 긍정적인 영향을 주고 교회 전체에 활력을 가져온다.

2. 집단 역동성의 구성요소

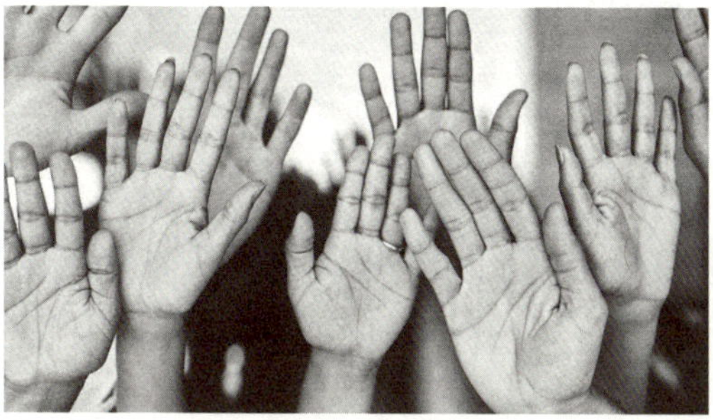

집단 역동성을 구성하는 요소, 즉 집단 역동성에 영향을 주는 요인에는 가치와 규범, 지위와 역할, 집단 응집력, 집단 의사소통과 상호작용(정서적 유대, 하위 집단 등), 집단의 크기와 물리적 환경, 집단문화, Feedback, 대인관계, 집단의 목적, 긴장과 갈등, 집단의 발달단계, 집단 지도력, 집단 응집력 등이다.

2.1. 집단의 목적

모든 집단은 그 집단이 달성하고자 하는 목적을 갖는다. 일반적으로 집단 성원 개인의 목적과 집단의 목적이 일치한다면 집단 성원들은 목적 달성을 위한 동기가 높아진다. 집단 역동을 증진시키기 위하여 집단 지도자는 집단 성원의 기대와 집단의 목적을 일치시켜야 한다.

2.2. 집단 응집력

집단 응집력은 집단 성원이 다른 성원과 전체로서의 집단에 대해 갖는 매력을 의미한다. 집단 지도자는 집단 응집력을 향상시키기 위하여 ① 성원들에게 집단에 참여함으로써 얻을 수 있는 보상을 제시하거나, ② 집단 성원으로서의 책임성을 강조하고, ③ 집단 성원들이 현재 참여하고 있는 집단에 자부심을 느끼도록 돕고, ④ 집단 성원 간 협력관계를 형성할 수 있도록 도우며, ⑤ 집단 성원이 목표를 달성할 수 있는 유능한 존재임을 인식할 수 있게 하고, ⑥ 집단토의와 프로그램 활동을 적극적으로 활용하여 성원 간 상호작용을 촉진한다.

2.3. 집단 문화

집단 문화는 집단 성원들이 공통으로 가지고 있는 가치, 신념, 관습, 전통 등을 가리킨다. 집단 문화는 집단의 발달에 따라 서서히 발달하지만 일단 형성되고 나면 집단 문화를 바꾸기가 쉽지 않다. 성원들이 공통점이 많으면 집단 문화가 빠르게 형성되지만 이질적으로 구성되어 있을 때는 느리게 형성된다.

2.4. 지위와 역할

집단에서의 평가 과정을 통해 개인에게는 어떤 위치가 주어진다. 한 개인은 그가 속하는 여러 집단마다 상이한 지위를 가지며, 또한, 동일한 집단에서도 시간이 지남에 따라 지위가 바뀌기도 한다.

2.5. 상호작용

상호작용이란 기본적인 집단과정으로서, 집단에 속한 사람들 간에 이루어지는 모든 상호관계를 말한다. 상호작용의 기초는 의사소통인데, 집단 성원들은 언어적 의사소통 혹은 비언어적 의사소통을 통해 반응을 주고받으며 상호작용을 한다.

집단 구성원 사이에서 서로 자유롭게 상호작용이 이루어지는 것을 '집단 중심의 상호작용'이라 한다. 집단 역동성을 증가시키기 위해서 집단 지도자는 집단 성원이 집단 중심적인 생각과 행동을 보이도록 촉진해야 한다. 집단 역동을 증진시키기 위해서는 집단 지도자가 성원 간에 솔직한 의사소통이 이루어지도록 해야 한다.

2.6. 집단 규범

집단 규범이란 집단에서 어떻게 행동해야 하는가와 관련되어 집단 성원들이 고유하는 명백한 기대상황과 신념을 의미한다. 집단 규범은 집단이 목표 성취를 위한 방향으로 발전하고 개별 성원이 이를 성취하는 데 필요한 성원의 역할, 행동의 범주에 대한 사회적 통제장치로 기능한다.

집단 성원들은 집단 규범에 의해 적절한 행동을 하도록 압력을 받게 되므로 집단 규범은 그 집단만의 독특한 문화를 형성하는 데 영향을 미친다. 이때 기능적 규범은 집단의 유지와 발달에 긍정적 영향을 미치며, 역기능적 규범은 집단 발달에 부정적 영향을 미친다.

2.7. 하위집단(sub group)

집단 안에 구성된 또 다른 형태의 소규모 집단을 하위집단이라 한다. 집단 성원들은 그들 간에 공통점을 발견하게 되면 서너 명씩 다양한 하위집단을 형성하기 시작한다. 집단 성원의 숫자가 많아지면 성원 간 친밀감 형성이나 집단에 대한 소속감 등을 느끼기 어려울 수 있는데, 소규모로 구성된 하위집단 성원들의 상호작용을 통해서 집단에 대한 응집력이 높아질 수 있다.

하위집단의 형성은 자연적인 현상이므로 집단 지도자는 하위집단이 전체 집단에 어떤 영향을 미치는지 파악하여 하위집단이 전체 집단에 유리하게 작용하도록 도움을 주는 것이 중요하다.

3. 집단의 치료적 효과

집단을 통한 개인의 변화는 시간과 비용의 절약이라는 이점만 있는 것은 아니다. 많은 심리적 어려움은 기본적으로 대인관계에서 나오고, 결과적으로 이러한 어려움은 다른 사람들과의 협력 속에서 다루어져야 한다는 신념 속에 집단 지도의 당위성이 있다. 그러면 구체적으로 집단은 무엇을 제공하는가?

집단활동에 참여함으로써 얻을 수 있는 장점은 매우 다양하다. 이를 집단의 장점 또는 집단의 치료적 효과라고 한다. 집단 정신분석 치료자인 얄롬(Irvin Yalom)과 메일코프(Andrew Malekoff)는 집단의 치료적 효과를 다음과 같이 제시하였다.

1) 희망고취

자기와 유사한 성원이 집단활동을 하면서 개선되거나 치료되는 것을 보면서 클라이언트는 자신의 문제도 해결될 수도 있다는 희망을 갖게 된다. 희망은 그 자체에 치료적 힘이 있다.

2) 이타주의

성원들이 서로 도움을 주고받는 과정에서 자신도 누군가에게 도움을 주는 존재임을 느끼게 되어 자아존중감이 높아진다.

3) 지식과 기술 습득

집단 지도자의 교육내용이나 집단 성원들이 제시하는 제안, 충고, 조언들을 들으면서 성원들은 새로운 지식과 기술 등을 습득할 수 있게 된다. 지식과 기술 습득은 정보전달이라고도 표현한다.

4) 일반화

자신의 문제와 자신의 상황은 누구에게나 일어날 수 있는 보편적인 것임을 알게 된다. 이러한 일반화를 통해서 성원은 위안과 안도감을 느끼게 되며 가능한 해결 대안의 학습에 대한 준비에 관하여 도움을 받는다. 일반화는 보편성이라고도 한다.

5) 사회기술 발달

집단은 성원들이 사회기술을 습득하고 이를 발달시킬 수 있는 안전한 장소이다. 성원끼리 혹은 성원과 집단 지도자가 피드백을 주고받거나 역할극 등을 통해 사회기술이 개발될 수 있다.

6) 모방행동

집단에 참여함으로써 타인의 행동을 통해 새로운 행동을 습득하는 효과를 가지게 되는데, 이러한 치료적 효과를 모방행동이라고 한다.

7) 대인관계학습

집단활동을 통해 집단 성원들은 새로운 대인관계 방식을 새롭게 적용해 보거나 시험해 보는 경험을 할 수 있게 된다.

8) 집단 응집력

집단 성원이 다른 성원에 대해 갖는 매력과 집단 전체에 대해 갖는 매력이다. 집단 응집력이 높은 집단은 집단에 대해 만족도가 높고, 성원 간 갈등이 적으며, 성원의 중도 탈락률이 낮고, 또한, 효과적으로 집단 목표를 성취한다.

9) 감정의 정화

카타르시스 효과라고도 하는데, 집단 성원 자신의 문제에 대한 불안과 걱정 등의 감정을 표현하면서 그 표현에 대해 수용받고 수용하는 경험을 통해 감정이 정화되는 경험을 하게 되는 것을 말한다. 집단 내의 비교적 안전한 분위기 속에서 집단 성원은 그 동안 억압된 감정을 자유롭고 안전하게 표현할 수 있다.

10) 실존적 요인

자기 자신의 인생에 대해서는 궁극적으로 자기 자신에게 책임이 있다는 것을 깨닫게 되는 효과이다. 집단 성원은 집단활동과 경험을 통해 지지와 위안을 많이 받지만 한계가 있고, 결국 자신의 삶에 대한 책임은 자신의 것임을 알게 된다.

- 나가며 -

일반사회복지실천에서는 집단과 집단의 역동성에 대해 매우 실제적인 연구조사를 통해 집단의 치료적 효과를 제시하고 있다. 기독교 사회복지실천의 영역, 특히 교회의 소그룹 활동을 통한 그룹 멤버의 성장과 치유를 위해 집단 사회복지실천의 연구결과를 차용할 필요가 있다.

예수 그리스도는 성도들의 모임을 격려하면서, "두세 사람이 내 이름으로 모이는 곳에는 나도 그들 중에 있느니라"(마 18:20)고 하셨다. 예수님의 임재(presence)는 능력(power)을 불러오고, 하나님 나라의 목적(purpose)을 이루게 된다. 집단의 역동성은 성경적으로 보면 집단 성원 간의 역동뿐 아니라 성원 위에 성령의 강력한 역사가 임하는 것을 포함한다. 목회자가 이 원리를 효과적으로 적용할 때 교회 전체의 역동과 응집력에도 큰 도움이 될 것이다.

제 4 장

사회복지정책과 사회복지행정

Ⅰ. 사회복지정책의 영역과 내용

사회복지 이론을 이해하기 위해서는 사회복지정책의 영역을 살펴보는 것이 도움이 된다. 사회복지정책이라 함은 학자마다 정책에 대한 관점의 차이나 접근방식의 차이가 있지만, 대체로 "사회복지라는 목표를 달성하기 위해 사전에 계획된 프로그램 또는 방침"이라는 내용을 포함하고 있다.

사회복지정책은 국가별로 개념의 차이가 있다. 역사적으로 사회복지를 앞서서 이끌어 온 영국은 개념에 있어서 사회복지정책보다 사회정책(social policy), 사회행정(social administration), 사회서비스(social service)라는 용어를 많이 사용하며, 우리가 일반적으로 쓰는 사회복지정책의 개념보다 범위가 넓다. 영국은 1942년 베버리지보고서(Beveridge Report)에 제시된 "국민최저선(national minimum)"의 개념을 토대로 국민의 기본생활을 사회보험과 관련 서비스를 통해 국가가 보장하는 것을 지향했다. 여기에는 소득보장뿐 아니라 주택, 고용, 의료 등이 포함되었다.

19세기 열악한 노동 환경 등 노동문제를 겪고 있던 독일은 수상 비스마르크의 정책에 의해 19세기 후반 세계 최초로 사회보험이 도입되었고, 이후 다양한 사회복지정책을 발전시켜 왔다. 따라서 독일의 사회복지정책은 노동과 복지의 연관성이 강하고 사회보험이 중심이 되는 특징을 갖고 있다.

미국은 국가가 사적 영역에 개입하는 것을 최소화하고 개인과 시장의 자유를 중시하는 분위기가 강하다. 1935년 사회보장법 제정이 공공복지의 본격적인 출발이었으므로 우리의 사회복지정책과 유사한 개념으로서 사회보장(social security)이라는 표현을 많이 쓴다. 복지(welfare)라는 단어는 공공부조를 지칭하는 용도로 자주 사용한다.

이에 비해 스웨덴, 노르웨이, 덴마크 등 북유럽 국가들은 모든 시민을 대상으로 한 평등한 급여와 서비스를 국가의 일반재정으로 제공함으로써 보편주의, 연대주의적 사회복지정책을 발전시켜 왔다. 이들 복지국가의 발전과정에서 사회민주주의가 중요한 역할을 하며, 이러한 모형은 에스핑-앤더슨의 논의에서 사회민주주의의 모형이라고 일컫는다.

여기서는 사회복지의 전체적인 이해를 넓혀나가는 데 도움을 받기 위해 사회복지정책의 영역을 살펴보려고 한다. 영국의 사회행정가를 중심으로 한 이론으로는 사회복지정책의 주요분야를 소득보장, 건강, 교육, 주택, 개별사회서비스 등 다섯 영역을 기본으로 꼽는데, 우리나라는 교육과 주택 영역을 사회복지정책의 차원에서 다루는 경우가 상대적으로 많지 않다.

1. 사회복지정책의 주요 영역

사회복지정책의 영역은 아래 도표에서 보여주는 대로 주요 분야와 확장된 분야로 나눌 수 있는데, 주요 분야에는 소득보장, 건강보장, 개별사회서비스, 주택, 교육 정책이 있다.

1.1. 소득보장정책

1) 사회보험

사회구성원들이 공통으로 경험할 가능성이 높으면서 생활에 큰 영향을 끼치는 사회적 위험에 대해 보험방식으로 대처하는 제도이다. 보험은 가입자들이 낸 보험재정을 바탕으로 위험을 경험하는 사람들에게 급여를 지급하여 가입자 간에 위험이 분산되도록 하는 것이다.

2) 공공부조

일반 조세를 재원으로 하여 일정 소득 이하의 사람들에게만 최저수준의 급여를 제공하는 프로그램이다. 기준 이하의 가구 또는 사람을 선정하기 위해 자산조사(means test)를 한다. 이 과정에서 낙인(stigma)이 발생할 수 있다.

3) 사회수당

별도의 기여 없이도 인구학적 조건(노인, 아동, 장애인 등)을 충족하면 자산조사 없이 급여를 주는 제도이다. 선진 복지국가에서 실시하는 보편적 연금(universal pension)이나 장애수당도 사회수당의 한 형태이고, 최근 정치권에서 이슈화 되고 있는 기본소득(basic income)도 사회수당의 범주에 포함시킬 수 있다. 우리나라에서는 사회수당으로 아동수당이 있다.

4) 사회서비스

일반적인 의미에서 개인 또는 사회 전체의 복지증진 및 삶의 질 향상을 위해 사회적으로 제공되는 서비스를 의미한다. 사회보험, 공공부조 그리고 사회수당 모두가 물질적 보장을 제공하는 데 비해 사회서비스는 비물질적 도움을 제공하는 특징이 있다.

1.2. 건강보장정책

1) 국민건강보험

1963년 의료보험법이 제정되었으나, 모든 국민을 하나의 제도로 통합하는 국민건강보험법은 2000년 7월 1일부터 시행되었다. 국내에 거주하는 국민 모두가 건강보험의 가입자 또는 피보험자가 된다. 건강보험의 가입자는 직장가입자(모든 사업장의 근로자 및 사용자와 공무원 및 교직원)와 지역가입자(직장가입자와 그 피부양자를 제외한 가입자)로 구분한다. 건강보험의 급여는 현물(의료서비스)로 제공되는 요양급여, 건강검진과 현금급여인 요양비가 있다.

2) 의료급여제도

의료급여는 건강보험이나 노인장기요양보험의 보험료를 부담하기 어려운 계층에 대해서 국가와 지방자치단체가 조성한 의료급여기금을 재원으로 하여 운영하는 공공부조식 의료보장제도이다. 급여의 내용과 의료서비스 제공, 서비스 이용의 제3자 지불

등의 기본구조는 건강보험과 거의 동일하며, 다만 그 비용을 시장·군수·구청장이 지급한다는 점에서 다르다.

1.3. 개별 사회서비스

1) 아동복지

현대사회에서 아동문제는 아동 자신이나 가족만의 문제가 아니라 국가사회 전체가 관심을 갖고 책임져야 할 문제이다. 아동복지는 다른 사회복지분야에 비하여 아동문제의 해결뿐만 아니라 건전한 성장과 발달, 아동의 인간다운 기본적 욕구충족 등을 포괄하는 특성을 지니고 있다.

2) 청소년복지

청소년의 건강 증진 및 체력 향상을 위한 질병 예방, 건강 교육 등의 필요한 시책을 수립하고, 위기청소년 및 보호자에 대한 상담 및 교육, 지원을 통해 위기청소년을 원조하며, 청소년 부모를 지원하고, 청소년복지시설 등을 통해 청소년 복지를 실현한다.

3) 장애인복지

장애인복지의 기본 이념은 장애인의 완전한 사회참여와 평등을 통하여 사회통합을 이루는 데 있다. 장애인은 인간으로서 존엄과 가치를 존중받으며, 그에 걸맞은 대우를 받는다. 장애인은 국가·사회의 구성원으로서 정치·경제·사회·문화, 그 밖의 모든 분야의 활동에 참여할 권리를 가진다. 장애인은 장애인 관련 정책 결정 과정에 우선적으로 참여할 권리가 있다.

4) 노인복지

노인이 존경과 안정된 생활의 보장을 받고 능력에 따른 일에 종사 및 사회활동 참여의 보장을 받으며, 노령에 따르는 심신의 변화를 자각하여 심신의 건강을 유지하고 그 지식과 경험을 활용하여 사회발전에 기여하도록 돕는다.

5) 여성·가족 복지

여성은 가부장적 사회질서 속에서 상대적으로 차별과 피해의 가능성이 높으며, 역사적으로 상당한 피해를 받아왔다. 여성 운동의 전개 등으로 여성의 사회적 지위는 높아졌지만 여전히 여성가구주의 빈곤문제나 결혼이주여성 문제 등이 해결되지 않은 채 남아있다. 우리나라의 여성복지를 위해 한부모가족지원법, 다문화가족지원법 등과 성매매방지 및 피해자보호 등에 관한 법률, 가정폭력방지 및 피해자보호 등에 관한 법률 등을 시행하고 있다.

1.4. 주택정책

주택정책이란 주택문제 해결에 기여하기 위해 공적 기관이 행하는 정책을 말한다. 주택정책은 직접 주택 건설을 하는 것 외에 주택 금융 정비, 세제 조정, 생산 합리화, 지대 임대료 통제, 지도 등 다면적인 정책을 두루 일컫는다.

사회정책 및 사회복지의 측면에서 보면 직접 주택 건설(임대 주택 포함)을 하는 외에 주택자금 융자 및 주택가격(임대 포함)정책 등 주택 금융의 정비, 주택 세제의 조정, 주택생산의 합리화, 지대 임대료의 통제, 지도, 노령자의 생활에 적합한 주택건설, 또한, 부동산 투기에 따른 주택가격의 급등으로부터 실수요자를 보호하기 위한 정책이 반드시 필요하다.

1.5. 교육정책

1) 학자금 지원

한국장학재단은 국민기초생활 보장법에 따른 생계급여 또는 의료급여의 수급자 등 대학생 가구의 소득금액 및 학업성적 등을 고려하여 정해진 기준을 충족하는 대학생에게 우선적으로 학자금을 지원한다.

2) 영유아보육·교육 지원

보호자가 근로, 질병 또는 기타 사정으로 인하여 보호하기 어려운 6세 미만의 영유아를 심신의 보호와 건전한 교육을 통하여 건강한 사회 성원으로 육성하고 보호자의 경제적·사회적 활동을 원활하게 하여 가정복지 증진에 기여한다.

3) 학교급식

1981년 아동의 건전한 심신발달을 도모하고 아동 상호간의 협동정신 함양과 국민의 식생활 개선에 기여하기 위한 '학교급식법'의 시행으로 제도화된 학교급식은 현재 모든 초, 중, 고등학교에서 전면급식으로 실시되고 있다.

2. 사회복지정책의 확장된 영역

2.1. 조세정책

조세정책은 시장의 분배 결과를 수정하는 재분배정책으로서 중요하며, 조세지출(조세의 감액이나 감면)이나 근로장려금, 자녀장려금처럼 복지정책의 목표 달성을 위해 활용되기도 한다.

근로장려금(근로장려세제, EITC, Earned Income Tax)은 일은 하지만 소득이 적어 생활이 어려운 근로자, 종교인 또는 사업자 가구에 대하여 가구원 구성과 총급여액 등에 따라 산정된 근로장려금을 지급함으로써 근로를 장려하고 실질소득을 지원하는 근로연계형 소득지원제도이다. 근로장려세제가 도입된 것은 경제환경변화로 인한 양극화로 근로빈곤층(working poor)이 증가함에 근로빈곤층의 빈곤탈출을 지원하고 사회안전망을 확충하기 위한 2차적 안전망으로서 도입된 것이다. 우리나라는 2009년부터 아시아 최초로 시행하게 되었다.

자녀장려금은 출산을 장려하고 저소득가구의 자녀양육비를 지원하기 위해 2015년부터 총소득이 기준소득 미만이면서 부양자녀가 있는 가구를 대상으로 지급하기 시작하였다. 가구유형(단독가구, 홑벌이가구, 맞벌이가구)에 따라 최대지원금액이 다르며, 가구원요건, 소득요건, 재산요건을 충족해야 받을 수 있다.

2.2. 노동시장정책

1970년대 후반 이후 높은 실업률의 문제에 대응하면서 과거에 비해 적극적으로 정책들이 나오게 되었는데, 이를 적극적 노동시장정책(ALMP, Active labour market Policies)이라 한다. 대표적인 프로그램으로는 직업알선 등과 같은 고용서비스, 노동시장 훈련, 고용보조금, 청년·장애인을 위한 별도의 고용 지원 프로그램 등이 있다.

노동시장의 비정규직 문제도 중요한 이슈인데, 기간제근로, 단시간근로(파트타임), 파견근로 등이 있다. 고용계약기간의 장단을 기준으로 고용형태를 상용직, 임시직, 일용직으로 분류하고, 고용계약기간의 정함이 없거나 1년 이상인 경우를 상용근로자, 1개월 이상 1년 미만인 근로자를 임시근로자, 1개월 미만인 근로자를 일용근로자로 분류한다.

3. 사회복지정책의 긍정적 기능과 부정적 기능

위에서 언급한 소득보장정책, 건강보장정책 등 사회복지정책의 기능에는 긍정적 기능이 있는 한편 정책의 한계, 즉 부정적 기능도 있음에 유의해야 한다.

3.1. 사회복지정책의 긍정적 기능

1) 사회통합과 정치적 안정 기능

사회복지정책은 모든 사람이 배제되지 않고 사회 구성원으로 참여하여 살 수 있게 사회통합을 도모한다. 또 사회복지정책은 기득권자를 위한 것이라는 음모이론도 있지만, 분명한 것은 사회적 약자의 욕구를 충족시켜 불만을 줄이고 사회 질서 유지를 가능하게 한다.

2) 사회문제 해결과 사회적 욕구 충족 기능

여기서 '욕구(need)'는 '원하는 것(want or desire)'과 달리 충족하게 되면 객관적인 의미에서 가치가 있다고 판단되는 것을 의미한다. 사회복지정책은 최소한의 사회적 욕구라고 인정되는 것을 충족시켜 사회구성원의 만족을 추구하고 사회적으로 바람직한 목표를 달성하고자 한다.

3) 소득재분배 기능

사회복지정책은 시장(市場)에서 배분된 소득(1차적 분배)을 2차적으로 재분배하는 기능을 한다. 소득재분배에는 세대 내 재분배(수직적, 수평적 재분배), 세대 간 재분배, 시간적 재분배 등 다양한 형태가 있다.

4) 경제의 안정화 기능

사회복지정책은 경제의 호황과 불황의 변동에도 상대적으로 일정한 사회보장지출(연금, 의료보장, 공공교육 등)을 통해 자동안전장치(built-in stabilizer)의 기능을 제공하며, 경기변동의 방향과는 상반되는 방향으로 움직여서 적극적으로 자동 안정화 기능을 수행하기도 한다.

3.2. 사회보장정책의 부정적 기능

1) 빈곤함정/빈곤의 덫(poverty trap)

빈곤함정이란 사회복지 급여에 의존하여 근로의욕을 잃고 빈곤에 머무르는 현상을 말한다. 수급자의 소득이 급여선정기준을 초과하는 수준으로 높아져서 공공부조의 혜택을 잃게 될 경우, 시장소득(자기가 일해서 번 소득)이 높아졌음에도 불구하고 총 가처분소득(사회복지 급여를 합한 소득)은 이전 소득보다 줄어들 수 있다. 이때 합리적인 사람은 시장소득이 급여선정기준을 넘는 것을 꺼리게 되어, 차라리 시장소득이 낮더라도 사회복지 급여를 받을 수 있는 선택을 하게 된다. 이런 현상을 빈곤함정 또는 빈곤의 덫이라 한다. 2005년부터 빈곤함정이 덜 나타나고 탈수급 효과가 높아지도록 국민기초생활보장제도를 통합급여에서 맞춤형 개발급여체계로 개편하였다.

2) 낙인감(stigma)의 발생

낙인은 급여를 받는 사람이 수급과 관련하여 느끼는 수치감 또는 치욕감을 말한다. 급여의 자격조건에 따라 대상자에게 수치감을 줄 수도 있고, 급여의 형태에 따라서도 낙인의 발생 정도가 달라진다. 공공부조의 신청 과정, 자산조사 과정, 현물급여의 사용 과정에서 낙인감이 발생할 수 있는데, 낙인이 생긴다면 인간의 존엄성이 훼손될 수 있으므로 세심한 주의가 필요하다.

- 나가며 -

사회복지정책의 주요 영역인 소득보장정책, 건강보장정책, 개별 사회서비스, 주택과 교육정책에 대하여 개괄적인 내용을 생각해보았다. 확장된 분야로서 조세정책과 노동정책 또한 향후 우리의 연구과제이다. 그리스도인, 특히 목회자들은 성경적인 인간관과 세계관을 가지고 국가와 공공기관의 사회복지정책을 보는 눈을 개발하여 필요한 경우 비판, 견제하는 능력을 키워야 한다. 제1장 3절 "기독교사회복지는 일반사회복지와 어떻게 다른가?"에서 언급한 부분을 인용하면서 본절의 결론을 맺는다.

기독교사회복지와 일반사회복지가 모든 면에서 완전히 다른 것은 아니다. 둘 사이에는 많은 공통점이 있지만, 기독교사회복지와 일반사회복지는 여러 측면에서 분명한 차이점이 있다. 먼저, 기독교사회복지의 사상적 근거가 예수 그리스도의 인격과 사역의 정신에 기초하는 것인데 비해, 일반사회복지는 보편적 인간애와 자유·평등 정신에 근거한다. 일반사회복지는 이념적 토대에 이웃사랑의 신학적 근거들이 결여되어있는 것이다.

기독교사회복지와 일반사회복지는 인간관에도 큰 차이가 있다. 기독교에서 인간은 하나님의 형상을 따라 창조된 존엄한 존재이지만 동시에 죄로 인하여 타락한 존재이며, 자율적 존재이지만 하나님 앞에서 책임을 져야 하는 이중적 존재이기도 하다. 그러나 일반사회복지는 인본주의에 근거하여 인간을 근본적으로 긍정적이고 합리적인 존재이며, 전적인 자율성과 무한한 성장가능성을 가진 존재로 간주한다.

궁극적 목적에 있어서 기독교사회복지는 인간을 하나님의 형상으로 회복시키고 우리 사회에 하나님의 나라가 확장될 수 있도록 하는 것이 그 목적인데 비해, 일반사회복지는 인간다운 삶에 대한 보장과 인간의 행복 추구 자체를 목적으로 한다. 목적의 차이는 결국 실천현장에서 의사결정의 차이를 도출한다.

기독교사회복지와 일반사회복지는 이론과 실천방법에 차이가 있다. 기독교사회복지에서도 일반 사회복지나 인접 학문의 이론이나 실천방법을 활용할 수 있지만, 이를 반드시 기독교적 관점에서 비판적으로 고찰하여 활용 여부를 결정하고 재해석해서 적용해야 한다.

Ⅱ. 사회복지정책 유형①

사회보험(Social Insurance)

사회보장기본법 제3조(정의)에서 '사회보장'이란 출산, 양육, 실업, 노령, 장애, 질병, 빈곤 및 사망 등의 사회적 위험으로부터 모든 국민을 보호하고 국민 삶의 질을 향상시키는 데 필요한 소득·서비스를 보장하는 사회보험, 공공부조, 사회서비스를 말한다고 정의하고 있다. 또한, '사회보험'이란 국민에게 발생하는 사회적 위험을 보험의 방식으로 대처함으로써 국민의 건강과 소득을 보장하는 제도로 규정하고 있으며, 개별 사회보험법령 제1조에 해당 사회적 위험에 적극적이고 충분하게 포괄할 수 있는 급여를 제공하여 국민의 삶의 질 향상과 복지증진을 목적으로 하고 있음을 명시하고 있다.

현재의 사회보장제도에는 몇몇 한계가 발생하고 있다. 공공부조에서는 '송파 세 모녀 사건'과 같은 사각지대가 발생하고 있으며 이에 대한 대응이 부족한 실정이다. 사회보험 역시 역할 재설정이 필요한 상황인데, 예를 들면 국민연금의 노령연금을 받을 경우 공공부조의 기초연금은 삭감, 조정하여 받도록 되어 있어, 성실히 국민연금을 납부한 경우와 국민연금에 가입하지 않고도 기초연금을 받는 불형평성에 불만이 나타나고 있다.

사회보험은 위험분산과 소득보전 및 재분배 역할과 기능을 수행하게 된다. 우선, 사회보험은 노동시장을 전제로 하는 제도이다. 보험은 위험으로부터 개인을 보호해 줄 수 있는 제도적 장치로서 질병치유, 재해치유와 보상, 돌봄 서비스의 제공 등의 역할을 하며, 소득에 비례하여 보험료 징수, 급여차등에 따른 소득재분배, 그리고 개인의 소비수준이 일생 동안 안정적으로 유지될 수 있도록 지원한다.

젊은 세대에서 노인 세대로의 재분배, 부유층으로부터 빈곤층으로의 재분배, 사회

통합과 연대한다. 예측할 수 없는 시장의 인플레이션, 시장실패에 대한 대비로서 이에 따른 제반의 부작용을 해소 또는 완화하기 위해 공공재적 역할을 하는데, 예를 들어 일부 특정한 위험들에 대하여 민간시장이 적절한 보험 상품을 생산할 수 없게 될 경우를 대비한다.

여기서는 사회보험의 종류와 현황을 살펴보고, 민영보험과의 차이점은 무엇인지, 향후 사회보험의 재정 전망은 어떠하며, 사회보험의 문제점과 개선방향에는 어떤 것이 있는지 살펴보기로 한다.

1. 사회보험의 종류 및 현황

국가 경제발전과 함께 사회보장제도의 장기적 안정의 필요성이 제기되자 이에 대한 일련의 개혁이 진행되었다. 우리 「헌법」에서는 "모든 국민은 인간다운 생활을 할 권리를 가진다"고 규정하여 국민의 일반적인 생존권 내지 생활권을 보장하고 있다. 동법(同法)에서는 "국가는 사회보장·사회복리의 증진에 노력할 의무를 진다"고 규정하고 있으며, "신체장애자 및 질병·노령 기타의 사유로 생활능력이 없는 국민은 법률이 정하는 바에 의하여 국가의 보호를 받는다"고 규정하고 있다.

사회보장제도는 크게 공공부조, 사회복리, 사회보험으로 나누어진다. 그중에서 사회보험은 인간의 생활을 위협하는 위험에 대비하여 생활보장 급여를 하는 것이고, 사회구성원 전체에 대한 공적·강제적 성격과 사회적 부양성(질병, 폐질, 사망, 노령, 실업 등)이 강하다. 그 대표적인 제도적 장치는 크게 질병치료 및 예방 등을 위한 건강보험 체제와 노후 생활안정을 위한 연금보험 체제로 구분할 수 있다.

사회적 위험이란 실업, 노령, 장애, 사망, 질병 등을 의미하며, 이와 같은 사회적 위험은 사회구성원 본인은 물론, 부양가족의 경제생활을 불안하게 하는 문제이다. 따라서 사회보험제도는 사회적 위험을 예상하고 이에 대처함으로써 국민의 경제생활을 보장하려는 소득보장 성격을 지닌다.

한국의 4대 사회보험제도는 질병과 부상에 대한 건강보험, 폐질·사망·노령 등에 대한 연금보험, 업무상의 재해에 대한 산업재해보상보험, 실업에 대한 고용보험제도가 있다. 국민연금, 건강보험, 산재보험, 고용보험은 한국의 4대 사회보장 보험제도이다.

1) 연금보험

넓은 뜻으로는 노령·폐질(廢疾)·사망 등을 보험사고로 하여 양호·장애·유족·과부·유아연금 등을 급여하는 사회보장 보험제도이고, 좁은 뜻으로는 공무원의 건강진단·질병·부상·폐질·분만·퇴직 또는 사망에 대하여 공무원연금법에 의한 적절한 급여를 하는 공무원연금을 말한다. 넓은 뜻의 연금보험은 의료보험·산업재해보상보험·고용보험과 더불어 사회보험의 4대 분야를 이룬다. 한국에서는 일반 국민에 대한 연금보험이 1994년부터 도입되어 실시되고 있다.

2) 건강보험

국민의 질병에 따른 경제적 어려움을 보장하기 위해 만든 사회보험으로 의료보험이라고도 한다. 한국은 소득 및 재산 등에 따라 매달 일정 금액의 보험료를 납부하는 건강보험제도를 실시하고 있다. 건강보험에 가입하면, 아프거나 출산할 때 저렴한 비용으로 의료기관을 이용할 수 있다. 또한, 정기적으로 건강검진을 받을 수 있다. 모든 국민은 건강보험에 가입하여야 하되, 의료급여 수급자는 제외된다.

3) 산재보험

산재보험은 산재근로자와 그 가족의 생활을 보장하기 위하여 국가가 책임을 지는 의무보험으로, 원래 사용자의 근로기준법상 재해보상책임을 보장하기 위하여 국가가 사업주로부터 소정의 보험료를 징수하여 그 기금(재원)으로 사업주를 대신하여 산재근로자에게 보상을 해주는 제도이다. 산재보험은 산업화·공업화가 진전되면서 급격히 증가하는 산업재해 근로자를 보호하기 위하여 1964년에 최초의 사회보험제도로 도입되었다.

4) 고용보험

실직한 근로자에게 실업급여와 능력개발 비용을 지원하며, 사업주에게는 고용유지와 교육훈련 비용을 지원하는 제도이다. 고용보험 제도란 실직한 근로자에게 일정기간 생계비를 지원하는 한편 고용 조정이나 고용촉진 및 산업구조 조정에 필요한 인력양성을 하는 기업과 근로자들에게 지원금을 지급하는 사회보장제도이다.

2011년 1월 1일부터 시행한 사회보험 징수통합제도는 3개의 사회 보험공단(국민건강보험공단, 국민연금공단, 근로복지공단)에서 따로 수행하던 건강보험, 국민연금, 고용보험, 산재보험 업무 중에 유사, 중복성이 높은 보험료 징수업무를 국민건강보험공단이 통합하여 운영하는 것이다. 사회보험 징수통합제도로 인해 국민은 고지방식, 납부방법, 창구일원화로 보다 편리하게 사회 보험료를 처리할 수 있어 편의성이 증대되었고, 3개 공단(국민연금공단, 국민건강보험공단, 근로복지공단)은 중복업무 통합으로 업무의 효율성을 높이게 되었다.

〈고용보험 적용과 가입 사각지대(2018)〉

	취업자			
	비임금 근로자	임금 근로자		
		적용제외	미가입	가입
	법적 사각지대	실질적 사각지대		
근로자 수(1,000명)	6,862	3,155	3,645	13,245
취업자 내 비중(%)	25.5	11.7	13.5	49.2
임금근로자 내 비중(%)		15.7	18.2	66.1
적용대상 근로자 내 비중(%)			21.6	78.4

注: 1) 고용보험 적용 제외 대상은 공무원, 교원, 별정우체국 직원, 고용보험에 가입하지 않으면서 5인 미만 농림어업, 가사서비스업, 65세 이상, 주당 평소근로시간이 15시간 미만인 단시간 근로자(3개월 이상 근속한 근로자 제외), 특수형태근로에 종사하는 근로자임.

자료: 통계청, 「경제활동인구조사 근로형태별 부가조사」, 2018. 8.(시계열 보정 後).

〈실업보험 적용범위 비교: 임금근로자와 경제활동인구 대비(%)〉

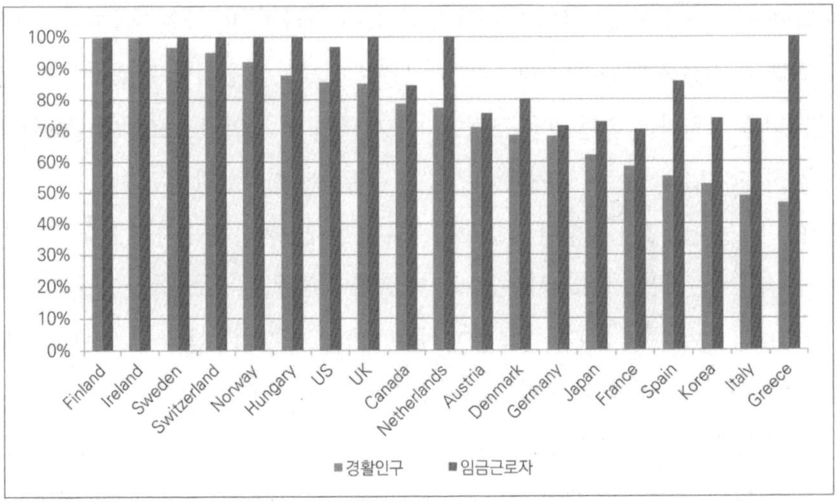

자료 : Social Policy Indicator Database(SPIN). 우리나라는 통계청, 「경제활동인구조사 근로형태별 부가조사」 원자료 (시계열 보정 후)를 가지고 필자가 계산. 우리나라는 2018년 기준, 그 외 다른 나라는 2015년 기준.

사회보험의 현황은 어떠한가? 국민연금은 2019년 6월 말 기준 696조 6천억 원이 적립되어 있고, 그간 지출액은 196조 4천억 원에 이른다. 연간 지출액은 2018년 20조 원 수준이며 2019년 6월 말 누적 지출액은 11조 원을 넘어서고 있다. 국민건강보험은 2017년 12월 말 기준 급여액은 54조 8,917억 원이며, 누적 적립금은 20조 원 규모이다. 산업재해보상보험은 2017년 12월 말 기준 지급금액은 44,360억 원에 이른다. 고용보험은 2017년 기준 실업급여액은 4,293억 원, 고용안정사업 1,369억 원, 직업능력개발사업 462억 원, 출산전후 휴가급여 지급액은 195억 원, 육아휴직급여에는 691억 원을 지급하였다. 노인장기요양보험은 2017년 12월 말 기준 3조 2,772억 원을 징수하고 누적 적립금은 1조 7,685억 원에 이른다. 그럼에도 불구하고 우리나라 사회보험은 적용과 운영 면에서 몇 가지 문제점을 갖고 있다.

첫째, 적용대상의 사각지대 문제이다. 국민연금은 적용제외자로, 국민건강보험은 보험료 6개월 이상 체납으로 인한 급여제한자로, 산재보험은 특수직 종사에 따른 제외자로, 고용보험은 미취업, 보험료 납입기간 불충분으로 인한 제외자로, 그리고 노인장기요양보험은 보험료 체납으로 인한 급여제한자로 사각지대에 놓인 국민이 존재한다.

둘째, 실업과 취업의 반복으로 자격 유지가 어려운 노동시장 및 노동구조 측면의 문제이다. 사회보험은 안정적인 근로와 보수를 기반으로 하기 때문에 비정규직, 미취업 등에 따른 노동시장 및 구조 문제에 취약하다. 자영업자의 사회보험 적용도 운영과 보험료 부과측면에서 쉽지 않으며, 근로를 전제로 한 사회보험의 특성이 4차 산업혁명이 도래한 현시점에 적절한 사회보장제도로 부합하지 못한 측면이 있다.

셋째, 사회보험이 개별적으로 도입 추진되면서 관리운영주체 역시 특수공법인을 설립하여 공단체계로 운영되고 있으며, 좋은 일자리 창출의 순기능도 하지만 제도관리 운영에 지나친 인적구성을 갖고 있어 행정적 효율성이 떨어지는 문제점을 갖고 있다. 2019년 기준 국민연금공단은 7,055명 정원이며, 지사 109개소를 운영 중에 있으며, 장애인 활동지원 업무와 노후준비서비스도 제공하고 있다. 국민건강보험공단은 건강보험과 노인장기요양보험 업무를 위해 16,118명이 근무하고 있으며, 6개 지역본부 178개 지사를 운영하고 있다. 근로복지공단은 8,456명이 근무하며, 산재보험 업무 외에 퇴직연금 업무도 담당하고 있다. 6개 지역본부와 54개 지사를 운영하고 있다. 고용보험은 고용노동부 정부조직이 직접 운영하고 있으며, 지방고용노동청(지청)의 고용센터와 근로복지공단 지역본부 및 지사가 함께 관리에 참여하고 있다.

이처럼 개별 사회보험 관리운영체계가 존재하여 서비스 전달과 행정의 효율성이 강화되기보다는 떨어지는 부작용도 있으며, 본연의 업무 이외에 별도의 업무를 개발하는 등의 역효과도 발생하고 있다. 우선, 사회보험 개별 관리를 위한 지사 운영으로 같은 지역 동일한 건물 내에 건강보험, 근로복지공단, 국민연금공단 지사가 존재하는 경우가 있고, 근접한 건물에 각기 공단 지사가 운영되는 곳도 여러 곳 존재한다.

〈사회보험 운영현황〉

(명, 건, 억원)

구분	국민연금	국민건강보험	산업재해 보상보험	고용보험	노인장기 요양보험
가입자	22,054,377	50,940,885	18,560,142	12,958,825	7,611,7704)
급여자	4,697,738	1,452,720,186	283,514	381,706	648,792
연간급여액 (공단부담금기준)	213,9581)	548,917	44,3602)	4,2933)	62,992
누적적립금	6,966,420	200,656	179,134	55,201	17,685

자료: 1. 국민연금공단 국민연금통계공표(2019년 6월 말 기준). 1) 2018년 연간지출액 기준임.
2. 국민건강보험공단, 건강보험통계연보(2017년 12월 말 기준).
3. 근로복지공단, 근로복지공단 통계연보(2017년 12월 말 기준), 고용노동부, 산재보험기금 연도별 재정수지 및 적립금에서 2017년 12월 말 기준으로 제시. 2) 연금급여 19,712억 원, 일시금 24,648억 원은 불포함.
4. 고용보험 홈페이지, 고용보험통계표(2018년 12월 말 기준), 3) 실업급여액만 적시. '고용보험기금 임금근로자 실업급여 계정 기준선 전망 및 재정 전망(2019~2040년)에서 실업급여 누적 적립금 제시(2018년 12월 말 기준).
5. 국민건강보험공단, 노인장기요양보험 통계연보(2018년 12월 말 기준) 4) 실질적인 적용대상자인 65세 이상 노인인구로 적시함.

2. 사회보험과 민영보험의 비교

사회보험이 필요한 이유는 사회구성원들이 공통적으로 경험할 가능성이 높은 위험 중 어떤 것들은 일반보험시장에 맡겨둘 경우 도덕적 해이(moral hazard)나 역선택(adverse selection)의 문제가 발생할 가능성이 매우 높기 때문이다.

사회보험에서 역선택은 위험이 발생할 가능성이 높은 사람들이 보험에 집중적으로 가입하게 되어 평균적인 위험 확률과 보험료가 높아지는 악순환이 생겨서 보험의 기본 기능인 위험분산이 되지 않는 문제를 말한다.

사회보험에서 도덕적 해이는 보험회사가 가입자의 행태를 완벽하게 감독할 수 없으므로 보험회사측이 원하는 만큼의 위험회피 노력을 가입자가 하지 않는 현상을 말한다. 원칙적으로는 위험발생을 피하려는 노력을 적게 하면 그만큼 보험급여를 적게 주어야 하지만, 노력의 정도를 판단할 정보를 얻기 어려운 경우가 있다.

이러한 위험들은 그에 대한 보험을 사적 시장에 맡겨둘 경우 역선택의 문제, 도덕적 해이의 문제, 위험발생의 상호의존성의 문제 등이 나타나므로 이를 해결하기 위해서는 국가가 강제로 보험에 가입하도록 하는 사회보험을 실시한다.

사회보험과 민영보험을 비교해보자. 사회보험을 ① 로 표기하고 민영보험을 ② 로 표기하면, 목적에 있어서는 ① 국민의 생활보장 ② 영리추구, 운영주체로는 ① 국가의 독점적 운영 ② 기업의 경쟁적 운영, 적용 면에서는 ① 법률적 권리를 가진 강제적용 ② 계약적 권리의 자유 계약, 그리고 적용 원리로는 ① 사회적 적절성 ② 개인적 형평성으로 구분된다.

사회보험과 민영보험을 비교할 때, 기여 면에서는 ① 소득 비례적 기여 ② 보상 비례적 기여, 급여 면에서는 ① 사회적 최저수준 보장 ② 기여비례적 급여, 재원부담 면에서는 ① 국가 기업 근로자의 3자 부담 ② 수익자 부담, 그리고 물가 대응 면에서는 ① 물가상승에 적절한 대응 ② 물가상승에 대응이 어려운 점이 비교된다.

3. 사회보험 재정전망

우리나라는 국민의 노후 기본생활을 보장하기 위하여 국가가 국민연금, 공무원연금, 군인연금, 사학연금 등 4대 공적연금을 운영하고 있다. 아울러, 질병, 실업, 산업재해 등 사회적 위험에 대처하기 위해 고용보험, 산재보험, 건강보험, 노인장기요양보험 등 4개의 사회보험을 운영하고 있다.

사회보험의 기능과 역할이 커지면서 재정규모도 지속적으로 증가하고 있다. 실제로 8대 사회보험의 보험료 수입(국고보조금 제외)은 2011년 81.3조 원 규모에서 2018년 136.0조 원으로 연평균 7.6%, 급여지출은 2011년 69.9조 원에서 2018년 123.3조 원으로 연평균 8.4% 증가하였다.

최근 사회보험 규모의 급격한 증가와 함께 적립금이 2057년 소진될 것이라는 국민연금 제4차 재정계산 결과 발표, 고용보험, 건강보험 및 노인장기요양보험의 재정수지 적자 전환 등에 대응하여 수입 및 지출 측면의 재정 안정화 방안 마련의 필요성이 제기되고 있다. 이러한 배경에서 국회예산정책처는 각각의 사회보험의 특성을 반영한 전망 모형을 이용하여 재정 전망을 실시하였다.

국회예산정책처는 "8대 사회보험 재정전망" 보고서에서 2020년도 예산안 및 2019~2023년 국가재정운용계획에 반영된 법·제도 등의 정책 변화들이 시행된다는 가정하에 향후 10년(2019~2028년)간 8대 사회보험의 수입, 지출, 재정수지를 전망하고 재정건전성을 점검하였다. 국회예산정책처의 재정전망 결과에 따르면 8대 사회보험의 재정수지는 2019년 35.5조 원에서 2028년 20.8조 원으로 감소할 전망이다.

개별 사회보험의 재정전망 결과를 살펴보면, 국민연금은 재정수지 흑자가 2019년 42.9조 원에서 2028년 40.7조 원으로 소폭 감소하고 적립금은 2019년 681.7조 원에서 2028년 1,055.9조 원으로 연평균 5.0% 증가할 전망이다. 사학연금도 2019년 1.3조에서 2028년 0.4조 원으로 흑자 폭이 줄어들고 적립금은 2019년 19.0조 원에서 2028년 25.6조 원으로 연평균 3.3% 증가할 것으로 예상된다.

공무원연금과 군인연금의 경우 재정수지 적자 규모가 증가하여 국가의 연금수지 적자보전금도 증가할 것으로 전망되었다. 공무원연금은 2019년 △2.2조 원에서 2028년 △5.1조 원으로, 군인연금은 2019년 △1.6조 원에서 2028년 △2.4조 원으로 재정수지 적자규모가 증가할 전망이다.

고용보험은 실업급여 보험료율 인상(2019.10.1.)과 국고지원 확대로 재정수지가 개선될 것으로 예상되는데, 2019년 △2.1조 원에서 2022년 △0.2조 원으로 재정수지 적자 규모가 감소하다가 2023년 0.9조 원으로 흑자 전환 뒤, 2028년 1.8조 원까지 증가할 전망이다. 산재보험은 2019년 2.1조 원에서 2028년 3.0조 원으로 재정수지 흑자가 증가하고, 적립금이 2019년 20.0조 원에서 2028년 43.2조 원으로 연평균 8.9% 증가할 전망이다.

건강보험과 노인장기요양보험은 재정수지 적자 폭이 확대될 것으로 전망되었다. 건강보험은 2019년 △4.1조 원에서 2028년 △10.7조 원으로 재정수지 적자가 증가함에 따라, 적립금은 2019년 16.5조 원에서 점차 감소하여 2024년 소진될 것으로 전망되었다. 다만, 정부의 지출절감대책의 효과(연도별 급여비의 1~3% 절감)를 반영할 경우에는 적립금 소진 시기가 2028년으로 연장될 것으로 예상된다. 노인장기요양보험은 2019년 △0.8조 원에서 2028년 △6.9조 원으로 재정수지 적자가 확대되고 적립금은 2019년 0.6조 원에서 감소하여 2022년 소진될 것으로 전망된다.

재정전망 결과를 바탕으로 재정건전성을 점검한 결과, 가입자 100명이 부양하는 수급자 수를 의미하는 제도부양비는 2028년 기준 군인연금 54.6, 공무원연금 51.0, 사학연금 39.7, 국민연금 38.0의 순으로 전망되었다.

지출 대비 수입 비율은 당해 연도 수입이 지출을 충당할 수 있는 여력을 측정하는 재정지표로서, 2028년 기준 국민연금(1.7배), 사학연금(1.0배), 고용보험(1.1배), 산재보험(1.3배)은 당해 연도수입이 지출을 충당할 수 있을 것으로 전망되었지만, 그 외 공무원연금(0.8배), 군인연금(0.5배), 건강보험(0.9배), 노인장기요양보험(0.7배)은 지출이 수입을 상회할 것으로 전망되었다.

적립배율은 당해 연도 적립금이 지출을 충당할 수 있는 수준을 측정하는 지표인데, 국민연금은 2028년 18.2배로 타 공적연금(사학연금 3.3배)에 비해 높은 수준이지만 전망기간 동안 적립배율이 빠르게 감소하는 것으로 전망되었다. 2028년 기준, 고용보험의 적립배율은 0.8배로 1배에 미치지 못하고, 산재보험은 4.2배로 적립배율이 빠르게 증가하는 것으로 전망되었다. 건강보험 및 노인장기요양보험은 각각 2024년 및 2022년에 적립금이 소진됨에 따라 적립배율이 측정되지 않았다.

한편, 8대 사회보험에 대한 국가의 재정지원은 2020년도 예산안 기준 16.4조 원이었다. 특히 사학연금, 공무원연금, 군인연금, 건강보험, 노인장기요양보험에 대한 일반회계 국고지원금은 2019년 13.6조 원에서 2028년 26.6조 원으로 증가할 것으로 전망되었다.

재정전망 결과, 8대 사회보험의 수입 및 지출 규모의 지속적 증가에도 불구하고, 국민연금 재정수지 흑자 폭 증가 둔화, 공무원연금 및 군인연금의 재정수지 적자 증가, 건강보험 및 노인장기요양보험 적립금 소진 등의 영향으로 8대 사회보험의 재정수지 흑자는 점차 감소(2019년 35.5조 원→2028년 20.8조 원)하여 재정여건이 점점 어려워지는 것으로 전망되었다. 제도부양비, 지출 대비 수입 비율, 적립배율 등의 지표를 중심으로 한 재정건전성 점검에서도 동일한 결과가 나타났다.

공적연금 및 사회보험은 현재 운영되고 있는 제도의 특성, 향후 재정전망 및 재정건전성 점검 등을 고려하여 재정구조 개선 방안에 대한 논의를 구체화 할 필요가 있다. 그러나 가입자의 보험료를 주된 재원으로 하는 8대 사회보험의 경우 재정구조 개선이 주로 보험료 부담 증가 또는 급여 축소 등의 방향으로 추진되기 때문에, 가입자의 반발에 부딪힐 가능성이 크다. 보험료 수입은 사회보험의 가장 중요한 재원이며, 향후 사회보험의 지속가능성과 장기적인 재정건전성을 확보하기 위해서는 필요에 따라 보험료율 인상 등을 적기에 탄력적으로 운용할 수 있어야 한다.

고용·산재·건강·노인장기요양보험과 같이 시행령을 통하여 보험료율을 결정하는 사회보험의 경우 재정을 탄력적으로 운용할 수 있는 측면이 있다. 반면, 보험료율을 결정하는 과정에서 법률의 개정 및 국회심의를 거치지 않으므로 가입자인 국민과의 사회적 합의가 충분하게 이루어지지 못할 우려가 있다.

보험료율은 국민과 기업에 직접적인 부담이 된다는 점을 고려할 때 사회적 합의 과정은 매우 중요하다. 따라서 사회보험 제도개선은 탄력적인 재정 운용과 국민과의 공감대를 이끌어 낼 수 있는 사회적 합의라는 두 가지 측면을 균형 있게 고려하여 추진할 필요가 있다. 이를 위해 실질적 부담 주체인 국민과 기업 등을 적극적으로 설득하고 사회적 합의를 도출하기 위한 노력이 필요하다.

4. 사회보험의 문제점과 개선방향

코로나19로 인해서 국가적으로 어수선한 시기에 과하다 싶은 정부의 대응과 그럼에도 시민들의 자발적인 참여 속에서 코로나19의 위기를 넘어가고 있는 것처럼 보인다. 하지만, 실상 많은 전문가들은 위기는 이제부터 시작될 것이라고 경고하고 있다. 더 큰 어려움은 기존의 어려움을 감추는 효과가 있지만, 코로나19 이전 우리는 풀어내지 못한 문제들이 겹겹이 쌓여있었고, 이제 그 문제들이 더욱 두드러졌고 심각성은 더해졌다.

흥미롭게도 포스트코로나 시기에 맞이할 문제점들은 새로운 것이라기보다는 지금까지 논의해왔던 흐름들(기술혁명과 같은)을 더욱 가속화하는 방향이 될 것으로 예상된다.

4.1. 문제점

첫째, 고용시장 문제는 더욱 심각해질 것이다. 불확실한 경제상황 속에서 기업이 신규채용을 확대할 것이라고 기대하기는 쉽지 않다. 대기업 경제구조를 가지고 있지만, 막상 대기업에서 일하는 비중은 전체에서 20%에도 미치지 않으며, 중소기업의 생산성은 대기업 대비 30~40%밖에 되지 않는 구조를 가지고 있다. 양극화는 더욱 심화될 가능성이 크며, 청년 이슈는 더욱 우리 사회 핵심 이슈로 나타나게 될 것이다. 이러한 과정에서 사회보험의 문제는 더욱 심화되어 나타나게 될 것이다.

사회보험의 사각지대 이슈는 지난 20년 동안 꾸준히 제기되어왔다. 하지만, 문제를 풀지 못한 채로 코로나19를 맞이한 바 있다. 예를 들어 비정규직의 국민연금 가입률은 2009년 약 37.6%였으며, 2019년 역시 36.5%로 큰 차이가 없다. 고용위기 가운데 국민기초생활보장제도는 너무 많은 것을 잃어야 받을 수 있었고, 고용보험은 정규직 위주로 구성이 되어 있었다. 자영업자, 비정규직, 특수고용, 플랫폼노동, 0시간 계약근로(Zero Hour Contract)에 종사하는 이들이 코로나19가 가속시킨 온라인 혁명과 함께 더욱 빠르게 증가할 것이라는 예상이 맞다면 이러한 문제는 더욱 심화될 것이다.

둘째, 고용의 위기와 청년문제 심각성이 더해지면서 저출산·고령화는 더욱 빨라질 가능성이 높다. 이미 심각해진 고용상황 속에서 초혼 연령과 출산에 대한 결정은 더욱 늦어질 가능성이 높다. 이는 고령화 속도를 더욱 빠르게 하면서 공적연금제도에 대한 재정적 압박을 증가시키게 될 것이다. 이미 공적연금은 충분하지 않은 노후소득보장 수준과 지속가능성의 문제 등 총체적 문제점을 드러내고 있지만, 개혁이 추진되지 못하고 있다.

보통 둘 중 하나가 안 좋으면 다른 하나가 좋은 '딜레마' 관계가 되어야 하는데, 우리 공적연금 제도는 노인빈곤율이 OECD에서 가장 높은 만큼 노후소득보장 수준이 낮지만, 재정적 지속가능성도 낮다고 꾸준히 비판을 받고 있다. 이와 함께 국민기초생활보장제도, 기초연금, 국민연금, 퇴직연금 사이의 분절이나 특수직역연금과 국민연금 간의 형평성 문제도 지속적으로 제기되는 문제이다.

4.2. 개선 방향

공적연금제도의 가장 첫 번째 과제는 역시 노후소득보장을 이루어내는 것이다. 재정적 지속가능성이 큰 이슈는 틀림없지만, 먼저 공적연금제도의 첫 번째 존재 이유를 실현하는 것이 시급하다. 노후소득보장제도는 두 가지 차원을 모두 고려해야 한다. 첫째는 현재 노인층이며, 둘째는 미래의 노인층에 대한 고려이다. 국민기초생활보장제도 및 기초연금의 발전에도 불구하고 여전히 노인빈곤율은 OECD 공식통계에 따르면

40%를 훌쩍 넘어서고 있다. 세계에서 방역 및 성숙한 시민사회 모습으로 주목받는 국가로서 매우 부끄러운 모습이 아닐 수 없다. 물론 노인빈곤을 국제기준에서 완전히 없애는 것은 쉬운 일이 아니다. OECD 기준인 중위소득 50%는 1인 가구 기준 약 80만 원이기 때문에 갈 길이 멀다. 하지만, 최소한 우리가 사용하는 빈곤선 기준인 국민기초생활보장제도 최저생계비 정도(중위소득 약 30%, 약 50만 원)는 보장할 수 있어야 한다.

이를 실현하는 방법은 몇 가지가 있다. 첫 번째는 50만 원에 미치지 못하는 노인에게만 최저생계비를 채워서 주는 잔여적 방식이다. 두 번째는 현재와 같이 소득 하위 70% 노인에게 지급하되 50만 원을 지급하는 방안이다. 마지막으로는 모두에게 지급하는 방안이다.

첫 번째 방안은 가장 보수적인 방안이지만 형평성 이슈가 있다. 두 번째와 세 번째 안은 국민기초생활보장제도의 생계급여를 기초연금 내로 흡수할 수 있게 한다. 이는 노인빈곤 대처에 대한 정책대응이 단순해진다는 장점이 있다. 70%까지 기초연금을 지급하는 경우 여전히 국민연금 가입을 하고 수급을 하지 못하는 이들과의 형평성 문제나 소득역전현상이 존재할 수 있다. 반면에 보편적 기초연금을 할 경우 형평성 문제나 국민연금 가입에 대한 반-인센티브 문제는 사라지나 재정이 많이 소요되는 문제가 발생할 수 있다.

국민연금 개혁은 기초연금과의 관계 속에서 논의할 필요가 있다. 만일 기초연금이 앞서 논의한 바와 같이 최저생계를 책임지고 보편적 방향으로 이동하게 된다면 고용에 기반한 국민연금은 최대한 보험수리적으로 문제가 없는 방식으로 개혁하는 것이 맞을 것이다. 즉, 최대한 후세대에 부담이 가지 않도록 기여율과 급여수준을 맞추는 것이 중요할 것이다. 기초연금이 부수적인 역할만을 감당한다면 국민연금 강화는 불가피할 것이지만, 노동시장 변화 방향이 국민연금의 안정적 가입을 어렵게 하는 상황으로 갈 가능성이 높기 때문에 국민연금보다는 기초연금을 강화시키는 것이 보편성의 관점에 부합할 가능성이 높다. 또한, 저출산의 심화로 2057년 연금기금이 소진될 경우 부과방식 하에서 연금기여율이 최대 30%까지 높아질 우려가 존재하고 있다.

그렇기 때문에 기초연금으로 기초보장을 모든 국민에게 제공하고, 국민연금은 보험수리적 개혁을 통해 안정적 소득보장을 할 수 있도록 하면 좋을 것이다. 소득보장 역할에 대한 직관성을 높이기 위해서 국민연금 내에 있는 재분배효과(소위 A값)도 폐지하는 것을 고려해 볼 수 있다.

특수직역연금과의 형평성은 또 하나의 중요한 논의사항이 될 것이다. 현재 수급하고 있는 공무원연금의 평균연금수준은 국민연금보다 월등히 높다. 2015년의 공무원연금 개혁으로 이론적 급여수준은 좁혀지기는 했지만, 공무원들이 안정된 기여기간을 확보하기가 쉽다는 점과 최대 인정소득 수준이 국민연금(486만 원, 2019년)이 공무원연금(848만 원, 2019년)보다 낮기 때문에 급여수준의 차이는 여전하다. 반면에 공무원연금은 기여율이 18%로, 국민연금보다 두 배가 높다. 국민연금과 공무원연금의 형평성과 통합을 논의하기 위해서는 국민연금에서는 기여율을 높이는 이슈, 공무원연금은 관대성을 줄이는 것 간에 조정이 필요할 것이다. 공무원연금의 관대성을 줄이는 것은 쉽지 않지만, 기초연금의 보편화는 급여삭감을 상쇄시킬 수 있다. 국민연금 현재 기여율 9%를 높이는 과정에 있어서 퇴직연금(월 8.3% 고용주 기여)이 함께 조정된다면 수용성이 좀 더 높아질 수도 있을 것이다.

고용보험 개혁은 더욱 중요하고 또한, 광범위할 필요가 있다. 고용보험은 2020년 현재 취업자 중 49.4%만이 가입되어 있다. 비임금근로자(24.9%), 고용보험 미가입(13.8%) 등 반 정도가 소득상실 시에 혜택을 받을 수 없다. 그리고 미가입자일수록 노동시장에서 약자일 가능성이 높다는 문제를 가지고 있다. 이에 대한 대안은 세 가지 방향으로 논의가 된다.

첫 번째는 실업부조이다. 2021년 1월 1일부터 시행되고 있는 국민취업지원제도는 실업상태에 있지만 고용보험 대상자가 되지 못하는 이들에게 최대 6개월 동안 50만 원 수준의 생활비를 지원하게 된다. 소득수준 제한이 있고, 6개월, 그리고 50만 원이라는 수준에서 알 수 있듯이 안정성을 제공하기에는 문제가 있다.

두 번째는 조세기반의 고용보험을 만드는 것이다. 이를 위해서 모든 소득에 대해서 국가가 조세기반 프로그램에 사용할 수 있는 일반사회기여금(Comprehensive Social Contribution)을 도입하고, 고용보험에 대한 개인의 기여금을 폐지하는 방안 및 부분실업급여를 적극적으로 도입하는 것이 한 방안이 될 수 있다. 그렇게 될 경우 자영업자 및 프리랜서 등 모든 이들을 고용보험에 포괄할 수 있는 가능성이 올라갈 수 있다.

마지막 가능성은 기본소득이다. 자발적 실업인지, 적극적 구직활동을 하는지, 소득감소가 왜 이루어졌는지, 왜 실업기간이 길어지는지를 묻지 않고, 일하는지 여부와 관계없이 보편적으로 개인에게 일정 소득을 제공하는 것이다. 근로의 여부와 관계없이 기본소득을 받을 경우 근로에 대한 반-인센티브는 없다. 다만, 막대한 재정이 들어갈 수 있다. 대안적 방법으로 기존 제도들에 더하여 부분 기본소득을 도입하는 것도 하나의 아이디어다. 예를 들어, 특정 연령 기간 동안 기본소득을 3~5년 정도를 받을 수 있는 권리를 주는 것이다. 그렇게 될 경우 본인이 선택하여 실업 시기 동안, 창업을 준비하면서 혹은 숙련을 향상시키기 위한 학습을 받으면서 기본소득을 사용할 수 있게 하는 것이다. 여전히 재정이 상당히 필요하지만, 장기적인 안정을 제공할 발판을 마련하는 동시에 사회투자적 관점에서도 다양한 장점을 가질 방안이 될 수 있다.

5. 지속가능성 확보를 위한 전략

모두를 위한 고용보험을 운영할 경우, 혹은 기초연금 보편화를 할 경우, 혹은 기본소득을 논의하기 시작하면 가장 핵심적 이슈 중 하나는 지속가능성 확보 전략이다. 지속가능성 확보를 위해서는 한편으로 정책단위에서의 노력이 필요하고, 다른 한편에는 거시적 차원의 조세제도 개혁이 필요하다.

정책단위에서는 기초연금의 경우 수급연령의 향상이 중요한 이슈이다. 기초연금을 중위소득 30%인 50만 원으로 맞추고, 모든 이들에게 지급할 경우(급여는 임금수준에 연동할 경우) 2050년 GDP의 7.4%를 지출해야 하지만, 5년마다 1세씩 70세까지 증가시킬 경우 2050년 5.9%가 되고, 반은 30만 원 그리고 저소득층 50%에게는 30만 원 추가하여 60만원을 지급할 경우 2050년 5.4%가 된다고 추계 된 바 있다(국민연금연구원, 2018).

여기에 국민연금 지출이 현재와 같이 제도가 유지되었을 때 2050년 약 277조 원으로 GDP 대비 약 5%를 지출할 것으로 예상되고 있다(국회예산정책처, 2019). 기초연금과 국민연금을 합하게 되면 GDP 대비 10%가 넘는 수치로서 낮은 수치가 아니지만, 노령인구 약 40% 수준 사회에서 높은 지출이라고 하기 어렵다. 이미 주지된 바와 같이 상당수의 서구 선진국은 노령인구 20% 수준에서 GDP 대비 10% 이상을 지출하고 있다.

여기에 국민연금의 수급연령 조정이 이루어진다면 지출은 다시 줄어들게 될 것이다. 또한, 단순히 지출을 부담으로 간주하는 것을 넘어 인구 40%의 구매력 유지라는 차원도 고려할 필요가 있다. 고용보험의 경우 적극적 노동시장정책 및 학습정책을 잘 펼치면서 노동시장으로의 이행을 원활하게 한다면 그것이 재정적 지속가능성을 높이는 방안이 될 것이다.

하지만, 정책단위에서의 조정만을 가지고 근본적으로 지속가능성을 높이기는 쉽지 않다. 보다 거시적 차원에서의 조세제도 개혁이 필요하게 될 것이다. 우리나라에서 사회보험제도를 포함한 복지국가의 지속가능성을 논의할 때 항상 문제가 되는 것은 세입에 대한 부분은 조정을 가정하지 않고 세출의 증대에만 우려를 보내는 것이다. 하지만, 국가의 역할을 변화하게 되면 세출이 부분적으로 증가하는 것은 당연하며, 그렇다면 기존의 세입 부분을 어떻게 조정해야 할 것인지를 동시에 고민하는 것이 맞다. 특히, 기초연금의 확대나 고용보험의 전 국민화 혹은 기본소득과 같은 안들은 조세 기반 확충을 필수로 하기 때문에 더욱 그러하다.

첫 번째는 소득공제제도의 대폭적인 개선 및 정비이다. 최근 LAB2050(2019)에서는 국민기본소득제를 제안하면서 전 국민 30만 원 기본소득 제공 및 재원 방향을 제시한 바 있다. 이 안에 따르면 전 국민 기본소득에 들어가는 재원은 187조 원이었다. 구체적인 안(案) 하나하나마다 상당한 논쟁과 논의가 필요한 것은 사실이다. 하시만, 기본적으로 소득공제제도가 누진적이라기보다는 역진적으로 구성되어 있으면서 명목세율과 실효세율의 차이가 상당히 크다는 것은 쉽게 인정이 되는 부분이다. 또한, 기초연금이나 근로연령대 소득보장제도가 확충되면 기존에 존재하는 제도들의 지출이 줄어들 수 있는 부분도 있기 때문에 이러한 안들을 적극적으로 고려하면서 명목세율을 높이지 않으면서도 재원을 확충할 수 있는 부분들을 고민할 필요가 있다.

두 번째는 프랑스와 같은 일반사회기여금의 도입이다. 양극화가 심해질수록 그 원천은 근로소득을 넘어 부동산이나 금융 등 다양한 소득으로 확장된다. 또한, 고용이 다변화될수록 근로소득과 사업소득 간의 관계도 모호해진다. 사회보험은 고용관계를 기본으로 발전해왔지만, 기존의 고용관계가 해체될수록 새로운 사회보장의 방식이 필요하다. 이러한 배경에서 일반사회기여금은 모든 소득에 일정 세율을 부과하여 조세로 사용되는 복지제도의 지속가능성을 높이는 전략이다. 프랑스에서는 1990년 재정법에 의해서 근로-복지-이자-금융-상속 등 소득에 1.1%를 과세하며 도입되었다. 마크롱 정부에서는 9.2%로 인상했으며, 전 국민 고용보험에서 개인기여금이 사라질 수 있었던 계기이기도 하다. 즉, 건강보험이나 고용보험에서의 고용관계에 기반한 기여금을 줄이고 일반사회보장기여금으로 대체하고 있는 과정이라고 할 수 있다. 우리 역시 고용관계에 기반한 사회보험 제도의 한계가 분명하게 나타나고 있는 만큼 재원의 방식을 전환시키는 관점에서 일반사회보장기여금은 충분히 고려할 가치가 있다.

- 나가며 -

우리는 이미 지난 20여 년 동안 20세기에서 물려받았던 기존 사회경제체제가 저출산·고령화나 비정규직 등의 이슈를 풀 수 없다는 것을 알았다. 그리고 기술혁명은 더욱 빠르게 다가오는데 현재 제도들이 취약하다는 사실 역시 이번 코로나 사태를 통해 알 수 있었다. 그렇다면 이제 변화가 필요하며 그 변화의 방향은 고용에 기반한 사회보험에서 시민성에 기반한 사회보험으로의 전환이 되어야 할 것이다.

먼저 선별하여 주고 가능한 한 세입 파트는 건드리지 말자는 것이 지금까지의 방식이었다면, 이제 모두가 받고 누진적으로 세금을 내며, 사회의 연대성을 높이는 방향으로 가는 것이 맞을 것이다. 그러기 위해서 조세제도 개혁과 일반사회보장기여금 등을 고려해볼 만하다. 올바른 대안을 찾는 것이 개혁의 한 축이지만, 올바른 대안을 함께 찾아 나가며 숙의하고 실제 개혁을 완성하는 것은 또 다른 축이다. 학계와 정책을 담당하는 행정부처, 그리고 국회가 숙의하며 답을 찾아가는 과정에서 비난을 회피하는 태도보다는 적극적으로 미래를 준비하는 자세가 필요한 때다.

Ⅲ. 사회복지정책 유형②

공공부조(Public Assistance)

우리나라 헌법 제34조 5항을 보면 "신체장애자 및 질병·노령, 기타의 사유로 생활능력이 없는 국민은 법률이 정하는 바에 의하여 국가의 보호를 받는다"라고 명시하고 있다. 이것은 빈곤한 국민은 국가로부터 생활의 보호를 받을 권리를 가진다는 것이며, 국민에 대한 국가의 생활보호 책임을 나타낸 것이다.

또한, 사회보장기본법 제3조 1항에 의하면 "사회보장이란 출산·양육·실업·노령·장애·질병·빈곤 및 사망 등의 사회적 위험으로부터 모든 국민을 보호하고 국민 삶의 질을 향상시키는 데 필요한 소득·서비스를 보장하는 사회보험·공공부조·사회서비스를 말하며, 이 중에 '공공부조'란 국가와 지방자치단체의 책임 하에 생활유지능력이 없거나 생활이 어려운 국민의 최저생활을 보장하고 자립을 지원하는 제도를 말한다(동법 제3조 3항)"고 정의하고 있다.

이와 같이 공공부조제도는 빈곤의 해소를 위한 국가의 사회보장정책의 일환으로서, 특히 생활능력을 상실한 자들과 일정한 생활 수준에 미달한 자들에 대하여 국가가 책임을 지고 도와주는 가장 직접적이며 최종적인 경제적 보호제도라고 할 수 있다.

1. 공공부조제도(public assistance system)의 내용과 기능

1997년 외환위기 이후 초유의 대량실업으로 다수의 절대빈곤층이 발생되어 사회 전체적으로 위기에 처하였으나 생활보호제도는 사회 최후의 안전망으로서의 기능을 제대로 수행하지 못하였다. 이에 1999년 한국정부는 공공부조체계를 근본적으로 개혁한 기초생활보장제도를 제정하여 그동안 약 40년간 시행해 오던 생활보호법을 기초생활보호제도로 대체하였다. 현재 공공부조는 국민기초생활보장제도를 근간으로 이루어지고 있으며, 그 외 의료급여제도, 재해구호사업, 부랑인보호제도, 법률구제제도, 임금채권보장제도 등을 포함하고 있다.

1.1. 공공부조제도의 내용

1) 대상

국민기초생활보장법에 의하면 '수급권자'란 급여를 받을 수 있는 자격을 가진 사람을 말하는데, 수급권자가 되기 위해서는 부양의무자가 없거나 부양의무자가 있어도 부양능력이 없거나 또는 부양을 받을 수 없는 자로서 소득인정액이 최저생계비 이하에 해당되어야 한다. 즉 수급권자가 되기 위해서는 소득인정액 기준과 부양의무자 기준을 동시에 충족시켜야 한다.

2003년도 소득인정액 도입에 따라 수급자 선정기준은 소득평가액 기준, 재산기준, 부양의무자 기준에서 소득인정액 기준, 부양의무자 기준의 2개 기준으로 통합되었다. 또한, 수급권자가 아니어도 생활이 어려운 자를 보건복지부 장관이 정하는 바에 따라 일정기간동안 수급권자로 본다. 수급자 선정 요인으로 ① 최저생계비 ② 소득인정액 기준 ③ 부양의무자 기준 ④ 보호율 등이 있다.

2) 급여

국민기초생활보장법에 의한 급여는 '수급자가 자신의 생활 유지·향상을 위해 그 소득·재산·근로능력 등을 활용해 최대한 노력하는 것을 전제로 이를 보충, 발전시키는 것'을 기본원칙으로 하고 있다. 또한, '타급여 우선의 원칙'에 따라 부양의무자의 부양과 기타 법령에 의한 보호는 이 법에 의한 급여에 우선하여 행해진다. 다만 다른 법령에 의한 보호의 수준이 이 법에서 정하는 수준에 이르지 못할 경우에는 나머지 부분에 관해 이 법에 의한 급여를 받을 권리를 잃지 않는다.

국민기초생활보장제도 급여와 관련된 기본원칙들을 자세히 살펴보면 최저생활보장의 원칙, 보충급여의 원칙, 자립지원의 원칙, 개별성의 원칙, 가족부양우선의 원칙, 타급여 우선의 원칙 등이 있다. 국민기초생활보장급여는 종류별로 생계급여, 주거급여, 의료급여, 교육급여, 해산급여, 장제급여, 자활급여로 구분된다. 이들 중 생계급여와 주거급여는 수급자 모두에게 지급되며 의료급여, 교육급여, 해산급여, 장제급여, 자활급여는 해당욕구가 있는 가구에 대해 정해진 금액의 급여를 현금 또는 현물로 지급한다.

3) 전달체계

한국의 복지행정체계는 전반적으로 보건복지부의 정책이 광역 지방자치단체(시·도)로 전달되고 이는 기초 지방자치단체(시·군·구)로 전달되어 읍·면·동사무소까지 연계되어 집행되는 체계이다. 이러한 복지행정체계 및 집행경로는 기초생활보장업무의 수행과 유사한 과정을 보여주고 있다. 즉, 국민기초생활보장제도의 정책은 중앙정부의 보건복지부에서 담당하며 일선으로의 전달은 지방자치단체를 통하여 제공된다.

보건복지부에서 사업지침과 예산을 결정하여 행정자치부의 지방자치단체에 시달하면, 지방행정조직의 수직적 위계에 따라 공공부조 수급 대상자들에게 급여와 서비스가 전달된다. 또한, 기초보장 수급자의 자활업무는 노동부와 연계 추진하되 기초보장 사업운영에 관한 전반적인 사항은 행정안전부의 협조 하에 지방자치단체를 통해 집행한다. 이러한 기관들은 상호 유기적인 협력관계를 유지하면서 기초생활보장 수급자 대상자에게 급여와 서비스를 전달한다.

4) 재정

국민기초생활보장제도의 재원은 국가의 일반예산을 편성하여 전액 조세에서 충당한다. 수급자에게 조세감면 방법으로 간접적으로 지원하는 주민세 면세, 통신비 감면 등도 공공부조의 재원에 속하며, 보건복지부 예산 중에서 경로연금, 장애수당, 일시 구호 등도 국민기초생활보장제도의 세출 예산에 속한다.

〈사회보장의 종류〉

	사회보험	공공부조	사회복지서비스
대상	모든 국민	저소득층	요보호자
재원	가입자와 사용자가 납부하는 보험료	조세	국가보조금 및 후원금
종류	국민연금, 고용·산재보험, 건강·노인장기요양보험, 공무원·군인·사학연금	국민기초생활보장, 기초연금, 장애인연금, 장애수당, 아동수당	아동·청소년·노인·장애인복지서비스, 한부모가족지원

1.2. 공공부조제도의 기능

공공부조는 공적부조, 사회부조(social assistance), 국민부조(national assistance), 빈곤구제정책(anti-poverty policy), 무기여소득보장정책(non-contributory income maintenance program)등의 이름으로도 일컬어지고 있으며, 시대의 변화에 따라 학자들이 공공부조에 대하여 서로 다른 정의를 내려왔다.

현대사회에서는 전반적으로 경제성장이 향상되었지만 빈부격차가 지속적으로 커지기 때문에 일부분의 사회구성원이 여전히 빈곤에서 벗어나지 못하고 있다. 이러한 문제를 해결할 때 가장 효과적인 복지정책은 사회보험이 아니라 공공부조였다. 공공부조제도의 구체적인 기능은 다음과 같이 나뉠 수 있다.

첫째, 공공부조제도는 소득보장정책의 일환으로서 빈곤 완화를 주된 정책 목표로 간주한다. 공공부조제도는 사실상 많은 국가에서 빈곤선(poverty lines)의 역할을 하고 있으며, 현대 복지국가에서 빈곤을 예방하고 감소시키는 데 결정적인 역할을 한다. 따라서 공공부조는 최후의 사회안전망으로서 빈곤계층들을 빈곤에서 구하여 건강하고 문화적인 최저수준(social minimum, national minimum)의 생활을 유지할 수 있도록 보호한다.

둘째, 공공부조는 재분배(redistribution) 기능을 수행한다. 공공부조제도는 2차적인 분배 범주에 속하고 있으며, 빈곤계층에게 직접적으로 현금급여나 현물급여를 제공함으로써 대상 집단의 실질소득을 증대시키며 소득 상황이 명확한 개선을 얻는다. 이것은 서로 다른 계층에 처하고 있는 사회구성원 간의 수입차액을 줄이는 데 직관적인 효과가 있다.

셋째, 공공부조는 빈부격차를 일부 완화시키며 극빈계층의 최소한의 기초적인 인간다운 삶을 보장해 줌으로써 계층 간 불평등을 해소하고 사회 안정화(social stabilization) 기능을 수행한다.

넷째, 공공부조는 사회적 평등과 형평을 도모한다. 현대사회는 경쟁이 치열해질수록 늘 불리한 경지에 처하는 사회구성원이 있다. 공공부조는 경쟁기점의 거리를 줄이며 빈곤한 사회구성원이 자신을 회복하여 같은 기점에서 경쟁에 참여할 수 있도록 일정한 사회지지로 도와준다.

다섯째, 공공부조는 시장경제의 정상적인 운행을 보장하는 기능을 수행한다. 시장의 자유경쟁기제 하에 생산과정 중의 약자는 대부분 다 저임금수준이 낮은 편이다. 이것은 소비능력을 향상시키는 데 있어 제약적이고 시장수요측면에서 부정적인 영향을 가져온다. 공공부조는 경제운영과정 중의 구조와 노동자의 수를 조정함으로써 빈곤인구가 기본적 수입을 보장해 주며 소득 격차를 해소하고 대다수의 빈곤자로 하여금 일정한 구매력과 소비수준을 유지할 수 있게 해준다.

2. 공공부조의 원리

공공부조의 원리는 일반적으로 국가책임, 무차별평등, 최저생활보호, 보충성 및 자립자조 등의 의미를 함축하고 있다. 공공부조제도는 헌법에 입각하여 국가가 그 빈곤의 정도에 따라 필요한 보호를 실시하며 최저한도의 생활을 보장하되, 아울러 자립자족을 조장하고자 하는 것이다. 따라서 그 원칙적인 면을 다음과 같이 몇 가지로 고찰할 수 있다.

2.1. 국가책임의 원리

우리나라 헌법 제34조 5항을 보면, "생활능력이 없는 국민은 법률이 정하는 바에 의하여 국가의 보호를 받는다"라고 하여 공공부조 실시에 대한 궁극적 책임이 국가에 있음을 명시하고 있다. 엘리자베스 빈민법(Elizabethan Poor Law)의 중요한 규정들 중 하나가 빈민보호에 대한 국가의 책임을 인정하여 행정기관을 설치하였던 점으로 보아 이

원리는 이미 일찍부터 인정받고 있음을 알 수 있다. 따라서 공공부조제도의 수행 주체는 국가나 지방자치단체 또는 관련 공공기관으로서 가족이나 개인, 기타 민간에 의해 행해지는 사적부조와 구분된다. 공공부조의 재원 역시 일반조세수입으로 충당하며, 공공부조의 수혜자들은 별도의 경제적 기여를 하지 않는 무기여(無寄與)의 특징을 갖는다.

2.2. 무차별 평등의 원리

모든 국민은 법으로 제정된 요건에 해당하는 경우 누구나 무차별 평등하게 보호를 받을 권리가 있다. 생활이 곤궁한 모든 국민은 그 원인, 신분, 인종, 신조 및 성별 등을 불문하고 평등하게 법에 의한 보호의 청구권을 가질 수 있는 것이다. 또한, 무차별 평등은 보호에 대한 기회균등과 무차별 또는 우선적 취급을 불허함을 의미하기도 한다.

무차별 평등의 의의로서, 이 제도에 의해 주어지는 보호의 내용은 평등함을 요하지만 천차만별의 생활조건 하에 있는 개인이나 세대에 대해 일률적이며 기계적으로 평등한 내용의 보호가 주어져야 함을 의미하는 것은 아니다. 오히려 각각의 최저생활을 보장하기 위해서는 주어진 생활조건의 차이점을 고려하여 실질적으로 동일하게 이루어지는 최저생활 수준을 의미한다. 이는 사회적 형평성(social equity)을 도모하기 위한 것으로서, 같은 처지에 있는 공공부조 대상자들을 모두 똑같이 대우해 주는 수평적 형평성과 서로 다른 처지에 있는 사람들을 서로 다르게 대우해 줌으로써 수직적 형평성을 기하는 특징이 있다.

2.3. 최저생활보호의 원리

현행 국민기초생활보장법에서 보장하려는 최저한도의 생활은 "건강하고 문화적인 생활수준을 유지할 수 있어야 한다"라고 하여 하나의 인간으로서 의미 있는 생활을 누릴 수 있는 상태를 의미하고 있다. 그러나 여기서 최저보호란 보호의 상한선을 의미하며, 실제로는 생활수준이 빈곤선 이하에 처해 있는 사람들을 최소한 이 선의 수준까지 끌어올려 보장하겠다는 것이며, 최저생계비가 그 기준으로 규정되어 있다.

2.4. 보충성의 원리

공공부조는 보충적인 제도로서 공공부조의 수혜대상자가 자신의 자산과 근로능력을 최대한 활용하고, 부양의무자의 부양을 우선적으로 받도록 하며, 다른 법에 의한 보호를 받은 후에도 생활상 곤란을 겪는 경우에 비로소 행해지는 보충적인 제도이다. 이러한 특징 때문에 공공부조는 종종 자본주의 사회의 공적인 최후의 안전망이라고 불리우며, 사회보험이 1차적 사회안전망의 역할을 하는 데 비해 공공부조는 2차적 사회안전망의 역할을 수행한다고 한다.

따라서 공공부조의 대상자를 결정하기 위해서는 소득과 재산상태를 파악하기 위한 자산조사(means test)와 근로능력 유무를 판정하고 부양의무자의 존재를 파악하기 위한 상태조사(status test)가 실시된다. 공공부조는 이러한 조사를 거쳐 선별된 대상자에게만 선택적으로 급여가 제공되기 때문에 선별적 프로그램이라는 특성이 있다.

2.5. 자립조장의 원리

공공부조는 상태조사를 통해서 근로능력이 있는 사람들에게는 자신의 근로능력을 최대한 활용하여 스스로 자립 자활할 수 있도록 도와주고, 근로능력이 부족한 사람들은 잔존능력을 발휘할 수 있도록 기회를 제공하며, 자신의 잠재능력을 개발해 노동시장에 참여할 수 있도록 도와주고 있다. 또한, 국가와 지방자치단체는 근로능력자에 대해 구직등록이나 고용 및 직업훈련 프로그램에 참가하는 것을 조건으로 하여 원조를 제공하는 근로연계를 실시하고 있다.

그러나 제도적으로 이 자립조장의 원리의 조화가 매우 절실함에도 불구하고 어려운 문제를 안고 있는 것은 노동에 의한 수입의 수입인정의 측면이다. 즉 경상적인 근로소득에 있어서는 기초공제를 비롯한 각종 공제(控除)를 활용하여 근로유인 제공과 탈수급을 위한 제도적 방침이 필요하다.

이와 같은 공공부조는 빈곤계층의 최저생활을 보장해주는 긍정적인 측면이 있는 반면, 실시과정에서 낙인화(stigmatization), 근로의욕상실(loss of work incentive), 복지의존성(welfare dependency), 공공재정부담 등이 해결되어야 할 부정적인 측면으로 지적된다.

3. 한국 근대 공공부조제도의 변화 과정

우리나라의 근대적 공공부조제도는 그 실시의 역사가 사회보험보다 훨씬 오래된 사회보장제도로서, 우리나라에 근대적 공공부조 이념이 도입된 것은 일제강점시대에 입법화된 '조선구호령'(1944.3.1.)이었다. 그 이후 미군정기(美軍政期) 구호법령을 거쳐 1961년 12월 30일 '생활보호법'이 제정·공포되었고, 1990년대 후반의 외환위기로 인하여 '국민기초생활보장법'(2000.10.1)이 시행된 이후 현재에 이르고 있다.

우리나라 공공부조제도가 크게 변화한 4시기를 시간적 범위로 구분하여, 각 시대별 공공부조제도의 형성과 변화과정 속에서 제도의 지속과 변화요인은 무엇이었는지를 역사적 제도주의의 분석요소-중대한 전환점(critical junctures), 제도적 맥락(institutional contexts), 행위자 요인(agency factors), 경로의존성(path dependence)-에 근거하여 다음과 같이 분석할 수 있다.

첫째, '조선구호령'과 미군정기 구호법령은 우리나라 공공부조제도에 역사적·제도적 유산으로 작용하였다.

둘째, 5.16군사혁명으로 집권한 박정희 군사정권 시기에 마련된 '생활보호제도'의 형성과 변화에 영향을 미친 중대한 전환점으로는 ① 정치적 위기: 5.16혁명으로 인한 민심확보와 ② 사회경제적 위기: 절대빈곤 타파를 위한 경제발전이 주목되었다. 제도적 맥락에서는 ① 정책이념: 반공이념과 경제성장 우선주의와 ② 정치·행정구조: 국가재건 최고회의에 의한 3권(입법, 행정, 사법) 장악이 있었다. 행위자 요인은 대통령(당시 최고회의 의장)과 경제기획원 관료들의 리더십이 주목되었다.

셋째, 김대중 정부에 의한 국민기초생활보장제도의 형성과 변화과정에 영향을 미친 중대한 전환점은 ① 정치적 위기: 김대중 대통령에 의한 정권교체와 여소야대 정국, ② 사회경제적 위기: 외환위기로 인한 IMF구제금융과 실업률 증가가 있었다. 제도적 맥락 차원에서는 ① 정책이념: 신자유주의와 생산적 복지 이념, ② 정치-행정구조: 대통령의 역할과 관료정치가 주목되었다. 행위자 요인으로는 시민단체의 활동과 행정부처들(기획예산처, 보건사회부, 노동부) 간의 상호작용이 활발하였다.

넷째, 각 시기의 공공부조제도에 나타난 문제점들, 특히 부양의무자 기준에 의한 광범위한 사각지대, 낮은 급여수준 및 탈수급율 저조 등은 경로의존성에 의하여 현재까지 지속되었다고 볼 수 있다.

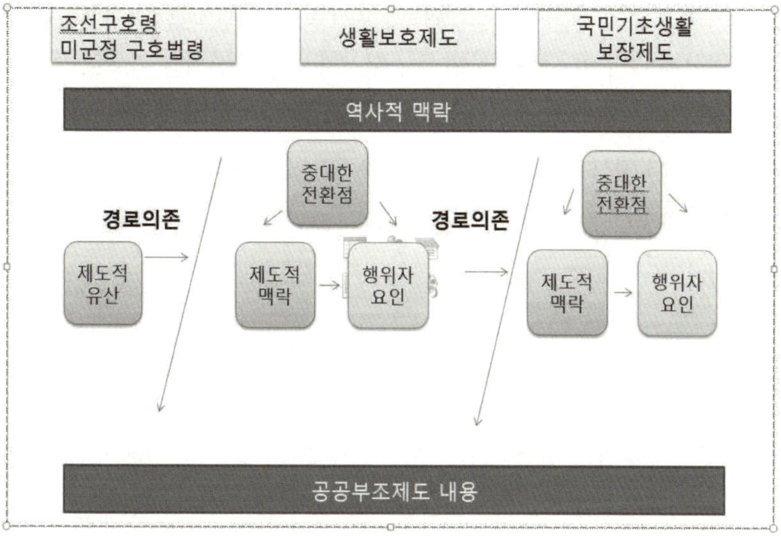

(정용덕, 1999:29)

4. 사회보험과 공공부조의 비교

사회보험은 사회적 위험에 사전적으로 대비하는 특징이 있다. 예를 들어 국민연금의 경우 노후소득보장을 위해 근로 능력이 있을 때 장기간에 걸쳐 보험료를 납부하고 은퇴연령이 되어 근로소득이 상실되면 연금급여를 지급함으로써 노령과 노인빈곤이라는 사회적 위험에 사전적으로 대비한다. 그러나 공공부조는 이미 빈곤이라는 사회적 위험이 발생한 가구에 대해 급여를 지급함으로써 사회적 위험에 사후적으로 대응하는 특징이 있다.

사회보험과 공공부조를 비교해보면, 자원 면에서 사회보험은 사회보험료, 공공부조는 일반조세이다. 대상자 범주 면에서 전자는 보편주의, 후자는 선별주의이다. 권리 면에서 전자는 구체적이고 강하며 후자는 추상적이고 약하다. 수급자격 면에서 사회보험은 기여(寄與)를 통하여, 공공부조는 자산조사를 통하여서이다. 특징은 전자는 사전적, 후자는 사후적인 점에 있다.

5. 공공부조의 장점과 단점

5.1. 공공부조제도의 장점

사회보장제도 중에서 수직적 소득재분배 효과는 조세를 재원으로 하는 공공부조제도에서 가장 크게 나타난다. 왜냐하면 공공부조제도는 누진세를 기초로 한 조세를 기본 재원으로 하고, 저소득층에게 집중적으로 급여를 제공하기 때문이다. 그리고 공공부조제도는 제한된 예산을 저소득층에게 집중적으로 사용할 수 있다는 점에서 비용효율성의 장점을 가진다. 그렇기 때문에 소득재분배와 결과의 평등을 가장 효율적으로 달성할 수 있다.

5.2. 공공부조제도의 단점

공공부조제도는 수급자 선정에 있어 자산조사를 실시하므로 이에 드는 행정비용이 많다는 단점이 있다. 수급자의 근로의욕을 저하시킨다는 비판도 있다. 또 공공부조는 사회보험과 달리 과거의 기여를 바탕으로 급여를 받는 것이 아니므로 수급의 '권리' 측면에서 취약점이 있다. 사회수당처럼 인구학적 특성을 선정기준으로 하는 것이 아니라 저소득을 선정기준으로 하므로 수급자의 수치심(낙인)을 유발할 가능성도 크다.

공공부조의 재원이 되는 세금은 대체로 고소득자가 많이 부담하지만, 정작 공공부조의 혜택은 소득이 적을수록 받을 가능성이 높다. 따라서 공공부조는 사회보험이나 사회수당에 비해 재원의 부담자와 수혜자의 불일치 정도가 크기 때문에 정치적 지지를 적게 받는 경향을 띠게 된다.

- 나가며 -

우리나라 공공부조제도는 맞춤형개별급여와 중위소득의 상대적 빈곤개념을 근간으로 제도개편의 시기에 있다. 그럼에도 불구하고 1944년의 조선구호령에서부터 유래한 부양의무자 기준의 존속과 비수급빈곤층의 존재, 예산에 짜맞추기식의 정책집행으로 인한 낮은 급여수준, 그리고 비효율적 자활사업으로 인한 탈수급율 저조 등이 여러 차례의 제도개혁에도 불구하고 변화하지 않고 지속되고 있다.

따라서 앞으로의 제도개편을 위해서는 첫째, 부양의무자 기준을 대폭적으로 완화하여 제도의 사각지대를 가능한 한 줄여야 한다. 둘째, 최저생계비(이후 중위소득)를 현실적으로 책정하여야 한다. 여기에는 물가상승률 외에 생활상의 변화가 보다 적극적으로 반영되어야 한다. 셋째, 근로능력 수급자들이 탈수급하기 위한 프로그램을 개발하여 적용해야 한다. 넷째, 국민기초생활보장제도가 단순히 금전적인 수급을 넘어서서, 대인상담서비스와 지역사회의 정보와 자원을 연결하는 역할을 보다 적극적으로 하여야 한다. 특히 최근 들어서 기초지자체가 다양한 사회서비스를 개발하고 적용하고 있는 현실을 고려할 때, 사회서비스와 국민기초생활보장제도의 정합(整合, matching)을 어떻게 유지할 것인가 고민해야 할 시점에 와 있다. 다섯째, 현재 전 국민의 약 5~6%로 추정되는 우리 사회의 비수급 빈곤층의 문제를 다각적으로 접근할 필요가 있다. 즉, 현재는 소득인정액이 최저생계비 이하이지만, 제도의 수급규정 때문에 수급권자가 되지 못한 사람들에게는 현존하는 욕구에 따라서 급여를 지급하는 유연한 제도로 탈바꿈시킬 필요가 있다. 마지막으로, 공공부조제도는 자본주의 사회의 공적인 최후의 안전망이므로 사회보험과 사회서비스가 보다 우선적인 사회보장정책이 되도록 사회보장제도를 구축해야 할 것이다.

Ⅳ. 사회복지정책 유형③

사회서비스(Social Service)

최근 우리나라는 저출산·고령화에 따른 인구구조의 변화, 가족화와 일인 가구의 등장으로 인한 가족구조의 변화, 여성의 경제활동 참여 증가로 돌봄서비스에 대한 요구 등 새로운 사회적 위험에 직면하고 있다. 이러한 사회적 환경변화에 대한 대응 전략으로 보편적 사회복지에 대한 정책적 관심이 고조되고 있다.

또한, 사회경제의 양극화와 근로 빈곤층(working poor)으로 대표되는 신빈곤층의 확산은 사회서비스가 가장 필요한 저소득계층, 아동·노인·장애인 등 취약계층의 증가로 이어져 사회서비스의 수요가 가속화되고 있다. 지금은 사회서비스에 대한 필요성 인식이 확대되고 그 욕구가 다양해지며 현재 우리 사회가 직면한 저출산, 고령화, 근로빈곤층의 증가, 계층 유동성의 고착화 등 새로운 사회위험에 대응하기 위하여 새로운 정책적 대응이 요구되고 있는 시점이다.

사회서비스는 일반적인 의미에서 개인 또는 사회 전체의 복지증진 및 삶의 질 향상을 위해 사회적으로 제공되는 서비스를 의미한다. 사회보험, 공공부조 그리고 사회수당 모두가 물질적 보장을 제공하는 데 비해 사회서비스는 비물질적 도움을 제공하는 특징이 있다.

사회서비스는 과거 사용하던 사회복지서비스 개념보다 더 넓은 의미를 갖는데, 현재 관련 법규에서는 공공행정(일반행정, 환경, 안전), 사회복지(보육, 아동·장애인·노인 보호), 보건의료(간병, 간호), 교육(방과 후 활동, 특수 교육), 문화(도서관·박물관·미술관 등 문화시설 운영) 등의 분야를 포괄하고 있다. 여기에 해당하는 활동들은 집합적 대응이 필요하다고 사회적으로 인정되고, 개인과 국가가 공동으로 책임지는 국가 혹은 지역서비스이다.

여기서는 사회서비스의 법률적 정의, 사회서비스 실태, 바우처 제도, 사회서비스사업의 발전을 위한 지방정부의 역할, 그리고 사회서비스 정책 전망과 과제에 대하여 살펴본다.

1. 사회서비스의 법률적 정의

1.1. 사회보장기본법에서의 사회서비스 정의

① (대상) 국가, 지방자치단체 및 민간 부문의 도움이 필요한 모든 국민에게

② (분야) 복지, 보건의료, 교육, 고용, 주거, 문화, 환경 등의 분야에서 인간다운 생활을 보장하고,

③ (기능) 상담, 재활, 돌봄, 정보의 제공, 관련시설의 이용, 역량개발, 사회참여 지원 등을 통하여,

④ (목적) 국민의 삶의 질이 향상되도록 지원하는 제도이다.

1.2. 사회서비스 이용 및 이용권 관리에 관한 법률에서의 사회서비스 정의

① 사회서비스란 사회복지사업법 제2조 제4호에 따른 사회서비스, 보건의료기본법 제3조 제2호에 따른 보건의료서비스, 그 밖에 이에 준하는 서비스로서 대통령령으로 정하는 서비스를 말한다.

1.3. 사회적기업 육성법에서의 사회서비스 정의

① 사회서비스는 교육, 보건, 사회복지, 환경 및 문화 분야의 서비스, 그 밖에 이에 준하는 서비스로서 대통령령으로 정하는 분야의 서비스를 말한다.

〈공급자와 이용자 관계 유형: 공급자 주도형과 수요자 중심형〉

	공급자 주도형	수요자 중심형
강조점	전문가 권위 강조	이용자의 선택권 강조
서비스 계획의 근거	공급자의 판단	이용자의 욕구
클라이언트에 대한 인식	대상화, 의존적 존재	경험과 능력에 대한 존중
관계의 성격	위계적 관계	대등한 관계(권한의 공유)

2. 사회서비스 실태 및 지역 격차

2000년 중반부터 정부는 돌봄에 대한 사회적 책임을 제고하기 위해 사회서비스 정책을 도입하였다. 2007년부터는 노인돌봄서비스, 지역사회 혁신서비스 등 전자바우처 방식을 도입하여 사회서비스의 공급 자원 마련과 일자리 확대를 병렬적으로 달성코자 하였다. 현 정부에서도 사회서비스 공공 인프라 구축과 일자리 확충을 국정과제로 설정하여 사회서비스의 공급 자원인 예산, 기관 및 인력, 서비스 프로그램을 확충하려는 노력을 강구하고 있다. 왜냐하면 사회서비스에 대한 욕구와 수요에 대응하기 위해서는 복지서비스 프로그램 확대와 이를 전달하기 위한 복지 공급체계가 중요하기 때문이다.

지역 단위에서의 복지 공급은 지역 내에서 발생하는 복지 수요에 대응하기 위해 투입할 수 있는 복지 자원이며, 이는 복지 예산, 인적 자원, 공급 조직 등으로 구성된다. 지역의 인구 규모와 행·재정적 복지 여건의 차이로 지역 간 복지 자원의 격차가 심화되고 있다. 물론 지역 특성에 따라 복지 자원의 규모 차이가 있는 것은 자연스러운 현상이다. 하지만 복지 자원의 차이 때문에 서비스 이용 권한을 침해받거나, 서비스를 이용하는 데 불편함이 커진다면 이는 지역 간 불평등으로 이해할 수 있다. 즉, 지역 격차는 지역의 차이를 의미한다기보다는 불평등으로 해석할 수 있다.

기초자치단체를 기준으로 2017년 지투서비스 예산, 이용자, 제공 기관 및 제공 인력 현황을 살펴보면 지역사회서비스투자사업(이하 지투서비스) 이용자는 수도권과 대도시 지역에 집중되어 있다. 이와 비례하여 지투서비스 예산, 제공 기관 및 제공 인력도 대도시 지역의 규모가 크다. 지투서비스 예산이 많고 이용자가 많은 지역은 제공 기관과 제공 인력의 규모도 크다. 예를 들면, 광역시의 자치구와 경기 수원, 성남, 고양 등 인구 100만 이상 도시와 도 지역의 중소도시와 농어촌 지역 간 차이가 분명하게 나타난다. 대도시 지역 대비 강원, 충북. 경북 등의 지투서비스 이용자와 공급 여건은 상대적으로 낮게 형성되어 있다.

지자체 5개 유형 간 지투서비스 예산, 제공 기관, 제공 인력의 차이는 뚜렷하다. 대도시형이 농어촌 유형의 지자체보다 예산은 5.8배, 이용자는 6배, 제공 기관과 인력은 12배 많다. 아울러 지투서비스 공급 여건을 4분위로 구분하여 지역 간 차이를 살펴보아도, 1분위 대비 4분위는 예산은 12배, 이용자는 15배 많고 제공 기관은 21배, 제공 인력은 23배 차이를 보인다. 지역 유형에 따라 지투서비스 예산, 제공 기관 및 인력의 공간 분포는 뚜렷한 차이를 보였고, 농어촌 지역의 비형평성이 높게 나온다.

지금까지의 논의를 바탕으로 지투서비스의 공급 여건 개선을 위한 제언을 하면 다음과 같다.

첫째, 지투서비스의 예산이 전반적으로 감소되는 경향을 보이기 때문에 예산에 대한 정책적 대응이 필요하다. 국가균형발전특별회계 생활계정에 포함된 지투서비스 예산 체계에 대한 검토가 필요하다.

둘째, 지투서비스 제공 기관과 인력의 적정 규모와 분포에 대한 검토가 필요하다. 지투서비스 예산과 이용자의 규모가 큰 지역에 공급 자원이 집중될 수밖에 없는 구조이다.

셋째, 사회서비스 공급 자원의 분포를 지속적으로 살펴볼 수 있는 모니터링 체계 마련이 필요하다. 특히 사회서비스 공급 자원인 제공 기관과 제공 인력 현황을 주기적으로 살펴보고 지역 스스로 모니터링할 수 있는 공급 자원 정보 체계 마련이 필요하다.

지역사회서비스투자사업의 지속 가능한 발전을 위해서는 공급 자원 확충이 필요하다. 특히 지투서비스 제공 기관 및 제공 인력 과소 지역에 대한 적절한 규모 확보 정책이 중요하다. 이를 통해 2006년 지역사회서비스 혁신사업 추진 시 보건복지부에서 제시한 "중앙정부가 기획하여 전국을 대상으로 일괄 실시하는 국가 주도형 서비스 제공 방식에서 탈피하여 지자체가 지역 특성과 주민의 욕구를 반영하여 지역 설정에 맞는 사회서비스를 주도적으로 개발, 집행 기획하고 공급하는 사회서비스"의 취지를 달성할 수 있을 것이다.

3. 사회서비스 바우처(vouchers) 제도

사회서비스 바우처제도는 공공서비스를 공급함에 있어서 사회서비스를 산업화하기 위하여 공공성 확보보다는 시장경쟁원리에 기반을 두고 있다는 점에서 법제도적 측면에서 고려되어야 할 점이 많다.

3.1. 바우처 제도의 개관

사회서비스 공급 방안 가운데 바우처제도의 필요성에 따라 다양한 바우처제도가 도입되거나 확장되고 있는데 우리나라의 사회서비스에서 바우처제도는 사회복지사업법을 2003년에 개정하면서 시행에 따른 법적 근거가 마련되었으나(법 제33조 7의 2항), 이를 2007년부터 시행하게 된 것은 그때까지의 사회복지서비스 정책을 바꾸는 전환점이 되었다. 이러한 사회서비스 바우처제도가 사회복지사업법과 동(同)시행령에 명시적인 법적근거를 기반으로 사회보장, 사회복지, 교육행정 등 광범위하게 도입되어 여러 분야에 시행되고 있다. 또한, 선진국에서도 재정사업에서 다양하게 활용되고 있는 정책집행수단의 하나인 바우처(Vouchers)제도가 도입되거나 확장되는 추세에 있다.

3.2. 바우처 제도의 주요내용

사회복지정책이 기존의 소득보장의 형태에서 벗어나 인적자본과 사회자본의 지원을 통하여 사회발전과 경제성장을 이루어 고용성장을 만들어 복지사회를 이루는 형태로 추진하고 사회서비스 분야의 활성화를 통하여 잠재적인 고용을 창출하고 사회서비스 인력의 활용을 통하여 여성 인력의 경제활동을 확대하는데 의미를 부여하였다.

사회서비스 바우처는 형태의 다양성, 공적-사적 계약 관계의 혼합성, 수급자의 선택권, 사용 용도의 제한성, 양도의 제한성 등의 특성이 있다. 이러한 사회서비스 바우처 신청권은 종전까지의 국가가 일방적으로 베푸는 시혜적 제도라는 생각에서 국민의 권리로 인식이 바뀌고 있다.

사회서비스 바우처의 직접적인 효과는 수급자가 사회서비스 바우처 종류의 선택에 의해 본인에게 적합한 서비스를 받을 수 있다는 것이다. 사회서비스 바우처 정책은 정부의 주도에 따라 추진되어온 사회서비스 정책을 발전시키기 위해 사회서비스의 확충, 사회서비스 시장형성, 사회서비스 질 향상이라는 새로운 정책 목표를 추진하여 더 발전된 사회서비스 공급이 필요하다.

우리나라의 정책 수립에 참조가 되는 주요 외국의 바우처제도에 따르면 일반적으로 사회서비스에 있어서의 바우처는 개인을 대상으로 하는 용도 제한이 있는 보조금으로 정의되나, 그 개념 범위는 좀 더 넓은 것으로 볼 수 있다. 즉, 고전적인 바우처는 쿠폰(표)의 형태로 교부되어, 그것을 재화·서비스로 바꾸는 것이 없다. 그러나 현재에는 IT화의 진전에 의해 전자카드식의 바우처도 나타나고 이용자 수에 따라서 공급자에게 보조금이 지급되는 형태도 많이 나타나고 있다. 그리고 주요국가의 바우처의 도입 사례가 보여지는 주된 정책분야로는 교육·훈련, 보육, 가사, 고령자 간병, 주택 등이었다.

또한, 다양한 바우처제도에 있어서 약자에의 배려나 신규참여의 촉진이라고 하는 관점의 정책 입안 및 설계 여하에 따라서는 선택의 자유를 억제하고 재정지출을 확대시킨 사례도 있었다. 예컨대, 일본, 미국 등에서는 바우처 방식을 통하여 취약계층의 서비스 접근성을 제고하고 서비스 품질관리를 실시하기 위하여 오히려 국가 개입을 적극적으로 강화하고 있다.

또한, 주요국의 입법례를 살펴보면 대부분의 국가는 바우처제도만을 위한 개별 법률(Act)을 두지 않고 있고, 바우처제도를 운영하고 있는 일부 법률에서 관련 조항을 두고 하위 법령(대부분 시행규칙)으로 위임하고 있다. 또한, 미국의 식료품법 등과 같이 개별 이용권사업을 규정하고 있는 경우에는 법률에 이용권 수행과 관련한 실체법적인 내용들을 자세히 규정하고 있고 조세 내지 정부 재정지원 방식을 통한 이용권의 활성화 방안들에 대해서도 규정하고 있다.

〈사회복지서비스에서 경쟁과 선택: 바우처제도〉

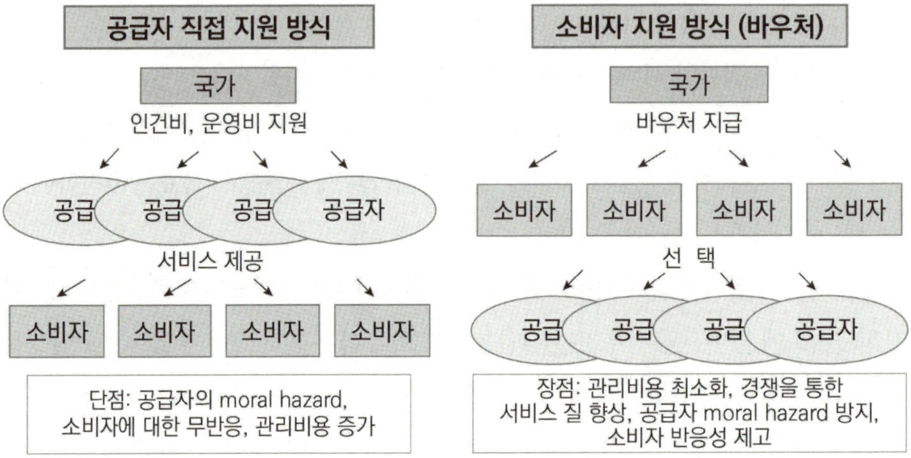

자료: 전현희(2012)에서 인용

4. 사회서비스사업의 발전을 위한 지방정부의 역할 과제

사회서비스사업의 효율적인 집행을 위해서는 지방정부의 적극적인 역할이 필요하다. 그러나 지방정부가 효과적인 관리시스템을 갖추고 있지 못할 뿐만 아니라 담당인력도 부족하여 효과적인 관리가 이루어지지 못하고 있는 것이 현실이다. 특히 사회서비스의 사업내용과 수준도 지역별 편차가 심한 편이며, 지역특성을 제대로 반영하지 못하고 있는 부분은 물론 서비스 품질의 표준화의 측면에서도 상당히 차이가 존재하고 있는 것이 사실이다. 이러한 현실에서 지방차원의 사회서비스 거버넌스 차원에서 지방정부의 새로운 역할이 요구되고 있다. 향후 사회서비스사업의 발전을 위한 지방정부의 적극적 역할 과제를 살펴보자면 아래와 같이 파악할 수 있다.

첫째, 사회서비스 사업의 중심이 지역선택형에서 지역개발형으로 전환됨에 따라 지역의 수요를 파악하고 지역특성에 맞는 맞춤형 서비스의 발굴을 위한 지방정부의 정책기획능력이 필요하므로 이를 향상시키기 위한 행정적인 조치가 시급하다. 현재의 사회서비스 공급체계는 공급자가 새로운 서비스를 개발하여 제안하고 정부가 이를 선택하여 제공을 허용하는 공급자 위주의 방식으로 수요자의 요구와 선호를 반영하기가 어려운 실정이다. 지방정부는 지역의 사회서비스 수요공급에 대한 주기적 실태조사를 통해 지역사회 내의 수요자의 요구와 선호를 구체적으로 파악하고 이에 조응하는 서비스를 개발하여 공급하도록 하는 수요자 지향적 서비스체계로 전환해 나가야 한다.

둘째, 사회서비스사업의 활성화를 위해서는 정부 간 역할분담 체계를 마련해야 한다. 정부 간 관계에서 가장 문제가 되는 것이 복지재정의 분담체계이다. 중앙정부의 복지재정 규모가 급속히 늘어나면서 이를 매칭해야 하는 지방재정도 어려움에 처하고 있기 때문에 적절한 재정상의 역할분담체계가 마련되어야 한다. 광역단위에서는 규모의 경제를 유지하기 위한 광역적 시장개발과 지역특성에 맞는 사업개발 및 보급이 필요하다. 재정이 열악한 시군구에 대한 예산지원과 함께 사업의 세부적인 매뉴얼을 마련하고 서비스 전달체계의 개편도 모색할 필요가 있다. 시군구에서는 사회서비스사업에 대한 지역의 수요를 파악하고 사업대상자에 대한 활발한 홍보활동, 그리고 사업기관 간 공정한 경쟁체계를 제공하는 것이 중요하다.

셋째, 향후 사회서비스의 품질을 높이기 위한 성과관리체계를 구축하여야 한다. 이를 위해 지방정부는 사회서비스에 대한 지속적인 모니터링 및 평가를 통해 서비스 성과와 품질관리 개선에 노력하고 품질의 표준화를 위한 품질관리인증제 도입을 검토할 필요가 있다. 서비스 제공자 대상자들에 대한 의견수렴 절차 및 만족도 조사를 실시하는 등 서비스 평가결과를 기초로 사업량을 조정해 나가야 한다. 지방정부의 성과관리를 독려하기 위해서는 사업예산을 성과평가에 따라 차등 지원하는 등 인센티브를 제공하는 것도 검토할 필요가 있다.

넷째, 사회서비스는 기존의 사회복지와는 다르므로 지방정부 차원의 전담부서 설치·운영이 필요하며 최소한 광역자치체 차원에서라도 적극적인 조직운영과 전문 인력 배치가 이루어져야 한다. 그러나 대부분의 자치단체에서 전담부서와 전문 인력이 확보되지 못한 채 운영되고 있어 정책개발은 물론 사업추진과 관리에도 한계를 보이고 있다.

다섯째, 지방정부는 지역사회 내 사회서비스 공급자에 대한 평가만이 아니라 공급기관의 전문역량을 강화하기 위한 노력을 기울여야 한다. 현재의 사회서비스 공급기관은 전문성 부족과 영세성, 그리고 그로 인해 서비스 질이 낮다는 문제점을 보이고 있다. 사회서비스 기관을 다변화하고 제공기관 간 경쟁을 통해 서비스 질을 높이기 위해서는 제공 기관에 대한 지원과 종사자에 대한 체계적인 교육이 필요하다. 지방정부 주관으로 사회서비스 공급기관 간 협의체 등 네트워크체계를 구축하여 상호 정보교류 및 협력을 강화할 수 있도록 지원하는 것도 필요하다.

5. 사회서비스 정책 전망과 과제

「사회보장기본법」에서는 '모든 국민의 인간다운 생활과 자립, 사회참여, 자아실현 등을 지원하여 삶의 질이 향상될 수 있도록 사회서비스에 관한 시책을 마련하여야 하고, 사회서비스 보장과 소득보장이 효과적이고 균형적으로 연계되도록 해야 한다'는 국가와 지방자치단체의 의무를 정하고 있다(사회보장기본법 제23조, 2018).

그동안 아동수당, 보육, 기초연금, 치매책임제 등의 국정과제가 적극적으로 추진되어 왔다. 그러나 이에 더해 전 생애의 다차원적 문제에 주목하여 일상에 밀착된, 보편적인 사회서비스 이용 시스템을 마련할 필요가 있다. 출생부터 사망까지 누구나 누려야 할 기본권적 요소를 개인과 가족이 충족하기 어려울 때 개인적 필요를 지원하고 다양한 사회문제를 예방하는 사회서비스의 역할이 점차 절실해지고 있다

사회서비스는 '전 생애주기에 걸쳐 기초 생계 및 일상생활의 유지, 나아가 전반적인 삶의 질 향상에 필요한 욕구에 대하여 사회적으로 합의된 집합적인 대응·지원 체계를 통해 이용 가능한 재화·용역(goods & services)'으로 정의할 수 있다. 그렇다면 일부 저소득 취약계층에 대한 고려가 아니라 보다 포괄적이고 보편적인 접근이 필요하며, 아동 보육, 노인 요양을 중심으로 한 돌봄 서비스뿐만 아니라 보건, 교육, 일자리, 주거, 문화 등 생애주기상의 욕구 영역을 중심으로 종합적 사회서비스 보장 체계를 마련하기 위한 정책 방향이 모색되어야 할 것이다

5.1. 정책 현안 및 쟁점

1) 사회서비스원 설립문제

현재 사회서비스 정책 영역에서 가장 쟁점이 되는 사안은 사회서비스원의 설립이다. 지난 10년간 사회서비스 정책은 바우처를 통한 수요 창출과 개방적 사회서비스 시

장 형성을 중심으로 한 '시장화'가 공급 정책의 원리로 자리잡았다. 이러한 정책 방향은 영세 제공기관의 난립으로 인한 과다 경쟁을 초래하여 사회서비스 종사자의 근로조건 악화, 서비스 질 저하 문제를 야기하였다.

사회서비스원은 민간 중심으로 확대된 서비스 공급 체계 문제를 해소하기 위한 대안으로 제시되어 국공립시설 및 기관의 직영을 통한 종사자의 처우 개선과 서비스 품질 개선을 주목적으로 추진되었다. 그러나 정책 논의 과정에서 보육, 장기요양, 주요 서비스 영역 관계자들의 이해가 충돌하면서 설립 형태, 직영 및 위탁 사업 범위, 본부 및 산하 시설 운영을 위한 재원 조달 방식에 대한 논쟁이 지속되었다. 다른 한편으로는 사회서비스원이 사회서비스의 공공성 강화를 견인할 기제로 작동할 것이라는 기대도 높다.

가령, 유사 시장으로 형성된 보육, 장기요양 등의 돌봄서비스 영역에 모범적인 운영 모델을 선보여 이용자의 선호와 선택이 집중되면, 민간기관으로 긍정적인 효과가 확산될 수 있다. 이는 서비스 제공 인력의 처우 개선과 일자리의 안정성, 서비스의 합리적 가격과 수익 구조, 표준적이되 맞춤형 대응이 가능한 다양한 서비스 개발 등의 내용을 포함한다. 다만 공급 체계 변화로 인해 국공립시설과 민간시설의 격차가 더욱 확대되어 민간 서비스 시장이 지나치게 위축·잠식될 우려도 있으므로 이에 대비한 정책 마련이 요구된다.

2) 커뮤니티케어 추진 문제

사회서비스원과 함께 커뮤니티케어가 추진되면서 사회서비스 운영의 지역 중심성 확보가 중대한 과제가 되었다. 사회서비스원은 광역시·도가 설립 주체가 되고, 커뮤니티케어는 주민이 거주하는 지역사회 중심(시·군·구–읍·면·동)의 통합적 돌봄 체계 구축을 의미한다는 점에서 지자체의 사회서비스 기획 및 관리·운영 역량과 책임성은 성공적 정책 추진을 위한 필수 불가결한 요소이다.

그러나 지역의 복지 여건 및 재정 수준, 사회서비스 사업의 운영 및 관리 역량 차이에 따른 서비스 이용 격차는 심화되고 있는 상황으로, 지자체 각 단위(시·도, 시·군·구, 읍·면·동)에 부여된 역할을 충분히 수행하도록 중앙정부의 지원과 모니터링 강화가 요구된다. 또한, 서비스의 통합성과 연속성을 증진하기 위한 서비스 영역 간(복지, 보건,

고용, 주거 등) 민·관, 민·민 협력이 지역 단위에서 실질적으로 촉진될 수 있는 기제가 마련돼야 한다.

3) 생애주기별·영역별 사회서비스 보장성 강화 문제

생애주기별·영역별 사회서비스 보장성 강화는 또 다른 쟁점이다. 2012년 사회보장기본법이 전면 개정된 이후 사회서비스 포괄 범위가 확대되어 복지, 보건의료, 고용, 주거, 문화, 환경 등 다양한 영역에서 서비스가 제공되고 있다. 그러나 그간 사회서비스가 보육 및 돌봄 영역을 중심으로 확대되어옴에 따라 영유아, 아동, 노인, 장애인 등 특정 대상 중심의 서비스 보장에 치중되어 대상별·영역별 보장 수준의 격차가 존재한다.

이에 보건복지부는 2018년 2월 '범부처 사회서비스 발전 방향'을 발표하고, 첫 번째 추진 과제로 생애주기별·분야별 사회서비스 확충을 제시한 바 있다. 서비스(급여 수준)가 부족한 영역, 대상 확대가 필요한 영역에 대한 종합적인 검토와 함께 사회 변화에 따라 새롭게 나타나는 욕구에 대응하는 서비스 개발이 필요한 시점이다. 사회서비스 일자리 확대는 생애주기별·영역별 서비스 보장성 강화를 실현하기 위한 수단적 성격으로 기능할 수 있다는 점에서 중요하다.

커뮤니티케어, 간호간병통합서비스, 산모신생아 건강관리서비스, 노인돌봄기본서비스, 장애인활동지원서비스, 아이돌봄서비스 등 주요 사회서비스는 인력이 수반되지 않으면 실행 불가능한 인적 서비스로서 일자리 확대가 서비스의 보장성 강화와 직결된다. 다만 사회서비스 일자리는 복지 대상자에 대한 이해와 관계 형성, 문제 해결을 위한 지속성을 요하므로 단기적·일시적인 직접 일자리 사업을 통한 단순 양적 확대는 지양해야 한다는 비판이 지속되고 있다.

4) 현장 중심의 시스템 겸비 문제

사회서비스 정책은 그 제도 설계뿐만 아니라 실질적인 서비스 이용·제공이 이루어지는 지역 현장 중심의 시스템 겸비가 정책 실현을 위한 필수 조건이다. 이를 위해서는 지방자치단체의 자체 사업 기획력, 중앙 사업의 운영 여건 마련에 주목할 필요가 있다. 사회서비스는 다양한 욕구에 따라 이용 가능한 서비스 정보를 확인하고, 이용 신청을 하고, 기대를 충족하는 서비스 제공처를 구하는 과정의 편의성과 신뢰성이 중요하다. 대체로 한 가지 사회서비스제도의 수급 자격을 얻는 데 그치지 않기에 복합적 욕구를 고려한 서비스를 파악하고 전문가의 지원을 통해 관련 기관을 소개, 의뢰, 연계하는 사례관리 방식도 필요하다. 그러나 현장에서 제시되는 문제들을 종합해 보면 이를 위한 부단하고 다각적인 보완이 요청된다.

첫째, 필요 서비스에 대한 통합적 정보 접근성이 낮은 편이다. '복지로(www.bokjiro.go.kr)'는 온라인 창구로 생애주기, 가구상황, 관심 주제별 서비스 정보를 제공하고 있지만, 나열된 서비스 목록에서 필요한 서비스를 파악하기에 어려움이 있고, 신청-의뢰-연계 기능도 아직 미흡하다.

둘째, 지역 단위 서비스 이용 창구의 상담 및 안내도 보강되어야 한다. 읍·면·동 주민센터는 맞춤형 복지팀 운영 등을 통해 충실한 상담 기능을 강화하고 있으나, 사회서비스 대상-기능을 고려한 충분한 상담이 가능한 인력 확보는 미진하고, 주민 체감도 향상 정도를 확인하기도 어렵다.

셋째, 포괄적 문제 진단과 지속적 문제 해결을 지원하는 지자체 통합사례관리를 위한 경력 있는 인력과 전문 역량 개발 체계가 미흡하고, 사회복지관을 비롯한 서비스기관 사례관리와의 공식적 연계 체계 마련도 지체되고 있다. 그간 지자체 복지 전달체계를 효율화하고 복지업무의 과부하를 해소하기 위해 복지 담당 공무원 확충에 정책 노력이 집중되어 왔고, 현 정부에서도 핵심 국정과제로 복지 담당 인력의 대폭 충원이 예고되어 있으나 읍·면·동 중심의 신규 인력 배치만으로는 전달체계의 효과성을 높이는 데 한계가 있다. 양적인 인력 확충은 필수적 조치이다. 그러나 종합적인 인력 관리 방안을 마련하여 인적 자원의 전문성을 제고할 필요성이 제기된다.

이러한 인적 자원 관리 측면에 더해 지자체 조직 관리 측면에서의 쟁점 또한 있다. 지역주민의 생활권인 읍·면·동이 공공서비스의 계획 및 생산에 구심점이 되는 것은 바람직한 방향임에 틀림 없다. 그럼에도 지역복지에서의 책무성 강화는 시·군·구 본청의 전략적 기획과 정책 관리, 운영지원 기능의 강화가 뒷받침될 때 효과적으로 실현될 수 있다.

5.2. 정책 과제

한국은 공공부조와 사회보험의 기틀 위에 핵심 사회서비스 제도화를 추진하며 복지국가 형성을 가속화하고 있다. 선진 복지국가에서도 기초적 소득보장 체계를 마련한 후, 일생을 통해 직면하는 사회적 위험들과 개개인의 필요에 맞춰 이용할 다양한 사회적 서비스의 제도화를 추진하는 것이 보편적인 추세(서구 복지국가의 1970~90년대)이다. 이에 따라 여전히 중앙정부 주도의 정책 추진에 대한 선호가 존재하지만 복지서비스 제공 주체의 다원화, 강력한 분권화도 동시에 진행되고 있다. 서비스 제도화를 위한 중앙정부의 정책 설계, 서비스 공급 기반 마련을 위한 행정적 개입 등에는 국가 책임이 필요 불가결하다. 그러나 오랜 기간 민간 위탁으로 복지서비스 운영 체계를 형성해 온 역사적 유산으로 민간(사회복지법인)의 권리성 요구와 시민사회, 주민공동체의 복지 참여 요구도 공존한다.

사회서비스 정책의 새로운 방향 설정에서는 그간의 제도화, 제도 운영 원리로 인한 문제점들과 함께 우리의 복지 발전 단계, 미래지향의 국정철학이 고려되어야 한다. 이를 감안할 때, 주요한 정책 방향으로 공적 책임성 강화, 지역 기반 운영체계 강화, 서비스의 보장성 향상으로 구분해 볼 수 있다.

공적 책임성 강화를 위한 과제는 사회서비스원 설립을 통한 주요 돌봄서비스의 모범적 운영 모델 전파와 함께 위기도 높은 서비스 대응 체계 마련, 인적 서비스 중심(범부처) 사회서비스 품질 기준 적용, 최일선 관문(gateway)의 상담, 진단 기능 및 정보 접근성 강화, 서비스기관 간 의뢰·연계 기능 강화 등이다.

지역 기반 운영 체계 강화를 위한 과제로는 사회서비스 정책 관리·운영에 대한 지자체의 행정 책임 강화, 커뮤니티케어 확산을 위한 행정 기반 준비(공공·민간기관 간 협력 시스템, 시설 기능 전환 준비), 주민 참여를 통한 지역 공동체의 보충적 돌봄서비스 활성화 등이다.

서비스의 보장성 향상을 위한 과제에는 커뮤니티케어가 가능한 서비스제도별 보장성 강화, 주요 사회서비스의 적정 급여 수준과 대상 범위 검토, 최저·적정 기준 설정, 정책 목표 공유, 지표관리, 다양한 서비스 전문 인력의 활용 확대 및 상시 역량 개발 시스템(보수교육·훈련)의 대폭 강화를 포함하였다.

- 나가며 -

인간다운 생활을 유지하기 위한 기초 소득보장과 함께 일상생활에 필수적인 사회적 지원 체계 마련을 위해서는 대상별(아동, 노인, 장애인 등), 부문별(부처별), 사업 추진과 전달체계 구상의 분절적 정책 추진을 극복하고 포괄적 관점, 협력적 추진 체계 형성에 주안점을 두고 사회서비스 정책 영역을 부각한 종합적 접근이 필요하다. 국정과제의 상당 부분은 국민의 보편적 권리 존중, 서비스 이용의 접근성 향상, 서비스 제공 기반 마련의 국가 책임성 담보가 전제될 사회적 서비스에 해당한다.

최근에는 사회서비스원 시범사업, 커뮤니티케어 선도 사업이 착수되면서 사회서비스의 패러다임 전환을 실질적으로 견인해 갈 것으로 기대된다. 지난 10여 년간 돌봄서비스 바우처 사업의 개별 제도가 각 대상 영역의 핵심 제도로 정착하여 서비스 보장성 향상에 기여해 왔다면, 공공성 강화, 포괄성과 통합성 향상을 가능하게 할 새로운 사회서비스 정책의 추진은 전반적인 사회서비스 부문의 새로운 패러다임 형성을 견인하게 될 것이다. 사회서비스는 고용 창출의 잠재력뿐만 아니라 중앙정부와 지자체, 지역의 다양한 참여자들이 함께해야 가능하다는 점에서 복지 체계의 완결성을 높일 요건으로 주목할 가치가 있다.

V. 사회복지정책 유형④

사회수당(social allowance)

사회수당이란 별도의 기여 없이도 인구학적 조건(노인, 아동, 장애인 등)을 충족하면 자산조사 없이 급여를 주는 제도이다. 대부분의 유럽 국가는 가족수당 또는 아동수당의 형태로 부양가족의 크기에 따라 일정액을 지급하고 있다. 선진 복지국가에서 실시하는 보편적 연금(universal pension)과 장애수당도 사회수당의 한 형태이다. 현재 우리나라에서 실시하는 사회수당에는 아동수당이 있다.

최근 정치권에서 회자되고 있는 기본소득(basic income)도 사회수당의 범주에 포함시킬 수 있다. 기본소득은 모든 사회구성원에게 어떠한 조건도 없이 정기적으로 지급하는 현금소득을 말한다. 재산이나 건강, 취업 여부 혹은 장차 일할 의사가 있는지 없는지 등 어떠한 자격에 대한 심사를 하지 않고 모든 사회구성원에게 일정한 돈을 주기적으로 지급한다는 점에서 기존의 사회복지 프로그램들과는 근본적으로 다르다. 네덜란드, 핀란드, 캐나다 등 여러 국가에서 기본소득 실험을 진행하였다.

사회복지정책 유형 중 사회수당은 가장 넓은 대상층을 가지고 차별 없이 제공하는 보편적인 프로그램이다. 소득보장 영역은 아니지만 정부 일반 재정을 통해 재원을 마련하고, 자산조사 없이 모든 사회구성원이 의료서비스를 제공받도록 하는 국민보건서비스(National Health Service)도 원리의 측면에서는 사회수당제도와 유사성이 있다.

사회수당 프로그램의 운영을 위해서는 모든 국민을 대상으로 보편적인 지원을 하기 때문에 엄청난 규모의 재원이 필요하고, 이를 높은 조세부담을 통해 모든 국민이 감당해야 한다는 문제점이 있다. 또 경제적 지원이 절실하지 않은 계층에게도 급여가 제공되어 불필요하게 사회적 자원의 낭비를 초래한다는 점과 급여수준을 높게 정하기 어려워 사회적 적절성의 한계가 지적되기도 한다.

하지만 사회적 권리를 가장 적극적으로 보장하고 그 실현과정에서 대상자에게 낙인감을 전혀 주지 않을 뿐 아니라 동일한 급여를 통해 사회구성원의 연대의식을 높일 수 있다는 점에서 높게 평가되고 있다.

Ⅵ. 복지국가와 사회복지정책

한국의 복지제도, 특히 정부에 의해 주도되는 사회보험과 공공부조, 그리고 사회서비스와 같은 공공복지제도의 도입 시점은 다른 선진국들에 비해 상당히 늦었고, 각각의 제도가 실질적으로 포괄하는 수혜인구의 범위나 제공하는 급여의 수준은 넓지도 높지도 않은 편이다. 그에 따라 한국은 전형적인 '저부담-저복지' 국가로 유형화되고 있다. 하지만, 2000년대 초반 이후부터 한국의 복지지출이 주목할 만한 증가폭을 보여주고 있다는 점도 사실이다.

한국은 과거 산업화 과정에서 선진국 추격(catch-up)이라는 목표하에 외국의 제도와 기술을 도입, 개량하는 활동을 수행하면서 발전해왔다. 복지의 발전과정 역시 다르지 않아서 여러 선진국에는 있지만 한국에는 없는 복지제도들을 우선순위를 정해 차례로 도입하고 개량해왔다. 이러한 과정은 집권 정치세력으로부터 조정과 통괄의 권한을 위임받은 관료 기구와 전문가 집단에 의해 이미 주어진 답을 우리 조건에 맞게 변형시켜 문제를 해결하는 방식으로 진행되었다.

그러면서 새로운 복지제도를 도입하고 확장하는 것이 곧 복지의 발전이며, 복지국가를 만드는 방법이라는 인식은 굳어지게 되었다. 또한, 그런 인식 덕에 선진국에서 시행하고 있는 대부분의 복지제도가 한국에서도 시행되고 있다. 또한, 새 정부의 임기가 마무리될 즈음에는 시행하는 복지제도와 프로그램의 숫자는 더 늘어나 있을 것이다.

추측컨대, 복지제도와 프로그램의 숫자만 센다면 한국은 단연 모범생일 것이다. 우리는 정말 모범생인가? 답은 'NO'다. '한국, OECD 국가들 중 꼴찌, 최하위권'이라는 자극적인 기삿거리가 여러 매체에 심심찮게 등장하는 것은 이미 낯선 일이 아니기 때문이다. 제2차 세계대전 이후 주권을 회복하거나 새롭게 세운 신생국가들 중 정치적, 경제적으로 선진국으로의 도약을 이룬 유일한 나라인 자랑스러운 대한민국 국민으로서 이런 기삿거리를 접하는 느낌은 상당히 불편하다.

이 글에서는 복지국가의 전반적인 이해를 위해 복지국가의 역사적 전개, 새로운 흐름, 복지국가의 모형, 그리고 정책발달 이론 등에 대하여 개괄적으로 살펴본다.

1. 복지국가의 역사적 전개

1.1. 복지국가 발전의 개념

복지국가 발전의 수준이 높을수록 많은 종류의 복지제도를 통해 가능한 많은 사람의 다양한 욕구와 위험을 포괄적으로 보호하고, 소득이 중단되더라도 최소한의 삶을 유지할 수 있도록 적절한 혜택을 제공한다. 그리고 복지혜택의 재분배 효과가 커질 때 복지국가가 발전했다고 본다.

복지국가 발전의 척도로는 다음 네 가지를 들 수 있다.

① 복지혜택의 포괄성: 전 국민 개인의 전 생애 과정에 대한 다양한 욕구와 사회적 위험에 대해 국가가 얼마나 많은 복지제도를 통해 보호할 수 있는가?
② 적용범위의 보편성: 다양한 욕구를 충족하고 각종 사회적 위험으로부터 보호하기 위한 각각의 복지제도의 적용범위는 어디까지인가?
③ 복지혜택의 적절성: 각각의 복지혜택은 소득이 중단되더라도 생활이 가능할 정도로 적절한 수준으로 제공되는가?
④ 복지혜택의 재분배 효과: 전체 복지혜택의 결과에 의한 소득 재분배효과는 어느 정도인가?

〈복지국가의 세 가지 목적〉

목표	정책	수혜자
경제적 보장: 상실된 소득을 대체해줌으로써 일상생활의 사회적위 험으로부터 시민을 보호함	사회보장: 질병, 실업, 퇴직, 장애 등에 대비한 사회 보험	노동자, 퇴직자, 그들의 가족 및 피부양자
빈곤퇴치: 최저 수준의 소득보장을 위한 사회적 보호 제공	공공부조: 현금급여 및 사회서비스 제공	빈민 및 취약계층
기본적인 서비스 제공: 필수적인 상품과 서비스에의 접근을 보장함	교육, 보건의료, 주거, 영양	모든 국민

자료출처: 박병현,『복지국가의 비교』(고양: 공동체, 2005), 13.

1.2. 복지국가의 등장과 성장

'복지국가'라는 용어는 영국의 윌리암 템플 대주교가 『시민과 성직자』란 저서에서 독일을 전쟁국가(warfare state) 또는 무력국가(power state)로, 영국을 복지국가(welfare state)로 대비시켜 규정한 데서 비롯되었다. 그는 시민의 복지를 향상시키려는 자비로운 국가권력이 자칫하면 전체주의를 가져올 수 있다고 경고하면서 가급적 많은 권한과 책임을 비정부 기구에 위임할 것을 권고하였다.

복지국가는 서구 자본주의 국가에서 1920~1945년 사이에 복지가 제도적·재정적·수혜자 범위 측면에서 확대되면서 정착된 국가 형태이다. 복지국가는 1942년 베버리지보고서가 나온 후 역사적 타협을 통해 '국가-자본-노동' 간에 형성된 화해·협력적 정치구도가 지속되어 2차 세계대전이 종결된 1945년부터 1970년대 중반까지 황금기를 누렸다. 이 시기는 인류 역사상 가장 획기적인 복지국가 팽창기로서, '요람에서 무덤까지'라는 표현까지 등장하면서 다양한 복지제도들이 빠르게 확산되었고, 대인적 사회서비스와 공공부조가 더 확충되었다. 복지는 이제 자비나 시혜가 아닌 시민의 권리(citizenship)로 인정받게 되었고, 사회문제의 해결을 넘어서 다양한 욕구를 충족시키기 위한 제도로 만들어져 갔다.

영국·독일을 비롯한 유럽 국가들은 사회보험의 혜택을 노동자 집단에서 화이트칼라와 자영업자 집단까지 확대하고, 소득보장은 물론 보건의료, 주택, 교육 등 여러 부문의 서비스를 국가가 보편적으로 보장하게 되었다. 미국도 1960년대 '풍요 속의 빈곤', 즉 '빈곤의 재발견' 이후 '대인적 사회서비스(personal social service)'에 관한 조항을 만들고, 고령자 의료보장 프로그램인 메디케어(Medicare)와 장애인 및 빈곤층의 의료보장 프로그램인 메디케이드(Medicaid) 프로그램을 도입하는 등 미국식 복지국가 체계를 만들어 갔다.

1.3. 복지국가의 위기와 재편(1970년대 중반~현재)

복지국가의 위기는 경제적 문제에서 시작되어 정부의 문제, 재정의 문제, 합법화의 문제로부터 이어졌다. 1973년의 오일쇼크 이후 경제혼란으로 국가-자본-노동 간의 화해적 정치구조에 치명적인 균열이 생겼고, 복지국가에 대한 국민의 지지가 약화되어 이른바 정당성의 위기가 왔다. 영국은 노동당 정부가 실각하고 대처의 보수당 정부가 들어섰고, 1년 후 미국에서는 민주당 정부에서 공화당 정부의 레이건 대통령이 당선되었다. 이후 집권 정당들의 이데올로기인 신자유주의에 기반을 둔 복지개혁이 이루어졌다.

1980년대 신우파(New Right)에 의한 사회복지 정책의 변화에는 복지의 민간 공급 장려, 국가의 복지 개입 범위의 최소화, 사회보험의 범위 제한 등을 통해 정부 재정 규모 축소, 보편주의적 원칙에서 선별주의적 원칙 위주, 국민의 최소한의 생활보장으로부터 열등처우의 원칙으로의 전환 등을 들 수 있다.

2. 복지국가의 새로운 흐름

2.1. 제3의 길

제3의 길은 1990년대 등장한 새로운 정치적 흐름으로 복지국가 전성기의 사회민주주의적 흐름과 신보수주의 양자를 지양하고 새로운 길을 모색하려는 시도로 영국의 블레어, 독일의 슈뢰더 등 젊은 좌파 정치인들이 추진한 새로운 복지국가의 방향으로서, 이른바 '인간의 얼굴을 한 자본주의 만들기'라고 할 수 있다.

이들은 시장의 효율과 사회복지의 형평을 동시에 추구하면서, 경제성장과 사회복지를 동시에 유지·발전시킨다는 것을 기본 정책노선으로 설정하고 추구했다. 이들은 공정한 기회균등과 분배적 정의를 실현함으로써 공동체적 사회연대를 달성하려는 집합주의(collectivism), 즉 탈상품화(decommodification)를 자본주의 시장경제체제 내에서 동시에 추구한다는 측면에서 제3의 길은 '인간의 얼굴을 한 시장경제'라고 할 수 있다.

제3의 길은 영국의 대표적 사회학자 앤서니 기든스가 이론적으로 체계화한 것을 정치인 블레어가 자신의 기본적인 정치노선으로 채택한 것이다. 제3의 길에 비하여 제1의 길은 고복지-고부담-저효율로 요약되는 사회민주적 복지국가 노선이고, 제2의 길은 고효율-저부담-불평등으로 정리되는 신자유주의적 시장경제 노선이라면, 제3의 길은 제1, 제2의 길을 지양한 새로운 정책노선이다. 제3의 길은 시민들의 사회경제생활을 보장하는 동시에 시장의 활력을 높이자는 신 노동당 프로젝트, 즉 구식의 사민주의와 신자유주의로부터의 차별화 전략이었다.

2.2. 후기산업사회와 새로운 사회적 위험

복지국가 위기에 대한 활발한 논쟁과 복지국가 재편을 둘러싼 논의를 거쳐 21세기에 들어서는 '새로운 사회적 위험(new social risks)'과 이에 대응하는 현대화된 복지국가가 무엇인가에 대한 논의가 이어졌다. 논의의 핵심은 20세기 초중반까지는 제조업 중심의 산업사회였지만 이제는 이른바 후기산업사회(post-industrial society, 정보산업과 지식산업 중심의 사회)가 도래하여 전후 복지국가와는 토대가 달라졌다는 점이다.

테일러-구비(Taylor-Gooby)가 제시한 새로운 사회적 위험 네 가지는 아래와 같다.

① 여성들의 유급노동 참여 증가: 후기산업사회의 경제는 서비스부문 중심이기 때문에 더 많은 여성이 노동시장에 참여하고, 이에 따라 일과 가정의 양립이 중요한 과제가 된다.

② 인구의 고령화: 노인인구의 폭발적 증가에 따라 복지비용이 크게 높아질 뿐 아니라 노인 돌봄이 중요한 과제가 된다.

③ 불안정 노동의 증가: 제조업 중심의 대규모 고용이 감소하고 비숙련·저숙련 부문의 저임금과 비정규직이 증가하였다. 노동시장의 변화는 교육수준과 고용의 연관성을 강화시키고 있는데, 이는 정규직 고용을 염두에 두고 있는 전통적인 사회보장 체계로는 대응하기 어렵고, 근로빈곤층(working poor)을 양산할 수 있다.

④ 복지 재정의 한계: 국가지출을 제한하려는 시도로서 민간부문의 공급자 역할을 확장하게 되는데, 사회복지를 민간부문에서 공급할 때 나타날 수 있는 소비자의 불만족스러운 선택에서 새로운 위험이 나타날 수 있다. 서구에서는 국가가 운영하는 공적연금에 대한 재정 압박에 대한 대응으로 민간부문이 노후소득보장의 역할을 점차 맡게 되는 것이 대표적인 사례이다.

3. 복지국가 모형

3.1. 윌렌스키와 르보의 2분 모형

윌렌스키(Wilensky)와 르보(Lebeaux)는 복지국가에 관한 초기 유형화의 대표적인 학자로 사회복지의 개념을 잔여적 개념과 제도적 개념의 두 가지로 나눈 이분법을 제시했다.

1) 잔여적 모형(보충적·선별적 모형)

초기 산업사회와 자유주의 국가에서 나타나는 모형으로, 가족 또는 시장 같은 정상적인 공급구조가 제 기능을 발휘하지 못하는 경우에 사회복지가 개입하게 된다고 보는 입장이다. 이 모형에서 사회복지는 빈민 같은 요보호대상자를 대상으로 하여 사회적으로 최저한의 급부를 주는 역할만을 수행한다.

2) 제도적 모형(보편적 모형)

사회복지가 현대 산업사회에서 정상적인 제1선의 제도적인 기능을 수행한다고 보는 입장이다. 국가의 적극적 개입을 통해 사회복지를 구현하며, 사회보험이나 보편적 프로그램들을 강조한다.

3.2. 티트머스의 3분 모형

티트머스(Titmuss)는 사회복지 모형을 사회정책의 맥락에서 세 가지 유형으로 분류하여 제시하였는데, 앞의 윌렌스키와 르보의 2분 모형에 산업성취수행 모형이라는 새로운 유형을 추가하였다.

1) 보충적(residual, 잔여적) 모형

공적부조나 요보호대상자들을 대상으로 하며, 이 모형에서의 사회복지는 단지 사회의 최저한의 경계선상에서 헤매는 빈곤자나 요보호자들에게 급부를 주는 역할을 한다. 이 모형에서는 공공부조 프로그램이 강조된다.

2) 산업성취수행(industrial achievement performance) 모형

이 모형은 사회복지제도의 중요한 역할을 경제체제의 종속물(adjuncts)로 기능하는데 두어 시장경제 원리에 따라 생산성 중심의 사회구성(업적, 신분향상, 작업수행 등)을 목표로 한다. 이 모델은 다양한 경제적·심리적 이론 등에 기반을 두어 사회복지를 기능주의 입장에서 해석한다. 또한, 사회복지를 경제성장의 수단으로 활용하고자 하기 때문에 시녀적 모형(Handmaiden Model)이라고도 한다. 이 모형에서는 사회보험이 주요 프로그램으로 자리한다.

3) 제도적 재분배(institutional-redistributive) 모형

이 모형에 해당하는 사회복지는 주로 보편적 욕구 충족을 기반으로 하여 시장경제 메커니즘 밖에서 보편적·선택적 서비스를 제공하는 기본적이고 종합적인 제도이다. 보편적 프로그램을 강조하여, 시장에서의 지위와 관계없이 급여가 제공된다.

3.3. 에스핑-앤더슨의 복지국가 모형

복지국가 유형화에 관한 최근의 그리고 가장 체계적이고 논리적인 연구로, 사회복지정책 학자들에게 주목받고 있는 모형이다. 에스핑-앤더슨(Esping-Anderson)의 연구에서 그가 제시한 탈상품화라는 기준은 그 자체로도 중요한 의미를 담고 있다.

1) 탈상품화와 계층화

① 탈상품화(de-commodification)란 근로자가 자신의 노동력을 상품으로 시장에 내다 팔지 않고도 살 수 있는 정도를 말한다. 즉 자신이 노동시장에서 일을 할 수 없는 여러 가지 상황에 처했을 때 국가가 어느 정도 수준의 급여를 제공해 주는가의

정도를 의미한다. 탈상품화가 높을수록 복지선진국을 의미한다. 탈상품화점수가 가장 높은 국가군은 사회민주주의 복지국가, 중간점수 국가군은 조합주의 복지국가, 가장 낮은 점수 국가군은 자유주의 복지국가 들이다.

② 계층화(stratification)란 계급과 신분의 근본적인 균열을 의미하는 것으로, 복지국가가 여러 방식으로 각 사회에 서로 다른 계층화를 유도하는 것에 주목한다. 에스핑-앤더슨은 국가군별 계층화의 특성을 분석하기 위해 직업별 연금제도의 수, GDP 대비 정부 부문 종사자에 대한 연금지출의 비유, 사회지출 중 자산조사에 기초한 복지급여의 비율, 민간부문 연금의 비율, 민간부문 의료보호의 비중, 보편주의 프로그램의 정도, 급부 구조의 평등성 정도 등으로 지수화하였다.

2) 에스핑-앤더슨의 분류

① 자유주의 복지국가: 공공부조 프로그램을 강조한다. 탈상품화 효과는 미약하고, 복지의 재분배 효과도 미약하다. 급여는 저소득층에 초점을 두며, 자격기준은 까다롭고 엄격하여 낙인을 부여하는 방식으로 이루어진다(미국, 캐나다, 오스트레일리아 등).

② 보수주의(조합주의) 복지국가: 사회복지의 제공에도 사회적 지위의 차이를 유지하는 국가 유형. 조합주의 복지국가는 직업별, 계층별로 구분된 사회보험의 형태에 크게 의존하기 때문에 사회복지급여는 계급과 사회적 지위에 밀접하게 관련되고 사회보험 가입자의 직장 이동성이 적다. 가족의 중요성을 강조하는 종교와 문화적 신념을 가지고 있기 때문에 보수주의에 기반을 둔다고 평가된다(독일 프랑스 등 유럽국가).

③ 사회민주주의 복지국가: 보편주의적 원칙과 사회권을 통한 탈상품화 효과가 가장 크고 새로운 중산층까지 복지가 확대되는 국가이다. 복지의 재분배적 기능이 강력하다(북유럽 국가들).

4. 조지와 윌딩의 이데올로기 모형

사회복지와 관련된 이데올로기에 대해서는 가장 체계적이며 널리 인정받는 조지(V. George)와 윌딩(P. Wilding)의 이데올로기 모형에서 초기에는 네 가지, 후기에는 여섯 가지 이념이 제시된다.

4.1. 신우파(New Right)

1970년대 후반부터 서구의 지식계와 정치계에 고전 자유주의가 부활하기 시작했다. 신우파는 자유와 개인주의를 강조하고, 평등보다 자유를 명백히 우선시하고, 국가의 개입은 개인의 자유를 침해할 수밖에 없으므로 국가의 역할을 축소하고 시장의 역할을 강조하는 입장이다. 시장이야말로 소비자의 선호를 발견하고 조정하는 최선의 체계라고 주장한다.

4.2. 중도노선(Middle Way)

실용적 성격을 지닌 중도노선은 여러 가지 측면에서 신우파와 유사한 가치를 신봉한다. 자유, 개인주의, 그리고 경쟁적 사기업에 대해 강조한다. 정부의 행동이 필연적이거나 효율적일 때만 국가개입을 긍정하며, 근본적으로는 정부의 개입을 최소화시키는 것이 바람직하다는 입장이다. 바람직하고 실행 가능한 목적을 성취하기 위해 사회정책은 실행적이어야 한다.

4.3. 사회민주주의(Democratic Socialism, 페이비언 사회주의)

페이비언 사회주의는 영국의 독특한 실용주의적·점진적 사회주의로서, 1884년에 설립된 영국 페이비언 협회에 그 기원을 두고 있다. 이 사상은 20세기 들어와 영국 노동당의 기본노선이 되었다. 페이비언 사회주의는 사회적 선을 달성하는 데 있어서 국가가 매우 긍정적인 역할을 수행한다고 믿는다는 점에서 국가개입주의와 같다. 그러나 궁극적으로 자본주의를 수정의 대상이 아니라 극복의 대상으로 간주한다는 점에서 국가개입주의와 다르고, 마르크스주의와 입장이 유사하다.

사회민주주의의 중심적 가치는 평등, 자유, 우애, 민주주의와 인도주의 등이다. 여기서 평등 개념은 과도한 불평등의 감소를 의미한다. 그리고 이들은 사회통합을 중시한다. 이는 국민 최저선(national minimum)의 설정, 기회평등의 촉진, 취약자에 대한 적극적 차별의 시행 등을 통해 이루어질 수 있다고 본다.

시장체계의 정의롭지 못한 분배를 시정하는 것이 정부의 역할이라고 그들은 주장한다. 한편 경제성장은 국민에게 선택권을 넓혀주고, 빈부격차를 감소시켜 주며, 사회적 자본을 증대시켜주기 때문에 꼭 필요하다.

4.4. 마르크스주의(Marxism)

마르크스주의자들도 사회민주주의자들과 같이 자유, 평등, 우애를 중시한다. 신우파가 주장하는 자유의 개념이 불평등을 감수하는 것이라면, 마르크스주의자가 주장하는 경제적 평등 없는 자유는 기만이다. 경제적 평등은 대기업 및 영리단체의 국유화를 요구하게 된다.

4.5. 페미니즘(Feminism)

페미니스트의 복지국가관은 양면적(ambivalent)인데, 복지국가는 성차별 체계(gender system)의 현대적 양상에 지나지 않는다는 입장과 여성친화적 국가라는 호의적 반응이 공존하고 있는 것이다. 그들은 복지국가가 여성 특수의 욕구에 대한 배려에 실패했음을 강조한다. 먼저 빈곤의 여성화(feminization of poverty) 현상, 그리고 돌봄(care) 역할의 여성 의무화 개념에 대해 비판한다.

4.6. 녹색주의(Greenism)

녹색주의는 선진 산업사회의 정부 역할에 대해 다섯 가지 기본적 비판을 가한다: ① 경제성장과 소비의 지속적 확대가 가능하다는 신념에 입각한 복지국가는 잘못되었다. ② 공업, 농업, 의료 부문이 사용하는 대규모 기술은 유해하다. ③ 산업사회의 탐욕적이고 개인주의적인 정신은 자원고갈을 촉진시킨다. ④ 복지국가의 사회복지서비스는 사회문제의 원인이 아닌 현상만을 다루고 있다. ⑤ 경제성장과 소비의 감축과 마찬가지로 공공복지 지출도 축소되어야 한다.

5. 정책발달 이론과 복지국가

5.1. 사회양심론(Social Conscience Theory)

사회양심론은 1950년대 영국 사회정책학에서 받아들여졌던 이론으로, 인도주의에 기초하여 사회정책이 각 개인이 가지고 있는 타인에 대한 사랑, 사회적 의무감 등 국민의 지식 향상에 의해 점차 증대되었다는 이론이다. 사회양심론은 낙관적이고 문제 해결 중심의 시각이며 사회복지정책을 국가의 자선활동으로 간주하는 경향이 있는데, 인도주의에 입각한 사회적 의무감이 개인적 차원뿐 아니라 국가적 차원에서 복지정책을 확대시켰다고 파악한다.

이 이론은 사회적 맥락이나 사회정책의 제반 여건에 대해서는 협소한 시각을 가졌다고 평가할 수 있다. 또한, 인간 본성의 선한 마음이 현대사회에서야 사회복지정책으로 구체화되고 발전되었다는 사실을 설명하는 데 한계가 많다.

5.2. 산업화론(Industrialization Theory)

산업화론은 수렴 이론(convergency theory)이라고도 하는데, 사회복지정책 발달은 그 사회가 가진 기술 수준과 산업화의 정도에 따라 결정되는 것으로 이 수준이 같을 경우 정책 발달이 수렴된다고 보았다. 산업화 이론은 사회변동과 사회구조적 시각을 사회정책에 연결시켜서 거시적이고 보편적인 제도의 이해가 가능하다는 장점이 있으나, 욕구만 있으면 자동으로 제도가 출현할 것이라고 보는 점과 기술결정론적 입장을 취한다는 점에서 한계가 있다. 복지국가의 재정문제와 복지국가에 대한 정치적 지지의 약화현상을 예측할 수가 없었던 것도 한계이다.

5.3. 시민권론(Citizenship Theory)

시민권론의 대표적인 학자 마샬(T. H. marshall)은 법 앞에서의 자유와 평등 같은 공민적 권리(civil right), 참정권 같은 정치적 권리(political right), 그리고 복지권 같은 사회적 권리(social right)의 순으로 시민권이 분화되고 발전되어 왔다고 주장한다.

이처럼 시민권의 축적적 발전과 동시에 불평등한 계급구조가 만들어지면서 불평등한 계급구조와 평등주의적 시민권은 양립해 오고 있다.

5.4. 음모 이론(Conspiracy Theory)

음모이론은 사회복지정책을 사회안정과 질서유지를 위한 통제수단으로 보는 시각으로, 사회양심론과 반대의 입장에서 사회복지정책의 주목적이 인도주의나 양심의 실현이 아니라고 주장한다. 이 이론에 비추어 영국의 구빈법이나 독일의 사회보험입법을 보면 당시 극심하던 사회혼란의 요소나 사회운동을 완화시켜 사회질서를 유지하기 위한 숨겨진 목표가 있다고 주장한다.

5.5. 확산 이론(Diffusion Theory)

확산이론은 한 지역의 사회복지정책이 다른 인접 지역으로 확산되어 나간다는 것이다. 확산의 종류는 선진국으로부터 후진국으로 전파되는 위계적 확산과 지리적으로 가까운 순으로 퍼져나가는 공간적 확산이 있다. 확산 이론은 국가 내부의 정착과정이나 다양한 힘의 과정은 보여주지 못한다는 한계가 있다.

5.6. 신마르크스주의(neo-Marxism) 이론과 독점자본 이론

전통 마르크스주의는 복지국가를 전면 부정했지만, 신마르크스주의 이론은 독점자본의 필요성에 의해 복지국가가 발전했다고 본다. 2차 세계대전 이후의 신마르크스주의자들은 자본주의가 고도로 발달할 경우 복지국가가 발달하는 것으로 보았다.

5.7. 사회민주주의 이론

사회민주주의는 사회주의로의 혁명적 이행을 거부하고 민주주의 확대·심화를 통해 사회주의에 이르고자 하는 점진적인 방법이다. 여기서 사회주의 달성은 정치적 힘을 얻어서 보다 평등한 정책을 확대시켜 갈 때 달성될 수 있는 목표이며, 복지국가에서 사회복지정책의 확대는 사회주의로 향하는 과정이다. 영국의 노동당, 독일의 사민당, 프랑스 사회당, 스웨덴 사민당 등이 이러한 이념과 노동자 계급에 기반을 두어 출발한 정당들이다.

의회제도를 활용하여 노동계급에 기반을 둔 정당이 정치권력을 획득해나가는 권력자원 이론(power resource theory)은 복지국가의 등장과 발전요인을 노동자 투표권, 좌익정당, 강한 노동조합 등 정치적 변수에서 찾는데, 권력자원 이론은 북유럽같이 강한 노동조합과 정당과의 밀접한 관계가 성립된 국가를 설명하기에는 적합하지만, 미국과 같이 분화된 다원사회에 적용하는 데는 한계가 있다.

5.8. 이익집단 이론

이익집단 이론은 복지국가의 발전원인을 희소자원의 배분을 둘러싼 경쟁과정에서 벌어지는 분배갈등을 국가가 중재한 결과 나타난 것으로 간주하며, 복지국가의 발달이 다양한 이익집단들의 이익추구 과정에서 나타났다고 보는 입장이다. 이익집단 이론은 미국과 같이 다원화된 민주국가에 적용하기에 적합한 이론이라고 평가되고 있다.

이익집단 이론은 복지국가의 변천요인을 정치적 변수에서 찾고 있는 점에서 권력자원 이론과 유사하지만, 이익집단이 다양한 이익집단에 주목하는 반면, 권력자원 이론은 자본과 노동이라는 양대 계급 간의 권력투쟁에 집중한다는 점에서 차이가 있다.

5.9. 국가중심적 이론

국가중심적 이론은 사회복지의 공급자인 국가의 적극적인 역할을 강조한다. 이 이론은 복지발달에 있어서 전문관료기구의 발달, 복지의 필요성에 대한 정치지도자의 인식(개혁성), 중앙집권화 되고 조합주의적인 국가조직형태의 중요성을 강조한다. 또한, 이 이론은 자신이 속한 부처의 이익을 극대화하기 위한 국가 관료의 자기 이익 추구 행위에 의해 해당 부처의 예산 등이 늘어나게 되는데 사회복지와 관련되는 관리기구 역시 내부 이익을 추구하는 과정에서 복지국가 발전이 나타난다고 본다.

- 나가며 -

지난 20여 년간 한국 복지국가는 발전을 거듭해 왔다. 외환위기 직전인 1996년에 3.2%에 불과하던 국내총생산(GDP) 대비 공적 사회지출 수준은 2018년 11.1%로 증가했다. 그 사이 4대 사회보험은 개보험화되었고, 시혜적인 공공부조제도였던 생활보호제도는 권리성이 강화된 국민기초생활보장제도로 거듭났으며, 장기요양보험이 도입되었고, 보편적인 무상보육서비스가 실시되었다. 장애연금과 근로(자녀)장려세제가 도입되었고, 사회서비스도 급격하게 확대되었다. 2018년 아동수당이 도입됨으로써 한국 복지국가는 선진 복지국가가 가지고 있는 대부분의 복지제도들을 두루 구비하게 되었다. 그래서 한국은 복지국가인가? 아니, 제도가 조금 더 성숙하기를 기다리면 복지국가를 기대할 수 있는가?

그동안 정권이 교체될 때마다 '복지'라는 명사 앞에는 화려한 수식어가 붙곤 했다. '생산적', '참여', '능동적', '맞춤형', '포용적' 등이 그것이다. 정권 초기에 이러한 '명명'(命名)에 대해 정체성을 부여하는 작업들이 여지없이 반복된다. 바우만의 충고처럼 유행을 좇아 미사여구에 매달리기보다는 본질에 충실할 필요가 있다. 세계는 끊임없이 변화하지만 인간적 가치와 좋은 사회를 꿈꾸는 복지국가의 이상은 쉽게 변화하지 않는 법이다.

Ⅶ. 사회복지정책의 분석틀

정책분석의 개념은 매우 다양한 의미로 사용되고 있으며 정책과정이라는 맥락과 연관되어 정의되고 있다. 정책분석이란 정책이 가져올 사실상 혹은 잠재적 영향력을 체계적으로 식별, 검토, 평가함으로써 정책의 형성, 결정, 집행, 평가과정에서 야기되는 여러 가지 어려움을 극복하는 데 필요한 객관적이고 합리적인 지식을 제공하는 것이다.

따라서 정책분석은 최선의 정책대안을 창출하기 위해 수행되는 체계적인 활동을 의미한다. 정책분석 접근방법은 해당 분야의 목적과 필요에 따라 전 과정을 가치, 사실, 행위, 등의 정보를 근거로 경험적 접근, 평가적 접근, 규범적 접근 중 하나 또는 그 이상의 접근방법을 선택한다.

여기서는 사회복지정책의 분석적 유형, 분석틀(social welfare policy analysis framework), 그리고 정책분석을 위한 네 가지 선택의 차원, 즉 할당-급여-재정-전달체계에 대하여 살펴보기로 한다.

1. 사회복지정책의 분석적 유형

사회복지정책을 분석하기 위해 사용하는 주된 접근방법으로는 길버트와 테렐의 과정분석, 산물분석, 성과분석이 있다. 이 세 가지 분석을 각각의 영문 첫 글자를 따서 3P라고 표현한다.

1.1. 과정분석(studies of process)

과정분석은 정책의 형성과정분석으로 정책과 관련된 다양한 변수들의 영향력과 관계를 알아보는 분석이며, 정책 형성의 역동성을 정치적, 기술적, 방법적 변수들을 중심으로 분석하는 접근방법이다. 계획과 관련된 정보 및 다양한 조직 간의 관계와 상호작용들이 정책형성에 어떻게 영향을 주는 가에 관심을 둔다. 과정분석의 기초가 되는 학문은 정치학과 역사학이다.

과정분석은 주로 정책결정에 있어서의 정치적 기술적 투입 요소에 대한 사례연구의 형태로 정책사정(policy assessment)이 이루어지는 시점에서 쓰인다.

과정분석은 산물분석과 성과분석보다 학문적 논쟁이 더 격렬하게 이루어지고 있다. 산물분석과 성과분석 논쟁의 쟁점들은 대부분 프로그램을 둘러싼 정치적, 경제적, 사회적 맥락에 연유하는 것이지만 과정분석 논쟁의 쟁점은 보다 큰 정치적, 경제적, 사회적 맥락 그 자체에 대해 이론적 철학적 가정에 연관되어 있다.

1.2. 산물분석(studies of product)

산물분석(또는 산출분석)은 사회복지정책 내용분석(핵심분석)으로 기획 과정에서 얻은 산물인 프로그램, 법률, 또는 확정된 계획의 쟁점을 분석하는 것이며 특정 방향으로 설계된 정책에 있어 그 안에 포함되어 있는 정책 선택의 형태 및 내용을 분석한다. 또한, 특정 선택으로 배제된 내용을 분석하며 선택의 근거가 된 가치와 이론, 가정에 대한 문제를 분석한다.

길버트와 테렐은 분석에 있어 평등성, 형평성, 사회적 적절성의 차원을 기본적으로 고려해야 한다고 하였고. 이와 함께 분석영역을 실천하는 과정 중 발생하는 상대적·대항적 가치 지향을 개인주의적 가치 지향과 집단주의적 가치 지향으로 대비시키고 있다.

1.3. 성과분석(studies of performance)

성과분석은 사회복지정책 평가분석으로 특정한 정책 선택의 실험된 프로그램 결과를 기술하고 평가한다. 과정분석과 산출분석보다 객관적이고 체계적인 관찰이 용이하며, 프로그램이 잘 실행되었는가, 프로그램 실시를 통해 얻은 영향은 무엇인가, 분석하는 정책 선택 결과에 대한 설명 및 평가에 관심을 가진다.

성과분석은 질적, 양적 자료 수집과 광범위한 학문의 방법론 응용을 이용해 측정될 수 있다. 예컨대 조사방법론과 통계학적 기법은 효과 분석에 있어 유용한 매개체가 될 수 있다.

2. 산물분석의 분석틀 개요 및 적용

길버트와 테렐은 마지막 분석 방법, 즉 산물 분석 방법을 이용하여 복지 정책의 분석을 위한 분석틀을 제안한 바 있다. 이들에 의하면 복지 정책 분석은 두 단계를 거쳐야 한다. 첫 번째는 선택의 차원(dimension)을 구체화하는 것이다. 이들은 정책 분석을 위해 네 가지 선택의 차원을 제시하고 있는데 이는 사회적 할당, 급여, 전달체계 그리고 재정이다. 그들은 이 네 가지 선택의 차원에 따라 복지 정책의 형태가 달라진다고 보았다. 다음은 사회적 선택의 이유를 파악하는 것이다. 즉 사회적 선택의 이유 혹은 명분이 되는 가치, 이론, 가정에 관련된 질문에 답해야 한다는 것이다.

이 네 가지 차원이 정책에서 갖는 의미는 급여의 대상, 급여의 내용, 전달체계, 재원 등이 되는데, 네 가지 모두 중요한 의미를 갖게 되기 때문에 상세한 이해가 필요하다.

길버트와 테렐은 이 분석틀을 미국의 사회서비스에 적용하여 복잡한 변화를 간략히 제시했는데, 우리나라에서도 유사하게 적용할 수 있다.

1) 사회적 할당의 기반: 선별주의로부터 보편주의로

초기의 사회서비스의 수급자격은 자산조사에 의한 것이었지만 이후 수급자격이 크게 확대되어 중산층도 포함하였다.

2) 사회적 급여의 성격: 추상적이고 제한된 종류의 서비스로부터 구체적이고 다양한 서비스로

초기에는 개별 사회사업이 사회서비스의 대부분을 차지했지만 가능한 모든 종류의 사회서비스를 제공할 수 있도록 제도가 개선되었다.

3) 전달체계: 공고기관 중심, 사회서비스 및 소득보장의 연계로부터 공·사 혼합, 사회서비스 및 소득보장의 분리로

사회서비스와 소득보장이 통합되고 동일한 행정단위에 의해 수행되다가 행정적으로 분리되고 민간 비영리기관들의 참여가 증가하였다.

4) 재정: 개방형의 범주적 보조금으로부터 폐쇄형의 포괄보조금으로

범주적 보조금은 중앙정부가 지방정부에 재정 이전 시 특정 항목을 지정하여 제공하는 것이고, 포괄보조금은 지방정부가 일정 기능 범위 내에서 상황에 따라 재량에 의해 원하는 사업에 지출을 선택할 수 있게 하는 보조금이다.

〈사회복지정책 연구의 분석틀〉

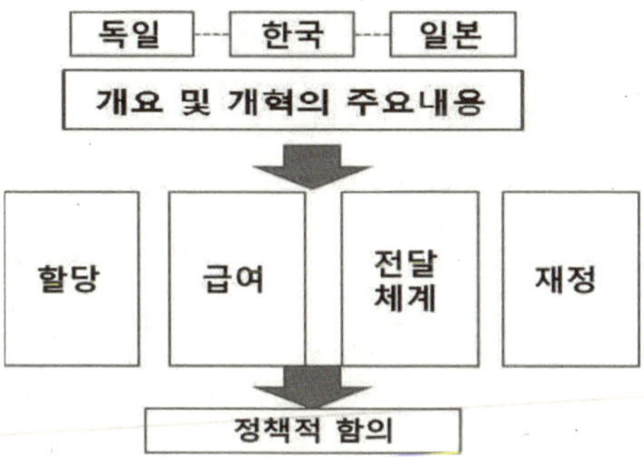

3. 할당체계

할당이란 혜택의 대상을 선택하는 문제이다. 복지정책뿐만 아니라, 모든 정책은 정책으로 인해 복지가 향상될 대상 즉 수혜자가 누가 될 것인지에 대한 논의를 반드시 지켜야 한다. 그리고 이러한 수급 자격을 누가 가질 것인가를 결정하는 데에는 결혼 여부, 취업 여부, 거주지, 가족구성원의 수, 지능 지수, 건강, 연령, 교육 정도, 군 복무기간, 인종, 성별, 종교, 그리고 소득 등을 들 수 있다.

한 나라의 사회적 자원은 제한되어 있고 급여자격의 형태는 사회복지정책의 직접적

인 대상자뿐만 아니라 비대상자들에게도 여러 가지 영향을 준다는 측면에서 급여자격의 문제는 중요하다.

3.1. 보편주의와 선별주의

길버트에 따르면 할당에 대해 결정하는 데 있어 관심 가져야 할 부분은 이러한 기준들이 아니라, 수급 자격을 결정하는 기준의 토대가 되는 원칙이 과연 무엇인가 하는 문제이다. 이러한 맥락에서 가장 중요한 개념은 보편주의와 선별주의이다.

보편주의란 전 국민을 사회복지의 대상자로 삼는 것을 말하는데, 시민권에 입각해 하나의 권리로 복지서비스를 제공하고, 복지 수혜 자격과 기준을 균등화하여 복지서비스의 수급자들이 그 어떤 낙인감, 열등감, 굴욕감도 갖지 않게 하려는 원칙을 의미한다. 보편주의에서 가장 중요한 것은 사회복지 수급이 전 국민의 기본권의 하나라는 점이다. 한편, 선별주의란 사회복지 대상자들을 사회적, 신체적, 교육적 기준에 따라 구분한 후 복지서비스를 제공하는 것을 의미한다. 자산조사를 통해 원조의 필요가 있다고 인정된 사람들, 즉 결손가정, 장애인, 무능력자, 노인, 빈민 등만을 복지서비스의 대상으로 하며, 공공부조나 공공임대주택이 선별주의 복지의 대표적인 예에 속한다. Townsend에 의하면 수혜조건을 갖추었는지를 조사하는 과정과 일반시민들과의 사회적 관계에서 낙인은 피할 수 없는 것이다. 선별주의자들은 사회적 욕구가 거의 없거나 아주 약간 있는 사람들까지 사회복지 대상자로 삼을 필요는 없다고 본다.

이러한 보편주의와 선별주의는 사회복지서비스의 할당을 결정하는 데 있어 중요한 기준이 된다. 그런데 이러한 기준들을 선택하는 데 있어 두 가지 가치가 개입되는데, 이는 사회적 효과성과 비용 효과성이다. 우선 비용효과성은 보편주의와 선별주의가 모두 추구하는 가치라고 할 수 있다. 비용 효과성이란 투입대비 산출이 얼마나 효율적으로 이루어지느냐에 관한 문제이다. 즉 지출된 총비용이 각기 얼마인가 하는 것과, 그 비용이 얼마나 효율적으로 사용되었는지를 보는 것이다. 이러한 비용 효과성은 보편주의와 선별주의 모두에서 중요한 문제이다.

한편 사회적 효과성은 대개 보편주의적 할당 원리와 관련된 것으로 간주된다. 사회적 효과성의 경우, 그 개념이 그리 분명한 것은 아니지만 보통 사회적 평등성과 같은 의미로 사용될 수 있다. 즉 사회적 욕구가 제대로 충족이 안 되는 사람이 아주 많을 경우 부족한 자원을 사회적 욕구가 큰 사람에게 우선적으로 배분한다면, 사회적 형평성이 제고되고 사회적 평등을 기하는 데도 효과적이라는 것이다.

3.2. 할당의 원칙(자격조건의 형태)

① 거주 여부, 거주기간, 그리고 시민권: 사회복지정책의 자격조건 가운데 가장 기본적인 것은 한 나라 혹은 한 지역의 거주 여부이다. 대부분의 사회복지정책에 '거주'나 '국적'은 급여를 받기 위한 필요조건이지 충분조건은 아니다.

② 인구학적 조건: 인구학적 조건이란 연령, 성별, 결혼 여부, 인종 등 어떤 집단에 속할 경우 급여의 자격을 갖춘 것으로 간주하는 것이다.

③ 기여 또는 보상: 기여 또는 보상에 의한 할당은 사회·경제적으로 특별한 공헌을 한 사람에게 할당하거나(예: 퇴역군인, 농어민, 유공자에 대한 보상), 사회로부터 부당한 피해를 입은 사람들의 집단에 할당하는 것이다.

④ 진단적 구분: 진단적 구분에 근거한 할당은 각 개별적 사례에 대해 전문가나 행정가가 특별한 재화나 서비스가 필요한지를 판단하도록 하고 이를 근거로 급여를 주는 것이다. 이 원리는 욕구에 대한 기술적·진단적 기준을 근거로 하여 개인별 할당이 이루어진다는 점에서 앞의 할당 원리들과는 다르다.

⑤ 자산 조사: 자산 조사(means-test)에 기초한 할당은 한 개인이 필요한 재화와 서비스를 구입 할 능력이 없음을 증거로 하여 수급자격을 결정하는 것이다.

4. 급여체계

사회적 급여의 성격에 관한 정책 선택은 사람들이 받기로 된 급여가 어떤 것인가에 관련된 것이다. 즉 수혜자들이 전달받게 되는 혜택이 어떤 종류인 것인가에 관한 문제이다. 전통적으로 급여의 종류는 현물급여와 현금급여로 구분된다.

현물급여란 수혜자들이 필요로 하는 재화와 서비스를 공기업에 직접 제작, 배분하는 것을 의미하며 현금급여는 현물을 직접 제공하는 대신 현금을 지급함으로써 수혜자들이 자유롭게 재화와 서비스를 구매할 수 있도록 하는 것을 의미한다. 이 두 급여에 대해서는 다양한 논의들이 존재하였는데 주요 내용은 현물 급여는 통제를 용이하게 한다는 것이며 현금급여는 수혜자들의 선택권을 보장할 수 있다는 것이다.

현금급여와 현물급여 이외에 대안적인 급여 형태로는 증서(바우처), 기회, 권력 등이 있다. ① 바우처는 일정한 용도 내에서 수급자에게 원하는 재화나 서비스를 자유롭게 선택할 수 있게 하는 방법이다(예: 미국의 Food Stamp). ② 대안적 급여 형태로서의 '기회'는 사회의 불이익집단들(소수인종, 여성, 노인 장애인 등)에게 진학, 취업, 진급 등에서 유리한 기회를 주어 시장의 경쟁에서 평등한 기회를 주는 형태이다. 그리고 ③ '권력'은 정책결정에 대한 권력으로서, 정책의 내용(급여자격, 급여액 등)을 결정하도록 하는 힘을 주는 것인데, 현실적으로 기회나 권력은 명목적인 참여에 그치고 있다.

급여의 종류를 선택하는 데 있어 가장 중요한 가치는 선택의 자유와 사회 통제이다. 즉 수급자들이 재화와 서비스를 선택할 수 있도록 하는 선택의 자유를 보장할 것이냐, 혹은 복지 서비스를 제공하는 데 있어 효율성을 중시하는 사회 통제를 더 중요하게 생각할 것이냐에 따라 선택되는 급여의 종류가 달라지게 되는 것이다. 이와 관련해서는 많은 논의가 존재하고는 있으나 선택의 자유와 사회 통제 둘 다 포기할 수 없는 중요한 가치로 인식되고 있다.

5. 재정체계

재정은 재원과 재정 이전(移轉)의 두 체계로 나누어 분석될 수 있다. 재원은 말 그대로 사회 복지 서비스를 제공하기 위한 재정을 어떻게 충당할 것인가와 관련한 문제이다. 일반적으로 재정은 조세와 기부금, 그리고 이용료를 통해 구성되며 보통 일반적인 복지국가의 운영은 이들 세 가지 재원을 혼합하여 이루어진다. 복지국가의 재원이 이처럼 다양한 방식으로 존재하는 것을 흔히 복지의 혼합 경제라고 한다. 사회복지정책을 분석하는 데 있어 재원의 분석이 중요한 이유는 사회복지정책이 어떤 재원에 의존하느냐에 따라 그 정책의 내용이나 목표가 달라질 수 있기 때문이다.

공공부문 재원에는 ① 정부의 일반예산, ② 사회보장성 조세(사회보험료), ③ 조세지출(tax expenditure, 조세를 감면시켜 사회복지의 목표를 이룸)이 있다. 민간부문 재원에는

① 사용자 부담(이용료), ② 자발적 기여, ③ 기업복지, ④ 비공식부문 재원(가족, 친척, 이웃) 등이 있다.

한편 재정이전체계와 관련된 선택은 재정이 재정원천으로부터 서비스 공급자에까지 이르는 방식에 관한 것이다. 이러한 선택은 중앙화와 분권화의 이데올로기에 따라 이루어진다. 중앙화란 권력이 국가에게로 집중되는 것을 의미하며, 분권화란 권력이 주정부(기관)와 지방정부(기관)로 이양되는 것을 의미한다. 중앙화와 분권화는 그 나름의 장단점을 가지고 있지만 일반적으로 이 둘을 혼합하는 경우가 많다. 즉 중앙에서 재정을 이전하는 과정을 통해 분권적으로 복지 서비스를 전달한다는 것이다. 중앙정부로부터의 재정지원은 여러 조건을 포함하게 되는데 이는 프로그램 관련 조건, 재정관련 조건, 수급자 관련 조건, 절차관련 조건 등을 포함한다.

6. 전달체계

사회복지서비스 전달체계란 지역사회에 존재하는 사회복지 서비스의 공급자와 공급자를 연결시키기 위해 또는 공급자와 소비자를 연결시키기 위해 만들어진 조직 장치를 의미한다. 한편 길버트와 테렐은 전달체계를 지역 사회의 서비스 공급자들 사이에 존재하는 그리고 서비스 공급자와 소비자들 사이에 존재하는 조직의 체계라고 정의하고 있다.

그들의 논의에 따르면 전달 체계에서 중요한 핵심은 지역사회이다. 왜냐하면 지역사회라는 장에서 서비스 공급자와 소비자가 관계를 만들어 나가기 때문이다. 한편 서비스 공급자는 전문가 개인이 될 수도 있고 자조단체가 될 수도 있고, 또는 전문가 집단, 공공 및 민간기관, 지역복지관, 정부의 복지과나 정신보건과, 병원 등이 될 수도 있다.

전달체계의 유형에는 중앙정부, 지방정부, 정부와 민간부문의 혼합체계로 나눌 수 있다. 전달 체계를 선택하는 데 있어 가장 중요한 선택의 차원은 ① 공공기관, 민간 기관 중 누가 전달을 담당할 것이냐와 ② 민간 기관이 담당한다면 영리단체와 비영리 단체 중 누가 복지 서비스를 전달할 것이냐와 관련성을 가지게 된다.

첫 번째 차원은 복지 서비스의 전달 체계를 민영화시킬 것인가와 관련한 문제이며 두 번째 차원은 전달 체계의 상업화를 인정할 것이냐와 연관된 문제이다. 여러 논의가 존재하지만 대부분의 연구에서 민영화와 상업화의 장점에 대해서 인정하는 한편, 이로 인하여 공공성이 훼손될 수 있다고 지적한다. 때문에 전달 체계를 선택하는 데 있어 사회적 환경과 맥락에 맞는 적절한 혼합이 필요할 것으로 예측된다.

〈사회복지정책의 가치〉

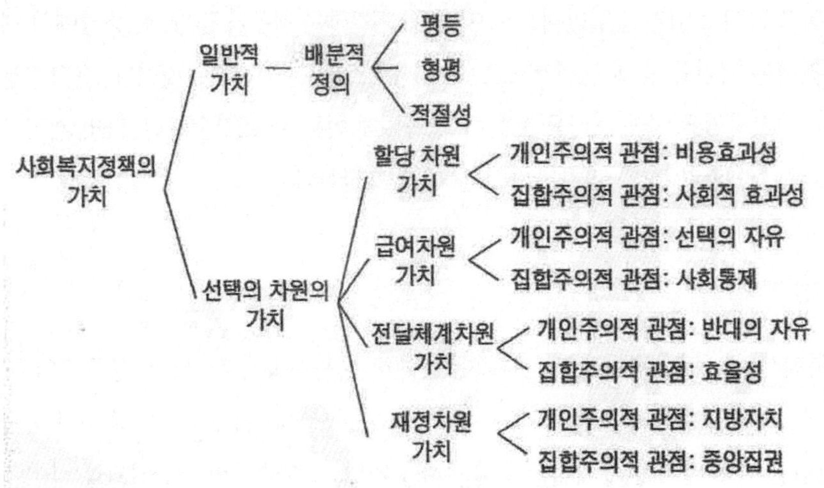

자료: 김기원,『사회복지정책론』(경기: 서울장신대학교 출판부, 2014)

- 나가며 -

길버트와 테렐의 분석틀은 광범위한 영역에 걸친 사회 정책의 내용들을 체계적으로 설명할 수 있어서 사회 정책 분석에 폭넓게 활용되고 있다. 이진숙 외(2010)는 산출분석을 이용한 보육정책 분석이라는 연구를 통해, 길버트와 테렐의 산출분석틀을 이용하여 우리나라 보육정책의 급여의 대상, 형태, 전달 체계, 재원을 살펴보았다. 저자는 네 가지 차원을 분석하는 데 있어 보편성, 다양성 그리고 공공성으로 분석의 기준을 설정한 바 있다.

신연희(2013)는 길버트와 테렐의 분석틀을 이용하여 미국의 수용자 자녀 지원 정책을 분석하고 있다. 본 연구 역시 수용자 자녀 지원 정책을 할당, 급여, 전달, 재원이라는 네 가지 차원에서 분석하기는 하였으나, 세 가지 축 즉 사회적 선택의 이유에 대해서는 설명하지 않고 있다.

한편 전용호(2012)는 한국 노인장기요양보험의 주요한 문제점과 개선방안이라는 연구에서 길버트와 테렐의 분석틀을 이용하여 노인장기요양보험을 분석한 바 있다. 저자는 문헌 조사 외에도 인터뷰 조사를 통해 네 가지 분석의 차원 즉 할당, 급여, 재정, 전달체계에 관한 분석을 실시하였다.

이러한 연구들은 길버트와 테렐의 분석틀이 사회복지 정책을 객관적이고 체계적으로 분석할 수 있는 프레임워크라는 논의에 힘을 실어준다.

Ⅷ. 노후소득보장과 연금

OECD 국가 중에서 한국은 노인자살률과 빈곤율이 가장 높은 국가이면서 고령화 속도는 매우 빠르다. 빠른 고령화 속도는 기대여명의 증가를 반영한다. 한국의 65세 남자는 18.2년을, 여자는 22.4년 더 사는 것으로 추정하고 있다(통계청, 2017). 그렇다면 노인들은 길어진 기대여명만큼 노후준비를 하고 있을까? 노후를 준비하는 사람(46.9%)의 대다수가 예·적금(28.9%), 국민연금(28.7%) 등으로 준비하고 있다고 응답하고 있고, 노인들은 자녀에 대한 의존보다 스스로 노후생활비를 준비하거나 사회보장제도에 기대하고 있었다. 그러나 노년층에서 고령일수록, 그리고 저소득층일수록 국가나 시장소득보다는 가족소득에 의존 정도가 높아(엄소영·이용재, 2015), 가족이 적절한 부양을 하지 못할 경우 노인이 빈곤에 노출될 위험은 커질 수 있다.

한편 국민연금으로 대표되는 한국의 노후소득보장제도는 아직 성숙하지 못한 상황이다. 국민연금의 경우 1988년에 시행되어 30년의 역사를 가지고 있지만, 수급차원에서는 사각지대가 광범위하고 급여 수준도 낮다고 보고되고 있다(국민연금사편찬위원회, 2015). 고령자통계보고서를 살펴보면(통계청, 2017), 65세 이상 고령자 중 44.6%(301만 6천 명)는 공적연금 수급자이며, 이들의 88.3%가 국민연금에 해당된다. 즉 노인의 절반 이상이 공적 노후소득보장제도 수급의 사각지대에 놓여 있는 것이다.

또한, 2018년 국민연금의 월평균 급여액은 44만 5천 원이며, 특례노령연금을 포함할 경우 37만 원 수준인데, 이처럼 최저생계비에도 미치지 못하는 연금급여만으로 노후생활보장이 어렵다. 특히 국민연금급여의 소득대체율이 2008년 50%에서 그 이후에는 매년 0.5% 포인트씩 하락하여 2028년에는 40%까지 낮춰지게 되어 있기 때문에, 급여의 적절성 차원에서 문제가 있다. 그 결과 노인들의 빈곤 위험은 크다고 할 수 있는데, 2016년에 국민기초생활보장을 받는 수급자 중에서 65세 이상 고령자는 27.3%(42만 1천 명)로 전체 수급자의 1/4 이상을 차지하고 있으며 매년 증가 추세를 보이고 있다. 이처럼 노년기의 불안정한 경제 상태나 빈곤은 삶의 다양한 기회를 제약하고 나아가 삶 전반에 만족도를 떨어뜨린다.

여기서는 노후소득보장과 연금이라는 주제로 노후소득보장의 이해, 공적연금, 그리고 국민연금에 대하여 살펴본다.

1. 노후소득보장의 이해

노인들은 공적이전소득과 사적이전소득이 주요소득원이며 이를 통해 생계비를 충당하고 있다. 공적이전소득은 국가에서 제공하는 것으로 기초생활보장급여, 국민연금, 기초연금 등이 포함된다. 그리고 자녀나 친인척이 지원하는 용돈 등 개인 간에 발생하는 비공식적인 소득이 사적이전소득이다.

우리나라의 노후생활 보장제도는 공적연금 형태의 국민연금과 소득 하위 70%의 노인을 대상으로 지원하는 공공부조 성격의 기초연금제도로 구분할 수 있다. 우리나라는 국민연금 도입의 역사가 짧고, 급격한 고령화 문제를 겪고 있기 때문에 안정적이고 다층적인 노후소득보장체계의 강화가 필요하다.

노후 소득보장체계의 3층 구조를 보면 1층은 기본적인 생활을 영위할 수 있도록 국가가 보장하는 국민연금이며, 2층은 근로자가 근로활동을 통해 적립한 것으로, 기업이 보장하는 퇴직연금이고, 마지막으로 3층은 자신의 경제적 수준에 따라 개인이 각자 준비하는 개인연금으로 구성되어 있다. 이렇듯 다양한 연금을 갖춰야 노후에 안정적인 생활을 누릴 수 있다고 주장하지만 강제적으로 가입한 국민연금만 가지고 있거나 그마저도 없는 노인의 경우 노후소득보장의 부재가 발생할 수밖에 없다.

우리나라 노후소득보장제도에 관한 연구로 기초연금, 국민연금, 주택연금에 대한 것을 보면, 첫째로 기초연금과 관련하여 임완섭(2018)의 연구에서는 가구유형별로 빈곤 감소에 미치는 영향을 조사한 결과 노인중심의 가구유형이 보충적 연금지원에서 노인빈곤율 하락에 효과를 본 것으로 보고하였다. 이러한 연구결과는 노인중심가구는 기초연금 외에 기타 주요한 정기적인 소득이 적어 나타난 결과로 이해할 수 있다.

둘째로 국민연금에 대해서 석재은(2018)은 연금의 목표는 노후소득보장과 지속가능성이라고 밝히며, 국민연금제도를 잘 유지하려면 세대 내 연금 불평등과 젠더 불평등을 개선해야 한다고 주장했다. 개선사항으로 세대 간 이전의 공평성이 담보되어야 하며, 국민연금의 사각지대를 해소하고, 국민연금 세대 수익비 1.0이 지켜져야 하는 등 기본소득을 보장하기 위한 연구 노력이 필요하다고 보았다.

셋째로 노후소득보장의 다원화를 위한 방편으로 주택연금제도가 출현하였다. 주택연금제도는 '역모기지'라고도 하며 주택을 소유한 노인인구가 자신의 주거 재산을 활용하여 사망할 때까지 노후연금을 지원받는 제도로 알려졌다(한국주택금융공사, 2018년 12월 확인). 이 제도는 한때 노인들에게 인기가 있어 가입자가 증가하다가 최근 해약률이 높아지고 있다. 주택금융공사 관계자는 최근에 집값이 너무 오르자 과거에 주택 담보가치를 낮게 받은 가입자들이 적은 연금을 받느니 차라리 해약하여 자녀에게 상속해 주기 위해 해약 사태가 증가하고 있는 것으로 보았다.

2. 공적연금의 이해

2.1. 공적연금의 유형

노후소득보장의 기반이 되는 것은 공적연금이며, 국가별로 다양한 형태의 연금제도를 운영하고 있다.

1) 사회부조식 공적연금

자산조사 내지 소득조사를 통해 일정 기준에 못 미치는 저소득 노령자에게 연금을 지급하는 것이다. 예) 우리나라의 기초연금.

2) 사회보험식 공적연금

고용주와 피용자 또는 자영자로부터 징수되는 기여금으로부터 재원을 전부 또는 일부 충당한다. 예) 우리나라의 국민연금제도.

3) 사회수당식 공적연금

재원을 일반조세에서 충당한다는 점에서 사회부조식 연금과 유사하나, 사회수당식 공적연금에서 연금수급권은 일정 소득 미만의 저소득 계층에 한정하지 않고 소득에 관계 없이 모든 시민에게 제공된다.

4) 퇴직준비금제도

사회보험에서처럼 가입자 간에 위험을 분산시키지 않고 각자가 퇴직 이후를 위해 일정 금액을 강제로 적립하도록 하는 제도이다.

5) 강제가입식 개인연금제도

각 개인이 민간의 연금 상품 중 하나를 선택하여 의무적으로 가입하도록 하는 제도이다.

2.2. 공적연금제도의 선택

연금의 유형별로 기여 여부, 급여 결정, 급여산정 방식, 재정운영 방식 등에서 차이가 있다.

1) 기여 여부

무기여 연금(non-contributory pension)과 기여식 연금(contributory pension). 우리나라는 무기여 연금인 기초연금과 기여식 연금인 국민연금제도를 함께 운영하고 있다.

2) 급여 결정

정액연금과 소득비례연금. 정액연금은 과거 소득이나 기여액에 관계없이 모든 연금수급자에게 동일한 액을 지급하는 연금 형태로서, 사회부조식 연금이나 사회수당식 연금에서 찾아볼 수 있다.

소득비례연금은 퇴직 전 일정 기간의 평균소득 또는 생애근로기간 동안의 평균소득에 비례하여 연금 급여액을 지급하는 연금제도로서, 기여식 연금에서 찾아볼 수 있다.

3) 급여산정 방식

확정급여연금(defined benefit plan)과 확정기여연금(defined contribution plan)이 있다. 확정급여연금은 나중에 받을 급여액을 급여산정공식에 의해 미리 정해 놓고 이를 지급할 수 있는 수준으로 기여금을 상황에 따라 변동시키는 방식인데, 공적 연금을 운영하는 대부분의 국가는 이 방식을 운영하고 있다.

확정기여연금은 기여금만이 확정될 뿐 급여액은 사전에 정하지 않는다. 이는 사회경제적 환경 변화로 인해 발생할 수 있는 노후생활의 불안정성을 개인이 책임진다는 점에서 공적연금에는 적합하지 않은 방식이다.

4) 재정운영 방식

부과방식(pay-as-you-go system)과 적립방식(funded system)이 있다. 많은 서구 국가에서 기본으로 하고 있는 부과방식은 현재의 근로세대가 납부하는 보험 재정을 현 시점의 퇴직세대의 연금급여 지출에 사용하는 방식으로, 세대 간 약속에 기반을 둔 방식이라 할 수 있다. 인구학적 위험, 정치적 위험에 취약한 방식이다.

적립방식은 현재 근로세대가 납부하는 보험료를 현 근로세대의 퇴직 후 연금급여 지급을 위해 적립하고 이 재정의 운용을 통한 수익을 포함하여 미래의 재정 지출을 사전에 준비하는 방식이다. 세대 간 위험에 취약하고, 기금 운영 과정에서 투자위험에 노출될 수 있다.

우리나라는 1988년 국민연금제도를 처음 시행하면서 고령화와 출산율 저하로 인한 서구 국가들의 고민을 반영하여 수정적립 방식으로 제도를 설계하였다.

〈세계은행의 3층 노후소득보장〉

구조	1층	2층	3층
목적	소득재분배+보험기능	저축+보험기능	저축+보험기능
형태	소득조사실시 최저연금보장 또는 정률연금	기업연금 (소득비례)	직역연금 또는 개인연금
재정방식	세금으로 재원 조달	완전적립방식, 정부의 간접적인 규제	완전 적립방식
운용방식	강제적용, 공적제도	강제적용, 민간운용	임의적용, 민간운용

자료: World Bank, Averting the Old Age Crisis: Policies to Protect the Old and Promote Growth, New York Oxford University Press, 1994. 이홍관, 2009, 재인용

2.3. 다층 노후소득보장 체계

경제가 성장함에 따라 생활수준과 노인들의 욕구 수준이 높아지면서 단일한 공적 연금제도 하나만으로는 충분한 소득보장이 점점 어려워지고 있다. 따라서 충분한 노후소득보장을 위해서는 다양한 공적, 사적 연금 체계를 중첩하여 운영할 필요가 높아지고, 이에 따라 다층으로 노후소득보장 체계를 구성하고 발전시키기 위해 노력하고 있다.

세계은행과 국제노동기구 등은 다양한 방식으로 구성된 다층의 노후소득보장 체계를 제안하고 있으며, 이미 많은 국가가 다층 방식의 연금제도를 도입하였다. 우리나라도 국민연금제도(2층)를 중심으로, 기여하지 못한 노인까지 포함하는 기초연금(1층)을 도입하고, 추가적으로 기업을 통해 퇴직연금을 가입하거나 개인연금을 가입하도록(3층) 유도하고 있다. 이런 점에서 우리나라도 기초연금이 완전하지는 않지만 3층 체계라고 볼 수 있다.

〈다층 노후소득보장 체계〉

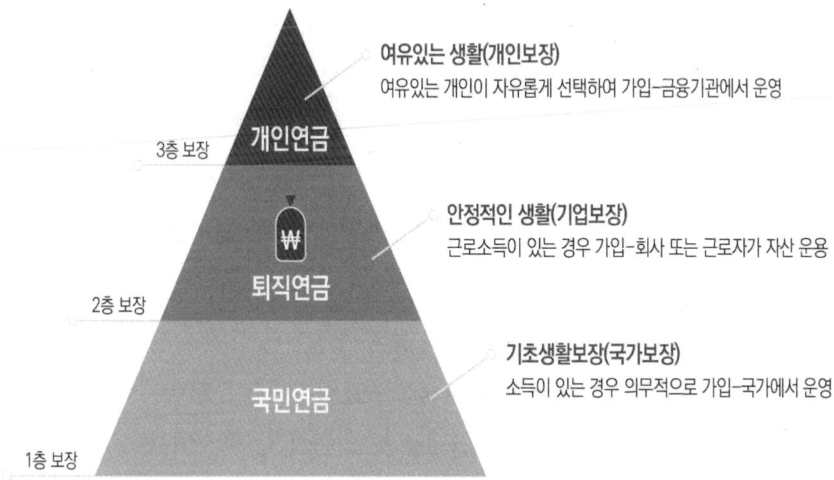

자료: 고용노동부(2018) "왜 퇴직연금인가?"에서 인용

3. 국민연금의 개요

국민연금제도는 노령·장애·사망 등과 같은 사회적 위험(social risks)에 대한 공적 대응 기제로서 지난 1988년에 도입되었다. 33년이라는 짧지 않은 시간 동안 여러 공과(功過)를 드러내며 국민의 신뢰와 함께 때로는 불신을 겪기도 했지만, 국민연금은 어느덧 한국사회를 대표하는 노후소득보장제도로 자리매김하게 되었다. 이제 다음 세대를 목전에 두고 새로운 도약을 모색해야 할 시점에 이르렀다고 할 수 있을 것이다.

국민연금제도는 비록 다른 선진 복지 국가들에 비해 길게는 100년 이상 늦은 1988년에야 도입됐지만, 시행 이후 전 세계적으로 유례를 찾을 수 없을 정도로 급속한 확장과 발전을 거듭해오고 있다. 이는 공적연금제도의 양대 표상인 적정성(adequacy)과 재정 안정성(fiscal stability)을 강화하기 위해 다양한 노력을 경주해온 데 따른 결과라고 할 수 있다. 실제로 국민연금의 지난 30년 역사는 적용대상 확대 및 사각지대 해소를 통해 노후소득의 적정성을 담보하고, 제도의 수지 균형을 도모하여 장기적인 지속가능성을 높이기 위한 노력들로 채워진 시간이었다.

한편, 제도의 장기적 지속가능성을 담보하기 위한 재정 안정화 노력 역시 지난 30년 동안의 국민연금사(史)를 채우는 커다란 발자취 중 하나였다. 재정 안정화를 위해 불가피하게 적정성이라는 제도 본연의 목적이 일정 정도 훼손될 수밖에 없었고, 이를 관철시키는 과정에서 제도에 대한 불신이 가중되는 등 일부 부작용도 뒤따랐다. 하지만 공적연금제도를 운용하는 많은 국가들은 이미 수십 년 전부터 전 국민에게 적정 수준의 노후소득을 보장한다는 일관된 기조하에 국민연금제도의 포괄 범위를 넓히고 사각지대를 줄이기 위한 조치들을 지속적으로 추진해오고 있다.

우리나라는 인구 고령화, 경제성장 둔화 등의 재정위기 상황에 직면하여 다양한 구조적 또는 보수적 재정 안정화 조치를 선제적으로 실시해오고 있다. 이를 고려하면 국민연금제도에서 나타난 그간의 재정 안정화 노력 역시 당연한 역사적 경로(historical path)로 볼 수 있을 것이다. 더욱이 도입 당시 제도에 대한 순응성 제고 차원에서 '저부담-고급여' 구조로 설계된 국민연금은 태생적으로 수지 불균형 문제를 내재하고 있었고, 이로 인해 제도 운영과정에서 끊임없이 재정 안정성 확보를 갈급할 수밖에 없었다. 이에 지난 1998년과 2007년 두 차례에 걸쳐 대대적인 재정 안정화 조치가 취해졌고,

이 과정에서 다소 관대하게 설정된 소득대체율이 단계적으로 인하되고(70%-40%), 수급개시연령은 점진적으로 상향(60세-65세)되기에 이른다. 이를 통해 국민연금기금의 소진 시점을 연장하는 등 소기의 성과를 달성할 수 있었다.

정부의 홍보 자료에 의하면 국민연금 기금적립금은 제도 도입 31년 만인 2019년 7월 현재 700조 원을 돌파하였다. 국민연금 기금 설립 이후 2019년 6월 말까지 연평균 누적 수익률은 5.43%, 운용수익금은 총 340.0조 원으로 장기투자자로서 안정적인 수익률을 보이고 있다. 빠르게 성장하는 국민연금 기금은 국내 시장의 한계를 넘어 안정적인 수익률을 유지하기 위해 해외 랜드마크 부동산, 우량 인프라 자산 등을 발굴하며 세계적인 연기금으로서 새 지평을 열어 가고 있다. 2009년 3.5조 원 기금적립금의 1.3%이었던 해외 대체 투자 규모는 2019년 6월 현재 557조 원 기금적립금의 8.0%로 확대되었으며, 현재까지 9.50%의 연평균 누적 수익률을 기록하며 긍정적인 기금 운용 성과를 보여주고 있다.

국민연금이 지난 30여 년 동안 걸어온 길은 적정성과 재정 안정성이라는 서로 상충하는 두 가지 목표를 달성하기 위한 시간으로 채워져 있다. 이를 통해 상대적으로 짧은 기간 동안 '전 국민연금'으로서의 제도 외연을 갖춤과 동시에, 선제적인 재정 안정화 노력으로 일정 정도 수지 균형을 제고하는 등의 성과를 거두었다. 하지만 적정성과 재정 안정성이라는 두 마리 토끼를 잡기 위한 노력이 다소 무리가 되었던 것일까. 지난 30여 년 동안의 성공적인 발전이 비춘 제도 역사의 명(明) 이면에는 분명한 암(暗)도 존재했다. 적용 범위의 지속적인 확대에도 불구하고 아직 제도에 포괄되지 못하는 연금 사각지대 문제가 상당 규모에 달하고, 전체 노인의 절반가량이 빈곤 상태에 처해 있는 부끄러운 현실은 적어도 당장은 해결될 기미를 보이지 않고 있다.

제도가 시행된 지 33년, 그리고 한 세대가 지난 지금, 국민연금은 다음 세대에서의 도약을 기약하며 새로운 기록을 써 내려가야 하는 중차대한 시점에 도래해 있다. 지난 30년의 역사와 마찬가지로 앞으로 만들어갈 기록들 역시 이상의 당면과제들, 즉 적정성과 재정안정성 제도 신뢰 측면에서 제기되는 문제들을 해결해 나가는 과정으로 채워지게 될 것이다. 지금까지 해왔듯이, 후발주자의 이점을 살려 따라잡기 전략(catch-up strategy)'을 충실히 이행함과 동시에 국내의 경제·사회적 여건에 부합하는 방향으로 제도를 유연하게 적응시키고자 노력한다면, 국민연금을 둘러싼 수많은 난제 역시 하나씩 실마리를 풀어갈 수 있을 것이다. 국민연금의 미래사는 적정성과 재정 안정성이라는 두 마리 토끼를 모두 잡고, 제도에 대한 정책 순응(順應)과 신뢰도 역시 충분히 확보하여, 종국에는 국민연금이 '전 국민을 위한 안정적인 노후소득원'으로 온전히 자리매김하는 과정들로 채워지길 기대해 본다.

4. 국민연금의 급여

4.1. 국민연금 급여의 종류

국민연금법에서 규정하고 있는 급여의 종류는 노령연금, 장애연금, 유조연금, 반환일시금의 네 가지이다.

1) 노령연금

국민연금의 기초가 되는 급여로 가입자가 나이가 들어 소득 활동에 종사하지 못할 경우 생활안정과 복지증진을 위하여 지급되는 급여로서 가입기간이 10년 이상이면 수급연령 이후부터 기본연금액과 부양가족연금액을 합산하여 평생 동안 매월 지급받는다.

노령연금은 가입기간, 연령, 소득활동 유무에 따라 노령연금, 조기노령연금이 있으며, 이혼한 배우자에게 지급될 수 있는 분할연금이 있다. 그리고 연금수급 연령이 되어서도 소득이 있는 경우 65세까지는 감액된 급여를 받는다.

2) 장애연금

가입자의 가입 중에 발생한 질병 또는 부상이 완치되었으나 신체적 또는 정신적 장애가 남았을 때에 따른 소득 감소 부분을 보전함으로써 자신과 가족의 안정된 생활을 보장하기 위한 급여로서 장애 정도(1~4급)에 따라 일정한 급여를 지급한다.

3) 유족연금

국민연금에 일정한 가입 기간이 있는 사람 또는 노령연금이나 장애등급 2급 이상의 장애연금을 받던 사람이 사망하면 그에 의하여 생계를 유지하던 유족에게 가입 기간에 따라 기본연금액의 일정률(40~60%)에 부양가족연금액을 합한 금액을 지급하여 남아 있는 가족들이 안정된 삶을 살아갈 수 있도록 하기 위한 연금급여이다.

4) 반환일시금

60세 도달이나 사망, 국외 이주 등으로 국민연금에 더 이상 가입할 수 없게 되었으나 연금 수급요건을 채우지 못한 경우, 그동안 납부한 보험료에 이자를 더해 일시금으로 지급하는 급여이다.

4.2. 국민연금 급여액 산정방법

{ 연금액 = 기본연금액 x 지급률 + 부양가족연금액 }

위 공식에서 지급률은 급여의 종류에 따라 다르다. 노령연금의 지급률은 가입 기간 10년을 기준으로 50%이다. 여기에 가입 기간이 1년씩 늘어날 때마다 지급률은 5%씩 늘어난다.

기본연금액의 산식은 연도별로 적용되는 급여구조가 다르기 때문에 상당히 복잡한 식으로 구성되어 있지만, 급여액에 영향을 주는 기본요소가 항마다 반복되기 때문에 기본요소를 이해하면 전체의 의미를 알 수 있다. 기본 산식의 상수 값과 A값, B값으로 계산되며 식 끝에 (1+0.05n/12)dl 전체 급여액을 결정한다.

기본연금액의 급여수준을 파악하는 가장 기본적인 지표는 소득대체율이다. 소득대체율이란 연금급여를 가입자의 재평가된 생애평균소득으로 나눈 값이다. 국민연금의 소득대체율이란 "전체 국민연금 가입자의 평균소득 수준인 자가 40년간 보험료를 납부한 경우 전체 가입기간의 평균소득 대비 연금액 수준"을 뜻한다.

소득대체율은 국민연금제도 도입 당시(1988년)에는 70%에 달했으나 연금제도의 확대과정에서 1998년에 60%로 하향조정되었고 2007년 국민연금 개편을 통해 2008년에 50%로 다시 낮아진 이후, 2028년까지 매년 점감하여 2028년 이후 가입자는 소득

대체율 40%를 적용받게 된다.

5. 기초연금

기초연금은 노인에게 지급하여 안정적인 소득기반을 제공함으로써 노인의 생활안정을 지원하고 복지를 증진하는 것을 목적으로 시행되고 있다. 기초연금제도는 국민연금제도와는 달리 기여 여부와 관계없이 제공되는 무기여 연금이며, 재원은 국가의 일반재정으로 마련된다. 자산조사를 실시함으로써 공공부조제도로서의 성격이 크다고 볼 수 있다.

기초연금의 지급대상은 65세 이상인 자로서 소득인정액이 선정기준액 이하인 자에 한한다. 소득인정액은 소득평가액에 재산의 소득환산액을 더하여 계산한다. 2021년의 선정기준액은 노인 단독가구 1,690,000원, 노인 부부 가구 2,704,000원이다. 선정기준액은 기초연금을 받는 사람이 전체 65세 이상인 사람 중 70% 수준이 되도록 정하고 있다.

- 나가며 -

황세권(2016)은 그의 박사논문 "우리나라 국민연금제도에 대한 이해도가 만족도에 미치는 영향에 관한 연구"에서 다음과 같이 국민연금제도 만족도의 개선을 위한 정책제안을 하고 있다.

첫째, 만족도를 높이기 위해서는 국민연금에 대한 적절한 홍보와 관리가 필요하다. 국민연금이 국민의 삶에서 좀 더 우선순위를 가질 수 있도록 연금 관련 안내 및 홍보에 대한 적절한 홍보로 국민의 인식 개선이 학력과 성별 등에 상관없이 시행되어야 하며, 특히 연금 가입 전 지속적인 홍보와 교육이 필요함을 시사한다. 가입자들이 국민연금에 대한 이해 부족으로 인해 가입자 스스로의 권리와 의무에서 멀어지는 일을 막을 수 있도록 교육 및 홍보 전략의 전반적인 개선이 요구된다.

둘째, 만족도를 높이기 위해 가입기간의 확대가 필요하다. 국민연금 전체만족도는 급여만족도에 의하여 크게 영향을 받고있는 것으로 나타났다. 국민연금의 급여는 가입기간 및 보험료에 따르는 급여 구간에 의해 결정되는데 급여 수준을 올리기 위해서는 가입기간을 상승시킬 수 있어야 한다. 하지만 오늘날 한국사회는 취업난, 비정규직(임시직), 파견직 등으로 인해 국민연금 가입시기가 늦어지고 있고, 가입이 불안정한 경우가 많아 전 기간 가입하는 것은 불가능에 가까운 상황이며 이는 국민연금에 대한 만족도의 하락으로 이어질 수 있다. 따라서 만족도를 높이기 위해서는 국민연금이 본연의 역할을 할 수 있는 방안을 정책적으로 제시해야 하며, 또한, 가입자들에게 다가올 현실적인 삶을 기준으로 국민연금이 작동할 수 있도록 지원할 수 있는 방안을 마련해야 한다.

셋째, 만족도를 높이기 위해서는 안정성의 강화가 필요하다. 연금만족도는 안정성에도 영향을 받는 것으로 나타났다. 따라서 국민연금의 제도운영의 안정성이 강화되고 그런 정보가 가입자들에게 직접 전달된다면 그 만족도의 향상을 도모할 수 있다. 따라서 국민연금제도를 지속하기 위해서 기준 소득 월액의 소득구간의 재조정이 필요하다. 또한, 국민연금에서 이탈하는 가입자들의 마음을 돌려 국민연금이 안정적으로 운영되도록 해야 한다. 20년 후를 준비할 수 있도록 다각적인 측면에서 문제를 인식하고 접근하는 것이 문제를 해결할 출발점에 서는 것이다.

복지국가는 허황된 꿈이 아닌 대한민국의 미래를 추구해야 할 가치이다. 그중에서도 국민연금은 국민의 삶과 연결된 아젠다로 논의되기에 부족함이 없다. 따라서 정부 및 국민연금 관리공단은 국민연금의 운영에서 일관성 있는 정책을 연구·개발하는 것을 기본으로 안정적인 연금 기금운영을 위해 올바른 정보를 지속적으로 공유하여 국민연금에 대한 국민의 신뢰도 및 만족도를 높이는 정책적 선택을 미룰 수 없다.

제 5 장

개별 사회서비스

Ⅰ. 아동복지①

아동복지에 대한 이해와 과제1

프랑스의 역사학자 필립 아리에스는 「아동의 탄생」에서 아동이 익명의 상태에서 벗어난 것은 비교적 오래된 일이 아니라고 하였다. 즉, 아동에 대한 역사는 그리 오래되지 않았다는 것이다. 따라서 아동을 위한 복지 이슈가 제기된 것도 산업화 전·후 아동을 포함한 사회복지문제의 발생과 이에 따른 대책을 사회적 책임 영역으로 간주하면서 발달되기 시작하였다(이소희, 2019). 최근 우리나라는 인구절벽이라는 새로운 사회 위험 속에 아동인구 감소 등의 환경 변화로 아동복지 분야에서 급격한 변화를 일으키고 있다.

복지분야에서는 그동안의 선별적 아동복지에서 모든 아동을 대상으로 하는 보편적 아동복지로 급격한 이행을 시도하고 있다. 특히 무상급식과 영유아 무상보육의 시대를 열었고, 2018년에 아동수당제도가 도입되었으며, 2019년에는 만 5세 이하 모든 아동에게 확대 실시되었다.

이제 아동은 양육의 대상이 아니라 현재의 행복을 누려야 할 권리의 주체라는 인식에 기반을 두고, 아동의 삶을 실질적으로 개선하기 위해 국가의 책임을 확대하고 있다. 대부분의 복지학자들도 아동복지의 보편주의 그리고 가족중심주의를 주장하고 있다.

여기서는 아동복지에 대한 개념과 관점, 성경에 나타난 아동복지, 아동복지수준에 대하여, 그리고 다음 글에 아동빈곤수준, 교육복지, 그리고 아동복지정책의 나아갈 방향 등을 살펴보고자 한다.

1. 아동복지의 개념과 기본요소 및 서비스 유형

1.1. 아동복지의 개념

'복지'라는 단어는 안녕, 행복, 번영 등과 동의어로 쓰이며, 더할 나위 없이 좋고 만족스러운 삶이란 의미를 함축하고 있다. 굳이 세분하자면 '행복'은 상태의 의미가 함축되어 있음과 동시에 주관적이고 개인 지향적인 특성이 강한 편인 데 비해서 '복지'는 행복의 상태라기보다는 행복을 고려한 행동의 의미를 지닌 것으로 본다. 이러한 의미에서 아동복지는 아동의 건전 육성에 대한 사회적 책임을 제도적 뒷받침 하에 실천하는 것이다. 따라서 아동복지에서는 주로 법적 규정에 의하여 여러 시책을 실시하게 된다.

일반적으로 좁은 의미에서의 아동복지란 요보호(要保護) 아동을 중심으로 비교적 개인이나 민간단체를 중심으로 이루어지는 활동을 말하고, 넓은 의미에서의 아동복지란 일반아동과 그 가족을 대상으로 다양한 복지주체가 서로 유기적인 관련 하에 체계적으로 복지활동을 전개하는 것을 말한다.

아동복지의 대상에 아동의 가족이 포함되는 것은 아동복지의 일반적인 책임은 가족에게 있으며, 자녀 양육에 대한 부모와 가족의 양육 기능을 강화해 주는 것이 선결된 과제라는 입장에 근거하고 있다. 오늘날에는 대부분 광의의 의미를 취하고 있다.

즉, 아동복지는 아동이라고 규정한 연령층(18세 미만인 자, 아동복지법 제2조 1항)에 속하는 모든 사람에게 영양, 교육, 보호의 과정을 통해 신체적·지적·정서적 발달에 있어서 안전하고 행복할 수 있도록 위험으로부터 보호하기 위하여 공적·사적 기관에서 실시하는 사회적·경제적·보건적인 모든 생활을 의미한다.

1.2. 아동복지의 기본요소

아동의 권리나 욕구가 보장되고 충족되기 위하여는 대체로 다음의 기본요소들이 전제되어야 하고, 모든 분야에서 아동의 기본적 욕구가 충족될 때 비로소 아동복지의 기반이 확립될 수 있다.

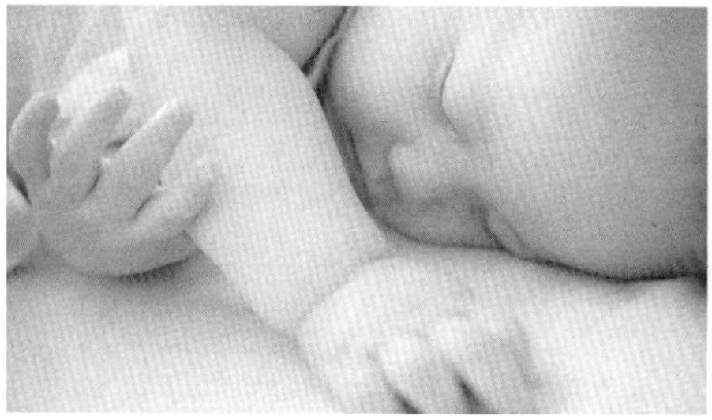

① 안정된 가정생활
② 적절한 가족의 수입과 주거
③ 아동의 영양, 보건, 의료보호
④ 균등한 교육의 기회
⑤ 연소근로와 유해근로에서의 보호
⑥ 여가와 오락 활동
⑦ 특수보호: 정서장애아, 심신장애아, 결핵아, 정신박약아, 비행아 등에게 특수한 보호와 치료의 기회를 부여.

1.3. 아동복지서비스의 유형

아동복지가 만족스럽게 이루어지기 위해서는 다음과 같은 세 가지 차원의 서비스가 상호보완적으로 수행되어야 한다.

1) 지원적 서비스(supportive service)

부모와 아동이 각자의 책임을 효율적으로 수행할 수 있도록 가족 외부에서 그들의 능력을 지원하고 강화시켜주는 서비스를 말하며, 아동들이 자신의 가정에 살면서 받을 수 있는 서비스이다. 서비스 제공기관으로는 가정복지기관과 아동상담소가 있다. 지원적 서비스를 위해 고안되는 프로그램에는 ① case work service(개별적 면접 통해 서비스 제공), ② 집단 프로그램(가정교육 프로그램과 집단상담 프로그램), ③ 가족치료(family therapy), ④ 지역사회 프로그램 등이 있다.

2) 보완적 서비스(supplementary service)

가족 내부에서 부모의 역할 일부를 보조하거나 대행하는 서비스이다, ① 탁아보호 서비스, ② 프로텍티브 서비스(유기나 학대아동 보호), ③ 홈메이커 서비스(위기 가정에 가사 전반 돌봄) 등이 있다.

3) 대리적 서비스(substitute service)

가정 기능을 전적으로 대리해주는 것으로서, ① 입양(원 부모 대신 영원한 부모가 되어 줌), ② 가정위탁보호(대리가정 마련) 등이 있다.

2. 기독교 아동복지에 대한 이해

2.1. 성경에 나타난 아동사회복지

구약 이스라엘 민족은 하나님과 언약을 맺은 언약공동체(covenant community)이다. 첫 사람 아담의 불순종으로 최초의 언약이 파기되었지만 하나님은 아담의 후손인 아브라함, 이삭, 야곱, 그리고 모세와 다윗에 이르기까지 계속해서 은혜 언약을 맺으셨고, 그 속에는 복지개념이 깊숙이 내포되어 있다.

구약성경 특히 모세 오경은 이스라엘 백성이 하나님의 백성으로 나눔을 행하며 살 것을 강조하면서 가난한 자, 고아, 과부, 이방인 그리고 눌린 자를 보호하기 위하여 그의 교훈을 실천하도록 명령하며 격려하고 있다. 이러한 복지개념은 하나님의 언약 백성이 마땅히 지켜야 할 질서였다. 저 유명한 복지명령은 이렇게 시작한다(출 22:21~27).

> "너는 이방 나그네를 압제하지 말며 그들을 학대하지 말라. 너희도 애굽 땅에서 나그네 되었음이니라. 너는 과부나 고아를 해롭게 하지 말라. 네가 만일 그들을 해롭게 하므로 그들이 내게 부르짖으면 내가 반드시 그 부르짖음을 들을 지라. 나의 노가 맹렬하므로 내가 칼로 너를 죽이리니 너의 아내는 과부가 되고 너의 자녀는 고아가 되리라. 네가 만일 너와 함께한 백성 중 가난한 자에게 돈을 꾸이거든 그에게 채주 같이 하지 말며 변리를 받지 말 것이며 네가 만일 이웃의 옷을 전당 잡거든 해가 지기 전에 그에게 돌려보내라. 그 몸을 가릴 것이 이 뿐이라. 이는 그 살의 옷인즉 그가 무엇을 입고 자겠느냐? 그가 내게 부르짖으면 내가 들으리라. 나는 자비한 자임이니라."

이것은 사회 금리 담보와 고아와 과부를 학대하지 말라는 사회복지 정책 차원에서의 법전이다. 그리고 땅을 많이 가지고 있는 지주들에게는 '너는 6년 동안 너의 땅에 파종하여 그 소산을 거두고 제7년에는 갈지 말고 묵어 두어서 네 백성의 가난한 자도 먹게 하라(출 23:10~11)'고 하셨다. 성경 여러 곳에서의 강조점은 가난한 자, 고아와 과부, 타국인을 사랑으로 섬기는 것에 대한 명령이다. 하나님은 학대받는 자를 도우시며, 고아와 과부를 위하여 변호하며 도우시는 분이시다.

하나님 나라를 세워나가는 선교공동체로서의 이스라엘 공동체의 교육원리는 선민공동체 선교교육, 회당교육체 선교교육, 가족공동체 선교교육으로 분류할 수 있다. 오늘날 아동복지 선교담당자는 랍비와 제사장과 부모의 역할을 담당하는 자세로 업무에 임해야 한다.

신약성경은 어떠한가? 신약은 성육신하신 하나님의 복지행전이다. 신약성경에 나타난 예수 그리스도의 삶 자체는 사회복지 실천이다. 예수님은 친히 "주의 성령이 내게 임하였으니 이는 가난한 자에게 복음을 전파하려고 내게 기름을 부으시고 나를 보내사 포로 된 자에게 자유를, 눈먼 자에게 보게 함을 전파하여 눌린 자를 자유케 하고 주의 은혜의 해를 전파하게 하려 하심이라"(눅 4:18~19)고 하셨다. 그리스도의 몸인 교회의 본질은 말로만 선포하는 것이 아니고 사랑으로 섬기는 공동체이다.

신약성경에는 하나님 나라를 선포하는 메시지와 교육의 두 맥이 흐르고 있다. 사도들과 속사도들, 그리고 교부들의 영향을 받은 초대교회의 교육 내용은 첫째, 주의 교훈과 훈계로써 교육하고, 둘째, 그리스도인으로서 삶의 지혜를 교육하고, 셋째, 성경적 교리와 윤리적 실천을 교육하고, 넷째, 교리문답식으로 교육되었다.

이처럼 아동복지에 대한 성경의 교훈은 아동을 인격체로 보고 있다는 점, 아동들을 방임 또는 유기해서는 안 된다는 점, 그리고 아동을 사회적 주체로서 인식해야 한다는 점 등으로 요약할 수 있다.

2.2. 기독교회사에 나타난 아동사회복지

초대교회 100여 년의 긴 박해가 끝나고 AD 313년 콘스탄틴 황제의 밀라노 칙령 이후 기독교가 국교화되면서 사회복지실천이 구체화되었다. 여비가 모자란 여행자, 고아, 과부, 노령자, 병약자 등을 위해 복지시설 활용범위가 넓혀졌다. 중세시대의 복지사업은 십자군 전쟁 등으로 다소 흔들렸으나, 구약성경의 복지사상을 바탕으로 하는 종교적 복지사업이 계속되었다.

이때의 구빈원은 숙박소, 병원, 양로원의 역할을 하는 것이었고, 빈민명부는 걸인과 불량자를 방지하고 탈출을 방지하기 위해 수도원과 교회가 만든 제도이다. 중세의 복지사업은 조직적 활동은 긍정적이지만 성경적 복지개념의 힘이 형해가 되었고, 결국 무위도식하거나 방랑하는 걸식자의 수만 증가시키는 결과를 가져왔다.

종교개혁자들은 이러한 현실을 직시하고 바람직하지 못한 구제사업의 개혁을 촉구했고, 루터나 웨슬리 등의 적극적인 활동이 있었다. 1520년의 루터의 선언문을 보면, "현재 우리에게 가장 시급한 문제 중 하나는 걸인 사회를 없애는 것이다"라고 했다. 칼빈은 여기에 더 나아가 빈민구제를 사도적 의무로 규정하고 교회사업의 한 부분으로 구제사업이 적극적으로 시행되어야 한다고 주장했다. 종교개혁시대 이후 경건주의 사상에 영향받은 많은 사람이 복지사업에 투신하게 되었는데, 여기에는 오벨린, 요한 하인리히 뷔케, 로버트 오웬, 요한 하워드, 플라이더너 등이 있다.

19~20세기에 들어와 사회개혁운동이 활발히 일어나면서 아동문제의 완화와 개선을 위한 운동이 존 듀이(John Dewy, 1859-1952)를 중심으로 진행되었다. 그는 "아동중심주의"라는 용어를 정착시키기도 했다. 1924년 국제연맹에서 '아동의 권리선언'이 사상 최초로 체결되었고, 1989년 '아동의 권리조약'으로 아동복지를 구체화시켰다.

오늘날 사회복지는 일시적인 형식적 자선행위에 머무르지 않는다. 사회복지는 인간의 전인적 구원을 향한 하나님 나라의 거대한 운동이다. 따라서 하나님의 교회는 아동복지, 가정복지, 노인복지, 장애인복지, 의료사회사업, 학교사회사업, 교정사회사업, 산업사회사업, 지역사회개발사업 등 현대사회복지사업과 관련하여 기독교선교 차원에서 발전시켜나가야 할 막중한 책임이 있다.

3. 아동복지 수준을 가늠케 하는 관련항목

본 절에서는 OECD 회원국들의 아동복지수준을 알 수 있게 하는 몇몇 관련항목을 선정하여 비교한 배화옥(2007)의 논문에서 관련 항목을 가져와 살펴본다.

3.1. 가족급여(benefit support for families with children)

가족급여란 피부양아동이 있는 가족을 지원하기 위한 공적 급여를 의미하며 현금지원, 서비스지원, 세제이전 방식으로 나눌 수 있다. 국가에 따라 현금지원은 아동수당, 육아휴직을 보상하기 위한 소득지원, 한부모가족 소득지원, 특정 부모에 대한 소득비 지원 등으로 이루어지며, 서비스 지원은 아동보육·교육시설에 대한 직접 지원과 보조금 교부, 청소년 지원과 시설지원, 가족서비스지원 등이 포함된다.

세제이전 방식은 세금공제, 아동세수당, 아동공제 등으로 실행된다. 2003년도 OECD 회원국들의 가족급여(현금, 서비스, 세제이전) 총합이 국가별 GDP에서 차지하는 비율을 보면, 전체평균 2.4%에 비해 북유럽국가들은 3.0%를 훨씬 상회하고 있으나, 한국은 터키와 함께 최하위인 것으로 나타나고 있어 가족급여를 통한 아동복지수준이 매우 미흡한 것으로 비교된다.

〈OECD 주요국의 GDP 대비 아동가족복지지출 추이 비교(1990~2009)〉

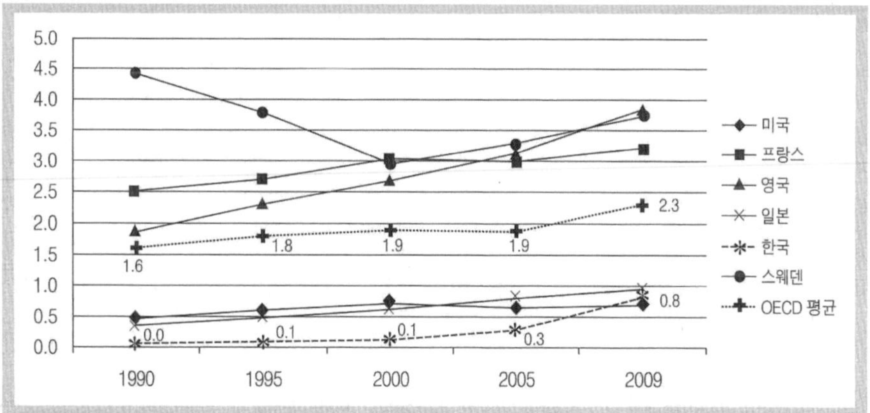

자료: OECD(2012). OECD Social Expenditure Database, http://stats.oecd.org.

3.2. 출산·육아관련 휴가(parental leave systems)

OECD 국가들이 시행하고 있는 출산·육아관련 휴가제도는 모성휴가, 부성휴가, 육아휴가의 세 가지 형태가 있고, 대부분 출산휴가 동안 일정부분 소득지원을 하고 있다.

각국은 자신들의 형편에 따라 매우 다양한 제도를 펼치고 있어 아직 우리나라 출산과 육아관련 당사자들에게는 부러울 뿐이고, 이런 것들이 기록적인 저출산 현상에 영향을 미치고 있어 보인다.

3.3. 보육 및 조기교육(child care and early education)

OECD 국가들이 제공하고 있는 미취학 아동을 위한 보육 및 조기교육 서비스는 나라에 따라 서비스 유형과 정도에 다양한 차이가 있어 일괄적으로 비교하기는 어렵다. 현재 미취학자녀에게 제공되는 보육 및 조기교육서비스는 시설보육, 가정보육, 취학 전 조기교육의 세 가지 유형을 취한다.

시설보육은 어린이집과 같이 허가된 시설에서 보육교사가 서비스를 제공하는 형태이며, 가정보육은 놀이방과 같이 가정에서 보육교사 자격증을 가진 사람이 아동을 돌보는 형태이고, 조기교육은 유치원이나 조기교실에서 아동에게 초등교육 입학 준비를 위한 프로그램을 개진하는 것이다.

OECD 전체국가들의 평균 0.7%를 상회하는 국가들은 모두 북유럽국가들이다. 한국은 일본과 함께 취학 전 보육 및 조기교육 서비스를 위해 가계 부담이 가장 큰 나라로 분류되고 있다. 국가 간 보육 및 조기교육 서비스의 질을 단선적으로 비교하기는 어렵지만, 보육교사 1인당 아동 수는 서비스 질의 한 측면에 국한된 것이기는 해도 비교를 할 수 있는 특성을 가지고 있다. 덴마크나 스웨덴 같은 북유럽국가들이 보육교사 1인당 아동수가 10명 내외인 것에 비해 한국과 멕시코는 20명을 상회하고 있다.

3.4. 교육비(public spending on education)

OECD 국가들은 교육서비스를 제공하는 국·공·사립학교와 대학을 지원하기 위한 교육비 예산을 지출하고 있다. 각 국가 간에 상이한 교육제도를 감안하더라도 앞서의 일반적 가족급여 수준과 마찬가지로 대부분의 북유럽국가에서 교육비 지출이 평균치인 5%를 넘어서고 있으나 한국은 4%를 약간 상회하는 것으로 나타나고 있다.

- 나가며 -

앞에서 언급한 한 나라의 아동복지수준을 가늠케 하는 몇몇 지표에서 한국은 최하위를 차지하고 있으며 조기교육서비스 참여율과 교육비 예산 지출에서만 중하위권에 위치해 있는 것으로 분석되었다. 따라서 다양하고 충실한 아동정책을 개진해야 할 것이다.

첫째, 아동수당의 도입을 고려해 보아야 한다. 아동의 연령대, 장애 유무, 가정의 소득수준을 고려하여 연동적인 아동수당을 책정하는 것이 대안일 것이다.

둘째, 바람직한 출산휴가제도의 방책으로 시간제 출산휴가제도 도입, 탄력근무제도 도입, 임신출산 비용지원, 출산·육아의 남녀공동분담제 규정 등을 제안할 수 있다.

셋째, 보육 및 조기교육서비스를 위해 시설, 비용, 담당인력 측면에서 다양한 접근을 시도해 볼 필요가 있다. 시설측면에서는 국공립 보육시설의 증설, 보육시설의 접근성 향상, 보육시간의 탄력적 운영이 요구된다. 비용측면에서는 보육비 지원수준 제고, 방과후 교육비 지원, 가정보육 수당(home care allowance)의 도입을 제안할 수 있다. 그리고 담당인력 측면에서는 보육교사, 방과후 교사 등 전문인력의 교육 및 훈련 지원, 인건비 제고와 그 외 다양한 보육·조기교육 프로그램 개발과 운영에 더욱 발전적으로 접근해야 한다.

Ⅱ. 아동복지②

아동복지의 이해와 과제2

지난번 온 나라를 떠들썩하게 했던 '정인이 사건'과 연이어 터져 나온 아동학대 사건으로 국민 전체가 공분을 참지 못했고, 그로 인해 급조된 아동학대 근절 대책들이 쏟아져 나오고 있다. 하지만 아동의 권리를 보장하기 위한 기본적 안전망 확충에 관한 근본적 개선책이 더욱 필요한 시점이다.

우리는 앞의 글 [아동복지①]에서 아동복지의 기본요소와 서비스 유형, 기독교아동복지, 그리고 아동복지의 수준을 보여주는 관련 항목 등을 살펴보았다. 이 글에서는 아동의 4대 기본권, 아동빈곤의 문제, 그리고 아동교육복지사업에 대해 살펴보려 한다.

1. UN 아동권리협약(CRC)의 아동 4대 기본권

아동의 권리와 삶의 질에 대하여는 지난 1989년 UN 총회에서 만장일치로 채택된 아동권리협약(UN Convention on the Rights of the Child, CRC)이 중요한 규범적 틀을 제공한다. 협약의 주요내용에는 아동을 권리의 주체로 인식하고, 아동의 기본 권리로서 생존권, 보호권, 발달권, 그리고 참여의 권리를 포함하고 있다.

1.1. 생존권

모든 아동은 생명을 유지하기 위하여 영양가 있는 음식, 깨끗한 공기와 물을 섭취하며 안락한 주거지에서 적절한 생활 수준을 누리고 최상의 건강을 지키기 위하여 의료

혜택을 받을 권리를 가진다.

1.2. 보호권

모든 아동은 각종 위험과 차별대우와 착취, 학대와 방임, 가족과의 인위적인 분리, 형법 등의 폐습으로부터 보호받을 권리를 가진다.

1.3. 발달권

모든 아동은 신체적, 정서적, 도덕적, 사회적 성장에 필요한 정규교육을 포함한 모든 종류의 교육을 받고 놀이, 여가, 정보, 문화 활동 등을 누릴 권리를 가진다.

1.4. 참여권

모든 아동은 자신의 의사를 표현할 자유와 자기 생활에 영향을 주는 일에 대하여 참여하고 말할 수 있는 권리를 가진다.

이들 4대 기본권은 하나님의 형상으로 창조된 인간이 가진 천부적(天賦的) 권리이며, 따라서 성경적 가치를 가지고 있다. 특히 생존권과 발달권 및 보호권의 경우 독립적인 생존이 불가능한 시기에 아동의 삶은 다양한 환경적 요인들이 얽혀 있기 때문에 성장 발달 과정에 걸쳐 충분한 고려가 필요하다. 물론 UN 아동권리협약이 법적 구속력을 가지지는 않지만, 협약 비준 국가에서의 권고적·선언적 효력이 인정되기 때문에 헌법의 국제법 존중주의에 입각하여 적극적인 수용을 요구할 수 있다.

2. 아동 빈곤의 실태와 정책과제

〈구축 환경에서 나타날 수 있는 다양한 아동의 성장발달 장애 요인〉

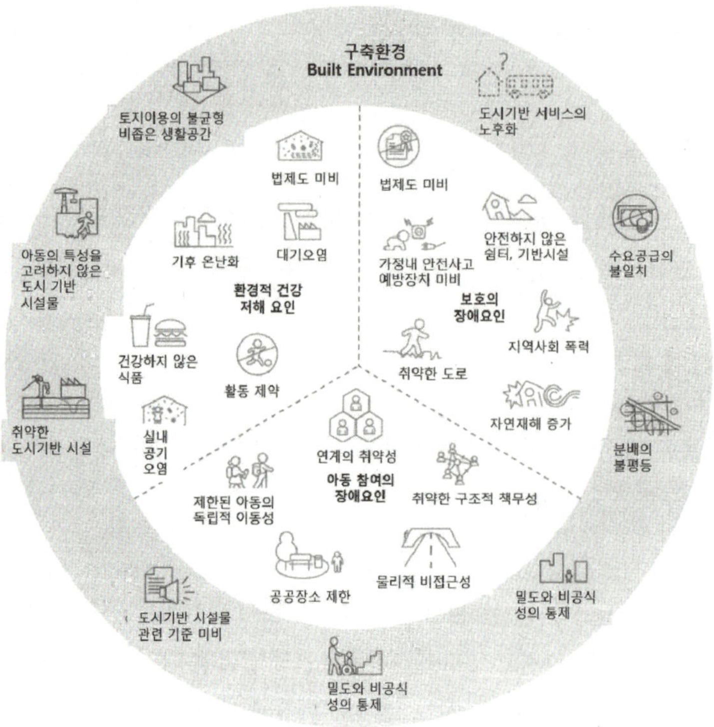

주: 구축 환경은, 자연환경에 인위적인 조성을 가해 만들어 낸 환경으로 정의하였음.
자료: UNICEF. (2018). Shaping urbanization for children: A handbook on child-responsive urban planning. p. 22 그림을 저자가 번역하여 수정, 제시함.

비교적 최근까지 우리나라의 아동빈곤율은 7% 수준에서 점차 감소되는 추세를 보였다. 이는 13% 수준에 머무르던 경제협력개발기구(OECD) 회원국 평균의 절반에 가까운 수치이다.

아동빈곤율 감소 추세는 아동이 있는 가구의 상대소득 증가, 보육료 지원 서비스 등 아동 가구에 대한 사회적 이전의 재분배 효과증가, 1997년 경제위기 이후 결혼 및 출산 연기 등에 따른 합계 출산율 감소 등의 다양한 요인이 복합적으로 상호작용한 결과일 수 있으며(여유진, 2017), 빈곤가정 부(父)의 상대적으로 높은 고용률, 고학력 비중 증가 등이 빈곤 아동의 생활수준 향상에 기여한 것으로 분석되었다(Thevenon, 2018).

아동의 물질적 빈곤과 웰빙은 전통적이고 화폐적인 접근 방식과 다차원적이고 비화폐적인 방식을 통해 다차원적으로 이해되어야 한다. 일반적으로 소득 측정에 기반한 빈곤지표는 현재의 소득이 자산 저축과 같은 생활수준을 결정하는 다른 자원들을 반영하지 못하고 있으며 빈곤을 자원의 결핍 그 자체로만 설명한다는 점에서 한계가 있다. 빈곤은 자원의 결핍에 따른 다차원에 걸친 결과, 즉 의식주를 포함하는 생계, 건강과 의료, 교육, 문화와 여가 등의 영역에서의 박탈과 배제를 포함하는 복합적인 현상이기 때문이다.

특히 아동의 빈곤에 대해서는, 아동의 발달 단계에서 경험하는 결핍과 배제의 경험이 이어지는 아동의 성인기 삶에 부정적인 영향을 미친다는 점에서 아동들이 경험하는 빈곤의 폭과 깊이를 정확하게 진단하여 정책적으로 개입하는 것이 중요하다. 아동빈곤 문제를 좀더 살펴보자.

2.1. 아동의 물질적 결핍에 대한 다차원적 접근

아동빈곤의 심각성을 잘 보여주는 용어가 '빈곤의 아동화(juvenilization of poverty)'이다. '빈곤의 아동화'는 빈곤상태로 사는 아동의 수가 증가하는 것을 의미한다. 그 결과 아동은 빈곤층에서 가장 수가 많은 집단이 되었고, 아동빈곤은 매년 더 심해지고 있다. 유니세프의 연구조사기관 이노첸티 리서치센터에서는 OECD 국가들의 아동빈곤에 관한 보고서를 발표하고 17개 선진국에서 1990년대 초 이래로 아동 빈곤율이 증가하고 있다고 발표했다.

그런데 하나의 사회적 현상으로서 아동빈곤은 화폐소득의 결핍이라는 단일한 차원의 정의로 충분히 포괄하기 어렵다. 빈곤 상태에서 생활하는 아동은 그들이 성장하고 발달하기 위해 필요한 물질적, 정신적, 정서적 측면을 포함하는 다차원적 측면에서 다양한 결핍(deprivation)을 경험하게 된다. 그 결과 우리 사회의 동등한 구성원으로서 누려야 할 아동의 기본적인 권리를 보장받지 못하며 아동이 지닌 잠재력 실현이 제한된다.

이처럼 아동빈곤은 물질적 결핍의 다차원성을 특징으로 하며, 이는 생존과 생활에 필수적인 재화와 서비스, 건강과 돌봄, 교육, 문화, 안전과 주거 환경에 대한 아동의 접근성 문제와 연결된다. 소득빈곤은 이러한 아동빈곤의 다차원적인 특성과 역동을 제대로 포착하기 어렵다는 점에서 한계가 있다. 이와 같은 제한적인 빈곤에 대한 이해는 빈곤아동의 수를 과소 추정할 가능성을 높이며, 그 결과 빈곤 완화를 위한 정책 개입의 효과성을 제한한다는 점에서 한계가 있다.

따라서 다차원적 아동빈곤의 측정은 소득빈곤의 보완물이 될 수 있다. 아동권리를 보장하고 아동의 성장과 발달에 필수적인 재화와 서비스에 대한 실질적인 접근성을 높이기 위해서는 지원과 보호를 필요로 하는 아동은 누구인지, 그들의 생활조건과 부모 및 가족 환경, 주요한 결핍의 특성과 양상은 무엇인지를 명확하게 파악하는 것이 무엇보다 중하다.

2.2. 2018 아동종합실태조사를 통해 본 한국 아동의 물질적 빈곤과 결핍

소득 기준 아동빈곤율은 아동의 자원 결핍 그 자체만을 보여주며, 물질적 자원의 결핍이 미치는 다차원적 결과를 포착하지 못한다. 다차원적 아동빈곤의 특성을 더 포괄적으로 이해하기 위해 아동종합실태조사에서는 2차 조사인 2013년 조사부터 아동결핍 수준(child deprivation)을 조사하였다. 분석 결과 만 0-17세 아동의 결핍지수는 31.5%였으며, 2013년의 54.8% 대비 큰 폭으로 감소하였다.

아동의 인구경제사회학적 특성별로 아동결핍수준을 살펴보면 기초생활수급 가구, 낮은 소득수준, 한부모·조손 가구 여부와 높은 상관관계를 보인다. 아동결핍지수는 저소득 수급아동 표본에서 67%로, 일반 가구 아동의 29.9%보다 2.2배 높게 나타났다. 또한, 소득계층의 무응답, 맞벌이 여부에서 기타 가구, 한부모·조손 가구의 아동이 50% 이상의 높은 결핍지수를 보였다. 다음으로는 중위소득 50% 미만 가구가 높게 나타났다.

2018년 우리나라 아동의 결핍 수준은 2013년에 비해 크게 향상되었음에도 불구하고 OECD 및 유럽 국가들과의 비교 분석 결과는 우리 아동의 물질적 결핍 수준이 여전히 OECD 및 유럽 국가 29개국 중에서 가장 높은 수준임을 보여준다. 비교 대상 자료는 2009년 유럽연합 소득과 생활수준에 대한 통계(EUSILC 2009)로, 29개 유럽 국가에서 1-6세 아동이 있는 12만 5000가구를 대상으로 하여 아동결핍지수를 조사했다.

그 결과 2018년 우리나라 아동의 물질적 결핍 수준은 헝가리를 제외하고는 가장 높았다. 스웨덴, 핀란드, 영국 독일 등 유럽 국가 대부분의 아동결핍지수는 10% 미만으로 낮았으며, 폴란드, 포르투갈, 그리스 등의 국가가 20% 이상으로 아동결핍 수준이 높았다. 이러한 분석 결과를 통해 우리나라 아동의 소득 기준 아동빈곤율에 비해 다차원적 물질적 결핍을 경험하는 아동이 상대적으로 많다는 것을 확인할 수 있다.

2.3. 아동빈곤의 문제점과 정책과제

아동빈곤은 아동 개인에게 장기적으로 부정적인 영향을 행사할 뿐만 아니라 부모세대에서 자녀세대로 대물림되는 특징을 보이는, 우리 사회의 가장 심각한 사회문제 중의 하나이다. 빈곤아동은 직업이나 경제적인 자원 면에서 사회적으로 불리한 위치를 점유하며, 그것은 아동이 매일 접하는 물리적인 환경을 열악하게 하고 있다.

주거환경을 보면 빈민은 전세, 월세가 많아 주거의 안정성이 낮고 게다가 공간의 과밀집상태를 보이며, 문화환경, 놀이환경이 취약하다. 이러한 가정의 물리적 환경은 사회·심리적 환경조건과 연결되어 빈곤가정 아동에게 영향을 미치고 있다. 중류가정 아동에 비해 가족 가치는 금전, 재산 등을 중요시하는 물질지향주의가 높고, 상벌에서도 물리적 강화가 많은 환경에서 지내며, 가족 상호간의 긍정적 태도나 가족 간의 응집성, 의사소통의 상호성이 낮으며, 부모로부터 방임된 정도가 상대적으로 심하다.

아동 빈곤율 증가의 주요 원인은 경제시장의 변화와 가족 구조의 변화(이혼율의 증가, 한 부모 가구의 증가 등)를 들 수 있다. 그리고 현대사회의 사회양극화 현상의 심화로 빈곤아동 건강의 불평등은 심화되고 있으며, 아동의 학업 중퇴율, 10대 자살률, 아동방임, 알코올 중독, 비행, 조기임신 등이 증가하는 추세다. 또한, 아동이 겪는 문제는 우울과 불안 등과 같은 정서문제와 공격성, 주의력 결핍, 과잉행동장애, 반사회적 행동 등과 같은 심리·사회발달 문제에 이르기까지 광범위한 것으로 밝혀지고 있다.

아동의 빈곤은 교육 기회의 감소로 이어지고, 성인기의 삶의 질에 지대한 영향을 미치게 되는데, 이로 인해 성인이 된 후 생산성을 저하시키고 실업에 처할 위험을 높이기 때문에 빈곤의 악순환을 초래할 수 있다. 최근 우리 사회에서도 증가하고 있는 가족해체와 경제적 하락으로 아동은 경제적 박탈뿐 아니라 신체적, 사회문화적, 그리고 심리적 박탈 등도 경험하고 있다.

더구나 부모가 취업을 하고 있어 돌보아줄 양육자가 없는 저소득층 아동들은 방임되거나 사회적으로 방치된 상태에서 성장하게 될 위험을 안고 있고, 자존감 저하나 인간관계에서 어려움을 느끼고 비행 청소년화 될 위험성이 높다.

우리나라의 아동빈곤율은 OECD 회원국 중 29개 국가의 평균(11%)에 비해 낮은 수준(10.2%)을 보이고 있지만, 과거 10년 동안 빈곤율의 감소폭이 매우 작다. 아동빈곤정책에 대한 재점검이 필요한 시기임을 시사한다. GDP 대비 아동가족복지지출 수준이 높은 국가일수록 아동빈곤율이 낮은 것은 알려진 사실이다. 특히 아동가족복지지출 항목 중 육아휴직급여 지출비중과 보육가사서비스 지출비중은 아동빈곤율과 매우 높은 부적 상관관계를 지니고 있다. 아동빈곤율이 낮은 국가들은 GDP 대비 아동가족복지지출 수준이 높고, 가구원의 근로를 지원하는 것과 관련이 있는 육아휴직급여 지출비중과 보육가사서비스 지출비중이 매우 높다.

따라서 우리나라의 아동 빈곤율을 낮추기 위해서는 빈곤가구의 가구원이 취업할 수 있도록 적극적으로 지원하고, 취업기간 동안 육아 및 가사지원을 받을 수 있도록 하여야 하며, 취업으로 인한 소득증가가 근로의욕을 낮추지 않도록 근로장려세제를 확대하는 노력이 필요하다.

3. 교육복지사업의 현황과 과제

최근 우리 사회에서는 교육이 계층이동 사다리로서의 기능을 하지 못하고 오히려 계층을 더 공고히 하는 수단으로 전락하고 있다는 비판의 목소리가 높다. 교육이 계층이동의 사다리로 기능하고 있지 못하다는 인식 또한, 갈수록 커진다. 교육을 통해 계층상승의 기회가 높다고 응답한 사람은 2015년 24.0%에서 2017년 19.8%로 감소했다(현대경제연구원, 2017).

교육의 계층이동 사다리로서의 기능을 회복하기 위한 다양한 노력이 필요하다. OECD 국가들은 물론 우리나라에서도 대표적으로 저소득층을 대상으로 한 교육복지 프로그램이 유아교육부터 고등교육에 이르기까지 다양하게 지원되고 있다.

3.1. 교육복지의 개념과 범위

교육복지의 개념은 다양하다. 광의(廣義)로는 "교육 기회에서의 불평등, 교육과정과 결과의 불평등 해소뿐만 아니라 모든 국민의 교육적 욕구충족 및 복지 상태 구현"을 가리킨다.

협의(俠義)의 교육복지는 '최소한의 교육 기회 제공으로 교육 기회의 불평등을 완화하는 것'을 말한다. 교육부는 교육복지 정책을 저소득층에 대한 교육 기회 보장, 취약계층별 맞춤형 지원, 성장 단계별 학습 결손 예방, 수요자 중심의 종합적·체계적 지원 기반 구축으로 구분하여 지원한다.

교육비특별회계 교육복지 정책사업 내 단위사업과 세부사업은 아래와 같다.

① 학비지원: 저소득층 자녀 학비 지원, 특성화고 장학금 지원, 기타 교육비 지원, 교육급여 지원
② 방과후 등 교육 지원: 방과후학교 운영, 주 5일제 수업 지원, 저소득층 자녀 방과후학교 자유수강권 지원
③ 급식 지원: 학기 중 급식비 지원, 토·공휴일 중식 지원
④ 정보화 지원: 정보화 지원
⑤ 농어촌학교 교육 여건 개선: 농어촌학교 교육 활성화 지원, 기숙형학교 지원
⑥ 교육복지 우선 지원: 교육복지 우선 지원
⑦ 누리과정 지원: 누리과정 지원
⑧ 교과서 지원: 교과서 지원

교육비특별회계의 교육복지 정책사업 결산 규모는 2012년 3조 2,280억 원에서 2016년 6조 3,403억 원으로 연평균 18.4% 증가했다. 이 중 대표적인 보편적 복지사업인 '누

리과정 지원'은 연평균 40.7% 증가해 가장 큰 증가율을 보였고, 대표적인 선별적 복지사업인 '교육복지 우선 지원'은 연평균 (-)9.9% 감소한 것은 문제점으로 지적될 수 있다.

3.2. 주요 교육복지사업의 현황과 과제

1) 교육급여지원사업

2000년 국민기초생활보장제도에 의해 최저생계비 개념을 도입하여 수업료 이외의 학비 등으로 지원내용을 확대했고, 2015년 맞춤형 급여체계 도입으로 교육급여의 소관부처가 보건복지부에서 교육부로 이관되었으며, 빈곤 사각지대를 축소한다는 취지에서 급여 대상을 차상위계층으로 확대했다.

2) 교육비지원사업

초·중등학교에 재학 중인 저소득층 가구 학생에게 학비, 급식비, 방과후학교 수강권, 교육 정보화 관련 비용 등을 지원하는 것을 주요 내용으로 한다. 대상은 교육급여사업의 대상과 유사하다.

3) 교육복지우선지원사업(교복우사업)

저소득층 학생이 밀집한 학교를 지정하여 교육·복지·문화 프로그램 등을 지원함으로써 교육·복지·문화 수준을 제고하고 교육 격차를 해소하는 것을 목적으로 한다. 교복우사업 지원 대상은 교육급여 대상자, 차상위계층 학생, 한부모가족 보호 대상 학생, 탈북 및 다문화 학생, 특수교육 대상 학생 등 종합적인 교육지원이 필요하다고 인정된 학생이 포함된다.

4) 사회통합전형

사회경제적으로 불리한 위치에 있는 소외계층에게 교육의 기회를 제공하기 위해 도입된 제도로, 2009년 처음으로 대학입시에서 기초생활수급자와 차상위계층을 위한 기회균형 특별전형이 도입되었다. 사회통합전형은 고등교육법 제34조에 근거해 차등적인 교육적 보상 기준에 의한 전형이 필요한 자를 대상으로 학생을 선발하는 특별전형이다.

5) 국가장학금지원사업

교육기본법 제28조(장학제도 등)와 고등교육법 제8조(실험실습비 등의 지급)에 근거하여 등록금 부담을 완화하기 위해 기존의 저소득층을 대상으로 국가장학금을 지원한다. 2018년 국가장학금 규모는 1유형 2조 9,416억 원, 2유형 4,800억 원, 다자녀 국가장학금 지원 2,629억 원 등, 총 3조 6,845억 원이다.

교육복지사업의 대표적인 사업은 국민기초생활보장법에 의한 교육급여와 초·중등교육법에 의한 교육비지원사업을 들 수 있다. 모든 학생을 대상으로 하는 보편 복지 프로그램인 누리과정과 무상급식의 급격한 증가로 인해 저소득층을 주요 정책대상으로 하는 선별 교육복지 정책사업이 감소한 것은 유의할 만한 문제점이다. 우명숙(2018)이 제시한 개선과제를 요약하면 다음과 같다.

첫째, 교육복지사업에 대해 수요조사, 효과성 분석을 실시하여 우선순위를 조정해야 한다. 저소득층 학생이 가장 필요로 하는 지원 항목과 함께 지원액도 조사할 필요가 있다.

둘째, 교육비지원사업 또한 교육급여와 함께 교육복지 전체에 대해 저소득층 학생들의 수요를 조사해 지원 항목을 재구조화할 필요가 높다. 교육급여와 교육비지원사업의 차이를 고려해 저소득층 학생들의 복지 지원 항목을 조정해야 한다.

셋째, 교육복지우선지원사업은 학교와 지역사회가 통합적 지원체계를 구축하고 학교장, 교사, 교육복지사 간의 실질적 의사소통체계를 구성할 필요성이 높다. 학교 내에서 교원의 관심을 제고하고 교육복지사의 전문적 활동을 지원하는 학교문화를 조성해야 한다.

넷째, 고입 사회통합전형에서는 현재와 같이 의무선발 비율 20%를 유지하는 것이 좋으며, 사회통합 전형 학생이 입학 후 학교에 적응하도록 돕기 위한 맞춤형 프로그램은 일회성 문화체험에 그쳐서는 안 되고, 사회통합전형 학생들의 성장과 역량강화에 더 초점을 두어야 한다.

다섯째, 저소득층 학생들이 학업에 전념할 수 있고 경제적 어려움이 해소되도록 국가장학금의 최대 지원 수준을 등록금, 입학금, 생활비를 충당할 수 있을 수준으로 높여야 할 것이다.

- 나가며 -

앞의 글 아동복지①과 아동복지②를 통해 아동복지의 전반적인 면을 주마간산 식으로 살펴보았다. 본절을 마치며 박세경(2020)의 지역사회 역할과 책임의 관점에서 결론을 맺으려 한다.

한국사회의 지속가능성과 미래에 대한 위기감을 촉발하는 주요 요인으로 저출산 현상에 대한 우려가 깊다. 정부 부처를 비롯한 사회 곳곳에서 다양한 대책들이 쏟아져 나오고 있지만 뾰족한 해결 방안을 제시하지 못하고 있다. 미래에 대한 불안과 불확실성, 출산과 양육에 대한 엄청난 기회비용이 수반되는 불평등한 삶의 터전에서의 재생산은 엄청난 용기와 결단을 요구하는 것이기 때문이다.

따라서 저출산의 문제뿐만 아니라 이미 출생한 아동들의 건강한 성장 발달을 위해서는 아동과 그 부모(또는 주 양육자), 그리고 아동의 가족이 행복하고 안전한 삶의 터전에 대한 신뢰가 견고한 사회적·경제적·문화적 여건을 마련해야 한다. 특히 지역사회가 변화의 주체로 그 역할을 담당해야 한다.

아동의 삶의 터전에서 발생할 수 있는 다종다양한 발달위기 요인을 건강하고 행복한 발달과 보호 촉진 요인으로 변화시키기 위해서는 아동이 속한 가족의 변화, 특히 부모 또는 주 양육자의 행동 변화와 함께 지지적이고 안전한 지역사회 조성의 필요성이 강조된다. 아동과 가족의 문제에는 특정 서비스 공급 주체나 특정 형태의 개입 방식이 효과적일 수 있으나, 지속적인 상호작용이 전제되지 않는다면 그 효과는 일상의 시간 속에서 희석될 수밖에 없다. 개별 주체에 의한 개입과 지원의 수준은 지역사회라는 집단적 노력과 지속적 참여에 비해 단기적이거나 한시적일 가능성이 높기 때문이다.

따라서 지역사회의 지속적 참여와 관심을 촉진하는 민관의 협력적 네트워크 구축과 협치 구현은 그 자체로 시민사회적 가치와 의의를 가질 뿐만 아니라 아동의 삶과 발달 환경에 대한 사회적 책임의 중요한 출발이 될 것이다.

Ⅲ. 노인복지①

노인문제, 노인복지 그리고 기독교노인복지

이 시대 사회복지의 핵심에는 노인복지가 있다. 노인복지의 영역은 매우 넓고 다양해서 한마디로 정의하기 어렵다. 노인복지의 주제들로는 노인일자리, 노인주거환경, 노인학대, 노인우울, 노인치매, 노인복지시설, 재가노인복지서비스, 노인상담, 노인여가활동, 노인자원봉사활동, 노인복지프로그램, 보건과 의료보장, 죽음과 호스피스 등등 끝이 없다. 여기에서는 노인복지의 서론 격으로 노인문제와 노인복지의 개념, 그리고 기독교노인복지에 대해 살펴본다.

노인복지를 말하기에 앞서서 '노인'과 '노인문제'의 개념을 명확히 할 필요가 있다. 인간의 발달은 성장, 성숙, 노화라는 세 가지 단계를 거쳐 발달하게 되는데 연령과 신체적 노화만을 근거로 노화단계의 사람을 '노인'이라 칭한다. 그러나 노화의 복합성과 개인차, 사회적 요인이 복잡하게 연관되어 있고, 객관적 연구와 전문실천을 위해 노인의 개념 정의가 필요하다.

'노인'이란 나이 들어 늙은 사람이라는 의미로 '나이가 들어 제반 기능이 저하된 사람'을 의미한다. 하지만 노인을 호칭하는 우리말은 노인이라는 단어에 국한하지 않고 노년, 고령자 등으로 다양하다. 학술연구에서는 '노인'이라는 중립적 용어를 사용하는 것이, 실천과 일상에서는 '어르신'이라는 용어를 사용하는 것이 바람직하다. 노인학적으로 노인에 관한 개념을 정의한다면 '노화의 과정 또는 그 결과로 생물, 심리, 사회적 기능이 약화되어 자립적 생활능력과 환경에 대한 적응능력이 약화되고 있는 사람'이라고 규정할 수 있다.

'노인문제'란 노령에 수반되는 생활상의 갖가지 곤란이라고 할 수 있다. 전통적으로 노인문제는 빈고(貧苦), 병고(病苦), 고독고(孤獨苦)를 일컬으며 이것을 노인의 3악이라고 했다. 산업사회가 도래하면서 무위고(無爲苦)를 덧붙여 사고(四苦)를 노인들이 당하는 일반적인 고통으로 여기고 있다. 좀 더 들어가 보자.

1. 현대사회 노인의 문제들

노인인구의 급격한 증가는 생산인구의 감소라는 국가 경제적 측면의 문제 외에도 빈곤, 소외, 역할상실, 의료비 증가와 요보호 수발문제 등 개인적, 사회적 차원에서 복합적으로 많은 문제를 야기하고 있다. 또한, 노인을 바라보는 사회적 시각도 긍정적인 측면보다 부정적인 측면이 더 강하며 노인 스스로도 자기인식에 있어서 부정적인 인식이 강하게 나타날 수 있다. 노인문제는 인구학적 배경과 사회·문화적 배경으로부터 도출해 낼 수 있다.

1.1. 노인문제의 인구학적 배경

한 사회의 인구구조 변화는 경제, 의료, 주택, 금융, 복지제도 등 사회 전반에 중요한 영향을 미치므로 국가정책의 우선순위를 설정하고 장기적인 대비책을 수립하기 위해서는 인구구조의 변화에 대한 고찰이 선행되어야 한다.

전 세계적으로 나타나는 인구구조 변화의 가장 큰 특징은 인구증가율은 둔화되고 있으나 출산율의 저하와 평균수명증가로 노인인구의 절대수(絶對數)와 비율이 증가한다는 점이다. 개발도상국이 더욱 빠른 증가추이를 보인다. 전 세계적으로 60세 이상 노인 인구비중이 2050년 21억 명으로 세계 인구의 21.5%를 차지할 것으로 예측되며, 선진국의 경우 2050년에 60세 이상 노인인구가 전체 인구의 1/3, 저개발국가 1/5 정도에 이를 것으로 추계되고 있다.

이와 같이 노인인구가 증가하게 된 배경요인은 보건의료기술의 발전, 건강에 대한 관심과 건강서비스의 증가, 영양·안전·위생환경 등 전반적 생활수준 향상으로 노인 절대수의 증가와 노동력 수요 감소, 소자녀 가치관 확대로 출산율 저하로 노인인구의 상대적 비율이 증가하게 된 것이다. 우리나라의 경우 70년대 이후 산업화 과정을 거치면서 사망률과 출산율이 저하 되어 노인인구 수와 비율이 급격히 증가하였다.

1) 평균수명의 연장

지난 50년간 평균 수명은 27.8세 증가하였고, 2018년 82.8세, 2020년 83.2세, 2030년 85.2세, 2050년 88.3세에 이를 것으로 예측하고 있다. 인생 100세 시대를 눈앞에 두고 있다. 남녀의 평균수명 차이는 2010년 6.8세 → 2030년 5.1세 → 2050년 3.9세로 감소하고 있다.

2) 노인인구의 증가

평균수명의 증가는 노인인구의 절대수와 상대적 비율의 급격한 증가로 이어지고 있다. 1970년 99만(3.1%) → 2018년 738만(14.3%) → 2020년 808만(15.7%) → 2050년 1,799만(37.4%) 수준에 이를 것으로 전망되어 인구고령화의 속도가 매우 빠르게 진행됨을 알 수 있다. 통계청(2012.2)에서는 65세 이상 노인인구가 전체인구의 7% 이상을 차지할 때를 고령화사회(aging society)로 분류하고 있는데, 우리나라는 2018년 노인인구 비율이 14.5%로 고령사회(aged society)에 진입하였고 2026년에는 20.8%로 초고령사회(super-aged society)에 진입할 것으로 예측하고 있다. 우리 사회의 급격한 인구고령화는 평균수명 연장, 사망률 및 출산율 저하, 베이비붐(baby boom) 세대가 한꺼번에 노인인구로 전환되는 것이 가장 결정적인 원인이 되고 있다.

〈노령화지수 2010년~2019년〉

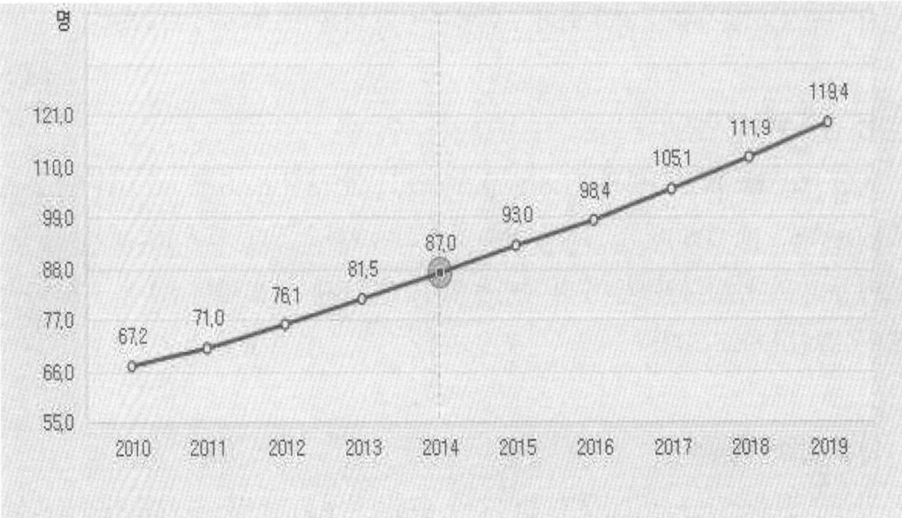

출처: 고령화 통계정보

〈총부양비 2010년~2019년〉

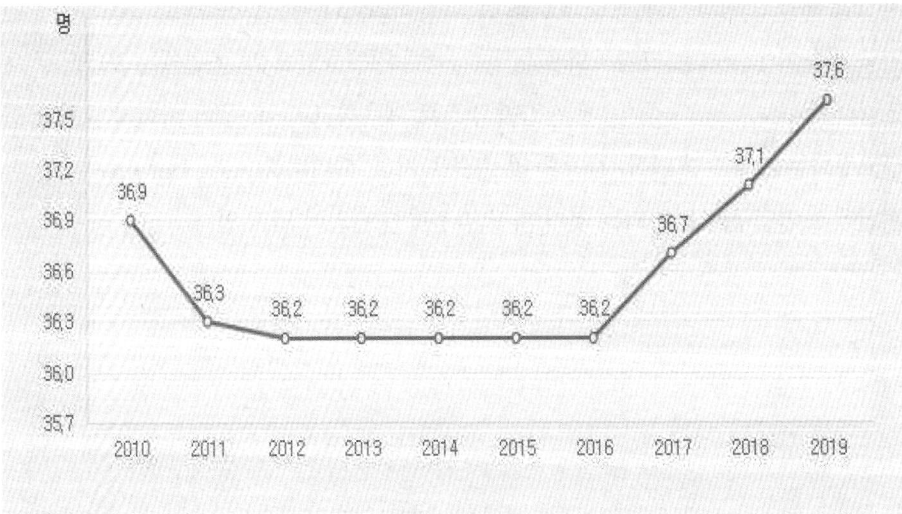

출처: 고령화 통계정보

1.2. 노인문제의 사회·문화적 배경

노인의 절대수는 도시가 더 많지만, 농촌의 인구고령화가 더 빠르다. 농촌지자체의 재정자립도는 낮고 아직 지역노인복지체계가 구축되지 못하고 있는 현재의 실정을 감안할 때 농촌 노인문제가 더욱 심각해질 것으로 예측된다. 80세 이상 고령노인의 빠른 증가와 장기요양보호 욕구 증가는 이미 심각한 사회문제로 등장하고 있다.

〈생활비 마련방법〉

(단위: %)

	계	본인 및 배우자 부담	자녀 또는 친척 지원	정부 및 사회단체	기타
2011	100.0	51.6	39.2	9.1	0.1
2013	100.0	55.2	35.4	9.3	0.1
2015	100.0	58.5	28.6	12.8	0.1
2017	100.0	61.8	25.7	12.5	-
65~69세	100.0	79.3	12.9	7.8	-
70~79세	100.0	60.1	26.5	13.4	-
80세 이상	100.0	33.8	47.0	19.2	-

자료: 통계청(2019b: 36)[4].

1.3. 노인고령화로 야기되는 변화

1) 노인인구의 부양

우리나라의 인구구조 변화로 인하여 14세 이하의 유년인구에 대한 생산가능인구의 부양부담은 줄어들고 있지만 노인인구에 대한 부양부담의 증가로 인하여 전체적인 부양부담은 오히려 증가하고 있다. 노년부양비는 1990년 7.4% → 2010년 14.8% → 2030년 38.2% →2050년 72.6%로 증가할 것으로 예측된다. 생산인구는 2010년 72.8%에서 2018년부터 감소세로 전환되어 2030년에는 전체 인구 63.1%로 급격히 줄어들 것으로 예측하고 있다.

15~64세의 인구를 생산가능인구로 규정하고 있지만 15~24세, 55~64세는 경제활동 미참여 인구가 많으며, 실질 생산인구는 25~54세이므로 실제 노인부양 부담은 통계치보다 더욱 높아질 것으로 예측된다. 2018년부터 유소년부양비가 노인부양비보다

낮아져 정책 우선순위의 갈등이 점점 높아질 것으로 보인다. 생산인구와 노인인구 간의 세대갈등이 심화될 가능성 또한, 배제할 수 없게 된다.

2) 노인인구 증가의 사회적 파장

인구 고령화가 갖는 사회적 파급효과를 살펴보면,

첫째, 노동력 부족과 노동생산성 저하와 같은 노동시장의 변화, 경제 성장의 둔화 현상이 나타날 것이다.

둘째, 산업구조의 변화가 나타날 것이다. 연금제도에 가입해 있고 자신의 노후준비가 되어 있는 노인들의 구매력이 증가하고, 건강 약품과 식품산업, 의료서비스, 금융서비스, 레저 또는 노인주택산업 등의 고령친화산업분야가 성장할 것이다.

셋째, 부동산 시장에 변화가 나타날 것이다. 노인이 생활하는 데 적합한 sun belt 지역의 부동산시장 활성화와 별개로 주택 수요 증가와 (소형)주택 가격은 지속적으로 상승하고 노인복지시설과 같은 집단주거시설은 지속적으로 확대될 것으로 보인다.

넷째, 금융시장의 변화가 나타날 것이다. 저축감소로 인한 가용자금 축소, 투자위축, 성장둔화로 이어질 가능성이 높다.

다섯째, 국가의 재정위기 및 정책(복지-경제) 우선순위 결정에서 갈등을 초래할 것이다. 노인인구가 증가함에 따라 연금, 의료 및 복지비용 등의 사회보장비용이 급격히 증가하게 됨으로써 국가는 재정불균형에 직면하게 될 위험이 있다.

여섯째, 지역 간 불균형 발전의 문제를 야기할 것이다. 농업생산성 저하와 자유무역협정(FTA)이 확대됨에 따라 농촌경제는 더욱 위축될 가능성이 있다. 따라서 농촌지역의 복지는 위축되고 농촌지역 노인의 삶의 질은 더욱 악화될 것이다.

일곱째, 세대 간 갈등이 심화될 것이다. 생산인구에 대한 연금보험료 인상으로 젊은 세대와 노인 인구 간의 연금 갈등이 심화될 가능성이 높다.

이 외에도 노인의 정치적 영향력 확대로 인한 정치구조 재편, 여가 주도 계층변화, 교육제도의 재편 등의 인구고령화에 따른 심각한 파급효과가 나타날 것이다. 국가는 인구고령화로 인해 야기되는 현재와 미래의 사회변화와 위험을 정확히 파악한 후 이를 예방 또는 해결하기 위한 전략을 구상하고 지속적으로 추진해 나가야 한다.

노인문제를 사회적 차원과 개별 노인 차원의 문제로 보면 다음과 같이 요약 정리할 수 있다.

가. 사회적 차원의 노인문제

① 사회적 노인부양비의 증가

② 노인 의료비의 증대

③ 노인의 여가문제

나. 개별 노인의 문제

① 퇴직과 소득의 감소

② 심신의 약화와 질병

③ 가족의 보호기능 약화

④ 역할상실과 사회적 고립

〈노년부양비 및 노령화지수〉

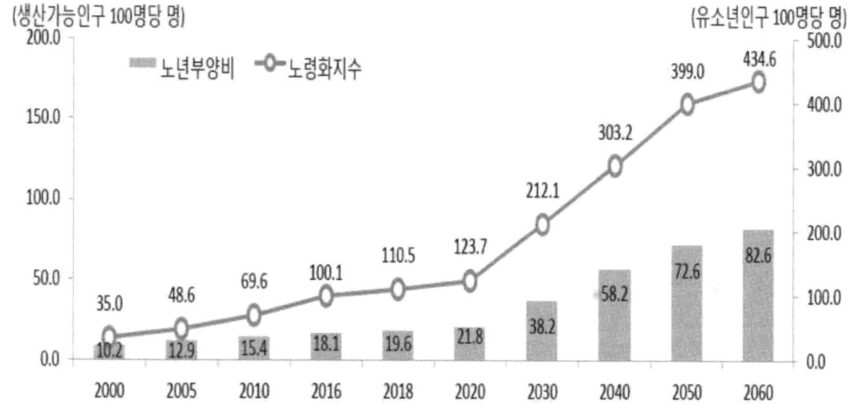

자료: 통계청(2019b: 24)[4].

2. 노인복지의 개념, 특성, 목표

2.1. 노인복지의 개념

이제 노인문제에서 노인복지로 옮겨가 보자. 1981년 노인복지법 제정으로 우리나라는 노인문제에 대한 국가적 관심을 제도화시켰다. 노인복지(The Aged Welfare)는 노인이 복리적인 상태를 유지하도록 하는 사회적 활동으로 사회복지 실천의 한 분야이다. 보다 구체적으로 정의하면 노인복지는 "노인이 인간다운 생활을 영위하면서 자기가 속한 가족과 사회에 적응하고 통합할 수 있도록 필요한 자원과 서비스를 제공하는데 관련된 공적 및 사적 차원에서의 조직적 제반 활동"이라 할 수 있다. 여기서 "인간다운 생활"이란 그 노인이 속하는 국가사회의 발전적 수준에 비추어 의식주의 기본적인 욕구를 충족하여 건강하고 문화적인 삶을 영위하는 것을 뜻하며, 가족과 사회에 적응하고 통합되는 것은 노인이 속할 수 있는 사회적 조직망에서 사회적 및 심리적으로 소외감을 느끼지 않게 되는 것을 의미한다.

현대사회에 있어 노인문제는 학문적, 실제적, 정책적으로 여러 각도에서 다루고 있을 정도로 다면성을 지니고 있다. 일반적으로 노인문제와 노인복지를 혼동하는 경향이 있으나 양자는 서로 구분되어야 할 필요성이 있다. 노인복지는 여러 가지 복잡한 성격을 지닌 노인문제의 중요한 일부이지만 그 자체가 바로 노인문제의 전부는 아니며, 또한, 노인복지의 실현으로 노인문제 전체가 해결되는 것은 아니다.

이와 같은 노인복지가 노인문제를 해결하고 노인의 복지, 곧 건전한 생활을 이룩하게 하려는 사회적 노력이라 할 때도 그 개념과 범위가 명확하지 않으나 노인문제를 해결하기 위한 하나의 방안으로서의 노인복지란 비생산적인 연령에 도달한 노인들의 생활을 안정시키며 육체적, 정신적으로 보다 쾌적하고 행복한 여생을 누릴 수 있도록 경제, 사회 및 문화적인 여건을 조성해 주고 도와주는 행동 또는 조치를 말한다고 볼 수 있다.

노인복지는 노후에 필요한 경제적 원조 또는 물적 시설의 제공이 중심이 되고 있으며, 다른 한편으로 중요한 정신적 고독이나 심리적 불안은 사회보장으로서의 노인복지의 한계를 넘어선 문제이다. 노인복지의 체계는 우선 노인의 기본적인 욕구와 그것에 대한 일반적인 시책을 관련지어 생각할 수 있다. 전자는 경제적 안정, 의료·위생·영양의 보장, 가정적 안정(주택, 일상생활), 사회적 협동의 기회, 교육의 기회, 문화·오락의 기능 등을 가지고 있다.

2.2. 노인복지의 특성

타분야 복지와는 달리 노인들은 다양한 욕구를 가지고 있고, 누구나 다 노인이 될 수 밖에 없으며, 복지의 대상이 되는 노인의 수는 급속히 많아지고 있다. 또한, 노인은 자신이 노인이 되기 전에 이미 사회를 위해 한평생 봉사한 사람으로서 마땅히 국가와 자손들로부터 부양받을 권리가 있다는 특성을 지닌다. 이를 정리하면 다음과 같다.

1) 욕구의 다양성

경제적 빈곤, 건강의 약화, 역할의 상실, 고독감, 자식 걱정, 어른으로서 대접받고 싶은 욕구.

2) 대상의 보편성

인생은 누구나 정상적인 생애를 누린다면 노인기(老人期)를 피할 수 없다. 따라서 요보호자 중심의 다른 분야의 복지와는 다르다.

3) 대상의 격증성

평균수명의 증가, 인구의 고령화, 정년제, 기업의 구조조정, 기술의 개발로 일자리의 감소 등.

4) 선(先)봉사 후 수혜성

경제활동을 통한 사회발전에 기여, 납세를 통한 국가재정에 기여, 보험료 납입으로 보험재정에 기여. 따라서 경제 능력을 상실한 노후에는 후손들로부터 부양을 받을 권리가 있다.

2.3. 노인복지의 목표

1) 개인적 성장욕구 충족

노년기는 인간의 성장 발달의 마지막 단계이다. 개인으로서 특수한 발전의 욕구가 있을 수 있다. 성공적인 노년기의 삶을 위한 발달과업이 있다. 노인복지 프로그램은 이러한 욕구를 충족시킬 수 있어야 한다. 노인은 퇴직 후 10~30년 이상의 기간을 살 수 있다. 그러므로 노화를 잘 수용하여 심리적·사회적으로 더욱 성숙하는 시기가 되도록 해야 한다.

2) 사회적 통합의 유지

사회적 통합이란 개인이 자기가 속한 사회체계에 심리사회적으로 유대감을 갖고 있는 상태를 말한다(가족, 이웃, 집단, 조직, 지역사회, 국가사회...). 노인복지프로그램은 노인이 가정과 이웃, 사회에서 소외되어 있다는 감정을 줄이고 사회체계 속에 연결되어 삶의 주류에 같이 흐르고 있다는 느낌을 줄 수 있어야 한다.

3) 인간다운 삶의 질의 유지

기초적인 의·식·주의 제공. 노인부양과 수발. 정서적 안녕과 삶의 기쁨을 줄 수 있어야 하고, 따라서 노인의 가족을 도와야 한다.

2.4. 노인복지에 관한 국제기준

1) 노인인권선언(1948)

① 공공부조를 받을 권리(right to assistance), ② 주거에 대한 권리(right to accommodation), ③ 식품에 대한 권리(right to food), ④ 의복에 대한 권리(right to clothing), ⑤ 건강보호에 대한 권리(right to the care of physical health), ⑥ 정신건강에 대한 권리(right to the care of moral health), ⑦ 오락에 대한 권리(right to recreation), ⑧ 노동에 대한 권리(right to work), ⑨ 안정에 대한 권리(right to stability), ⑩ 존경받을 권리(right to respect) 등이다.

2) 노인을 위한 UN원칙(1991)

① 독립의 원칙, ② 참여의 원칙, ③ 보호의 원칙, ④ 자아실현의 원칙, ⑤ 존엄의 원칙

3) 세계 노인의 해(1999)

① 세대 간의 연대 강조. 기본원칙: "모든 연령을 위한 사회"

② 사회정책의 조정: 노인이 가정이나 사회로부터 격리되거나 소외되지 않도록. 젊은 세대와 상호의존적인 관계 속에서 통합적인 노후 생활을 영위할 수 있도록. 자신의 잠재능력을 개발할 수 있도록. 기본 욕구를 충족할 수 있도록.

4) 기존 국제인권조약의 적용

노인도 다른 연령집단과 다름없이 국제적으로 보장되고 있는 모든 인권을 향유해야 할 권리의 주체이다. 경제·사회·문화적 권리에 관한 국제 조약과 노인과 관계된 ILO 조약: ① 모든 인간이 누구나 누려야 할 권리로서 노동권, ② 공정하고 유리한 노동조건을 누릴 권리, ③ 노동조합에 대한 권리, ④ 사회보장에 대한 권리, ⑤ 인간답게 생활할 권리, ⑥ 교육권, ⑦ 휴식과 여가에 대한 권리, ⑧ 문화적 권리

3. 기독교노인복지

현대사회에서 많은 기독교회가 노인의 문제에 관하여 관심이 적거나 아예 외면하고 있는 것 같다. 교회나 기독교복지단체가 사회복지를 위하여 할 일 가운데 노인복지 문제는 우선되어야 한다. 그 이유는 노인들은 노약으로 인한 정신적 불안과 함께 육체적으로 의식주 문제 해결 능력이 부족하기 때문이다. 초고령사회를 준비해야 되는 한국교회는 노인문제에 대하여 성경적으로나 선교 차원에서 더 깊이 있는 이해와 함께 적극적으로 노인복지목회에 참여해야 한다.

한국교회는 2017년을 기준으로 전국 120곳에 달하는 교회에서 정부 지원 아래에 사회복지사업을 함으로써 기독교사회복지실천을 통해 구제와 봉사라는 교회의 본질적인 사명과 전통에 부응하려는 노력을 기울이고 있다. 다만, 교회사회복지실천과 관련된 학계의 지적에 따르면 도심, 도시주변부, 농어촌 등 지역의 특성에 맞는 기독교사

회복지에 관한 실무 지침이 마련되어 있지 못해서 기독교사회사업의 실천 주체인 교회 지도자, 교회사회복지실무자, 봉사자들이 클라이언트들에게 더 전문적이고 체계적인 서비스와 프로그램을 제공해주는 데 한계를 보이는 실정이다.

노인문제를 해결해 나가는 일에 기독교는 어떤 역할을 할 수 있을 것인가? 교회와 기독교사회복지단체들에게 주시는, 그리고 (사)나눔과기쁨에게 주시는 주님의 엄숙한 질문이기도 하다. 성경은 결코 노인을 소외시키지 않는다. 성경은 노인에 대하여 '노인문제'라는 개념으로 접근한 적이 없다. 잠 16:31에는 "백발은 영화의 면류관이라. 의로운 길에서 얻으리라"고 하였고, 잠 20:29에는 "젊은 자의 영화는 그 힘이요 늙은 자의 아름다운 것은 백발이니라"고 하였다. 노년은 영광스러운 존재인데 백발의 면류관을 이 땅의 왕에게서 받는 것이 아니라 하나님에게서 받으며, 하나님이 이것을 영화롭게 하셨다는 것이다.

하나님을 섬기는 자의 영광이 백발에서 나타나며 거기서 참다운 역사가 나타난다. 그러기 때문에 노년의 시기는 하나님께서 영광을 받는 시기이며 참다운 기쁨을 누리는 시기이지 고통이나 소외의 시기가 아니니다. 이것은 교회 교육의 역할에서 기대할 수 있다. 레 19:31에 "너는 센 머리 앞에서 일어서고 노인의 얼굴을 공경하며 네 하나님을 공경하라"고 하였고, 잠 23:22에 "너 낳은 아비에게 청종하고 네 늙은 어미를 경히 여기지 말지니라"고 하였다. 잠 23:25에는 "네 부모를 즐겁게 하며 너 낳은 어미를 기쁘게 하라"고 하였다.

성경은 노인을 존경하고 노인 앞에서 겸손해야 할 것을 가르치고 있다. 딤전 5:1-4에서 "늙은이를 꾸짖지 말고 권하되 아비에게 하듯 하며 … 늙은 여자를 어미에게 하듯 … 참 과부인 과부를 경대하라…"고 가르치고 있다. 노인복지를 목회에 적용할 때 다음의 것들을 유의해야 할 것이다.

1) 교회는 노인들의 영적인 욕구를 충족시켜야 한다.

교회의 주된 기능은 사람들의 영적 욕구를 충족시키는 일이다. 노인이 되면 영적인 것에 더 많은 관심을 갖게 된다. 이 영적인 욕구를 충족시킴으로써 노인들의 개인적/인격적, 사회적 문제를 도울 수 있다. 그들에게 전해지는 교회의 메시지는 위로와 확신을 주고 연약함을 강하게 해준다.

2) 교회는 노인문제를 전 교인들에게 교육하여야 한다.

교회의 교육은 흔히 젊은이 중심이 되기 쉽다. 교회는 노인공경에 대하여 전 교인을 가르치고, 특별히 노인을 위한 교육을 준비해야 한다.

3) 교회는 노인 개개인을 돕는 프로그램을 마련해야 한다.

교회의 프로그램을 통해서 개인적인 관심과 인격적인 접촉을 제공해야 한다. 노인들이 갈망하는 것은 개인적이고 친밀한 이해와 수용이요, 따뜻한 인간적 관심과 접촉이다. 그들이 바라는 것은 겉치레의 아첨이나 대접이 아니라, 하나의 인간으로서 자신의 존재를 인정받기 원하며 존중되기를 바라는 것이다. 실제로 노인들에게는 의존성이 증가하는 반면에 또 한편으로는 독립적인 삶을 살고자 하는 욕망도 강하다. 그러므로 노인들이 수동적인 입장에서 무조건 도움을 받기만 하는 것은 바람직하지 않다. 교회 프로그램을 통해서, 그들 스스로에 대해서는 자신이 유용하고 쓸모 있는 존재란 인식을 갖도록 도와주는 것이 필요하다. 그러기 위해서는 가능한 범위 내에서 모든 일을 스스로 결정하고 책임 있게 직접 할 수 있도록 유도하는 것이 좋다.

교회의 선교 대상은 세상이지만, 노령인구의 증가로 인하여 사회의 문제가 되는 노인들에게 교회는 사랑의 복음을 통해 봉사함으로써 여러 가지 문제로 고통받는 노인들을 구원하는 데에 그 목회 역량을 기울여야 한다. 봉사의 전형은 종으로 오신 예수 그리스도에게서 찾아볼 수 있다. 그는 하나님의 '고난받는 종(suffering servant)'이셨고 모든 사람의 모든 필요에 자신을 내어놓으셨다. 오늘날 교회와 기독교사회복지단체가 노인들을 위하여 봉사를 본질로 하는 노인복지목회를 고려할 때에, 이와 같은 철저한 자기희생을 통한 각고의 노력과 열심이 전제되어야 할 것이다. 나눔과기쁨 아카데미는 이 사명을 끝까지 지켜나갈 것이다.

- 나가며 -

기독교노인복지의 몇 가지 과제를 요약하면,

첫째, 하나님 나라의 전초기지인 교회와 기독교사회복지단체는 사회복지 실천의 직접 책임자이다. 어르신들의 욕구를 좀 더 정확히 파악하고 환경의 소중함을 알고 자원을 아껴 쓰는데 각별한 관심을 보여야 하겠다.

둘째, 지역 특성에 맞는 독창적인 기술과 아이디어를 발굴하여 이용자 중심 서비스와 사회복지가치와 윤리를 준수하고, 기독교 정신을 좀 더 적극적으로 발휘해 섬김과 나눔, 희생, 그리고 인간존중의 사고를 실천해야 한다.

셋째, 어르신들은 한 가족이다. 기독교 정신을 바탕으로 사랑, 봉사, 섬김을 실천해야 하며, 교회의 기본적인 사명을 충실히 수행하기 위하여 예수님의 삶이 교회의 정신과 실천신앙 속에 나타나야 한다.

넷째, 일부 교인이나 목회자들의 인식 부족으로 기관이나 시설운영을 일반 사업이나 영리를 목적으로 경영하려고 하는 생각을 버리고, 그리스도의 마음과 섬김으로 사회복지를 실천하는 것이 중요하다. 그렇지 않으면 기독교 사회복지의 미래는 없을 것이다. 다섯째, 기독교사회복지의 가치는 생명 구원에 있다. 어르신들에게는 종교프로그램(예배) 시간에 참여할 기회가 주어지며, 믿음 없는 어르신들에게는 영혼 구원의 기회가 주어진다.

이상의 논의를 바탕으로 몇 가지 구체적인 범사회적 실천과제를 요약하면,

1) 노인들에게 취업상담 및 알선을 통하여 여가선용 및 소득을 올릴 기회를 부여하여야 한다. 노인에 대한 취업 알선은 노인의 무위고를 해결하는 좋은 방법이며 동시에 경제적으로도 도움을 줄 수 있는 현실적인 방법인 동시에 사회에 참여하고 있다는 존재감을 줄 수 있으므로 지속적으로 사업을 확대해 나가야 할 것이다.

2) 재가복지서비스의 대상을 저소득층 노인이나 정신적 장애가 있는 노인뿐만 아니라 노인성 질환 등으로 인하여 일상생활에서 거동이 불편한 노인들에게까지 확대 강화하여야 할 것이다. 또한, 급속한 고령화로 인한 노인들의 장기적인 입원은 의료비의 급격한 팽창을 가져와 사회보장체계 자체를 위협할 수 있다. 이를 방지하기 위해서도 현재 운영되고 있는 사회복지시설을 그 목적에 맞추어 재정비, 확충하고 가정봉사원 파견사업의 확대, 주야간보호, 단기보호시설을 확충하는 등 재가복지서비스를 강화하여야 하며, 이를 위해 무엇보다 사회복지전문요원 및 수발 전문 요원을 확보, 양성하여야 할 것이다.

3) 지난 30년 동안 한국사회는 변화와 발전 속에서 여러 가지 지역사회 문제들과 마주쳐왔다. 이러한 사회문제 중에서 노인문제는 갑작스럽게 다가온 문제가 아니라 산업화, 도시화의 과정에서 가족제도의 형태가 바뀜으로써 노인이 전통적인 어른의 기능을 상실하게 된 결과라고 볼 수 있다. 노인문제가 현재의 산업화 과정에서 필연적으로 겪는 문제라고 한다면 이를 현명하게 해결해가야 하는 것 또한, 우리에게 남겨진 몫이다. 현재의 노인들은 한국의 발전기를 이끌어온 주역임과 동시에 국가와 민족, 후손의 번영과 발전에 기여해 온 자들이므로 마땅히 존경을 받아야 하고, 건전하고 안락한 생활이 보장되어야 한다.

4) 향후의 노인복지는 단순히 빈곤, 질병, 고독에 시달리고 있는 소수의 노인들을 수동적으로 보호하는 것뿐만 아니라 보다 적극적으로 노년을 개발하는 차원에서 우리 사회에 노인의 제 기능을 찾아주는 방향으로 복지정책이 수행되어야 할 것이다. 나아가 지역사회에 거주하는 노인들이 모여서 휴식을 취하고 친목을 서로 나눌 수 있게 경로당을 '사랑방화' 하도록 하고, 이를 위해 시설의 증축·개축 지원뿐 아니라 운영비 지원을 확대하여야 할 것이다. 더불어 지역사회복지관, 보건복지사무소 등과 각종 프로그램을 개발함으로써 단순한 만남의 장의 차원을 넘어 어르신들의 삶의 의욕을 높일 수 있는 장이 되도록 하여야 할 것이다.

Ⅳ. 노인복지②

저출산·고령화 문제에 대한 기독교적 대응

고령화란 고령자(65세 이상) 수의 증가로 인하여 전체 인구에서 고령자가 차지하는 비율이 높아지는 것을 의미한다. 고령화율이란 총인구에서 65세 이상의 고령자 인구(즉, 노령인구)가 차지하는 비율로 나타내고 있다.

우리나라는 고령화 속도가 세계에서 제일 빠를 뿐만 아니라 2050년에는 전 세계에서 최고령 국가가 될 것으로 예측된다(한국금융연구원, 2011). 저출산에 이어 인구고령화 현상으로 인해 발생하는 문제는 개인의 복지 차원을 넘어서 경제 성장, 빈부격차, 노동문제, 주택문제, 산업정책, 기업경영, 자녀교육 및 양육, 가족학 등 사회 전반에 걸쳐서 매우 광범위하게 연결되어 있다.

저출산·고령화 문제는 이제 우리 사회의 가장 중요한 이슈로 부각되고 있다. 여기서는 먼저 저출산·고령화사회의 현황과 문제점을 살펴보고, 문제 해결을 위한 정부의 노력과 그 결과를 분석해본 후에 저출산·고령사회에 대한 기독교적 대안을 모색해보려 한다.

1. 저출산·고령사회의 현황과 문제점

1.1. 저출산·고령사회 현황

우리나라는 저출산 및 인구 고령화 현상이 심화되고 있다는 것은 주지의 사실이다. 2002년에 합계출산율(15~49세의 가임 여성이 평생 동안 낳을 것으로 예상되는 평균 출생아 수)이 1.3 미만인 초저출산(lowest-low fertility) 현상이 최초로 나타났고, 2018년부터 합계출산율이 1 미만이 된 후 지속적으로 감소하고 있다.

인구의 고령화는 또 어떠한가? 65세 이상 인구가 전체 인구의 14% 이상일 때를 고령사회, 65세 이상 인구가 전체 인구의 20% 이상일 때 그 사회를 초고령사회라 한다. 한국은 2017년에 이미 고령사회에 진입하였고, 2025년 초고령사회 진입이 예상된다.

통계청(2005)에 의하면 한국이 고령화사회(ageing society)에서 초고령사회로 진입하는 데는 26년이 소요되어 세계에서 가장 급속하게 고령화가 진행되는 나라가 될 것으로 예상된다. 그리고 2050년에는 대표적인 고령사회인 일본이나 독일보다도 고령화율이 더 높은 최고령 국가가 될 것이라고 예측했다. '고령자 부양비율'도 2050년에 91.4%로 OECD 회원국 중 세 번째로 높아질 것으로 추산됐다. '인구고령화지수'는 이미 선진국보다 높아지고 있다.

〈인구구조 변동 추이〉

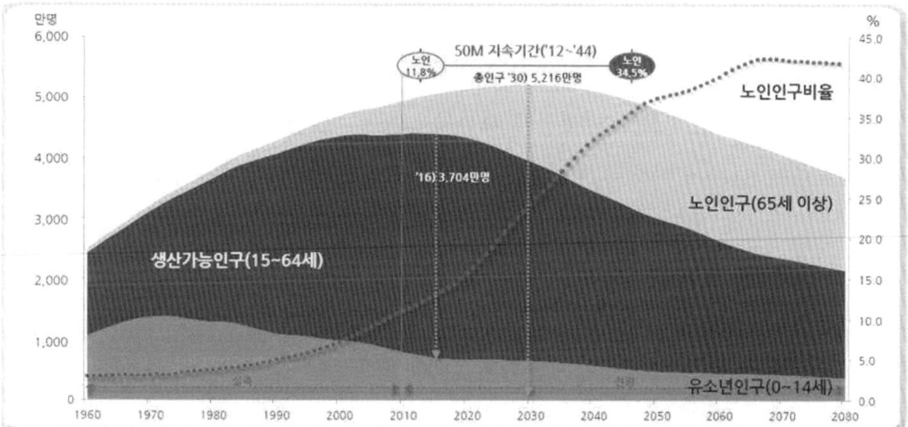

1.2. 저출산·고령사회 문제에 대한 연구경향

1) 경제문제

인구 고령화 현상에 대해서 한국사회가 관심을 갖는 부분은 대부분 경제문제와 관련된 것이다. 이것들을 몇 가지로 구분해서 보면 첫째, 인구고령화 현상은 세계 각국의 공통된 현상이지만, 우리나라는 선진국보다 더 문제가 많으며, 고령화 속도가 세계 최고인데 비해서 노후준비는 세계최하 수준이라는 사실이 문제의 핵심이다.

이와 함께 한국사회에서는 가장 빠른 고령화 속도로 인한 은퇴준비 미비가 가장 큰 관심으로 떠오르고 있다. 한 연구에 의하면 우리나라 국민 41.9%가 노후 생활비를 마련할 준비를 하지 않고 있는 것으로 나타났다. 미국의 국제전략문제연구소(CSIS)가 2011년 7월에 세계 20개 주요국을 대상으로 실시한 "고령화 준비 지수(Global Aging PreparednessIndex: GAP Index)"에 의하면 우리나라의 '고령화 대비 소득 적절성 지수' 순위는 19위로 멕시코와 중국(18위)보다도 낮았다.

특히 전후 베이비부머 세대들에게 고령화 문제는 더욱 심각하다. 베이비부머 2,250명을 대상으로 한 보건복지부 연구결과에 의하면 국민연금, 퇴직연금, 개인연금 보험 중 어느 것 하나에도 가입하지 않은 무(無)연금자 비율이 22%(156만 명 추정)에 달했다. 특히 여성 베이비부머는 32.5%가 아무런 연금을 갖지 않고 있었다. 또한, 서울대학교 노화·고령사회연구소와 메트라이프 노년사회연구소(2012)가 공동 발표한 "메트라이프 통합은퇴준비지수(MIRRI)"에 의하면 우리나라 베이비부머들의 은퇴준비 점수는 100점 만점에 62.22점으로 낙제점에 가까울 정도로 낮았으며, 건강(66점)이나 사회적 관여(네트워크, 68.6)에 비해서 특히 재무준비(52.6)가 가장 낮게 나타났다.

2) 고령층의 빈부격차

고령층의 빈부격차는 국민 전체의 빈부격차보다 높다. 우리나라 노인 빈곤율은 45%로 OECD 평균 13.3%의 3.5배에 달하며, OECD 국가 중 최악이다. 한국의 65세 이상 고령층의 지니계수는 0.409로 OECD 평균인 0.305보다 월등하게 높은 것으로 나타났다.

3) 노년대책

유교문화권에서는 노년대책을 자녀에게 의존하기 때문에 고령층은 자신들의 노후대책을 소홀히 하고 자녀들에 대한 기대감이 높다. "은퇴에 관한 국민여론조사"에 의하면 "자녀들이 부모의 생활을 책임져야 한다."는 응답이 한국에서는 47.4%였는데,

중국(56%)에 이어 세계에서 두 번째로 높은 것이다(조선일보, 2005).

4) 빈약한 개인저축

그 주된 이유는 자녀 교육에 너무 많은 지출을 하며, 자녀의 결혼에도 부모가 능력 이상으로 많은 지출을 하기 때문이다. 또한, 최근의 청년 실업문제 등으로 인하여 부모의 노후 자금마저 자녀에게 지출되고 있어 이러한 현상이 더욱 심화되고 있다. 한국의 50~60대는 이미 648만 가구 중 271만 가구가 빈곤층인데, 자녀의 신혼집 마련에 대한 부담으로 인해 최대 110만 가구가 추가로 은퇴 후 빈곤층으로 전락하는 것으로 조사되었다.

5) 신(新)빈곤층의 양산

고령층은 나이가 들어도 은퇴를 하지 못하는 경우가 많다. 통계청의 "2011 고령자 통계"에 의하면 65세 이상 노인 인구의 경제활동 참가율은 29.4%로 아이슬란드(36.2%)에 이어 OECD 회원국 중 두 번째로 높다. 그리고 65세 이상 노인 인구의 하루 일과 중 근로시간이 한국은 1시간 39분이었는데 비해서, 스페인은 7분에 불과했다. 선진국 중에 가장 긴 미국도 42분에 불과했다. 반면에 영국(4분), 네덜란드(10분) 등 주요 선진국은 우리나라에 비해서 고령자 노동시간이 매우 짧다. 게다가 고령자들은 대부분 자신의 전문영역에서 능력을 발휘하지 못하고 있고, 비정규직이나 한시적인 일자리를 전전하는 것이 현실이다. 고령자 여성은 음식점 외에는 일자리를 얻기 어렵고, 남성 고령자의 경우 주유소 직원 등이 고작이다. 이런 점에서 이제는 손자 세대와 할아버지 세대가 일용직 자리를 놓고 경쟁하는 시대가 되었다.

고용노동부와 통계청(2013a)에 따르면 생산가능인구 중 최고연령층인 55~64세 연령층의 경제활동참가율은 2000년에 59.5%였던 것이 2013년 5월 현재에는 67.4%로 크게 늘어났다. 이는 노후준비가 부족해서 은퇴를 하지 못하기 때문이다. 실질은퇴연령이 한국의 경우 70.3세로 멕시코(72.2세)에 이어 두 번째로 높다.

우리나라 고령층의 연금소득은 15%에 불과한 반면에 근로소득 비중은 58%로 OECD 회원국 평균치인 21%의 2.7배에 이른다. 게다가 청년실업이 증가하면서 이들의 생활비가 부모의 주머니에서 나가기 때문에 더욱 고령층에게 경제적으로 부담이 되고 있다.

6) 인구고령화 문제와 주택문제와의 연관성

우리나라에서는 자산의 80% 가까이가 주택 등 부동산인데, 고령층의 경우에 주택을 처분하지 않고 금융자산만으로 노후생활을 지속할 수 없다. 통계청(2013)의 『가계금융·복지조사』에 의하면 베이비부머는 최소한의 노후 생활을 지속하는 데 월 148만 원이 필요하다고 응답했다. 이는 은퇴 시점(55세)부터 죽을 때(83세)까지 적어도 3억 6,000만 원이 있어야 된다는 계산이 나온다. 베이비부머 가구의 평균 자산은 3억 3,775만 원이므로, 베이비부머들의 평균 자산과 은퇴 후 필요 자산이 비슷하다. 그러나 빈부격차를 고려했을 때, 베이비부머 가구주 370만 명 중 280만 명은 은퇴 후 생활에 필요한 최소한의 자산도 가지고 있지 않았다. 이러한 점을 고려할 때 고령화 현상은 주택가격 하락에 영향을 미칠 것이다. 특히 대형 평수 주택의 수요는 줄어들 것으로 판단된다. 이와 관련된 역모기지론이나 고령층 주택대출에 대한 연구가 많다.

2. 저출산·고령사회 문제 해결을 위한 노력과 그 결과

2.1. 정부의 제4차 저출산·고령사회 기본계획(2021~2025)

최근 저출산고령사회위원회의 발표(2020.12.15.)에 따르면, 정부는 「저출산·고령사회기본법」에 따라 관계부처 합동으로 「제4차 저출산·고령사회 기본계획」을 수립하고 국무회의에서 심의·확정했다. 4차 기본계획은 제3차 수정 기본계획과 동일한 비전·목표하에 저출산·고령화에 대응하여 개인의 권리 향유를 보장하는 동시에 사회의 대응력을 제고하기 위한 4대 전략을 설정하였다.

1) 「제4차 저출산·고령사회 기본계획」의 주요 내용

(전략1) 청년세대에게 결혼·출산이 장애가 되거나 일방의 부담으로 귀결되지 않는 사회 조성을 추진한다.

(전략2) 고령자의 소득·돌봄·주거 등 기본 삶의 영역에 대한 국가 책임을 지속적으로 강화하고, 고령자가 능동적인 역할을 할 수 있는 사회 기반 마련을 추진한다.

(전략3) 생산연령인구 감소에 대응하여 청년·여성·신중년 등 전 생애주기에 걸친 인적 역량을 제고한다.

(전략4) 인구구조 변화에 적응하는 동시에 도약의 기반을 마련할 수 있는 사회시스템 혁신을 추진한다.

2) 「제4차 저출산·고령사회 기본계획」의 추진전략별 과제

저출산·고령화에 대응한 개인의 권리 보장:

① 함께 일하고 함께 돌보는 사회 조성, ② 건강하고 능동적인 고령사회 구축.

- 모두가 누리는 워라벨
- 안정적 노후소득 보장
- 성평등하게 일할 수 있는 사회
- 예방적 보건·의료서비스 확충
- 아동 돌봄의 사회적 책임 강화
- 지역사회 계속 거주를 위한 통합적 돌봄
- 아동기본권의 보편적 보장
- 고령친화적 주거·도시 환경 조성
- 생애 전반 성·재생산권 보장
- 존엄한 삶의 마무리 지원

인구구조 변화에 대한 사회의 대응력 제고:

③ 모두의 역량이 고루 발휘되는 사회, ④ 인구구조 변화에 대한 적응.

- 미래 역량을 갖춘 창의적 인재 육성
- 다양한 가족의 제도적 수용
- 평생교육 및 직업훈련 강화
- 연령통합적 사회 준비

- 청년기 삶의 기반 강화를 통한 원활한 사회출발 지원
- 전 국민 사회안전망 강화
- 여성의 경력 유지 및 성장기반 강화
- 지역 상생 기반 구축
- 신중년의 품격있고 활기찬 일·사회참여
- 고령친화경제로의 도약

생애주기별 주요 핵심 정책:
- 전 생애주기에 걸쳐 보육·교육·주거·일자리·소득·건강 등 다양한 분야에 대한 지원 추진
- ① 영아수당 신설 등 영아기 집중투자, ② 촘촘하고 질 높은 돌봄체계 구축, ③ 청년의 삶의 기반 강화, ④ 일하는 부모의 육아휴직 권리 확대, ⑤ 다자녀 가구 주거·교육 지원 강화, ⑥ 신중년의 일·사회 참여 확대, ⑦ 건강하고 능동적인 고령사회 추진 등

재원 투입 계획:
- 4차 기본계획에 포함된 사업의 2020년 예산은 62.6조 원이며, 2021년에는 70.6조 원이 될 것으로 전망됨.
- 매년 시행계획 수립 시 예산 절감분 및 사업 효율성을 고려하여 재구조화를 추진할 예정임.

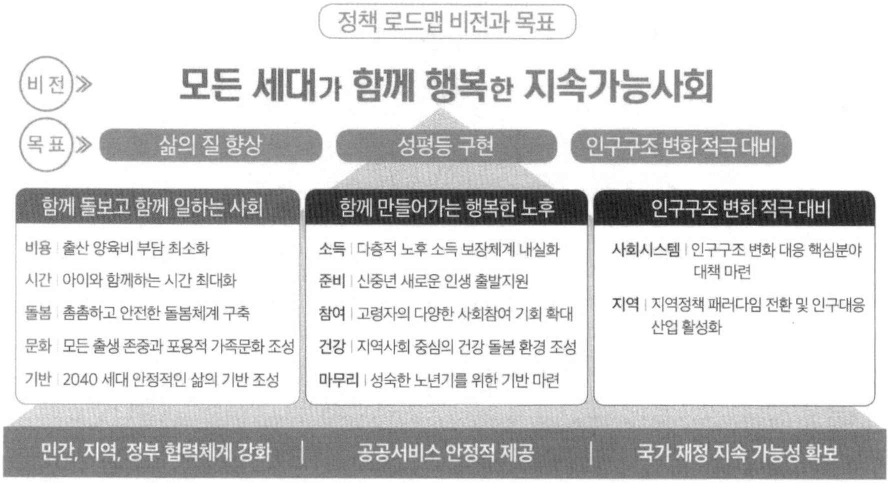

2.2. 제1차, 2차, 3차 저출산·고령사회 기본계획에 대한 회고.

6.25 전쟁 이후 급증하는 인구의 수를 줄이기 위해 한국 정부는 오랫동안 산아제한 정책을 추진해왔다. 그 사이에 한국사회의 많은 남성과 여성이 높은 경제성장과 높은 교육열 덕분에 직장노동에 참여했으며 정부의 출산억제정책과 맞물려 미혼남녀의 결혼관 및 기혼남녀의 자녀관이 변하면서 1983년 합계출산율은 인구대체율에 도달하였다. 그러나 그 이후 10여 년간 한국 정부는 지속적으로 인구억제를 추진하다가 결국 2001년 초저출산율의 기준인 1.3명에 달하자 출산장려정책으로 전환하게 된다.

제1차 및 2차 저출산고령사회 기본계획을 일명 '새로마지플랜'이라고 하는데 '새로움'과 '마지막'을 더한 말로 아이부터 노후 마지막 생애까지 희망차고 행복한 사회를 만들겠다는 정부의 의지가 담겨있었다. 1차 기본계획에 5년간 투입된 재원 규모는 총 19조 7천억 원이었으며 영유아 보육 및 교육지원비 확대, 방과후학교 확충, 양질의 육아 인프라 확충, 육아휴직 활성화 등, 총 96개 정책과제가 시행되었다. 2차 기본계획에 투입된 재원은 제1차 기본계획의 약 3배에 해당하는 총 60조 5천억 원이었으며 총 422개의 과제가 시행되었다. 한편 제1차 기본계획 기간(2006-2010) 중 평균 합계출산율은 1.168명이며 제2차 기본계획 기간(2011-2015) 중에는 1.234명으로 10년의 합계출산율 평균은 1.201명이다.

3차 기본계획은 일명 '브릿지플랜 2020'으로 명명되었다. 이 명칭에는 제3차 저출산고령사회 기본계획을 통해 인구보너스(bonus) 기간에서 인구오너스(onus)로 이행하는 과도기를 안정적으로 연결하겠다는 정부의 의지가 담겨있었다. 이를 위해 운영주체인 보건복지부가 저출산 대응 패러다임 전환을 선언한 이후 마련되었다. 3차 기본계획의 비전은 "모든 세대가 함께 행복한 지속발전사회 구현"이며 목표는 아이와 함께 행복한 사회, 생산적이고 활기찬 고령사회로서 2020년 합계출산율 1.5명을 세부 목표로 하며 추진과제는 초저출산 탈피에 두었다.

한국은 제1차 기본계획(2006-2010), 제2차 기본계획(2011-2015)을 실행·완료하였으며 그 결과로 2015년 합계출산율은 2005년 1.08명에 비해 0.15명 증가한 1.23명이었다. 그리고 제3차 저출산고령사회기본계획(2016-2020)에 이어 제4차 기본계획(2020-2024)을 실행 중이다. 그러나 지난 15년간 천문학적인 예산이 정책에 투입되었음에도 미미한 성과에 불과한 것에 대해 일각에서 의문을 제기하고 있다.

출산율 감소는 복합적인 원인이 작용하는 현상이자 국가별로 심각성에서 큰 차이를 보이는 문제이다. OECD 국가에서 초저출산국가(합계출산율 1.3명 미만)는 한국을 포함하여 포르투갈, 폴란드, 그리스, 스페인, 슬로바키아 등이 있으며 한국만 지리적으로 아시아에 위치하고, 지난 40년간 합계출산율이 가장 큰 폭으로 떨어졌다.

그렇다면 정부의 이러한 지속적인 노력에도 불구하고 왜 출산율이 회복되지 않고 있는가? 현재 사회 각 분야에서 정부의 저출산정책에 이의를 제기하고 언론에서도 연일 출산장려정책의 비효율에 대해 비판을 가하고 있는 지금, 3차와 4차 기본계획까지 매 5개년 계획을 담은 저출산대책들은 과연 서로 무엇이 다르며 성과는 어떠하였는지 비교 평가가 필요하다.

정부의 방대한 예산 투입에도 불구하고 여전히 초저출산율을 유지하고 있는 원인이 어디에 있는가? 이 사실은 기존에 실시된 대부분의 프로그램들이 그다지 성과를 거두지 못했다는 것을 방증하는 것으로서, 향후 획기적인 저출산정책 패러다임 전환의 필요성을 강력히 제기한다. 결과적으로 이처럼 그간의 정책 및 프로그램들이 성과가 없었다는 것은 큰 틀에서의 정책적 변화 없이 현상을 유지해왔음을 의미하는 것이므로 새로운 문제 해결 접근방법이 필요하다.

3. 저출산·고령사회에 대한 기독교적 대안

본 섹션의 내용은 김승욱(2013) "고령화 문제에 대한 기독교적 대응"에서 요약 발췌하였음을 밝힌다.

3.1. 저출산의 원인과 세속주의(secularism)

인구고령화 문제의 원인은 출산율 하락과 평균 수명 증가 때문이다. 먼저 출산율을 보면, 2011년에 우리나라 여성 1명이 평생 낳은 아이의 수는 1.23명으로 세계 222개국 중 217위 수준이었다. 한국은 지난 2001년 이후 11년 동안 초저출산 기준선인 1.3명 이하를 유지했었다(저출산·고령사회위원회, 2013). 현재의 국력을 유지하려면 합계출산율이 평균 1.8명, 그리고 현재 인구 수준을 유지하려면 평균 2.1명까지 올라야 하는데, 우리나라는 아직도 경제협력개발기구(OECD) 국가 중 최하위권 수준이다.

출산율의 회복이 더딘 이유는 저출산율의 근본 원인에 대한 깊은 통찰이 부족하기 때문이다. 필자는 저출산. 고령화 등의 출산율이 하락하게 된 근본 원인을 세속주의(secularism)의 영향에서 찾는다. 먼저 세속주의(secularism)를 세속화(secularization)와 구별할 필요가 있다. 세속화는 부정적인 의미로 사용되기도 하지만, 신학에 따라 긍정적으로도 사용되는 경우도 있기 때문이다.

세속화 현상은 인류발전과정에서 지속적으로 일어났다. 근세에 이르러 서방세계 안에서 인간적 실재의 여러 영역이 기독교의 영향권으로부터 이탈함으로써 세속화 과정이 포괄적이고 지속적으로 진행되었다. 이렇게 서구에서 시작된 세속화 경향은 20세기에 전 지구적으로 확산되고, 반대로 종교적 신념은 정치, 경제, 사회, 문화 제 영역에 거의 영향을 미치지 않게 되었다. 그리하여 사회가 물질주의, 과학만능주의, 부정부패에 대한 불감증, 인명 경시와 사치 풍조, 쾌락추구 등의 경향을 가지게 된다.

전통적인 서구의 기독교 사회에서 교회는 고령자의 정신적 평온에 영향을 미쳤으며, 자선병원 등을 통해서 사회에 기여했다. 그런데 19세기 이후 서구를 중심으로 근대화가 진행되면서 경제성장과 함께 세속주의가 확산되고, 종교의 역할이 축소되었다. 이 세속주의 경향은 가족제도에도 영향을 미쳤는데, 가장 대표적인 현상이 대가족이 핵가족으로 해체된 것이다

류대영(2002: 22) "근대화 과정 가운데 세속화 이론과 특별히 관계있는 현상은 사회적 분화(social differentiation), 사회화(societalization), 그리고 합리화(rationalization), 세 가지"라고 했다. 산업화로 인해 파편화된 사회 계층은 교회를 멀리하고, 좀 더 개인의 자유를 누리려고 하는 일종의 반란을 일으켰으며, 여성과 남성의 경제적 역할을 분화시켜 남성은 일과 세상을 지배하고, 여성은 가정과 종교로 역할을 한정시키는 사회적 분화가 일어났다. 이는 남성들을 종교의 속박으로부터 벗어나게 만들었다. 다시 과학기술의 발전으로 여성들이 가사노동에서 해방되면서 일터에 나오는 현상이 20세기에 일어나면서 핵가족으로 발전했다.

예전에는 적령기가 되면 결혼을 해 자녀를 많이 낳고, 아이들도 부모뿐만 아니라, 조부모, 삼촌, 외삼촌, 이모, 고모 등 친족이라는 인간관계 속에서 성장하고, 노인도 그 안에서 손자를 양육하는 등 일정한 역할이 있었다. 그런데 인류학에서 '신거제가구(neolocal household)'라고 일컫는 핵가족화 된 현대사회에서 '빈 둥지 증후군(empty nest syndrome)'이라는 새로운 현상이 생겼다. 나아가 이혼의 급증으로 인하여 편부모가족, 계부모가족, 심지어 동성애 가족까지 다양한 가족제도가 등장하였다.

가장 큰 문제는 아동의 양육과 노인의 부양문제이다. 복지 선진국에서 노인부양을 사회화했으나 엄청난 복지비용뿐만 아니라 복지의 질에 대해서 만족할 만한 결과를 얻지 못했다. 이렇게 된 가장 큰 원인을 개인주의가 가족에까지 침투했기 때문으로 보고 있다.

게다가 냉전체제 하에서 공산주의에 대응하기 위해서 서구 자본주의는 복지국가 이념을 확산시켰는데, 이것이 종교에 대한 의존을 줄이고 정부의 복지를 의지하게 만들었다. 복지국가 이념은 국가가 요람에서 무덤까지 기본적인 필요를 채워줄 수 있다는 환상을 심어주었으며, 이것이 전통적인 가족과 종교의 역할을 대신하게 되었다. 가족의 의무와 책임이라는 가치는 파괴되었으며, 가족의 가치를 궁극적인 것으로 여기기보다는 개인 행복의 수단으로 여기게 되었다.

노인에 대한 복지를 국가에 떠넘김으로 말미암아, 노인에 대한 공경과 의무는 사라지고, 해체된 가족관계에서 노인의 역할도 사라졌으며, 고령층의 인간관계도 파괴되었다. 이에 따라 정부의 복지 수요가 더욱 증가하였다. 게다가 가족의식의 약화는 독신을 부추겼으며, 이는 다시 출산율 저하로 이어지고, 인구고령화 추세를 더욱 가속시켰다. 이제는 혼자 사는 1인 세대가 2가족 세대의 비율을 넘어서 25.3%에 이르렀고(2012년 기준), 심지어 동성 가족도 생겨났다. 동성이 결혼하면 자녀도 못 낳고, 가족의 근본이 흔들린다. 가족의 해체는 출산율을 낮추었을 뿐만 아니라 고령층의 정체성에도 영향을 미쳤다. 이렇게 서구의 세속주의는 한국에도 큰 영향을 미쳐서, 전통적 가정관이 무너지고 있다. 한국의 많은 자녀들은 부모의 노후를 책임질 생각을 하지 않고 있다.

3.2. 저출산에 대한 기독교적 대안

바울은 로마서(12:2)에서 "너희는 이 세대를 본받지 말고 오직 마음을 새롭게 함으로 변화를 받아 하나님의 선하시고 기뻐하시고 온전하신 뜻이 무엇인지 분별하도록 하라"고 했다. 저출산과 고령층의 소외 문제해결을 위한 기독교적 대안은 무엇인가?

성경은 제5계명에 "네 부모를 공경하라 그리하면 네 하나님 여호와가 네게 준 땅에서 네 생명이 길리라"(출 20:12)고 하여, 부모를 공경하는 자녀에게 장수를 약속하고 있다. 반면에 "그 아비나 어미를 저주하는 자는 반드시 죽일지니라(출 21:17)"라고 하여, 축복과 함께 이를 어기는 것에 대해서 엄벌하겠다고 했다. 또 잠언(23: 22)은 "너를 낳은 아비에게 청종하고 네 늙은 어미를 경히 여기지 말지니라"고 명령하고 있다. 에스겔(22:7) 선지자는 예루살렘이 벌을 받은 이유를 '고아와 과부를 해치고, 노년의 부모를 멸시했기 때문'이라고 했다.

저출산의 원인이 가족의 해체 등 세속주의의 확산에 있음은 여러 연구를 통해서도 뒷받침된다. 또한, 인구구조와 종교적 신념의 상관관계에 대한 연구들에 의하면 종교인구 비율이 높을수록 출생률이 높다는 것을 알 수 있다. 롱맨(Longman, 2006)은 종교적 신념은 다자녀 가족을 꾸리게 만드는 원동력이라고 주장을 하며, 따라서 종교가 지배적인 사회에서는 다자녀 가족을 중요시하여 출산율이 증가한다고 주장한다. 개인주의로 파편화된 오늘날 장수(長壽)를 쇼크 또는 리스크라고 여기지만, 가족이 회복된 사회에서 성경은 장수를 복이라고 했다. 하나님은 아브라함에게 "너는 장수하다가 평안히 조상에게로 돌아가 장사될 것이요(창 15:15)"라고 하면서 장수가 복임을 말하고 있다.

저출산·고령화 사회 문제를 정부가 세금으로 해결을 하려고 하는 서구식 복지국가는 후퇴하고 있다. 복지비용도 문제이지만, 정부에 의한 복지에 대한 만족감이 높지 않기 때문이다. 아직 서구 복지국가에 비해서 복지비 지출이 낮은 한국의 입장에서는 복지에 대한 국가의 역할을 축소할 수는 없다. 그러나 국가의 힘으로 복지문제를 해결할 수 있다는 환상은 이제 버려야 한다. 국가의 역할과 함께 가족의 회복이 병행되어야 바람직하며, 이것이 기독교적 대안이다.

그런데 앞에서 설명한 바와 같이 현재 한국의 경우 대부분의 정부 정책은 가정이나 교회 등 종교기관의 역할을 너무 등한시하고 있다. 건강한 노화에서 가장 중요한 요소는 사회적 유대관계이다. 훌륭한 사회적 유대관계라고 하면 아내, 자녀, 형제, 놀이 친구, 종교모임, 사교모임, 절친한 친구들과의 친밀한 관계를 유지하는 것을 말한다. 그런데 이 친밀한 관계를 유지하게 해 주는 것이 바로 가정과 교회 공동체이다. 그러므로 이것을 회복하는 것이 저출산과 고령자 소외문제의 기독교적 해결책이다.

3.3. 평균수명 증가와 기독교적 대안

인구고령화의 두 번째 원인은 평균 수명이 빠르게 늘었기 때문이다. 우리나라는 위생과 공중보건 혁명으로 인해서 지난 60년 만에 평균 수명이 두 배 가까이 증가했다. 각종 백신의 보급으로 영아 사망률이 크게 떨어지고, 상·하수도의 정비 등으로 수인성 전염병이 거의 사라졌다. 게다가 한국인의 주요 사망 원인인 각종 암과 뇌졸중, 심근경색, 당뇨병 등에 대한 진단 및 치료기술이 빠르게 발전해서, 조기 발견만 하면 대부분 효과적으로 치료할 수 있게 되었다. 간, 심장, 신장 등은 물론이고 기술적으로 쉽지 않았던 폐와 췌장의 이식 성공률도 매우 높아졌다.

그런데 고령층의 복지수요 등에 대한 연구는 대부분 고령화 추세가 과거와 유사한 속도로 지속될 것이라는 것을 전제로 한 것이다. 이를 전제로 몇 년 정도에 초고령사회에 진입할 것임과 잠재성장률이 어떠함을 예측하고, 이에 따라서 연금 등 사회보장 대책을 수립하고 있다. 그러나 이 가정은 비현실적이다.

현대사회는 세계적으로 ① 위생, ② 암 정복, ③ 장기 이식, ④ 호르몬 요법, ⑤ 유전자 치료 등 5단계 수명(壽命)혁명이 급속하게 진행 중에 있다. 줄기세포(stem cell)로 인한 의약혁명, 유전자지도(게놈지도) 완성으로 인한 유전자 치료가 급속히 확산되고 있다. 인공지능, 의족(義足)과 의수(義手)에 대한 연구는 이미 활용단계에 들어섰다.

유전공학, 나노기술, 로봇공학 및 인공지능의 혁명적 발전을 고려하면 고령화의 문제는 정부가 단순히 예산지출을 늘리고 기업에게 고용을 연장하라고 해서 해결되는 문제가 아니다. 이러한 과학기술의 발전이 실현되는 가까운 장래에 전 지구적인 인구폭발, 빈부격차 등 우리가 전혀 예상하기 힘든 새로운 문제가 우리 앞에 펼쳐지고 있다.

과학과 기술의 발전이 모든 문제를 해결해 줄 수 있다고 믿는 낙관주의적 과학주의자들은 인간사회를 더욱 세속화로 몰고 간다. 20세기에는 정부가 복지를 책임짐으로 종교와 가정의 역할이 파괴되고 세속주의가 확산되었는데, 21세기에는 과학기술의 발전이 더욱 인류를 세속화시켜서 과학기술의 발전을 통해서 인간이 영생을 얻을 수 있는 존재라는 주장까지 하고 있다. 새로운 과학기술 종교가 탄생하게 된 것이다.

신의 존재를 부인하는 무신론적 철학자들의 주장과 유물론자들의 주장이 현대의 유물론자들에 의해서 더욱 강화되고 있다. 이제 인간이 과학기술의 도움으로 육신을 비생명체로 바꾸고, 뇌에 저장된 기억을 옮기고 재생하여 원하는 기간만큼 보관 유지시킴으로써 죽음을 극복할 수 있다는 주장은 내세나 신이 필요 없다는 무신론으로 연결이 된다. 오직 인간에게는 이것을 가능하게 하는 기술과 돈만 필요한 것이다. 이는 세속주의와 현세주의의 극치이다.

창조론을 비판하는 자들은 인간을 포함한 모든 생명체는 물질에 불과하다고 주장하면서, DNA 유전코드의 발견으로 생명이 있는 물질이나 생명이 없는 물질은 마찬가지라는 증거라고 주장했다. 앞에서 언급한 유전공학, 나노기술, 로봇공학 및 인공지능 등의 혁명적 기술을 인간에게 적용할 것인가 하는 문제는 기술적인 문제가 아니라 단지 사회적 윤리적 판단이 남았을 뿐이다. 기독교를 포함한 모든 종교는 심각한 도전에 직면한 것이다.

하지만 생명과학기술의 기하급수적인 발전이 고령화사회 문제를 해결해주는 것은 아니다. 인간의 수명이 값싸게 연장된다고 해서 문제가 해결되는 것이 아니고, 경제적으로 필요한 모든 것을 공급받는다고 해서 소외가 해결되는 것이 아니다. 어거스틴 이후 수많은 신학자가 지적한 바와 같이 인간은 하나님 안에 거하지 않는 한 안식(安息)을 취하지 못하기 때문이다. 기독교는 불신 사회에 이것만이 유일한 대안이라는 것을 분명히 설득해야 한다. 이것만이 고령화로 인하여 소외되는 고령층에게 진정한 해결책을 줄 수 있다는 것을 자신있게 제시해야 한다.

성경의 기적을 인간의 이성으로 이해하려고 시도하는 자유주의신학이나, 현세적인 현상을 지나치게 강조하는 세속화 신학은 생명연장기술의 등장이라는 도전 앞에 무기력해진다. 인간은 육적인 존재를 넘어 영적인 존재이며, 물질세계의 너머에 영적인 세계와 심판과 낙원이 존재한다는 성경의 진리가 더욱 강조되어야 한다.

- 나가며 -

지금까지 살펴본 바와 같이 저출산·고령화사회 문제에 대한 한국사회나 학계의 대책은 주로 경제적인 문제에 초점이 맞추어져 왔다. 그러나 저출산 경향은 세속주의 확산의 결과이므로 전통적인 가치관을 회복함으로써 근본 원인을 치유할 수 있다. 가족이 파괴되고 정부에 의한 복지로 고령화문제를 해결하려고 하는 것은 가정과 교회의 영역을 돈과 정부가 대체하려고 하는 세속주의의 또 다른 표현에 불과하다. 합리주의적인 인간관을 가지고 내세에 대한 소망이 없는 상태에서 과학의 힘과 돈으로 육체적 생명을 연기하려고 하는 시도는 한계가 있다. 우리는 세속주의의 확산이 더 심각한 문제라는 점과, 따라서 종교의 역할이 고령화 시대에는 더욱 중요하다는 점을 인식해야 한다.

첫째, 세속주의 확산 추세를 바로잡기 위해서 가족의 회복이 무엇보다 필요하다. 서구는 개인주의의 영향으로 가족이 해체되고 복지를 국가에 떠넘기고 있으며, 이것이 고령화 시대를 맞이하여 사회의 효율성을 떨어뜨리고, 고령층에게도 각종 소외현상의 원인이 되고 있다. 한국의 경우에도 서구 개인주의의 영향으로 인해서 가족주의 전통이 급속히 사라지고 있다. 이를 회복할 수 있는 윤리가 시급히 정비되어야 한다. 또한, 고령화에 대한 해결책은 고령층의 경제문제를 해결해 주는 것으로 끝나지 않으며, 고령층의 소외 문제를 해결하기 위해서도 역시 가족관계의 회복이나 종교의 역할이 중요하다.

둘째, 내세에 대한 신앙의 회복이 필요하다. 합리주의의 영향으로 인해 현세가 강조되고 내세에 대한 믿음이 약화되었기 때문에 현세에 대한 강한 집착이 생기고, 이것이 각종 사회 문제를 야기하고 있다. 기독교계는 건강한 사회를 회복하기 위해서 종교의 힘이 더욱더 필요한 시대가 되었음을 우리 사회에 설득해야 한다. 기독교는 고령화현상의 본질적 문제를 해결하는데 필요한 두 가지, 즉 가족의 강조와 내세에 대한 확신을 모두 제공하고 있어, 정부와 기업 중심의 현행 고령화 대책이 해결하지 못하는 비경제적 문제를 해결하는데 큰 역할을 할 수 있다.

셋째, 생명공학의 문제는 윤리에서 그치지 않는다. 이는 장래 사회체제에 대한 문제이다. 지금은 자본주의가 승리한 것처럼 보이지만 이러한 미래가 현실화되면 전체주의로 회귀할 수 있다. 기독교계는 기독교 연구재단이나 고령화사회 연구소를 만들어서 이러한 미래의 변화에 대비해야 한다. 가난한 노인들을 위한 노인학교, 복지시설 등은 지역교회에서 할 수 있지만, 막대한 연구비가 소요되는 이러한 연구는 개교회들이 할 수 있는 영역이 아니다. 기독교적인 관점에서의 연구비를 정부에서 받기 어렵기 때문에, 전 기독교계가 연합해서 마련해야 한다. 기독교계가 이러한 문제에 대해서 성경적 관점에 기초하여 연구하고 실천적 대안을 제시하지 않으면, 앞으로 사회가 비성경적인 방향으로 전개되고, 교회의 입지는 더욱 좁아지며, 이는 한국교회의 장래를 어둡게 할 것이다.

또한, 사회에 대해서도 기독교계는 노년의 기간이 길어짐에 따라 영원에 대한 갈망이 커지는데 이를 물질적으로는 해결을 해 줄 수 없음을 강조하고, 종교의 사회적 역할이 중요함을 설득해야 한다.

저출산·고령화 극복을 위해 앞에서 열거한 것들만 지켜진다 해도 우리나라는 정말 살기 좋은 나라가 될 것이다. 결국 저출산·고령화 극복을 위한 대책들은 좋은 나라를 만드는 구체적 대안들이라고 할 수 있다. 이 땅에 태어난 모든 아이들이 훌륭하고 행복하게 자라날 수 있는 나라라면, 이 땅에 살고 있는 모든 사람들이 연령에 상관없이 존중받고 건강하게 살아갈 수 있는 나라라면, 아이를 낳지 말라고 해도 아이들은 태어나게 되지 않겠는가. 아이들의 해맑은 웃음이 가득한 사회, 동해물과 백두산이 마르고 닳도록 번성할 수 있는 기틀이 튼튼한 나라, 꿈과 희망이 넘치는 사회를 꿈꾸며 오늘도 연구하고 고민한다.

V. 노인복지③

노인장기요양보험제도의 이해와 개선방향

21세기 세계 각국은 평균수명이 늘어나는 것에 반하여 가족 부양(扶養) 기능이 약화되면서, 부양의 사회화를 위한 노력은 중요한 국정과제가 되고 있다. 특히 한국은 세계에서 가장 빠른 속도로 고령화가 진전되면서 노인복지 수요도 가파르게 증가하고 있다. 그에 따라 혼자서 일상생활을 영위하기 어려운 노인들을 위한 공적 요양보장으로서 장기요양체계(long-term care system)를 구축하는 것은 고령사회를 위한 노인복지의 핵심적 접근이 되고 있다. 세계 여러 나라는 저마다의 노인장기요양 체계를 구축하고 있지만, 최근의 공통된 추세는 시설보호(institutional care)보다 재가보호(in-home care)와 지역사회보호(community-based care) 중심으로 접근하고 있다.

한국의 노인장기요양은 이전까지 노인복지법에 의해 조세 방식으로 사전 예방적인 서비스를 선별적으로 제공하는 체계로 구축되어 있었으나, 2008년 7월 시행된 노인장기요양보험법에 따라 사회보험 방식으로 사후 수발적인 서비스를 보편적으로 제공하는 체계로 크게 변화되었다. 이 같은 체계 전환은 전 국민을 대상으로 한 보편적 노인장기요양의 보장 체계를 마련한 것으로, 부양의 사회화를 이룬 큰 진전으로 평가받고 있다.

하지만 여전히 그 대상, 급여, 전달체계, 재원 등 제도의 여러 부분에 있어서 취약한 보장성과 사각지대 발생 등 다양한 문제점들이 지속적으로 제기되고 있어, 공적 노인장기요양 체계로 안착되기 위해서는 개선과제도 많다. 노인장기요양은 노인의 상태와 욕구의 변화에 따른 보호의 연속성(continuum of care)을 보장하는 체계로 접근되어야 한다. 왜냐하면 노인의 상태와 욕구는 고정되어 있는 것이 아니고 계속해서 변화되고 있기 때문이다. 따라서 노인장기요양도 어느 시점에 고착되어 제공되는 것이 아니라, 노인의 상태와 욕구의 계속되는 변화에 따라 다양한 서비스들이 적절한 수준으로 필요에 맞게 연속적으로 제공되도록 체계화하는 것이 매우 중요하다.

여기서는 노인복지의 중요한 부분인 노인장기요양, 그중에서도 노인장기요양보험제도의 현황과 문제점을 살펴보고, 노인복지실천의 개선방향을 찾아본다.

1. 노인장기요양의 개념과 노인장기요양보험법 이해

1.1. 노인장기요양의 개념

'노인장기요양'이란 용어는 'Long-term Care'를 번역한 것으로, 국가의 사회·경제·문화적 배경과 가치 구조에 따라 내용에 차이가 나타난다. 'Long-term' 개념은 시작되는 시점은 있으나 끝나는 시점의 불확실함을 의미한다. 예를 들면 기능회복, 사망 등으로 대상자의 범위에서 벗어나는 것이다. 'Long-term Care'의 목적은 기능적 자립성을 가능한 최대 수준으로 유지할 수 있도록 하는데 있다.

OECD(2005)에 의하면 장기요양은 장기적인 기간 동안 기본적 일상생활동작(ADLs: Activities of Daily Living)에 도움을 필요로 하는 사람들에게 제공되는 일련의 서비스(a range of services)로 정의된다. 장기요양서비스는 대상자의 의료 및 복지와 개인적 수발을 포함해서 다양한 욕구를 충족시키기 위한 전문적인 서비스로부터, 상대적으로 비전문적이지만 집중적인 노동을 필요로 하는 서비스들까지 모두를 포함하는 복잡성이 주요한 특성이라 할 수 있다. 이 복잡성으로 인해 장기요양체계의 조직, 재정, 서비스 전달체계 등의 단편화(fragmentation) 현상은 장기요양 제도에 있어서 가장 드러난 문제점으로 지적되고 있다.

장기요양서비스는 일련의 서비스들로 구성되어 있으므로 한 대상자에게 서비스 제공의 효과성을 높이기 위해서는 서비스 연계가 필수적이라고 할 수 있다. 결국 노인장기요양의 궁극적 목적은 노인의 자립생활 지원 및 삶의 질 보장을 목표로, 의료·복지 등의 서비스를 통합화하여 지역사회 단위에서 노인의 욕구에 따른 서비스를 다양한 공급 주체를 통해 시설 또는 재가에서 일원적이고도 효율적으로 제공하는 체계를 구축하는 것이라 할 수 있다.

노인의 생활이 자립적인 상태에서 의존적인 상태로 변화되면서 가장 필요한 것은 주거와 의료와 복지서비스이다. 노화과정에서 발생되는 다양한 질환과 장애는 그에 적합한 주거환경을 필요로 하게 만들고 적절한 의료적 지원을 요구하게 만든다.

자립 생활이 가능하다면 보호가 필요 없지만 질환이나 장애로 보호(care)가 필요하게 되면 처음에는 비공식적인 가족 간병으로 시작한다. 하지만 여건이 여의치 않을 때에는 유료(有料)의 사적 간병을 이용하게 된다. 상태가 더 악화되면 노인장기요양의 공식적인 체계로 들어와서 가족요양이나 방문요양과 방문간호를 이용하게 된다. 재가보호가 여의치 않거나 가정에서의 생활이 불가능할 정도로 상태가 더 악화되면 주간보호나 단기보호 등의 통원 보호를 거쳐 장기입소를 통한 시설보호로 이동하게 된다. 이렇듯 장기요양을 위한 보호의 제공도 환경과 상황에 따라 계속해서 변화하게 된다.

〈등급 판정 절차〉

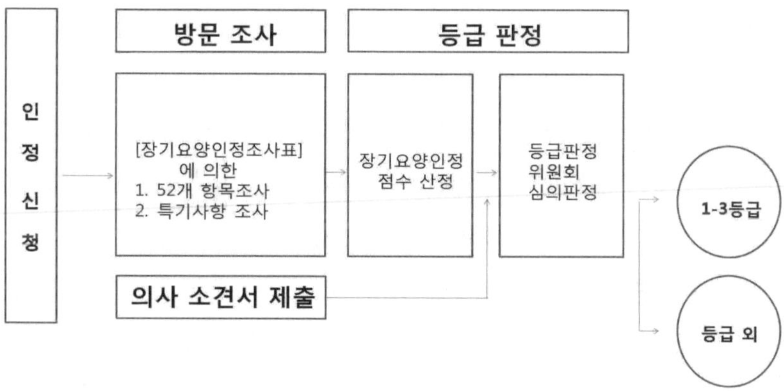

자료: 노인장기요양보험공단 홈페이지

1.2. 노인복지법과 노인장기요양보험법 비교

우리나라 노인장기요양의 핵심은 노인장기요양보험제도(Long-term Care Insurance System)에 있다. 그러나 노인장기요양은 그 범위가 노인장기요양보험제도에만 국한되는 것이 아니며, 노인복지법의 여러 노인보건복지 서비스까지 포함하는 광의(廣義)의 개념으로 접근하는 것이 바람직하다. 즉 노인장기요양은 질환이나 장애로 이미 일상생활에 장애가 발생한 중증상태의 노인을 위한 사후 수발의 보호체계로서만 아니라, 노년기의 전반에 걸쳐 질환과 장애를 예방하기 위한 사전예방의 보호체계로서도 작동되어야 한다.

노인장기요양보험법 제1조는 이 법의 목적을 "고령이나 노인성 질병 등의 사유로 일상생활을 혼자서 수행하기 어려운 노인 등에게 제공하는 신체활동 또는 가사활동 지원 등의 장기요양급여에 관한 사항을 규정하여 노후의 건강증진 및 생활안정을 도모하고 그 가족의 부담을 덜어줌으로써 국민의 삶의 질을 향상하도록 함을 목적으로 한다"고 정의한다.

그런데 우리나라 노인장기요양보험제도는 재정적 문제와 서비스 제공환경의 준비부족 등으로 인해 중증장애를 지닌 노인만을 대상으로 시작하였으므로, 그에 포함되지 않는 노인에 대한 복지서비스 수급의 문제가 중요한 과제로 떠오르게 되었다. 지금도 여전히 한국의 노인장기요양체계는 저소득층 보호, 예방체계, 노인장기요양보험의 공공성 확보라는 차원에서 기존 노인복지서비스와 노인장기요양보험서비스 간의 조정과 재구축이 신속히 이루어져야 할 과제를 안고 있다.

저소득층을 위한 생활 지원 서비스 중심의 노인복지서비스와, 소득에 무관하며 상태와 욕구가 있는 대상을 위한 수발 지원 서비스 중심의 노인장기요양보험서비스는 같은 수준에서 비교하기가 어려울 만큼 여러 가지 차원의 차이점이 존재한다.

노인장기요양보험법은 상태와 욕구를 중심으로 다소 보편적으로 접근한 제도이지만, 노인복지법은 소득과 욕구를 중심으로 다소 선별적으로 접근한 제도이다. 노인장기요양보험법은 서비스 이용자 중심의 당사자 간 계약으로 서비스를 선택하지만, 노인복지법은 서비스 공급자 중심의 지방자치단체의 판단에 따라 서비스가 선택되는 경향이 강하다. 노인장기요양보험법은 보험료를 주요 재원으로 하지만, 노인복지법은 조세를 주요 재원으로 한다. 노인장기요양보험법은 사후 수발의 성격이 강한 사회보험서비스로서 요양보호 중심으로 접근하며 시설과 재가서비스를 주요 서비스로 제공하는 한편, 제한적으로 특별현금급여를 제공하기도 한다. 반면에 노인복지법은 사전예방의 특성이 강한 사회복지서비스로서 다양한 생활지원으로 접근하며 재가와 시설

서비스를 주요 서비스로 제공하고 있다.

따라서 현재의 노인장기요양보험제도를 이용할 만큼 중증의 노인성 질환자는 아니면서도 여러 가지 생활 수발을 위한 지원 서비스가 필요한 노인들을 위해서 노인복지서비스는 여전히 중요하다고 할 수 있다.

노인장기요양보험제도 시행에 따라 발생할 수 있는 사각지대는 여러 차원에서 존재할 수 있다. 사회보험을 비롯한 사회보장제도의 발달은 그런 차원에서 사각지대 해소를 위한 노력의 과정이라 할 수 있다. 사회보험의 사각지대에 관한 논의는 주로 공급자 중심으로 접근하고 있지만, 사실 수요자의 입장에서 접근하는 것이 매우 중요하다. 수요자의 입장에서 필요를 충족시킬 급여를 제때 제대로 받을 수 없는 것이라면 그것이 가장 큰 사각지대라 할 수 있기 때문이다.

사회보험의 사각지대는 사회보험의 보완으로 해소될 수도 있지만, 사회보장을 위한 다른 제도들과의 연계 체계 구축을 통해서도 상당 부분 해소될 수 있다. 사회보장제도(social security system)의 사회보험, 공공부조, 사회서비스가 서로 맞물려 촘촘하게 엮어지면 그것이 가장 확실한 사회안전망(social safety net)으로 구축될 것이기 때문이다. 그런 차원에서 노인장기요양보험법의 사회보험과 노인복지법의 사회서비스를 포괄하는 차원의 노인장기요양 체계에서 보호의 연속성을 확보하는 것은 고령화 속도가 가장 빠른 우리 사회에서 매우 시급한 과제라고 할 수 있다.

2. 노인장기요양재가서비스에 대한 이해

장기요양보험법은 한국사회가 고령화 및 고령사회로 급격한 환경 변화에 따라 2008년 7월에 가정에서 수발능력과 부양부담의 한계를 극복하고자 제정되어 시행되었다. 그 후속 조치로 노인장기요양기관이 도입되었으며, 이는 노인 스스로 일상생활을 수행하기 어려운 생활안정과 자립을 목적으로 설립되었다. 이 법의 규정에 따라 설치된 '장기요양기관'은 제31조에 따라 지정을 받은 기관 또는 32조에 따라 지정된 장기요양기관으로서 장기요양급여를 제공하는 기관을 말한다.

장기요양보험제도 하(下)의 노인장기요양 재가서비스의 목적은 노령, 질환으로 인해 일상생활을 혼자 수행하기 힘든 노인에게 일상생활지원 및 신체활동 등의 서비스를 제공함으로써 건강을 유지하도록 도와주고, 가족의 돌봄 부담을 덜어줌으로써 국민의 삶의 질을 높이는 데 있다. 장기요양재가서비스는 일반적으로 시설장기요양서비스에 비해 수혜대상자의 비중이 훨씬 크므로 노인의 공적 건강관리와 관련해 중요한 부분을 차지하고 있다.

노인장기요양 재가급여의 종류로는 방문요양, 방문목욕, 방문간호, 주야간보호, 단기보호, 복지용구 급여 등이 있다. 방문요양서비스는 제도 도입 이전의 가정봉사원 파견 서비스와 동일한 서비스로서, 신체활동 및 가사활동 등을 지원하는 서비스이다. 방문목욕은 수급자의 가정을 직접 방문하여 목욕서비스를 제공하는 서비스이며, 주야간보호는 하루 중 일정 시간대에 수급자를 장기요양기관에서 보호하며 신체활동 지원과 건강 기능 상태 유지를 위한 교육 및 훈련을 제공하는 서비스이다.

단기보호는 주야간보호와 유사한 서비스로서, 하루 중 일정 시간이 아닌 일정 기간 동안 서비스를 제공하는 점이 다르다. 방문간호서비스는 간호사, 간호조무사, 치과위생사 등이 수급자의 가정을 방문하여 의사나 한의사, 치과의사의 지시에 따라 간호를 제공하는 서비스이다. 이러한 재가급여 서비스는 월 한도액 범위 내에서만 이용이 가능하며 월 한도액은 장기요양 등급에 따라 차이가 있다.

3. 장기요양시설 노인의 건강에 대한 이해

노인시설이란 노인 삶의 질적 수준을 도모하고 노인의 포괄적 요구해결에 필요한 서비스를 제공하는 곳이다. 시설에 입소한 노인들의 삶의 질은 사회적·심리적·신체적·경제적 문제로 인해 고립되어 생활하는 경우가 많다. 시설노인의 자아존중감은 재가 노인에 비해 낮으며 이는 사회적 상호작용이 감소되고 환경조절능력이 감소하기 때문이다.

노인장기요양시설은 가정과 병원의 중간 위치의 시설로 가정과 같은 안락함이 있는 거주 환경의 측면과 의료 서비스 및 간호·간병서비스를 제공해 줄 수 있는 병원 환경의 측면과 병원과의 연계성 측면을 모두 고려해야 하는 시설이다. 장기요양시설은 장기간 요양보호가 필요한 치매, 중풍 등의 질환으로 일상생활에서 요양보호사의 도움을 필요로 하는 노인들 즉 가족의 돌봄을 받기 어려운 노인들을 보호하는 시설이다. 이곳에서는 일상생활에서 간호·간병 서비스를 필요로 하는 활동장애 노인들에게 장기간에 걸쳐 사회보호 및 건강보호를 제공한다.

장기요양시설 노인은 노인성 질병을 가진 자이며 노인성 질병은 치매, 뇌혈관성 질환, 파킨슨병 등이 포함되고(노인장기요양보험), 6개월 이상 혼자서 일상생활을 수행하기 어렵다고 인정하는 경우 심신 상태 및 장기요양이 필요한 정도 등 대통령령이 정하는 등급판정 기준에 따라 판정받은 자로 하고 있다. 이는 '건강이 매우 안 좋다', '큰 병에 걸렸다' 등과 같은 주관적인 개념이 아닌 '심신의 기능 상태에 따라 일상생활에서 도움(장기요양)이 얼마나 필요한가를 지표화한 장기요양인정 점수를 기준으로 한다(노인장기요양보험법, 2016).

등급판정이란 장기요양서비스를 받을 수 있는 대상자를 선정하기 위해 장기요양이 필요한 정도, 즉, '요양필요도'에 따라 등급을 부여하는 것을 말한다. 장기요양인정 점수를 기준으로 5개 등급으로 판정하며 1등급일수록 장기요양인정 점수가 높다. 장기요양시설 노인의 건강 척도에는 인지기능, 우울증상, 불안, 생활만족도 등이 있다.

3.1. 장기요양시설 노인의 인지기능

인지(認知)는 집중력, 추상적 사고력, 계산력, 언어능력, 시청각력, 지남력, 의사결정능력 상실, 감성, 성격, 판단력 등 두뇌활동의 모든 영역을 말하며(DSM-Ⅳ, 2004). 연령이 증가하면서 인간은 노화과정으로 인한 인지기능의 둔화를 가져오고 이는 일상생활에 광범위한 영향을 미친다. 노인의 경우 인지기능이란 일상생활을 유지하고 건강을 향상시키기 위한 것이 기본 목표이다. 노인의 인지장애는 병원 입원의 요인이 되기도 하고 요양기관 입소나 가정간호의 요인이 되기도 하며 사망 등의 주요 위험 요인이 된다. 노인의 인지기능에 영향을 주는 요소로는 연령·성별·교육수준·건강인식 정도 등이 있으며 이중 연령이 가장 관련이 높은 요인으로 지목되고 있다.

인지기능과 관련 있는 연구에는 인지기능이 낮을수록 우울이 높고 성별에 따라 또는 배우자 유무 연령과 교육수준이 인지기능에 영향을 준다는 점, 사회적으로 고립된 상태에서 인지적 손상이 가속화되며 적절한 자극으로 인지기능을 반복적으로 사용하게 되면 인지적 손상이 지연될 수 있다는 점, 따라서 시설노인의 인지기능을 향상시키고 잔존능력을 이끌어 내어 삶의 질을 높일 수 있는 적절한 중재가 요구된다는 주장이 있다.

3.2. 장기요양시설 노인의 우울

노인의 우울은 스트레스-적응과정에서 불안이나 갈등과 함께 나타나는 근심과 무력감 무가치함을 나타내는 부정적 정서 상태이다. 노인 우울은 나이가 증가할수록 안전을 추구하며 의존성이 높아지고 환경과의 상호작용에 의한 적응력이 떨어지며 사회지지가 약화되어 작은 일에도 큰 걱정을 하게 되어 우울증이 생긴다.

노인의 우울 증상으로는 의욕저하와 초조감을 보이며 건강염려증과 같은 신체적 증상을 많이 호소한다. 노인의 우울은 연령이 증가하면서 자연스러운 노화 과정으로 인식되어 노인이 우울증상을 호소하더라도 장애로 인식하기 어려운 경우가 있다. 슬픈 기분이나 우울감이 드러나지 않는 경우가 많고 우울의 기분보다는 신체적인 증상으로 나타나기도 하며 치매에 걸린 듯한 모습을 보이기도 하는 등, 다양한 형태로 우울이 관찰되기도 한다.

선행연구에 의하면 장기요양시설 노인의 우울은 인지기능과 서로 영향을 미치는 요소이며, 여성이 남성보다 2배가량 진료 인원이 많다. 연구대상자들의 주관적 건강상태와 우울은 역(逆) 상관관계가 있는 것으로 나타났고, 우울 정도가 높을수록 삶의 질 정도도 낮은 것으로 보고된다. 따라서 노인의 우울을 감소시키고 삶의 질을 높이기 위해 보다 적극적이고 효율적인 중재 방법들이 연구되어야 한다.

3.3. 장기요양시설 노인의 불안

불안이란 긴장을 초래하는 상황에 대한 반응으로 일어나는 인지적·정서적·행동적 반응의 연속적 과정으로, 긴장과 염려, 자율신경계통의 활동이 특징인 유동적인 정신상태나 조건을 말하며 두려움과 공포감으로 인하여 호흡과 심장박동 수가 증가하고 두통과 불면증 등 신체적 증상까지 일어나 현실 적응에 심각한 어려움을 겪게 된다.

노인에게 있어 불안은 빈번히 일어나므로 노년기의 정신건강 문제 중 가장 많은 유병률을 보이고 있다. 불안은 불특징적이고 의식적으로 인식할 수 없는 위협에 대한 긴장과 두려움 등의 정서적 반응이며, 여러 가지 유형의 두려운 감정과 행동이 혼합된 주관적인 느낌이다. 높은 불안감은 성인기부터 노년기까지 지속되는 경우도 있지만 노인이 되어 심각한 스트레스에 노출되었을 때 고위험 수준의 불안을 경험할 수 있다는 점을 고려해야 한다.

불안은 경증이라도 지속기간이 길어지면 유해하며 사망에 이를 수 있다. 따라서 불안 증상이 고착화하여 장애로 진단되기 전에 불안한 개인의 취약성 요인들을 확인하는 것은 노인들의 신체적·심리적·정서적 건강 측면에서 중요하다고 볼 수 있다. 장기요양시설 노인의 불안과 관련된 연구들을 살펴보면 우울이 높고 인지기능이 낮을수록 불안이 높은 것으로 조사되었다. 불안을 중재하기 위한 연구로는 유머중재기법, 무용동작치료, 음악치료, 대인간호 중재기법 등이 있으나, 시설노인의 불안에 대한 연구는 더 강조되어야 한다.

3.4. 장기요양시설 노인의 생활만족도

생활만족도란 인간이 자기 삶의 전반과 일상적 생활에서 발생되는 기대 및 욕구 충족에 대한 자기인식의 정도, 또는 노인에게 관련된 신체적·심리사회적·환경적 조건 속에서 노인 자신이 생활 전반에 대해 갖는 주관적인 만족감이라고 할 수 있다. 따라서 노인의 생활만족도는 한 개인의 성공적인 노화와 직결되는 노년기의 중요한 개념이다.

노인이 장기요양시설에 거주한다는 것은 가족들로부터 고립되어 시설 내에 거주하는 사람들과 새로운 관계를 형성해야 하는 관계의 변화와 제한된 공간 내에서의 활동이라는 활동 공간의 변화이며 하루 일과의 대부분을 시설의 통제에 따라야 하는 개인 활동 통제의 변화 등으로 심리 사회적 환경변화를 의미한다.

선행연구에 따르면 노인의 생활만족도에 영향을 미치는 요인은 다양하지만 '건강'이 가장 영향력이 있고, 다음으로 주관적 경제상태, 다음으로 배우자의 유무이다. 또한, 이웃과 친구의 수 등 사회적 지지가 클수록 생활만족도 수준이 높게 나타난다.

시설노인의 생활만족도에 영향을 미치는 요인은 다양하다. 선행연구를 보면 입소동기가 생활만족도의 주요 변수라고 하였고, 다음으로 건강상태와 여가활동을 들었다. 이처럼 시설노인의 생활만족도는 다양한 프로그램을 비롯한 다각적인 복지서비스가 필요함을 강조한다고 볼 수 있다.

〈장기요양보험 재가서비스 이용노인의 삶의 질 강화와 사회적 지지를 위한 방안을 도출하기 위한 연구모형〉

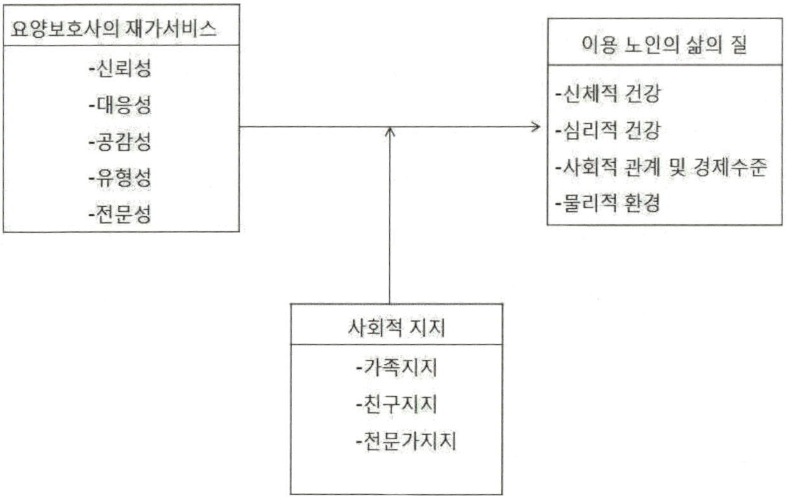

자료: 강대훈(2019) "노인장기요양 재가서비스가 이용노인의 삶의 질에 미치는 영향."에서 인용.

4. 노인장기요양보험제도의 현황과 과제

4.1. 현황

노인장기요양보험은 급여 이용에 대한 권한을 부여하기 위해 장기요양 등급 판정 체계를 두고 있다. 장기요양급여를 이용하기 위해서는 제도가 요구하는 일정 수준 이상의 요양 필요도가 인정되어야 하며, 장기요양인정조사를 통해 등급이 결정된다.

이용권이 부여된 인정자의 규모는 2008년 제도 도입 시 21만 명에서 2014년 42만 명, 2018년 3월 말 현재 60만 명까지 확대되었다. 이는 노인인구 대비 8.1%로 증가한 것이다. 1~2등급 인정자는 2008년 대비 6.9%로 증가한 데 비해 재가급여의 주대상자인 3등급 이하는 2008년 9만 8천 명에서 5배 이상 증가하였다.

장기요양급여 이용자 중 재가급여 이용자 비율은 처음 57%에서 2016년 64%로 추정된다. 이중 방문요양 비율은 55%로 비교적 안정적이며, 방문목욕이용은 다소 감소하고, 주야간보호와 복지용구 이용은 꾸준히 증가하고 있다.

재가급여는 등급별 월 한도액 범위 내에서 수급자가 다양한 서비스를 혼합하여 사용할 수 있는데, 2018년 기준 1, 2, 3, 4, 5등급의 월 한도액은 각각 140만 원, 124만 원, 119만 원, 101만 원, 93만 원이다. 중증노인의 경우 재가에서 생활하기 위해서는 가족의 돌봄 또는 가정방문 요양보호사 이외에도 별도의 서비스 구매가 요구된다. 실제로 재가에서 보호하는 가족 중 27%는 시설입소를 생각하는 것으로 나타나고 있다. 1~2 등급자가 시설에 입소할 경우 일상생활 지원을 비롯한 24시간 보호가 가능하며, 가족 내에서 재가서비스를 이용하면서 보호하는 것에 비해 상대적으로 경제적, 신체적 수발 부담이 적을 수 있기 때문이다.

〈노인장기요양보험 서비스 이용 절차〉

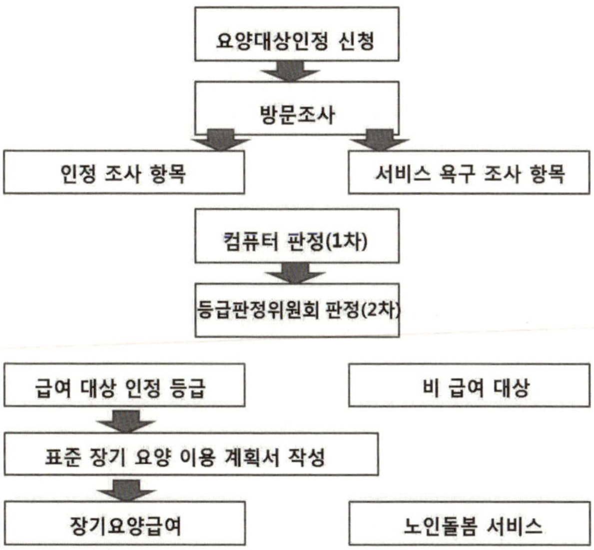

4.2. 과제

노인장기요양보험제도를 도입함으로 돌봄의 사회화라는 큰 변화를 가져왔고, 가족이 전적으로 책임져야 하는 돌봄의 부담을 감소시키게 되었다는 것은 의미 있는 일이다. 그런데 노인장기요양보험제도가 재가보호를 지향하고 있고 제도 도입 후 돌봄필요도가 낮은 경증자가 확대되었음에도 불구하고 앞서 분석한 바와 같이 실제 시설보호의 비중은 낮아지지 않고 있다. 이는 현 제도에서는 노인이 재가보호를 통해 적절한 보호를 받기 어렵기 때문이다. 따라서 Aging in Place(AIP)를 위해서는 친(親)재가보호적 정책이 요구된다.

첫째, 재가급여 월 한도액을 등급별로 적정수준으로 증액해야 한다.

둘째, 재가급여 중 이용도가 높은 방문요양서비스 제공방식을 1일 1회 장시간(3~4시간) 서비스 방식에서 1일 다회 서비스 방문이 이루어지도록 개편해야 할 것이다(일본, 네델란드).

셋째, 노인 돌봄에서 재가보호를 강화하기 위한 방안으로 부양가족에 대한 공식적 인정과 지지를 확대해야 한다.

- 나가며 -

노년기에 접어들면 노인의 건강은 그 이전에 축적되어 내재된 질병력이 현재화하기 시작하기 때문에 조기에 위험 요인을 발견하고 관리하는 것이 중요하고, 만성질환은 조기에 중증화되는 것을 방지하거나 지연시키는 것이 필요하다. 그래야만 장기요양기간을 최소화해 자신뿐만 아니라 가족의 부양 부담을 줄일 수 있다.

노인복지와 노인장기요양보험제도를 돌아보면서 잊지 말아야 할 것은 노인돌봄이 지향해야 할 기본적인 원칙은 '노인이 지역사회에서 계속 거주하는 것'(Aging in Place, AIP)이라는 사실이다. 하지만 현 제도하에서는 여러 요인으로 인해 요양시설 이용이 '어쩔 수 없는' 선택으로 확대되고 있다. 노인장기요양보험제도가 도입된 지 십여 년이 되는 현시점에서 우리는 노인공경과 노인인권의 존중, 노인의 생활만족감, 노후 행복이라는 양보할 수 없는 가치를 되새겨야 할 것이다.

VI. 장애인복지, 41년간의 발전 스토리와 오늘의 과제

해마다 4월 20일은 장애인의 날이다. 장애인복지의 영역은 매우 넓고 다양해서 몇 권의 책으로도 다 담을 수 없는 학문과 실천의 영역이다. 예를 들면 지체장애, 청각장애, 시각장애, 발달장애, 정신장애 등의 유형뿐 아니라 장애인 우울증, 장애청소년의 자아정체감의 문제, 장애인구의 고령화 현상, 장애인 가족의 사회적지지, 장애인활동지원서비스 등등 수많은 문제가 복지국가를 향해 나아가는 우리 앞에 산적해 있다.

이 글은 장애인의 날을 맞아 장애에 대한 인식과 정책이 발전하는 데 앞장서 온 5명의 장애인복지 관계자들이 좌담회로 모여 대화한 내용(디딤돌, KINX2020081207)을 바탕으로 번안한 글이다. 장애인복지에 대한 전반적인 내용을 살펴보며, 지난 41년간 우리나라의 장애인복지가 발전되어 온 모습과 오늘 우리에게 주어진 과제는 무엇인가를 생각해보자.

1. 장애인 당사자 혹은 장애인복지 현장에서 일하는 사람으로서 우리나라 장애인 정책 서비스는 얼마나 성장했다고 느끼고 있나?

- 장애인복지는 과거보다 나아진 것 같다. 농인(聾人)들의 의사소통을 위해 '손말이음센터'라는 중계서비스나 지역의 수어(手語)통역센터, 서울시 거주 청년들을 대상으로 한 문자통역 서비스가 실시되고 있다. 하지만 아쉬운 점이 있다면 문자통역 서비스나 수어통역센터도 이용 시간이 제한돼 마음껏 이용할 수 없다. 버스, 지하철 안내 전광판처럼 청인(聽人)과 농인 등 모든 사람에게 편리함을 주는 복지서비스가 더 많이 나왔으면 좋겠다.

- 과거에 장애인은 죽느냐 사느냐를 고민해야 했었다. 장애인으로서 지금도 목숨을 걸고 지하철을 타야 될 때가 있지만, '살 수 있을까'가 아닌 '어떻게 살아갈까'를 고민할 정도로 장애인 복지가 발전된 것 같다.

- 1981년「장애인복지법」이 제정돼 당사자 위주의 정책과 제도가 많아진 것 같다. 그런데 장애인이 행복하려면 가족이 행복해야 된다. 우리나라 등록장애인 수는 약 260만 명(보건복지부, 2018)인데, 그 가족의 어려움을 지원하지 않아 가정에서 살아가는 장애인도 마찬가지로 힘든 건 아닐까 생각한다. 앞으로는 장애 가족 지원에 더 많이 신경 써 주었으면 좋겠다.

- 우리나라 경제는 1980년대에 비해 엄청나게 발전했다. 그에 따라 장애인에 대한 인식과 장애인 편의시설, 인프라, 직업이나 경제 등의 정책과 시책도 괄목할 만한 성장을 이루었다. 가끔 국제회의에서 다른 나라의 장애인 당사자와 대화를 나누다 보면 우리나라에 대해 '장애인 정책을 굉장히 열심히 펼치는 나라 같다'고 말하는 것을 듣게 된다.

2. 우리나라가 앞으로 개선해 나가야 될 과제는 무엇이라고 생각하나?

- 우선 '장애인은 무언가 결핍됐기 때문에 제도적으로 도와줘야 한다'는 관점에서 변화가 필요한 것 같다. 우리나라가 목표로 삼아야 하는 지향점은 장애인이 더 앞에서 출발하도록 해 주는 게 아니라 같은 출발점에 서더라도 충분히 활동하고 성과를 낼 수 있다고 인식하는 것이다. 다시 말하면 부족하기 때문에 도와줘야 하는 사람이라는 시선 대신 다른 관점으로 접근했으면 좋겠다.

- 농인으로서 일자리와 취업에 제한이 많다. 농인이 전화통화가 어려우니 문자로 연락해 달라고 하면 그 이후론 연락이 오지 않는 경우가 많다. 회사에 들어가면 메신저, 이메일 혹은 필담 등 여러 방법으로 의사소통할 수 있지 않은가. 지금도 장애인 일자리와 취업문제는 크게 변하지 않은 것 같다.

- 정부가 시책을 마련하고 노력하더라도 우리 사회에는 여전히 사각지대가 존재한다. 최근에 장애 당사자의 특성을 구분해 특화된 서비스를 제공하고, 장애 등급제를 폐지하는 등 맞춤형 복지를 실천하고 있다. 그런데 실제로 적용되는 과정에서 오히려 과거에 누리던 혜택을 못 누리기도 한다. 정부 시책을 찾아 활용할 수 있는 장애인이 있는 반면 그렇지 못한 분도 많다. 어디를 찾아가면 도움을 받을 수 있

는지조차 잘 모른다는 것은 접근성이 떨어진다는 증거다.

- 장애인 가족이 겪는 어려움이 많다. 부모는 아이가 아플 때 원인을 알아내려고 여기저기 찾아다니는데, 그럴 때 국가가 개입해서, '당신의 아이는 어떤 장애를 가지고 있으니 가족은 어떻게 도와줘야 하고, 국가는 이렇게 할 것이다' 하고 알려 주면 좋겠다. 그러면 부모가 불안감에서 빨리 벗어나고 수용하게 될 것이다. 또 장애인 가족에 대한 지원도 중요하다. 부모가 길을 잃고 헤맬 때 국가가 지원해 준다면 잠시 멈춰서 자기를 돌아보고, 중심을 잡을 수 있지 않을까.

3. 장애에 대한, 장애인에 대한 편견과 차별을 이야기해 보자. 장애인은 차별당한다고 생각하는데, 비장애인은 차별하고 있다고 인지하지 못하는 경우가 많다. 어떤 노력을 하면 우리 사회에서 장애인에 대한 차별과 편견을 없앨 수 있을까?

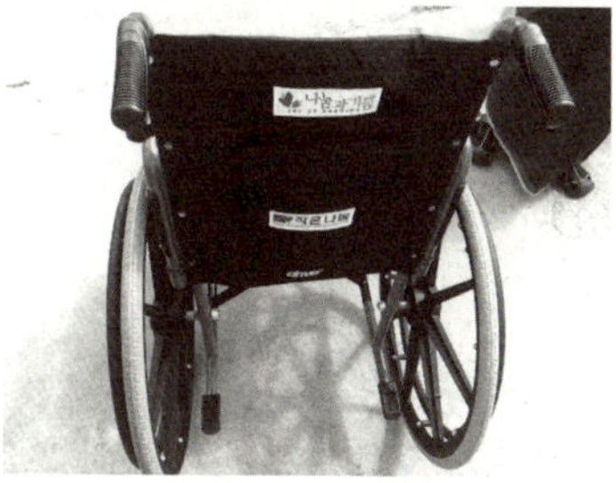

- 장애인 차별이 발생하는 원인 가운데 하나는 효율과 능률만 바라보고 살아가는 현실 때문이다. 예를 들어 장애인이 활동할 때 활동 지원인이나 근로 지원인이 함께 움직인다. 이럴 때 '한 사람이 일하는 데 두세 사람이 함께해야 하면 효율이 안 좋은 것 아니야?'라고 반문할 수도 있다. 그런데 4차 산업혁명에 접어들면서 사람이 생산을 하는 시대는 지나갔다. 장애인이 활동·근로 지원 같은 재화를 활용하면서 다른 사람도 노동할 수 있도록 만들어 주는 거라고 생각한다. 더 이상 효율이나 생산성 측면에서만 사회와 개인을 바라보지 않았으면 좋겠다.

- 예전에 보조기기 사업의 일환으로 휠체어 판매 사업을 한 적이 있는데, 당시 장애인에게 빨강, 파랑, 노랑 등 색깔이 있는 휠체어를 권했다. 장애인이 숨거나 감추려고 하지 않아야 된다고 생각했기 때문이다. 소극적이거나 그늘진 모습 등 장애인이 스스로 깨쳐 나가야 하는 부분을 서로 공유했으면 좋겠다. 그리고 사회활동을 하면서 열심히 살아가는 밝은 모습을 보여 주었으면 한다.

- 유튜브 영상을 제작하면서 비장애인은 장애인에게 관심이 별로 없다고 느꼈다. 그동안 여러 미디어에서는 장애인을 부정적이거나 무조건 도와주어야 하는 불쌍한 존재로 그려 왔다. 유튜브를 통해 기존의 시선을 없애고 싶다. 취미활동도 하고, 즐길 거리도 누리며 사회의 일원으로서 직업도 가지고 … 미디어를 통해 장애

인에 대한 차별과 편견을 해소해나간다면 '우리 모두 다 같은 사람들'이라고 생각하는 시대가 오리라 확신한다.

- 자폐성장애인 자녀와 함께 사는 엄마로서 주변 사람들의 반응에 신경을 쓰게 된다. 딸은 식당에 가면 곽으로 된 휴지를 꼭 안으로 모두 집어넣는데, 자폐성장애의 고유 특성 때문에 바깥에 휴지가 튀어나온 것을 참지 못한다. 식당에 갔을 때 직원에게 이 부분을 설명하면 "괜찮아요"라고 웃으며 배려해 주는 사람이 있는 반면에, '왜 그렇지?'라는 표정으로 쳐다보는 사람도 있다. 자폐성장애 아이는 다른 사람의 모습을 보면서 학습한다. 주위의 따뜻한 '배려'는 자폐성장애 아이가 금방 사회에 적응하는 계기가 된다. 만약 이 같은 배려가 없다면 똑같이 혹은 더 자폐성 특성이 강한 장애인으로 살아가게 될 수 있다. 대국민적으로 공영방송을 통해 자폐성장애인에 대한 이해를 도왔으면 한다.

4. 좌담을 나누다 보니 자연스럽게 '이해'라는 키워드가 나온 것 같다. 지금은 '장애인식개선 교육'이라는 말을 사용하지만 10~20년 전에는 '장애이해교육'이라고 불렀다. '이해'라고 했을 때 어떤 생각이 드는가?

- 다양한 사람을 만나서 대화 나누다 보면 그 사람의 삶을 온전히 경험할 수는 없어도 아주 작은 일부분에는 고개를 끄덕이게 된다. 장애인을 부정적으로 생각하는 사람에게 '우리는 이런 점에 불편을 느낀다. 어떤 부분이 개선되면 살기 행복할 것 같다'고 이야기를 해주었으면 한다. 그러면 장애인 당사자의 입장에서 생각해 보고, 이해하게 될 것이다.

- 이해란 '장애에 대한 차별이 없다'라고 말할 수 있을 것 같다. 여성과 남성이 사용하는 단어가 다르듯이, 장애인도 사람마다 굉장히 다른 언어를 사용하고 있다. 농인(聾人)도 마찬가지다. 수어(手語)를 편하게 사용하는 사람도 있고, 구화(口話)를 편안하게 쓰는 사람도 있다. 그런데 이러한 다름이 오해를 낳게 되는 것 같다. 다름은 틀림이 아니라 그저 다르다는 것이잖은가. 다름을 이해받고 존중받는 사회가 됐으면 좋겠다.

- 그동안 '내 자녀에게 필요한 시설은 왜 먼 곳에 있을까. 건강한 아이들은 횡단보도만 하나 건너면 학교와 학원에 갈 수 있는데, 왜 몸이 불편한 아이는 먼 곳에 있는 특수학교와 복지관에 가야 될까' 하는 생각을 많이 했다. 장애인이 살아가는 데

불편하지 않도록, 힘들지 않도록 환경을 바꿔 주고 배려해 주어야 한다. 잘 살아갈 수 있도록 환경을 마련해 주는 것. 그것이 바로 이해라고 생각한다.

- '이해한다'는 것은 주관적일 수밖에 없다. 장애인을 위해 행동에 옮기기 전에 정말로 어떤 서비스와 정책, 제도가 필요한지 당사자의 의견을 들어 보았으면 좋겠다. 장애인 시책 등을 마련하고 시행할 때, 그 결정 과정에서 장애인 당사자의 의견을 반영하려고 노력하는 게 중요하다.

- 나가며 -

우리는 하나님의 형상으로 창조된 고귀한 존재이다(창 1:26-28). 우리의 인권은 누군가가 중요하다고 해서 중요해진 것이 아니라 천부적인 것, 곧 하나님이 주신 것이다. 그러므로 우리는 장애를 떠나 존엄한 인간으로서 어떻게 살아가야 될 것인가를 고민하는 자세가 필요하다. 그 누구도 뒤처지지 않되, 각자에게 적절한 정책과 서비스를 이용할 수 있는 사회를 만들어 가야 하겠다.

좌담회 참여자들은 누구라 할 것 없이 '진정한 이해'란 자신의 주관적인 판단과 견해로 행동하지 않는 것이라고 거듭 강조한다. 누군가가 물어보지도 않은 채 휠체어를 밀어주면 장애인 당사자는 넘어질까 봐 불안을 느낀다. 대부분의 사람은 휠체어를 미는 데 익숙하지 않기 때문이다. 즉 장애인에게 정말 필요한 게 무엇인지, 자신의 도움을 장애인이 수용할 수 있는지 직접 들어보고, 그 다음 행동으로 옮겨야 한다.

그리고 장애인도 각자 사용하는 언어, 표현 방식, 살아가는 모습이 다름을 알아야 할 것이다. 자폐성장애인의 갑작스러운 행동에도 '아, 그렇구나'라고 이해할 수 있는 태도도 중요하다. 장애인이 다니는 특수학교나 복지관을 꺼려하는 마음도 사라져야 한다. 대화를 통해 오해를 풀어나가듯이 서로를 받아들이는 자세를 기르는 것. 그것이 모든 국민이 풀어야 할 과제다.

Ⅶ. 다문화가정의 고통을 아십니까?

– 다문화가정의 문제 해결을 위한 기독교 다문화사회복지의 과제 –

최근 국가 간 인구이동이 보편화되고 일상화되면서 세계는 이주(移住)의 시대를 맞고 있다. 이주자들이 개발도상국으로부터 선진국으로 유입되고 있으며, 특히 아시아 일부 국가에서는 국제결혼을 통한 여성의 이주 현상이 가속화되고 있다. 이러한 추세는 한국도 예외가 아니어서 1990년대부터 국제결혼이주여성의 수가 급증하며 사회적 관심의 대상이 되고 있다.

한국사회에서 결혼이주여성의 유입이 본격화된 데에는 다양한 요인이 있는데 가장 큰 요인은 농촌사회의 성비(性比) 불균형 현상이다. 한국은 산업화 및 경제성장 등에 따른 이농 현상으로 많은 농촌인구가 도시로 이주하였고, 특히 일자리를 찾아 농촌을 떠난 대부분이 젊은이들이었다. 유교사회와 농경사회의 전통을 가지고 있던 한국은 농촌에 남은 자녀 중 상당수가 맏아들인 경우가 많았고, 이와 같은 현상이 보편화되면서 농촌지역은 결혼 적령기 여성의 부족현상이 심화되기 시작하여 농촌 노총각의 증가가 사회문제로 등장하였다.

이로 인해 정부와 지자체는 농촌 총각의 결혼문제와 저출산 문제를 동시에 해결할 수 있는 방안으로 "농촌 총각 장가보내기" 사업을 통하여 아시아 저개발국의 여성의 결혼 이주를 장려하기 시작했다. 가난에서 벗어나고 더 나은 삶을 위하여 결혼 이주를 선택한 외국인 여성들은 국경을 넘어 한국 남성을 선택하여 이주하기 시작했고, 이를 계기로 여성을 상품화하는 매매 혼적인 결혼 중개업이 성행하기 시작했다.

통계에 따르면 국제결혼의 비율은 전체 결혼의 8.9%를 차지하고 있으며, 이 가운데 한국인 남성과 외국인 여성의 결혼이 국제결혼의 70%에 이르고 있다(통계청, 2014). 국제결혼은 이제 피할 수 없는 세계적 흐름이며, 한국사회의 특수 상황인 저출산·고령화사회와 조우되며 더욱 확대될 것으로 전망된다. 한국사회도 다민족, 다문화사회의 확장이 필요한 상황이지만 이에 대한 사회적 준비가 부족한 실정이다.

대한민국 정부가 표방해온 다문화주의 정책은 주로 다문화가정을 대상으로 하고 있으며, 그 수준도 단순히 차별을 극복하고, 다양한 문화를 수용하는 정도에 머물고 있어서 아직도 온정주의적이고 동화주의적인 한계를 벗어나지 못하고 있다. 또한, 한국사회와 함께 성장하면서 사회의 어두운 부분을 위해서 묵묵히 사회복지를 주도했던 교회와 기독교사회복지 실천 현장도 다문화 영역에 있어서는 나그네를 돌보는 소극적 환대의 수준에 머무르고 있는 현실이다. 자칫하다가는 현재 우리 사회에 만연한 불평등을 고착화시킬 수도 있다.

이 글에서는 먼저 다문화가정에서 발견되는 실제적인 문제들을 짚어보고, 다문화주의 이론의 눈으로 우리나라 다문화사회의 현주소를 찾아서, 기독교사회복지실천의 방법으로 다문화 문제를 직면해보려 한다. (사)나눔과기쁨의 사역을 확장해 가야 하는 목표지점이기도 하다.

1. 다문화가정에서 발견되는 실제적인 문제들

국제결혼이주여성을 위한 적절한 사회적 지지가 제공되지 않는다면 이들은 새로운 사회적 취약계층으로 대두될 가능성이 높다. 국제결혼이주여성이 한국사회에서 겪고 있는 문제들을 살펴보면 한국어 사용능력의 부족, 문화적 차이, 가족폭력과 갈등, 자녀

양육과 교육의 어려움, 경제적 빈곤과 실업 등이며 이는 결국 가정파탄과 이혼으로 이어지면서 다양한 사회적 문제들을 야기하고 있다.

1.1. 경제적 문제

2009년과 2012년 두 차례의 조사결과에서는 결혼이주여성의 36.4%가 경제적 어려움을 호소하고 있는데, 한국 물정을 모른다는 이유로 생활비를 주지 않는 경우가 많고, 경제적인 어려움을 해결하기 위해 직장을 다니거나 돈을 벌기를 희망하지만, 본인이 번 돈을 모두 친정으로 빼돌릴 것이라는 편견으로 일을 하지 못하게 하는 경우가 많다.

1.2. 의사소통 문제

이주여성은 가족 간의 대화와 의사소통에 한계가 있기 때문에 자국인과 소통을 원하는 경우가 많다. 하지만 사회적 편견으로 인하여 이주여성이 자국인 친구를 만나는 것을 좋아하지 않는 가정이 많으며, 한국 사람을 만나야 한국말을 빨리 배운다는 이유, 또는 밖에 나가서 나쁜 친구나 사람을 만날 수 있다는 등의 제한으로 다문화센터 등 한국어 교육이나 자조모임 등에 갈 수 없는 경우가 많다.

1.3. 성역할과 가족구조문제

대부분의 한국 남편의 경우 가사노동의 거의 전부를 이주여성이 당연히 해야 할 일로 생각하는데 가족의 구조에서 나타나는 성역할이 불평등할수록 가족 간 갈등이 커지는 것이 현실이다.

1.4. 임신, 출산, 자녀양육문제

결혼이주여성은 임신과 출산 과정에서 다양한 차별을 경험하게 된다. 입덧을 하게 되는 경우는 본국의 음식이나 과일 등에 대한 그리움으로 외로움과 무기력을 경험하기도 하며, 자녀를 출산하고 양육하는 때에는 문화 차이, 경제적인 문제, 의사소통의 문제, 양육방식의 문제 등 여러 가지 어려움을 한꺼번에 경험할 수밖에 없다.

1.5. 사회적 편견문제

한국은 단일민족 전통의 영향을 많이 받아온 나라로 우리 사회에는 여전히 다문화에 대한 배타성이 존재한다. 사회통합의 정책 역시 결혼이주민의 적응을 기다리는 것이 아니라 한국문화에 무조건적으로 신속히 동화되길 바라는 정책이 주를 이룬다. 급속히 진행된 다문화 사회로의 이행 과정에서 정부의 정책은 무분별하게 중복적이고 시혜적인 정책이라는 비판을 받으며, 결혼이주여성의 현실이 안정되거나 삶의 질이 개선되기도 전에 다문화 반대의 운동에 커다란 영향력을 행사하였고, 이로 인해 가정의 울타리에서 보호받지 못하는 피해 이주여성을 가해자로 내몰아 이주여성의 어려움을 가중시키게 된다.

1.6. 체류와 국적취득의 문제

결혼이주여성들은 체류의 문제가 주로 남편이나 시댁 가족에게 의존하도록 구조화되어 있기 때문에 인권이 침해당해도 능동적인 대처를 하기가 어려우며, 국적취득의 문제에 있어서도 한국인 배우자 사이에서 출생한 자녀 유무에 국적취득자격의 중요성을 두고 있기 때문에 결혼이주여성을 두 번 울게 하는 결과를 낳기도 한다.

1.7. 폭력 등의 위험으로부터 보호받을 사회안전망 문제

사회안전망(Social safety net)은 모든 국민을 실업, 빈곤, 재해, 노령, 질병 등의 사회적 위험으로부터 보호하기 위한 제도적 장치로서, 사회보험과 공공부조 등 사회보장에 관한 내용을 포괄하는 개념이다. 이러한 사회안전망은 모든 사회적 위험에 포괄적으로 대응하고 보편적으로 사회구성원 모두에게 적용되는 '국민복지기본선(National Welfare Minimum)'을 보장하는 데 목적을 두어 주거, 의료, 생계보호, 보육, 복지시설 서비스 등 복지욕구 전반에 걸쳐 국가가 공적 사회보장제도를 통해 보장해 줄 수 있는 급여수준을 설정하는 것이다.

그러나 결혼이주여성의 경우는 국적을 취득하였거나 혼인 관계를 잘 유지하고 있을 때만 한국인 배우자의 아내 또는 한국인 자녀의 어머니로서의 신분을 통한 사회보장을 받을 수 있는 대상이 된다. 이러한 상황은 생명의 위협을 느끼는 폭력이나 인권침해에도 결혼생활을 유지하기 위하여 어려움을 참고 살아야 하는 상황으로 결혼이주여성을 내몰고 있으며, 심지어는 사망에 이르게 하는 부작용을 낳게 되는데, 이러한 위협적인 인권침해를 당하는 결혼이주여성의 경우 국가가 그들의 사회적 위기를 포괄적으로 대응하고 보장하는 사회안전망을 확충하여야 한다.

한국가정법률상담소에 따르면 2014년 다문화가정 이혼상담통계 결과 아내가 외국인인 747쌍의 다문화가정 가운데 34.7%인 259쌍의 부부가 별거 중인 것으로 나타났다. 외국인 아내와 살고있는 한국인 남편 10명 중 3~4명은 원만한 부부생활을 유지하지 못하고 있다는 의미다. 특히 주목할 것은 결혼생활기간별 비중인데 다문화 이혼 중 45.2%가 5년 미만에 이혼을 하고, 5년 이상 10년 미만에 이혼하는 경우도 38.6%이다. 즉 다문화 이혼 중 결혼생활 10년 미만에 이혼을 하는 경우가 83.8%에 달하고 있다. 다문화가정을 위한 사회적 안전망이 구축되지 않은 상황 속에서 다문화가족의 계속되는 증가는 사회적 취약계층을 생산하고 가족해체를 가속화시켜 사회의 통합을 저해할 뿐만 아니라 다양한 잠재적 문제들을 양산하는 것이라 하겠다.

2. 다문화주의 이론으로 본 우리나라 다문화사회의 문제

2.1. 다문화주의 이론

다문화관련 이론이나 유형 모델 중 가장 널리 연구되고 적용되는 유형 분류는 차별적 배제모델, 동화모델, 다문화모델로 구분되는 방식인데, 대부분의 국가에서는 세 가지 다문화정책 모형 중 하나를 중심으로 하고 다른 유형들을 부분적으로 병행하고 있다.

1) 차별배제 모델(differential exclusion model)

차별배제모델은 국가 내의 소수집단의 문화를 국가의 단일성을 위협할 수 있는 요인으로 인식하여 소수문화와 분리 혹은 배제를 시도하는 유형이다. 따라서 국가는 궁극적으로 이민을 제한하고 규제하기 위해 이주민을 차등적으로 대우하고, 사회가 원하지 않는 외국인의 정주 가능성을 차단하는 정책을 취한다. 차별배제모델은 확대되는 세계화 속에서 이주민의 유입을 막기 어렵다는 현실적 문제와 소수민족의 문화를 경시하며 이주민의 인권이나 평등권을 침해하는 문제가 발생한다는 점에서 비판을 받고 있다.

2) 동화주의 모델(assimilation model)

문화적 동질화를 추구는 동화주의 모델은 이주민에게 주류문화를 적극적으로 수용하고 자국의 언어를 사용하며 주류사회에 완전히 동화되기를 강조한다. 이 과정에서 이주민은 자신의 모국어와 문화, 그리고 민족적 정체성을 포기하도록 강요받는다. 과거 민족국가들이 식민 통치의 이념으로 삼기도 했던 동화주의는 문화적 다양성을 경시하는 측면이 있으며, 현실적으로는 다른 문화적 배경을 지닌 이주민들이 이주국의 주류문화에 완전히 동화되기 어렵다는 비판을 받고 있다.

3) 다문화주의 모델(multicultural model)

차별배제모델과 동화주의모델에 대한 비판과 반성으로부터 등장한 다문화주의 모델은 주류사회가 기꺼이 소수문화의 가치를 주류문화와 동등하게 인정하여, 다양한 문화 간의 차이를 수용하고, 더 나아가 그들의 문화를 보존할 수 있도록 보호하고 지원한다. 이를 통해 다양한 문화를 가진 집단이 공존함으로써 문화적 충돌과 갈등을 최소화하고 사회통합을 이루고자 한다. 다문화주의 정책은 소수민족의 정체성을 약화시키거나 개개인의 특성이 집단의 특성에 가려지게 될 우려가 있으며 지나친 다양성 존중은 사회통합에 오히려 부정적일 수 있다는 비판을 받고 있다.

4) 다문화주의를 넘어 상호문화주의(interculturalism)로

다문화주의가 1990년대 후반에 들면서 경기침체 등 여러 가지 한계에 부딪히자 이에 대한 대안으로 상호문화주의가 부상한다. 다문화주의가 다양한 문화 간의 정적인 '공존'을 강조했다면 상호문화주의는 다양한 문화 간의 '상호교류'를 중요시했으며 다문화 사회통합을 위한 가장 성숙한 정책으로 평가받고 있다.

우리나라에 상호문화주의를 바로 적용하기에는 적지 않은 문제점이 있다. 그럼에도 불구하고 상호문화주의적 접근이 중요한 이유는 우리나라의 다문화사회로의 이행이

다른 나라에 비해 상대적으로 짧은 기간에 급격히 빠른 속도로 진행되고 있으며, 그 과정 속에서 다양한 다문화주의 관련 이론, 모델, 정책들이 동시대에 중첩되는 독특한 사회임에도 불구하고 건강한 다문화사회를 만들어 가기 위한 충분한 논의와 사회적 합의에 의한 정책적 노력이 부족하기 때문이다.

더욱이 다문화가정을 위주로 한 시혜적(施惠的) 성격의 국가주도의 다문화정책은 이주민의 이주방식과 체류 신분에 따라서도 불평등이 존재하게 되는 또 다른 문제를 낳고 있다. 따라서 서구 유럽과 북미의 선진국들이 다문화사회로의 이행 과정 속에서 고민하고 적용했던 노력과 사례를 깊이 들여다보고 그들이 새로운 대안으로 제시한 상호문화주의의 장점을 우리나라 다문화상황에 맞도록 새롭게 정착하는 것이 시급하다.

〈다문화가정의 특성을 기반으로 한 프로그램 내용〉

다문화가정의 특징		프로그램 내용
부모역할의 어려움	▶	양육기술 및 지식의 습득
지지지원 미약	▶	가족지원
배우자 나라의 언어나 문화에 대한 상호 이해 부족	▶	문화적응

자료: 한경남(2013), "다문화가정을 위한 역량있는 부모되기 프로그램 개발과 그 효과에 관한 연구." 한국사회복지교육 Vol. 24

2.2. 우리나라 다문화사회의 평등과 불평등

1) 이주민의 인권과 사회권(시민의 권리)

'세계인권선언'에 의하면 '인권'은 경제적, 사회적, 문화적 권리를 의미하는 '사회권'과, 사회구성원 간의 협력과 연대를 보장하는 '연대권'을 포함한다. 세계인권선언의 시행을 위해 채결된 '경제적, 사회적 및 문화적 권리들에 대한 국제 조약'은 개인들이 자신의 생존을 위해 노동, 주택, 교육, 문화, 환경과 관련하여 국가나 사회에 청구할 수 있는 권리를 의미한다. 이는 모든 개인이 자신의 삶을 위해 필요한 재화에 대한 '사회적 참여(분배)권'을 의미하기도 한다.

현재 한국사회에서 소수자로서 이주민의 시민 권리는 낮은 수준에 있다. 한국사회에서 이주민의 인권과 평등한 권리보장은 이주민 자신의 정체성을 인정받는 동시에 우리 사회의 동등한 구성원으로 인정받을 때에만 가능하다. 이주민이 한 사회에서 사회적 성원권을 얻는데 '동화'나 '적응'을 조건으로 해서는 안 된다. 이주민들이 한국사회에서 배제되고 차별받거나 동화를 강요받는 존재가 아닌 다문화시민으로서의 정체성 인정과 권리에 대한 보장이 필요하다.

2) 사회적배제와 사회적 참여

개인이 특정한 사회 속에서 생존하기 위해서는 그 공동체 내에서 의미 있는 삶의 주요과정에 참여할 수 있어야 한다. 모든 인간은 자신이 속한 사회 안에서 특정한 거처를 마련하고, 그 공동체에서 귀속의 권리를 갖지 않으면 생존할 수 없고, 인권을 갖는다는 것도 무의미하기 때문이다. 그러므로 이주민들의 사회참여활동은 가족행사 참여를 비롯하여 친구들과 어울리기, 복지관 프로그램 참여, 지역사회 행사참여, 직업 활동, 경제 활동, 종교 활동 뿐만 아니라 사회봉사, 투표 등의 모든 활동이 사회참여의 예가 될 수 있다. 대한민국 정부가 10여 년 전부터 다문화사회를 표방하고 이를 위한 다양한 다문화정책을 추진하고 예산을 집행했음에도 불구하고, 이주민이 지역사회의 당당한 구성원으로 살지 못하고 아직도 심한 편견과 차별에 시달리고 있는 현실은 우리나라의 다문화정책의 심각한 한계를 보여주고 있는 것이다.

3. 성경에 나타난 이주민에 대한 이해와 환대의 신학

3.1. 이주민 종류와 개념

다문화사회의 불평등 해소를 위한 기독교사회복지를 논하기 위해 성경에서 말하는 이주민(외국인)에 대해 살펴볼 필요가 있다. 먼저 구약을 보면, 이주민, 나그네 혹은 외국인에 해당하는 말로는 "게르(ger)" "토샤브(toshab)" "노크리(nokri)"라는 단어가 있다. 구약시대의 '나그네'들의 지위나 그들을 대하는 이스라엘 사람들의 태도는 '나그네(이방인)' 들을 보호하고 그들에게 친절, 호의, 환대를 베푸는 것이 이스라엘의 일반적인 풍습이자 성경에서 명하는 바였다. 신약성경에서도 그리스도인들은 돌봄과 접대의 대상인 낯선 자들로 나그네를 대했다. 한편 사회적 소수자였던 초대 그리스도인들은 스스로를 나그네로 묘사하기도 했다.

3,2. 환대(歡待)의 신학

일반적으로 환대(hospitality)는 집주인이 손님을 맞이하는 자세를 의미하며, 머물 곳과 먹을 것이 없는 손님의 요청에 대한 집주인의 책임을 가리킨다. 구약성경에서 등장하는 환대는 크게 두 가지의 의미로 소개된다.

첫째는 나그네에 대한 환대이다. 환대의 전통의 대표적인 사례로는 창세기 18장에 등장하는 이야기인데, 아브라함과 사라가 가진 것이 부족한 가운데에도 세 명의 낯선 손님을 최대한 정성껏 대접하는 장면이다. 이 장면에서 낯선 자를 환대하는 가운데 하나님의 임재와 축복이 함께하고 있음을 알 수 있다.

둘째는, 출애굽기, 레위기, 신명기, 그리고 예언서에서 볼 수 있는 나그네에 대한 환대의 명령이다. 이는 하나님께서 이스라엘 백성들에게 그들 역시 이집트에서 억압받는 이주자로, 광야에서는 나그네로서 하나님의 도움으로 살아왔음을 상기시키며, 그들에게 낯선 자와 나그네를 보호하고 보살필 것을 명령하신다. 이처럼 하나님과 이스라엘 백성의 언약 관계에서 나타난 유대인의 정체성은 그들 스스로가 나그네(alien)인 동시에 다른 이방인(체류자나 낯선 자)들을 돌봐야 하는 존재였다.

성경에 나타난 하나님의 환대는 단지 나그네를 잘 접대하는 단계를 넘어, 정의에 대한 하나님의 관심(concern for justice)을 명확하게 보여주고 있는데, 특히 이방인, 나그네, 가난한 자, 과부, 고아, 병자, 장애인 등 사회적 약자들에 대한 환대를 강조했다. 또한, 예수님 역시 종교, 인종, 성별, 빈부, 신체적 능력 등에 대한 당시 사회 문화적 차별을 초월하는 환대의 삶을 통해서 그리스도인의 증표가 되는 환대의 모범을 보이고 가르치셨다.

4. 지역교회의 다문화 사회복지 과제

성경의 가르침을 따라 지역교회는 마땅히 어려움을 겪고 있는 다문화 가정을 돕고 품어야 하는 당위성을 가진다. 기독교사회복지의 제공주체로서 교회가 수행해야 할 복지적 역할을 살펴보자. (사)나눔과기쁨은 기꺼이 이 과제에 동참할 것이다.

4.1. 가치 판단자(value-judge)의 역할

교회는 사회의 혼란한 가치들에 대해 성경적 정의에 근거해 일관성 있게 사회에 올바른 가치와 규범을 제시해 준다. '너는 이방 나그네를 압제하지 말며 그들을 학대하지 말라. 너희도 애굽 땅에서 나그네 였음이라'(출 22:21). 여러분의 교회는 이 땅에 나그네로 와서 살아가는 결혼이주민들을 어떻게 선대하고 있나?

4.2. 이슈 제기자(issue-initiator)로서의 역할

이슈 제기자란 일정한 사회문제를 해결하기 위해 그 문제를 제기하고 국민들에게 널리 인식시키는 존재를 말한다. 다문화가정들은 열악한 상황 속에서 벌어지는 각 가정의 문제들을 공개하기를 꺼리고 숨기려 한다. 지역교회는 이들을 대신하여 다문화가정의 어려움과 현안문제들을 정부나 국민을 상대로 인식시키고 공공 정책의 논점으로 다루어지도록 이슈 제기자로서의 역할을 수행할 수 있다.

4.3. 서비스 제공자(service-provider)로서의 역할

교회는 기독교사회복지의 구체적인 실천적 주체로서 성도들의 은사와 달란트에 따라 다문화 가정의 다양한 필요를 적절히 채우고 섬기는 서비스를 제공할 수 있다. 나눔과기쁨 또한, 다문화가정의 영적인 필요뿐만 아니라 정서적이고 육적인 필요를 공급함으로 전인적인 서비스를 제공할 수 있다.

4.4. 사례 관리자(case manager)로서의 역할

사례관리자는 수혜대상자를 확인하고 그들의 욕구를 조사하며, 적절한 서비스를 찾아내고, 서비스 사용계획을 세우며, 수혜대상자와 자원을 연결시키고, 적시에 적절한 서비스가 전달되도록 서비스 전달과정을 감독하는 역할을 담당한다. 다문화가정을 위한 복지는 일회적인 서비스로 끝나는 것이 아니라 지속적인 관계를 가지고 보다 친밀한 관계 안에서 구체적인 필요를 발견할 수 있을 것이다.

4.5. 프로그램 개발자(program developer)로서의 역할

지역교회는 지역사회 주민들의 문제와 욕구를 가장 정확하고 세밀하게 파악할 수 있다. 문제의 원인과 심각성, 해결방법까지도 살필 수 있으므로 지역교회는 구체적인 프로그램을 정확하게 개발할 수 있다. 다문화가정의 정확한 정보와 문제들을 파악하여 그 가정의 환경과 형편에 맞는 프로그램을 개발하고 제공할 수 있다. 나눔과기쁨이 이 영역에서 창의성을 발휘할 수 있다.

4.6. 사회 교육자(social educator)로서의 역할

지역교회는 다문화가족에게 영성교육과 소양교육을 제공하여 개개인이 지역사회의 건강한 구성원으로 살아갈 수 있도록 돕고 지원할 수 있다. 특별히 사회적응에 어려움을 겪고 있는 다문화가정을 위한 사회정착 교육과 건강한 가정을 세우기 위한 가족의 역할 교육프로그램은 지역사회 속에서 교회가 사회 교육자로서 다문화 가정들에게 제공할 수 있는 필수 교육과정이 되어야 할 것이다.

4.7. 재원 조달자(fund raiser)로서의 역할

교회의 헌금을 통한 재정공급을 받을 수도 있지만, 다양한 모금사업을 통하여 필요한 재정들을 충당할 수 있다. 다문화 축제를 통하여 어려운 다문화가정을 돕기 위한 재정 모금을 할 수도 있고, 교회 성도들이 다 함께 참여하는 바자회와 공동구매 방식을 통한 수익금으로 재정을 만들 수 있다.

4.8. 자원봉사 관리조정자(volunteer manager or coordinator)로서의 역할

기독교사회복지의 장점은 교회공동체를 통하여 자원봉사집단의 인적자원을 활용할 수 있다는 것이다. 다문화가정 이혼 예방을 위하여 자신의 시간과 재원을 나누기를 원하는 지원자를 지역교회와 나눔과기쁨은 가장 필요하고 적당한 곳에 공급해주는 자원봉사 관리조정자의 역할을 감당할 수 있다.

4.9. 위탁 운영자로서의 역할

교회는 정부나 민간기관의 위탁을 받아 복지사업을 실시할 수 있다. 중앙정부나 지방정부가 진행하려고 하는 복지사업을 운영자로서 위탁받아 실시하는 것이다. 또한, 교회가 자체적으로 지역사회의 문제와 욕구를 사정한 후 지방자치단체의 위탁을 신청하는 적극적인 자세가 필요하다.

- 나가며 -

대한민국은 코이카의 이름으로 최빈국, 중하위국, 중상위국들에게 교육, 보건, 경제, 인권, 환경의 분야에서 다양한 지원을 하고 있다. 이는 OECD 국가들 간의 책무이기도 하다. 하나님은 한국 경제를 부흥하게 하셔서 이방인들에게 문을 여시고 우리 이웃들을 다문화되게 하셨다. 이제 한국교회는 우리 곁을 내어주고 그리스도의 이름으로 사랑을 실천하여 그들로 하나님을 알게 하고 그들이 선교의 주체가 되어 그들 고향으로 연결될 때 우리가 그들의 리더십 하에 선교지로 나아가는 꿈을 꿀 때이다.

우리나라의 다문화정책의 현 상황은 아직 동화주의적 관점을 벗어나지 못한 채 낮은 수준의 다문화주의 정책을 시행하고 있다고 평가된다. 한국교회와 기독교계의 대응 역시 마찬가지이다. 시혜나 관용 수준의 다문화 담론과 정책과 실천으로는 건강하고 평등한 다문화사회로의 이전이 불가능하다.

지금은 성장이 멈추고 사회적 신뢰가 추락한 한국교회와 기독교사회복지계 역시 다문화 이슈에 능동적으로 접근해야 할 때이다. 이제 더 이상 다문화 현상을 방관자의 입장이나 손님 접대의 차원으로 대해서는 안 될 것이다. 또한, 그들을 선교의 대상이나 교회 성장의 도구로 삼는 것이 아닌 상호이해와 교류를 바탕으로 진정한 이웃으로 환대하여 지역사회에서 동등한 구성원으로 함께 살아가야 할 것이다.

이 땅에서 지극히 작은 자(마 25:40)로 살아가는 다문화 가정이 건강하게 작은 천국을 이루며 살아가도록 지역교회는 디아코노스(Diakonos)의 사명을 충성되게 감당해야 할 것이다. (사)나눔과기쁨 또한, 이 사명에로 부름받고 있음을 확신한다.

Ⅷ. 가족복지①

가족에 대한 이해

최근 여당 의원들이 발의한 '건강가정기본법(건가법) 개정안'에 반대하는 시민단체들의 운동이 거세지는 가운데 삭발식 장면까지 언론에 공개되었다. 시민단체들은 "건가법 개정안이 국회에 통과할 경우 비혼 동거인을 가족관계등록부에 배우자 대신 동반자로 등록해 남자 며느리 또는 여자 사위와 한 가족이 될 수 있다"며 동성혼 합법화 추진을 반대했다.

삭발식에 동참한 한 인사는 "겉으로는 다양한 가족을 대의명분으로 내세우지만 실상은 동성결혼을 합법화하기 위한 출발점이며, 가족의 정의를 없애고 비혼 동거를 인정한다는 것은 이성 간 동거뿐만 아니라 동성 간 비혼 동거 합법화의 길을 열어주는 것"이라고 했다. 전통적 가족 개념에 대한 엄청난 변화의 흐름이 우리 사회에 심각한 갈등을 유발하고 있다.

현대사회는 산업화·정보화 시대를 거치면서 우리 사회의 경제, 사회, 문화의 변화를 가져왔으며, 이러한 시대의 흐름과 함께 가족의 기능과 형태 등은 급격히 변화하고 있다. 이는 가족이 사회와 끊임없이 상호작용한다는 것을 의미하며, 이 과정에서 가족은 기존의 가족 기능이 축소되거나 약화되고 가족 형태는 다양화하는 등의 변화를 경험하고 있다.

이러한 가족의 변화는 가족갈등, 가정폭력, 신용불량 및 가계부채의 증가로 인한 가족해체, 노인·아동 등의 부양부담을 감당하지 못한 가족원의 유기 및 출산기피 등 가족의 위기로 이어지면서 많은 가정문제가 발생했다.

가족을 둘러싼 이러한 급격한 변화는 소위 '가족의 위기'라 일컬어지며 우리 사회의 주요한 사회문제로 부각되고 있고, 남녀 간의 평생계약이라는 결혼에 대한 보편적 가치에 대한 부정과 세계 최저수준의 합계출산율(한 여성이 평생 동안 출산하는 평균 자녀 수)은 한국 가족 위기의 대표적 징후로 간주되고 있다.

이제 가정의 문제는 사회나 국가의 문제와 분리될 수 없다. 위기에 처한 가정을 도와주어야 한다는 사회적 공감대가 형성되었다. 정부도 가정을 국가적 차원에서 적극 보호하고 지원책을 마련해야 한다는 취지 하에 사후해결중심에서 벗어나 예방차원에서 통합적 복지서비스를 제공해야 한다는 사회적 요구에 따라 2003년 건강가정 기본법이 제정되었다.

가족 대상 사회복지실천은 이제 중요한 사회복지의 한 부분이 되었다. 가족 대상 사회복지실천은 크게 세 가지 영역, 즉 ① 가족에 대한 이해, ② 가족 사정(査定), ③ 가족 대상 실천 기법으로 나눌 수 있다. 먼저 가족에 대한 이해의 폭을 넓혀가는 것이 중요하다.

1. 가족이란 무엇인가?

1.1. 가족의 정의

우리나라 민법 제4편 '친족편' 제779조에서는 가족의 범위를 다음과 같이 규정하고 있다.

> ① 다음의 자는 가족으로 한다
> 1. 배우자, 직계혈족 및 형제자매
> 2. 직계혈족의 배우자, 배우자의 직계혈족 및 배우자의 형제자매
>
> ② 제1항 제2호의 경우에는 생계를 같이 하는 경우에 한한다.
> 가족에 대한 일반적인 정의는, "가족이란 부부와 그들의 자녀로 구성되는 기본 시회집단으로, 이익 관계를 초월한 애정적 혈연관계를 기본으로 하며, 같은 장소에서 기거하고 취사하는 집단이다"라고 할 수 있다.

가족의 개념은 시대와 문화의 영향을 받아서 달라진다. 가족은 인류가 유지해 온 제도 중에서 가장 오래된 제도인데, 사회 변화의 영향을 받으면서 가족에 대한 개념도 달라지기 때문에 가족에 대한 정의는 한마디로 규정하기 어렵다.

1.2. 가족의 기능

우리에게 가족은 어떤 존재인가? 가족의 역할은 무엇이며, 가족의 기능은 무엇인가? 일반적으로 받아들여지고 있는 가족의 기능은 다음 몇 가지로 요약될 수 있다.

1) 가족은 친밀한 관계의 근원을 제공한다

가족은 사회가 산업화되고 복잡해질수록 가족원이 더욱 친밀성을 느낄 수 있는 근원으로 기능한다.

2) 가족은 경제적 협조의 단위로서 기능한다

가족은 생산과 소비의 기본단위이다. 자녀 양육이나 가사노동, 가족 돌보기 같은 활동도 생산활동에 포함된다.

3) 가족은 자녀를 출산하고 자녀를 사회화시킨다

출산을 통해 사회구성원을 유지하여 전통과 문화를 이어갈 수 있도록 하며, 자녀가 인간다운 삶을 살 수 있도록 다양한 사회기술을 가르치며 사회화시킨다.

4) 가족은 가족 구성원에게 지위와 사회적 역할을 할당한다

가족을 통해 남편으로서, 아내로서, 자녀로서의 역할과 지위를 받고 이를 수행한다.

〈한국 가족의 주요 행복결정요인〉

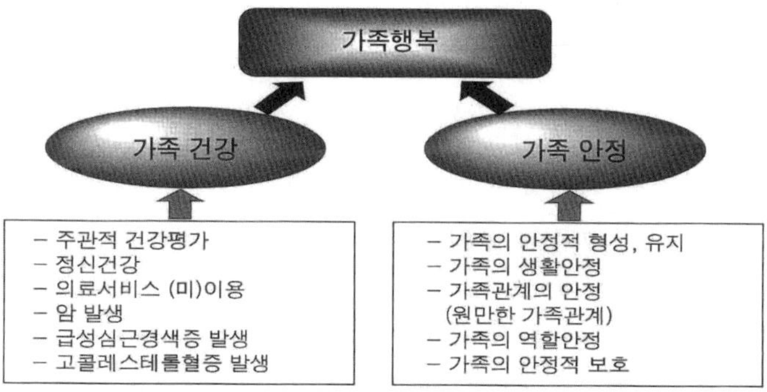

2. 현대사회에서의 가족의 변화

2.1. 가족 기본의 변화

현대사회의 가족 개념은 전통적인 가족 개념과는 다르다. 전통적으로 가족은 혈연이나 결혼에 의한 관계를 강조했는데, 현대사회에서는 결혼, 혈연, 동거가 전제되지 않는 형태까지 인정하는 경향으로 변화하고 있다. 예를 들면, 한부모 가족, 동거 부부, 계약 결혼, 독신자 가족, 동성애 가족, 비동거 가족 등 다양한 형태의 가족 유형이 등장하고 증가하고 있고, 이것은 성경적 가족 개념에서도 많이 이탈된 현상이다. 수천 년 인류 역사에 엄청난 변화가 아닐 수 없다.

가족 구조 면에서 확대가족 중심의 전통적 가족 구조에서 핵가족, 1인 가구 등으로 가족 구조가 단순화되고 있다. 가족 규모 면에서 가족 분화와 핵가족화 현상, 자녀 수 감소, 단독 가구 증가, 가족으로부터의 독립 증가 등으로 가족 규모는 축소되고 있다. 따라서 조부모-부모-손자녀로 구성되는 대가족이 줄고 부부 중심의 핵가족 혹은 소가족이 증가하고 있다.

2.2. 가족 기능의 변화

1) 전통적 가족 기능이 사회의 기능 영역으로 이전되고 있다

가장 큰 변화 중의 하나는 여성의 취업과 사회활동의 증가이다. 이에 따라 아동을 양육하고 노인과 장애인을 돌보는 가족의 기능은 상당 부분 사회의 전문 기관으로 이전되었다. 예를 들면, 자녀 양육과 사회화 기능은 보육시설과 학교로, 경제적 기능은 직장과 시장 등으로 이전되었다.

2) 전통적 가족 기능이 축소되고 있다

전통적으로 가족이 수행하던 기능을 전문적으로 담당하는 사회 기관이 생겨나면서 가족이 담당하는 기능은 축소되고 있다.

3) 가족의 기능이 약화되고 있다

가족의 통제능력과 통제기능이 약화되고 있으며, 가족공동체로의 사회화 및 정서적 지지의 기능도 갈수록 약화되고 있다.

2.3. 가족 주기상의 변화

현대사회에서 가족 관계의 변화 중 가족 주기상의 변화는 현대사회의 변화를 실감나게 보여주고 있다.

1) 가족 주기에 진입하기 전까지의 기간이 길어지고 있다

초혼 연령이 높아짐에 따라 부모 입장에서는 자녀가 결혼해서 독립하기 전까지의 기간이 길어져 자녀를 보호하는 기간이 길어지는 것이다. 결혼 연령은 높아지고 출산 자녀 수는 많지 않기 때문에 결혼부터 막내 자녀 출산 완료까지의 기간은 단축되고 있다.

2) 빈 둥지 기간이 길어지고 있다

빈 둥지 증후군(empty nest syndrome)이란 자녀가 독립하여 집을 떠난 뒤에 부모나 양육자가 슬픔이나 외로움, 상실감 등을 느끼는 심리적 현상을 말한다. 평균수명이 연장됨에 따라 막내 자녀 결혼 이후의 시기부터 배우자 사망까지의 기간이 길어지고 있어 노부부만 남는 빈 둥지 기간이 길어지고 있다. 그리고 일반적으로 남편에 비해 아내의 평균수명이 길어서 남편 사망 후 아내 사망에 이르는 기간이 길어진다.

3) 이 외에도 현대 가족의 변화에는 기혼 여성의 사회활동 참여 증가, 이혼율 증가 및 조손 가정 증가, 그리고 노인 은퇴 후 적응 문제가 중요한 사회적 이슈로 대두되고 있다. 특히 황혼 이혼은 이러한 문제가 반영된 것이라고 볼 수 있다.

3. 체계로서의 가족

가족을 하나의 자연적인 사회체계로 보는 입장은 Bertalanffy(1968)의 일반체계이론(general system theory)에 근거를 두고 있는 것으로, 체계란 인과관계 조직에 직·간접으로 관계된 구성요소들의 복합체를 의미한다. 즉, 체계란 공변하는 구성요소 또는 단위들의 실체(entity)로서, 각 구성요소 또는 단위들은 다른 단위들의 상태에 의존 혹은 억압되는 상호작용과정을 통해 하나의 체계를 이루는 것이다.

그러나 전체는 상호의존적인 각 부분의 합과는 다르므로 각 부분 사이에 진행되는 상호작용을 고려해야 한다. 또한, 체계란 어떤 위계질서를 지닌 여러 하위단계의 체계들로 구성되지만 모든 체계는 조직을 이루어 균형 또는 항상성을 추구하게 되며, 가족도 이러한 체계라고 말할 수 있다.

Minuchin(1974)은 가족을 하나의 사회체계로 볼 때 가족구성원 각자는 하나의 하위체계가 되며, 그다음은 부부관계, 부모자녀관계, 형제자매관계 등과 같은 2인 가족관계가 또 다른 하위체계를 이루고 각각의 하위체계들이 특정한 위계를 이루어 최종적으로는 하나의 전체로서 유지되는 것이 가족체계라고 하였다. 따라서 가족구성원들은 각자 여러 하위체계에 소속되어 소속된 체계에 따라 다른 권한 행사와 다른 기술을 습득하는 보완적 관계에 있게 된다.

특히 가족체계는 하위체계들 간에 상호의존성이 높아 하위체계들 간의 연쇄적인 상호작용을 통하여 정서적 유대를 형성하며 이로 인해 전체 체계의 안정이 유지된다. 그리고 가족체계는 개방체계로 그 체계 내부에서뿐만 아니라 외부의 다른 체계와도 끊임없이 상호작용을 함으로써 가족의 안정상태를 유지하려 하는데, 이처럼 어떤 중심적인 경향을 가지고 역동적인 균형을 유지하려는 체계의 경향을 항상성(homeostasis)이라고 한다. 그러므로 가족체계는 항상 어느 정도 변화하면서 체계를 스스로 유지하는 적응성을 지니기 때문에 역동적인 특징을 갖는다.

체계이론에 관하여는 제6장 Ⅲ "사회복지활동에 영향을 미치는 지역교회 목회자의 생태체계"에서 다루고 있다. 체계이론에 의하면 인간은 인간을 구성하는 신체, 심리, 사회적인 측면들이 긴밀하게 상호작용하면서 서로에게 영향을 주는 체계의 영향을 받을 뿐 아니라, 외부체계(환경)와도 끊임없이 상호작용하여 상호 의존하는 존재이다. 체계이론에 연계된 가족체계에 대해 생각해보자.

3.1. 가족체계의 개념

가족체계이론에서는 가족을 하나의 체계(system)로 본다. 이 이론에서는 가족 성원 개개인에게 초점을 맞추기보다는 서로 상호작용하는 전체로서의 가족에 초점을 둔다. 가족체계이론에서는 가족의 문제를 하나의 원인에 의해 발생한 결과로 보지 않고 다양한 원인이 서로 영향을 주고받으며, 한 요인이 다른 요인에 영향을 주는 순환적 인과관계에 의해 발생한다고 본다. 체계로서의 가족을 이해하기 위한 다양한 개념은 아래와 같다.

1) 경계(boundary)

가족체계에는 경계가 존재한다. 경계는 체계의 내부와 외부 또는 한 체계와 다른 체계를 구분하는 보이지 않는 선이라 할 수 있다. 경계는 가족 하위체계들 간의 가장자리로서, 의사거래에 있어서 누가 어떤 방법으로 참여할 수 있는가를 규정하는 일종의 규칙이다. 이때 가족 구성원들이 혼란을 일으키지 않으면서 각자의 분화된 기능을 수행하도록 가족체계가 올바르게 기능하려면 하위체계 간의 경계가 분명하고 명확하게 규정되어야 한다. 또한, 경계는 분명하면서도 다른 하위체계와 쉽게 접촉하고 상호작용할 수 있도록 개발되어 있어야 한다.

경계는 투과성(透過性) 정도에 따라 ① 명확한 경계(적절한 투과성, 건강하고 기능적인 가족), ② 경직된 경계(매우 낮은 투과성, 에너지와 정보를 거의 주고받지 않아 폐쇄적이어서 유리된 가족 형성), ③ 모호한 경계(지나치게 높은 투과성, 체계 간 구분이 어려워 밀착된 가족 형성)로 구분된다.

2) 하위체계

가족이라는 체계는 각 구성원이라는 하위체계를 가지고 있는데, 가족을 구성하는 대표적인 하위체계는 다음의 4개이다. 건강한 가족은 이들 하위체계가 명확한 경계를 가지고 있다.

① 부부 하위체계: 부부간 상호지지와 협력이 있어야 하고 서로 독립적으로 행동할 수 있는 능력이 있어야 한다.

② 부모 하위체계: 부모 하위체계는 자녀에 초점을 두고 전체 가족을 이끌어가는 책임을 진다. 자녀와 구분되는 적절한 경계와 권위가 필요하다.

③ 부모-자녀 하위체계: 세대가 서로 다른 가족원으로 구성된 체계이다. 부모 중 한 쪽이 다른 쪽을 배제시키는 방식으로 자녀와 관계가 형성되는 경우 역기능적 가족이 되기 쉽다. 위계구조를 확립하는 것이 중요하다.

④ 형제자매 하위체계: 같은 세대로 이루어진 경우가 대부분이므로 자신들 나름의 관심과 생각을 갖게 된다. 형제자매 간에는 형제애, 자매애 같은 정서적 유대가 중요하며 때로는 놀이친구, 동료로서의 관계도 형성된다.

가족구성원은 여러 하위체계에 동시에 소속되어 있기 때문에 어떤 하위체계에 소속되느냐에 따라 다른 상호작용을 일으키며 그 상황에 따라 다른 보완적인 관계를 맺게 된다. 이들 하위체계들은 위계질서를 가지고 있어서 하위체계와 상위체계로 구성된다.

3) 순환적 인과성(circular causality)

모든 사건은 끊임없는 상호작용적 순환관계에 있다고 보는 관점이다. 가족은 순환적 인과성에 따라 기능하는 체계이다. 가족체계 내의 모든 행동은 반응이며, 개별 성원의 행동은 단선적이 아닌 순환적 반응으로 이해된다. (여기서 '단선적 인과성'이라 함은 결과에 선행하는 사건이 있고, 결과가 문제라면 원인이 되는 선행사건을 찾아 교정하면 된다고 보는 관점이다). 따라서 체계로서의 가족을 이해할 때에는 문제의 원인보다는 문제를 유지하는 가족의 상호작용에 초점을 두어야 한다.

4) 비총합성(nonsummativity)

비총합성은 '전체는 부분의 합보다 크다'는 의미이다. 가족체계가 비총합성을 갖는다는 것은 전체로서의 가족은 개별 성원의 행동을 합한 것 이상의 특징을 갖는다는 것이다. 따라서 가족을 이해하기 위해서는 개별 성원의 행동을 각각 이해하기보다는 성원의 행동을 연결하는 상호작용 및 의사소통에 주의를 기울여야 한다.

5) 환류(feedback)

환류(還流)란 새로운 행동을 취한 결과에 대해 체계에게 정보를 주는 것을 말한다. 개인, 가족, 집단 등 체계는 현재의 상태를 유지하려는 항상성(恒常性)을 갖고 있다. 따라서 새로운 행동이 그 체계의 규범에서 벗어나면 부적 환류(negative feedback)를 통해 새로운 행동을 감소시켜 원래 상태로 돌아가려고 하며, 새로운 행동이 만족스러울 경우 그 행동을 지속하거나 더 증가시키도록 정보를 제공한다. 환류는 주로 의사소통을 통해 일어난다.

(정적환류, 부적환류의 예: 집안 막내딸이 어머니의 집안일을 가족성원 모두가 분담하자는 의견을 제시했을 때, 이에 대해 가족회의에서 찬성의견을 제시하여 역할분담이 이루어졌다면 가족회의 찬성의견은 정적환류가 되고, 반대의견을 제시하여 어머니가 집안일을 계속하게 된 경우 가족회의의 반대의견은 부적환류가 된다.)

6) 가족항상성

가족항상성은 체계로서의 가족이 갖는 특성 중 하나인데, 이것은 가족의 구조와 기능에 균형을 유지하려는 속성을 말한다. 새로운 행동이 그 체계의 규범에서 벗어나면 부적 환류를 통해 새로운 행동을 감소시켜 원래 상태로 돌아가려고 하며, 새로운 행동이 만족스러울 경우 그 행동을 지속하거나 더 증가시키도록 정보를 제공한다. 즉, 가족항상성은 가족 규칙을 활성화하여 가족원들이 지속적이고 안정적인 관계를 유지하게 한다.

3.2. 가족체계의 기능

가족체계에 대해 계속되는 연구는 가족체계의 특징을 확인하기 위해 가족 응집성과 가족 적응성이라는 가족체계의 뚜렷한 두 가지 차원을 제시하고 있다.

1) 가족 응집성 (Family Cohesion)

가족 응집성은 가족 구성원들이 서로에게 가지는 심리적 유대를 나타내는 것으로 가족체계의 역동성을 설명하는 대표적인 개념이다. 가족 응집성 정도에 따라 '유리된(Disengaged)', '분리된(Separated)', '연결된(Connected)', '속박된(Enmeshed)'의 4가지 수준으로 구분하고, 응집성이 낮은 순서부터 가족체계를 유리된 집단, 분리된 집단, 연결된 집단, 속박된 집단으로 분류한다.

응집성이 지나치게 높은 속박된 집단은 가족구성원의 지나친 동일시로 가족 구성원 간의 유대감이 너무 강하여 개인의 자율성을 제한하는 반면, 응집성이 낮은 유리된 집단은 가족 구성원 간의 유대감이 낮아 개인의 자율성이 높아진다. 가족 응집성 수준이 적당할 때에만 가족기능이 효과적으로 발휘될 수 있다.

2) 가족 적응성 (Family Adaptability)

가족 구성원들에게 부여된 개인의 자율성과 가족이 함께 하는 정도와 관련되어 있는 가족 적응성은 가족의 변화를 허용하는 정도, 균형을 유지하려고 하는 정도를 의미하기 때문에, 가족 상호작용의 몇 가지 측면인 가족의 변화에 반응하는 융통성 정도, 가족의 지도력, 권력 및 훈육 같은 것을 포함한다.

즉, 가족생활의 압박이나 갈등의 반응에서 그들의 규칙, 역할, 구조 등을 유연하게 할 수 있는 가족의 능력을 의미한다. 또한, 가족 적응성은 가족구성원들이 상황적 과정과 발달적 과정에서 발생할 수 있는 스트레스에 반응하여 그 자체의 권력구조, 역할관계, 그리고 관계규칙을 변화시킬 수 있는 가족체계의 능력이라고 정의된다. 즉, 가족 내적·외적인 필요와 목표에 따라 가족의 규칙, 역할 및 전략을 변화시킬 수 있는 정도를 의미한다.

적응성의 정도에 따라 가족체계를 '경직된(Rigid)', '구조적(Structured)', '융통적(Flexible)', '혼란된(Chaotic)' 집단의 4가지 수준으로 구분한다. 응집성 차원과 마찬가지로 중간 수준인 구조적, 융통적 수준에 속하는 가족체계는 기능적이며, 극단적인 두 수준인 경직과 혼란에 속하는 가족기능은 가족의 생활주기가 바뀌거나 생활사건이 일어날 때마다 가족원들의 행동에 문제가 생길 가능성이 크다.

이처럼 가족 적응성이 가족의 발달과정에 맞춰 가족구성원들의 변화를 융통성 있게 허용할 수 있을 때 건강하고 기능적인 가족체계를 가지게 된다.

〈한국 가족복지관련 정책과 서비스 범주〉

정책대상	정책주체		정책, 서비스, 프로그램
'전체' 로서의 가족을 고려한 정책	공적부문		4대보험(연금, 국민건강, 고용, 산재), 가정폭력방지대책, 기초생활보장제도, 장애연금, 공제제도, 주택정책
	사적	영리	퇴직금, 재형저축장려금, 경조사비 지원, 가족상담, 가족생활 교육 등
		비영리	가족상담, 가족생활교육 등
가족 내 아동을 고려한 정책	공적부문		공제제도, 보육사업, 학교복지사업, 성교육사업, 아동보호사업, 입양·위탁·시설 보호, 장애인 자녀 교육비 지원
	사적	영리	직장보육제도, 보육료 지원, 자녀학비 지원 등
		비영리	아동상담, 성교육사업, 아동보호사업, 아동여가활동 지원, 입양·위탁·시설보호사업, 지역사회 결연사업 등
가족 내 노인을 고려한 정책	공적부문		공제제도, 경로연금, 노인취업알선, 재가노인복지서비스, 경로우대제 등
	사적	영리	시설보호, 주단기 보호, 치매노인 전문치료, 재가노인복지서비스
		비영리	노인복지시설, 주단기 보호, 치매노인 전문치료, 재가노인복지서비스
가족 내 여성을 고려한 정책	공적부문		공제제도, 고용관련서비스(남녀고용평등법, 남녀차별금지법), 국민연금(가급연금, 연금분할), 모자복지·보건사업, 요보호여성 발생 예방 등, 생업자금 융자, 공공임대주택 우선 분양, 보육, 여성사회교육사업
	사적	영리	산전(후)휴가, 육아휴직, 직업훈련, 보육사업, 자녀학비·양육비 지원
		비영리	여성사회교육 등

자료: 최경석 외(2001).

– 나가며 –

가족복지를 이해하는 데는 가족에 대한 이해, 특히 현대사회에서의 변화된 가족 개념에 대한 이해가 필수적이다. 여기에서는 현대사회에서의 가족 변화와 체계로서의 가족을 생각해 보았다. 그런데 현대사회의 거센 가족 변화의 물결 앞에서 교회 내·외의 가족구성원들의 교육의 책임을 맡은 교회는 어찌해야 하는가?

가족의 건강성 유지와 가족문제의 해결 및 예방을 위해 고안된 교육 프로그램을 일반적으로 가족생활교육(Family Life Education)이라고 부른다. 전통적 의미에서 가정생활교육은 다음 세대가 이전 세대의 생활방식과 가치관을 잘 전수받아 사회에 원만하게 적응할 수 있도록 돕는 형식적 또는 비형식적 방식의 가정교육을 의미했다, 하지만 근래에 들어서는 급격한 사회 변화와 가족의 변화 가운데 가족이 건강한 가족으로 준비되도록 지원하고, 특별히 취약성을 가진 가정과 다양한 형태의 가정을 지원하기 위한 목적을 가진 교육프로그램을 지칭하는 데 사용된다.

기독교회의 교육은 하나님 나라의 백성 즉 그리스도인들이 신앙적으로 성숙할 수 있도록 돕는 활동이고, 교회는 이 일을 가장 효과적으로 감당할 수 있도록 위임받은 기관이다. 따라서 교회의 교육은 어린이와 청소년을 포함한 전 연령층의 신자들, 즉 성화의 과정에 있는 모든 신자를 대상으로 하는 교육이어야 하고, 교육의 내용도 하나님과 인간 사이의 수직적 관계로만 국한되는 것이 아니라 인간이 살아가는 삶의 자리까지 포함하는 인간이 맺는 관계의 모든 영역(하나님, 인간, 자연, 역사)을 다루는 교육이어야 한다.

작은 교회로서의 가족이 하나님 나라에 봉사하는 삶의 자리가 될 수 있도록 돕기 위해 부부관계, 부모역할, 자녀양육과 같은 가족과 관련된 내용들이 교회교육의 내용에 포함되어야 한다. 가정을 양육하며 돌보는 교회의 책임은 가정을 위한 사역임과 동시에 교회를 위한 사역이다. 건강하고 회복된 가정은 분리될 수 없는 상호관계성 속에 있는 교회의 건강성과 회복에 영향을 미친다.

이런 상호연관성 속에서 가정을 위한 교회의 책임은 선택이 아니라 필수다. 교회는 다른 어떤 기관보다 가정의 문제를 예방하고 가족의 회복을 도울 수 있는 최선의 기관이기 때문에 가정을 위한 교회의 교육적 책임은 신앙교육의 차원을 넘어 생활교육으로까지 영역이 확대되어야 한다.

Ⅸ. 가족복지②

구조적 가족치료(Structural Family Therapy)

오늘날 우리의 가정이 보여주는 문제의 대부분은 가족 간의 구조 속에서 일어나고 있다. 가족의 역기능적인 구조를 기능적 구조로 바꾸어 나간다는 것은 가족문제를 개인의 증상으로서보다는 서로의 상호작용 속에서 일어난 것으로 역할과 책임을 새로이 수립하는 것을 의미한다. 여기서는 미누친의 구조적 가족치료의 개념과 개입 기법, 그리고 실제 적용에 대해 살펴본다.

1. 현대사회의 가족 변화와 가족치료의 필요성

현대 한국 가족의 형태는 산업화 과정 중 많은 변화를 겪으면서 부자(父子) 중심의 확대가족에서 부부 중심의 핵가족화로 변화되었고 이로 인해 새로운 가족 문제들이 일어났으며, 가족관계도 많은 변화를 가져왔다. 그중 가장 뚜렷한 현대 가족의 특징으로 핵가족화, 전통적 가족 기능의 상실, 부부 중심의 가족화, 여성의 지위 향상과 사회진출, 남녀 평등주의 사상의 대두 등을 들 수 있다.

가족의 개념이 과거보다 자유롭고 융통성 있게 규정되고 있으나. 반면 이러한 요인들은 이전과 같은 확대가족의 가족 구성원에 대한 보호 역할을 충분히 수행하지 못한 채 가족해체, 결손가족, 부부가족의 불안정성, 청소년문제, 노인문제 등 여러 가지 문제를 노정하게 되었다.

현대사회의 가족문제는 속성이 다양하고 복잡하며 가족성원의 욕구 또한 다양해지고 있고, 가족기능의 약화로 인하여 가족 스스로의 힘으로는 가족문제를 해결하고 가족의 복지욕구를 충족시키는 데 제한을 받게 되었다. 따라서 이러한 가족문제의 해결과 가족제도의 존속과 유지를 위하여는 가족 성원과 가족 자체의 노력만 아니라 전문적 서비스의 필요성이 증가하게 되었다.

서구사회에서는 1960년대 이후부터 가족제도의 중요성과 가족문제의 심각성을 인식하고 가족에 대한 활발한 연구와 아울러 가족 문제를 예방 및 해결하기 위한 가족치료 접근방법이 발달하였다.

한국에서의 가족 치료법의 발달은 1970년대부터 가족치료접근법이 소개되기 시작하여 1980년대부터는 부분적이지만 연구 활동이 활력을 갖기 시작했다. 그러나 가족을 중심으로 발생하는 제반 문제의 증가와 심리 정서적 사회문제를 해결하고자 하는 욕구에 대하여 기존의 상담 방법으로는 적절하게 대처하지 못하고 있으며, 한국문화 배경과 가족 문제의 속성을 근거로 하는 한국적 가족 치료모델이 널리 개발 보급되어야 하는 실정이다.

교회에 속한 신자들도 형태와 정도가 다를 뿐 가족 문제로 인해 어려움을 겪고 있다. 가족을 둘러싸고 생겨나는 문제들이 심각하면서도 교회 안팎에서 이에 대한 해결책으로 관심이 쏠리게 된 분야가 바로 가족치료(family therapy)이다. 심리 치료의 일종인 가족치료는 서구사회에서는 40년 이상의 역사를 가진 생소하지 않는 분야이고, 대중에게 인기 있는 치료책으로 각광을 받고 있다. 한국에서도 가족 문제 등을 해결하기 위한 다양한 노력이 가족 문제와 관련된 학문 영역에서 이루어지면서 가족치료가 소개되었지만 아직은 미미하며, 교회 교우들 역시 현대 가족이 가지고 있는 문제들이 현실로 나타나 가족갈등이 표면화되어 이혼하는 가정들이 늘어나고 있는 추세이다.

이처럼 세상이 변하고 가정과 가족이 변하고 주변의 많은 것들이 변화되었지만 목회의 패러다임은 여전히 과거 방법에 머물고 있는 것 같다. 그래서 가장 변하지 않는 곳 중에 하나가 교회라는 말이 생겼다. 급격히 변화되어 가고 있는 현대가족에게 가족상담, 가족학교, 가족 치유수련회, 가족과 함께하는 찬양제 등 적극적인 가족목회가 이루어져야 하겠다.

현대 교회는 다른 세대의 성도들이 모여서 하나님의 권속이 되기 때문에 실질적인 의미의 확대 가족(extended family)이 될 수 있다. 교회는 가족들의 가족(a family of families)이다. 좀 더 정확히 말하면 세대 간의 가족(a family of households)이다. 확대 씨족과 마찬가지로 교회는 그리스도 안에서 서로 연결되어 있는 사람들이 모인 곳이다. 그러므로 교회 성도와 성도의 가족이 전체 가족이라는 관점에서 목회자와 함께 가족문제에 적극적인 관심과 개입, 그리고 목회 상담적 치유 사역을 수행해야 한다.

2. 가족문제와 구조적 가족치료

1970년대에 가족치료 분야에서 체계론적 관점을 근거로 하여 등장한 구조적 가족치료의 영향은 매우 컸다. 구조적 가족치료는 상당히 역동적이어서 짧은 면접 과정 속에서 가족의 문제점, 가족 특유의 양식을 한눈에 파악하여 가족의 구조를 변화시키는 매력을 지니고 있다. 오늘날에도 이 구조적 가족치료는 상당한 치료효과가 있는 것으로 알려져 있다. 구조적 가족치료의 특징은 치료의 주요한 목적으로서 구조의 변화에 초점을 두는 것이며, 재구조화하는 과정에서 치료자는 적극적인 자세로 개입을 하는 것이다.

2.1. 구조적 가족치료의 주요 인물

구조적 가족치료는 정신과 의사 미누친(Salvador Minuchin)이 개발한 가족치료모델이다. 미누친은 1960년대 뉴욕에서 빈민 가정 비행청소년과의 상담을 통해 '구조적 가족치료'를 개발하였다. 그는 상담과정을 통해 비행청소년 개인뿐만 아니라 청소년들을 둘러싼 사회적 맥락과 가족을 변화시켜야 할 필요성을 절감하고 빈곤 가정을 대상으로 하는 많은 치료기법도 개발했다.

2.2. 가족문제의 원인과 유지에 대한 구조적 가족치료의 관점

구조적 가족치료는 가족의 문제를 '역기능적 가족 구조'에 의해 발생하고 유지된다고 본다. 가족원이 나타내는 증상은 현재 가족 구조의 불균형의 결과로 본다. 여기서 '불균형'이라 함은 경계가 불분명하거나 가족원 간 지나치게 밀착되어 있는 것, 또는 위계질서가 모호한 것 등을 가리킨다. 가족문제는 역기능적인 위계질서와 위계구조의 불균형, 변화하는 욕구에 대해 적절하게 반응하지 못함으로써 발생하고 유지된다.

그렇다면 역기능적 가족과 정상 가족을 어떻게 구분할 수 있는가? 구분의 몇 가지 기준은 다음과 같다. ① 가족원 간 명확한 경계선을 가지고 있는가? ② 부모 하위체계의 위계질서가 얼마나 확립되어 있는가? ③ 가족체계가 얼마나 융통성을 지니고 있는가?

역기능적인 가족	기능적인 가족
가족의 규칙, 역할이 너무 완고함	가족의 규칙, 역할이 융통성이 있음
세대 간의 경계가 불분명함	세대 간의 경계가 명확함
폐쇄적인 의사소통	열린 의사 소통, 협동적
가족의 주기 단계에 고착	가족의 주기단계에 변화
강한 통제나 강한 의존성	자율적인 책임 강조
한사람이 희생양	적절히 분배된 문제
가족체계가 폐쇄적	가족체계가 개방적
상호간의 협상과 조종이 어려움	상호간의 협상과 조정이 가능
가족들이 비현실적이며 이상적인 기대나 욕구	가족들이 현실적인 기대나 욕구
가족의 자원이 결핍, 고립	가족의 자원이 풍부, 사회관계망적임

2.3. 구조적 가족치료의 주요 개념

여기서는 앞의 글 "가족에 대한 이해"에서 언급한 "가족체계의 개념"을 다시 한번 참조하면 도움이 될 것이다.

1) 가족구조

구조적 가족치료에서 가족구조는 가족구성원이 상호작용하는 방식을 조직화하는 '보이지 않는 기능적 요구'이다. 가족원끼리의 상호작용 방법과 연속성, 반복, 예측되는 가족행동이 모여 가족은 나름대로 고유한 가족구조를 가지게 된다.

2) 하위체계

하위체계는 다른 하위체계와 구분되는 경계를 가지고 있으며 또한, 하나의 전체로서 좀 더 큰 체계와 구분되는 경계를 가지고 있다. 가족 하위체계에는 부모-자녀 하위체계, 형제자매 하위체계, 부부 하위체계 등이 있다. 건강한 가족은 각 체계 간 경계가 명료하다.

〈가족체계의 위계질서〉

3) 경계

경계는 눈에 보이지 않는 관념적인 선이지만 체계 간 상호작용을 관찰하면 경계의 종류를 파악할 수 있다. 경계선이라는 말은 주로 하위체계 간에 사용되는 말이다. 경계의 명확성은 가족의 기능을 평가하는 유용한 기준이 되며 그 기능은 가족체계의 분화를 보장하고 성적 요소들을 한데 묶어 외부의 침해를 받지 않도록 보호한다. 경계선은 체계에 대한 정보와 에너지가 들어오고 나가는 정도와 방향인 투과성 정도에 따라 다음 세 가지로 구분한다.

① 경직된 경계선(rigid boundaries): 투과성이 낮아 체계 간에 에너지와 정보가 교환되기 어려운 경계. 가족체계 내에서 고립된 상태가 지역사회 내의 지지체계로부터도 고립상태를 이끌어낸다.
② 혼돈된 경계선(diffuse boundaries): 투과성이 지나치게 높음. 하위체계 간 밀착된 관계가 형성되기 쉬운 경계.
③ 명료한 경계선(clear boundaries): 투과성이 적절한 경계로서 너무 경직되지도 않고 애매모호하지도 않은 경계. 정체성 확립에 필요한 두 요소인 '소속감'과 '분화감'을 균형 잡히게 경험하게 되고, 건강한 사회인으로 성숙하게 된다.

'밀착된 가족'은 가족원 간 혼돈된 경계선을 가진 가족이다. 가족원이 서로 지나치게 관여하거나 얽혀 있고 독립심이 없다. 이에 비해 '유리된 가족'은 가족원 간 경계선이 경직된 가족이다. 가족 구성원은 서로에게 관심이 없고 무관심하며, 결국 뿔뿔이 흩어져 버린다.

4) 제휴

제휴란 가족체계의 한 성원이 다른 가족원의 활동에 협력하거나 반대하는 관계를 형성하는 것이다. 제휴에는 연합과 동맹이 있는데, 연합은 두 사람이 제3자에게 대항하기 위해 협력하는 것이고, 동맹은 제3자와는 다른 공동의 목적을 위해 두 사람이 협력하는 것이다.

5) 권력(=세력)

권력이란 가족 개개인이 상호작용을 통해 다른 가족원에게 미치는 영향력을 의미한다.

3. 구조적 가족치료의 개입 목표와 개입기법

가족의 중요성은 성경적인 면에서도 아무리 강조해도 지나치지 않는다. 가족치료 또한 하나님 나라의 건설과 확장을 위해 반드시 갖추어야 하는 실천 기법이다. 교회의 목회자 및 지도자들과 기독교사회복지기관의 지도자들은 우리 사회를 구성하고 있는 가족의 역기능적인 면을 치료하기 위해 보다 전문적인 연구와 훈련이 필요하다.

3.1. 개입 목표

구조적 가족치료의 목표는 가족을 재구조화함으로써 가족이 적절한 기능을 수행할 수 있도록 돕는 것이다. 문제행동을 변화시키려면 가족 행동을 변화시켜야 한다. 효과적으로 기능하는 가족은 가족 성원을 지지하는 체계이다. 이때 전체로서의 가족은 성장잠재력을 증가시키면서 미래의 갈등과 스트레스에 대처할 수 있게 된다.

밀착된 가족에서는 하위체계 간의 분화와 경계 분리를 좀 더 명확하게 해야 한다. 유리된 가족은 경직된 하위체계 경계를 침투성 있고 융통성 있게 만들어 가족원들 간의 상호작용을 증가시켜야 한다.

가족의 위계질서를 강화하고, 가족원 각자가 체계 내에서 적절한 위치에 있도록 가족 내 세대 간 경계를 분명히 유지하도록 원조한다. 각 체계의 경계가 명확할 때 새로운 상호작용 유형이 생기고 체계의 기능은 증가하게 된다.

3.2. 개입 기법

미누친의 치료 원리는 세 가지, 즉 ① 환경이 개인의 내면적인 문제에 영향을 준다는 것, ② 환경의 변화를 통해 개인과 가족을 변화시킬 수 있다는 것, 그리고 ③ 치료자의 행동이 이러한 변화를 일으키는 데 중요하다는 것이다. 이 원리들에 의해 만들어진 치료개입 기법은 아래와 같은 것들이 있다.

〈가족관계의 여러 가지 상징적 기호들〉

----------- 명료한 경계선	≡≡≡≡≡ 지나친 밀착관계
.... 애매한 경계선	—| |— 갈등관계
———— 경직된 경계선	} 연합
═════ 친밀 관계	⇒ 우회

1) 합류하기(joining)

치료자가 가족의 현실 상황에 들어가 함께 경험하는 것을 말한다. 가족 구조를 관찰하고 존중함으로써 합류하기가 이루어진다. 이때 자연스러우면서도 배려 깊은 공감적 이해가 중요하다. 왜냐하면 가족들은 죄책감과 불안함을 함께 갖고 있기 때문에 협력하기보다는 저항하려고 하기 때문이다. 합류하기의 예를 들면, 치료자는 가족의 언어적, 비언어적 의사소통과 감정표현을 모방함으로써 가족에게 합류한다.

2) 실연화(實演化, enactment)

치료면담 중에 가족에게 역기능적 가족 구성원 간의 상호작용 혹은 교류를 실제로 행동해 보게 하는 것이다. 이 기법은 문제를 행동으로 직접 표현해 보게 하는 행동중심적 개입기법이다. 실연화는 언어적 진술보다 직접적이어서 가족이 실생활에서 하고 있는 양상이 그대로 드러날 가능성이 있으므로 구조를 이해하는 데 한층 효과적이다. 실연화의 기법은 세 단계로 나누어진다. 1단계는 치료자가 가족을 관찰하면서 어떤 역기능적인 부분을 실연할 것인가를 결정한다. 2단계는 치료자가 정한 교류를 가족성원이 실연화하여 자신들의 역기능적인 상호작용을 분명히 밝힌다. 3단계는 치료자가 주목한 부분에 대하여 지금까지 가족이 하던 것과는 다른 방법으로 실연화시킨다.

3) 경계 만들기

가족 내 하위체계 간 경계가 너무 모호하거나 경직되어 성원 간 유리되거나 밀착된 경우 경계선을 수정하는 방법이다. 밀착된 가족에 대해서는 하위체계 간 경계선을 강화시키고 각 개인의 독립심을 키워준다. 유리된 가족에 대하여는 가족원 간 지지, 통제 기능을 강화하여 하위체계 간 교류를 촉진시켜 경직된 경계선을 완화한다.

4) 과제부여

가족 상호교류에서 자연스럽게 발전될 수 없는 행위를 실연해 보도록 하며, 가족이 행할 필요가 있는 분야를 개발시키기 위하여 과제를 주는 기법이다. 이 과제는 때와 장소, 상대방을 명확히 설정해 주어야 한다.

예1) 치료면담 중, "5분 동안 방해하지 마세요," 또는 "좀 더 가까이 앉으세요."

예2) 부부싸움을 자주 하는 부부에게, 일주일에 한 번 고급 레스토랑에서 자녀교육에 대한 제안을 30분 정도 대화하고 그 결과를 적어서 가져오게 함.

5) 균형 깨뜨리기

가족 내 하위체계 간의 역기능적 균형을 깨뜨리는 기법으로써 하위체계 간 관계가 재조정된다. 치료자는 가족의 역기능적 균형(예, 가부장적 위계, 또는 경직된 가족)을 깨기 위해 가족 구성원 한 사람 또는 하위체계를 지지한다. 누군가의 편을 드는 것은 중립성을 어기는 것이 아니라 얼어붙어 있는 체계의 균형을 무너뜨려서 체계를 재조정하는 것이다.

6) 긴장 고조시키기

가족 체계의 경계선, 연합, 권력에 직접 개입함으로써 가족들의 긴장을 고조시키고, 이로써 가족구조를 재구조화하는 기법이다. 상호교류 유형을 차단시키기, 가족 성원 간의 의견 차이를 강조하기 등을 사용한다.

7) 재구성(=재명명)

재구성(reframing)은 부정적인 행동에도 긍정적인 암시를 부여하는 것이다.

예) 등교 거부 문제로 정신과 의사를 찾은 학생의 어머니, "우리 아들은 정신적으로 문제가 있어요." 이때 치료자가 말하기를, "정신적으로 문제가 있는 것이 아니라 오래된 나쁜 습관을 가진 것입니다"라고 하여, 어머니의 자녀에 대한 관점을 바꾸어 주는 것이다.

4. 구조적 가족치료의 성경적 평가

미누친이 구조적 가족치료에서 주로 사용하고 있는 개념들은 경계선, 가족체계, 제휴, 권력 등인데 이러한 개념들은 기독교 상담에서도 유용하게 사용될 수 있는 것들이다. 경계선의 개념은 하나님께서 이스라엘 민족을 12지파로 나누어 놓으신 것에서 유추된다(신 32:8). 제휴의 개념은 성경에서 의기투합의 의미로 사용되는데, 사울의 공격을 피하기 위해 다윗과 요나단이 의기투합한 장면, 그리고 예수님을 공격하기 위해 사두개인과 바리새인이 결탁하는 것을 볼 수 있다.

권력(=세력)에 대해서는 광의로는 하나님과 사탄, 하나님 나라와 사탄왕국의 세력 싸움을 들 수 있다. 한 가정 안에서는 요셉을 둘러싼 형제들의 세력다툼을 들 수 있다(창 37장). 이 야곱의 가정은 경계선과 제휴와 세력이 모두 다양하게 나타난다.

가족체계의 개념은 구조적 가족치료 중 하나님의 창조질서와 가장 잘 부합하는 개념이다. 에베소서는 남편과 아내, 부모와 자녀의 관계를 잘 설명하고 있다. 하나님께서는 가족을 남편과 아내, 자녀로 구분 지으시고 남편의 머리됨을 강조하셨고, 아내와의 밀접한 애정과 신뢰를 요구하셨다. 부모는 자녀를 노하게 하지 말고 자녀는 부모를 공경하라고 명령하셨다.

교회를 하나의 체계로 볼 때 예수 그리스도는 머리가 되시고 성도들은 교회의 몸을 이루는 관계로 볼 수 있다. 또한, 가정이라는 전체적 체계는 예수 그리스도이며 각 하위체계는 가족구성원이라 할 수 있다. 이처럼 구조적 가족치료는 비기독교적인 관점에서 출발했지만 도출된 개념들이 성경적인 것에 반하지 않음을 알 수 있다. 따라서 기독교 가정을 치료하는 데 있어서 적용에 큰 무리가 없을 것이다.

다만, 미누친의 인간관은 '인간이란 자신이 운명의 주인이 아니라 그가 속한 환경과의 상호작용에 의해 그 삶이 결정된다'고 보기 때문에, 성경의 가르침('인간의 주인은 하나님이시다')과 배치되는 부분이 있음에 유의할 필요가 있다. 환경에 의한 변화가 온다고 하더라도 그것은 인간의 외적 변화일 뿐, 인간의 완전한 변화는 그리스도 안에서만이 가능하다는 사실을 항상 인식해야 한다.

또한, 가족의 형태에 대한 성경의 분명한 기준이 있음에도 미누친은 이혼과 재혼, 그리고 새롭게 구성되는 가족의 모습을 전환기의 가족 정도로 여기는 인본주의적, 상황적 가족관을 가지고 있어, 목회자나 기독교 치료자들은 그가 제시하는 여러 가지 치료법의 적합성과 한계성을 면밀히 검토하며 적용하는 지혜가 필요하다.

- 나가며 -

구조적 가족치료는 현대 가족문제의 여러 영역에서 사용되어 왔고 지금도 발전적으로 적용되고 있다. 부부갈등 문제, 부모 자녀 갈등 문제, 알코올 중독자 가정, 청소년 문제 가정, 아내 학대 예방, 기러기 가족 문제 등 매우 다양한 방면에서 효과적으로 이용되어지고 있다.

하지만 성경적 가치관을 가진 교회 목회자나 기독교사회복지단체의 지도자들은 구조적 가족치료의 여러 기법을 숙지하되 항상 성경적 인간관, 성경적 가족관, 성경적 세계관에 기초한 치료에서 벗어나지 않도록 유의하며, 적극적인 가족치료에 임해서 이 사회에 하나님의 나라가 번성하도록 힘써야 할 것이다.

X. 가족복지③

경험적 가족치료(Experiential Family Therapy)

경험적 가족치료 모델은 사티어(Virginia Satir, 1916~1988)가 인본주의적 인간관과 실존주의 철학을 기초로 자신의 치료이념과 가치체계를 발전시킨 치료모델이다. 경험적 가족치료의 접근방식은 행동이론, 학습이론, 체계이론, 의사소통이론을 기본으로 하는 자아존중감, 자아가치와 신념, 가족규칙, 의사소통 유형에 주요 초점을 두고 있다.

경험적 가족치료는 1960년대 들어서면서 정신분석적 사조가 쇠퇴하고 즉시적이고 '지금-여기(here and now)'에서의 경험을 중요시하는 유럽의 개인 심리학의 실존적이며 인본주의적 인간관에 뿌리를 두고 있다. 이 시기는 경험 집단, 감수성 훈련, 인간의 잠재력 성취를 강조한 시기였다. 대표적 인물로 휘태커, 사티어, 켐플러 등 다수가 있는데, '경험'을 강조하는 것은 공통적이다.

인간성에 대한 긍정적인 모델을 지지하는 이들의 관점은 개인 가족의 성장과 발달을 증진시키려는 심리학자와 가족치료자들의 요구를 반영한다. 경험적 가족치료 모델은 표현되지 않고 감추어진 정서를 표출시키는 것을 문제 해결의 중요한 열쇠로 간주하며, 개인의 정서적 경험과 가족체계에 대한 이중적 초점을 강조하는 접근이다.

1. 경험적 가족치료의 특징과 개입 목표

사티어의 가족치료모델은 정신분석적 모델과 달리 성장모형을 토대로 하며, 가족구성원이 직접적이고 분명하게 정직한 의사소통을 하는 경험을 토대로 하여 개인이 가족 안에서 자아존중감이 증진되고 성장하게 되는 것에 그 목표를 둔다. 사티어의 초점은 사람들의 성장을 돕고, 건강하게 살 수 있도록 돕는 것에 있다.

1.1. 경험적 가족치료의 특징

사티어의 경험적 가족치료는 단선적 인과론이 아닌 체계적 개념이며, 인간을 긍정적 생명력을 가진 존재로 보는 실존주의적 인간관에 기초하여 인간을 성장시키고 건강해지도록 돕는 치료 개념이다. 사티어는 충분히 기능하는 인간을 나타내는 두 가지 중요한 지표를 '자아존중감'과 '일치성(Congruence)'으로 본다.

사티어는 가족치료를 '성장과정을 체험적으로 연습하는 것이며, 가족구성원이 성숙한 인간으로 성장하도록 돕는 것'이라고 했다. 사티어의 가족치료를 성장모델이라고 부르는 이유이다. 사티어는 50여 년간 상담사역을 하면서 가족의 역기능적 의사소통 유형에 관심을 두었는데, 의사소통에 있어 메시지의 일치성과 불일치성을 강조했다. 사티어는 자아존중, 가치체계와 자기확신 등 신념과 철학을 중요시하였는데, 이러한 관심사가 경험적 가족치료에 반영되어 있다.

또한, 사티어는 자아존중감의 증진에 깊은 관심을 보였는데, 인간은 기본적으로 자아존중감을 원하는 존재로 보았기 때문이다. 사티어는 가족체계 내에서 가족원들의 정서적 수준과 감정적 수준, 가족원들이 자신과 다른 가족원들에 대하여 어떻게 느끼고 어떻게 반응하는가에 관심을 두었다.

<인간 내면의 빙산>

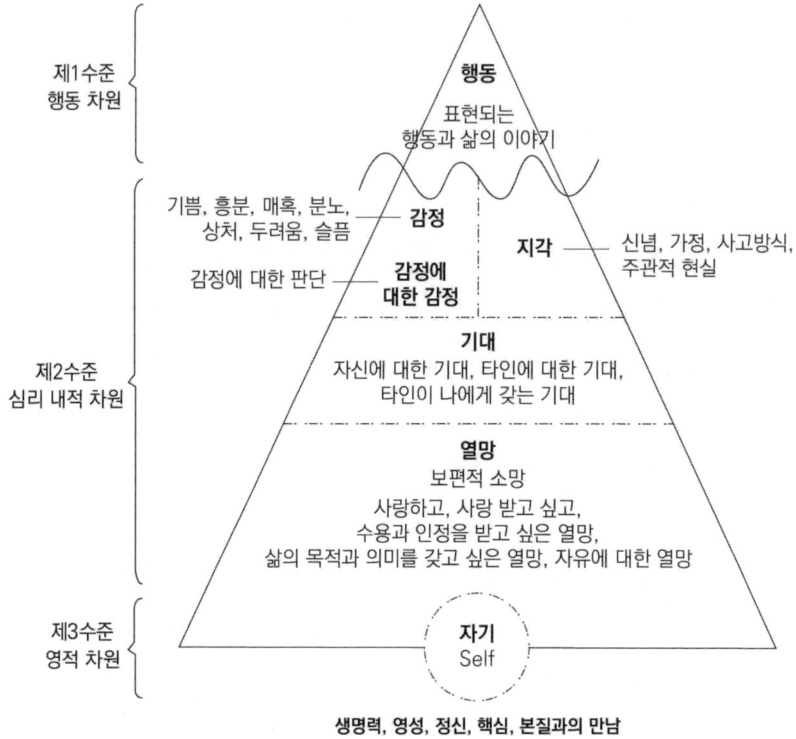

자료: 김영애(2008), p.40

1.2. 가족에 대한 관점

사티어는 가정에서 늘 발생하는 네 가지 문제의 영역을 자기가치, 의사소통, 가족제도, 사회와의 연계라고 말하면서, 이러한 문제를 가지고 있는 가족구성원을 치료하는 것이 가족치료요, 그들을 사람다운 사람으로 만드는 곳(공장)이 가정이라고 했다.

그런 의미에서 '건강하고 정상적인 가족'은 가족 구성원들이 서로의 성장을 돕는 가족을 말하며, '역기능적인 가족'은 정서가 메말라 있고 회피적이고 자기방어적인 가족이다.

1.3. 개입 목표 (치료전략)

경험적 가족치료의 목표는 가족을 안정된 상황에 머무르게 하는 것이 아니라 성장시키는 것이다. 감수성, 느낌의 표현, 자발성과 창조성, 확실성의 성장이 치료의 일반적 목표이다. 경험적 가족치료모델을 따르는 이들은 증상의 감소나 사회적 적응도 중시했지만 내면의 경험이나 그러한 경험의 확대를 가족치료의 기본 목적으로 삼은 것이다.

휘태커는 가족 성원에게 가족의 부분으로서 소속감을 가지게 하는 동시에 독립된 개인으로서 자유를 인식할 수 있도록 원조하는 데 중점을 두었다. 따라서 치료자의 역할은 치료과정을 통하여 가족 성원의 잠재력을 쉽게 표현할 수 있도록 도와주며 경직된 가족규칙을 현실에 맞는 지침으로 새롭게 만들어 가족 내의 자기방어를 감소시키는 것이다.

사티어의 성장의사소통 치료는 자신의 자아존중감을 높이고 자기 인생에 대한 선택권을 스스로 갖도록 돕는 개인의 성장을 최대의 목표로 삼는다. 이러한 목표를 달성하기 위해서 가족이 서로 협력하는 과정과 기술을 강화하도록 도우면서 개인의 낮은 자존감을 회복시켜 자신의 가치를 인정할 수 있는 감정과 자원을 발견하도록 돕는 것이 치료의 과정이다. 따라서 이를 위해서는 가족이 희망을 찾고 미래에 대한 꿈을 갖도록 도와야 한다. 경험적 가족치료사는 이와 같은 궁극적인 목적을 달성하기 위해 가족이 서로 협력하는 과정과 기술을 강화하도록 도운다. 또한, 각 개인은 선택할 수 있으며 그 결과를 책임져야 한다는 것을 인식시킴으로써 가족원 개개인과 가족체계의 건강을 증진시키려 한다.

경험적 가족치료에서 가족과 함께 치료과정에서 지향하는 목표들을 가족치료학자 김혜숙(2003)은 다음의 일곱 가지로 종합하여 정리하였다.

① 가족들이 서로 자기 자신의 보고 느끼고 생각하는 것들에 대하여 분명하게 표현하도록 한다.
② 가족들이 새로운 희망을 가질 수 있도록 하며, 과거의 꿈들을 다시 자각하도록 한다.
③ 가족들이 새로운 시각과 통찰을 가질 수 있도록 교육하며, 어려운 상황을 대처하고 극복할 수 있도록 강화한다.
④ 원가족에서 학습하고 배운 역기능적인 대처방식이나 틀에서 벗어나 새로운 방식들을 시도한다.

⑤ 자의식을 가지고 자신의 의사결정을 스스로 선택하게 함으로 자신의 행동에도 책임을 지게 한다.
⑥ 가족의 규칙을 분명히 하며, 부모들의 통제를 융통성 있게 한다.
⑦ 가족들은 서로의 차이점을 알며, 자아성장을 위하여 서로 지지해 준다.

2. 경험적 가족치료의 주요 개념

2.1. 자아존중감

1) 자아존중감은 경험적 가족치료모델에서 가장 중요한 개념이다.

자아존중감의 형성에는 가족 구조와 부모와의 관계가 중요한 생애 초기 자녀의 경험이 영향을 미친다.

2) 자아존중감은 어떠할 때 낮아지는가?

① 부모-자녀 관계에서 부모가 자녀에게 적절하게 반응을 보여주지 못할 때
② 자녀가 자기가치와 자아존중감을 발달시킬 기회를 갖지 못할 때
③ 부모가 역기능적인 의사소통을 자주 사용할 경우

3) 경험적 가족치료에서는 개인의 낮은 자아존중감을 회복시켜 자신의 가치를 인정하고 자신이 보유하고 있는 장점과 자원을 발견하고 활용함으로써 문제 상황에 잘 대처할 수 있도록 원조한다.

4) 자아존중감은 의사소통과 순환적인 관계에 있다.

즉, 낮은 자존감을 가진 사람은 방어적이며 적절하지 않은 의사소통을 하게 된다. 적절하지 않은 의사소통은 상대방으로 하여금 다시 방어적이 되게 한다. 이러한 악순환의 고리를 끊기 위해서는 높은 자아존중감을 가져야 한다.

2.2. 의사소통 유형

사티어는 클라이언트들을 만나면서 그들이 자아존중감이 낮으며 불균형 상태에 있을 때 긴장을 처리하는 의사소통 방식에 공통점이 있음을 발견하였다. 사티어는 이러한 역기능적 의사소통을 회유형, 비난형, 초이성형, 산만형으로 구분하였다.

자아존중감이 낮으며 심리적으로 평형상태가 깨어질 때는 회유형, 비난형, 초이성형, 산만형의 역기능적 의사소통 및 대처유형을 사용한다. 경험적 가족치료는 역기능적 의사소통 유형을 일치형으로 변화시키고자 한다. 사티어의 의사소통 유형의 특징은 다음과 같다.

1) 일치형(congruent)

의사소통의 내용과 내적 감정이 일치한다. 자신의 감정을 잘 알아차리고 적절하게 표현한다. 자신을 존중하고, 타인을 존중하며, 상황을 존중한다.

2) 비난형(blaming)

타인을 무시하는 의사소통이다. 타인의 말과 행동을 비난하고 통제하며 명령한다. 자신을 존중하고, 타인을 무시하며, 상황을 존중한다.

3) 회유형(placating, 아첨형)

자신의 내적 감정이나 생각을 무시하고 다른 사람의 비위에 맞추려는 성향의 의사소통이다. 타인의 의견에 무조건 동조하고 비굴한 자세를 취하며 사죄와 변명을 하는 등 지나치게 착한 행동을 보인다. 자신을 무시하고, 타인을 존중하며, 상황을 존중한다.

4) 초이성형(super-reasonable, 계산형)

자신과 타인을 무시하고 상황만을 중요시하는 의사소통이다. 규칙과 옳은 것만을 절대시하다가 결국 극단성을 보인다. 완고하고 냉담한 자세를 취하며 독재적으로 행동한다.

5) 산만형(혼란형)

초이성형과는 반대로 자신, 타인, 상황을 무시한다. 주제나 상황에 맞지 않는 말을 하며 산만하게 행동한다. 자신을 무시하고, 타인을 무시하며, 상황을 무시한다.

3. 경험적 가족치료의 개입기법

경험적 가족치료사들은 '사람은 본성적으로 건강하고 창의적이고 열정적이고 사랑스럽고 생산적'이라는 인본주의적 신뢰를 공유한다. 따라서 치료의 주요과업은 방어를 풀고 본래의 활력을 내보낼 수 있도록 자기 안에 활력을 주는 것이다.

문제의 해결보다는 가족의 기능을 회복하는 데 치료의 초점을 맞추는 경험주의 치료사들은 가족이 제시하는 문제의 구체적인 부분들에 대해 많은 관심을 쏟지 않는다. 그들은 가족과 깊은 교류를 가짐으로써 가족을 변화시킬 수 있다는 신념을 가지고 치료에 임한다. 경험, 만남, 직면, 직관과정, 성장, 존재, 자발성, 행동, 지금-여기 등은 경험적 가족치료사가 즐겨 사용하는 개념이다.

경험적 가족치료사들은, 치료적 변화는 경험의 증가에서 비롯되는 것으로 지적 반응이나 문제의 근원을 보는 데 있는 것이 아니라고 주장한다. 치료는 가족과 치료자 사이의 친밀한 관계이며, 개개인의 가족성원뿐만 아니라 전체 가족체계의 성장을 촉진시키는 과정이다.

사티어의 성장 기법은 의사소통을 명확히 하도록 활발하게 행동하며 가족의 시야를 가족의 과거 일에 대한 불만에서 문제해결로 바꾸려고 노력하는 것이다. 가족 개개인에게 어떤 생각을 가지고 있고 치료에서 무엇을 기대하며 왜 여기에 와있는지 분명히 표현하도록 촉구한다. 또한, 가족 각자에게 말하게 함으로써 의견의 불일치를 드러내고 이것을 경청을 통해 서로를 이해하도록 돕는다.

사티어가 추구하는 것은 의사소통이론에 준거했으나, 역기능적 의사소통의 공통점은 표현하는 언어적 메시지와 비언어적 메시지의 의미가 불일치하는 이중 메시지로 전달될 때 생긴다는 점이다. 주로 이러한 이중의 메시지는 자존감이 낮고 남의 감정을 상하게 하는 것을 두려워하는 사람에게서 자주 나타나므로, 치료를 통하여 그들의 자존감을 높이려고 노력한다.

3.1. 가족 조각

사티어는 치료과정에서 조각기법(sculpture)을 사용한 자신들의 유형을 경험하게 하여 바람직한 의사소통을 하도록 도왔다. 경험적 치료기법은 구조적이지 않으며, 미래계획 속에서 이루어지지 않고, 치료자 자신의 성숙한 태도와 직관력, 창의력이 요구되는 것이다. 치료자 자신이 가지고 있는 내적인 힘, 생기발랄함, 감수성, 관심의 표명, 인내심들이 어떠한 기법보다도 중요하다.

가족 조각은 가족원들이 의사소통과 관계 형태를 나타내는 거리감이나 밀착된 몸짓 및 자세를 취하여 가족원들의 관계를 나타내는 기법이다. 가족원 중에 한 사람이 조각자가 되어 자신이 지각하고 있는 상황을 각 성원에게 표현하도록 각자의 위치와 신체적 표현을 정해준다. 나머지 가족원들은 조각자가 표현하고 싶어 하는 것이 표현될 때까지 그 자세를 유지한다. 모든 가족원이 조각해 보도록 한 후, 가족원 전체가 경험한 것을 이야기한다.

가족조각의 실연과정은 4단계로 나누는데, 제1단계 준비단계, 제2단계 조각완성단계, 제3단계 성숙 및 변화단계, 제4단계 종결단계로 나눈다.

치료자는 가족원들이 감정을 나타내는 표현을 하도록 격려한다. 가족 조각은 말 없이도 다른 사람의 관점을 이해하는 수단을 제공하므로 말이 서툴거나 어색한 가족에게 유용하다. 가족 조각은 가족의 문제가 무엇인지 파악하는 사정도구로도 사용되고, 가족 개입의 목표를 설정하게 하는 개입기법으로도 활용된다.

3.2. 가족그림(family drawing)

가족그림은 가족원에게 자신이 느끼는 대로 자유롭게 가족에 대해 그림을 그리도록 하는 기법이다. 그림을 통해 가족성원들 자신이 가족에 대해 어떻게 느끼는지 이해할 수 있으며, 다른 성원들이 서로에 대해 어떻게 느끼는지, 가족관계에 어떤 문제가 있는지 등을 이해하는 데 도움이 된다.

3.3. 빙산기법

사티어의 가족치료는 다양한 수준에서 이루어지게 되는데, 이를 개인의 빙산에 비유할 수 있다. 수면 위의 작은 빙산은 사람의 행동이고 수면 아래의 커다란 빙산은 사람의 감정이나 기대, 지각, 열망 등을 의미한다. 개인의 빙산 수면 아래를 탐색하여 부적응적인 클라이언트의 경험을 표면화하고 변형하도록 함으로써 잠재의식 수준의 변화를 목표로 한다.

4. 경험적 가족치료의 논의 및 평가

경험적 가족치료에서는 개인의 문제 해결보다 개인과 가족의 성장에 초점을 두고 있다. 개인의 성장과 자아성취는 인간의 기본적인 성향으로, 충동과 방어기제가 감소되었을 때 자연적으로 나타나는 것이다. 그러므로 치료의 목표는 가족원 개개인의 내적 방어기제와 가족원들 사이의 방어 기제를 감소시키는 것이다.

그러기 위하여 경험적 가족치료사들은 가족들의 습관적이며 익숙한 행동에 도전하고 질문함으로써 변화를 시도한다. 그리고 새롭고 효과적인 경험을 확대시키기 위해 치료사 자신의 활용뿐 아니라 구조화된 기법과 표현적인 기법을 사용한다. 이 접근의 핵심은 강한 경험을 갖게 하는 것과 경험의 확대를 위한 기법 사용에 있다.

경험주의적 가족치료는 실존적이고 인본주의적이며 그리고 현상학적인 사고에서 유추된다. 이러한 사고는 개인이 자유와 자기표현을 통해 그동안 문화로 인해 약화된 자신의 영향력을 회복시킬 수 있다고 본다. 결국 이 접근법은 체계적으로 개념화된 가족 역동에 따르는 대신 여러 다른 접근법에서 개념과 기법들을 빌려온다.

경험적 가족치료 접근법의 주요한 공헌 중의 하나는 가족원 각각의 감정을 알아차리게 하고 표현하게 하며 경험하게 함으로써 결과적으로 가족 내 대인관계에 긍정적 경험과 관계를 갖게 하여 성장하도록 돕는다는 점이다. 경험주의적 가족치료의 가장 좋은 점은 사람들이 그들 자신의 잠재적 생명력을 발견하도록 돕는 것이다.

대부분의 치료자들은 치료시의 비이성적 힘을 강조한다. 그래서 인간본성의 지적인 측면은 감정의 측면에 종속적인 것이 된다. 경험주의적 가족치료의 주된 기여 중의 하나는 우리가 체계 속에서 개인의 모습을 상실하지 않게 하는 것이다. 곧 내담자의 내적 부분에서 부정적으로 지각하는 것도 자신의 것으로 수용하게 할 뿐 아니라 이들을 적극 활용할 수 있도록 돕는다. 이 과정을 내담자 혼자서 경험하는 것이 아니라 역할극을 맡은 사람은 물론 내담자의 가족도 이 과정을 관할하면서 많은 통찰을 얻게 되며, 그동안 무시하거나 부인해 온 자신의 자원을 인정하고 수용할 뿐 아니라 활용할 수 있게 된다. 결과적으로 편견은 줄어드는 반면 자원은 풍부해져 더 능력 있고 일치적일 수 있게 한다.

그러나 경험적 가족치료는 유용성과 함께 한계점을 가지고 있다.

첫째, 경험적 가족치료에서는 이해보다 경험에 강조를 두며, 이론과 기법보다는 치료자의 자세와 능력을 중요시하고 있기 때문에 경험적 치료는 다른 치료 모델보다 치료자의 통찰과 경험의 질적인 측면이 개인의 심리적 건강을 판단하는 근거가 된다는 점에서 치료자의 수련과 경험에 따라 상담의 결과와 유용성이 미지수이다.

둘째, 경험적 가족치료에서는 다른 어떤 가족치료 모델보다도 치료적 도구로서 치료자 자신의 활용이 중요하다. 핵심적인 목표는 문제 해결보다는 개인의 성장과 대인관계의 변화이므로, 클라이언트가 치유적 경험을 통해 성장하며 일치적인 의사소통을 할 수 있게 하려면 개인의 감수성을 향상시키고 자각을 확장시키는 것이 중요하다. 치료자는 개인적인 경험을 적절하게 나누는 자기 노출의 기법으로 일치적이어야 함으로 상담과 치료의 한계점이 노출된다.

셋째, 경험적 가족치료의 특징은 성장 철학이다. 감정과 의미 표현의 강조, 치료 중 치료사가 나누는 사적인 감정과 사고, 고통을 자연스러운 성장의 일부로 받아들이는 과정과 행동 중심적 치료기법, 대화 과정의 지지와 가족원들 간의 해소갈등 장려 등의 성장 치료기법은 그리스도인 간에 멘토링(mentoring)을 통한 성숙을 이끌어 가는 과정에 적용할 수 있을 것이다.

함승애(2001)는 사티어의 의사소통 가족치료 이론을 성경적으로 분석하여 가족치료에 대한 성경적인 정의를 얻었다. 곧 성경적 가족치료의 대상은 그리스도 안에서 믿음을 가진 사람들을 대상으로 하며, 성경적 가족치료의 방법도 그리스도인들의 자아존중감 회복을 그 내용으로 하고 있다. 아울러 성경도 의사소통에 있어서 일치형을 주장하며, 한 개인의 문제를 해결함에 있어서 항상 상호관련성을 중시하고 있다. 성경적 가족치료란 불균형적인 의사소통인 방임형, 수평형 혹은 수직형 의사소통 가족을 균형화 가족으로 변화시키는 과정이며, 여기에는 반드시 가족 구성원들의 영적 성장이 포함되어 있어야 한다.

가족치료의 목표에 대해서도 함승애(2001)는 사티어의 가족치료 목표와 연관하여, 먼저 가족의 기능을 개선시켜 창조적 활동을 가능케 하는 것과 가족성원들 간의 애정적 결속을 강화시켜 상호간의 신뢰를 증진시키고, 가족성원들 간의 긍정적인 태도를 발전시키며, 가족들의 통찰력을 개선하고 판단력을 향상시키고, 다른 가족구성원 및 주위 환경과 더욱 지속적이고 만족스러운 관계를 형성케 하는 것을 치료의 목표로 제시한다.

이상의 가족치료 목표를 정리하여 볼 때 기독교 가정을 위해서는 성경적인 가족관의 회복이 필요하다. 성경적인 가족관, 곧 하나님께서 원하시는 가족으로의 회복이 가족치료의 진정한 목표가 되어야 하는 것이다. 이를 위해 여러 가족치료 이론과 실제를 연구함에 있어서도 모든 포커스는 하나님 나라의 확장이 가정 내에서 이루어지는 것이며, 이를 위해 가족은 구원의 확신과 가족치료에 대한 믿음에서부터 출발할 수 있도록 신앙공동체를 이루어야 한다.

- 나가며 -

글로벌시대를 맞이하여 세계적인 이주화 현상으로 가족구조의 급격한 변화를 겪고 있다. 이로 인해 '세계는 한 가족'인 포스트모던시대 가정은 도시화, 산업화, 서구화, 다원화, 해체화 등의 패러다임 변화의 영향으로 '다문화 가족'이 형성됨으로 전통적인 가족 가치관에 급격한 변화가 나타났다.

이 같은 변화들이 가족에 미친 영향력은 가족의 형태, 기능, 내적 결합 면에서 변화를 초래하여 이에 수반된 가족 문제가 제기되고 있다. 이러한 혼동과 갈등은 가족구성원 간의 심리적 압박감, 저항감, 긴장감 등을 유발하여 가족 구성원 간의 갈등, 부부간의 갈등 또는 이혼, 부모와 자녀 간의 갈등, 자녀들의 비행이나 이탈행동 발생의 주요한 요인으로 작용하여 우리 사회는 위기에 직면하고 있다.

사회적 혼돈과 위기 앞에서 한국교회는 하나님의 '문화적 명령(The Culture Mandate)'에 순종하여 변화의 시대에 적합한 가족복지 서비스를 수행하여야 한다. 이를 위해 성경적이면서 효과적인 가족치료 기법을 개발하여 가정의 회복과 치유를 통해 하나님과의 관계를 회복하고 크리스천 가정들로 하여금 하나님의 영광을 나타내는 언약공동체로 세우려는 데 노력해야 할 것이다.

한국교회에서는 가족문제와 관련하여 목회자 및 평신도전문사역자를 대상으로 하는 각종 가족치료세미나와 훈련 프로그램이 개최되고 가족상담에 관련된 연구가 진행되어 왔으며, 최근에 이르러 가정사역과 내적치유사역의 흐름이 형성되면서 교회사역 분야에 있어서 가족의 치유적 기능이 부각되기에 이르렀다.

한국교회는 급변하는 시대적 패러다임 속에 사라져 가는 경건한 믿음의 가정의 회복을 위해 한국 가족문화와 정서에 맞는 가족치료 모델을 개발하여 효과성과 유용성을 향상시키는 방법론으로 통합적 접근(구조적 가족치료, 경험적 가족치료, 다세대 간 가족치료, 전략적 가족치료 등)을 수행하는 것이 유망해 보인다.

이제는 한국교회가 급변하는 시대적 패러다임 속에 파괴되고 사라져 가는 경건한 믿음의 가정의 회복을 위해 요구받고 있는 새로운 시대적 요구에 성실히 응답해야 하는 사명을 받아 들어야만 할 것이다.

XI. 가족복지④

보웬 가족치료(다세대 가족치료)

한국사회의 급격하고 다양한 사회변동 양상은 세계적으로 유례가 없을 정도이다. 서구에서는 2~3세기 동안에 걸쳤던 변화를 한국사회는 불과 수십 년 사이에 압축적으로 겪어왔다. 이처럼 빠른 속도의 변화 외에 금세기 한국에서의 사회구조적 변화 자체가 서구사회에 비하여 매우 우발적으로 진행되어 왔다. 한국은 식민지화와 전쟁에 이어 국가에 의해 전략적으로 기획된 산업화, 세계화, 정보화 등 매우 단절적이고 자의적인 사회변동을 야기했다. 또한, 이 변화들이 동시에 중층적으로 이루어졌다. 그래서 상호 간에 이념적, 현실적 적합성을 갖지 못하는 변화들이 함께 관찰된다. 한마디로 한국의 급격한 변화는 '압축적 근대성(compressed modernity)'이라 할 수 있다.

급격한 사회 변동으로 가족제도, 가치관, 가족관계 양상 등에서 큰 변화를 가져왔고, 이러한 변화에 따르는 욕구가 젊은 세대와 여성들을 중심으로 확산되었다. 그래서 과거의 전통적인 부모-자녀 관계, 가부장적인 남성중심의 가족에서 부부중심 가족으로 변화하고 있다. 그러나 나이 든 부모세대와 남성들은 여전히 전통적인 가족관계를 고수하려는 측면이 강해서 가족 간 갈등 요인으로 작용하고 있는 것이다. 그러므로 한국 가족의 불안하고 혼돈스러운 상황에서 볼 때, 보웬(Bowen)의 가족치료 이론을 활용하는 것은 의미가 크다고 할 수 있다.

내용에 들어가기 전에 가족의 중요성에 대한 성경의 강조점을 기억할 필요가 있다. 성경은 가족으로 시작해서 가족으로 끝을 맺는다. 따라서 하나님의 백성으로 이루어지는 교회와 가족은 따로 분리하여 생각하기 어려울 정도로 긴밀한 관계에 있다. 구약성경의 마지막은 "그가 아버지의 마음을 자녀에게로 돌이키게 하고 자녀들의 마음을 그들의 아버지에게로 돌이키게 하리라"(말 4:6)는 말씀이며, 신약성경의 마지막 요한계시록 21장, 22장에서는 교회가 그리스도 신부 됨을 강조하고 있다.

1. 보웬 가족치료의 특징

머레이 보웬(Murray Bowen, 1913~1990)은 대가족의 장남으로 태어나서 정신과 의사(American Psychiatrist)가 되었고, 후에 정신분석적인 개념들을 통해서 정신분열증 환자와 가족들을 치료하였다. 이 과정에서 보웬은 분화와 삼각관계라는 개념을 창안해 내었고, 이를 토대로 가족 안에서 일어나는 다양한 심리적인 역동과 행동양식에 대한 관련성을 제시하였다.

보웬의 이론은 일반체계이론 대신 자연이론에 기반을 두면서 가족이 자연적으로 발생된 체계라는 점에서 인간과 인간의 가족은 자연의 법칙에 따라 동기화된 것이라고 가정한다. 이것은 보웬의 가족체계이론이 일반체계이론의 개념에 기반을 두고 있지 않음을 의미한다. 보웬의 가족체계이론은 인간행동이 다른 생명체의 행동을 규제하는 자연과정과 동일하게 규제되고 있으며, 인간이 갖고 있는 임상장애는 하등동물의 것과 공통적이라는 추론적 가정을 한다.

보웬은 인간이 합리적이고 이성적인 생각을 할 수 있는 능력을 가지고 있기에 다른 생명체들과 구분이 되고 환경을 바꿀 수 있는 능력도 있지만, 정신적인 장애나 질환들과 같은 문제는 인간뿐만 아니라 다른 생명체들에게도 존재한다고 가정하였다. 그래서 보웬은 가족이 인위적으로 형성된 체계가 아니라 자연적으로 발생되는 체계라고 이해하였으며, 가족체계 자체가 자연발생적으로 형성되어 인류가 존속되어 왔다고 보았다.

보웬의 체계 개념은 진화론의 영향을 받아 정서체계로 보는 독특성을 보인다. 그래서 단지 무엇이 발생하고 있는가를 발견하는 것을 넘어 무엇이 그 현상을 활성화시키는가를 설명한다. 가족 내에서 일어나고 있는 현상을 발견할 뿐 아니라 그 현상을 발생하게 하고 유지하게 하며 더욱 활성화시키는 그 '무엇'에 초점을 둔 것이다. 그리고 그는 그 '무엇'을 가족정서 체계 안에서 일어나는 정서적 가족관계과정을 통해 설명하고자 했다.

많은 경우 무엇이 발생했는가에 집중하여 그 발생된 현상만을 제거하는 것에 치료의 초점이 맞추어지면 그 현상을 유지하게 하거나 더욱 활성화시키는 것을 찾는 것을 놓칠 수 있다. 또한, 근본적인 해결도 어렵게 만든다. 그런 의미에서 보웬이 정서체계를 규명함으로 가족 내의 어떤 현상이 일어나게 하는 근본 원인에 대해 초점을 맞추어 접근한 것은 가족문제를 근본적인 해결로 나아갈 수 있게 도와준다. 특히 정서적인 융합이 강한 대가족의 전통을 지닌 우리나라에서 보웬 이론은 연관성이 깊다 하겠다.

2. 보웬 가족치료의 주요 개념

보웬의 가족체계이론은 여덟 가지의 상호 맞물린 개념들(interlocking concepts)로 구성되어 있다. 이것은 다양한 문제들을 가진 수많은 가족을 다년간 치료하면서 관찰했던 경험의 산물이다. 이 절에서 보웬 이론의 주요 개념들을 살펴보자.

2.1. 자아분화(Differentiation of Self)

보웬의 가족치료에서 '분화(分化)'는 핵심 개념이다. 왜냐하면 보웬의 주요 개념들이 대부분 자아분화와 연관성을 갖기 때문이다. 보웬은 역기능적인 가족의 문제 원인을 가족구성원들의 자아분화 정도가 낮음에서 찾았다. 자아분화는 자신이 환경이나 타인에 영향을 받지 않고 얼마나 자신의 방식대로 사고하고 정서적으로 느끼고 살아갈 수 있는 능력치에 대한 영역이다.

보웬에 따르면 인간관계는 개별성(individuality)과 연합성(togetherness)의 균형을 이루려는 경향이 있는데, 이 양극성을 얼마나 잘 조화시키는가 하는 것이 자아분화가 얼마나 잘 이루어졌는가에 달려있다고 주장한다. 그래서 보웬은 자아분화를 하는 것을 치료의 가장 큰 목표로 삼았으며, 공동체 안에 있는 감정 덩어리로부터 얼마나 자신이 독립되어 생각하고 행동할 수 있는지에 대한 부분을 강조한다.

자아분화는 어렸을 때, 특히 원(元)가족 안에서 부모와의 관계를 통해 자아가 형성되면서 이루어진다. 인간은 존재하기 시작할 때부터 엄마와의 신체적이며 정서적인 융합이 이루어지게 된다. 엄마와의 관계뿐만 아니라 원가족 안의 아빠와 형제, 자매들과의 관계 속에서 함께 영향을 주고받으며 살아간다. 시간이 흘러 성인이 되면서 인간은 이제 자기로서의 삶을 살아가게 된다. 자기로서의 삶이란 한 사람이 원가족의 정서적인 융합으로부터 해방되어 자신만의 방식으로 자율적으로 기능하게 되는 과정을 의미한다. 보웬은 이를 분화척도를 사용하여 구체적으로 구분할 수 있다고 주장한다.

보웬은 자아분화정도 수준을 4가지의 기능범주로 구분하여 나누고 있다. 자아분화정도가 최소 0부터 100이라고 했을 때, 0은 가족과 다른 사람들에게 정서적으로 너무 융합이 되어 자신의 주관이 없는 상태이며, 100은 자신의 삶에 대한 분명한 신념과 가치를 지니고 살아가는 동시에 타인에 대한 존중과 수용성이 높은 수준에 이른 사람이라고 정의내릴 수 있다. 보웬이 주장하는 자아분화가 어느 정도 되었는지를 알아볼 수 있는 지표의 범주는 다음과 같이 정할 수 있다.

첫째, 가장 낮은 수준의 사람들(0~25)은 타인에 대한 정서적 요구와 민감한 반응으로 다른 사람과 지속적인 유대관계를 유지하기 어렵다. 또한, 대부분의 삶의 에너지는 '사랑하거나' 또는 '사랑받는 데' 쏠려 있어서 적은 양의 에너지만이 목표지향적인 추구에 사용된다. 이 수준에 있는 사람들은 다른 사람의 의견과 다른 사람이 그들에게 행하도록 원하는 것에 민감해서 그들의 기능은 거의 전체적으로 환경에 대한 감정반응에 의해서 지배된다.

둘째, 비교적 낮은 수준의 범주에 있는 사람들(25~50)은 자기를 잘 정의하지 못하지만 분화하려는 능력을 가지고 있다. 이들은 자신들의 정서적 구조를 뒷받침해주는 기존의 법과 규칙, 종교 혹은 가치관, 사회적 규범 등에 쉽게 의존해 버린다. 이들은 타인들에게 좋은 인상을 주는 것과 그들의 인정을 받는 것에 삶의 대부분을 소모한다. 일에 대한 성공은 그 내부 가치보다도 상사와의 관계체계에서 얻게 되는 인정받음에 달려있다.

셋째, 보통이거나 약간 높음의 범주에 있는 사람들(50~75)은 지적세계와 감정세계에 의해 결정되는 것들을 자유롭게 선택한다. 이들은 만성적 불안이 적으며, 정서적으로 덜 반응하여 하위척도에 속하는 사람들보다 더 많이 고정된 자기를 가지고, 개별성이 더 발달하게 되면서, 자기 자신과의 친밀한 정서적 일치감과 목표지향적 행위 사이를 자유롭게 넘나드는 특징을 가지고 있다. 때때로 정서적 체계 속에 빠져들기도 하며, 신체적·정서적·사회적 역기능 현상을 일으키기도 하나, 대체로 재빠른 회복현상을 보인다.

넷째, 높은 수준의 범주에 있는 사람들(75~100)은 원리 지향적이고 목표지향적이다. 대부분의 사람들이 이 범위에서 기능하지 못하는 것으로 나타난다. 인간은 관계를 통해 변화해가며 성숙해지는데, 이런 사람들은 자신을 성장시킬 뿐 아니라 주위의 다른 사람들에게 여러 가지 면에서 좋은 영향을 끼치는 사람들이다.

〈보웬의 분화지수 척도표〉

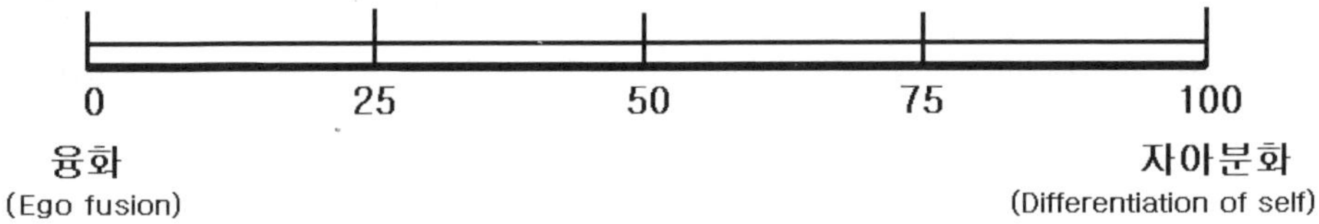

2.2. 삼각관계(Triangles)

가족 또는 감정체제가 가지고 있는 가장 작은 단위가 삼각관계이다. 보웬의 삼각관계 이론은 두 사람 사이의 불안과 긴장을 해소하기 위하여 한 사람이나 대상을 관계로 끌어들이는 정서적 역동이다.

삼각관계에서 가장 큰 영향을 미치는 것은 불안(不安)이다. 불안에 따라 반응할수록 서로 있는 그대로의 자신을 받아들이지 못하고, 양극단의 세력 중 한쪽으로 치우치려는 경향을 나타낸다. 두 사람 관계에서 불안과 긴장이 높아지면 그 중 불편을 느끼는 사람이 어떤 사람이나 사물을 끌어들여서 삼각관계를 만들게 된다. 이 경우 삼각관계는 한 사람의 불안과 긴장 감소에 도움을 주고 안정감을 줄 수 있지만, 관계 속의 불안이 계속 증가하면 또 다른 사람이나 사물을 끌어들여 여러 개의 삼각관계로 확산될 수 있다.

삼각관계는 긴장을 떨어뜨리는 데 도움을 줄 수 있지만 갈등을 해결해 주지는 못한다. 삼각관계의 개인에게 긴장이 증가하면 제삼자는 방관자가 되거나 떠나게 되고, 네 번째 사람을 끌어들여 또 다른 삼각관계를 형성하게 된다. 만약 가족 안에서 삼각관계를 만들 수 없을 때는 가족 밖의 사람이나 대상과 삼각관계를 형성하기도 한다.

이를테면 삼각관계에서 가족 안에서 사람을 끌어드리는 경우, 즉 대상과 삼각관계를 맺을 때 외도를 야기할 수도 있고, 행위로 삼각관계를 맺으면 일이나, sex, 도박이나 중독으로 빠질 수도 있다. 대체물이 물질일 경우에는 알코올이나 마약이 될 수 있다.

두 사람 간의 관계 회복이 원활하지 않을 때 삼각관계는 더욱 공고해지고, 제삼자는 두 사람 간의 갈등과 불안정한 관계에서 없어서는 안 되는 존재가 되어버린다. 이렇게 제 삼자를 끌어들이는 과정은 결국 두 사람 간의 불편한 관계가 이어지고 있기 때문이며 두 사람이 다시 친밀해지게 되면 제삼자는 더 이상 두 사람 간의 영향력을 끼칠 수 있는 존재에서 벗어날 수 있다.

일반적으로 가족의 융합 정도가 높을수록, 즉 가족원의 분화 정도가 낮을수록 삼각관계를 만들려는 노력이 더욱 필요한 반면, 가족원의 분화수준이 높을수록 삼각관계를 만들지 않고도 긴장을 다루고 불안을 관리할 수 있다.

2.3. 정서적 단절(Emotional Cut-off)

정서적 단절은 부모와 정서적인 관계를 단절하는 것을 의미한다. 자녀가 부모와 같은 공간에 있다고 할지라도 부모와 정서적인 교감을 나누려고 하지 않으며 회피하고 거부한다. 보웬에 의하면 부모와의 정서적 단절의 의도는 가족의 중요성을 부정하는 것과 독립하고자 하는 강한 표현이기도 하다. 가족의 중요성을 부정하는 이유도 자녀가 부모의 정서로부터 독립하고자 하는 열망에서 비롯된다.

자녀의 정서적 단절의 시도가 부모와의 관계에서 자유로움을 줄 수 있을지 모르지만, 자녀는 그 결과로 극심한 고립과 외로움을 느낄 수 있으며 다른 사람과의 건강하지 못한 정서적 융합을 시도할 가능성이 높아진다. 결혼 후에는 배우자에게 과도하게 정서적인 의존도가 높아질 수 있으며, 이를 충분히 배우자가 받아주지 않을 때에는 자녀에게 불안정한 정서를 투사하게 되는 일들이 발생할 수 있다. 정서적 단절이 심할수록 다른 사람과의 융합의 강도가 높아지며 자기분화가 잘 이루어지지 않게 된다.

정서적 단절은 보통 융합관계에서 일어난다. 원가족으로부터의 정서적 단절은 투사과정에 많이 개입된 자녀에게 주로 일어나는 현상으로, 원가족을 접촉함으로써 생기는 불안을 줄이기 위해 부모의 집에서 먼 지역으로 이주하거나 부모와 말을 하지 않는 등 부모로부터 떨어지지만, 사실은 부모와의 미해결된 융합에 대한 과장된 독립성의 표현일 뿐이다. 미해결된 융합으로 인한 불안과 갈등을 견디지 못할 때 정서적 단절이 일어나며, 이러한 정서적 단절은 불안과 갈등이 해결되지 못했음을 반증한다. 불안을 잘 처리하지 못할 때 정서적 단절을 하려는 경향성이 높아지며 이는 부모로부터 받는 투사에 대한 부담감과 압박으로부터 벗어나려는 시도 중의 하나이다.

정서적 단절을 부정적으로만 볼 수 없는 이유는 가족구성원 간에 정서적으로 너무 융합되어버리면 개인의 정체성을 상실할 수 있는 위험요소가 있기 때문에 이러한 시도에 대한 긍정적인 시각도 가질 수 있다. 자녀들이 청소년 시기에 부모와의 정서적 단절을 시도하는 이유 중에 하나를 들 수 있는데, 그동안 부모와의 정서적 융합이 많이 있었지만 자녀가 자신의 정체성을 찾아가는 과정에 이르러서는 더 이상 부모를 의존하지 않고 부모의 정서적인 개입을 거부하며 정서적 단절을 하게 되는 경우이다.

이러한 긍정적인 관점에서는 자신의 주체성을 가지면서도 부모와의 건강한 정서적인 유대관계를 맺기 위해서는 정서적 단절을 적절하게 다루는 것이 필요하다. 정서적 단절에 대하여 부정적으로만 여길 것이 아니라, 정서적 단절이 일어날 때 그 원인을 알아보고 적절한 대처와 대응이 이루어져야 한다.

2.4. 핵가족 정서체계(Nuclear Family Emotional System)

정서체계, 분화, 만성 불안 및 삼각관계 개념에 대한 인식은 핵가족 정서체계에서 관찰될 수 있는 다양한 과정들의 상호관계를 이해할 수 있게 한다. 이 개념은 한 세대의 가족 내에서 보이는 정서적 기능을 설명한 것이다. 보웬은 가족의 지나친 정서적 반응이나 융합을 기술하기 위해 처음에는 '미분화된 가족 자아 집합체'라는 말을 사용하다가 '핵가족 정서체계'라는 용어로 대치하였다.

보웬은 일반적으로 사람들은 자신과 비슷한 수준의 자아분화 상대를 배우자로 선택한다고 하였다. 핵가족은 남녀의 결혼으로 형성되고 이들 각자는 독자적인 생활 방식과 원가족에서 형성된 자아분화 수준을 가진 채 살게 된다. 그러므로 핵가족의 정서 체계는 원가족에서 형성된 부부 각자의 자아분화 수준에 의하여 결정되고 이는 다시 가족 구성원에 영향을 미친다.

즉, 원가정이 분화가 되어 있지 않으면 부모와 정서적으로 단절하려는 경향이 나타난다. 부모와 정서적으로 단절된 사람이 결혼하면 또 부부간에 융합을 이룬다. 왜냐하면 제한된 정서적 자원밖에 없는 사람은 서로 자신의 욕구를 투사시키기 때문이다. 이러한 새로운 융합은 불안정하기 때문에 배우자 간의 정서적 거리감 발생, 배우자 중 한 사람에게 신체적 또는 정서적 역기능 발생, 부부간의 갈등 심화, 또는 한 명 또는 그 이상의 자녀에 대한 문제의 투사가 일어날 수 있다. 문제의 심각성 정도는 미분화의 정도, 자신이 태어난 원가족으로부터의 정서적 단절의 정도, 그리고 가족체계 내에서의 스트레스 수준에 달려있다.

2.5. 가족 투사 과정(Family Projection Process)

가족 투사 과정이란 가정에서 심한 스트레스나 위기상황 또는 가족 간의 갈등과 싸움관계를 건전하게 해결하지 못하고 부모 문제나 갈등을 자녀에게 전가시키는 것을 말한다. 자아분화수준이 낮은 부부 중 어느 한쪽이 자신의 불만을 경감하기 위해 어느 특정 자녀를 선택하여 정서적으로 공생적 관계를 맺을 때 다른 한쪽 부모는 그런 관계를 지지 혹은 회피함으로써 그 관계를 강화시킨다.

투사 대상으로 선택되는 자녀는 출생순위, 부모의 남녀선호, 부모의 불안수준, 혹은 임신 또는 출산시의 어머니의 불안정도에 따라 결정된다. 이들은 외동이나 장남, 장녀들인 경우가 많으며, 화를 잘 내고 복통을 잘 일으키거나 굳어있으며 무책임한 특성을 나타낸다. 불안한 부모는 투사대상이 된 자녀의 현실적인 욕구보다 더 동정하고 과잉보호하며 자신 안에 함입(陷入)시킨다. 이 투사과정은 선택적으로 한 자녀를 투사대상으로 삼기 때문에 이들은 형제 관계에서 자아분화 수준이 낮으며 가족체계의 스트레스나 발달단계에서 증상을 나타낸다.

2.6. 다세대 전수 과정(Multigenerational Transmission)

다세대 전수 과정은 자녀들의 자아분화수준이 현재 속해 있는 핵가족에서만 형성되는 것이 아니라 여러 세대를 거치는 동안에 형성되어 온 것으로 보며, 가족의 낮은 자아분화수준에 따른 이상(異常) 행동들은 세대를 거쳐 또 다음 세대에도 전달된다. 분화

수준이 낮은 부부끼리 결혼하여 부모가 자녀에게 삼각관계를 통해 투사를 했을 경우 자녀는 더 낮은 자아분화가 형성되고, 이것이 세대를 거치면서 더욱 심화된다. 부모의 자아분화척도를 높이지 않으면 세대를 거듭할수록 부모의 투사를 통한 자녀의 자아분화척도는 계속해서 낮아지게 되며, 세대 간에 지속적으로 영향을 미치게 된다.

미분화된 부모 안에서는 미분화된 자녀로 성장하게 될 가능성이 높다. 불안이나 갈등이 많은 부모는 주위의 환경에 따라 영향을 받는 미분화된 부모일 가능성이 높으며, 자녀도 부정적인 정서와 불안이 전이되어 이어지게 된다. 보웬의 다세대 간 전수 과정은 이러한 부모의 불안정한 정서와 갈등이 자녀에게로 이어짐을 말해주고 있다.

자신의 불안을 자녀에게 투사한 부모는 자녀에게 동조 또는 반항 외에 다른 선택의 여지를 남기지 않으며, 자녀들은 부모님을 떠나서는 부모님처럼 되지 않겠다고 다짐하지만 대체로 그 틀에서 벗어나지 못하고 부모님이 하셨던 투사를 자신도 하고 있는 경우들이 많다. 세대를 걸쳐서 미분화된 부모의 투사는 자녀에서 자녀에게로 이어지며, 정신분열증을 비롯해 가족 안에서 역기능적인 모습들과 심리 내적인 갈등들이 생겨나게 되고 이것이 지속될 경우 마음에 불안함이 쌓여가게 된다.

3. 보웬 가족치료의 개입 목표와 개입기법

3.1. 개입 목표

보웬학파에서는 사람을 변화시키려고 하지 않는다. 문제 해결에도 그리 관심이 없다. 그 대신 치료를 자기 자신에 대한, 그리고 타인들과의 관계에 대한 학습의 기회로 여겨 그들 스스로 자신의 문제에 대한 책임을 떠맡게 한다. 그렇다고 해서 치료사가 뒤에 물러나 앉아서 가족들이 자기들의 문제를 골라내도록 내버려 두는 것은 아니다. 반대로 치료는 적극적인 탐색과정이며, 치료사가 가장 포괄적인 가족치료 이론에 따라 가족 구성원들이 가족 문제에서 각자 차지하고 있는 역할을 찾아내고 직면하도록 돕는다.

가족의 문제 유형을 추적한다는 것은 과정과 구조라는 두 가지에 초점을 맞춘다는 것을 의미한다. 과정이란 정서적 반응성의 유형을 말하고, 구조란 연동적인 삼각관계망을 말한다. 보웬의 가족치료 이론이 가지고 있는 치료의 근본 목표는 분화수준을 올리는 일이다. 불안을 감소시키고, 자아분화를 증가시키는 것이다.

가족 내에서 발생한 증상은 덜 강조하며, 문제는 개인이 아니라 체계에 내재하고 있다고 간주하여, 개인의 변화는 다른 사람과의 관계변화를 통하여 이루어질 수 있다고 본다. 체계를 변화시키고, 가족 구성원의 높은 분화 수준을 성취하기 위해서 변화는 가족 내 가장 중요한 삼각관계에서 일어나야만 한다. 가족의 변화를 초래하기 위하여 상담자 자신과 가족의 주요 인물 두 사람과 함께 새로운 삼각관계를 만들기도 한다.

가족 내 중요 문제인 불안과 정서적 융합 역시 세대에 걸쳐 누적된 불안을 감소시키고 자아분화 수준을 높여서 삼각관계에서 벗어나도록 하는 것이다. 그렇게 함으로써 개인의 자율성과 성장을 위한 여건이 만들어지고 미분화의 세대 전수를 막을 수 있다.

3.2. 개입기법

1) 탈삼각화

치료자가 부부에게 합류할 때 치료적 삼각관계가 형성된다. 기본전제는 두 사람 간에 정서적 긴장을 쟁점으로 제삼자인 치료자를 끌어들여 삼각관계에 치료자를 포함시키려 한다는 것이다. 성공적인 치료를 위해서 치료자는 가족들의 정서적 반응에 말려들지 않고 중립적 입장을 유지하고 있어야 한다. 치료자는 가족들의 정서적 충동에 의한 반응에 말려들지 않고 중립적 입장을 유지하고 있으면서 가족들이 자신들의 정서적 충동에 의한 반응을 보다 잘 자제하고 자신들의 문제에 보다 분명하게 사고하기 시작하도록 돕는다.

2) 가계도 그리기

다세대에서 경험한 가족들의 패턴과 영향력은 현 핵가족의 문제에 중요한 결정요인으로 보기 때문에 다세대 중심의 가족체계와 구조를 조사하고 평가하기 위하여 질문한다. 가족가계도는 가족을 평가하는 단계에서 가족을 조직하고, 치료과정에서는 가족들의 관계와 핵심적인 삼각관계를 추적하는 데 사용된다. 가계도는 도식적 형태로 가계배경을 표현함으로써 치료자와 가족구성원 모두가 그들이 세대 간 맥락 속에서 가족의 정서과정체계의 굴곡을 관찰할 수 있도록 해주는 유용한 수단이다.

가계도는 구체적으로 가족구성원, 이름, 연령, 형제자매 위치, 결혼상태, 종교, 직업, 지리적인 위치, 사회경제상태, 중요한 생활사건 등을 적어도 삼 세대까지(나, 부모, 조부) 확대해서 작성한다. 또 융합관계(아주 가까운 관계, 갈등관계, 소원관계, 단절관계, 친밀관계) 등을 부호로 표시한다.

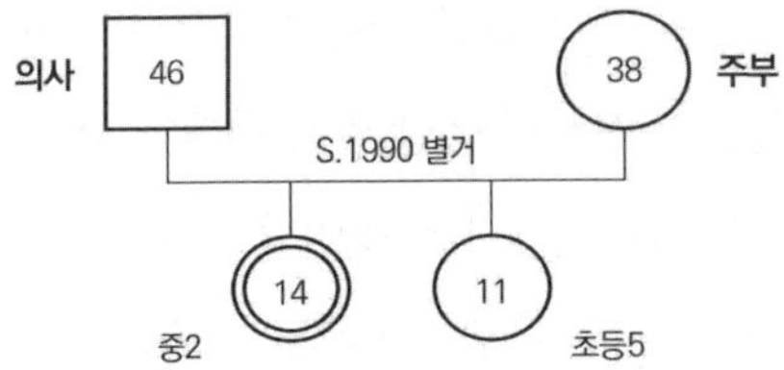

〈가족관계도 1〉

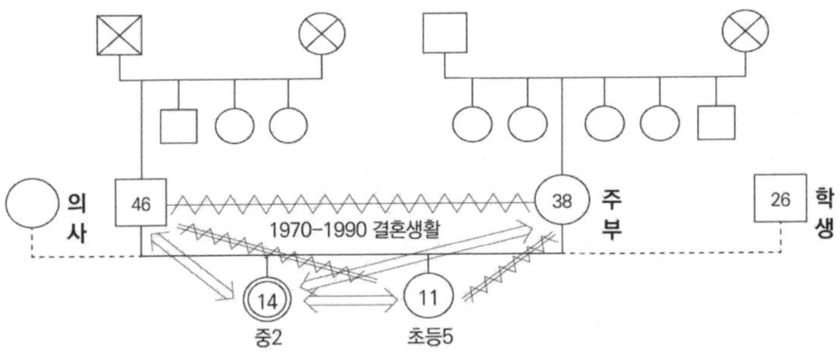

〈가족관계도 2〉

3) 나-입장 취하기(I-position)

다른 사람이 무엇을 '하는가' 대신에 자신이 무엇을 '느끼는가'를 말함으로써 자기 입장을 취하는 것은 정서적 반응의 악순환을 깨는 가장 직접적인 방법이다. 긴장된 상황에 놓여 있을 때 정서적 충동에서 벗어나 '나의 입장'을 취하여 조용하고 분명하게 진술하는 것은 상황을 안정시키는 효과가 있다. '당신은 게으르기 짝이 없어'라고 직접적으로 상대방의 행동을 지적하는 대신에 '당신이 좀 더 도와줬으면 좋겠어'라고 나의 입장을 말하는 것에는 큰 차이가 있다. 이것은 상대방에게 책임을 추궁하는 것이 아니고 자신의 현재 감정 상태를 표현하는 것이다. 따라서 이것은 말하는 사람의 상태를 이해하게 하여 반응적이고 악순환적인 대화에서 벗어나도록 하는 효과가 있다.

4) 과정질문

격앙된 감정을 가라앉히고 객관적인 관찰과 사고를 할 수 있도록 가족 각자에게 일련의 질문을 한다. 과정 질문은 앞으로 치료사가 가족구성원들과 맺을지도 모르는 삼각화를 포함하여 가족 간의 삼각화를 처리하고 중립화시키는 데에도 사용할 수 있다. 과정질문은 불안을 진정시키고 가족들이 문제를 어떻게 지각하고 있고 문제를 어떻게 끌어가고 있는지 정보를 얻기 위해 사용한다. 과정질문을 통해 불안이 감소되면 보다 분명하게 사고할 수 있게 된다. 이러한 명료성은 문제를 해결할 수 있는 보다 많은 가능성을 발견하게 해준다.

4. 보웬 가족치료의 성경적 고찰

4.1. 자아분화

성경적 관점에서 영적 자기분화는 그리스도인 한 개인이 자신의 정체성을 세상이 아닌 하나님 안에서 찾아 자신을 세상과 적절한 결속을 맺을 때 이루어진다. 보웬은 적절한 자아 분화는 내적으로 자유로워진다고 하였는데, 그리스도인으로서 세상과 구별되는 자아분화는 그리스도인에게 내적 자유함을 가져다 준다. 성경적 관점에서 '자유하다'는 것은 죄에서 자유하다는 것, 곧 그리스도로 말미암아 구원함을 얻고 영생을 얻은 것을 의미한다. 그리스도인은 자신의 정체성을 하나님 안에서 발견할 때 참 자유할 수 있으며 세상으로부터 자유로울 수 있다. 이러한 인식은 세상에서의 많은 갈등으로부터 그것을 극복할 수 있는 내적인 힘을 갖게 하며, 이것이 곧 그리스도인으로서의 '영적 자기분화' 수준이 높은 한 인간이 되는 것이다.

4.2. 삼각관계

성경적 관점에서 삼각관계를 바라볼 때, 낮은 영적 자기 분화수준은 이 세상이 주는 불안으로부터 하나님 안에서의 자유함과 소명의식을 잃고 다른 무엇인가로부터 안정감을 얻으려 하며, 일시적인 불안을 감소시키려 한다. 제3의 대상은 인간들로 하여금 내 편이 있다는 생각을 주어 그 불안함을 어느 정도 위로받을 수 있게 할 수는 있으나,

하나님 안에서의 진정한 해결이 없는 삼각관계는 오히려 영적인 상태를 무감각하게 만들 수 있는 위험이 있다.

그리스도인의 삼각관계에서 가장 중요한 것은 진정한 안정감은 하나님께로만 온다는 것을 인정하고, 따라서 어떠한 대상을 자신의 연약함 가운데 삼각관계로 끌어들이지 않으려는 노력인 것이다. 진정한 그리스도인의 탈삼각화는 하나님이라는 절대적인 대상을 붙잡고 있는 정체된 관계가 아니라 진리를 통해 자유해졌으니 이 세상에서의 다른 사람들과 자유로운 관계를 맺는 데 있는 것이다. 그리고 이러한 하나님으로부터의 안정감은 이 세상에 대한 개별성과 결속에 적절한 균형을 유지할 수 있게 하는 자율적 작용 능력인 영적 자기분화수준을 높여주는 데 긍정적인 영향을 주게 된다.

4.3. 핵가족 정서체계와 다세대 정서과정

핵가족 정서과정이란 해결되지 않은 불안이 자녀들에게 투사되는 과정을 말한다. 교회 안에서 해결되지 않은 불안 역시 교회의 역사를 통해 구성원들에 의해서 전수되어질 수 있다. 가정에서는 정서체계뿐만 아니라 가치관, 행동양식, 그리고 신앙도 한 세대에서 다음 세대로 전수되어 진다. 보웬의 이론을 들자면 한 세대의 영적인 수준이 다음 세대보다 높을 수 없다. 그 말은 영적인 선배들의 모습이 다음 세대의 사람들에게 막대한 영향을 미친다는 것이다.

그렇지만 성경을 통해 볼 수 있는 것처럼, 한 교회의 정서체계와 세대를 아우르는 정서과정은 하나님에 의해서 개입되고 해결될 수 있다. 하나님께서는 한 가계뿐만 아니라 한 교회의 정서체계와 이러한 정서체계의 전수를 통해서도 일하시는 분이시다. 하나님께서는 예수 그리스도의 반석 위에 교회를 세우시고 우리에게 위임하셨다. 하나님의 몸 된 교회를 건강하게 만들어 가는 것은 몸 된 교회를 이루고 있는 우리들의 몫이다. 또한, 다음 세대에게 그러한 건강한 교회를 물려주는 것은 우리에게 주어진 중요한 과제이다.

- 나가며 -

많은 크리스천 가정이 갈등 속에서 도움을 원하고 있으나 단순한 목회적 상담만으로는 변화와 치유가 일어나지 않음을 볼 수 있다. 그로 인해 한국교회 안에 이전보다 상담을 통한 치유 사역에 대해 관심이 높아졌지만, 이에 대한 전문적 이해와 실천이 부족한 것도 사실이다.

예수님의 치유 사역의 영역이 인간의 육체적 영역과 더불어 전인적인 치유에까지 이르고, 하나님 나라의 확장인 선교적 차원으로 이어졌듯이 현대 교회가 진정한 치유 사역을 회복하는 일은 매우 중요한 일이다. 보웬의 가족치료이론은 하나님이 사용하시는 도구에 불과하다. 그러기에 무엇보다 치료자는 문제를 가진 가족에게 하나님을 소개하고 하나님의 말씀과 성령께서 역사하시고 도우시기를 간구하는 복음주의적 자세를 견지해야 한다.

현대사회를 살아가는 가정은 이전과 비교할 수 없을 만큼 무수히 많은 문제와 갈등을 지니고 있지만, 소망이 있는 까닭은 하나님께서 교회를 통하여 일하도록 다양한 자원과 지혜를 허락하셨다는 것이다. 하나님은 교회 공동체를 통하여 많은 영혼을 주님께로 초청하고 불러내어 사람들로 하여금 하나님을 만나고 예배하고 교제하는 법을 배우게 하셨고, 놀라운 학문적 지혜를 주셨다.

보웬의 가족치료 이론의 주요 개념인 자기 분화는 가족 구성원인 자아가 가족 내에서 개별성과 연합성의 균형을 이루는 것이다. 이같이 그리스도인은 삶 속에서 개별성과 연합성의 균형 잡힌 삶을 살아갈 때 자유함을 누리며 살게 된다. 하나님 안에서의 정체성을 발견하고 사명을 깨달을 때 인간은 개별성을 유지하고 세상과 연합하려는 것으로부터 균형을 이룰 수 있는 것이다. 특히 한 사람을 통해 전체 가족이 변화 받을 수 있다는 보웬의 주장은 예수 그리스도를 통해 모든 인류를 구원하시는 하나님의 구속 사역의 원리와 상통한다.

목회자와 평신도들의 인적자원은 교회 안에서 올바르게 쓰임을 받도록 전문적인 교육과 신앙 훈련이 병행되어야 한다. 단순한 가족치료 기법이 아닌 하나님의 치유하심으로 가정에 전인적인 치유와 변화가 일어나도록 돕는 것이다.

하나님은 신실하심으로 교회 공동체와 그 속에 있는 사람들을 통해 일하시기 때문이다.

또한, 신자들이 그들의 영적인 은사를 확인하고 계발하는 것을 통하여 그리스도 안에서 자신들이 누구인지를 발견하여 하나님께서 원하시는 영역에서 그리스도의 몸을 섬길 수 있도록 돕는 네트워크 사역이 교회 안에서 새롭게 일어나야 할 것이다. 이렇듯 교회는 다양한 갈등과 결핍의 문제를 가진 가정을 하나님 주신 자원으로 섬겨야 한다. 자원하고 훈련받은 사람들의 치유공동체가 구성되어 사역할 수 있도록 교회는 앞장서야 한다. 이는 교회의 양적 성장과 더불어 질적 성장으로 나아가는 지름길이 되기 때문이다.

지역교회와 기독교복지단체, 특히 나눔과기쁨은 복음의 능력으로 치유와 회복을 경험하게 하는 곳이어야 한다. 지금은 초대교회의 역사와 능력, 삶의 변화된 모습들이 클라이언트의 내면과 삶 가운데 일어날 수 있도록 적극적인 치유사역과 돌봄이 절실히 필요한 때이다.

제 6 장

사회복지 주제별 연구

Ⅰ. 관계형성의 7대 원칙

"고등학교 1학년생인 철수는 자신을 무시하고 따돌리는 친구를 더 이상 참을 수 없어 그 친구를 때렸다고 했다. 사회복지사는 철수의 행동에 깔린 갑질을 공감했다. 그러나 철수의 행동에 관해 잘했다고 말하지 않았지만 그 한계에 대해서는 기준을 가지고 있었고, 철수의 행동이 허용되지 않는다는 뜻을 분명히 전하였다."

앞의 사례에서 사회복지사가 적용한 관계의 원칙은 무엇인가? 사례에서 사회복지사는 클라이언트(철수)를 있는 그대로 받아들이고 있지만, 그의 일탈 태도나 행동을 허용하는 것은 아니다. 이것을 수용(acceptance)의 원칙이라 한다. 수용은 클라이언트의 감정을 받아들이고 공감하되, 그의 일탈 행동을 용납하거나 해도 된다는 것은 아니다.

사회복지실천에서 '사회복지사와 클라이언트 간 관계형성'은 성공적인 개입을 위해 가장 중요한 조건이다, 클라이언트와 사회복지사 간에 신뢰가 형성되지 않는다면 개입은 성공하기 어렵다. 이때 둘의 관계는 전문적인 관계로서 공식적인 관계라는 특징을 갖는다.

여기서 '관계'란 상호작용, 상호 간의 정서적인 교환 및 태도, 역동적으로 상호작용하는 것, 두 사람을 연결하는 것, 전문적인 만남, 상호 간의 과정 등을 의미한다. 따라서 사회복지사와 클라이언트의 관계란 '클라이언트와 사회복지사 간, 또는 사회자원(社會資源)과의 교류를 가능케 하는 연결 통로'라고 할 수 있다. 이 관계는 상담 환경에서 상담자와 내담자(피상담자), 교회 환경의 범주에서 목회자와 문제를 가지고 찾아온 성도, 또는 구역장과 문제를 가진 구역원들 간의 관계 등으로 확장해서 생각할 수 있다.

사회복지실천에서 클라이언트와 사회복지사의 관계형성이 왜, 그리고 어느 정도로 중요할까? 사회복지사와 클라이언트 간에 형성된 관계는 이후에 펼쳐지는 원조(援助) 과정에 지대한 영향을 미친다. 긍정적인 관계가 형성되면 클라이언트는 원조 과정에 적극적으로 참여하게 되고, 그럼으로써 클라이언트에게 긍정적인 변화가 발생하여 사회복지사의 개입이 성공하기 쉽게 되기 때문이다.

미국의 비에스텍(Felix Biestek) 박사는 2차 세계대전 이후 사회사업 확장기에 사회사업 분야에 공헌한 목사요 학자로서, 그는 도움을 요청하는 모든 사람에게는 공통적인 기본 감정 및 태도의 유형이 존재한다고 보고, 그들이 가지고 있는 일반적인 7가지 욕구와 그것을 충족시키고 문제 해결을 원활히 하기 위해 필요한 7대 원칙을 제시하였다. 비에스텍은 『개별사업관계』(1961)에서 사회복지사는 복지대상자(클라이언트)와의 개별사회사업 관계를 형성하여, 궁극적으로 클라이언트가 자신과 사회환경 간에 효율적인 적응을 하도록 도와주어야 한다고 했다. 그는 사회복지사가 클라이언트를 돕기 위해서는 일곱 가지 전문적 원리를 지킬 것을 강조했다. 이를 '관계형성의 7대 원칙'이라 한다.

관계형성의 7대 원칙

개별화	의도적인 감정표현	정서적 관여	비심판적 태도	수용	자기결정	비밀보장

1. 개별화(individualization)

1.1. 개별화의 의미

개별화란 클라이언트마다 개별적인 독특한 특성이 있다는 것을 인정, 이해하여 개별 클라이언트를 원조하는 내용과 방법을 차별적으로 사용하는 것이다. 클라이언트 개인은 불특정한 한 인간으로서가 아니라 개별적 차이를 지닌 특정한 인간으로서 처우되어야 한다는 것이다.

1.2. 개별화 원칙을 적용하는 사회복지사의 역할

① 인간에 대한 편견이나 선입견으로부터 자유로워야 한다.
② 인간행동 및 발달에 대한 지식을 갖고 활용한다.
③ 클라이언트의 말을 경청하고 관찰한다.
④ 세심한 배려(면담 속도, 미묘한 감정 변화 등).
⑤ 클라이언트의 감정과 경험을 사회복지사 자신의 경험으로 받아들이고 이해한다.

1.3. 개별화 원칙을 적용하는 구체적 방법

① 클라이언트의 성별이나 직업, 나이에 따라 면접 시간 조정하기
② 클라이언트에게 비밀이 존중된다는 안도감과 신뢰감 주기
③ 클라이언트와 약속 시간 준수하기
④ 면접을 위한 사전준비 철저히 하기

이처럼 개별화는 관계형성의 가장 중요한 원칙이다. 교회사회사업을 담당하는 목회자나 지도자들의 경우에도 개별화의 원칙은 그대로 적용된다. 다만 성경적인 눈으로 개별화의 의미를 살펴볼 때, 클라이언트 개인이 하나님의 형상으로 창조된 존엄한 존재인 점, 그가 죄로 인해 타락된 존재이지만 예수 그리스도의 구속의 은혜로 구원에 이를 수 있는 존재란 점, 그리고 그는 하나님과 사람에게 사랑받아야 하는 복된 존재인 점을 잊지 말아야 할 것이다.

2. 의도적인 감정표현(purposeful expression of feeling)

2.1. 의도적인 감정표현의 의미

감정을 표현하고 싶은 클라이언트의 욕구를 인식하여 그 감정을 자유롭게 표현하도록 도와주는 것을 의미한다. 이는 클라이언트가 자신이 비난받게 될지도 모르는 감정을 자유롭게 표현하도록 돕는 것이다. 이 원칙과 관련된 욕구는 클라이언트 자신의 감정, 특히 부정적인 감정을 자유롭게 표현하고자 하는 욕구와 연계된다.

2.2. 의도적인 감정표현의 중요성

① 스트레스나 긴장이 완화되어 문제를 분명하고 객관적으로 보게 된다.
② 클라이언트의 감정표현을 진지하게 경청하는 것 자체가 클라이언트에게 심리적 지지를 보내는 것이다.

2.3. 클라이언트가 감정을 표현할 수 있도록 안정된 환경을 조성하는 방법

① 편안한 분위기 만들기
② 부정적인 감정을 가질 수 있다는 것과 그러한 감정을 표현해도 좋다는 것을 알려주기
③ 클라이언트가 감정을 표현하도록 격려하고 촉진하며 그의 표현을 경청한다.
④ 양가감정의 보편성에 대해 알려주어 클라이언트를 안심시킨다.
⑤ 클라이언트의 부정적인 생각과 감정에 대해 비난하지 않는다는 것을 그가 느끼도록 해 주며 이를 말로 표현해도 좋다.

클라이언트의 감정표현을 방해하는 요인에는 초기에 성급하게 해석하는 것, 비현실적인 보장, 성급한 충고나 조언을 하는 것 등이 있다. 의도적인 감정표현 원칙은 기독교사회복지실천 현장에서도 그대로 적용 가능하다. 다만 클라이언트의 감정표현에 대해 선불리 성경적인 잣대를 들이대어 정죄하는 분위기가 되지 않도록 인내하며 경청하는 공감의 전문가가 되어야 하겠다.

3. 통제된 정서적 관여(controlled emotional response)

3.1. 통제된 정서적 관여의 의미

클라이언트의 감정에 민감성을 가지며, 그 감정의 의미를 이해하고, 그 감정에 대해 의도적으로 적절한 반응을 보이는 것이다. 예를 들면, 피해 학생의 분노와 공포감을 민감하게 이해하고 적절하게 반응하는 것이다. 관여(response)는 클라이언트의 감정에 대한 사회복지사의 민감성, 이에 대한 감정이입적 이해, 적절한 반응으로 이루어지며, 원조 목적에 맞게 통제되고 조정되어야 한다.

3.2. 통제된 정서적 관여의 중요성

클라이언트는 자신의 문제에 대해 사회복지사의 공감을 얻고 싶어 하는 욕구가 있다. 사회복지사가 공감한다는 반응을 보이면 클라이언트는 자신의 감정이 수용된다는 느낌을 받고 심리적 안정을 찾게 된다.

3.3. 통제된 정서적 관여 적용하기

1) 클라이언트의 감정에 대해 민감성 가지기

민감성을 갖는다는 것은 클라이언트가 무엇을 생각하고 무엇을 하고자 하는지 감각적으로 파악하고 적절하게 대처하는 것을 의미한다.

2) 클라이언트의 감정이 의미하는 것에 대해 이해하기

3) 클라이언트의 감정에 대해 의도적으로 적절한 반응 보이기

감정 이해를 넘어서 적절하게 반응해야 하는데, 이때 반응은 원조의 목적에 맞게 통제하고 조절해야 한다.

4. 수용(acceptance)

4.1. 수용의 의미

수용은 클라이언트를 있는 그대로 인식하고 대하는 것을 말한다. 수용의 대상은 좋은 것(good)이 아니라 있는 그대로의 것(real)이다. 수용은 '클라이언트가 가치 있는 인간으로 인정받고 싶어 한다'는 욕구에 대해 반응하는 것이다. 서두의 사례를 참조하라.

4.2. 수용의 중요성

수용의 목적은 클라이언트를 돕는 것이다. 클라이언트는 수용된다는 경험을 통하여 있는 그대로의 자신을 표현하고 안정감을 느낀다. 클라이언트가 스스로 방어하지 않게 해서 그가 자신을 드러내고 자신을 있는 그대로 보고 자신의 문제를 더욱 현실적으로 다룰 수 있도록 도울 수 있는 것이다.

4.3. 수용 원칙 적용 시 유의사항

수용한다고 클라이언트의 일탈 태도나 행동을 허용한다는 것은 아니다. 단지 '좋다' '나쁘다' 등으로 비판하지 않고 아무런 판단도 하지 않는다는 정도이다. 수용은 행동으로 표출한 감정을 허용하는 것이지 그 행동을 인정하는 것은 아니다. 사회복지사는 윤리와 법, 전문적 가치에 의거하여 바람직한 것과 수용할 수 있는 것에 대한 기준을 가져야 한다.

사회복지사가 수용 원칙을 적용할 때 인간행동 양식에 대한 지식의 부족, 감정 컨트롤의 문제, 편견과 선입견, 수용과 허용의 혼동, 클라이언트에 대한 존경심 결여 등은 심각한 장애요인이 될 수 있다. 또한, 수용 원칙은 기독교사회복지실천 현장에서도 매우 중요한 원리가 될 수 있다. 다만, 클라이언트를 대하는 크리스찬 워커의 마음 자세나 판단 기준이 일반 사회복지사의 그것보다 더 성경이 말하는 기독교적 세계관에 충실해야 함을 지적한다.

5. 비심판적 태도(nonjudgemental attitude)

5.1. 비심판적 태도의 의미

클라이언트의 문제나 욕구의 원인이 그의 인격과 같은 내적인 요소에 의한 것이든 환경에 의한 것이든 그 문제의 책임이 클라이언트에게 있다고 판단하거나 비판하지 않는 것이다. 비심판적인 태도의 원칙은 심판받지 않으려는 인간의 욕구를 기반으로 한다.

5.2. 비심판적 태도의 중요성

클라이언트는 대체로 사회복지사의 심판적 판단을 두려워한다. 특히 죄책감, 열등감, 고독감이 있는 경우 극도로 민감하다. 클라이언트에 대해 비심판적 태도를 견지하면 관계형성에 도움이 된다. 클라이언트는 자기를 방어하지 않고 편안하게 자신의 문제와 욕구를 논의할 수 있게 되며, 문제 해결도 원만해진다. 사회복지사는 클라이언트의 잘못을 비판하지 않고 심판하지 않을 것임을 전달하고, 개방적 태도를 유지하는 것이 중요하다.

일부 크리스찬 워커는 평소 성경의 교훈에 길들여져 성급하게 결론을 내리는 경향이 있다. 워커가 클라이언트를 성경 인물과 비교하거나 유형화하려는 태도를 보일 경우 클라이언트는 워커가 자신을 범주화한다고 느낄 수 있으므로 조심해야 한다.

6. 클라이언트의 자기결정(client self-determination)

6.1. 클라이언트의 자기결정의 의미

사회복지실천 과정에서 스스로 선택하고 결정할 자유에 대한 클라이언트의 권리와 욕구를 인정하여 모든 의사결정 과정에 스스로 참여하여 선택하고 결정하는 자유를 누리게 하는 것이다.

6.2. 클라이언트의 자기결정의 중요성

인간은 자신의 삶에 대해 스스로 선택하고 결정하고 싶어 한다. 따라서 클라이언트가 나갈 방향을 결정하려는 것을 존중하고 그 욕구를 결정하는 잠재적 힘(강점)을 자극하면 클라이언트는 자신에 내재한 자원을 발견하고 활용할 수 있다는 원리이다.

6.3. 클라이언트의 자기결정 원칙의 적용시 유의사항

① 사회복지사는 문제 해결의 주도권이 클라이언트에게 있음을 강조하고 경청하고 수용하는 태도를 보인다.
② 클라이언트의 사회적, 정서적 생활에 지나치게 관여하지 않는다.
③ 클라이언트를 조종(maniulation)하거나 강제로 설득하지 않는다.
④ 법률에 따라 제한되는 경우를 제외하고 최대한 존중되어야 한다.
⑤ 클라이언트에게 결정의 모든 것을 맡기는 것이 아니라 문제를 해결할 수 있는 다양한 방법을 제시하고 함께 대안을 모색하며 클라이언트가 선택할 수 있도록 돕는다.

클라이언트의 자기결정권은 자신의 능력, 법적·윤리적 측면, 사회기관의 기능에 따라 제한을 받는다. 기독교사회복지에서 클라이언트의 자기결정권은 또 다른 상위 변수, 즉 하나님의 말씀인 성경의 가르침과 인간의 삶의 목적인 하나님께 영광 돌리는 삶의 기준에 의해 조심스럽게 제한 또는 선도되어야 한다. 크리스찬 워커는 인간의 죄성과 불완전성에 대한 성경의 가르침을 알고, 클라이언트의 자기 결정이 잘못된 방향으로 가지 않도록 세심한 주의가 필요하다.

7. 비밀보장(confidentiality)

7.1. 비밀보장의 의미

사회복지사가 클라이언트와의 전문적 관계에서 신뢰를 바탕으로 얻은 정보를 클라이언트의 동의 없이 제3자에게 누설하지 않는다는 것을 말한다. 예를 들면 학생의 뜻에 따라 부모의 이혼 사실을 교사에게 알리지 않는다. 비밀보장의 원칙은 사회복지실천에서 가장 기본적인 원칙이자 사회복지사의 윤리적 의무이다.

7.2. 비밀보장의 중요성

클라이언트는 자신과 관련한 비밀을 보장받고 싶어 한다. 비밀보장의 원칙이 적용되면 클라이언트는 원조관계 및 원조 과정에 신뢰감을 갖게 되어 적극적으로 참여하게 된다. 또한, 클라이언트가 자기방어기제를 사용하여 자신을 왜곡하는 현상을 줄일 수 있어 사회복지사와 클라이언트 간 의사소통이 활발해진다

7.3. 비밀보장 원칙의 한계

1) 비밀유지가 클라이언트를 보호하지 못하고 제대로 돕는 것이 아닌 경우

클라이언트 자신의 생명이나 안전이 위협받을 경우 클라이언트의 보호를 우선으로 하고 비밀보장의 원칙은 유보한다.

2) 제3자의 보호 및 안전을 위협할 경우

이 경우에도 비밀보장의 원칙은 유보된다.

비에스텍의 관계형성 7대 원칙은 사회복지실천 현장에서 클라이언트와의 관계를 부드럽게 하고 서로에게 안정감과 신뢰감을 갖게 하는 매우 중요한 원리이다. 일반사회복지실천 영역에서는 이처럼 돌봄의 원리를 깊이 연구하여 구체적으로 방법론을 세워 훈련하고 있는 데 비해, 기독교사회복지에 종사하는 워커들, 또는 교회의 성도들을 돌보는 목회사역은 클라이언트와의 전문적 관계를 맺는 데에는 여러 면에서 부족한 것이 사실이다.

특히 교회사회사업 실천현장에서 인본주의에 근거한 인간관으로부터 출발한 관계형성 7대원칙을 적용할 때, 목회자를 포함한 크리스찬 워커는 성경적 인간관인 "자율적이지만 하나님 앞에서 책임져야 하는 존재" 원리를 훼손하지 않는 범위에서 각 원칙을 적용하도록 세심한 주의가 필요하다.

Ⅱ. 지역사회 만들기와 지역교회의 역할

지역사회 만들기(community building)는 마을 만들기, 또는 마을공동체와 일맥상통한 개념이다. 이것은 지역사회 내에서 공동체 의식을 형성해 가는 활동으로서, 지역사회의 문제를 해결할 수 있는 지역공동체의 사회적 자본을 확충하는 것을 목표로 삼는다. 지역사회 문제를 해결하기 위해서는 단편적인 노력이나 활동으로는 부족하며, 지역사회의 잠재적 자산을 응집할 수 있는 다원적 전략과 활동이 필요하다고 보는 개념이다. 지역사회 만들기의 기반이 되는 사회적 연대는 교회 등 종교단체, 근린집단, 공공조직, 사회복지, 보건, 주택 등 지역사회복지 관련 조직 간의 체계적인 연계를 구축함으로써 이루어진다.

1. 지역사회와 지역사회복지

지역사회 만들기에 있어서 지역교회의 역할에는 어떤 것이 있는가? 이 질문에 답하기 전에 먼저 지역사회와 지역사회복지 등 기본적인 용어들의 개념 정립이 필요하다.

1.1. 지역사회(community)의 개념

Community는 '지역사회' 또는 '공동체'로 번역된다. 코뮤니티는 '함께'라는 의미의 콤(com)과 '봉사'라는 의미의 무누스(munus)의 합성어로서, '친목, 인간관계나 정서적 지역사회'를 의미한다. 현대적 의미에서 '지역사회'는 일정한 지리적 구역을 전제조건으로 일정한 지역에 사는 사람들의 집합체를 말한다. 이에 비해 '공동체'는 공동의 관심과 이해관계를 전제조건으로, 기능적 기준에 의해 형성되며, 그 구성원이 공동의 이익을 추구하고, 이해관계를 같이하는 개인이나 집단 조직체를 의미한다.

지역사회복지에서 말하는 '지역사회'의 개념은 이러한 지리적 의미와 기능적 의미를 함축하고 있으며, "일정한 지리적 범위 내 사람들의 집단 또는 공동의 이해관계, 소속감, 문화에 기초하여 활동하는 사람들이 집단으로 구성된 사회적 단위"라 정의할 수 있다. 역사적으로 지역사회의 개념이 변화함에 따라 전통적 의미를 가진 지리적 의미의 지역사회는 점차 그 의미를 상실하고 있다. 교통과 통신수단의 발달로 지역사회의 개념은 지리적 특성을 넘어 공동의 관심이나 이해관계와 같은 기능적 특성이 더 강조되고 있다.

지리적 특성과 지역 내에 거주하는 사람들의 상호작용에서 동질성을 동시에 고려하는 이 개념은 지역사회에 대한 사회학적 개념이라 할 수 있다. 현대 지역사회 이론의 대표적인 학자로 손꼽히는 워렌(Roland Warren)은 지역사회를 "지역적인 수준에서 사람들의 욕구를 충족시키기에 적절한 주요 사회기능들을 수행하는 사회적인 단위와 체계의 연합"으로 정의하여 근린, 자발적 연합체, 그리고 더 광범위한 지역사회에 이르는 사회적인 단위들을 포함시키고 있다. 지역사회는 ① 지리적 영역, ② 사회·문화적 상호작용, ③ 공동의 유대감이라는 3가지 요소로 구성되어 있다.

21세기 정보화사회로 접어들면서, 공간적 한계를 넘어 새로운 만남과 기능을 창출해 내고 있는 가상공간에서 공동체는 이미 사람들이 살아가는 삶의 방식을 다른 모습으로 바꾸어 놓았다. 포털 사이트, 블로그, SNS 등으로 이루어지는 사이버 공동체는 정치·경제·사회·문화의 영역에서 빠르게 진화해가고 있다. 따라서 가상공동체 또한, 새롭게 접근해야 하는 새로운 형태의 지역사회로 간주된다.

1.2. 지역사회의 유형(by Arthur Dunham)

① 인구의 크기에 따라: 대도시, 중소도시, 읍 등

② 경제적 기반에 따라: 농촌, 산촌, 어촌, 광산촌 등.

③ 정부의 행정구역에 따라: 특별시, 광역시, 시·도, 시·군·구·읍·면·동 등

④ 인구구성의 사회적 특수성에 따라: 쪽방촌, 안산 외국인 마을, 차이나타운 등.

1.3. 지역사회의 기능

"대한민국에서는 1990년대 이후 이주노동자들의 유입과 200년대 이후 국제결혼에 따른 결혼이주여성이 지속적으로 증가해오고 있다. 지역 갈등, 진보와 보수 간 이념 갈등, 소득과 부의 양극화로 인한 계층 갈등을 해소하고자 한다. 이와 관련된 지역사회의 기능은 무엇인가?" 대답하기 쉽지 않은 질문이다.

지역사회는 어떠한 기능을 가지고 있는가? 길버트(N. Gilbert)와 스펙트(H. Specht)는 다음과 같이 지역사회의 기능을 제시한다.

① 생산·분배·소비 기능(경제제도). 예) 기업이 제품을 생산하여 판매하는 것.

② 사회화의 기능(가족제도). 예) 자녀들이 노인을 공경하도록 가정교육을 실시하는 것.

③ 사회통제의 기능(정치제도). 예) 지역사회 내 경찰과 사법권을 통해 그 구성원들에게 순응하도록 강제력을 발휘하는 것.

④ 사회통합의 기능(종교제도). 예) 지역교회가 지역 내 어르신을 대상으로 경로잔치를 개최하고 후원물품을 나누어주는 것.

⑤ 상부상조의 기능(사회복지제도). 예) 수급자인 독거어르신을 위하여 주민 일촌 맺기를 실시하고 생계비를 지원하는 것.

워렌(Ronald Warren)은 지역사회 기능을 비교하는 4가지 척도를 제시했는데, 다소 이상적인 기준으로 보이지만 현재의 지역사회의 당면한 문제점들을 짚어보는 데 유용하다.

① 지역적 자치성(autonomy): 개방체계 속에서 어느 정도의 자립성과 자율성을 가지는가?

② 서비스 영역의 일치성(coincidence of service areas): 제공되는 서비스가 해당 지역 내에서 얼마나 제공되고 있는가?

③ 지역에 대한 주민들의 심리적 동일시(psychological identification): 지역사회 주민들이 어느 정도의 소속감을 갖고 있는가?

④ 수평적 유형(horizontal pattern): 지역사회의 단위조직들이 상호 대등한 관계를

얼마나 긴밀하게 갖고 있는가?

좋은 지역사회는 사람들이 비인간적인 기초가 아닌 인간적인 기초 위에서 서로를 존중하는 사회이다. 좋은 지역사회라면 지역사회 내의 권력은 광범위하게 배분이 이루어지며, 다양한 소득 집단, 인종집단, 종교집단, 이익집단들이 모두 포용된다. 좋은 지역사회는 의사결정과정에서 협력을 극대화하고 갈등을 최소화 할 수 있는 사회이다. 그리하여 좋은 지역사회의 이미지를 갖게 된다.

1.3. 지역사회복지의 개념

지역사회복지는 지역사회 수준에서 이루어지는 사회복지실천으로, 지역사회 내에서의 사회복지실천과 지역사회를 대상으로 한 사회복지실천을 포함하는 개념이다. 사회복지실천의 경우 전문 사회복지사에 의해 수행되는 데 비해 지역사회복지 활동의 경우 반드시 전문가에 의해서만 수행되는 활동이라 할 수 없다. 지역사회복지의 수준을 향상시키려는 노력은 사회복지사뿐 아니라 교육, 문화, 고용과 같은 다른 분야의 전문가, 공공 및 민간단체의 실무자, 자원봉사자, 그리고 지역 주민에 의해 광범위하게 수행되기 때문이다.

지역사회복지는 지역성과 기능성을 포함하며, 지역 주민의 삶의 질을 높이려는 목표를 가지고, 공공과 민간이 합력하여 지역사회 문제 해결을 위해 노력하며, 주민의 복지 욕구를 충족하려는 특징을 갖는다.

지역사회복지와 관련된 개념에는 다음과 같은 것들이 있다.

① 지역사회복지실천(community welfare practice): 지역사회를 대상으로 하는 사회복지실천을 포괄적으로 일컫는 개념이다.

② 지역사회조직(community organization): 사회복지의 전통적인 분류방법인 개별지도, 집단지도, 지역사회조직이라는 3대 방법에서 나온 것으로, 비교적 좁은 의미의 개념적 속성을 띤다.

③ 지역사회 만들기(community building): 지역사회 내에서 공동체 의식을 형성해 가

는 활동으로서, 지역사회의 문제를 해결할 수 있는 지역공동체의 사회적 자본을 확충하는 것을 목표로 삼는다.

④ 지역사회보호(community care): 사회적 보호가 필요한 요보호대상자들에게 가능한 한 그들의 가정 또는 그와 유사한 지역사회 내 환경에서 서비스를 제공하는 사회적 돌봄의 형태이다.

⑤ 시설보호(institutional care): 노인이나 장애인 등 사회적 보호가 필요한 사람들이 일정한 시설에서 보호서비스와 함께 의식주를 제공받으면서 장기적으로 또는 단기적으로 거주하는 형태의 사회적 보호이다.

⑥ 재가보호(domiciliary care): 보호를 필요로 하는 사람이 자신의 가정에서 보호를 받는다는 개념이다.

⑦ 지역사회개발: 지역 주민들의 삶의 질 향상을 위해 주민들이 스스로에 대한 확신을 가지고 대처기술을 획득하도록 지원하는 활동이다. 외부의 지원은 보조적인 역할에 그치고 주민 스스로가 주체적으로 지역사회의 생활조건을 향상·개선한다.

2. 지역사회와 지역교회의 관계성

교회는 사회 안에 존재하며, 또한, 사회를 위하여 존재한다고 말할 수 있다. 교회가 사회 안에 존재한다는 것이 현상적인 교회의 상황을 말하는 것이라면, 교회가 사회를 위하여 존재한다는 것은 실천의 윤리적 당위성을 뜻하는 것이다. 제도적으로 말한다면 교회는 사회와 동떨어지거나 사회와 무관한 제도가 아니라 사회 안에 있으면서 부단히 사회와 관계를 맺으며 영향을 주고받는 하나의 사회제도이다.

한편 윤리적으로 보면 교회는 사회에 대하여 예수 그리스도께서 말씀하신 대로 소금과 빛의 역할을 감당해야 할 책임이 있다. 교회는 스스로 자신을 그리스도의 생명으로 무장하고 거룩하게 정화하여 사회의 방부제 역할을 감당해야 하고, 그리스도의 빛을 받아 이를 반사함으로써 세상의 어두운 곳을 드러내고 세상이 가야 할 길을 밝히 보여주어야 한다. 즉 교회는 마땅히 수행해야 할 사회적 기능이 있다는 것이다.

그러나 지역사회에서의 지역교회는 관계적 차원에서 문제를 갖고 있다. 우리 시대 교회의 대표적 문제점 중 하나는 지역교회가 지역사회와 자신을 분리해 놓고 지역사회가 갖고 있는 주민들의 문제에 관심을 기울이기보다 주민을 단순히 전도의 대상으로 생각하는 경우이다. 그런데 교회의 교인 수가 줄어들고 사회로부터 따가운 시선을 받게 되면서 이제 교회는 지역사회와 분리된 존재가 아닌, 더불어 살아가는 공동체적인 역동적인 관계를 인식하기 시작한 것처럼 보이는 것은 다행스런 일이다. 영적으로 보면 지역교회 또한, 하나님 나라에 속해 하나님 나라의 회복과 확장을 위해 힘쓰는 기구이지만, 제도적으로 보면 지역교회는 지역사회의 한 단위로서 지역사회의 순기능적 역할에 적극 동참해야 하는 단체이다.

지역사회복지에 대한 기독교의 관점 중 기본적인 것은 하나님의 형상대로 지음 받은 인간은 누구나 동등하고 소중한 하나님의 자녀이며 어떠한 처지나 조건 속에서도 무시되거나 소외되어서는 안 되는 존중받아야 할 존재라고 보는 데 있다. 또한, 인간 존엄성에 기초한 참다운 인간의 삶을 저해하는 모든 요소를 제거하고 예방하며, 모든 비인간화의 사회적 모순과 환경의 개선까지도 관심을 기울여 복된 사회, 즉 하나님의 나라를 이 땅에 건설하자는 데 그 목적이 있다고 할 수 있다.

그런 의미에서 교회 사회사업이란 기독교의 복음에서 "네 이웃을 네 몸과 같이 사랑하라"는 예수 그리스도의 지상 명령을 반영한 사상이라 할 수 있다. 또한, 사회복지, 사회보장, 사회사업 등의 근본 사상이나 개념, 프로그램 활동 등도 주로 서구사회의 기독교 논리에 그 뿌리를 두고 있음도 간과할 수 없다. 어떤 의미에서 볼 때 "네 이웃을 네 몸과 같이 사랑하라"는 말씀은 하나님의 계명 중 가장 큰 계명을 세속 사회에서 세속 방법으로 나타낸 것이라 할 수 있다.

3. 지역사회 만들기에서의 지역교회의 역할

앞에서 언급한 것 같이 지역사회 만들기(community building)는 지역사회 내에서 공동체 의식을 형성해 가는 활동으로서, 지역사회의 문제를 해결할 수 있는 지역공동체의 사회적 자본을 확충해 나가는 것을 목표로 삼는다.

생태학적 관점에 의하면 지역사회의 생활체계인 인간, 가족, 집단, 조직체가 기능하고 있다는 것은 폐쇄체계가 아닌 개방체계이기 때문에 물질, 에너지, 정보 등을 환경체계와 교환하는 과정을 통하여 네겐트로피(Negentropy)를 증대시켜 생활체계를 활성화하고 발전시켜 재조직화를 이루는 것이 바람직하다. 지역사회의 삶이 보다 좋고 사회적 통합이 잘 이루어지고 있다는 것은 다음 3가지 체계가 가장 바람직한 방향으로 기능할 때 가능하다.

첫째, 좋은 지역사회는 지역사회 체계를 구성하는 여러 개인, 가족, 집단, 조직체 간에 적절하고 건강한 정보 교류, 상호의존 관계가 잘 유통되고 있을 때이다.

둘째, 좋은 지역사회는 지역사회 체계를 이루는 여러 개인, 가족, 집단, 조직체 간에 높은 수준의 신뢰와 협동이 잘 이루어지고 있을 때이다.

셋째, 좋은 지역사회는 지역체계 밖의 보다 큰 체계를 적절하고 유능한 관계를 맺고 물질, 에너지, 정보를 상호 교환하는 체계를 이루고 있을 때이다.

이와 같이 지역사회의 구성원들은 자연적으로 매일 매일 이웃이나 친척, 친족들에게 의지하고 살아가면서, 때로는 도움도 주고 도움을 받으면서 생존해 간다. 따라서 사회생태적 관점에서 본다면 지역교회는 지역사회와 무관한 폐쇄적인 신앙공동체가 결코 아니다. 오히려 교회와 지역사회는 끊임없이 상호영향, 상호교환적인 작용을 통하여 존재하는 하나의 생명체라고 할 수 있다.

이러한 관점에서 봉사와 섬김으로 생기는 교회의 디아코니아(Diakonia)적 공동체는 지역사회의 개인, 가족, 집단, 조직체의 건강한 삶을 확보하고 유지하며 향상시키기 위해 다양한 기능을 수행해야 하고, 수행할 수 있음을 가정해야 한다.

따라서 교회의 사회적 책임은 크게 사회적 봉사와 사회적 행동, 양 측면과 관계한다. 사회봉사는 여러 모양으로 고통을 받고 있는 이웃에 대한 치유와 화목의 행위이며, 그들의 상처를 싸매주고, 갈라진 틈을 메워주며, 개인과 가족, 집단의 건강(정신적, 심리적, 신체적)을 회복시키는 행위인 것이다. 그리고 사회적 행동은 인간을 비인간화하고 소외시키는 온갖 사회제도의 구조적 변혁을 의미하는데, 만일 개인의 문제가 불합리한 사회제도로 인하여 일어난다면 문제의 해결을 위해 그러한 제도에 개입하여 행동함으로써 사회의 구조적 변혁을 가져올 수 있는 행동이 요청된다는 것이다.

라인홀드 니버(Reinhold Neiber)는 그의 기독교 현실주의에 기초하여 사회정의의 논리를 추구하고 있다. 즉 하나님의 아가페(Agape) 사랑은 인간 역사 안에서 완전히 실현할 수는 없으나, 정의(正義)를 새로운 높이로 끌어올리는 초월적인 이념의 원리가 된다고 말하면서, 사랑은 역사 안에서 정의를 성취시키면서 동시에 비판한다고 말한다.

복음주의적 중도주의를 채택하는 기독교 지도자들도 1966년 세계선교회의에서 채택된 휘튼 선언(The Wheaton Declaration)을 필두로 시작하여 1989년 로잔 마닐라선언에 이르는 많은 회의와 토론, 논의를 거듭한 끝에 선언하기를 "복음은 기독교의 뿌리이고 복음전도와 사회적 책임은 그 열매"라는 점을 강조하고 있다.

따라서 지역교회는 언제나 예수 그리스도의 사랑에 확고하게 기초한 사회정의를 실현하기 위해서 지역사회에 적극적으로 참여하고, 사회적 지지의 장이 될 뿐만 아니라, 사회의 부조리와 비인간화에 도전하고 비판하는 프로테스탄트의 개혁정신을 실천하는 장이 되어야 한다.

지역사회에서 추구하는 살기 좋은 지역사회는 일반적으로 살기 좋고, 일하기 편리하고, 어린이를 양육하기 좋으며, 은퇴해서도 살기 좋은 곳일 것이다. 이러한 높은 삶의 질은 인간 존재의 필수불가결한 요소로서 사회복지와 즐거움이 포함되어야 할 것이다. 그래서 삶의 질은 "행복과 즐거움으로 구성된 쾌락적인 구성요소(hedoniccomponent)와 인지적 경험으로 구성된 복지적인 양호(welfaregoodness)의 합"이라고 말하기도 한다.

기독교는 지상에서 높은 삶의 질이 성취된 하나님 나라의 실현을 간구한다. 그래서 교회자원은 지역사회복지 프로그램에 일시적으로 투입되거나 멈추는 것이 아니라 그리스도의 형제적 사랑을 통해 서로의 관계를 맺고 하나님의 뜻에 따라 지역사회를 샬롬 공동체화(Shalom Community)하고 복음화하는 역동적인 자원이다. 교회 공동체는 상처받은 영혼을 싸매주며, 굶주린 사람에게는 먹을 것을 주고, 목마른 사람에게는 마실 것을, 헐벗은 사람에게는 입을 것을 나눠주고, 고난 당한 사람에게는 진정한 이웃이 되는데 써야 하는 거룩한 복지자원이다. 로웬버그(Frank M. Loewenberg)는 오늘날 많은 교회와 교회단체들이 사회복지 시설을 설립하고 유지하는 의미를 다음과 같이 지적하고 있다.

- 교회사회서비스는 오늘날 사람들에게 종교메시지를 전달하는 중요한 방법이다.
- 교회는 과거부터 종교적 욕구를 덜 느끼는 사람들의 관심을 유발시키기 위해 다양

한 서비스를 개발해 왔다.

- 사람들은 종교적 가치가 일치하는 사회복지기관 종사자(worker)의 도움을 받을 때 보다 편안함을 느낀다.
- 종교기반 사회복지기관은 종교적 의무감과 교회구성원의 생활의식에서 일어나는 특별한 욕구를 보다 잘 고려할 수 있다.
- 종교적 틀 안에서 사회복지서비스를 제공함은 종교인들이 종교적 의무감을 보다 많이 느끼게 한다.
- 사회복지기관을 후원하는 교회는 재정적 이점이 있다.

그렇다면 지역사회 만들기에서 교회는 어떤 역할을 해야 하는가? 지역교회의 모든 인적자원은 하나님의 선택받은 종의 모습과 신앙공동체의 일원으로서 섬김과 나눔과 사랑을 실천할 능력과 의무를 지니고 있다. 오늘날 미국교회를 보면 지역사회 안에서 청소년 및 가족서비스 프로그램을 개발하고, 지역교회 신자와 지역사회 주민을 위한 다양한 상담 서비스 등을 제공하기 위해 사회사업가들을 고용하고 있다. 그 사회사업가들은 교회성원으로서 사회목사(socialministry)로 기능하기도 한다. 이러한 관점에서 지역교회는 지역사회에 다음과 같은 의무와 역할이 요청된다.

① 지역교회는 지역사회에서 형제애적 역할을 담당해야 한다.
기독교의 신앙행위는 사랑이다. 사랑의 행위는 소극적인 의미로서 자선사업만을 의미하는 것이 아니라, 적극적으로 사회의 모든 영역에서 제도를 통하여 하나님의 사랑과 의를 실천하는 형태로 나타난다. 사랑의 실천은 지역사회 주민들에게 정신적, 물질적 안녕을 주는 체계적인 접근방법이 필요하다. 지역교회는 소외받는 이웃, 불평등 속에 있는 이웃에게 진정한 형제애적 역할을 담당해야 한다.

② 지역교회는 지역사회에서 선지자적 역할을 담당해야 한다.
지역사회의 지원체계 속에 있는 지역교회 공동체는 교육, 사회, 경제, 문화 등 가치적 접근에 적극적이어야 한다. 모든 면에서 인간존중이 전제되어야 하고, 비교육적 하위문화 등에 대해 단호히 대처하는 선지자적 소명을 담당해야 한다.

③ 지역교회는 지역구성원으로서 공동의 결속과 지역복지의 책임을 공유해야 한다.
그리스도의 복음의 능력은 인간을 단순한 정신적, 영적인 질곡에서 구원시킬 뿐만 아니라 공동체 안에서 사회 구조적인 문제와 지역발전에 이르는 전인적인 모든 것까지 인간을 해방시키고 변화시킨다.

④ 지역교회는 지역사회에서 중재 역할을 담당해야 한다.
지역교회는 개인, 가족과 큰 사회 기관 사이에 서 있는 존재이다. 지역교회는 개인과 가족이 큰 사회기관을 다루어 나갈 때 이들을 보호하는 완충제 역할을 하게 된다.

⑤ 지역교회는 사회 행동적 역할을 가진다.
지역교회는 사회 문제를 만들어내고 사회적 요인들을 변화시키는 사회 행동적 역할을 나타내야 한다. 선한 사마리아인의 비유(눅 10:25~37)에서 사회봉사와 사회활동의 차이가 잘 설명되고 있다. 만약 그가 여리고 도상에서 강도질하게 만든 사회적 조건을 변화시키려고 한다면 그것은 사회행동이 될 것이다.

⑥ 지역교회는 지역사회에서 변론자 역할을 담당해야 한다.
지역교회는 사회구조 속에서 고통당하고 있는 약한 자들, 힘없는 자들, 말 못 하는 자들의 변론자가 되어 그들을 도울 수 있어야 한다.

⑦ 지역교회는 지역복지센터의 기능을 가져야 한다.
교회의 모든 시설은 그 지역사회의 복지자원이다. 지역사회가 요구하는 복지요구에 적극 응하여 지역주민들의 아픔을 섬김과 나눔을 통해 해결하는 기능을 가져야 한다.

예수 그리스도의 사역은 말씀 선포와 나눔과 섬김의 삶으로 요약할 수 있다. 그의 생애는 영적인 삶만도 아니었고, 사회적인 삶만을 고집한 것도 아니었다. 예수님은 좌우로 치우치지 아니한 균형적인 삶을 사셨다. 그러나 오늘날 적지 않은 지역교회들은 영적인 삶만을 주장하면서 심각한 양극화 현상을 초래하게 되었고, 그 결과 영적인 접근만으로는 다양화된 인간의 문제를 해결할 수 없기에 사회복지학의 기술적인 접근이 필요하게 된 것이다.

지금까지 교회는 지역 주민들과 동반자적 자세로 살아가기보다는 영혼 구원을 중심으로 한 전도 문제에만 열심을 냈던 것이 사실이다. 예수 그리스도의 사역을 살펴보더라도 말씀을 전하고 가르치는 일과 다른 사람들을 섬기는 면에서 오히려 섬김의 삶을 더 강조하고 계심을 부인할 수 없다.

이처럼 그리스도의 복음 사업을 완수하기 위하여 지역교회와 지역사회복지는 철저히 협조하여 동반자적 의식으로 그리스도의 복음의 토대 위에 서야 할 것이다. 교회와 사회복지는 서로가 서로를 필요로 하는 완전한 파트너요, 잃었던 예수님의 사역을 함께 세우는 작업인 것이다.

Ⅲ. 사회복지활동에 영향을 미치는 지역교회 목회자의 생태체계

오늘날 기독교사회복지는 복지다원주의화, 지식정보화, 지역사회욕구의 다양화, 지역사회복지체계의 변화, 교회 밖의 사회적 환경과 조건의 변화 등에 따라 기독교사회복지활동의 전문적인 개입이 요구되고 있다. 특히 기독교사회복지실천에는 목회자의 사회복지활동에 대한 인식이 매우 중요하다는 점이 학자들의 연구결과에서 밝혀지고 있다. 그러나 교회에서의 사회복지활동은 때로는 비판적인 시선의 대상이 되기도 하였고, 나아가서 교회가 스스로의 사회적 기능을 등한시한 결과 사회적 공신력의 상실로 연결되어 교회와 사회적으로 모두 크나큰 손실을 가져왔다는 것이 여러 연구결과에서 밝혀지고 있다.

기독교사회복지활동은 지역교회의 목회자와 관련된 생태체계요인이 밀접한 관련이 있다는 것은 주지의 사실이다. 하지만 그동안의 연구는 주로 기독교사회복지활동 결정요인 또는 기독교사회복지활동의 단순한 문제에 초점을 두었기 때문에 사회복지활동에 영향을 주는 목회자의 생태체계가 무엇인지 아직 구체적으로 밝혀내지 못하고 있다. 이에 목회자의 생태체계요인으로서 가족체계, 동료체계, 교회체계, 교단체계, 지역사회체계 등에 대한 연구의 필요성이 요구되고 있다.

여기서는 먼저 비교적 새로운 이론으로 등장한 생태체계이론에 대해 알아보고, 생태체계관점과 사회복지실천의 연관성을 살펴본 다음에 지역교회의 목회자가 지역사회복지활동을 주도하는 동인(動因) 중 목회자의 생태체계가 사회복지활동에 미치는 영향을 찾아보려 한다.

1. 생태체계관점에 대한 이해

1.1. 생태체계란?

생태체계란 생태(eco, 환경과 맥락을 강조하는 용어)와 체계(system, 전체를 구성하는 부분들 간의 긴밀한 상호작용을 강조하는 용어)가 합쳐진 말이다. 생태체계관점이라 하면 인간을 이해할 때 그를 둘러싸고 있는 환경 속에서 이해하되, 인간과 환경 간, 혹은 환경을 구성하는 다양한 요소들 사이의 상호관계가 환경에 미치는 영향을 강조하는 관점이다.

1.2. 체계이론의 주요개념

체계이론(혹은 일반체계이론)은 생물학자인 버틀란피(I. V. Bertalanffy)가 발표한 이론으로, 인간을 구성하는 신체, 심리, 사회적인 측면들은 긴밀하게 상호작용하면서 서로에게 영향을 준다는 이론이다. 그뿐 아니라 인간은 외부체계(환경)와도 끊임없이 상호작용하며 상호 의존하는 존재이다. 따라서 인간을 이해하기 위하여는 통합된 전체, 즉 체계라는 관점에서 접근해야 한다는 이론이다.

1.3. 체계의 속성

① 전체는 부분들의 단순 합(合) 이상이다(예, 1+1=3)

② 모든 체계는 부분성과 전체성을 동시에 가진다. 즉, 체계는 더 큰 체계의 부분이자 더 작은 부분들의 전체로 존재한다(홀론).

③ 체계의 개방성의 정도에는 체계마다 차이가 있다. 체계가 유지되기 위해서는 체계의 안전과 지속을 유지할 수 있는 선에서의 적절한 개방이 필요하며, 그 정도를 조절하는 기능을 체계의 경계(境界)가 담당하게 된다.

④ 체계에 불균형이 발생하면 체계는 다시 균형(equilibrium)을 회복하려는 경향이 있다.

1.4. 체계이론의 주요 개념

1) 경계(boundary)

체계를 외부 환경으로부터 구분하는 일종의 테두리. 경계는 체계의 정체성을 규정해주고 환경과 구분해 주며, 환경과의 내적, 외적 교환을 통제한다.

2) 개방체계와 폐쇄체계

다른 체계와 상호작용하지 않아 고립되어 있으면 폐쇄체계, 체계 안팎으로의 정보·자원·에너지의 투입(input)이나 산출(output)이 자유롭게 일어나면 개방체계이다.

3) 위계질서

어떤 체계에는 그것을 둘러싼 상위체계와 그 내부의 하위체계가 존재하며, 이들 사이에는 위계질서가 존재한다. 예) 가족의 상위체계는 가족이 속한 종교기관, 직장, 지역사회 등이 있고, 가족의 하위체계는 부부체계, 형제체계, 부모자녀체계 등이 있다.

4) 엔트로피(entropy)

체계의 부분들 간 상호작용이 결여되어 체계를 유지하고 발전시키기 위한 유용한 에너지가 감소하는 것(혹은 체계가 소멸해가거나 무질서해지는 것). 예) 갈등이 심해져 이혼 위기에 처한 부부의 상태.

5) 역엔트로피(네겐트로피, negentropy)

체계 외부로부터 에너지를 유입함으로써 체계 내부의 유용하지 않은 에너지가 감소되는 것. 예) 이혼 위기의 부부가 상담을 받아(외부환경과의 수직적 상호작용) 관계가 회복되고 긴장이 감소되는 것.

6) 시너지(synergy)

체계의 내·외부와의 상호작용이 증가하면서 체계를 유지하고 발전시킬 수 있는 에너지가 증가하는 것. 예) 상담을 통해 부부관계가 개선되면 가족 전체 분위기가 긍정적으로 바뀌고, 예전에 없었던 각 단위 활동을 하는 등 긍정적 변화가 나타나는 것.

1.5. 생태학적 환경의 체계 구분

브론펜브레너(U. Bronfenbrenner)는 인간을 둘러싼 생태학적 환경의 체계를 다음과 같이 구분한다.

1) 미시체계(microsystem)

인간이 가장 밀접하게 상호작용하는 사회적 물리적 환경. 예) 가족, 친구, 학교 등.

2) 중간체계(mesosystem)

가정과 학교, 가정과 친구 등 특정 시점에서 개인이 속한 둘 이상의 소속체계(미시체계) 사이에 일어나는 상호작용. 예) 학교 교사의 가정방문, 회사의 가족동반 등반대회 참석 등.

3) 외부체계(외체계, exosystem)

개인이 직접 참여하지는 않으나 그 개인의 발달에 영향을 주는 사회적 환경. 예) 경찰서, 주민센터, 구청, 교육청, 대중매체 등. 또는 내 친구의 형제들, 부모님의 친구들 등.

4) 거시체계(macrosystem)

개인이 속한 사회의 이념이나 제도 등 광범위한 사회적 맥락. 예) 국가, 사회제도, 정치, 경제, 문화, 가치관 등.

2. 생태체계관점과 사회복지실천의 연관성

① 생태체계관점은 문제 현상을 전체적으로 조망할 수 있도록 해준다.

② 인간행동 문제에 대해 좀 더 전체적인 시각을 제시하여 문제를 개인과 사회 및 환

경이 상호작용하는 총체로 보게 하여 문제사정과 개입체계를 명확하게 해준다.

③ 단선적 사고에서 벗어나 여러 원인에서 행동이 일어난다는 순환적 인과론으로 문제를 바라보게 하고 사회복지실천의 개념적 틀을 제공한다. 따라서 개인의 증상 또는 행동에 대한 낙인(烙印)을 줄여준다.

④ 원조 과정에서 수집한 정보를 분석해서 조직화하고 통합할 수 있는 길을 제공하여 사정 도구로서도 유용하다. (생태체계관점에 토대를 둔 대표적인 사정도구로 PIE(Person-In-Environment) 분류체계가 있다).

⑤ 인간과 사회환경 사이의 관계를 이해하는 준거틀을 제시한다.

⑥ 개인, 집단, 지역사회 등 다양한 체계에 적용이 가능하다.

⑦ 다만, 체계이론은 인간행동의 발달에 영향을 주는 인간의 내적 요소에 관해서는 거의 논의하지 않는 문제점이 있다. 또한, 체계이론은 추상적이고 모호한 면이 있다. 왜 일들이 일어나는가, 왜 그런 연결들이 존재하는가에 대해 설명하지 않기 때문에 특수한 상황에 적용하기가 어렵다는 한계가 있다.

3. 지역교회의 지역사회복지 활동에 대한 이해

이 글의 초점은 '4. 목회자의 생태체계와 연관된 지역사회복지활동'에 있으므로 여기서는 앞의 글(II. 지역사회 만들기와 지역교회의 역할)에서 인용하는 것으로 대신한다.

지역교회의 모든 인적자원은 하나님의 선택받은 종의 모습과 신앙공동체의 일원으로서 섬김과 나눔과 사랑을 실천할 능력과 의무를 지니고 있다. 오늘날 미국교회를 보면 지역사회 안에서 청소년 및 가족서비스 프로그램을 개발하고, 지역교회 신자와 지역사회 주민을 위한 다양한 상담 서비스 등을 제공하기 위해 사회사업가들을 고용하고 있다. 그 사회사업가들은 교회성원으로서 사회목사(socialministry)로 기능하기도 한다. 이러한 관점에서 지역교회는 지역사회에 다음과 같은 의무와 역할이 요청된다.

3.1. 지역교회는 지역사회에서 형제애적 역할을 담당해야한다

기독교의 신앙행위는 사랑이다. 사랑의 행위는 소극적인 의미로서 자선사업만을 의미하는 것이 아니라, 적극적으로 사회의 모든 영역에서 제도를 통하여 하나님의 사랑과 의를 실천하는 형태로 나타난다. 사랑의 실천은 지역사회 주민들에게 정신적, 물질적 안녕을 주는 체계적인 접근방법이 필요하다. 지역교회는 소외받는 이웃, 불평등 속에 있는 이웃에게 진정한 형제애적 역할을 담당해야 한다.

3.2. 지역교회는 지역사회에서 선지자적 역할을 담당해야 한다

지역사회의 지원체계 속에 있는 지역교회 공동체는 교육, 사회, 경제, 문화 등 가치적 접근에 적극적이어야 한다. 모든 면에서 인간존중이 전제되어야 하고, 비교육적 하위문화 등에 대해 단호히 대처하는 선지자적 소명을 담당해야 한다.

3.3. 지역교회는 지역구성원으로서 공동의 결속과 지역복지의 책임을 공유해야 한다

그리스도의 복음의 능력은 인간을 단순한 정신적, 영적인 질곡에서 구원시킬 뿐만 아니라 공동체 안에서 사회 구조적인 문제와 지역발전에 이르는 전인적인 모든 것까지 인간을 해방시키고 변화시킨다.

3.4. 지역교회는 지역사회에서 중재역할을 담당해야 한다

지역교회는 개인, 가족과 큰 사회 기관 사이에 서 있는 존재이다. 지역교회는 개인과 가족이 큰 사회기관을 다루어 나갈 때 이들을 보호하는 완충제 역할을 하게 된다.

3.5. 지역교회는 사회 행동적 역할을 가진다

지역교회는 사회문제를 만들어내고 사회적 요인들을 변화시키는 사회 행동적 역할을 나타내야 한다. 선한 사마리아인의 비유(누가복음 10:25~37)에서 사회봉사와 사회활동의 차이가 잘 설명되고 있다. 만약 그가 여리고 도상에서 강도질하게 만든 사회적 조건을 변화시키려고 한다면 그것은 사회행동이 될 것이다.

3.6. 지역교회는 지역사회에서 변론자 역할을 담당해야 한다

지역교회는 사회구조 속에서 고통당하고 있는 약한 자들, 힘없는 자들, 말 못하는 자들의 변론자가 되어 그들을 도울 수 있어야 한다.

3.7. 지역교회는 지역복지센터의 기능을 가져야 한다

교회의 모든 시설은 그 지역사회의 복지자원이다. 지역사회가 요구하는 복지요구에 적극 응하여 지역주민들의 아픔을 섬김과 나눔을 통해 해결하는 기능을 가져야 한다.

4. 목회자의 생태체계가 지역사회복지 활동에 미치는 영향

임정문(2014)은 그의 박사학위 논문 "목회자의 생태체계가 기독교사회복지활동에 미치는 영향 연구"에서, 자신이 속한 성결교단의 목회자 218명으로부터 받은 설문지를 분석하여 목회자의 생태체계가 지역사회에 미치는 영향을 연구하였다. 아래 글은 본 논문에서 발췌 인용하여 적용함을 밝힌다.

4.1. 목회자의 생태체계 요인

1) 가족체계

생태체계적 관점에서 볼 때, 가족의 내부적 역학관계는 가족의 외부적 환경과 끊임없는 상호작용을 통해 변화하고 성장해 가기 때문에 목회자의 가족 내의 역학적 관계가 목회사역이나 대인관계에 큰 영향을 미친다. 즉 목회자가 갖는 성향은 가족을 구성하는 구성원의 상호작용에서 이루어지는 것으로 볼 수 있다. 이러한 관점은 가족구성원 중 개인이 갖는 역기능의 문제를 가족구성원의 의사소통을 통한 치료에 관심을 둔다. 또한, 목회자와 가족성원, 부부의 관계의 역동성은 목회사역에 중요한 영향을 미친다는 관점에서, 사회복지활동이 관계를 중심으로 이루어지고 구성원의 상호작용에 크게 영향을 맺는다는 점에서 사회복지적 맥락과 공통점을 가진다.

2) 동료체계

동료집단은 평등의 관계를 가지고 자연적 과정으로 형성된 이익집단이자 1차적인 집단이다. 이들은 나이, 흥미, 신체적 조건이 비슷하며 같이 느끼고 행동하는 양상을 보인다. 목회자들은 동료체계에서 끊임없는 영향을 받는다. 같은 신학적 노선, 목회 활동지역, 목회의 방향성 등에서 목회자들은 동료집단을 형성하고 영향을 주고받게 된다. 목회자의 동료집단은 목회자에게 개인적인 느낌과 교류를 제공하는 자원이 되며 또한, 목회자의 업무행동에 대한 지지와 더불어 현실적인 긍정적인 평가자가 되기도 하며 일련의 복잡한 목회상황들로 인해 부정적 평가자가 되기도 한다. 이는 목회자가 동료들과의 상호교류를 통해 목회사역에 영향을 미칠 것이라는 추론에서 시작한다.

3) 교회체계

교회는 기독교라는 종교적 신념체제 안에서 구체적이고 실제적으로 현실화시킨 종교적 조직체계를 의미한다. 교회의 인구사회학적인 항목들로서 교회의 설립 후 운영기간과 총예산, 교인의 수, 시설의 크기 등이 있다. 교회의 총예산, 교인 수, 시설 규모 등은 기독교사회복지활동을 실천하는 데 영향을 주는 항목이다. 사회복지활동에는 여러 가지 자원이 동원되어야 한다. 이런 자원들은 기독교사회복지활동을 풍부하게 전개하는 데 많은 영향을 미칠 것이다.

〈목회자의 생태체계 요인〉

4) 교단체계

교단은 기독교단체로서 실제적으로 현실화시킨 종교적 조직체계인 교회의 연합체계를 의미한다. 즉 목회자가 속해 있는 소속 교단은 목회자들에게 소속감과 목회 방향을 제시한다. 대부분의 목회자들은 자신이 교회에는 영향력을 발휘하지만, 교단으로부터는 영향을 받는 처지에 있다. 교단은 목회자에게 동료집단임과 동시에 사회체계 내에서 목회자들만으로 구성되는 하위문화이기 때문에, 긴밀한 영향을 주고받지 않을 수 없다.

5) 지역사회체계

기독교사회복지활동의 실천주체인 교회는 일정한 지리적인 공간인 생활권 안에서 사회적 상호작용을 통하여 공통된 이해관계, 문화, 규범 등을 형성하는 특성을 가진다. 지역사회 구성원들의 공통적인 경험과 공동의 생활양식을 어느 정도 향유하는 교회는 공간적 일정지역의 범위로써, 전체사회의 일부분에 속하는 구조이기 때문에 지역사회의 사회적, 문화적, 정치적 영향 등을 주고받는다. 목회자가 속해 있는 지역사회 안에는 다양한 기관들을 통하여 사회복지 안전망이 설치되어 있고, 교회는 이 안전망의 하나로서 중요한 역할을 한다. 지역사회의 기관은 지리적 지역사회 내 위치한 개념으로써 복지기관, 공공기관, 주민 및 시민단체의 수로써 측정할 수 있다. 그리고 지역사회의 문제는 지역이 갖는 특수한 상황으로써 그 문제의 심각성은 주민들과 서비스의 지역사회환경에 대한 상호의존성, 해당 지역사회와 다른 지역사회와의 상호작용에 초점을 두고 있는 생태학적관점에서 지역에 위치한 교회와 목회자에게 영향을 줄 수 있다고 추론할 수 있다.

4.2. 목회자의 생태체계 연구의 이론적 함의

임정문(2014)은 목회자의 생태체계가 지역사회복지활동에 미치는 영향에 대해 선행연구를 통해 얻은 지식으로 가설들을 세우고, 수집한 설문 자료들을 빈도분석, 다중회귀분석, 그리고 다중공선성통계(multicollinearity statistic) 등으로 분석하여 미리 세운 가설들을 검증하여 다음과 같은 이론적 함의와 실천적 함의를 제시하였다. 이 연구에서 독립변수는 '목회자의 생태체계요인', 종속변수는 '목회자의 기독교사회복지활동', 통제변수로는 '인구사회학적 특성'으로 삼았다. 연구결과 목회자의 생태체계요인이 기독교사회복지활동에 미치는 영향에서 유의미한 영향을 주는 것은 다음과 같다.

① 동료체계에서는 목회자의 동료 중 사회복지전문가가 있을 경우 목회자의 사회복지활동인식, 사회복지활동내용, 사회복지교육·훈련 경험 모두에 영향을 주었다.
② 교회체계에서는 주일 낮 출석인원의 수가 목회자의 사회복지활동인식에 영향을 주었고 건물의 연건평은 사회복지교육·훈련에 영향을 미치는 것으로 나타났다. 또한, 교단체계에서는 사회복지교육 실시가 목회자의 사회복지활동인식, 교육·훈련 경험에 높은 결정력을 나타냈다.
③ 지역체계에서는 지역의 사회문제의 심각성이 목회자의 사회복지활동인식에 영향을 미치며 목회자의 교육·훈련에는 지역기관의 수가 영향을 미치는 것으로 나타났다.
④ 본 연구결과에서 목회자의 생태체계요인이 기독교사회복지활동에 미치는 영향에서 목회자의 생태체계 요인들 중 가족체계가 기독교사회복지활동의 세 가지 요인, 즉 사회복지활동인식, 사회복지활동내용, 사회복지교육·훈련 경험에서 유의미하지 않은 것으로 나타나 앞으로 가족체계와 기독교사회복지활동의 세 가지 변수들 간의 관계나 기능들을 조명할 필요가 있다고 본다.

4.3. 목회자의 생태체계 연구의 실천적 함의

1) 목회자의 사회복지활동인식 정도에 대한 생태체계의 영향력은 목회자의 교단체계 중 교단의 사회복지교육·훈련이 가장 큰 영향력을 미치는 것으로 나타났다. 따라서 교단차원의 교회와 목회자를 위한 실제 적용 가능한 복지교육 및 프로그램의 실시가 요구된다.

2) 교회체계에 있어서는 주일 낮 출석 인원의 수가 유의미한 것으로 나타났는데, 교회의 총결산보다는 교인의 태도가 크게 작용하는 것으로 보인다. 따라서 기독교사회

복지활동을 증가시키기 위해서는 교인들에 대한 사회복지활동의 인식변화와 그에 따른 교육·훈련도 필요할 것이라고 사료된다.

3) 목회자의 기독교사회복지활동에 가장 중요한 요소 중 하나는 동료체계로서, 동료 중 사회복지전문가가 있을 때 동료와 사회복지 관련 대화가 많을수록 목회자의 기독교사회복지활동이 증가할 수 있다. 즉 목회자의 사회복지활동인식, 사회복지활동내용, 사회복지교육·훈련에서 동료의 영향이 미칠 수 있도록 교단 차원의 개입이 요구된다. 이는 동료단위 연계망의 형성, 동료를 통한 사회복지에 대한 정보획득, 동질집단으로 형성된 사회복지교육·훈련 프로그램의 기획과 실시 등과 같은 복지활동이 가능하고, 동료의 영향이 목회자들로 하여금 사회복지활동을 증가시킬 수 있다고 본다. 그리고 목회자의 기독교사회복지활동을 증가시키기 위해서는 사회복지전문가를 구심점으로 한 동료집단의 정기적인 모임, 후원자 연결, 동질집단 간의 공동프로그램 운영 등 기독교사회복지활동 활성화에 도움이 될 수 있다.

4) 목회자의 사회복지활동내용에 대한 생태체계적 영향력은 가족체계, 동료체계, 교회체계에서 유의미한 관계를 나타냈다. 가장 큰 영향력을 주는 체계는 동료체계로써 목회자의 사회복지활동인식에서와 같이 가장 중요한 요인으로 나타났다. 그러나 교단의 사회복지교육·훈련 프로그램의 실시는 영향을 미치지 못하는 것으로 나타났는데, 이는 목회자들에게 실제로 사회복지활동을 실시할 수 있을 만큼의 의미를 목회자에게 주어지도록 현실적인 노력이 필요하다.

5) 목회자의 사회복지교육·훈련 경험 정도에 대한 생태체계적 영향력은 가족체계, 교회체계, 동료체계, 교단체계, 지역체계의 항목 모두에서 유의미한 것으로 나타났고, 동료체계 중 사회복지관련 전문가가 있을 때 가장 큰 영향을 받는 것으로 조사되었다. 따라서 지역사회체계 중 지역문제의 심각성으로부터 영향을 받지 않고 지역사회기관에는 영향을 받는 것으로 나타났는데, 이에 교회가 당면한 문제를 해결하는 주체로서의 기능보다는 지역사회의 기관과 관계성을 형성하여 서로 공유하며 네트워킹을 통해

당면문제를 해결하도록 해야 한다.

4.4. 기독교사회복지활동을 강화하는 실천적 방안

지역교회 목회자의 생태체계관점에서 출발한 기독교사회복지 활성화 방안에 대한 임정문(2014)의 연구는 단순한 이론이 아니라 실제 목회자의 의식구조와 활동에서 나온 자료들을 분석한 것이므로 상당한 타당성을 갖는 것으로 사료된다. 그의 논문에서 제언한 내용을 참고하여 기독교사회복지활동을 강화하는 실천적 방안을 제안하면 다음과 같다.

1) 목회자가 속한 교회체계 활용, 즉 교회의 사회복지예산 증액이 요구된다.

교회의 사회복지예산 증액으로서, 이는 교회의 규모와 성도들의 수, 그리고 특별한 환경, 목회자와 성도들의 사회복지에 대한 인식에 따라 다를 수 있다. 오늘날 한국교회는 양적, 질적 성장을 이룩하였지만, 사회복지의 예산이 너무 미약하여 사회로부터 거친 비난을 받고 있는 현실이다. 따라서 교회예산 중 사회복지예산의 증액을 통해 사랑을 실천하는 교회, 섬김이 교회로써 기독교사회복지의 새로운 장이 형성되어야 한다.

2) 기독교사회복지활동에 교회 인적자원의 활용이 요구된다.

교회의 인적자원은 학생, 교육자, 전문경영인, 법조인, 의료인 등 매우 다양하다. 이러한 인적자원으로 기독교사회복지실천위원회, 지역사회주민 섬김 위원회, 자원봉사부 등의 기독교사회복지조직을 운영할 수 있다. 따라서 교회단위로 각 조직원들에게 전문가를 초빙하여 기독교사회복지활동으로서의 전문적인 교육과 훈련을 실시할 수 있다.

3) 교회의 물적 자원인 시설개방이 요구된다.

이로써 지역사회복지활동의 중심센터를 구축할 수 있다. 교회는 인적, 물적, 재정자원이 다른 사회단체보다 다양하다. 무엇보다도 사회복지의 시설자원으로 이용할 수 있는 기능적인 시설을 가지고 있다는 점이다. 즉 예배당, 교육관, 식당, 주차장, 놀이시설, 선교센터, 유치원(어린이집, 선교원, 유아원 등), 사회관 등 기독교사회복지를 위한 시설이나 공간을 선교와 함께 지역사회의 복지시설로 사용할 수 있다고 본다.

4) 목회자들에게 교단차원의 사회복지교육·훈련의 기회가 증가되어야 한다.

오늘날 교회에서 실행하는 사회봉사도 신앙과 전문지식을 겸비한 전문적인 기독교사회복지활동이 요구된다. 교회는 목회와 사회복지를 통합하는 협력사역(team ministry)이 필요하다. 이에 대한 방안으로 인근 대학 사회복지학과에 기독교사회복지 과목 등을 개설하여 수강하는 것도 하나의 방법이 될 수 있다. 따라서 교단은 신앙과 전문지식을 겸비한 인재를 목회의 파트너로 활동할 수 있도록 다각적인 정책방안을 수립해야 한다.

5) 목회자의 기독교사회복지활동은 교단의 사회복지교육·훈련에서 가장 큰 영향을 받고 있다.

따라서 교단 차원의 목회자를 위한 사회복지교육·훈련 프로그램의 개발과 실시가 필요하다. 예를 들면 지역아동센터의 설립 및 운영 교육, 어린이집 설립 및 운영 교육, 재가복지센터의 설립 및 운영 교육 등 목회현장에서 실제 적용 가능한 프로그램이 제시된다면 목회자들의 관심증대와 실제 참여가 확산될 것으로 사료된다.

6) 교단적인 사회복지전담기구 설립이 요구된다.

이를 위해서 각 노회별로 기구를 확대하면 전국적인 규모의 전달체계와 지역사회를 위한 기독교사회복지 지역협의체가 구성될 수 있다. 이러한 기독교사회복지기구는 교단과 노회, 노회와 지역교회와의 사회복지에 관한 정보교환을 통하여 인적, 재정, 물적 자원을 효율적으로 활용하여 효과를 증대할 수 있을 것이다.

Ⅳ. 기본소득 논쟁

2021년 9월 6일자 발행된 격주간지 『미래한국』(Vol. 649)은 '이재명을 아시나요'라는 커버스토리 하에 기본소득논쟁에 대한 심층 기사를 선보였다. 동지 18~21쪽에 실린 한정석의 글 "이재명과 김세연의 기본소득논쟁"은 이렇게 시작된다.

> "2022년 대선에서 기본소득 이슈가 뜨겁게 달아오를 전망이다. 민주당의 유력한 대선 후보인 이재명 경기지사가 스타트를 끊은 이후 여야 간에 백가쟁명식의 기본소득 안들이 제기되고 있다..."

기본소득은 무엇이며, 이것은 기존의 공공부조나 기초생활보장제도와는 어떻게 다른가? 왜 이런 논쟁이 일어나게 되었으며, 기본소득의 개념은 기독교적 세계관으로 볼 때 어떻게 평가할 수 있나? 이런 몇 가지 질문에 답하기 위해 먼저 사회보험과 공공부조의 기본 개념과 원리를 알아보고, 기본소득의 특성에 대한 성경적, 신학적 근거는 무엇인가를 살펴보자.

1. 사회보험, 공공부조, 국민기초생활보장제도의 기본 원리

사회복지정책의 주요 분야에는 소득보장, 건강, 교육, 주택, 개별사회서비스 등 다섯 영역을 기본으로 꼽는데, 우리나라는 교육, 주택 영역을 사회복지차원에서 다루는 경우가 서구(특히 영국)에 비해 상대적으로 적다. 사회복지정책의 유형에는 사회보험, 공공부조, 사회수당, 그리고 사회서비스가 있는데, 여기서는 사회보험과 공공부조에 대해 간략히 살펴본다.

1.1. 사회보험과 공공부조제도의 기본 원리

사회보험은 사회구성원들이 공통으로 경험할 가능성이 높으면서 생활에 큰 영향을 끼치는 사회적 위험에 대해 보험방식으로 대처하는 제도이다. 보험은 가입자들이 낸 보험재정을 바탕으로 위험을 경험하는 사람들에게 급여를 지급하여 가입자 간에 위험이 분산되도록 하는 것이다. 그런데 건강이나 실업에 관한 위험들은 그에 대한 보험을 사적(私的) 시장에 맡겨둘 경우 역(逆)의 선택(adverse selection)의 문제, 도덕적 해이의 문제 등이 나타나므로 이를 해결하기 위해서는 국가가 강제로 보험에 가입하도록 하는 사회보험을 실시한다. 사회보험에는 국민연금, 국민건강보험, 산재보험, 고용보험 등이 있다.

공공부조제도는 사회보험, 사회복지서비스와 더불어 대표적 사회보장제도의 하나이다. 이것은 일반 조세를 재원으로 하여 일정 소득(자산) 이하의 사람들에게만 최저수준의 급여를 제공하는 프로그램이다. 사회보장제도 중에서 수직적 소득재분배 효과는 조세를 재원으로 하는 공공부조제도에서 가장 크게 나타난다. 왜냐하면 공공부조제도는 누진세를 기초로 한 조세를 기본 재원으로 하고 저소득층에게 집중적으로 급여를 제공하기 때문이다. 이 제도를 통해서 소득재분배와 결과의 평등을 가장 효율적으로 달성할 수 있다.

하지만 공공부조제도는 수급자 선정에 있어 자산조사를 실시하므로 이에 소요되는 행정비용이 많고, 저소득을 선정기준으로 하므로 수급자의 수치심(낙인)을 유발할 가능성이 크다. 또한, 사회보험이나 사회수당에 비해 재원의 부담자와 급여의 수혜자의 불일치 정도가 크기 때문에 정치적 지지를 적게 받는 경향을 띤다. 왜냐하면 공공부조의 재원이 되는 세금은 대체로 고소득자가 많이 부담하지만, 정작 공공부조의 혜택은 소득이 적을수록 받을 가능성이 높기 때문이다.

1.2. 국민기초생활보장제도의 전개와 재편

우리나라의 근대적 공공부조의 출발은 정부 수립 후 1960년대에 들어와서야 시작되었고, 연령에 관계없이 소득이 최저생계비에 미달하는 모든 저소득 계층을 포함하게 된 것은 2000년 10월 1일 국민기초생활보장제도를 시행함으로써 본격화되었다.

국민기초생활보장제도가 도입된 것은 40년간 유지된 시혜적·단순보호 차원의 생활보호제도로부터 저소득층에 대한 국가 책임을 강화하는 복지시책으로 대전환함을 의미한다. 이 제도는 최저생활을 보장받을 헌법상의 권리를 실체적으로 규정한 법률로서, 복지는 국민의 권리이며 국가의 의무로 보는 복지철학으로 대전환하는 계기가 되었다.

2000년부터 시행된 기초생활보장제도의 큰 틀이 2015년 7월부터 맞춤형 급여체계로 전환되었다. 맞춤형 급여체계는 기초생활수급자의 가구 여건에 맞는 지원을 위하여 생계급여, 의료급여, 주거급여, 교육급여 등 급여별로 선정기준을 다층화하여 지원하는 것이 핵심이다. 이러한 개편의 핵심은 ① 급여별 기준을 달리함으로써 빈곤함정을 줄이고 탈수급유인을 제고하며, ② 중위소득의 일정 비율을 기준으로 정함으로써 절대적 빈곤의 관점에서 상대적 빈곤의 관점으로 전환되었다는 의의가 있다.

2. 고용중심복지와 기본소득(Basic Income)

이제 논의의 초점을 기본소득으로 향해보자. 세계기본소득네트워크(Basic Income Earth Network, BIEN)의 정의에 의하면, 기본소득은 자산조사(means-test)나 근로의무 없이 무조건적으로 모든 개인에게 정기적으로 제공되는 현금 지급을 의미한다. 그동안의 공공부조의 개념에서 한 걸음 더 나아간 것이다. 이와 같은 기본소득의 정의는 다음의 주요 원칙을 강조한다.

첫째, 기본소득은 한시적이거나 일시적인 것이 아니라, 예를 들면 매달 지급되는 정기적인(periodic) 지급이다.

둘째, 식품이나 구호품과 같은 현물, 또는 특정사용 용도를 제한하는 바우처(voucher) 방식이 아닌 현금(cash) 지급이다.

셋째, 가구(household)를 단위로 지급되는 것이 아니라 개인(individual)을 기본단위로 해서 지급된다.

넷째, 가난한 사람을 대상으로 하여 자산조사를 필요로 하는 선별적 방식이 아닌, 누구에게나 지급되는 보편적인(universal) 대상 선정방식을 중요한 가치로 여긴다.

다섯째, 근로의무(requirement to work)나 근로 의사(willingness to work)를 전제로 하지 않고 무조건적으로 지급하는 것을 원칙으로 한다.

기본소득 개념은 1970년대 말 세계 경제 위기를 극복하는 과정에서 등장했다가 신자유주의 정책 확대로 인해 주목받지 못했다. 2016년 스위스에서 기본소득제를 두고 국민투표를 실시한 이후, 유럽국가에서 기본소득에 관한 논의와 정치 경제적 실험이 확산되어 가고 있고, 우리나라에서도 기본소득은 요즘 핫 이슈가 되었다. 한 조사에 따르면 전체 국민 중 48.6%가 기본소득제 도입에 찬성의사를 밝힌 것이다. 얼마 전까지만 해도 꿈같은 소리라고 여기거나 망국적 포퓰리즘이라는 주장도 있으나, 기본소득제 도입이 이제 곧 현실로 나타날 가능성이 커진 것이다.

신자유주의가 등장한 1970년대 말부터 고용중심복지(혹은 근로연계복지나 노동복지)는 전 세계적인 복지개편의 중심축이 되어왔다. 고용중심복지는 서구만이 아니라 개발도상국에서도 복지개혁의 주요 흐름으로 자리 잡았다. 우리나라에서 1997년 금융위기 이후 등장한 김대중 정부의 '생산적 복지'가 대표적인 예이다. 고용중심복지는 시장경제활성화와 경제효율성을 강조하면서 저소득층에 대한 제한적인 지원의 필요성은 인정한다. 고용중심복지 개념은 근로 능력이나 의사가 있는 사람에게 일자리나 직업훈련 등을 제공한다는 면에서 경제적으로 효율적인 복지정책이 될 수 있지만, 근로능력이 없거나 의사가 없는 사람들은 복지의 대상에서 제외된다는 문제가 내재되어 있다.

3. 기본소득 개념의 주요 특성과 성경적·신학적 근거

본 섹션의 주요 내용은 김성호의 "한국사회의 기본소득 논쟁에 대한 기독교 윤리적 실천방안 연구" 논문에서 발췌하여 필자의 성경관으로 재해석하였음을 밝힌다.

3.1. 복지의 개념을 시혜에서 권리로.

복지국가에 들어서면서 복지는 낙인을 동반하는 시혜가 아닌 시민의 권리가 되었지만 노동에 대한 의무라는 조건이 존재한다. 이는 앞서 살펴본 고용중심적 복지정책이 강조하는 조건이다. 기존의 복지제도와는 달리 기본소득 개념이 갖는 힘과 차별성은 기본소득이 주장하는 '무조건성(unconditional)'에 있다.

사회복지제도가 무조건성을 띄려면 다음의 세 가지 전제가 필요하다. 현금으로 지급되어야 하며, 사회보험과 같은 사전 기여가 필요 없으며, 한 국가의 법적 시민에게만 제한되어서는 안 된다. 기본소득은 이러한 세 가지 전제 이외에도 ① 개인에게 지급되며, ② 소득의 여부와 관계없이 주어지고, ③ 현재 일을 하고 있거나 일할 의사가 있어야 함을 묻지 않는다. 여기서 나타난 기본소득의 무조건성은 성경에서 강조하는 하나님의 조건 없는 사랑이자 피조물로서 누려야 할 무조건적인 권리와 일맥상통한다.

기본소득의 여러 가지 전제 중에서도, 기독교인을 비롯한 다수의 현대인을 불편하게 하는 내용은 바로 '일하지 않아도 되는', 즉 '일을 안 해도 공짜로 돈을 준다'는 것에 대한 거부감이다. 더 나아가서는 일할 의사에 관계없이 기본소득을 지급한다는 부분일 것이다. '노동과 소득의 분리'는 "네가 흙으로 돌아갈 때까지 얼굴에 땀을 흘려야 먹을 것을 먹으리니(창 3:19)," "누구든지 일하기 싫어하거든 먹지도 말게 하라 하였더니(살후 3:10)," "게으른 자여 개미에게 가서 그가 하는 것을 보고 지혜를 얻으라 …… 좀 더 자자, 좀 더 졸자, 손을 모으고 좀 더 누워 있자 하면 네 빈궁이 강도 같이 오며 네 곤핍이 군사 같이 이르리라(잠 6:6-11)"와 같은 성경구절에 대한 절대적인 순종 속에 오늘날 삶의 중요한 가치로 정착했다.

교회사적으로 보면 종교개혁자 칼빈은 직업을 소명으로 받아들여 노동을 창조주 하나님에게 봉사하는 일이라고 여겼고, 그 결과 칼빈주의 프로테스탄트들은 게으름(시간 낭비)은 하나님의 영광을 가로막는 가장 위험한 악으로 여겼다. 절약과 근면(금욕)을 최고의 가치로 여긴 청교도 정신은 신대륙 미국으로 건너가서 자본주의를 발전시키는 원동력이 되었으며 직업을 성실히 수행한 결과로 획득한 부(富)가 바로 자신이 소명(신의 부름)을 받은 증거라고 규정했다. 그러나 이 과정에서 청교도 윤리는 인간의 모든 활동을 노동으로 환원시키는 문제를 야기했음을 간과해서는 안 된다.

직업과 소명의식이 돈을 벌기 위한 수단으로 굳어진 것은 근대 사회가 들어선 뒤의 일이다. 노동에 의한 소득이 중요한 경제원리가 되고, 노동이 화폐처럼 상품으로 팔릴 수 있다는 신념이 탄생한 것은 불과 2백여 년 전의 일이다. 따라서 국가가 개인에게 자신의 삶을 유지하기 위해 노동을 하도록 강요하는 일은 성경의 가르침에 대한 편향된 해석이 아닌지 돌아보아야 한다.

3.2. 시민의 의무에서 권리로

시민권을 강조하는 복지국가는 시민의 자격과 관련된 호혜성을 강조한다. 복지국가에서 복지를 누릴 시민의 권리인 시민권은 그 사회의 구성원이 누리는 지위이자 권리이다. 하지만 복지국가의 위기를 겪게 되면서 시민권적 지위와 권리는 동시에 시민의 일정한 의무와 책임을 조건으로 강조하는, 즉 근로를 전제하는 워크페어(workfare, 근로연계복지)와 연결되었다. 따라서 시민권의 실현은 의무와 동시에 이루어진다.

이처럼 국가의 사회복지 제공에 대한 시민의 의무가 노동에 근거한 기여로 강조된다면, 기본소득제도는 시민의 의무를 다하지 않거나 무임승차에 의존하는 공정하지 않은 제도가 되는 것이며, 더 나아가서 나태한 자가 부지런한 근로자를 착취하는 것이라는 비판에 이르게 된다. 이같이 시민의 의무로 부과되는 노동중심복지정책은 상식적인 당위성에도 불구하고 복지 수급자들에게 불안정하거나 위험하고 임금이 낮은 일자리를 강요하는 결과를 초래한다. 이는 빈곤의 악순환과 양극화의 심화로 이어진다. 이처럼 노동중심의 복지정책은 노동력의 재상품화 측면에서 비판의 소지가 있다. 반면에 노동의 탈 상품화를 강력하게 추진하는 기본소득 개념은 노동중심복지를 대체할 구체적인 대안적 전략이 될 수 있다.

하나님이 주신 우리의 권리는 값없이 주신 것이다. 그렇다면 기본소득은 4차 산업시대의 일용할 양식이라고도 할 수 있지 않을까? 신약성경의 서신서들을 보자. "그리스도 예수 안에서 풍성한 대로 너희에게 필요한 것을 채워주실 것(빌 4:19)", "이는 다른 사람들은 평안하게 하고 너희는 곤고하게 하려는 것이 아니요 균등하게 하려 함이니(고후 8:13)." 사도 바울의 이러한 생각은 예수께서 말씀하신 포도원 일꾼의 비유에서 잘 드러나고 있다(마 20:1-16). 고용된 일꾼이 일을 시작한 시간과는 상관없이, 아침 일찍 일터로 나온 사람이나 오후 5시에 나와 잠깐 일한 일꾼이 동일한 임금(한 데나리온)을 받는 것은 당연한 것이고 그것이 하나님의 뜻이라는 생각이다. 여기서 우리는 노동과 임금의 성경적인 생각의 기초를 발견한다. 출발점이 다른 상황이 발생하게 되더라도, 생계를 유지하기 위한 임금을 받는 것은 하나님께서 인간에게 부여해주신 권리이다. 놀랍지 않은가?

3.3. 기본소득제도는 개인의 자유를 보장하고 양질의 일자리를 늘릴 것이라는 주장

영국 빈민법 시대에 빈민에게 부과했던 노동의 의무가 빈곤의 원인으로 지목된 '나태'에 대한 처벌의 형식이었다면, 현재 우리나라의 자활지원사업의 근로의무(노동강조)는 교육과 훈련의 기회를 제공함으로써 개인의 자활을 돕기 위함이다. 하지만 그 이면에는 복지의존과 실직수급자의 도덕적 해이를 방지하기 위한 목적을 포함하고 있다. 이 같은 전제는 어떤 면에서 인권침해의 성격을 띠고 있다.

이와는 달리 기본소득은 아무런 조건을 제시하고 있지 않기 때문에 인간의 자유와 인권을 최대한 보장할 수 있는 장점이 있다. 기본소득으로 인해서 개인은 그만큼 자신이 원하지 않거나 해가 되는 일을 하지 않아도 되고, 더 나아가 자신의 자존감을 손상하는 인간관계에서 보다 쉽게 벗어날 수 있을 것이다. 그 결과 기본소득은 사회적 약자에게 보다 나은 협상력을 제공할 수 있다.

또한, 기본소득이 도입되고 더욱 확대되면 원하지 않는 노동을 해야만 하는 상황을 벗어나 자신이 원하는 일을 선택할 수 있고, 개인의 자유 시간을 더 누리는 삶을 향유할 수 있는 새로운 노동 패러다임으로 전환될 것이다. 또한, 기본소득은 농한기에 농민들의 소득을 보조함으로써 그들이 지속적으로 농업에 종사할 수 있도록 돕는다. 가난한 예술가들에게 기본소득은 그들이 생계 걱정 없이 예술에 대한 열정을 이어갈 수 있게 할 수 있다. 이외에도 현금으로 지급하는 기본소득정신은 개인의 선택권을 보장함으로써 그 사람의 자유를 증진한다. 다만 재원을 확보할 수 있는 조건이 무리 없이 갖춰질 경우의 일이다.

고용중심적 복지정책은 노동을 통한 자활을 전제로 하기 때문에 복지수급자들이 원하는 직업을 선택할 기회를 제한하게 되어 그 결과 질 낮은 일자리를 양산하고 불안정 노동(precarious work)를 양산하게 되는 약점이 있다. 또한, 고용 감소 및 고용의 질적 저하는 소득불평등을 넘어 소득양극화로 이어진다. 이와는 반대로 기본소득은 양질의 일자리 제공을 가능하게 한다. 실제로 기본소득은 여러 경로로 경제를 활성화시켜서 양질의 일자리를 만들 수 있다.

"사람이 자기 일에 즐거워하는 것보다 나은 것이 없나니 …(전 3:22)." "사람이 먹고 마시고 수고하는 가운데서 심령으로 낙을 누리게 하는 것보다 나은 것이 없느니라(전 2:24)." 이처럼 모든 일은 개인적으로는 성취감을, 공동체에게는 봉사를, 피조계에는 돌봄을, 하나님께는 영광을 가져다주어야 한다는 것이 일에 대한 올바른 성경적 이해이다.

3.4. 기본소득제도는 사회적 약자의 인권을 증진시킨다는 주장

대다수의 기본소득 옹호자들은 기본소득의 수급자격을 제한하는 것을 반대한다. 대신 지속적인 거주를 포함한 광범위한 의미에서의 자격조건을 제시한다. 기본소득의 목적은 국가의 시민에게 특별한 권한을 주는 것이 아니라, 원하는 이들에게 공동체 안에서 삶을 영위할 수 있을 만큼 돈을 주자는 것이다. 이러한 관점은 현재 전체인구의 4% 이상이 외국인으로 구성되어 있고, 빠른 속도로 다문화사회로의 이행을 경험하는 우리나라가 눈여겨 봐야 할 사안이다. 우리나라는 현재 시혜와 동화주의적 다문화정책을 펼치고 있는데, 이주민들에게 기본소득이 지급된다면 그들이 더 이상 동정이나 시혜의 대상이 아닌, 동등한 사회구성원으로서 지역사회에 자주적으로 참여할 수 있는 기반이 될 것이다. 이는 "나그네를 돌보라"는 성경의 지속적인 가르침에 부합되고, 우리나라가 이주민을 공정하게 환대할 수 있는 출발점이 된다.

전통적으로 자본주의 경제시스템은 생계부양자로서의 남성노동자에게 '임금'을 '그 가족의 생활비'라는 명목으로 지급해왔다. 그 결과 여성은 결혼이라는 계약을 통해 남편의 임금에 자신의 생계를 의지해야 한다. 이러한 계약은 아내의 '자기 통치권'을 '소외'시키는 결과로 귀결된다. 하지만 기본소득이 지급된다면 가사노동이나 봉사활동 같은 '사회적으로 유용'하나 대가를 받지 못하는 '무급노동(unpaid work)'이 사회적으로 승인되고 촉진된다. 현대사회에서 필수적인 활동 중에서 육아, 돌봄, 자원봉사를 비롯한 다양한 사회적 활동 등 60% 정도는 무급노동의 형태를 가진다. 기본소득의 이념은 아내의 가사노동과 돌봄 노동과 같은 '그림자 노동(shadow work)'을 비롯해 모든 종류의 노동에 대해 기본적으로 보편적인 가치를 부여하기 때문이다.

소수자나 약자를 비롯한 모두를 존중하고 평등하게 대하는 것은 성경의 가르침이다. "너희는 유대인이나 헬라인이나 종이나 자유인이나 남자나 여자나 다 그리스도 안에서 하나니라"(갈 4:28). 더 평등하고(more egalitarian), 더 해방적이며(more emancipating), 덜 남성 중심적인(less male-biased) 관점에서 접근할 때 무조건적인 기본소득의 실현의 가능성이 좀더 가까워진다.

3.6. 기본소득의 재원에 관하여

기본소득의 가장 큰 쟁점은 역시 재원마련의 문제이다. 최근 정치인들의 논쟁에서 '장기적으로 연 300조 원 조달'의 문제를 놓고 한 편은 '작게 하더라도 시작만 하면 충분히 커질 수 있다'라고 하고, 다른 편에서는 '기본소득 체제로 이행하는 것은 국가행정 시스템을 껍데기뿐만 아니라 뼈대까지 새롭게 세우는 작업'이라 주장하면서 신중론을 펼친다.

실제로 기본소득의 재원 마련에 관한 대안으로는 ① 금융소득 및 부동산과 관련된 불로소득에 대해 누진적 소득세 ② 부유세 및 상속세 ③ 불필요한 정부예산이나 방위비를 감축하는 방안 ④ 탄소 배출권과 같은 환경세나 생태세의 도입 ⑤ 석유나 화폐발행, 인공지능이나 빅데이터와 같은 공공재로 인한 수입 등이다.

이 중 공유자산은 기본소득 지급에 필요한 재원의 근거로 제시되는데, 자연을 모두의 공유물로 보며, 따라서 자연에서 유래하는 부(富) 역시 모두가 향유해야 한다고 보는 것이다. 이는 구약성경에 나타난 하나님의 분배정의와 일맥상통한다. 이를 현대의 분배정의 원칙으로 해석하면, 가나안 땅의 분배방식에는 '필요와 권리'의 개념이 등장한다. 즉 권리원칙에 따라 12지파 간에 공평한 분배를 보장하기 위해 제비뽑기로 위치를 정하게 했으며, 땅의 크기는 각 지파의 필요에 부합하도록 인구 규모에 비례하도록 했다(민 26:52-56; 33-54). 창조세계에 대한 근원적 소유주는 국가도 개인도 아닌 하나님이란 점을 인식하고, 공유재인 창조세계를 잘 다스리고 창조의 은혜를 공정하게 나누라는 것이다.

이러한 정신은 구약성경의 안식년제도와 희년제도, 그리고 구제를 위한 십일조 제도에도 잘 드러난다. 안식년과 희년은 다른 사람(노예)이나 재산(토지)을 더 얻어서 부를 증식하게 된 경우 그것을 원상태로 되돌려놓으면서 하나님의 구원의 은혜를 모든 사람들이 함께 누리라는 정신이다. 십일조 역시 토지가 없는 사람들(대표적으로는 레위지파와 그 외에 사람들)에게 생계에 필요한 것을 공급해주기 위해서 드리는 것이었다. 이를 통해서 공정한 나눔을 실천했다. 문제는 현실정치와 사회 상황에서 공정한 재원 확보를 어떻게 달성하느냐이다.

4. 나가는 말: 공공부조와 기본소득에 대한 기독교사회복지적 실천을 위한 제언

이상에서 기본소득에 대한 이해를 새롭게 하면서 성경적인 근거에서 사회복지적 적용의 필요성과 가능성에 대해 논의했다. 우리가 찬성하든 반대하든 기본소득의 물결은 밀려올 것이다. 그렇다면 우리는 기본소득 방안을 지혜롭게 준비해야 할 것이다, 우리의 기본소득 방안은 장기적인 재정건전성의 유지와 개선을 위한 끊임없는 노력을 한다는 점에서 소위 '좌파 기본소득'과 달라야 하고, 신자유주의적 접근을 기초로 하여 기존 복지제도의 근간을 이루는 공적 부조와 사회서비스를 전면 폐지하는 방식의 전형적인 '우파 기본소득'과도 차별을 두어야 한다. 강력한 행정구조개혁, 재정 구조개혁이 이루어지지 않은 채 기본소득을 도입하면 곧바로 재정파탄으로 이어져 차라리 기본소득을 안 하느니만 못한 결과를 맞게 될 것이다. 이제 그 실천적인 제안을 생각해보자.

첫째, 성경적인 근거와 신학적 해석을 통해서 기본소득에 대한 사회적 합의를 이끌어낼 윤리적 토대를 기독교가 제공해야 한다. 이를 통해서 노동과 복지에 대한 신학적 근거를 제시하고 그 내용을 기독교 교육에 반영하고 확대함으로써 새로운 패러다임의 기틀을 마련할 수 있다.

둘째, 기독교공동체 정신과 희년의 의미를 되살릴 수 있는 사회운동을 확산하고 활성화해야 한다. 희년은 노예가 구속으로부터 해방되고(소극적 자유) 토지를 지급받아 자립할 수 있음(적극적 자유)을 보장하는 것으로 기본소득 정신과 유사한 점이 많다. 이와 함께 기독교가 앞장서서 성장, 소비, 경쟁, 성과, 효율, 세계화 등의 신자유주의적 가치 체계를 바탕으로 하는 개인 중심의 사회구조에서 벗어나 연대, 호혜, 생태를 중요시하는 따뜻한 지역사회로 전환할 수 있는 사회구조를 만드는 데 앞장서야 한다. 연대와 협력을 강조하는 마을공동체 운동과 함께 기독교 사회적경제를 바탕으로 하는 '노동과 삶의 방식'은 하나의 대안이 될 수 있다.

셋째, 기본소득제 도입의 준비 과정으로 재정건전성 유지와 공공부조의 성숙을 위한 시민사회운동과 정치과정에 적극적으로 참여해야 한다. 이미 한국사회는 바뀌고 있다. 우리 사회는 '노동과 삶'의 방식에 대한 전환을 요구하고 있다. 외국의 경우 기본소득에 대한 활발한 논의와 정치적, 실천적 운동의 상당한 부분이 기독교계를 중심으로 진행되어왔다. 하지만 한국 기독교 내에서의 논의와 노력은 부족한 실정이다. 지금이라도 교파를 초월한 연대 활동을 시작해야 한다.

넷째, 기독교사회복지의 핵심 기관인 교회의 변화도 절실하다. 더 이상 외형적 성장에만 매달리는 것이 아니라, 질적 성장(내적성장, Internal Growth)에 치중해야 한다. 또한, 눈을 지역사회로 돌려서 우리 이웃 개개인이 건강한 몸과 정신, 그리고 영성을 갖고 온전한 삶을 함께 누릴 수 있도록 노력해야 한다. 지방정부의 복지정책은 '찾아가는 복지'가 되었다. 그들이 법을 만들고, 공무원을 선출해서 애써서 찾고자 하는 사람들이 바로 우리의 이웃이다. 우리가 교회 안과 밖에서 매일 만나고 부딪치는 사람들인 것이다. 동주민센터도 열심히 우리 이웃을 찾아가는데 우리 교회의 모습은 어떠한지 돌아봐야 한다.

이제 교회는 이 사회를 책임지는 자세로 공공부조와 기본소득에 관심을 가지고 거시적 차원의 사회복지적인 활동에도 관심과 노력을 기울여야 한다. 이를 통해서 교회와 기독교계가 새로워질 뿐 아니라 한국사회가 더욱 새로워지는 계기가 될 것이다. 서구유럽과 미국의 주도로 이끌어온 근대사와 사회복지의 역사 속에서 기독교는 현실의 문제를 해결하고 미래 시대를 열 때마다 새 동력의 사상적 토대를 제공하고 실천을 주도해왔다. 이제 한 번 더 새로운 패러다임의 기독교사회복지 실천을 시작할 때이다.

이를 위해 [나눔과기쁨 아카데미]는 세미나 및 연구모임, 리더 양성 및 훈련, 포럼 및 심포지움 개최, 교회 및 사회단체와의 연대 등을 통해 하나님 나라의 성숙과 확장을 위해 계속 나아갈 것이다.

V. 사회적기업 활성화는 이루기 어려운 꿈인가?

사회적기업에 대한 관심과 열기가 복지국가를 추구하는 나라마다 뜨거워지고 있다. 우리나라도 예외는 아니다. 한국 기독교계에서도 교단적으로나 연합기관적으로, 혹은 기독교 기반 단체적으로 사회적기업에 뛰어들고 있다.

사회적기업을 논하기 전에 그 상위개념인 사회적 경제에 대하여 알아보자. 사회적 경제의 주요 주체에는 사회적기업, 협동조합, 마을기업, 자활기업 등이 있다. 이 글에서는 4대 주체 중 사회적기업에 대하여 그 개념과 특징, 그리고 현실적인 문제들을 살펴보고 기독교 사회적기업을 활성화시킬 수 있는 방책은 무엇인가를 찾아보자.

1. 사회적 경제 조직에는 어떤 것이 있나?

사회적 경제는 19세기 초 유럽과 미국에서 협동조합, 사회적기업, 커뮤니티비지니스 등의 형태로 등장했다. 사회적 경제는 이윤의 극대화를 최고의 가치로 여기는 시장경제와 달리 사람의 가치를 우위에 두는 경제활동, 즉 '사람 중심의 경제'라고 할 수 있다. 우리나라에서는 1920년대 농민협동조합과 도시 빈민들의 두리조합의 형태로 등장한 이후, 1960년대의 신협운동, 1980년대의 생협운동이 일어났다. 그리고 1997년 외환위기 이후 구조화된 실업문제와 고용불안, 빈부격차 등을 해결하기 위해 시작된 자활기업, 사회적기업, 마을기업, 협동조합 등 사회적 경제의 역할이 점점 더 중요해지고 있다.

〈사회적 경제 조직〉

1.1. 사회적기업

사회적기업의 개념은 정부가 규정하는 사회적기업의 법적 조항에 근거한다. 2007도 제정된 우리나라의 「사회적기업육성법」(제2조)에 의하면 사회적기업이란 취약계층에게 사회서비스 또는 일자리를 제공하여 지역주민의 삶의 질을 높이는 등의 사회적 목적을 추구하면서 재화 및 서비스의 생산·판매 등 영업활동을 수행하는 기업으로서 절차에 따라 고용노동부로부터 인증받은 기업이다.

1.2. 협동조합

「협동조합기본법」에서 협동조합이란, 재화 또는 용역의 구매·생산·판매·제공 등을 협동으로 영위함으로써 조합원의 권익을 향상하고 지역사회에 공헌하고자 하는 사업조직을 말한다. 소재지의 시도지사에게 신고하고 기획재정부의 인가를 받아 설립한다.

1.3. 마을기업

마을기업은 지역주민이 각종 지역자원을 활용한 수익사업을 통해 공동의 지역문제를 해결하고, 소득 및 일자리를 창출하여 지역공동체 이익을 효과적으로 실현하기 위해 설립·운영하는 마을단위의 기업이다. 마을기업의 운영원칙으로 공동체성, 공공성, 지역성, 기업성을 들 수 있다. 시도 심사결과를 토대로 사업계획의 타당성, 예산 규모

등을 고려하여 행정안전부에서 지정한다.

1.4. 자활기업

「국민기초생활보장법」에서 자활기업은 지역자활센터의 자활근로사업을 통해 습득된 기술을 바탕으로 1인 혹은 2인 이상의 수급자 또는 저소득층 주민들이 생산자협동조합이나 공동사업자 형태로 운영되는 기업으로 보건복지부로부터 지정받는다.

2. 사회적기업(Social Enterprise)이란 무엇인가?

고용노동부의 발표에 의하면 2018년 같은 기간에 265개의 사회적기업이 추가된 것에 비해 2019년에는 318개의 사회적기업이 추가돼 20% 증가했다. 이로써 총 2,372개의 사회적기업이 활동하게 됐다. 이들 사회적기업이 고용한 노동자는 4만 6,665명이다. 노동자 가운데 장애인, 고령자, 저소득층 등 취약계층은 2만 8,263명(60.6%)이다. 2011년 말 현재 고용노동부로부터 인증을 받은 사회적기업이 644곳이었던 것에 비하면 장족의 발전을 한 셈이다.

2.1. 사회적기업의 개념과 특징

사회적기업은 영리기업과 비영리기업의 중간형태로, 사회적 목적을 우선적으로 추구하면서 재화서비스의 생산·판매 등 영업활동을 수행하는 기업(조직)을 말한다.

영리기업이 주주나 소유자를 위해 이윤을 추구하는 것과는 달리, 사회적기업은 사회서비스를 제공하고 취약계층에게 일자리를 창출하는 등 사회적 목적을 조직의 주된 목적으로 추구한다는 점에서 차이가 있다.

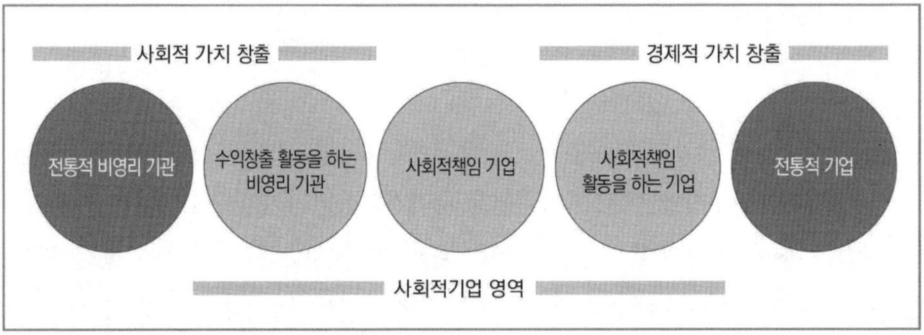

고용노동부의 인증절차에 따라 사회적기업이 되려면 유급근로자를 고용하여 재화와 서비스의 생산·판매 등 영업활동을 하면서 취약계층에게 사회서비스 또는 일자리를 제공하거나 지역사회에 공헌함으로써 지역주민의 삶의 질을 높이는 등 사회적 목적의 실현을 조직의 주된 목적으로 해야 한다. 그리고 이윤의 3분의 2 이상을 사회적 목적을 위해 사용하는 것, 민주적 의사결정 구조 등이 요구된다.

2.2. 사회적기업의 유형

① 일자리 제공형: 조직의 주된 목적이 취약계층에게 일자리를 제공하는 방식
② 사회서비스 제공형: 조직의 주된 목적이 취약계층에게 사회서비스를 제공하는 방식
③ 지역사회 공헌형: 조직의 주된 목적이 지역사회에 공헌하는 방식
④ 혼합형: 조직의 주된 목적이 취약계층 일자리 제공과 사회서비스 제공 혼합 방식
⑤ 창의혁신형: 사업의 특성상 사회적 목적의 실현 여부를 계량화할 수 없는 경우로서 도시재생, 친환경, 공정무역 등 국·내외 사회문제를 일반 영리기업과 차별화된 방법으로 해결하는 것을 조직의 주된 목적으로 하는 경우

2.3. 사회적기업의 의의

조용훈(2011)은 기독교사회복지의 관점에서 사회적기업의 의의를 다음의 네 가지로 제시한다.

첫째, 사회적기업은 현대 자본주의의 비인간성과 반사회성이라는 문제를 극복하려는 대안경제의 하나로서 '인간의 얼굴을 한 자본주의' 혹은 '창조적 자본주의'로 불린다.

둘째, 사회적 차원에서 사회적기업은 실업문제의 해결책으로서 지속가능한 일자리를 창출하며, 저소득 취약계층에게 사회서비스를 제공하여 인간다운 삶을 가능하게 한다.

셋째, 지역사회운동으로서 사회적기업은 지역 내 고용창출과 사회서비스 제공을 통해 지역민의 삶의 질 향상과 지역경제 활성화에 기여한다. 사회적기업의 사업 아이템은 지역의 사회적 필요와 연관성이 깊으며, 지역의 자연자원, 물적 조건, 인적자원을 활용할 뿐만 아니라 이윤을 일정 부분 지역사회에 재투자함으로써 지역사회에 공헌한다.

넷째, 윤리학적 차원에서 사회적기업은 공동체, 사회성, 사회정의, 그리고 사회적 연대와 같은 사회적 가치를 창조하는 데 도움을 주며, 기업윤리나 노동윤리를 정착시킨다. 사회적기업은 기업의 사회공헌이나 윤리경영을 강화할 뿐만 아니라 소비자들에게는 착한소비(윤리적소비) 문화를 창조한다.

다섯째, 교회적 차원에서 사회적기업은 교회의 새로운 선교방식과 새로운 사회봉사 전략이 될 수 있다. 저소득 취약계층에게 일자리를 제공하여 빈곤 탈출을 도움으로써 영혼구원만 아니라 전인구원을 실현한다. 또한, 개인적 자선과 구제를 중심한 전통적인 사회봉사 방법 대신에 자활중심 복지정책으로의 변화를 유도할 수 있다. 특히 장애인, 외국인근로자, 극빈자, 독거노인 등을 대상으로 사역하는 선교단체들로 하여금 재정적 어려움을 스스로 해결할 수 있는 지속가능한 선교를 가능케 한다.

2.3. 사회적기업의 예

초기 기독교 관련 사회적기업으로는 열매나눔재단이나 나섬공동체 등이 있다. 열매나눔재단은 가난한 자에게 복음을 전하고, 가난에 포로된 자들과 탈북자들에게 자유를 선언하는 '희년정신'을 구현하기 위해 설립한 복지단체다. 열매나눔재단은 저소득 빈곤층, 특히 새터민(북한이탈주민)이 교육과 일자리를 통해 미래에 대해 희망을 갖고, 사회의 당당한 구성원으로 살아갈 수 있도록 돕는 데 그 목적을 두고 있다.

열매나눔재단 사역의 출발점은 '쪽방탈출운동'과 '밀천나눔운동'이었다. 쪽방탈출운동은 저소득 빈곤계층의 쪽방 탈출을 돕기 위한 전세자금 융자 사업이다. 저소득 빈곤층 가운데 개인이 300만 원을 저축하면 정부가 700만 원을 지원해 주는 정부정책에 착안하여 신청자가 150만 원을 저금하면 열매나눔재단이 나머지 150만 원을 지원함으로써 필요한 300만 원을 마련하도록 돕는 사업이다. 한편, '밑천나눔운동'은 신청자 가운데 선정하여 사업밑천으로 6,000만 원씩을 지원하는 사업이었다. 이 사역을 통해 '김밥천국'과 '이동세차' 사업 등이 성공적으로 수행되었다.

2021년 6월 현재 열매나눔재단의 홈페이지를 보면 자립지원사업으로 아동청소년 지원사업, 여성가장 지원사업, 가정통합지원사업, 주거취약계층 지원사업, 소상공인 창업지원사업이 있고, 북한이탈주민 지원사업으로는 북한이탈대학생 정착지원사업, 북한이탈주민 취·창업지원사업 등이 있으며, 사회적경제 생태계 지원사업으로는 사회적혁신가 육성 사업, 사회적경제기업 성장지원 사업, 사회적가치 활성화사업이 있다.

열매나눔재단 활동에서 주목해야 할 점은 정부의 재정지원이 없는 가운데서도 대기업 중견기업과 협력하고, 생산품을 고정적으로 납품할 수 있는 중견기업들과 협약을 통해 안정적인 거래처를 확보하고 있는 네트워킹 능력이다. 다음으로, 사회적기업의 창업과 경영을 돕는 다양한 교육과 컨설팅 프로그램을 운영하고 있다는 점이다.

나섬공동체는 이주민 다문화사역을 위해 설립된 단체로 '나그네를 섬긴다'는 이름 뜻을 가지고 있다. 초기 나섬공동체에서 주목할만한 점은 사업아이템의 선정과 탁월한 네트워킹 능력이었다. 나섬공동체는 다문화 이주민이 지니고 있는 각종 자원과 현실적 필요에 기초하여 사업 아이템을 정했다. 다문화생태마을은 나섬공동체가 가지고 있는 핵심 자원이었으며, 커피사업은 당시의 문화 트렌드를 반영한 사업아이템이었다. 또한, 탁월한 네트워킹 능력은 커피사업의 전문성을 위해 한 커피전문기업과 업무협약을 하였고, 커피福이라는 브랜드는 한 브랜드 전문업체의 도움을 받았다는데 잘 드러난다.

나섬공동체의 홈페이지에 소개된 사역 내용을 보면, 서울외국인근로자선교회(나섬공동체의 모태, 25,000명의 외국인이 등록, 매년 다양한 다문화 축제 진행), 재한몽골학교(국내의 몽골인 자녀들 대상, 공동체 생활), 나섬어린이집, 양평다문화생태마을(다문화소개 체험학습장) 등이 있다.

3. 사회적기업의 현실적 문제들

조용훈(2012)은 사회적기업의 현실적 문제들을 경제적 문제와 사회 인식의 문제에서 다음의 두 가지로 지적하고 있다.[1)]

3.1. 기업의 지속가능성 문제

사회적기업은 시작하기도 어렵지만 성공적으로 운영하기란 더욱 어렵다고 한다. 「국민일보」 2012년 2월 29일자 기사에 보면 "사회적기업들 경영난 '허덕'"이라는 제목하에 2010년 말 현재 활동 중인 사회적기업 491곳 중에서 영업손실 상태가 412곳(83.9%), 당기순손실은 94곳(19.1%)으로 나타났다. 한국사회적기업진흥원의 자료 역시 비슷한 결과를 보고하고 있는데 2009년 말 현재 사회적기업 287곳 중 214곳(74.6%)이 영업손실, 당기순손실은 95곳(33.2%)으로 나타났다. 오래된 통계이긴 하지만 경영난이 여전하다는 말을 듣고 있는 것은 어제오늘의 일이 아니다.

사회적기업 운영이 이렇게 어려운 데에는 구조적 원인이 있다. 먼저, 사회적기업이 사회적 가치(공익성)와 경제적 이윤(영리성)이라는 상호모순적인 가치를 동시에 추구하기 때문이다. 일반기업은 이윤추구 자체가 기업의 목적이지만 사회적기업은 이윤추구와 동시에 사회적 목적까지 추구한다. 기독교 사회적기업은 여기에다가 신앙적 가치까지 추구하기 때문에 영리성과의 갈등은 커질 수밖에 없다. 이러한 긴장과 갈등은 어떤 사람을 고용할 것인지, 정규직종을 늘릴 것인지 아니면 비정규직종을 늘릴 것인지, 어떤 사업아이템을 선정할 것인지, 이윤을 사회에 어떻게 재투자할 것인지, 동종 사회적기업과의 관계는 어떻게 설정할 것인지와 같은 물음들 속에서 지속적으로 제기된다.

사회적기업이 지닌 또 다른 구조적 어려움은 경영(인), 사업내용, 근로자, 홍보나 유통 문제에도 나타난다. 사회적기업에 종사하는 사람들은 대부분 전문경영인이 아닌 지역사회운동가나 사회복지분야 전문가들인 경우가 많다. 사회적기업의 업종도 돌봄서비스나 재활용사업 등으로 제한적이어서 수익창출에 근본적 어려움이 있다. 사회적기업의 근로자 다수가 의무적으로 고용된 저임금 취약계층(노인이나 장애인 등)이어서

1) 조용훈, "사회적기업 활성화를 위한 기독교의 과제에 대한 연구", 한국기독교신학논총 85집(2012), 175-176.

일반기업 근로자와 비교해 볼 때 창의력, 신지식이나 신기술의 습득 능력이 부족하다.

사회적기업이 아무리 좋은 목적과 의지를 가지고 있다 하더라도 시장에서의 경쟁력이 뒷받침되지 못하면 존속하기 어렵다. 중앙정부의 지원이나 후원자들의 후원에는 한계가 있기 때문이다. 우리나라 사회적기업운동은 국가주도적이지만 정부의 재정지원은 최대 3년까지다. 사회적기업 생산품을 구매해 줌으로써 기업을 도울 수 있는 소비자들 역시 명분이 아무리 좋더라도 가격이나 품질이 받쳐주지 않으면 상품을 구매하지 않는다.

이런 현실에서 기독교 관련 사회적기업이 기업으로서의 경쟁력을 유지하기 위해서는 무엇보다 우선적으로 기획, 생산, 판매, 관리의 전과정을 포함하는 경영능력을 갖추어야 한다. 경영능력이란 구체적으로 지역사회의 자원이나 수요를 파악하는 능력, 사업 아이템에 대한 아이디어, 기술혁신을 통한 생산성 증대, 같은 업종의 시장분석과 전망, 상품 홍보나 판로개척을 위한 마케팅 역량, 장부정리법이나 원가계산과 같은 회계재무 능력, 그리고 노무법무 지식이나 구성원 갈등 해결방법에 대한 인사조직노하우 등이 포함된다. 교회가 어떻게 이런 창의적인 경영자를 발굴하고 동기부여 할 것인가는 매우 중요한 과제다.

3.2. 사회적기업에 대한 인식 부족과 반기업 정서

우리나라에서 사회적기업에 대한 일반인들의 인식은 매우 낮은 수준이다. 기독교 관련 사회적기업의 또 다른 애로점은 교회가 가지고 있는 반기업적 정서다. 전통적으로 우리나라에서는 유교문화의 영향을 받아 상업활동에 대해 부정적이었으며, 역사적으로 개발독재 기간 중 (재벌)기업과 정치권력의 유착관계가 문제 되었고, 윤리적으로는 창업주들의 비도덕성이 기업에 대한 부정적 이미지를 고착화시켰다.

신앙적으로 보더라도 기업의 영리추구에 대해 다소 부정적이며, 필자의 목회 경험에 의하면 교회 안에서 돈에 대해 논의하는 것조차 금기시하는 분위기다. 그러다 보니 보수적인 교회는 물론이고 지역사회나 빈곤 문제 해결에 더 관심을 보여온 진보적인 교회들조차도 사회적기업의 필요성과 중요성을 간과한다. 그 결과 기독교 관련 사회적기업 창업이 많지 않고, 사회적기업에 관심하는 평신도 전문인 경영자나 후원자의 모집도 쉽지 않다.

하지만 자본주의 발달과 기독교 신앙 사이에는 상관성이 크다는 생각은 널리 수용되고 있다. 기업활동은 노동과 자연 자본을 효율적으로 사용함으로써 하나님의 문화위임(창 1:28-29)을 수행하는 일로 인정되고 있다. 특히 사회적기업은 가난한 사람들을 돕고, 사회적 가치를 실현하며, 지역사회의 발전에 공헌할 수 있을 뿐만 아니라 새로운 형태의 사회봉사 및 선교전략이 될 수 있다는 이유에서 최근 교단마다 관심과 참여도가 제고되고 있는 것은 괄목할 만한 일이다.

아직도 한국교회는 신앙인들에게 사회적기업에 대한 이해를 넓히고 관심을 확대시키는 방안을 모색해야 할 필요성이 크다. 사회적기업이 무엇인지, 그것이 어떻게 효과적인 사회봉사 및 선교전략이 될 수 있는지, 그것을 통해 지역사회발전에 어떻게 공헌할 수 있는지에 대하여 목회자를 비롯한 교회 지도자들의 의식화가 필요하다.

4. 기독교 사회적기업의 활성화를 위한 과제

4.1. 교회와 지역사회 관계에 대한 목회적 신학적 이해를 넓혀야

사회적기업과 지역교회 사이에는 상관성이 깊다. 둘 다 지역사회에 위치해 있으면서 사회적 가치를 추구하고, 사회적 취약계층을 돕는 데 관심하며, 지역사회 발전에 관심한다. 교회는 사회적기업을 통해 효과적으로 지역사회와 소통할 수 있고 지역사회 발전에 기여할 수 있으며, 지역사회 안에 좋은 이미지를 형성할 수 있다.

교회가 사회적기업의 성공을 통해 지역사회 발전에 공헌함으로써 효과적인 선교를 하려면 전통적인 목회관이 변해야 한다. 교회 중심의 교육과 돌봄의 목회로부터 지역민 전체의 교육과 돌봄의 목회로 전환해야 한다. 이럴 때 목회는 필연적으로 개교회의 양적 성장이 아니라 지역과 함께하는 성장으로 중심이 이동한다. 목회자는 영적 지도자이며 동시에 지역사회운동가나 사회적기업 경영자 역할을 수행하기도 한다.

4.2. 교회의 새로운 사회봉사 전략으로서 자활 돕기

(사회)봉사는 복음증언과 더불어 예수님의 핵심사역이었고 초대교회 때부터 계속해서 추구했던 선교방식이었다. 한국교회 역시 선교초기부터 사회봉사를 중요하게 생각해서 지역사회의 필요에 따라 학교, 병원, 구제기관을 통해 가난한 사람을 섬겼다. 그럼에도 불구하고 몇 가지 문제가 미해결 상태로 남아 있는데, 여기에는 자원의 결집력과 연계성의 부족, 비효율적 자원관리, 섬김 자체를 목적으로 하는 대신에 선교를 위한 수단으로서 봉사, 그리고 지나친 물량공세 등이다.

교회가 사회적기업을 통해 새로운 형태의 사회봉사를 할 수 있는 방법 중 하나는 교회가 사회적기업을 직접 창업하여 취약계층을 고용하고 그들에게 일자리를 제공하는 생산자 형태다. 다른 하나는 사회적기업에서 생산한 상품을 구매함으로써 사회적기업을 돕는 소비자 형태다. 교회가 직접 사회적기업을 창업하거나 마이크로크레딧 사업을 하는 데에는 적지 않은 재원과 평신도 경영자가 필요하다. 하지만 소비자로서 사회적기업을 돕는 일은 아무리 작은 교회라도 할 수 있는 일이다. 교인들에게 '착한 소비' 혹은 '윤리적 소비'의 중요성을 교육함으로써 사회적기업 생산품을 적극 구매토록 할 필요가 있다.

4.3. 네트워킹 능력을 키워 도움을 받아야

사회적기업의 성공여부에 영향을 미치는 또 다른 요소는 중앙정부, 지자체, 기업, 비영리단체, 그리고 교회 등 관련기관이나 단체들과의 네트워킹 능력이다. 그 이유는 사회적기업이 시장개척이나 상품생산, 마케팅 등의 전 과정에서 국가나 공공기관, 사회단체나 교회의 후원에 대한 의존도가 높을 수밖에 없기 때문이다.

사회적기업은 능력에 따라 얼마든지 다양한 기관과 조직으로부터 도움을 받을 수 있다. 중앙정부, 지자체와 공공단체(대학, 군부대, 연구소, 소상공인지원센터 등), 지역 시민단체(환경단체, 문화예술단체, 장애인단체, 여성단체 등) 그리고 일반기업(사회공헌팀)과의 관계는 사회적기업의 성패를 가름하는 요인이다. 한편, 지역교회의 지원에 의해 설립된 기독교 사회적기업의 경우 지역교회와의 지속적인 협력관계를 통해 교회의 물적 자원만 아니라 인적 자원, 그리고 기도와 격려를 받을 수 있다.

Ⅵ. 푸드뱅크(Food Bank)에 대한 이해

코로나19 사태로 많은 사람이 일자리를 비롯한 삶의 터전을 잃었다. 코로나 바이러스는 사람을 가리지 않는다지만 현실적으로는 소득과 건강, 그리고 정보의 불평등도에 따라서 그 대상이 가려졌고, 우리 사회에 불평등의 문제가 심각하다는 것을 여실히 드러내고 있다.

코로나19 광풍은 불행히도 한국의 푸드뱅크 사업에도 적지 않은 타격을 입혔다. 사업을 멈출 수밖에 없는 일면 타당한 이유들이 공존하는 것은 분명하다. 만에 하나라도 바이러스의 전파장소가 되었더라면, 푸드뱅크나 푸드마켓 이용자 중 확진자가 발생했더라면, 그 비난과 원망에서 자유로울 수 없었을 것이다. 하지만 취약계층의 입장에서는 코로나19 바이러스만큼이나 가족의 굶주림이 해결되어야 했을 것이다.

이제 대한민국에서 결식(缺食)의 문제는 과거의 일처럼 여겨지는 것 같다. 아시아개발은행(ADB)에 따르면, 2017년 기준으로 대한민국의 극빈곤층 비율(1일 1.90$ 미만)은 0.2%로 나타나고 있으며, 5세 미만 아동의 영양부족 비율 또한, 2.5% 이하인 것으로 나타났다. 경제적 발전과 의식주 기본 생활 여건 수준의 상승이라고 할 수 있겠다. 그럼에도 불구하고 2018년 기준으로 끼니를 거르거나 영양을 제대로 공급받지 못하는 18세 미만의 아동 청소년이 31만 명이 넘는다는 보건복지부의 자료를 보면, 비율의 문제가 아닌 절대 숫자에 더 주목해야 한다는 점을 알 수 있다.

(사)나눔과기쁨에서도 일찍부터 국내 여러 지역(서울, 인천, 대전, 안산, 대구, 부산, 수원 등)에서 예수님의 사랑으로 푸드뱅크를 운영하면서 취약계층의 주민들에게 사랑의 봉사를 하고 있다. 이 글에서는 푸드뱅크의 개념과 의의, 도입과 발전의 역사적 흐름, 기

능과 역할, 그리고 나아갈 방향에 대해 생각해보자.

1. 푸드뱅크는 무엇인가?

푸드뱅크란 '여유 식품을 무상으로 기탁받아 음식이 부족하여 굶거나 어려움에 처한 이웃에게 나누어주는 역할을 담당하는 기관 및 사회복지 체계를 통칭한다'고 정의된다. 푸드뱅크는 '식품제조회사, 물류업체, 요식업체, 제과점, 개인 등 다양한 기탁처로부터 잉여식품을 제공받아, 빈곤계층 및 단기 혹은 장기적 결식대상자들에게 음식을 제공하는 복지프로그램'이다.

전국푸드뱅크는 푸드뱅크를 '식품제조·유통기업 및 개인으로부터 여유식품 및 생활용품 등을 기부받아 식품·생활용품의 부족으로 어려움을 겪고 있는 결식아동, 홀로 계시는 어르신, 재가 장애인 등 우리 사회 저소득계층에게 식품을 지원해 주는 사회복지분야 물적 자원 전달체계'라고 정의한다. 즉, 푸드뱅크는 경제위기로 저소득층 결식문제가 대두됨에 따라 결식아동, 독거노인, 재가장애인 등 소외계층에게 여러 주체로부터 기탁받은 기부식품과 생활용품을 제공함으로써 민간사회안전망 역할을 수행하는 복지프로그램, 전달체계 등으로 이해할 수 있다.

민간사회안전망 역할을 수행하는 푸드뱅크는 다음과 같은 특징과 사회복지의 의의(意義)가 있다.

첫째, 저비용·고효율의 민간복지제도이다. 2019년 말 기준 우리나라 푸드뱅크는 총 465개소로서 개별 센터는 소수 유급직원과 다수의 자원봉사자를 통해 운영되고 있으며, 2천 3백억 원의 기부 물품을 취약계층에게 제공하였다. 즉, 적은 예산으로 누적 인원 기준 약 180만 명의 결식 취약계층에게 서비스를 제공하였다.

둘째, 지역사회 자원개발을 통해 지역사회문제를 해결하는 지역사회복지제도의 성격을 지니고 있다. 기초푸드뱅크는 지역 내 자원을 발굴하여 지역사회 내 결식 취약계층에게 서비스를 제공하고 있다.

셋째, 활용 가능한 식품 및 생활용품 자원을 일방적으로 폐기하는 것이 아니라 사회적 자원으로 활용하는 의의가 있다. 푸드뱅크는 생산·유통·판매 과정에서 발생한 잉여식품, 생활용품 등을 선별하여 필요한 이들에게 제공하는 기능을 통해, 빈곤 문제를 해결하는 기능과 동시에 자원의 낭비를 줄이는 효과가 있다.

넷째, 복지사각지대에 위치한 사람들에게 식품 및 생활용품 제공 과정에서 안부를 확인함으로써 그들의 안전과 건강상태를 확인하는 기능을 하고 있다. 푸드뱅크는 매주 3회 이상 60인 이상에게 기부식품 등을 제공하여야 하며 그 과정에서 지역 내 취약계층의 안부를 확인하게 된다.

2. 푸드뱅크의 도입 및 발전

90년대 말 IMF 사태로 한국사회는 실업자, 노숙인 등의 사회적 취약계층이 급격하게 증가하였고, 빈곤의 예방 또는 경감을 위한 공공 사회안전망이 제대로 갖춰지기도 전에 급격하게 늘어나는 결식의 문제는 복지국가의 이중과제를 여실하게 드러내었다. 이러한 사회경제적 환경 속에서 도입된 한국의 기부식품제공사업(푸드뱅크)은 민간에서 기부된 잉여식품을 자원봉사적 성격의 전달체계를 통하여 무상으로 취약계층에 배부되는, 서구 푸드뱅크 사업의 원형을 그대로 적용한 민간중심의 사회복지 운동이었다.

푸드뱅크 사업이 도입된 해(1998), 특히 우리나라는 음식물쓰레기가 해마다 증가하고 있었다. 식품분야에서는 음식자원의 낭비를 예방하기 위한 정부제도의 도입이 절실히 필요한 시점이었으며, 사회복지분야에서는 외환위기 이후 대량실직 등 비자발적인 사회위기 아래 국가차원의 복지확대가 필요한 시점이었다. 푸드뱅크는 결식이라는 사회문제 완화를 위해 민간의 참여가 중요한 역할을 해온 사업으로, 국가 재정의 한계로 발생 되는 복지 사각지대 해소에 민간자원이 주요한 기능을 한 대표적 사례이다.

푸드뱅크 사업은 1998년 서울, 부산, 대구, 과천 4개 지역에서 시범사업 이후 전국적으로 확대되었으며, 2000년 5월 한국사회복지협의회 내 전국 푸드뱅크가 설치되고 시·도단위에서는 광역푸드뱅크, 기초지자체 단위 기초푸드뱅크 조직이 설치되어 체계화 과정이 이루어졌다. 2006년 9월에는 '식품기부 활성화에 관한 법률'이 제정됨에 따라 푸드뱅크 사업의 활성화 기틀이 마련되었고, 2009년 중앙물류센터 개소, 2015년 기부식품 관리시스템(FMS) 구축 등 기부식품 양적 확대에 따른 관리시스템이 강화되었다. 2017년 '식품 등 기부 활성화에 관한 법률' 개정을 통해 기부 범위가 식품에서 개인위생에 관한 생활용품까지 확대되었고 푸드뱅크 평가제도 도입, 행정처분의 합리성 등이 강화되는 등 확대가 이루어졌다.

2019년 기준으로 약 2,300억 원에 달하는 식품 및 생활용품 모집 실적을 가지고 있고, 전국적으로 465개소가 넘는 푸드뱅크와 푸드마켓이 운영되고 있다. 다시 말해서 전국의 수많은 취약계층이 푸드뱅크 서비스의 수혜자가 되고 있다는 것이다. 이들은 기업과 개인의 식품 및 생활용품 기부품을 무상으로 지원받으며 일상을 보다 건강하게 영위해나가고 있다.

3. 푸드뱅크사업의 기능과 역할

푸드뱅크는 기부자, 운영자, 이용자의 세 축으로 구성되어 식품을 매개로 하는 사회복지제도로 시식 가능한 식품을 기부받아 무료로 이용자에게 배분하는 제도이다. 식품업체가 주요 기부자이고, 이용시설, 사회복지관 등이 푸드뱅크 운영자이며, 독거노인이나 쪽방 등 주로 사회 저소득계층이 이용자이다.

수혜대상자에게 서비스를 전달하는 방법이나 체계는 다양할 수 있다. 중앙정부에서 서비스를 제공하는 반면, 어떤 부분은 민간부문에서 제공하는 것도 있다. 또 다른 서비스들은 혼합체계로 제공되기도 하는데, 중앙정부나 지방정부 혹은 정부와 민간 사이의 다양한 형태로 제공된다. 따라서 전달체계에 대한 분석이 중요하게 되는데 그 이유는 정책이 바람직하다 하더라도 전달체계가 적정하지 못하면 그 정책이 추구하는 목표가 실현되기 어렵기 때문이다

<푸드뱅크의 운영 체계>

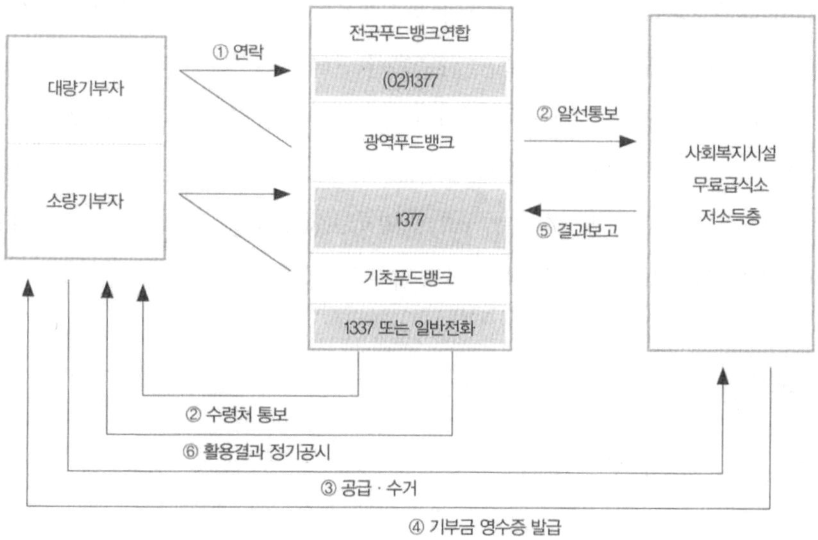

푸드뱅크의 기능과 역할은 전국푸드뱅크, 광역푸드뱅크, 기초푸드뱅크 순으로 각각 구분된다. 구체적으로 살펴보면,

첫째, 전국푸드뱅크는 식품기탁 촉진활동에 관한 사업을 담당하며, 전국 단위 기탁 식품을 모집하여 배분과 관리를 한다. 그리고 푸드뱅크 운영 활성화 관련 조사 및 연구 개발과 정책을 건의하며, 전국단위 홍보, 관계자 식품안전교육과 훈련 및 상담안 내를 한다. 이외에도 푸드뱅크 운영관리와 푸드뱅크의 전산 정보 네트워크를 구축하여 운영하고, 광역 및 기초푸드뱅크의 지도 점검과 육성하는 역할을 하고 있다. 또한, 전국 단위 사업계획 및 사업실적을 총괄 관리하며, 푸드뱅크 관련 국제협력업무의 추진과 전국푸드뱅크 자문위원회를 구성하여 운영한다.

둘째, 광역푸드뱅크는 광역자치단체 지역 내 기탁식품의 모집과 배분관리를 한다. 또한, 전국 및 기초푸드뱅크 연계를 통한 조직적 사업수행체계를 구축하고, 광역자치단체 지역 내 푸드뱅크 운영관련 총괄 협의·조정과 푸드뱅크 사업의 광역단위 홍보와 교육훈련 및 상담안내를 한다. 그리고 기초푸드뱅크의 운영실태 지도 점검 및 육성과 기탁식품 수급관리와 관련 전산정보 네트워크를 운영하며, 기초푸드뱅크 사업계획 및 실적을 총괄 관리하고, 광역푸드뱅크 자문위원회를 구성하여 운영한다.

셋째, 기초푸드뱅크는 관할 지역 내에서 기탁식품을 모집하고 배분 및 관리를 진행하며, 푸드뱅크 사업을 지역주민들에게 홍보, 상담, 안내를 한다. 또한, 사업수행관련 각종 장비 등의 유지보수 및 관리를 하며, 광역푸드뱅크의 운영에 참여한다. 그리고 사업계획 및 실적을 보고하며 기초푸드뱅크 자문위원회를 구성하여 운영한다.

4. 푸드뱅크 운용의 유의점

4.1. 개인이용자 우선순위

① 긴급지원대상자

② 차상위계층(생계·의료급여를 받지 않는 주거·교육급여 수급자를 포함한다)

③ 생계·의료급여 수급신청 탈락자, 생계·의료급여가 중지된 사람, 기타 기부식품 등 제공이 긴급히 필요한 저소득 재가 대상자 중 형편이 어려운 사람

④ 기초생활수급자(생계·의료급여 수급자)

4.2. 제공 원칙

① 국가 또는 지자체로부터 보조금 등 지원을 받는 사회복지시설, 이용자로부터 비용·실비 등을 받는 요양병원 등에는 원칙적으로 제공 금지. 다만, 기부자가 배분대상을 지정하는 지정기부시 또는 유통기한 임박식품이 대량으로 기부된 경우, 급히 배분해야 할 대규모의 신선식품 기부시에는 예외적으로 제공이 가능. 지자체의 확인을 통하여 정부 지원이 미흡하고, 식품확보가 더 필요하다고 판단되는 무료급식소, 사회복지시설(아동, 노인, 장애인 등) 등에는 제공 가능.

② 사업장(푸드뱅크·마켓)의 운영주체가 개최하는 바자회·행사, 정치·종교적 목적을 위한 행사 및 종교기관·단체 등에는 기부물품 제공 금지.

③ 시설·단체에 불가피하게 기부식품 등을 제공하는 경우에도 1년 이하 단위로 교

체하며, 개인이용자로의 교체를 우선적으로 고려.

4.3. 이용자 보호

① 푸드뱅크·마켓 관련 기부식품 취식 및 생활용품 사용으로 인하여 생긴 신체장애 및 재물손해를 보상하기 위하여 전국푸드뱅크에서 생산물배상책임보험에 상시 가입하고 있다.

5. 푸드뱅크사업의 기대효과

① 푸드뱅크는 식품의 생산·유통·판매·사용 과정에서 남겨진 식품을 어려운 이웃에 전달하여 유용하게 활용하도록 연결하고, 이러한 연결과정을 통해 이웃을 생각하는 공동체의식을 심어준다.

② 이는 저소득층의 결식을 해결하는 사회복지제도로서도 역할을 할 것이며, 연간 2조 원에 달하는 식품자원의 낭비도 줄이는데 기여할 것이다.

〈기부식품제공사업 전달체계〉

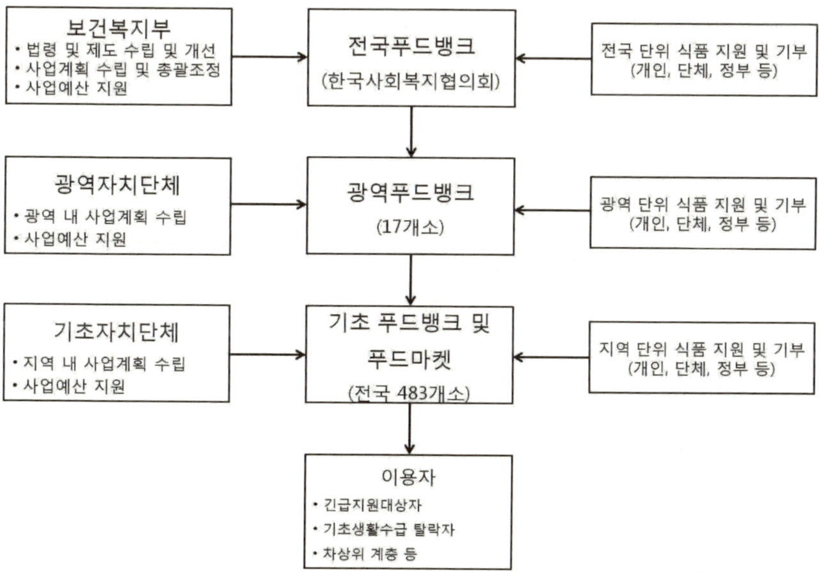

6. 푸드뱅크사업의 아쉬운 점 및 활성화 방안

6.1. 아쉬운 점

1) 공공영역과 민간영역의 합작

푸드뱅크 사업이 도입된지 불과 20여 년 만에 기부·배분이 2,000억 원을 상회하는 수준으로 성장한 비결은 이 사업을 지원하는 공공영역(중앙정부 및 지방정부)과 이를 운영하는 민간영역의 합작에 있다고 할 수 있다. 따라서 코로나19 사태에서 푸드뱅크는 공공의 정보력과 행정력을 바탕으로 민간이 수행하고 전달하는 복지 시스템으로서의 그 기능이 충분히 발휘될 수 있었을 것이다. 하지만 아쉬운 것은 오히려 공공과 민간의 협력적 운영이다 보니 서구와 같은 순수 민간 자원봉사의 기치 아래, 적극적으로 사회취약계층을 지원하고 더 많은 후원물품과 후원금을 모집하는 '위기 속의 기회'를 만들어내지 못하였다는 점이다. 국가가 지원하고 민간이 수행하는 협력적 거버넌스가 위기의 상황에서 한발 물러서 안정을 택하였다는 점은 일면 타당하면서도 두고두고 아쉬움이 남는 대목이다.

2) 기초지자체들의 관심 부족

푸드뱅크 사업은 공공과 민간이라는 두 운영 주체 중 어느 한쪽의 관심만 소홀하더라도 운영의 어려움이 발생하는 구조이다. 법적으로는 중앙 및 지방정부에서 사업의 운영비 또는 사업비를 보조할 수 있다고 명시되어 있다. 의무사항은 아니나, 푸드뱅크 사업의 중요성을 인식하고 있는 몇몇 지자체에서는 예산에 반영하여 사업운영에 힘을 실어주고 있다. 취약계층의 결식을 완화하여 빈곤의 문제를 해결하는 것이 국가의 역할이고 최일선 전달체계인 푸드뱅크가 국가의 역할을 대신하여 이를 수행하는 공공성을 갖추고 있기 때문이다. 하지만 전국의 226개 기초자치단체 중 단 20개 지자체만이 조례를 통하여 체계적으로 푸드뱅크를 지원하고 있고, 이는 전체 기초지자체 중 8.8%에만 해당된다. 즉 기초지자체들의 관심이 부족하고 운영에 있어서 실제적인 지원은 이루어지지 않는 것으로 볼 수 있다

6.2. 푸드뱅크사업 활성화 방안

1) 기부물품 종류 확대

외국의 경우처럼 우리나라도 기부물품의 종류를 현재 식품과 일부 생활용품에서 다양하게 늘려가야 한다. 식품 유통기한 제도 개선도 고려해 볼 수 있지만 실제 기부품을 확대할 수 있는 가장 최선의 방법은 기부물품 확대라 할 수 있다.

2) 세제혜택 현실화

기부식품의 장부가액을 기준으로 손금산입을 허용하는 수준에서, 장부가액은 각 업체와 법인에 따라 차이가 있으므로, 공제금액에 대한 공통된 기준을 마련하고 기부활성화 차원에서 출고가액보다는 미국의 경우처럼 생산원가의 20%를 초과하지 않는 범위로 상한선을 정한 후 생산원가와 판매 이익의 절반을 공제하도록 하는 등 기준을 명확하게 할 필요가 있다. 현재는 중소기업, 창업기업 및 벤처기업, 지방이전 촉진을 위한 지방세감면 등이 시행되고 있으나 기부활성화를 위한 지방세감면도 고려할 수 있는데, 예를 들면 사업소세 등의 감면 등이다.

3) 기부확대를 위한 특화된 공익홍보

우리나라 푸드뱅크 운영 기관은 38%가 수도권에 위치하고, 전국적 분포를 보이고 있으므로 지역별 특성을 살려 기부활성화를 위한 지자체수준에서의 기부유인 제공이 필요할 것으로 보인다. 또한, 중앙정부차원의 공익광고 실시를 위해 다각적인 노력이 필요하다.

4) 전국 푸드뱅크 조직 확대 개편

현재 한국사회복지협의회 내에서 부 단위로 운영되고 있는 전국 푸드뱅크 조직을 본부 단위로 격상시키고 그에 걸맞은 조직체계를 편성해야 할 것이다, 특히 푸드뱅크 사업의 활성화에 의한 기부 물품 증가와 기부 확대를 위한 홍보 및 마케팅 업무 추진을 위해서는 현 조직의 확대 개편이 검토되어야 할 것이다.

5) 장비, 운영비 등 기본적인 인프라 지원 확대 및 인식 개선

냉동탑차, 컴퓨터 등 푸드뱅크와 푸드마켓을 운영하기 위해 기본적으로 필요한 장비 지원. 운영비와 같은 기본적인 인프라 확충을 위한 지방자치단체의 적극적인 지원이 필요하다. 또한, 각 지자체의 기초의회는 푸드뱅크 사업의 우월성을 인식하여 푸드뱅크 사업체에 대한 지원을 강화해야 할 것이다.

6) 건전한 육성을 위한 지도감독 강화

무상으로 (식품)재화가 기부되고 분배되는 사업인 만큼 일부 푸드뱅크와 푸드마켓의 도덕적 해이를 사전에 예방하기 위하여 지자체는 지원확대와 동시에 지도 감독을 강화하여 건전한 사업으로 육성될 수 있도록 행정적 지원을 해야 한다.

7) 푸드뱅크와 푸드마켓 연계 강화에 의한 균형적 발전 방안 마련

현재 설치된 푸드마켓에 대한 진단을 통해 푸드마켓의 추가 설치를 결정하고, 푸드마켓을 지원하던 예산 일부를 푸드뱅크에 지원해야만 균형 있는 성장을 할 수 있을 것이다. 비균형적 발전을 하다 보면 향후 푸드뱅크 사업이 푸드마켓 위주의 형태로 전환되어 당초의 취지가 퇴색될 수 있다. 또한, 기부품의 배분은 유통기한 잔존 기간을 기준으로 배분처를 결정하도록 하면 폐기되는 양을 줄일 수 있을 것이다. 즉 유통기한이 오래 남은 기부품은 우선 푸드마켓에서 이용자에게 배분하도록 하고, 일정기간이 지나 유통기한이 짧아지면 해당 기부품을 푸드뱅크에 지원하여 신속하게 배분하고 처리하도록 하는 등의 연계방안 마련이 필요하다.

Ⅶ. 번아웃의 4단계(Burnout Syndrome)

우리나라 사회복지의 한 축인 공공사회복지 전달체계의 사회복지전담 공무원들은 민원문제와 업무부담 가중으로 심각한 소진(燒盡, burnout)을 경험하고 있다. 실제로 읍·면·동 맞춤형 복지팀 팀원은 민원인들의 부당한 요구, 적절치 못한 행동이나 폭언 등으로 인해 심한 스트레스를 받고 있어 심리적인 고통을 호소하는 경우가 종종 발생하는데, 이 심리적 고통은 심각한 사회적·정신적 문제를 초래할 수 있다. 맞춤형 복지팀원이 자신의 업무를 성공적으로 수행하기 위해서는 맞춤형 복지팀원의 번아웃(소진, 탈진)을 예방하는 것이 매우 중요하기 때문에 사회의 관심과 정책적인 대안이 필요하다.

번아웃의 문제는 우리 사회 모든 분야의 일꾼들에게 일어날 수 있는 문제이다. 목회자로서 수십 년의 경험을 가진 필자의 경험으로는 목회사역 현장에서 뛰고 있는 목회자나 기독교 기관 종사자들도 번아웃 증후군에서 예외가 될 수 없다. 성공적인 사역을 위해서는 번아웃 증후군에 대해 알아야 하고, 이것의 해결을 위해 개인적, 집단적인 노력이 있어야 한다.

1. 번아웃(소진, 탈진)은 무엇인가?

번아웃 증후군은 뉴욕의 정신분석가 프로이덴버거(Herbert Freudenberger)가 「상담가들의 소진」(Burnout of Staffs)이라는 논문에서 약물 중독자들을 상담하는 전문가들의 무기력함을 설명하기 위해 'Burnout(소진)'이라는 용어를 사용한 것에서 유래했다. 번아웃 증후군은 다 불타서 없어진다(burn out)고 해서 소진(消盡) 증후군, 연소(燃燒) 증후군, 탈진(脫盡) 증후군이라고도 한다.

사회복지행정론에서 말하는 번아웃은 평소 직무에 헌신적이었던 직원이 경험하는 스트레스와 고통에 대한 반응으로 직무에서 멀어져가는 것을 말한다. 주로 사람을 많이 상대하는 직종의 직원에게 나타나는 부정적 스트레스 현상인데, 번아웃은 직원 개인은 물론 클라이언트의 부정적인 태도 유발에 영향을 미치며 업무관리 상실, 서비스 질 저하, 조직의 행정비용 상승 가능성도 커지게 한다.

번아웃은 특히 감정(感情)노동에 종사하는 자, 즉 대상자에 대한 이해나 감정이입을 전제로 서비스를 제공하는 교사, 간호사, 사회복지사, 목회자, 상담가, 승무원, 전화상담원 등과 같이 타인을 돕는 일과 관련된 직종에서 쉽게 나타난다. 필자의 목사 친구 중 번아웃으로 목회를 그만둔 경우도 있는 것을 보면 전체 목회자의 적지 않은 숫자가 번아웃으로 고통을 당하고 있는 것 같다.

번아웃의 경고 증상에는 다음의 몇 가지를 들 수 있다. ① 기력이 없고 쇠약해진 느낌이 든다. ② 쉽게 짜증이 나고 노여움이 솟는다. ③ 지금 하는 일이 부질없어 보이다가도 오히려 열성적으로 업무에 충실한 모순적인 상태가 지속되다가 갑자기 모든 것이 급속도로 무너져 내린다. ④ 만성적으로 감기, 요통, 두통과 같은 질환에 시달린다. ⑤ 감정의 소진이 심해 '우울하다'고 표현하기 힘들 정도의 에너지 고갈 상태를 보인다. 여러분에게 혹시 지금 이런 현상은 없는가?

〈소진의 하위차원〉

구분	의미	행동
정서적 고갈	소진의 일차 증후, 과도한 감정이 요구되는 업무로 발생	업무로부터 정서적, 인지적으로 거리를 둠
비인간화	종사자가 관계하는 사람들로부터 받는 심리적 스트레스로부터 자신을 보호하기 위해 다른 사람들에게 대하는 분리된 태도, 정서적 고갈에 대한 반응적 양상	고객에게 냉소적 반응
개인적 성취 감소	업무수행의 경쟁력과 생산성 감소	효율성이 나타나지 않는다는 자기 업무 평가

자료: 조향숙 외. (2015). "돌봄서비스제공자의 감정노동과 자기결정이 소진에 미치는 영향". 한국사회복지교육, Vol. 32에서 인용

2. 사회복지행정론에서 말하는 번아웃의 4단계와 조직 차원의 번아웃 방지 전략

2.1. 번아웃의 4단계

〈번아웃 4단계〉

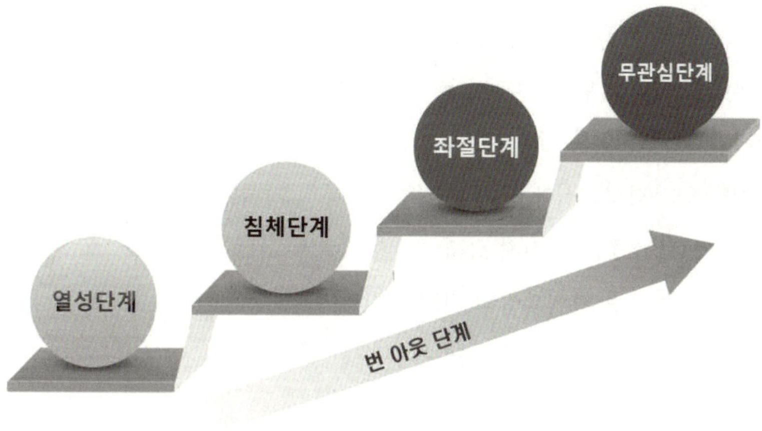

1) 열성 단계(enthusiasm)

사회복지사가 열의와 성의를 가지고 많은 시간과 노력을 들이는 초기단계이다.

2) 침체 단계(stagnation)

일 자체보다는 보수나 근무시간, 환경에 더 많은 관심을 가지게 되고 개인적 욕구충족에 초점을 두는 단계이다.

3) 좌절 단계(frustration)

직무수행능력과 직무 자체의 가치에 대한 회의(懷疑)가 생기는 단계이다. 이 단계에서는 클라이언트를 비롯한 다른 사람들과의 대인관계를 기피하게 되고, 피로나 두통 등의 증세에 시달리기도 한다.

4) 무관심 단계(apathy)

신체적·정신적으로 에너지가 고갈되고 업무나 클라이언트와의 관계가 무의미한 나머지 결국 하던 일을 그만두는 단계이다.

2.2. 조직 차원의 번아웃 방지 전략

① 직장의 물리적 환경 개선, 상담실 등 배치

② 업무량을 줄이고 담당 집단 수를 줄여준다

③ 심리적 신체적 휴식 제공

④ 조직의 의사결정과정에 참여하여 의사소통의 기회를 갖게 한다

⑤ 슈퍼바이저의 정서적 지지 강화

⑥ 교육과 훈련으로 자기계발의 기회를 갖게 한다

⑦ 비효율적인 부수적 업무를 줄여준다

3. 목회자의 번아웃

3.1. 사례관리를 통한 목회자의 번아웃 증후군 분석

다음은 이상억(2018)의 논문 중 나오는 사례이다.

> "A는 50대 초반의 남성으로 4년 차 담임목회자였다. 30여 년을 목회한 전임 원로목사의 목회를 이어받아 나름대로의 목회 철학을 갖고 목회하고 있던 중이었다. 그러나 교회 행정과 목회의 모든 부분을 스스로의 의지와 철학으로 이끌 수 있었던 전 사역지와 다르게, 모든 것을 절차와 당회 결의 및 제직 회의 중심으로 이끌어야 하는 목회에 대해 무척 힘들어했다. 더구나 기존의 리더십이었던 원로목사 측과 그에 대해 반감을 가지고 있었던 사람들 사이에 끼어 괴로운 시간을 보내고 있었다. 여러 가지 소송에 얽혀 있었고, 심한 반목과 의심으로 다양한 형태의 폭력적인 상황을 경험하고 있었다. 급기야 양측 모두에게서 불신을 받는 상황에서 A는 만성적인 소화불량과 불면을 경험하고 있었다. 몸무게도 10kg 가까이 빠졌고, 얼굴을 찡긋거리는 틱 증세도 갖게 되었다. 그러면서 사람을 만날 때 시선처리에 무엇인가 알 수 없는 불안을 나타냈고, 때로 무표정한 얼굴로 허공을 응시하는가 하

면, 기계적인 답변을 하게 되었다. 동시에 손을 계속 씻는다든지, 종이를 잘게 뜯는다든지 하는 강박적 행동을 보이게 되어 상담실을 찾아오게 되었다."

상담 후 내담자와 진행한 심층 인터뷰를 통해 파악할 수 있었던 번아웃의 이유는 ① 스스로의 주체성을 상실한 채 이리저리 휩쓸려 다니는 상황 통제 불능상황의 반복이었고, ② 그로 인해 차분히 앉아 생각을 정리하거나, 힘든 상황에 대한 영적 묵상의 시간이 대부분 무너졌다는 것이며, ③ 식이요법이나 운동 등 신체 항상성을 유지하기 위한 삶이 단절되고, ④ 여가생활이나 공동체 활동을 할 수 없게 되고, 마지막으로 악순환의 반복 속에서 불안이 극대화되어 '내려놓음'을 실천할 마음을 갖지 못한다는 것이었다.

번아웃으로 인해 내담자의 삶에 나타난 영향은 ① 자존감이 저하되었고 ② 패배주의에 사로잡혀 부정적인 생각, 즉 과도한 피해망상이나 가해망상 등으로 일반적인 사고기능이 무너지는 것을 경험하게 되고, ③ 불안이 극대화되고, ④ 우울증상과 기분장애 등의 정서적인 피폐를 경험하고, ⑤ 정서적인 문제와 더불어 신체적인 여러 증상이 나타나며, ⑥ 무기력과 무의미를 갖게 되어 목회를 더 이상 하고 싶지 않거나, 왜 목회해야 하는지에 대한 소명과 사명을 잃게 되고, ⑦ 가족관계, 교우관계 혹은 동료관계에 심각한 문제를 경험하게 된다는 것이었다.

번아웃이 목회자의 삶의 전방위에 걸친 붕괴를 조장하고 드디어 목회자 스스로가 가지고 있던 존재 이유마저 상실하게 했던 것이다. 특이한 것은 분석심리학이 주장한 대로 종교 혹은 초월 등 집단무의식적 원형의 제어가 사라지게 되면 개인 무의식의 역할을 더욱 촉진시켜 개인의 자기구조는 물론 의식, 전의식, 무의식이라는 심리 체계 전반에 걸쳐 어떤 지각변동을 갖게 한다고 주장한 것처럼, 목회자가 경험하는 탈진의 양상이 영적인 부분에 문제가 생기며, 자포자기의 심정으로 보다 심각한 파괴적 혹은 폭력적 증상이 발현된다는 것이었다.

3.2. 목회자의 번아웃에 대한 심층 이해

목회자는 왜 탈진을 할 수밖에 없을까? 존 A. 샌포드에 의하면 목회자는 9가지 이유로 인해 탈진을 겪을 수밖에 없다고 본다.

첫째, 목회자의 일은 끝이 없다. 계속 반복되는 예배인도 및 설교, 병자 심방, 결혼식과 장례식 집례, 위기상황을 다루는 일, 교인 간의 갈등 중재, 절기 행사 및 수련회, 행정적 업무 처리 등 그야말로 편히 쉰다는 자체가 불가능한 직업이 목회자의 사역이다.

둘째, 목회자는 그의 일에 항상 어떤 결과가 있을 것인지 말할 수 없다. 목회자는 마치 콩나물을 키우는 사람과 같은 심정이다. 물은 붓는데 이것이 언제 자랄지 알 수 없다. 한 사람을 제대로 된 사역자로 세우는데도 무수히 많은 우여곡절 및 시간이 필요하다. 그리고 결과는 더 알 수 없다.

셋째, 목회자의 일은 반복적이다. 절기 설교는 대표적인 예이다. 아무리 설교에 자신 있는 목회자라도 매번 돌아오는 절기에 매번 다른 설교나 다른 예화만을 사용할 수는 없을 것이다. 새 신자가 들어오면 같은 내용을 무한 반복해야 한다. 목회자야말로 무한도전자들이다.

넷째, 목회자는 교인들이 기대하는 일들을 끊임없이 다루어야 한다. 월요일만 되면 핸드폰을 아예 꺼두는 목회자들이 있다. 그날만큼은 자신과 가족을 위해 쉬고 싶은 것이다. 그러나 교인들 중에는 그런 목회자를 비난하는 사람도 있다. 그러니까 목회자는 거의 119대원과도 같은 것이다.

다섯째, 목회자는 매년 동일한 사람들과 함께 일해야 한다. 어딜 가나 골치 아픈 사람, 까다로운 사람, 교만한 사람 등이 있게 마련이다. 목회자는 이들을 피하거나 골라 가르칠 수 없다. 다 받아주어야 한다. 그래서 토요일 저녁만 되면 불면증에 시달리는 목회자도 있다. 다음 날 그 사람을 다시 봐야 하기 때문이다.

여섯째, 목회자는 무언가를 필요로 하는 사람들과 일하기 때문에 특히 에너지 소모가 많다. 요즘 유행하는 단어 중 "감정노동"이라는 말이 있다. 목회자야말로 감정노동에 시달리는 사람들이다. 원래 다른 직업보다 목회자라는 직업은 누군가를 돕고 싶어 하는 긍휼의 은사가 많은 성품의 소유자들이다. 그런데 그렇게 긍휼 많은 목회자도 사람이다. 하나가 해결되면 또 다른 하나의 문제가 생겨난다. 삶 자체가 반복이지만 이런 반복이 끝없이 이어질 것만 같은 느낌에 압도당할 수 있다.

일곱째, 목회자는 영적인 갈급함이 아닌 심리적 돌봄을 필요로 하는 사람을 매번 다루게 된다. 사도 바울의 말씀으로 하자면 단단한 음식을 먹을 만한 믿음(고전 3:2)을 키우지 못한 연약한 교인들, 유아적 성향의 교인들이 늘 존재한다는 것이다. 이들은 언제나 의존적이고 인정받기를 갈망한다. 그리고 그런 성향과 욕구가 채워지지 않으면 언제든 교회를 떠날 사람들이다. 심리적 맷집이 약한 목회자들은 이런 사람들이 교회를 등질 때마다 심리적으로 휘청일 수밖에 없다. 아마 배신이 얼마나 무서운지 매번 현장에서 접하는 사람 중 목회자만한 사람이 또 있을까 싶다.

여덟째, 목회자는 목회자라는 가면(Persona)을 쓰고 살아갈 수밖에 없다. 교인들에게 기도 많이 하는 사람으로 보이고 싶고, 말씀 연구하는 종으로 보이고 싶은 가면을 늘 쓰고 산다.

아홉째, 목회자는 실패로 인해 지칠 수도 있다. 샌포드는 이 요소가 가장 목회자를 지치게 만들고 탈진하게 만드는 요소라고 이야기한다. 갈수록 개척교회나 작은 교회가 힘들어지고 있다는 소리를 듣는다. "부름받아 나선 이 몸, 어디든지 가오리다" 신학교에서 그렇게 찬송하고 기도하고 나왔지만 현실은 어쩔 수 없는 현실이다. 거기다 목회자이기 이전에 한 가정의 가장이요 남편, 아빠 아닌가! 나름 누구보다 열심히 준비하고 기도하고 목회하였음에도 교회 현실이 크게 바뀌지 않는다 할 때 목회자도 사람이기에 평생을 준비해 온 목회가 뿌리째 뒤흔들릴 수 있다. 그래서 주님은 "능력 많고 업적이 큰 종"을 칭찬하신 게 아니라 "착하고(신실하고) 충성된 종"에게 칭찬을 아끼지 않으셨는지 모른다.

이처럼 목회라는 현실은 시지푸스의 신화처럼 돌을 올리면 다시 굴러떨어지고 다시 굴려 올리면 떨어지고를 반복하는 직업과 같다. 그러나 참 하나님의 종이라면 견뎌야 한다. 견딜 수 없을 때 약한 목회자로 전락하고 만다. 번아웃의 구멍은 목회자를 향해 언제나 열려 있다!

3.3. 번아웃을 어떻게 해야 하나?

Burnout은 말 그대로 "다 탔다" 혹은 "재가 되었다"는 말이다. 소진을 했다면 소진을 한 현실에서 다시 한번 모든 것을 새롭게 재정립해야 한다.

목회자는 평생 하나님과 사람들을 위해 헌신해온 사람들이다. 교회 차원에서 목회자의 번아웃을 방지하기 위해 앞서 언급한 [2.2. 조직 차원의 번아웃 방지 전략]을 그대로 원용해도 무리가 없을 것이다. 이것은 교회의 당회원이나 중진들의 적극적인 협조가 필요한 부분이다. 그리고 목회자 개인의 영적 차원의 해결책으로 변상규는 그의 네이버 블로그에서 다음과 같이 권면한다.

1) 이제는 "나"를 돌아봐야 할 시점이 되었다는 것이다.

갑자기 이기적인 사람이 되라는 말이 아니다. 탈진이 밀려오면 그런 증세가 나중에 후유증이 되어 큰 병이라는 부메랑으로 되돌아오기도 한다. 탈진은 에너지가 바닥이 났음에도 전력질주를 했다는 신호다... 탈진을 부정적으로 보면 안 된다. 프랑스의 대체의학자이며 심리치료사인 기 코르노는 마음의 치유에서, 모든 병은 몸이 급사(急死)하지 않도록 몸이 만들어낸 대체물이라고 했다. 그러므로 모든 병은 메시지다. 탈진에 지쳐하지 말고 탈진에 감사해야 한다. 하나님께서 탈진한 당신의 종들에게 뭔가 새롭게 말씀하실 것이 있다는 메시지가 바로 탈진이기 때문이다.

2) 육신에 건강검진이 필요하듯 전인적인 건강검진이 필요한 때가 되었음을 자각해야 한다.

"목회는 먹회"라는 말이 있다. 반드시 음식을 조절해야 한다. 당뇨나 지나친 복부비만은 적신호다. 그리고 미뤄두었던 운동도 하나님의 일이라는 확신을 갖고 임해야 한다. 목회상담학 교수인 하워드 클라인벨은 평소 운동을 하는 것은 몸에 선물을 주는 행위라고 말하였다. 몸에 그간 못 준 선물을 주어야 할 때가 온 것이다.

3) 하나님의 세미한 음성을 들어야 한다.

즉 재소명에 대한 부르심이다. 흔히 말하는 첫사랑의 회복이다. 주님이 나를 불러주신 그 부르심을 기억하며 지금 있는 현장에서 다시 한번 재소명(Re-Calling)을 받을 필요가 있다. 가능하다면 첫 부르심을 받았던 기도원이나 교회에 가서 목 놓아 기도해보는 것도 은혜를 회복하는데 중요한 계기가 될 수 있을 것이다. 선지자 엘리야가 동굴에서 세미한 음성을 듣고 소명을 회복했듯 각자의 "영적 동굴"로 들어가서 기다리며 기도하는 마음자세가 필요하다.

4) 인정받음의 욕구에서 벗어나야 함을 의미한다.

페르조나(역할, 가면, 체면, 명함)가 유난히 강할 수밖에 없는 직업이 목회자다. 목회자이기에 일반인들이 모르는 십자가를 하나 더 지고 살아야 한다고 한다. "위선의 십자가"가 그것이다. 이 말도 결국은 인정받음 때문에 생겨난 것이 아닌가? 인정이라는 주제만큼 우리를 유혹하는 주제가 또 있을까 싶다. 하나님의 인정과 사람의 인정 속에서 살아온 사람들이 목회자 아니던가! 우리가 무엇보다 누군가의 인정을 기대하지 않는 주체로 설 수 있다면 사실 무엇이 두렵겠는가? 사도 바울도 우리에게 그렇게 말씀하셨다. "이제 내가 사람들에게 좋게 하랴 하나님께 좋게 하랴 사람들에게 기쁨을 구하랴 내가 지금까지 사람들의 기쁨을 구하였다면 그리스도의 종이 아니니라"(갈 1:10).

무엇보다 우리의 목회 방향이 누구에게나 "하나님께 영광"인 것은 분명하지만, 우리의 삶과 목회는 보다 더 영성적이어야 하고 성령으로 충만해야 한다. 번아웃은 어쩔 수 없이 한쪽으로 삶의 무게중심이 치우친 결과이다. 온전성(Wholeness)으로 부름 받는 출구가 바로 번아웃이라는 사실을 명심해야 한다.

어찌 보면 목회자의 번아웃은 내가 할 수 있는 모든 것을 다 했기에 이제 성령이 나와 나의 목회를 이끌어 가셔야만 된다는 영성으로의 부르심의 계기가 될 수 있다. 이게 끝이 아니다. 부르심의 새로운 시작의 길이 번아웃이라고 말한다면 그것은 결국 재소명(再召命)의 시작이 될 것이다.

Ⅷ. 기부행위와 정신적 웰빙(well-being)

우리의 삶을 좀 더 행복하게 만들기 위해서 우리가 가진 경제적 자원을 어떻게 활용하면 좋을까? 일상의 대화에서 학술적 논의에 이르기까지 돈과 행복의 관련성은 오래된 질문 가운데 하나다. 그런데 소득이 일정 수준 이상 오르고부터는 행복과의 관련성이 뚜렷하지 않다는 주장은 여러 학자를 통해 제기되어 온 바가 있다. 바야흐로 일인당 GDP 3만 달러 시대를 맞이한 한국사회에서 어떻게 지출해야 우리가 더 행복해질 것인가를 고민하는 것은 시기적으로 중요한 의미를 지닌다. 좀더 구체적으로 말하자면 기부행위와 같은 친사회적지출(prosocial spending)이 우리의 행복 혹은 정신적 안녕감에 어떤 영향을 미치는지 연구해볼 가치가 있다.

지금까지 사회복지조직은 개인 기부자들을 복지사업 운영에 필요한 자원을 제공하는 존재로만 인식하며, 개인기부자들의 웰빙 증진을 위한 방안을 모색하고자 하는 노력은 부족하였다. 사회복지조직을 후원하는 개인기부자들을 단지 자신의 물질(현금, 현물)을 지원하는 제공자(giver)로만 간주하는 시각은 지양되어야 한다. 개인후원자들이 후원활동에 참여하면서 자기성장을 도모하고, 정신적 웰빙 또한, 증진시켜 갈 수 있는 수혜자(beneficiary)로 간주될 수 있도록, 개인기부자들을 바라보는 관점(perspective)이 확대되어야 한다.

사회복지조직을 후원하는 개인기부자들이 '제공자'뿐만 아니라 동시에 '수혜자'로 확장된 정체성을 지닐 때, 후원 활동에 보다 더 만족할 수 있을 것이고, 후원에 대한 헌신 및 지속성도 강화될 수 있을 것이다. 개인기부자들의 자기성장 및 정신적 웰빙 증진을 도모하기 위한 사회복지조직의 체계적인 노력은 성공적인 후원모금사업을 위한 효과적인 전략이 될 수 있기 때문에, 그 중요성이 강조된다.

이것은 (사)나눔과기쁨의 활동가(나누미)들의 가치관에도 중요한 변화를 내포한다. 우리의 사역을 도와주는 후원자들을 단순히 후원자의 개념으로만 생각할 것이 아니라, 어떤 면에서 그들로 하여금 삶의 활력을 가져오게 하고 정신적 웰빙에 이르게 하는 동기를 부여한다는 자부심을 가질 수 있는 근거가 될 것이기 때문이다.

1. 기부행위와 정신적 웰빙과의 관계

1.1. 기부행위

기부는 친사회적 행위로서 '개인이 타인과 공공의 이익을 위해 자발적으로 타인에게 경제적 자원을 증여하는 것'으로 정의할 수 있다. 또한, 기부는 '시장과 정부를 통해 제공되는 복지자원의 불충분성을 보완하는 대안적 활동'으로 볼 수 있다(강철희 외, 2017). 더 나아가 기부는 복지국가의 보완물로만 기능하는 것이 아니라 복지국가 성숙에 필요한 사회적 연대의 강화를 가져온다는 점에서 복지국가 발달의 중요한 자원으로 기능할 수 있다.

기부행위는 상호 호혜적인 성격을 지니고 있다. 그러나 그와 같은 상호 호혜적 성격은 조세와 같은 강제적으로 할당된 권리, 의무 관계를 수반하는 경우나, 시장에서 이뤄지는 교환 활동과 같이 일정한 반사적 이익을 추구하는 행위와 근본적인 차이가 있다.

한편, 행복 혹은 주관적 삶의 만족(subjective well-being)은 긍정적인 정서적 상태와 더불어 삶에 대해 만족감을 느끼는 인지적 측면으로 구성된다. 따라서 기부가 행복에 미치는 영향은 인지적 측면과 정서적 측면으로 대별하여 그 영향력을 검토할 수 있을 것이다. 기부와 행복의 관련성을 본격적으로 다룬 전통적 연구들은 양자 사이에 존재하는 영향 구조를 "완전한 이타심(pure altruism)"으로 설명하기도 하였다(Andreoni, 1989). 즉, 인간의 본성에는 이타적 행위에 대한 기본적인 추구가 존재하며, 그와 같은 행동을 했을 때 심리정서적 보상이 주어진다는 것이다.

이것은 성경이 주장하는 것과 일맥상통한다. 하나님은 인간을 하나님의 형상으로 만드셨고(창 1:28), 하나님의 속성을 인간에게 주셨다. 이타적 행위에 대해 성경이 강조하는 곳은 수십 수백 군데에서 찾을 수 있다. 하나님이 모든 것을 인간에게 거저 주셨고, 인간이 타락하여 죽게 되었을 때 하나님은 자신의 독생자를 거저 내어주셨다. 다음의 성경구절을 보자.

> "인자가 온 것은 섬김을 받으려 함이 아니라 도리어 섬기려 하고 자기 목숨을 많은 사람의 대속물로 주려함이니라"(마 20:28).
> "네게 구하는 자에게 주며, 네 것을 가져가는 자에게 다시 달라 하지 말며"(눅 6:30).
> "각각 그 마음에 정한대로 할 것이요 인색함으로나 억지로 하지 말지니 하나님은 즐겨 내는 자를 사랑하시느니라"(고후 9:7).

개인 기부자들은 후원활동에 참여하면서, 자신이 후원하는 사회복지기관 및 시설로부터 지원을 받는 어려움에 처한 많은 사람(클라이언트)의 형편을 직·간접적으로 알게 된다. 이러한 경험은 그동안 살아가면서 자신이 미처 깨닫지 못하고 간과했던 삶에서 감사해야 할 것들에 대해서 생각해 볼 수 있는 계기를 갖으며, 자기성찰을 할 수 있는 기회가 된다. 따라서 기부활동을 참여하면서 얻는 긍정적인 체험은 개인 기부자의 정신적 웰빙을 향상시킬 수 있을 것이라는 가정을 설정해 볼 수 있다.

2.2. '감사하는 것'(gratitude)

감사는 자신과 타인을 위해 보다 나은 삶을 영위할 수 있는 능력이며 바람직한 인간의 특성이라는 주장은, 고대 종교경전에서부터 현대사회과학연구에까지 계속되고 있다. 감사함의 중요성은 기독교는 물론, 다른 종교들에서도 강조되어 왔다. 성경의 대표적 캐치 프레이저 중 하나는 "범사에 감사하라"이다. 이는 그리스도 예수 안에 있는 하나님의 뜻이다(살전 5:16-18). 종교를 가진 사람들이 비종교인에 비해서 상대적으로 감사성향이 더 높다는 것은 주지의 사실이다. 학자들은 이러한 현상을 종교인들의 경우, 주변인들이 기여한 유익함뿐만 아니라, 자신이 믿는 신(Divine)의 도움을 크게 인정하려는 성향이 있기 때문이라고 설명하고 있다.

종교인들이 비종교인들보다, 기부활동에 더 활발하게 참여하는 현상은 기부행위는 사회구성원으로 공동체에 기여할 수 있고, 이타적인 기부동기가 이웃에 대한 사랑을 강조하는 기독교는 물론, 자선, 선행, 자비 등 타종교에서도 강조하는 보편적 가치와 부합하기 때문이라고 생각된다. 실제로 기부활동을 하고 있는 개인 중에, 종교를 가진 이들이 보다 큰 비율을 차지하고 있다는 사실에서도 기부활동은 종교적 소신 혹은 종교적 삶의 실천이 드러나는 행위임을 시사한다.

기부활동을 통해서 체험하는 기부효용은 정서적 효용(정서적 기쁨, 만족 등), 가시적 혹은 실제적 효용(세금혜택, 주변인 인정, 유용한 정보취득, 사회네트워크 확대 등) 등 그 특성이 다양하다. 기부자의 개인 특성 및 기부 동기 등에 따라 기부활동을 통해서 체험할 수 있는 기부효용의 성격도 상당히 차이가 있을 것이다. 개인기부자가 자신에게 의미와 가치를 더 부여할 수 있는 특성을 지닌 기부효용(예: 정서적 효용, 가시적 효용)을 더 많이 체험할수록, 자아인식 및 자신의 삶에 대해서 보다 긍정적인 인식을 할 수 있을 것이다. 그리고 개인이 삶에 대한 보다 긍정적인 인식을 가질 때, 삶에 대한 감사가 증가할 수 있을 것으로 추론해 볼 수 있다.

2.3. 정신적 웰빙(mental health)은 무엇인가?

Keyes(1998)는 정신건강을 단순히 정신장애(mental disorder)의 부재상태가 아니라, 행복을 지닌 상태라고 개념화하였다. 키스는 정신적 웰빙 척도를 개발하여 정신적 웰빙개념을 심리적 웰빙, 정서적 웰빙 그리고 사회적 웰빙, 이렇게 크게 세 개의 영역으로 구성된 포괄적인 개념으로 소개하였다. 또한, 키스는 대인관계에서 오는 행복감에 기초한 '사회적 안녕감'(social well-being)을 정신적 웰빙의 중요한 영역들로 포함시키며, "진정한 행복은 개인적 행복과 더불어 사회의 번성이 함께 이루어질 때 도달하는 것"이라고 주장하였다.

개인기부자들이 사회복지기관 및 시설들에 사업운용에 필요한 재원 등을 후원하는 행위는 사회구성원으로 자신의 공동체에서 어려움을 겪고 있는 이들에 대한 도움을 적극적으로 실천하는 행위이다. 따라서 자발적으로 후원 활동에 참여하는 것은 키스가 언급한 "진정한 행복을 증진시킬 수 있는 매우 긍정적인 체험"이 될 수 있다.

2.4. 감사(gratitude)가 정신적 웰빙에 미치는 영향은 어떠한가?

'감사'는 "다른 사람으로부터 받은 가치 있는 것에 대한 인지"라고 정의된다. 또한, 감사는 "다른 사람으로부터 비용이 드는(costly), 가치 있고 소중한, 이타적인 도움을 받게 되면서 체험하게 되는 정서"이다. 왓킨스(Watkins, 2003)는 감사하는 사람들의 특성을 다음과 같이 기술하고 있다.

첫째, 풍요로움(abundance)이다. 즉, 마음이 풍요롭고 아주 작고 단순한 것에도 감사하는 특성이다.

둘째, 자신의 웰빙을 위한 다른 사람들의 기여에 대한 인정 및 평가이다.

셋째, 감사하는 사람들은 자신을 통제할 수 있는 내적 소재(internal locus) 및 외적 소재(external locus)를 강화시킬 수 있다. 다시 말하면, 사람들은 자신이 혜택(이익)을 받을 수 있게 된 외부의 도움이 작용했던 그 맥락(상황)에서 감사하면서도, 동시에 자신의 삶이 그렇게 잘 되도록 자기 자신이 스스로 기여한 측면 또한 잘 인지하면서, 자신의 삶을 내·외적으로 통제할 수 있다는 능력감(competence)을 갖게 되는 것이다.

전술한 '감사'의 순기능은 개인의 삶의 웰빙을 높일 수 있는 중요한 개인의 심리적 자산이 될 수 있는 근거를 제시해주고 있다. 감사가 아동기부터 노년에 이르기까지, 심리적, 신체적, 대인관계 등에 유용한 영향을 준다는 사실은 많은 선행연구를 통해서 충분히 밝혀져 개인의 웰빙에 개인의 감사성향이 미치는 긍정적인 힘을 확인할 수 있다.

왓킨스(2003)가 감사하는 사람이 지닌 주요 특성으로 소개했던 내용들, 즉 '풍성함(abundance)', '작은 것에 감사', '타인으로부터의 인정 및 평가, '자신의 웰빙에 기여한 타인의 도움에 대한 인식' 등은 어려움을 겪고 있는 사람들을 지원하는 사회복지기관 및 시설에서 필요한 사업 및 프로그램을 운영해나갈 수 있도록 지원하는 후원활동에 참여하면서 한층 더 강화될 수 있을 것으로 추론할 수 있다.

개인기부자들은 후원활동에 참여하면서, 주변(가족, 지인)으로부터 인정을 받는 긍정적인 평가, 즉 가시적 효용(benefit)을 얻을 수 있다. 자신이 후원하는 사회복지기관 및 시설에서 원조하는 클라이언트들이 처한 어려운 형편과 현실에 대해 직·간접적으로 알게 되면서, 그들의 삶과 자신의 삶을 비교해볼 수 있을 것이다. 인간은 사회적 존재이기 때문에 타인과의 비교를 통해 자신을 평가하기 때문이다. 이 사회에는 자신보다 더 힘든 상황에서 고통받는 많은 이들이 살아가고 있다는 사실을 인식하면서, 그동안 자신이 자신의 삶에서 간과했던 감사해야 할 많은 것들을 생각해 볼 수 있을 것이다.

2. 기부행위와 정신적 웰빙에 대한 두 가지 연구 사례

기부가 행복에 미치는 영향을 실증적으로 고찰한 연구가 전반적으로 많지 않은 가운데 관련 국내 연구는 거의 없는 상황이다. 한국사회에서 그동안 기부 문화 활성화를 위한 다각적인 사회적 관심과 노력이 있었음을 생각할 때, 관련 실증 연구의 중요성은 강조될 필요가 있다. 기부가 일방적인 시혜적 행위가 아닌, 기부 주체의 행복도 증진할 수 있다는 점은 기부 문화의 지속적인 활성화를 위해 중요한 의의를 지닐 수 있기 때문이다. 여기에서는 기부행위와 정신적인 웰빙(또는 행복감)과의 관계를 실증적으로 연구한 두 가지 사례를 살펴본다.

2.1. 인과적 방향성 검토를 위한 종단 경로모형과 교차지연 패널모형의 결합을 중심으로 한 연구: 노법래(2020)

노법래(2020)의 연구는 기부행위가 행위 주체의 행복에 어떤 영향을 미치는지 살펴보기 위하여 삶에 대한 전반적 만족도 및 우울감이 기부 수준에 따라 어떻게 변하는지 종단자료를 구성하였다. 주관적 삶의 만족도와 우울감은 행복과 높은 관련성을 지니는 현재의 삶에 대한 개인의 만족 정도와 정신적 안녕감을 반영한다는 점에서 행복 측정을 위한 변수로서 가치를 지닌다. 기부행위와 행복 및 정신적 안녕감 사이의 관련성을 한국사회를 대상으로 진행한 실증 연구가 많지 않았다는 점에서 본 연구의 의의가 있다고 할 수 있다.

본 연구는 한국복지패널 종단자료를 활용하여 기부행위와 행복의 관계를 관찰하고자 하였다. 여기서는 행복과 관련된 변수로 주관적 삶의 만족도와 우울감을 함께 살펴보았다. 방법론적으로 기부행위와 행복 간 영향을 검토하는 것은 인과적 방향성에 대한 보다 엄밀한 검토를 요구한다. 이에 본 연구는 종단자료에 대해 교차지연 패널모형(cross-lagged panel model)을 적용하기 위해 종단 경로모형(longitudinal path model)을 활용하는 방법론적 시도를 하였다.

분석 결과 기부행위와 행복과 관련된 두 변인 간에는 쌍방향의 영향력이 있는 것으로 나타났다. 기부행위는 삶의 만족감을 높이고 우울감을 경감하는 고유한 효과가 있음을 확인했다. 본 연구의 분석 결과를 통해 사회 전반의 물질적 수준의 상승 속에서 우리가 보다 행복하게 살기 위해서는 기부와 같은 친사회적 행위의 비중이 개인 및 사회적 수준에서 확대될 필요가 있다는 시사를 얻을 수 있다.

분석 자료는 한국복지패널 1차연도(2006)부터 13차연도(2018)까지의 자료를 결합하여 활용하였다. 한국복지패널 자료는 대표성이 높은 장기 추적 자료라는 점에서 실증연구에 지니는 유용성이 크다. 아울러 한국복지패널 자료는 본 연구의 모형 검증에 필요한 다양한 변수를 제공하고 있어 연구 목적에 적합하다. 결측치 등으로 일부 제외된 케이스를 제외하고 분석에 포함된 케이스는 총 18,489명이며, 관측 수는 117,115건이다.

본 연구는 기부가 행복에 긍정적인 영향을 미치는가를 살펴보고자 하였다. 이를 위해서 행복과 관련된 두 변인으로 선택한 삶의 만족도와 우울감에 기부가 어떤 영향을 미치는지 종단자료를 활용하여 관찰했다. 그리고 연구 문제에 대한 답을 구하는 과정을 통해 소득의 향상이 행복으로 이어지기 위해 친사회적 형태의 지출이 확대될 필요성을 제시하고자 하였다. 특히, 본 연구는 기부행위와 주관적 삶의 만족과 우울감 간 영향력의 발현 구조를 실증적으로 드러내기 위해서 인과적 쌍방향성을 분석에서 주요하게 고려했다. 연구 목적을 위해 비교적 장기간에 걸친 패널 자료와 종단 경로모형을 교차지연패널모형에 적용하는 방법론적 시도를 했다.

노법래 연구의 주요 분석 결과를 정리하면 다음과 같다.

첫째, 기부는 주관적인 삶의 만족과 우울감에 긍정적인 영향을 미치는 것으로 나타났다. 다만 주관적 삶의 만족도와 기부행위는 상호 영향을 미치는 쌍방향의 영향력이 있는 것으로 나타났다. 이는 기부행위와 우울감의 관계에서도 마찬가지로 확인되었다. 주관적인 삶의 만족도와 우울감이 행복을 구성하는 중요한 변인임을 고려할 때, 기부와 같은 친사회적 성격의 지출을 통해 개인의 행복을 증진시킬 수 있다는 가능성을 확인한 것이다. 이는 개인의 행복 혹은 효용이 타인의 효용 증대에 의해 일정한 영향을 받을 수 있다는 이른바 "따뜻한 빛(warm glow)"의 효과를 일부 지지하는 결과라고 해석할 수 있다.

둘째, 궤적 유형화와 경로 분석 결과를 통해 기부행위와 삶의 만족 및 우울감은 모두 이전 수준과 일정한 관련성을 맺고 있음을 확인했다. 이는 이들 변인이 즉흥적인 변동을 보인다고 하기보다는 이전 시기의 경험에 누적적인 영향을 받기 때문이다. 행복이나 정서적 안녕감이 과거의 경험에 의존적일 수 있다는 점은 과거와 현재를 아우르는 삶의 경험에 대한 생애사적 접근이 아니라 당장의 심리적 위안을 구하는 임시방편적 개입으로는 그 효과가 제한적일 수 있다는 함의를 준다. 이때, 기부와 같은 친사회적 행위는 지속되는 정서적 효과를 지닌 기억으로 누적되어 긍정적인 정서 경험의 재현과 부정적 심리 상태를 줄이는 정서적 선순환 구조 형성에 도움을 줄 수 있다.

기부행위가 개인의 행복을 증진하고 우울감과 같은 부정적인 정서에 긍정적인 영향을 미친다는 점은 소득 증대가 개인의 행복에 미치는 효과가 자신을 위한 물질적 소비를 넘어서 친사회적 측면에서 존재할 수 있다는 점을 시사한다. 기부는 타인은 물론 자신의 행복을 증진시키는 적극적이며 성숙한 행위인 것이다. 이와 같은 적극적 행위를 통해 소득은 개인의 행복과 지속적으로 연결되는 자원으로서 기능하게 된다. 그리고 친사회적 행위는 사회적 연결망의 생성과 구성원 간 신뢰 수준의 상승과 이어질 수 있다는 점에서 다양한 긍정적 효과로 이어지게 된다. 본 연구의 분석 결과는 개인의 이타적 소비 수준에서 복지국가의 확대를 통한 연대성의 실현이라는 측면까지 포괄적으로 연결되는 논의라고 할 수 있다.

2.2. 사회복지조직을 후원하는 개인 기부자들의 기부효용이 정신적 웰빙에 미치는 영향: 이원준·이희진(2016)

본 연구는 설문 조사를 통해 얻은 자료 분석에 기초한 실증연구이다. 조사대상자는 대구·경북지역의 사회복지기관 및 시설들을 후원하는 개인 기부자들(525명)이다. 연구의 목적은 기부활동을 통해서 체험한 정서적 효용 및 가시적 효용이 개인기부자들의 정신적 웰빙에 미치는 직접효과와, 후원활동 후 감사증가여부가 미치는 매개효과, 그리고 기독교 유무에 의한 조절효과를 밝히는 것이다.

〈연구모형〉

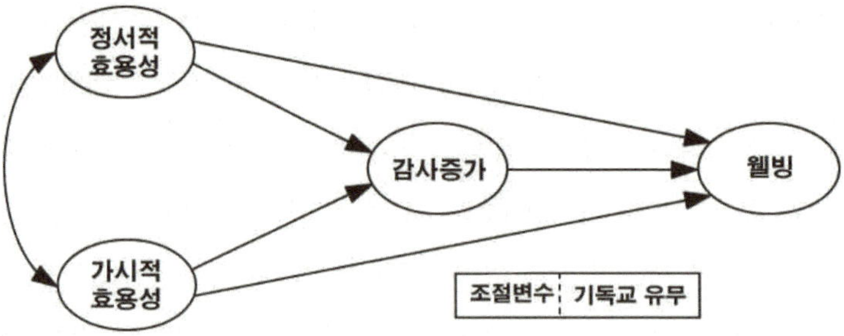

본 연구의 주요 연구문제는 다음과 같다.

- 개인기부자들이 체험한 '정서적 효용'은 '정신적 웰빙'에 정적 직접 효과를 미치는가?
- 개인기부자들이 체험한 '가시적 효용'은 '정신적 웰빙'에 정적 직접 효과를 미치는가?
- 개인기부자들이 후원 후 자신의 '삶에 대한 감사증가' 정도는 개인기부자들이 체험한 '정서적 효용' 또는 '가시적 효용'이 '정신적 웰빙'에 미치는 효과를 유의미하게 매개하는가?
- 개인기부자들이 체험한 '정서적 효용' 및 '가시적 효용'이 개인기부자들의 '정신적 웰빙'에 미치는 직접효과 그리고 후원 후 자신의 '삶에 대한 감사증가'의 매개효과는 '기독교 유무'에 의해 유의미하게 조절되는가?

분석결과 밝혀진 주요 사실들을 요약하면,

첫째, 연구모형에서 설정한 5개의 직접 경로들('정서적 효용성→정신적 웰빙', '가시적 효용→정신적 웰빙', '정서적 효용→감사증가', '가시적 효용성→감사증가', '감사증가→정신적 웰빙') 중에서, 기독교인 집단에서는 모든 경로가 유의하였다. 그러나 무교집단에서는, '가시적 효용→정신적 웰빙'과 '감사증가→정신적 웰빙', 이 두 경로에서만 유의한 직접효과가 입증되었다.

둘째, 기독교 집단의 경우, '정서적 효용→(감사증가)→정신적 웰빙' 경로와 '가시적 효용→(감사증가)→정신적 웰빙', 이 두 경로에서 '감사증가'의 부분매개효과가 발견되었다. 무교집단에서는 '가시적 효용→(감사증가)→정신적 웰빙' 경로에서만'감사증가'의 완전매개효과가 입증되었다.

셋째, 개인 기부자들의 종교배경(기독교, 무교)에 따라서, 정서적 효용 및 가시적 기부효용이 정신적 웰빙에 각각 미치는 직접효과와 '감사증가'의 매개효과가 유의미하게 다른 양상을 보여주어, '기독교 종교 유무'의 조절효과가 입증되었다.

마지막으로, 두 집단 간의 정신적 웰빙에 기부활동을 통한 정서적 효용 및 가시적 효용의 직접효과, 기부활동 후 삶에 대한 감사함 증가의 매개효과, 그리고 종교유무의 조절효과에서 밝혀진 차이점과 함께, 기독교인 집단은 무교집단보다 기부를 통한 정서적 효용감, 후원 후 삶에 대한 감사증가, 그리고 정신적 웰빙 수준이 유의미하게 더 높다는 사실이 입증되었다. 본 연구결과는 기독교인들이 지닌 긍정적인 특성을 실증적으로 확인하였다는 측면에서 연구의 의의를 가진다.

- 나가며 -

한국사회는 근현대사의 굴곡 가운데서도 세계를 놀라게 하는 빠른 경제 성장을 이루었으며, 이제 1인당 GDP가 3만 달러에 이르는 시기에 접어들었다. 경제 성장의 성과가 궁극적으로 한국사회의 행복을 높이는 데 기여하기 위해서 어떤 새로운 노력이 필요한가에 대해 개인적, 사회적 측면에서 고찰이 필요한 단계인 것이다. 특히, 한국은 지속적인 경제 성장에도 불구하고 비정상적으로 높은 자살률과 상대적으로 낮은 삶의 만족도를 보이고 있다는 점에서 경제 성장과 구성원의 행복이라는 문제를 근본적으로 성찰할 필요성을 안고 있다.

물론 경제 성장이 우리 사회 전반의 행복을 높이는 결과로 이어지기 위해서는 성장의 결실이 공정하게 분배될 수 있는 제도적 장치를 만들어가는 노력이 우선적으로 필요하리라 생각한다. 이런 논의는 우리 사회가 획득한 경제적 자원을 어떻게 활용해야 구성원의 삶이 더욱 풍부하고 행복해질지 고민하는 근본적 질문에 닿아 있기 때문이다.

기부가 우리를 행복하게 만드는 데 도움이 된다면(이것은 성경이 보증하는 진리이다), 소득 향상과 더불어 기부행위의 촉진을 통해 개개인의 삶의 만족도를 높이는 기회를 더 많이 가지게 될 것이다. 그리고 그와 같은 개인적 경험들의 축적은 한국사회의 유대감과 신뢰 수준을 높임으로써 구성원들의 행복에 다시 긍정적인 영향을 미치게 되리라 기대한다.

맺는말

사회복지(社會福祉, Social Welfare)란 국민의 복지를 위한 일에 기본적인 것으로 인정된 사회적 욕구를 충족시키기 위해, 그리고 사회질서의 회복을 위해 제반급여를 확보하거나 강화시키는 법률, 프로그램, 급여 및 서비스체계를 말한다.

본서는 하나님의 최대계명인 '하나님 사랑과 이웃사랑'을 실생활에 구현하는 중요한 실천영역인 사회복지실천을 교회의 본질과 관련하여 이해하려고 노력한 책이다.

본서의 각 장은 필자가 지난 몇 달 동안 사회복지의 여러 작은 주제들에 관해 관계문헌을 참고하여 성경의 눈으로 재해석하고 이를 SNS를 통해 일반에 공개해 왔던 56개의 글을 6개의 큰 주제별로 모은 것이다.

특히 소외된 이웃을 섬기는 목회자들의 단체인 (사)나눔과기쁨의 6천여 명 회원들에게 본서가 사회복지실천 현장의 좋은 지침서가 되기를 희망한다. 필자는 나눔과기쁨의 상임대표, 이사장을 거쳐 현재는 나눔과기쁨 명예이사장으로, 그리고 나눔과기쁨 아카데미 원장으로 섬기고 있다. 본서는 나눔과기쁨 아카데미에서 실시하는 심포지엄과 세미나, 그리고 각종 훈련에서도 효과적인 안내서가 될 것으로 기대한다.

참고문헌

강대훈. (2019). "노인장기요양 재가서비스가 이용노인의 삶의 질에 미치는 영향." 국제신학대학원대학교 박사논문, 2019.

강명식. (2007). "지역사회복지 공동체를 형성하기 위하여 복지공동체로서의 교회가 실천할 새로운 교육 패러다임 접근방법에 대한 연구." 호남신학대학원 목회전문대학원.

강상우. (2010). "성경해석과 사회복지: 인간 이해, 빈곤 원인 그리고 사회복지의 목적 중심으로." **신앙과 학문**, 제15권 2호.

강상우. (2011). "기독교사회복지 분광: 다양한 분광(스펙트럼)의 존재 이유와 광의의-적극적 기독교사회복지의 필요성." **신앙과 학문**, 제16권 제3호.

강재수. (2009). "목회자의 사회복지활동에 대한 인식과 참여에 관한 연구." 서울기독대학교 대학원 박사학위논문.

강준렬. (2002). "국가발전을 위한 기독교의 역할에 관한 연구: 교회의 사회복지사업을 중심으로." 명지대학교대학원 박사논문.

강진숙. (2017). "음악치료 프로그램이 장기요양시설 노인의 인지기능, 우울, 불안 및 생활만족도에 미치는 효과." 대구한의대학교 대학원 박사논문, 2017.

강철희·박태근·이수연. (2017). "소득 수준별 기부 행동 변화에 관한 연구: 자선적 기부 참여 확률 및 규모 추정." **한국사회정책** 24(1), pp.1-31.

강혜규·김희성·안수란. (2019). "사회서비스 정책 전망과 과제." **보건복지포럼**.

고관용. (2019). "사회적 가치 실현을 위한 사회서비스 이용권제도 개선방안 연구." 중부대학교 대학원 박사논문.

고미영. (2020). "사회복지실천: 우리 시대의 대안." **미래사회복지연구,** 제11권 1호.

고성실. (2020). "절망감을 다루는 인지행동상담의 기독교적 적용." **성경신학저널** 제10권.

고수현. (2012). **지역사회복지론**. 파주: 양서원,

고은주. (2008). "가족치료이론을 통한 요셉 이야기 분석." 감리교신학대학 대학원 석사논문.

곽동훈. (2013). "사회복지사 면허제도 도입의 필요성에 관한 연구." 개신대학원대학교 박사논문.

권혁창·조혜정. (2019). "노후소득보장제도 수급상태와 노인의 생활만족도의 관계에 대한 연구." 보건사회연구 39(2), 160-191

구재관 외. (2012). **사회복지정책론**. 파주: 양서원.

금기윤. (2013). **사회복지실천기술론. 고양:** 공동체.

기명언. (2008). "디아코니아(Diakonia)의 관점에서 본 기독교 사회복지." 국제신학

대학원대학교 Th.M 논문.
김경미. (2012). "빈곤아동의 자기결정성이 심리적 복지감에 미치는 영향." 대전대학교대학원박사논문.
김경섭 외. (2012). **사회복지법제론**. 파주: 양서원.
김균진. (1995). **역사의 예수와 하나님의 나라**. 서울: 연세대학교 출판부.
김근수. (2018). "구세군의 디아코니아 목회에 대한 연구: 구세군 이리교회를 중심으로." 한남대학교 대학원 박사논문.
김근홍·김효정. "노인 평생교육 참여 특성이 사회적 자본에 미치는 영향에 관한 연구." **한국사회복지교육**. 2016. Vol. 33, pp 29-57.
김기원. (2000). **공공부조론**. 서울: 학지사.
김기헌. (2020), "청년정책 실효성 제고 방안." **보건복지포럼.** 2020. 6.
김동춘. (2003). "교회적 디아코니아와 국가적 사회복지: 사회복지는 교회의 사회적 책임을 위한 교회적 대안인가?" **성경과 신학,** 33권. 한국복음주의신학회.
김명수. (2015). "교회와 지역사회 간 소통의 매개체로서의 문화선교." 장로회신학대학교 목회전문대학원 목회신학 박사논문.
김문수. (2004). "성경에 나타난 아동복지에 관한 연구." 성산효도대학원대학교 석사논문.
김미옥·정하나. (2013). "사회복지사의 전문성과 이용자 옹호의 관계: 서비스과정에서의 이용자권리에 대한 사회복지사의 인식 실행의 이중매개효과." **한국사회복지학**, Vol. 65, No. 4.
김보영. (2011). "결혼이민여성의 부모역량강화에 관한 실행연구." 전남대학교 대학원 박사논문.
김상호. (2017). "청년정책을 확대해야 할 때." **보건복지포럼.** 2017. 2.
김성경. (2003). "교회 내 아동복지사업 운영실태 및 담임목사의 인식정도." 총신대학교 교육대학원 석사논문.
김성호. (2015). "기독교 사회복지의 정체성과 나아갈 방향 연구: 미래 지역사회 공동체 개념을 중심으로." **기독교사회윤리,** 제31집. 121~149.
김성호. (2017). "한국사회의 기본소득 논쟁에 대한 기독교 윤리적 실천방안 연구: 기독교사회복지실천을 중심으로." **기독교사회윤리,** 제38집. 113~142.
김성호. (2018). "탈노동 시대의 기독교 사회복지 실천: 근로연계복지정책의 대안으로서의 기본소득 개념을 중심으로." ACTS **신학저널**, 제36집, 437-466.
김홍주·이현진. (2013). "푸드뱅크 사업과 먹거리 연대, 그 가능성과 한계." **한국사회**, 제14집 1호 pp.31-71.

김송이. (2014). "바우처 도입 이후 사회서비스 공급체계의 행위자간 관계 변화와 변화 요인에 관한 연구." 중앙대학교 대학원 박사논문.
김수영. (2002). "가족치료 이론을 중심으로 한 야곱 가족의 분석." 이화여자대학교 대학원 석사논문.
김승욱. (2013). "고령화 문제에 대한 기독교적 대응." 『신앙과 학문』. 18(4). 33-70.
김신성. (2016). "목회자 부부의 갈등에 관한 연구: 보웬 가족치료이론의 삼각화개념을 중심으로." 장로회신학대학교 대학원 석사논문.
김애림. (2019). "Q방법론을 활용한 아동복지의 인식유형에 관한 연구." 숙명여자대학교 대학원. 박사논문.
김영아. (2012). "독서치료를 통한 중년남성의 자아 존중감에 관한 정신역동적연구." 서울기독대학교 대학원 박사논문.
김영주. (2015). "칼빈과 한국 장로교의 디아코니아 비교연구: 집사 제도를 중심으로." 총신대학교 일반대학원 Th.M 논문.
김우호. (2017). "장애인복지관 사회복지사의 직무요구-직무자원이 소진에 미치는 영향; 자기효능감의 매개 효과." 대구카톨릭 대학교 대학원 박사학위논문.
김윤기. (2019). "17~18세기 유럽 디아코니아를 통해 본 한국교회 디아코니아 실천에 관한 연구." 호서대학교 연합신학전문대학원 박사논문.
김은선. (2003). "문제행동청소년의 자기통제력과 자기효능감 제고를 위한 과제중심모델의 적용 사례연구." 한림대학교 사회복지대학원 석사논문.
김재민. (2006). "괴해자 보호를 위한 경찰 위기개입전문가 양성에 관한 연구." **한국경찰학회보** 12호.
김종욱. (2007). "**現代 韓國 家族**에서의 **葛藤**과 **牧會相談的接近**." 전주대학교 선교신학 대학원. Th.M 논문.
김종훈. (2018). "저출산·고령사회 기본계획의 다원적 성격과 정책적 시사점." **보건복지포럼**, 2018. 7.
김철주. (2018). "4차 산업 혁명과 사회복지법제의 방향성 고찰." **사회법연구** 제35호.
김태완·최준영. "청년의 빈곤 실태: 청년, 누가 가난한가?" **보건복지포럼.** 2017. 2.
김한욱. (2003). 기독교 사회봉사의 역사와 신학. 실천신학연구소,
김향경. (2006). "피아노연주에서의 긴장 심리 완화방안 연구: 프로이트와 에릭슨의 정신역동이론에 근거하여." 경원대학교대학원 석사논문.
김현욱. (2013). "독일 디아코니아 사역의 한국교회 적용 가능성 연구." 호서대학교 연합신학전문대학원 박사논문.

김혜란. (2006). "보첸의 가족치료 이론으로 본 교회이해." 한일장신대학교 아시아·태평양 대학원 석사논문.

김혜숙, (2003). **가족치료 이론과 기법**. 2판. 서울: 학지사.

남기철. (2017). "서울시 기초푸드뱅크·마켓 종사자 처우개선 방안 연구." 서울시 제출 연구논문.

남연희 외. (2012). **사회복지실천론.** 공동체.

남희수. (2013). **기독교사회복지론.** 서울: 기독교문서선교회.

노길희, (2019). "마을목회 사례분석을 통한 기독교사회복지활성화방안에 관한 연구." 장로회신학대학교 신학대학원 석사학위논문, 2019.

노법래. (2020). "기부는 우리를 행복하게 만들까?" **보건사회연구,** 40(1), 178-205.

류대영 (2002). "세속화 이론과 미국 종교사."『종교와 문화』8. 서울대학교 종교문제연구소. 21-41.

류장학. (2006). "인지행동 프로그램이 지역사회 노인의 인지기능, 우울, 일상생활 수행능력에 미치는 효과." 연세대학교 대학원 박사논문.

류진아. (2003). "청소년의 인터넷 중독에 영향을 미치는 생태체계 변인." 숙명여자대학교 대학원 박사논문.

류창현. (2009). "범죄소년을 위한 인지행동치료(CBT)와 웃음치료(LT)에 대한 효과성 연구." 경기대학교 대학원 박사논문.

박경희. (2003). "비자발적 치료집단의 집단과정에 대한 분석." 중앙대학교 대학원 석사논문.

박성원. (2004). "칼빈의 경제신학과 신자유주의 경제세계화".「신학과 목회」제22집 (2004).

박세경. (2016). "아동권리와 아동친화도시." **보건복지포럼**. 2016. 3.

박세경. (2020). "건강한 아동 발달을 위한 지역사회의 역할과책임." **보건복지포럼**. 2020. 5.

박수지. (2018). "The Development of a Social Service Quality Scale for Disabled Adults." **보건사회연구** 38(2).

박순우 외. (2019). "복지이데올로기에 대한 주관성 연구." **한국사회복지교육**, Vol. 48.

박영호. (2004). **기독교사회복지**. 서울: 기독교문서선교회.

박인희. (2012). "수퍼비전 내용이 사회복지사의 사례관리 역할수행에 미치는 영향." 숭실대학교 대학원 석사논문.

박창우. (2008). "교회사회복지활동 결정요인에 따른 실천모형 개발: 생태체계이론에 근거하여." 백석대학교 기독교전문대학원 박사학위논문.
박창우. (2013). "기독교복지의 구성 영역에 관한 연구." **신학과 실천**, 36.
방정기. (2006). "기독교 가정을 위한 가족치료 프로그램 개발: 사티어의 경험적 가족치료를 중심으로." 고신대학교 선교대학원 석사논문.
배윤정. (2017). "강점관점 집단사회복지실천 프로그램이 초등돌봄교실 아동의 자기효능감과 학교생활적응에 미치는 효과." 위덕대학교 사회복지대학원 석사논문.
배화옥. (2007). "OECD 국가간 아동복지수준 비교와 한국사회에의 시사점." **보건복지포럼**.
변영권. (2004). "한국가족의 부부문제에 대한 목회상담적 접근." 아세아연합신학대학교 대학원 석사논문.
부경환. (2003). "지역사회를 향한 사회복지 선교 방안에 관한 연구." 석사논문. 감리교신학대학교 대학원.
생각의마을. (2021). **사회복지실천론**. 고양: 공동체.
생각의마을. (2021). **사회복지실천기술론.** 고양: 공동체.
생각의마을. (2021). **사회복지정책론**. 고양; 공동체.
생각의마을. (2021). **사회복지법제론**. 고양: 공동체.
생각의마을. (2021). **인간행동과 사회환경.** 고양: 공동체.
생각의마을. (2021). **사회복지정책론**. 고양: 공동체.
서병렬. (2011). "지역아동센터 중심의 교회와 사회복지." 광신대학교 신학대학원 석사논문.
서보준 외. (2013). **사회복지개론**. 서울: 공동체.
서정배. (2010). "북한이탈주민 취업현황과 대책." 열매나눔재단 사회적기업지원센터 「북한이탈주민의 취업지원 정책 및 발전방안 모색 심포지엄 자료집」 (2010/10), 11-18.
서행심. (2014). "교회사회복지 실천을 위한 교회사회사업 참여결정 이론이 지역사회선교 활성화에 미치는 영향의 관한 연구: 사회복지정책 분석방법론을 조절효과로 하여." 중앙신학대학원대학교 박사논문.
석재은. (2018). "지속가능한 노인 기본소득보장 위한 국민연금과 기초연금 개혁방안: 세대 간 불공평 및 세대 내 불평등 개선". **한국사회보장학회,** 정기학술발표논문집, 2018(1), 73-96.
성정현. (2019). "청소년 자살현상에 대한 사목적 예방과 위기개입 방안 연구." 수

원가톨릭대학교 대학원 석사논문.
성종현. (1994). **신약총론.** 서울: 장로회신학대학교출판부.
손광훈. (2009). **사회복지실천기술론**, 고양: 공동체.
손수호. (2016). "마르틴 루터의 사회복지 배경과 국가 주도형 사회복지 제도의 실현." **신학과 실천**. 제51호.
송운용. (2016). "고령친화도시 선언과정 분석을 통한 지역사회복지실천모형." 동방문화대학원대학교 박사논문.
신갑숙. (2015). "한국 보육정책 분석 및 발전방안 연구." 서울기독대학교 대학원 석사논문.
신미숙. (2019). "노인장기요양보험제도의 개선방안에 관한 연구." 다문화사회와 교육연구, 2019.
신선희. (2015). "한국 근대 공공부조제도의 지속과 변화 요인에 대한 연구: 역사적 제도주의 관점을 중심으로." 서울시립대학교 대학원 박사논문.
신연희. (2013). "미국의 수용자자녀 지원정책의 내용분석: 길버트와 테렐 정책분석틀의 적용." **교정담론** 제7권 제2호 p.225-256. 아시아교정포럼.
심호규. (2013). "소방공무원의 심리적 안정을 위한 위기개입 프로그램과 적용방안." 제14호 소방연구논문집.
양난주. (2007). "사회정치적 임파워먼트와 노인복지: 개념화, 지표개발 및 적용." **사회복지연구**. vol. 35.
양정남·최선령. (2011). **사회복지실천론.** 파주; 양서원.
양정남 외. (2012). **사회복지실천기술론.** 파주: 양서원.
오현철. "전통적 직무로서의 설교와 기독교 사회복지의 연계."
왕려문. (2016). "한국과 중국 대학생의 동아리활동, 개인내적 임파워먼트 및 자기주도적 학습능력에 관한 연구." 전주대학교 대학원 박사논문.
유장춘. (2002). "기독교사회복지운동의 방향과 전략." 연세사회복지연구, 8. 86-135.
육혜련. (2016). "성매매방지기관 실무자의 사례관리 경험에 대한 연구." **사회복지연구**, vol. 47(1).
이미선. (2003). "결식아동을 위한 통합적 복지서비스 접근방안 연구." 경희대학교 행정대학원 석사논문.
이원준.(2013). "사회복지기관 개인기부자들의 기부효용감이 기부지속성에 미치는 영향." 박사학위논문. 경북대학교. 2013.

이원준·이희진. (2016). “사회복지조직을 후원하는 개인 기부자들의 기부효용이 정신적 웰빙에 미치는 영향.” **신앙과 학문.** 21(4), 75-104.
이윤로. (2011). **사회복지실천기술론**. 학지사.
이재서. (2013). **기독교사회복지의 근원: 복지신학으로 가는 길**. 서울: 세계밀알,
이정희. (2016). “이용자의 경험을 통해 본 사례관리의 의미와 본질: Giorgi 현상학적 연구 접근.” 삼육대학교 대학원 박사논문.
이종례. (2015). “농촌지역 푸드뱅크 이용자의 현황에 따른 만족도 분석 연구.” 한국교통대학교 대학원 석사논문.
이준영. (2015). “사회복지법제의 동향과 전망.” 한국사회복지행정학회 학술대회 자료집. 한국사회복지행정학회.
안봉근. (2010). “공공부조법에서의 보충성원리 적용에 관한 연구.” 청주대학교 대학원 박사논문.
안수란. (2019). “사회서비스 보장 현황과 정책 함의.”『범부처 사회서비스 보장체계 구축방안 연구: 보장성 분석을 중심으로』 보고서.
안양자. (2007). “보웬의 가족치료에 관한 연구.” 상명대학교 정치경영대학원 석사논문
안효을. (2004). “현대가정의 회복을 위한 목회상담 연구.” 대구가톨릭대학교 교육대학원 석사논문.
양상모. “농어촌지역의 기독교사회복지실천 활용 방안에 관한 연구.” 호남신학대학교 사회복지대학원 석사논문, 2018년.
양정남·최선령. (2011). **사회복지실천론**. 파주: 양서원.
양혜원. (2007). “기독교사회복지의 개념과 실천모델에 대한 기초연구.” **총신대논총,** 27,
양혜원. (2015). “기독교사회복지실천 경험에 관한 질적 사례연구: 태화기독교사회복지관 사례를 중심으로.” **신앙과 학문**, 22(3), 141-189.
양희숙. (2014). “한국 가족 상황에서 보웬의 가족치료 이론 적용에 관한 연구.” 한세대학교대학원 석사논문.
엄소영·이용재. (2015). “한국 노인소득보장의 국가-시장-가족분담구조 분석.” 한국콘텐츠학회논문지, 15(5), pp.191-199.
여유진 (2017). “아동빈곤의 추이와 함의.” **한국보건사회연구원**. 이슈앤포커스, 336호, 1-8.
여유진. (2019). “‘다시’ 복지국가란 무엇인가.” **보건사회연구**, 논설.
우명숙. (2018). “교육복지의 현황과 과제.” **보건복지포럼**. 2018. 5.
유강희. (2011). “한국과 중국의 공공부조 정책내용에 관한 비교연구: 한국의 기초생활보장제도와 중국의 최저생활 보장제도를 중심으로.” 성균관대학교

일반대학원 석사논문.
유옥민. (2020). "한·중 비교를 통한 중국 사회보험제도 개선방안 연구." 전주대학교 대학원 박사논문.
유재성. (2004). "목회자의 탈진 자가진단법." **목회와 신학** 182, 102-108.
유해근. (2007). "외국인근로자와 함께하는 삶: 나섬공동체의 비전과 희망." **교육교회**, 357, 19-24.
이강석. "高齡化 社會에서 農村敎會 老人福祉 活性化 方案." 總神大學校 牧會神學 專門大學院 박사논문, 2006.
이경숙, (2011). "은퇴 노인의 성공적 노화 영향 요인에 관한 연구." 조선대학교대학원 박사논문.
이기훈. (2003). "보웬(M.Bowen)의 가족치료이론의 목회상담에로의 적용." 상명대학교 정치대학원 석사논문.
이난희. (2019). "한국 여성노인의 소득보장에 관한 연구." 서울기독대학교 대학원 석사논문.
이상억. (2018). "목회자의 탈진예방을 위한 자기 돌봄의 목회상담방법론 제언." **장신논단** Vol.50.
이상용. (2016). "사회서비스 교육 프로그램 운영 효과 분석: 지역사회서비스 대표자 및 관리책임자 보수교육을 중심으로." 한국외국어대학교 교육대학원 석사논문.
이석환·권진. (2020). "푸드뱅크 서비스 이용자의 만족도 영향요인 (경기지역 이용자를 중심으로)." 한국콘텐츠학회논문지. Vol. 20, No. 8.
이소희. (2019). **아동복지**. 파주: 정민사.
이용재·김양옥. (2014). "기부식품제공사업이 저소득층 이용자의 식품만족에 미치는 영향," **한국콘텐츠학회논문지**. Vol.14, No.6. pp.152-161.
이우성. (2002). "고령화 사회의 도래와 경제사회 변화, 교회의 사명." 『신앙과 학문』 7(2). 87-123.
이윤경. (2018). "노인장기요양보험의 재가보호 현황과 저해 요인 분석." 보건복지 포럼. 2018. 5.
이은혜. (2015). "Bowen의 가족치료 이론과 동반의존 관련성 연구." 한서대학교 대학원 석사논문.
이주호. (2013). "위기개입과 위기관리: A.R.Roberts의 7단계 위기개입 모델의 이해와 적용을 중심으로." 한국지방정부학회 2013 추계학술대회 발표논문집.
이지복. (2019). "임파워먼트 영향 요인 분석: 노인복지시설 사회복지사 대상의 경험적 연구." 한국외국어대학교 대학원 박사논문.
이진광. (2016). "해결중심 가족치료의 적용에 관한 연구: 보웬의 가족투사과정을 중심으로." 장로회신학대학교 대학원 석사논문.
이진숙 외. (2010). "시장원리 확대를 통한 노인장기요양서비스의 효과성 평가." **보건사회연구** 제31권 제4호 p.5-33.
이척희. (2020). "노인문제 해결을 위한 노인의 경제적 배제의 극복에 대한 사회복지정책 방안 연구." *Industry Promotion Research* 2020 Jan; 5(1): 125-135.
이한우. (2019). "맞춤형 복지팀의 직분이 소진에 미치는 영향." 경기대학교 대학원 박사논문.
이화정. (2012). "식품기부사업의 효과성 연구: 비용편익분석과 만족도를 중심으로." 한국지역사회복지학. Vol.42. pp.115-136.
이해우. (2019). **인지행동기반 사례관리핸드북**. 서울시정신건강복지센터.
이홍찬. (2015). "크리스천가족상담을 위한 가족치료 모델의 체계론적 통합에 관한 고찰." **성경신학저널.** 제6권.
임정문. (2014). "목회자의 생태체계가 기독교사회복지활동에미치는 영향 연구: 예수교대한성결교회 목회자를 중심으로." 성결대학교 일반대학원 박사학위논문.
임완섭. (2018). "기초연금 추가 지급에 따른 노인빈곤율 변화 분석: 국민기초생활보장제도에 대한 고려를 중심으로". **보건복지포럼,** 2018(11), 79-9.
임윤향. (2020). "치유 선교를 위한 기독교 가족상담: 보웬의 가족치료 이론을 중심으로." 총신대학교 선교대학원 석사논문.
장기용. (2005). "윌리엄 템플의 기독교적 사회질서와 복지국가." 연세대학교 대학원 박사논문.
장극명. (2018). "한국과 중국의 사회보험제도 특성 및 효과성 비교분석." 한밭대학교 대학원 석사논문.
장은정. (2007). "중년여성의 우울증에 대한 정신역동적 집단미술치료." 나사렛대학교 재활복지대학원 석사논문.
장진영. (2015). "신법(神法)과 사회복지법과의 관계성에 관한 연구." 서울장신대학교 일반대학원 박사논문.
전명수. (2014). "한국 종교기반 사회적기업의 특성과 과제: 지역사회복지 연구의 일환으로." 한국학연구 50, pp.115-141.
전영상. (2013). "우리나라 고령사회의 노인복지정책 발전방향에 대한 연구." 한남대학교 행정복지대학원 박사논문.

전용호. (2012). “한국 노인장기요양보험의 주요한 문제점과 개선방안: 길버트와 테렐의 분석틀을 중심으로.” **한국지역사회복지학** 제43집 p. 345-384. 한국지역사회복지학회.

전홍자. (2009). “Satir경험적 가족치료와 Fromm의 사랑의 개념을 접목한 집단상담 프로그램이 일치성 향상에 미치는 효과.” 홍익대학교 대학원 박사논문.

전효성. (2013). “복지사회와 기독교의 공동체로서의 역할에 대한 고찰.” **교회사회사업**. vol.24. 12.

정기혜. (2011). “푸드뱅크 현황 및 발전방향.” 훈맛훈얼. 제4권 2호.

정무성. (2010). “한국사회적기업정책과 교회의 역할.” 열매나눔재단「2010 기독교사회적기업가아카데미 백서」, 79-94.

정세정. (2020). “청년의 일 실태와 정책 함의.” **보건복지포럼** 2020. 6.

정은경. (2016). “노인요양시설 사회복지사 역할수행의 맥락과 과정에 관한 사례연구.” 성균관대학교 일반대학원 박사논문.

정은희. (2015). “아동빈곤 현황과 정책 방향.” **보건복지포럼**. 2015. 2

정종현. (2008). “위기적 사고가 개인에 미치는 영향과 위기개업에 관한 연구.” 호서 대학교 벤처 전문대학원 석사논문.

정초원. “청년복지의 현주소와 과제.” 보건복지포럼. vol. 638. January 2020.

정혜연. (2014). “분노장애를 위한 인지행동치료의 평가 및 성경적 상담접근” 총신대학교 상담대학원 석사논문.

정희수. (2001). “신약성서의 사회복지사상.” **기독교와 사회복지.** 서울: 홍익제.

조영운. (2009). “혁신기술의 확산요소와 한계분석: 4대보험 포털사이트와 사회보험 EDI 비교분석.” 한국기술교육대학교 대학원 석사논문.

조용훈. (2012). “사회적기업 활성화를 위한 기독교의 과제에 대한 연구.” 한국기독교신학논총 85집.

조한나. (2015). “미혼임부와 양육미혼모의 위기개입과 PTSD반응의 관계연구: 한국교회의 선교상담 및 지원방안을 중심으로.” 총신대학교 선교대학원 석사논문.

조향숙 외. (2015). “돌봄서비스제공자의 감정노동과 자기결정이 소진에 미치는 영향.” **한국사회복지교육**, Vol. 32, pp 205-226.

존 브라이트. (1996). **이스라엘 역사.** 박문재 역. 서울: 크리스챤서적.

진현정. (2020). “일반시민들의 푸드뱅크 기부 의도에 영향을 미치는 요인에 관한 연구.” **식품유통연구**. 제37권 제2호.

채수경. (2004). “경험적 가족치료를 통한 역기능가정의 치료.” 명지대학교 사회복지대학원 석사논문.
최경석·김양희·김성천·김진희·박정윤·윤정향(2001). "한국가족복지의 이해", 서울: 인간과 복지.
최낙현. (2014). "노인장기요양보험제도의 개선방안에 관한 연구." 개신대학원대학교 박사논문.
최성옥·황병준.(2020). "요한 힌리히 비헤른(Johann Hinrich Wichern)의 내적선교(Innere Mission) 디아코니아 사상의 한국 기독교 사회복지 적용 연구." **신학과 실천**(Theology and Praxis).
최수찬·이은혜. (2016). "피해자지원법인의 표준 지침 수립방안: 위기개입 모델을 중심으로." 형사정책연구. 제27권 제3호.
최영준. (2020). "소득보장 사회보험의 문제점과 개편방향." 특집: 지속가능한 재정운용을 위한 제21대 국회의 과제.
최용호. (2005). "自活勤勞女性을 위한 力量强化 集團프로그램의 效果性." 성균관대학교 대학원 박사논문.
최은희. (2018). "기독교적 인지행동프로그램이 기독 중년여성의 비합리적 신념과 심리적 안녕감 및 영적 안녕감에 미치는 영향." 강남대학교 대학원 석사논문.
최인덕 이정랑. (2020). "기본소득 도입논의와 사회보험과의 역할 재설정에 대한 탐색적 고찰." **한국사회복지교육**. Vol. 49, pp 31-55.
최정화. (2014). "한국과 독일, 일본의 노인장기요양보험 비교 연구: 길버트와 테렐의 분석틀을 중심으로." 중앙대학교대학원 석사논문.
최정호. (2014). "근거이론을 통한 노인장기요양 실천현장의 사례관리 수행과정 경험에 관한 연구." 영남대학교 대학원 박사논문.
한경남. (2013). "다문화가정을 위한 역량있는 부모되기 프로그램 개발과 그 효과에 관한 연구." 한국사회복지교육 Vol. 24, pp 127-160.
한정석. (2021). "이재명과 김세연의 기본소득 논쟁."『미래한국』(BIWEEKLY). Vol. 649.
함승애. (2001). "Satir의 의사소통 가족치료에 대한 성경적 접근." 고신대학교 대학원 석사논문.
함영진. (2019). "사회서비스실태 및 지역 격차." **보건복지포럼** (2019. 4).
황성열. (2017). "스포츠 바우처 제도 분석: 길버트 & 테렐의 사회복지정책 분석틀을 중심으로."
황제혁. (2007). "성인아이 수치심에 대한 인지행동치료와 기독교적 상담 적용." 장로회신학대학교 대학원 석사논문.

홍경준. (2017). "한국 복지국가의 전제조건." **예산춘추**. 봄호.
홍철원. (2002). "지역사회복지를 위한 교회의 공동체의 역할에 관한 연구." 석사논문, 한일장신대학교 대학원.
Albert R. Roberts & Allen J. Ottens. (2005). The Seven-Stage Crisis Intervention Model: A Road Map to Goal Attainment, Problem Solving, and Crisis Resolution. *Brief Treatment and Crisis Intervention,* 5(4): 329-339.
Andreoni, J. (1989). Giving with impure altruism: applications to charity and Ricardian equivalence. *Journal of Political Economy, 97*(6), pp.1477-1458
Balswick, Jack & Morland, J. Kenneth. (1990). *Social Problems*. Grnad Rapids: Baker.
Bowen, Murray. (1973). *Family Therapy in Clinical Practice*. New York: Jason Aronson, 1978.
Bowers. B. J., Fibich. B., and Jacobson, N. (2001). *The Gerontologist*. 41(4), 539-545.
Bronfenbrenner, U. (1979). *The ecology of human development: Experiments by nature and design.* MA: Havard University Press.
Bruce, Steve (ed.). (1992). *Religion and Modernization: Sociologists and Historians Debate the Secularization Thesis. Oxford.*
Calvin, John. (1960). *Institute of the Christian Religion*. ed. J. McNeil. Library of Christian Classics. Philadelphia: Westminster.
Daro, D., & Dodge, K. A. (2009). "Creating community responsibility for child protection : Possibilities and challenges." *Future Child,* 75(2), 67-93
Dowd, J.E. (1980). "Exchange Rates and Old People." Journal of Gerontology, 35, 1980.
Erikson, E. H. (1963). *Childhood and society*. New York: Norton.
Jackson, Richard, Neil Howe and Keisuke Nakashima. (2011). *The Global Aging Preparedness Index. Center for Strategic & International Studies(CSIS).*
Kadoya Y. (2010). Managing the Long-Term Care Market: The Constraints of Service Quality Improvement. *Japanese Journal of Health Economics and Policy*, 21(E1), 247-264.
Keyes, C. L. M.(1998). "Social well-bing." *Social Psychology Quarterly* 61(2). 121-140.

Konopka, G. (1983). *Social Group Work: A Helping Process*(3rd ed.). NJ: Prentice-Hall.

Kurzweil, Ray. (2005). *The Singularity is Near: When Humans Trascend Biology. 김명남·장시형 역(2007).* 『특이점이 온다』. 서울: 김영사.

Longman, Phillip. (2006). "The Return of Patriarchy." *Foreign Policy March/April 2006.*

Minuchin, Salvader. (1974). *Families and Family Therapy,* Cambridge, Massachusetts; Haveard University Press.

Niebuhr, Reinhold. (1960). *Moral Man and Immoral Society.* New York:Scribner's.

Nouwen, Henri J. M. (1999). *The Wounded Healer.* 최원준 역. **상처입은 치유자**. 서울: 도서출판 두란노.

Sampson, R. J. & Laub, J. H. (1996). "Urban poverty and the family context of delinquency: A new look at structure and process in a classic study." *Child Development,* 65.

Satir, V. (2004). **사람 만들기**. 성문선 역. 서울: 홍익제.

Thane, Pat (ed.). (2005). *The Long History of Old Age, 안병직 역 (2012).* 『노년의 역사』. 서울: 글항아리.

Thevenon. (2018). Child poverty in Korea. OECD social, employment and migration working papers No. 219.

Toseland, R.W. & Rivas, R.F. (2001). *An Introduction to Group Work Practice*(4th ed.), Allyn and Bacon.

Watkins, P. C., K. Woodward., T. Stone and R. L. Kolts (2003). "Gratitude andhappiness: Development of a measure of gratitude, and relationships with subjective well-being." *Social Behavior and Personality: an international journal 31(5). 431-451.*

Woodhead. M. (2009). Child Development and the Development of Childhood. In J., Qvortrup W.A. Corsaro & M. Honig(Eds.) . T*he Palgrave Handbook of Childhood Studies.* London: Palgrave Macmillan

Wright, Christopher. (1990). *God's People in God's Land: Family, Land, & Property in the Old Testament.* Grand Rapids: Eerdmans.

Zimet, G. D., Dahlem, N. W., Zimet, S. G.,& Farley, G. K. (1988). The multidimensional scale of perceivedsocial support. *Journal of PersonalityAssessment,* 1), 30-41.

부록

나눔과기쁨 아카데미

사회복지와 하나님 나라

나눔과기쁨 아카데미 주요활동

■ 나눔과기쁨 아카데미는 사회복지의 제반 정책과 실천 활동을 기독교 세계관으로 재해석하여 하나님이 통치하는 행복한 나라를 만들어 가기 위해 노력하고 있습니다.

■ 나눔과기쁨 아카데미는 『성경의 눈으로 보는 사회복지』의 다양한 주제들에 관한 연구활동과 공론화(公論化)에 주력하고 있습니다.

■ 나눔과기쁨 아카데미는 기독교의 사회적 책임과 실천을 중시합니다. 이를 위해 나눔과기쁨 회원들을 뒷받침하며, 기독교 단체와 지도자들과 적극 연대합니다.

1. 기독교 리더 양성 및 훈련
   (설교클리닉,목회클리닉,기독교사회복지반)
2. 지역별 포럼 및 세미나 개최
   (서울, 대전, 대구, 부산, 광주 등)
3. 보고서 및 도서 발간
   (성경으로 보는 사회복지)
4. 교회 및 사회단체 연대 활동
   (나눔과기쁨, 교회연합회, NGO)
5. 유튜브방송 및 블로그 운영

나눔과기쁨 아카데미 Vision

"실천적 사회복지를 통한 **하나님 나라의 확장**"

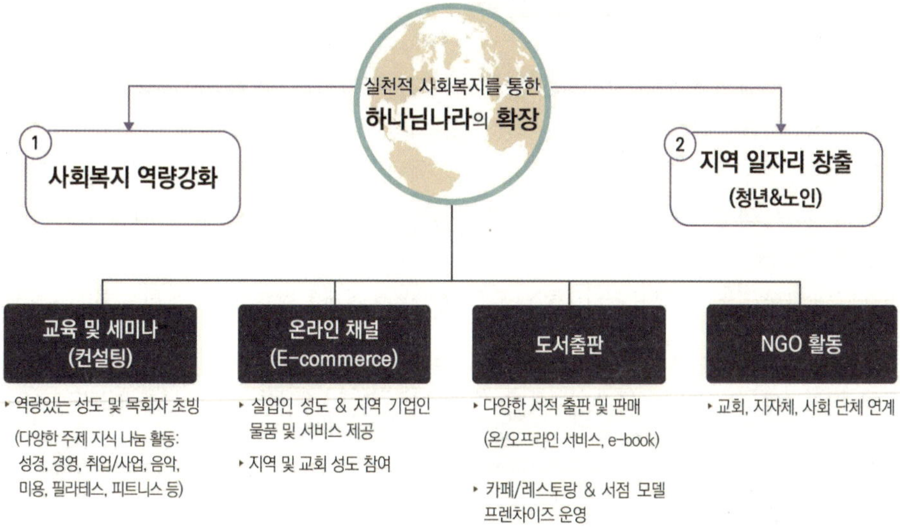

"나눔과기쁨아카데미"는 지역사회를 섬기고 헌신하는 본질적 기능을 가지며, 이러한 '사회적 책임'을 수행하기 위해 사회서비스 제공 및 취약계층에 대한 일자리 창출이라는 공익성과 경제적 이윤창출을 통해 하나님나라의 확장이라는 궁극의 비전을 가지는 커뮤니티입니다.

www.joyofsharing_academy.com

강단설교의 새로운 지평을 열다

-강해대지설교클리닉-

강해대지설교는 기존의 성경 본문의 의도를 떠난 인본주의 설교와의 차별화를 선언한다

1) 설교자는 설교의 전 과정(서론-본론-결론)이 설교 본문에 내재된 말씀의 운동력(에너르게스, 生氣, 히 4:12)을 회중에게 풀어내는 성령님의 역사의 현장임을 명심하고, 회중에게 이를 각인시킨다.
2) 설교 작성시 성경 본문의 의도에 충실한 설교에서 벗어나지 않게 하는 설교주제잡기 5대 규칙을 철저히 따른다.
3) 설교의 주제가 선명하게 드러나도록 설교 전 과정에서 주제를 반복하여 강조하는 틀(Frame)을 사용한다.
4) 각 대지 진술에 대해 회중에게 적용할 수 있는 대지 해석을 대지 진술과 병기(倂記)함으로써 설교자 자신과 회중의 믿음과 삶에 적용적인 설교가 되게 한다.
5) FCF(Fallen Condition Focus)를 서론에서 제시하고, 각 대지의 전개 과정에서 FCF를 계속 적용하여 설교가 분명한 방향성이 있도록 한다.
6) 제목과 주제의 중요성을 강조하고 특히 서론 작성 5단계를 통하여 이를 회중의 마음에 각인시킨다.
7) 각 대지의 전개(展開)는 설명부와 예증부와 적용부로 적절히 구성하되, 특히 적용부 작성 4대 요소(What, Where, Why, How)를 최대한 반영한다.
8) 주어진 성경 본문에 꼭 맞는 맞춤형 대지 유형들의 조합이 되도록 평소에 대지 유형에 대한 연구를 게을리하지 않는다.
9) 설교자는 예배 시작부터 마칠 때까지 설교의 로고스(Logos)와 파토스(Pathos) 그리고 에토스(Ethos)가 어떻게 융합되어 나타나고 있는가를 항상 살핀다.
10) 설교자는 예배의 전 과정을 통하여 본문에 내재되어 있는 말씀 생기가 성령의 검이 되어 회중에게 역사하고 있는지를 살핀다.

설교클리닉
2박 3일의 감동

설교가 하나님의 말씀이 되려면
성경 본문의 의도에 충실한 설교여야 한다

강해대시설교의 3대 특징

1) 본문 중심(Text-centered)
2) 주제 중심(Subject-centered)
3) 적용 중심(Application-centered)

설교주제잡기의 5대 규칙

1) 제목은 주제로부터 '그대로' 또는 '함축적으로' 가져온다.
2) 대지진술은 본문에서 '그대로' 또는 '함축적으로' 가져온다.
3) 제목과 대지는 자연스럽게 연결되어 스토리가 되어야 한다.
4) 본문을 적절히(proportionally) 분할하여 대지를 잡는다.
5) 대지해석은 대지 진술을 적용적으로 해석하여야 한다(직역 또는 의역).

대지 전개의 3요소

1) 설명부: 반복, 재진술, 묘사와 정의, 주해, 논증
2) 예증부: 유추(analogy), 실례(example), 은유(metaphor) 형식의 예화
3) 적용부: What to do, Where to do, Why to do, How to do

강해대지설교 작성 훈련

1) 설교 클리닉 기초반 과정 (1박 2일)

- 살아 있는 강의 (교재: 『좋은 설교』 『설교주제잡기 700선』 제1권~제5권의 Part 1)
- 참여자들의 설교 시연과 대표강사의 강평 및 교정
- 10명 이상이면 전국 어느 지역에서나 개설 가능

*『설교주제잡기 700선 제1권』의 "설교클리닉 2박 3일의 감동"을 참조하십시오.

2) 설교 클리닉 중급반 과정 (하루, 오전~오후)

- 본문 석의에 입각한 설교 작성 강의
- 『설교주제잡기 700선』 제1권~제5권 사용, Dynamic Discussion
- 기초반(1박 2일) 과정 수료자에 한함

3) 강해대지설교 일일 세미나 (2~3시간)

- 『설교주제잡기 700선』 각 권에서 실제 주일예배 설교를 작성하는 방법을 쉽게 안내함
- 각 노회, 연합회, 목회자 모임 등에서 특별 집회의 기회로 이용하실 수 있음

강해대지설교
도서 안내

『좋은 설교: 강해대지설교 클리닉의 이론과 실제』
박순오 저, 시그마프레스 刊, 2017.

하나님의 행위로서의 설교, 좋은 설교와 위대한 설교, 강해대지설교로의 부름, 설교 작성의 준비, 설교작성의 실제, 대지의 다양한 유형, 설교 전달의 실제, 그리스도 중심의 설교.

부록: 설교클리닉 수료자들의 생생한 소감문

『설교주제잡기 700선』 제1권~제5권
박순오 저, 조명문화사 刊, 2018.

제1권: 설교주제잡기(모세오경), 설교 작성의 이론과 실제

제2권: 설교주제잡기(역사서, 시가서, 선지서), 대지의 다양한 유형과 그 변화

제3권: 설교주제잡기(마태복음, 마가복음, 누가복음), 한 본문에서 다양한 개요를 잡는 방법

제4권: 설교주제잡기(요한복음, 사도행전), 대지 유형 변화에 따른 개요 변화

제5권: 설교주제잡기(로마서~요한계시록), 그리스도 중심의 설교 작성하기

공급처: 교보, 알라딘, 영풍 또는 저자로부터 직접 공급

설교클리닉
강사

박 순 오 목사

- 서울대학교 공과대학 졸업
- 총신대학교 신학대학원 졸업(M.Div)
- 미국 Westminster 신학교 수료
- 미국 Covenant 신학교 수학
- 계명대학교 대학원 졸업(Ph.D, 실천신학)
- 뉴욕언약교회 개척 시무(12년)
- 서울신학교, 칼빈신학교, 미주한인신학교 강사 역임
- 예장총회 군선교회 대구지회 회장, 이사장 역임
- 예장총회 교육부장 역임
- 예장총회 12신조 재검토 및 보완 특별위원회 위원장 역임
- 대구노회 노회장 역임
- 학원복음화협의회 대표 역임
- 대구지방경찰청 경목실장 역임
- 대구성시화운동본부 대표본부장 역임
- 대구기독교총연합회 대표회장 역임
- 대구서현교회 담임목사 시무(17년)
- (사)나눔과기쁨 제2대 이사장 역임
- 대한민국 체육포장 수득(2012)
- 현) 사단법인 나눔과기쁨 명예이사장
- 현) 기독영성상담연구소 이사장
- 현) Philippine Evangelical Seminary 외래교수
- 현) 강해대지설교클리닉 대표강사
- 현) 나눔과기쁨 아카데미 원장
- 현) 사회복지사

설교클리닉 수료자 소감

강해대지설교의 엄청난 능력을 아십니까?
회중의 혼과 영과 관절과 골수를 찔러 쪼개는
말씀 생기(히4:12)를 아십니까?
강해대지설교의 새로운 세계로
여러분을 안내해 드립니다.

강○○ 목사 (○○○교회)

저는 설교자로서 부족함을 느끼면서도 그래도 잘 하려고 노력은 하고 있고 나름대로 괜찮은 설교자라고 생각해 왔습니다. 그러던 중 박순오 목사님의 강해대지설교 클리닉을 통해서 제 설교가 성도들의 삶을 변화시키지 못하는 원인을 발견하게 되었습니다….

허○○ 목사 (○○축복교회)

… 2박 3일동안 성실하게 참여했다. 참석하게 된 것이 너무 잘했다는 생각이 들었다. 폭넓고 깊은 주제를 관철하는 설교의 능력은 타의 추종을 불허하겠다는 생각이 들었다. 이렇게 다양하고 오묘한 팩트들을 프레임화 해서 수십 가지의 다양한 패턴의 설교의 집중력을 키워주는 설교가 또 있을까? 정말 놀랍고 놀라웠다….

조○○ 목사 (○○○교회)

… 설교 사역에 대한 마음이 안개 속을 걷듯 희미했던 나에게 정오의 찬란한 햇빛이 들어오듯 밝고 소망에 찬 마음으로 가득차진다. 본 과정을 마치니 설교의 기본 틀이 눈에 확 들어온다. 나도 잘 할 수 있다는 용기가 생긴다….

전○○ 목사 (○○교회)

… 설교의 주제와 제목을 정하는 것부터 시작하여 설교 전체를 완성하는 데 있어서 체계적인 방법을 배움으로써 각 대지의 진술과 대지 해석, 그리고 대지 전개의 세 요소인 설명-예증-적용을 지금까지 보다는 비교되지 않을 정도로 부요하고 힘차게 전달할 수 있게 되었다….

사단법인 나눔과기쁨

이웃과 함께 하는 용기, 행복의 출발입니다.

이런 일들을 합니다.

마을브릿지

'마을브릿지' 사업은 마을 공동체성 회복을 목표로 합니다. 도시지역에서는 '행복가게'를 통해 진행되고 농촌과 산간지역에서는 '행복한 마을'을 통해 진행됩니다. 마을브릿지는 읍면동 지역사회가 지닌 자원(강점)을 활용하여 지역주민의 필요를 마을 구성원들이 자립적으로 해결할 수 있도록 지원합니다. 현재 생산자와 소비자 연계, 소상공인 연대와 협력, 다양한 귀농귀촌 모델 제공, 독거노인 주거환경개선 등의 사업들이 진행되고 있습니다.

미소브릿지

나눔과기쁨은 소상공인들에게 부담없는 저리의 미소금융을 지원하고 있습니다. 현재 240여 개 사업체가 나눔과기쁨을 만나서 위기를 극복하고 성장하고 있습니다. 미소브릿지는 사업전환이나 창업을 준비하는 소상공인에게 미소금융과 전문컨설팅을 연결하고 지역사회 나눔과기쁨 회원이 그 이자를 부담하는 소상공인 인큐베이팅 사업입니다. 이후에 사업체의 운영이 안정되면 신규 사업체나 예비 사업체를 지원합니다.

미소금융 신청 조건

- 신용등급 6등급 이하, 자영업자, 사회적기업, 사회적협동조합, 예비창업자
- 신용대출(신규대출시 보증인 필요)
- 연이자 6%, 대출한도 5천만원, 6개월 거치 5년 상환

청소년브릿지

나눔과기쁨은 학교밖 청소년을 위한 청소년브릿지 사업을 진행합니다. 청소년브릿지는 돌봄과 관심이 필요한 청소년의 눈높이에서 만나고 신뢰와 관계를 형성합니다. 이후 청소년의 발달에 필요한 정보와 자원을 연계합니다. 이미 2013년부터 청소년지도자가 육성되어 현재 450여 명이 지역사회에서 청소년들로 하여금 의미있는 자원봉사와 진로탐색을 하도록 지도하고 있습니다. 2021년부터는 법무부 교정청과 함께 재소자자녀 돌봄사업을 진행합니다.

실버브릿지

은퇴 이후에 지역사회의 다양한 영역에서 봉사활동하기를 희망하는 실버세대가 늘어나는 추세입니다. 나눔과기쁨은 건강과 재능과 사회적 경험을 갖춘 실버세대를 위하여 실버브릿지를 제안합니다. 실버브릿지는 사회적 자원을 활용하여 노인문제, 청소년문제, 환경문제 등에 접근할 수 있는 방안을 컨설팅&훈련하는 사업입니다. 현재 300여 개 센터에서 노인치매예방교실, 실버봉사단, 아동청소년 드론축구교실 등이 실버브릿지와 연동하여 운영되고 있습니다.

국제브릿지

국제브릿지 사업은 모두 현지인 지도자와 주민들이 운영합니다. 국제브릿지의 목표는 현지인 극빈층의 자활입니다. 현재 우간다에서 암소은행을 운영하여 80여 마리의 첫 임신한 암소를 각 가정에 전달하였습니다. 그리고 아동청소년교육을 위하여 2개 학교를 설립하고 운영하고 있습니다. 미얀마에서는 금융권을 이용할 수 없는 극빈층을 위하여 미소금융을 지원합니다. 현재까지 1,300여 개의 영세사업장을 지원하고 있습니다. 키르키즈스탄에서는 토마토치과와 협력하여 1:1 매칭 펀드 방식으로 산간 오지에 치과를 개설하고 있습니다.

나눔과 기쁨의 정신입니다.

나눔과기쁨은 '다함께 행복한 마을 만들기'라는 비전을 가지고 '동행하는 나눔'의 가치를 실천하는 단체입니다. 이웃과 동행하는 실천을 위해서는 나눔과기쁨은 'Social Capital 사회자본'의 전달체계를 활용하고 있습니다.

먼저, 이웃과 정기적인 반찬나눔, 백세힐링교실, 자원봉사단 등의 활동을 통해 만나고 관계를 형성하며 지속적인 관계를 통하여 신뢰를 얻는 것이 중요합니다. '말을 물에 데려 갈 수는 있어도 말에게 물을 억지로 먹이기 힘들다'는 서양의 격언에 빗대어 언어학자 Laycoff는 '신뢰를 얻지 못한 사람의 정보는 (비록 옳을지라도) 마음을 움직이지 못한다'고 말합니다. 나눔과기쁨은 풀뿌리 나눔활동가들에게 관계를 만들고 지속하는 것이 가장 우선되어야 한다고 강조합니다.

둘째, 나눔과기쁨은 'Community Care'를 지향합니다. '한 사람을 기르는 데에는 마을 전체의 참여가 필요하다'는 아프리카의 격언이 소외된 이웃에게도 적용될 수 있습니다. 이미 오래전부터 관리 및 평가 메뉴얼에 따라 사회복지 전달체계가 만들어져 있지만, 정부는 관리감독하고 복지시설들은 복지사업을 하는 데 그치고 있습니다. 어디에도 실제로 이웃을 돌보는 마을의 모습은 찾기가 힘듭니다. 나눔과기쁨은 관리감독과 복지사업의 중간에 많은 빈 공간들이 있다고 봅니다. 그것을 관심과 참여로 메우고 이어가는 것이 나눔과기쁨 민간사회안전망 운동입니다.

함께 하실 수 있습니다.

홈페이지 민원접수게시판에서 로그인 없이 바로 접수가능하며 관련서식을 내려받아서 작성하시고 등록해주시면 됩니다.

주요상담항목

기업후원문의:
사단법인 나눔과기쁨은 기획재정부에서 승인된 지정기부금 단체입니다. 법인의 기부는 법인세법 24조 2항에 의거하여 세제혜택을 받을 수 있습니다. 특별히 이동마켓, 국제사업, 청소년사업, 실버사업, 미소금융, 마을만들기 등을 지정하여 후원을 하실 수 있습니다.

미소금융상담:
나눔과기쁨 미소금융은 지역사회에서 '미소브릿지' 회원들이 운영하는 저신용 자영업자 혹은 창업 예정자를 위한 마중물 기금을 운영하고 있습니다. 사업 실패 후에 다시 재기를 꿈꾸는 실업인, 경력과 실력을 쌓은 후에 창업을 꿈꾸는 기업인을 응원합니다.

자원봉사문의:
나눔과 기쁨은 읍면동 단위에서 다양한 자원봉사 활동을 진행합니다. 특히 매주 소외된 이웃을 찾아가는 이동마켓 봉사, 청소년봉사단을 통한 코칭과 멘토링, '나누미'와 '생명브릿지' 회원들이 운영하는 민간사회안전망, 그리고 창업 예정자와 영세자영업자를 위한 컨설팅을 지원하고 있습니다. 자원봉사를 통하여 다양한 사회적 공헌과 사회안전망에 참여하려는 여러분의 도전을 응원합니다.

CMS관리문제:

나눔과기쁨은 어려움 당한 이웃을 위해 지역주민이 자발적으로 참여하는 민간사회안전망 운동단체입니다. 개인 후원자들이 나눔과기쁨에 매월 소정의 후원금을 약정하면 약정한 금액이 후원자의 통장에서 매월 출금되어 나눔과기쁨에 입금됩니다. 활동가를 위한 후원관리 문제를 친절히 상담해드립니다.

사업자 기부영수증 신청:

기부금 영수증(물품후원) 요청하실 때 게시판의 양식을 내려받아 작성하셔서 신청해 주셔야 합니다. 또한, 다음의 서류를 꼭 첨부해 주셔야 합니다.

1. 사업자 등록증 사본(법인/회사 후원자의 경우)
2. 거래명세서, 혹은 물품 영수증
3. 전달사진 및 수혜자(성명, 거주지, 나이, 지원내용)

나눔활동보고:

나눔과기쁨 지역지부 설립 및 운영규칙에 따라 지역사회에서 나눔활동을 하고 있는 모든 나누미, 지회, 지부, 연합회, 지점법인은 반드시 6개월마다 사업보고를 의무적으로 해야합니다. 나눔활동을 보고하지 않는 나누미, 지회, 지부, 연합회, 지점법인은 기부금 배분과 기부금영수증 발급이 불가능하오니 꼭 참조하시기 바랍니다.

자원봉사인증:

봉사활동 인증을 받으시려면 사회복지 자원봉사 인증관리 홈페이지(https://www.vms.or.kr)에 가입하십시오. 그리고 민원게시판의 첨부양식을 다운로드 받아 작성하신 후 제출하여 주십시오.

나눔과기쁨 경기도 광명시 덕안로 104번길 17 광명역M클러스터 902호

Tel. 1544-9509 Fax. 02-6676-4966